Urs Altermatt   Konfession, Nation und Rom

Urs Altermatt
Konfession, Nation und Rom

Metamorphosen im schweizerischen
und europäischen Katholizismus
des 19. und 20. Jahrhunderts

Verlag Huber
Frauenfeld Stuttgart Wien

Autor und Verlag danken für die finanzielle Unterstützung
bei der Drucklegung.

Raiffeisen Schweiz
Römisch-katholische Landeskirche des Kantons Luzern
Katholische Kirche im Kanton Zürich
Römisch-Katholische Zentralkonferenz der Schweiz (RKZ)
Administrationsrat des katholischen Konfessionsteils des Kantons St. Gallen
Bistum Basel
Bistum Chur, Bischöfliche Verwaltung

Umschlag und grafische Gestaltung: Atelier Mühlberg, Basel
Druck: fgb • freiburger graphische betriebe, Freiburg

ISBN 978-3-7193-1457-6

Bibliografische Information der Deutschen Nationalbibliothek:
Die Deutsche Nationalbibliothek verzeichnet diese Publikation
in der Deutschen Nationalbibliografie;
detaillierte bibliografische Daten sind im Internet
über http://dnb.d-nb.de abrufbar.

Inhaltsverzeichnis

5

Vorwort

Zwanzig Jahre nach dem Erscheinen des Buches «Katholizismus und Moderne» (1989) komme ich mit einem anderen Schwerpunkt auf das Thema zurück. Stand für mich in den achtziger Jahren die ambivalente Haltung des Katholizismus zur modernen Gesellschaft im Zentrum des Interesses, so befasse ich mich dieses Mal mit den komplexen Beziehungen des Katholizismus zur Nation und zum Nationalstaat. Insofern ist dieses Buch vor allem der Politik- und Kulturgeschichte verpflichtet; ein Essay für das, was «neue Politikgeschichte» genannt wird.

Als ich mich in den späten 1960er Jahren am Beispiel der Schweiz erstmals mit dem Verhältnis von Religion und Nation befasste, war ich in der Historikerzunft ein Aussenseiter. Die von der Universität Bern 1970 angenommene Dissertation «Der Weg der Schweizer Katholiken ins Ghetto» (Benziger Verlag Zürich/Köln 1972) schloss nicht an die Modethemen der jüngeren Historikergeneration an, die sich unter dem Einfluss von «1968» besonders mit Klassenkämpfen, Arbeiterbewegung und Wirtschaftsgeschichte beschäftigte. Um 1970 waren Religion und Nation für die meisten Historiker Randphänomene. Diese Wahrnehmungen der Geistes- und Sozialwissenschaftler wandelten sich spätestens mit dem Zusammenbruch des Kommunismus in Osteuropa 1989/90, als aus den Konflikten ethnischer, kultureller und religiöser Natur eine Vielzahl von neuen Nationalstaaten hervorgingen. Weitere nachhaltige Spuren hinterliessen die Jugoslawienkriege, und die islamistischen Terroranschläge in den USA 2001 veränderten die Bewusstseinslage im Westen schliesslich vollends.

Das hier vorgelegte Buch führt meine Studien zum Thema Religion, Staat und Nation weiter, die über die Schweiz hinaus rezipiert worden sind. Angeregt durch einen vom transnationalen Dialog geprägten Forschungsaufenthalt als Fellow (Gastprofessor) am Collegium Budapest verfasste ich 1994/95 ein Buch über den Ethnonationalismus in

Europa (Das Fanal von Sarajewo, Verlag NZZ Zürich 1996), das die geistige Atmosphäre in Mittel- und Osteuropa traf und in acht Sprachen übersetzt wurde. Ein längeres Kapitel trägt den Titel «Heimliche Rückkehr des Heiligen». Im Jahre 2000 setzte ich als Fellow am Institut für die Wissenschaften vom Menschen IWM in Wien die begonnenen Arbeiten fort, und 2004 organisierte ich an der Universität Freiburg/ Schweiz zusammen mit meiner Mitarbeiterin Franziska Metzger das internationale Kolloquium «Religion und Nation», dessen Beiträge 2007 in einem Sammelband beim Verlag W. Kohlhammer in Stuttgart erschienen sind. Da ich 2002 zum Rektor der Universität Freiburg/Fribourg gewählt worden war, kam das schon weit fortgeschrittene Buchprojekt ins Stocken. Ich musste mich fortan auf kürzere Beiträge in Zeitschriften und Sammelbänden beschränken. Nach dem Ende des Mandates (2003–2007) konnte ich das Sabbatjahr 2008 für die Umarbeitung und Redaktion des geplanten Buches benutzen. Allen Kolleginnen und Kollegen, die mich in dieser langen Zeit mit Ratschlägen und kritischen Hinweisen begleitet haben, danke ich herzlich. Die Schlussredaktion erfolgte in meinem Sabbatjahr; über die Vorarbeiten geben die Nachweise Auskunft.

Das Inhaltsverzeichnis zeigt, dass ich zunächst einen transnationalen Blick auf die Religion im Europa des 19. und 20. Jahrhunderts werfe, wobei ich das vielfältige Verhältnis von Katholizismus und Nation in den Mittelpunkt rücke und am Beispiel des Schweizer Katholizismus konkretisiere. Da ich das Buch hauptsächlich als Kultur- und Sozialgeschichte der Politik, die als «neue Politikgeschichte» firmiert, verstehe, beschreibe ich im ersten Teil die politische Emanzipation der Schweizer Katholiken seit der Gründung des Bundesstaates 1848. Vor dem Hintergrund der ethnonationalistischen Konflikte in anderen Teilen Europas besitzt die erfolgreiche Integration des italienischsprachigen Kantons Tessin paradigmatischen Charakter.

Im zweiten Teil des Buches befasse ich mich mit dem Kulturkampf-Paradigma im Hinblick auf seine integrierenden und exkludierenden Dimensionen im Nationalstaat. Auf dem Weg der Katholiken zur kulturellen Integration in den Bundesstaat waren das letzte Drittel des 19. Jahrhunderts und die Nachkriegszeit nach dem Zweiten Weltkrieg Schlüsselperioden für Neuorientierungen und Transformationen. Unter dem Titel «Geschichte, Gedächtnis und Kulte» zeige ich im dritten Teil einzelne Aspekte der Erinnerungsgeschichte und Geschichtspolitik im Schweizer Katholizismus auf. Da der moderne Katholizismus nationale und transnationale Elemente in sich vereinigt, liegt der Blick auf den Papst in Rom und die ultramontanen Netzwerke nahe. An diesen Essays erkennen die Leserinnen und Leser, wie komplex Religion, Nation und Staat in der modernen Schweiz verschränkt waren und sind. In einem Schlusskapitel komme ich auf den teils langsamen, teils abrupten Zerfall der katholischen Phalanx zu sprechen, ohne die Transformationsprozesse im letzten Drittel des 20. Jahrhunderts abschliessend beurteilen zu wollen. Eine kurze Betrachtung über die Kontroverse um Papst Benedikt XVI. 2009 beschliesst das Buch.

Die Entstehung dieses Bandes wäre ohne die Mitwirkung von AssistentInnen, BibliothekarInnen und ArchivarInnen nicht möglich gewesen. Besonders herzlich danke ich meinen Mitarbeiterinnen und Mitarbeitern am Seminar für Zeitgeschichte der Universität Freiburg, die mich über ein Vierteljahrhundert hinweg unterstützt haben. Da sich meine Forschungen über mehrere Jahre hingezogen haben, nenne ich die Mitarbeiterinnen und Mitarbeiter im Anmerkungsteil der Kapitel. Bei der aufwändigen Schlussredaktion des Buches wirkten Franziska Metzger und Thomas Metzger, bei der Vereinheitlichung und Korrekturenlektüre David Luginbühl, Sibylla Pigni, Martha Altermatt-Joller und Aline von Imhoff mit. Von Seiten des Verlages Huber betreuten Hansrudolf Frey und das Atelier Mühlberg, Nicholas Mühlberg und Katarina Lang, das Buch mit Enthusiasmus, nicht erlahmender Geduld und seltener Kunstfertigkeit.

Während des Frühlingssemesters 2008 verbrachte ich einen Teil meines Sabbatjahres als Gastprofessor in Leuven (Löwen), Belgien. Die berühmte, schon 1425 gegründete Universität Leuven galt im Orbis catholicus des 19. und 20. Jahrhunderts nördlich der Alpen als Konkurrentin Freiburgs und zog zahlreiche Schweizer Studenten an. Ich schliesse in meinen Dank das «Center for Religion, Culture and Society» (Kadoc) unter der Leitung von Prof. Jan De Maeyer und die Forschungseinheit «Moderniteit en Samenleving 1800–2000» unter der Leitung von

Prof. Patrick Pasture ein, die mir an der KU Leuven grosszügige Gastfreundschaft gewährt haben. Den Kolleginnen und Kollegen in Löwen ist dieses Buch als Zeichen transnationaler Freundschaft und Zusammenarbeit in Europa gewidmet.

Freiburg, Frühjahr 2009   Urs Altermatt

1 Einführung

Von Bürgern zweiter Klasse
zu Gralshütern der Konkordanz

1 Einführung

Von Bürgern zweiter Klasse zu Gralshütern der Konkordanz

Der 16. Dezember 1954 war für die Christlichdemokraten in der Schweiz ein historischer Tag, denn ihre Partei, die Konservative Volkspartei, erlangte die seit einem Jahrhundert angestrebte Gleichstellung mit der Freisinnig-Demokratischen Partei (FDP) in der Landesregierung.[1] Ich erinnere mich gut an die lebhaften Gespräche, die die Wahl eines dritten christlichdemokratischen Bundesrates an unserem Familientisch auslösten. Der «Solothurner Anzeiger» schrieb erfreut: «Zum erstenmal seit 1848 ist die Schweizerische Konservative Volkspartei mit drei Vertretern am Bundesrat beteiligt. [...] Der Sinn der Bundesratsersatzwahlen vom 16. Dezember 1954, die die freisinnige Bundesratsmehrheit beseitigt hat, ist durchaus klar: Es geht der Katholisch-konservativen Fraktion um ein einigermassen gerechtes Vertretungsverhältnis der grossen Parteien im Bundesrat.»[2]

Noch ein Jahr zuvor, 1953, hatte die Mehrheit der Bundesversammlung nach dem überraschenden Rücktritt des sozialdemokratischen Zürcher Bundesrates Max Weber den Christlichdemokraten die arithmetische Parität von drei Sitzen verweigert, obwohl diese die Freisinnigen in der Zahl der National- und Ständeräte 1951 überflügelt hatten.[3] Auf dem traditionellen Sitz des Zwingli-Kantons im Bundesrat konnte man sich keinen Katholiken vorstellen.[4]

Die Frustration über die politische Zurücksetzung war 1953 bei den Katholisch-Konservativen besonders gross, weil sich wegen der Wahlerfolge in der Nachkriegszeit ihr Selbstbewusstsein gestärkt hatte. Erstmals unternahmen sie ernsthafte Vorstösse zur Liquidierung der als diskriminierend empfundenen «Ausnahmeartikel» in der Bundesverfassung.[5] Doch in den 1950er Jahren sassen die konfessionellen Vorurteile noch tief. Erst 1963 wurde der römisch-katholischen Kirche im

Kanton Zürich der Status einer Landeskirche zuerkannt und diese gleichberechtigt neben die evangelisch-reformierte gestellt.[6] Bis zur Abschaffung des Jesuiten- und Klosterartikels vergingen nochmals mehr als zwanzig Jahre. Am 20. Mai 1973 sprach sich die Mehrheit der Schweizerinnen und Schweizer in einer Volksabstimmung für die Streichung der Kulturkampfartikel aus dem 19. Jahrhundert aus. Die Vorlage wurde nur dank der deutlichen Zustimmung gemischtkonfessioneller Kantone wie Solothurn, St. Gallen oder Graubünden angenommen, denn die protestantisch geprägten Grosskantone Zürich, Bern und Waadt lieferten – was zu Beginn des 21. Jahrhunderts fast undenkbar erscheint – noch Anfang der 1970er Jahre ablehnende Volksmehrheiten.[7]

Vor dem Hintergrund der zu jener Zeit immer noch existierenden konfessionellen Sensibilitäten und Rivalitäten versteht man, dass die Wahl von John F. Kennedy am 8. November 1960 zum ersten und bisher einzigen US-Präsidenten katholischer Konfession das Selbstwertgefühl der Katholiken auch in der Schweiz stärkte. Die transnationale katholische Solidarität kam hier auf eine vom Papst und von Rom unabhängige Weise zum Tragen.[8]

Kampf um die kulturelle Hegemonie

In den 1950er Jahren folgte der Schulunterricht in den katholischen Kantonen und Regionen der Schweiz wie in den vorausgegangenen mehr als hundert Jahren kirchlichen Traditionen und Bräuchen. Während in dem vom politischen Liberalismus geprägten Kanton Solothurn der Volksschulunterricht am frühen Morgen häufig mit einem Lied begann, wurden in katholischen Kantonen wie Freiburg, Wallis oder Luzern die Schulstunden in der Regel mit einem kurzen Gebet eröffnet. An den Wänden der Schulzimmer, Gerichtssäle und Amtsstuben hingen Kruzifixe.[9]

Auch die 1889, das heisst in der Kulturkampfzeit, gegründete Universität Freiburg verstand sich bis in die Mitte des 20. Jahrhunderts als «Universität der Schweizer Katholiken». 1949 schloss der Freiburger Staatsrat mit den Schweizer Bischöfen ein Abkommen für eine jährliche Kirchenkollekte zur finanziellen und moralischen Unterstützung der Hochschule ab.[10] Als ich zu Beginn der 1960er Jahre, kurz vor dem

Zweiten Vatikanischen Konzil, ein Semester an der Freiburger Universität verbrachte, spürte man deutlich das Klima der die Hochschulgemeinschaft verbindenden katholischen Weltanschauung. Der Professor für Schweizergeschichte, Oskar Vasella, beschäftigte sich in seinen Lehrveranstaltungen mit konfessionellen Kontroversthemen wie Reformation und Gegenreformation. Obwohl er in der europäischen Forschungslandschaft zu den liberal-katholischen Historikern gehörte, verstand er sich in Freiburg als Antipode zu den protestantischen und national-liberalen Historikern in Zürich, Basel und – etwas weniger – in Bern und scheute sich nicht, den «katholischen» Standpunkt zuweilen apologetisch und polemisch zum Ausdruck zu bringen.[11]

Anfang des 20. Jahrhunderts galten katholisch orientierte Wissenschaftler wegen ihres Glaubens häufig als befangen. So kam es zum Beispiel anlässlich der Wahl des katholischen Historikers Martin Spahn 1901 an die Universität Strassburg – der Höhepunkt des so genannten «akademischen Kulturkampfes» in Deutschland – auch in der Schweiz zu einer kleineren Debatte über die so genannte «voraussetzungslose Wissenschaft».[12] In den «Monat-Rosen» des Schweizerischen Studentenvereins von 1904 setzte sich ein Theologe mit dem Vorwurf auseinander, ein Katholik könne wegen seines Glaubens in der Wissenschaft keine «rechte» Voraussetzungslosigkeit besitzen. «Der Katholik kann diese Wahrhaftigkeit, diese rechte Voraussetzungslosigkeit nicht besitzen. Das will das Schlagwort sagen, […] und dieser etwas versteckte Sinn liegt jedes Mal dem Schlagwort zugrunde, wenn es heutzutage gebraucht wird. Jeder Forscher, er sei Mohammedaner, Nihilist, Budhist [sic!], Pantheist, Monist, Jude, Heide oder Protestant kann voraussetzungslos, d. h. wahrhaftig sein. Nur der Katholik kann es nicht sein. Bei manchem erweckt auch der tiefgläubige Protestant ein geheimes Gruseln.» Der katholische Autor entgegnet diesem Vorurteil, dass nicht nur die katholische Kirche Dogmen habe, «sondern auch die Materialisten und Monisten und die ungläubigen Gelehrten in der Grosszahl, wenn sie auch nur die Negation einiger katholischer Dogmen sind».[13]
Ein halbes Jahrhundert später wurden solche Debatten nicht mehr auf diese kulturkämpferische Weise geführt. Die konfessionellen Klischees kamen – verdeckt und möglicherweise unbeabsichtigt – dennoch im Standardwerk zur Geschichtsschreibung der Schweiz zum Ausdruck,

das der Berner Richard Feller und der Basler Edgar Bonjour 1962 herausgaben.[14] Auch die zweite Auflage von 1979 räumte den Historikern der
Universität Freiburg im Vergleich zu jenen an den Universitäten Basel,
Zürich und Bern einen vergleichsweise bescheidenen Platz ein. Nur gerade der Literaturwissenschaftler, Kulturhistoriker und Schriftsteller
Gonzague de Reynold erhielt eine ausführliche Würdigung.[15] Dieser
hatte ursprünglich in Bern französische Literatur doziert und erhielt
nach dortigen heftigen Kontroversen rund um seine demokratiekritische Schrift «La démocratie et la Suisse»[16] in seiner Heimatstadt Freiburg gleichsam universitätspolitisches Asyl. Trotz seiner ausgezeich-
neten Verbindungen zu politischen Persönlichkeiten wie Bundesrat
Philipp Etter blieb er jedoch in der katholischen Geschichtsschreibung
ein Aussenseiter. Die in der Geschichtswissenschaft bedeutenderen
Historiker Albert Büchi, Oskar Vasella und Gaston Castella wurden
in relativ geringem Umfang abgehandelt. Obwohl Büchi und Vasella
Werke zu anderen Themen verfasst hatten[17], brachten sie Bonjour und
Feller hauptsächlich mit der katholischen Kirchen-Geschichte in Verbindung. Das hing damit zusammen, dass die liberal-nationalen Ge-
schichtsforscher in der Regel vom Primat des Nationalstaatlichen
ausgingen und die politische Geschichte über den Katholizismus margi-
nalisierten. Selbst Nationalrat Philipp Anton von Segessers (1817–1888)
brillante Zeitkommentare wurden zu seiner Zeit im freisinnigen Milieu
von Zürich oder Bern wenig zur Kenntnis genommen.[18] Bis weit ins
20. Jahrhundert hinein galt: «Catholica non leguntur».[19]

Diese Bemerkungen mögen zu Beginn des 21. Jahrhunderts als
kleinliche Aufrechnungen erscheinen. Es ist indessen unbestritten,
dass jede Historiographie direkt oder indirekt Geschichtspolitik be-
treibt und damit einen massgeblichen Anteil an der Konstruktion nationaler Identitäten besitzt. An Gedenkanlässen und Jubiläen, in Fest-
schriften und Geschichtsbüchern findet ein ständiger Wettbewerb um
die kulturelle Hegemonie statt. Bis in die Mitte des 20. Jahrhunderts
war der politische Katholizismus nicht zuletzt durch den teils freiwilligen, teils unfreiwilligen Rückzug ins Ghetto der Stammlande benach-
teiligt. Wie ich in meinem Buch von 1989 nachzuweisen versucht habe,
besassen zahlreiche kirchentreue Katholiken noch um die Zeit des
Zweiten Vatikanums von 1962 bis 1965 ein kritisches Verhältnis zur

Moderne.[20] Was Hans Maier, Heinz Hürten, Ulrich von Hehl, Wilhelm Damberg und andere für Deutschland festgestellt haben,[21] gilt auch für die Schweiz. Gegenüber der Zeitkultur besass der Katholizismus Reserven, was sich in einer einseitigen Traditionsorientierung und in einem verbreiteten Mediävalismus äusserte. In der Folge bevorzugten katholische Gelehrte bestimmte Wissenschaftsdomänen, in der sie ihre weltanschaulichen Kulturkämpfe ausfochten, die Theologie und Philosophie, die Kirchen- und Kulturgeschichte, die Pädagogik, die Staatslehre und Sozialpolitik. Vor allem an den Entwicklungen der Natur- und Technikwissenschaften waren sie untervertreten.[22] Wie in andern Ländern Europas versuchten die katholische Kirche und die mit ihr verbundenen Eliten in der Schweiz, das katholische Volk vor der als feindlich betrachteten Umwelt zu schützen. Dieses dichotome Weltbild erhielt nach dem Zweiten Weltkrieg durch den Kalten Krieg erneut Auftrieb. Die katholischen Eliten agierten an der Front des antikommunistischen Kampfes des «christlichen Abendlandes».

Die kulturellen Defizite waren zahlreichen Intellektuellen schon nach der Jahrhundertwende von 1900 bewusst. So versuchte der reformkatholische Kreis um die «Schweizerische Rundschau» dieses Manko zu beheben.[23] In den 1960er Jahren war die Rede vom katholischen Bildungsrückstand weit verbreitet, die Kulturzeitschrift «Civitas» des Schweizerischen Studentenvereins brachte unter Walter Gut 1965 eine Sondernummer mit dem Titel «Das ‹katholische Bildungsdefizit›» heraus.[24]

Ohne dass dies nach aussen wirklich thematisiert wurde, begann spätestens in den 1950er Jahren die viel beschworene katholische Einheit zu bröckeln. Unter dem Einfluss französischer Philosophen wie beispielsweise Emmanuel Mounier und Jacques Maritain geriet das Block-Denken in die Kritik. So genannt «progressive» Intellektuelle forderten den Pluralismus des Denkens und die Autonomie der Politik von der Kirche.[25] Auf der sozioökonomischen Ebene veränderten die Umwälzungen des Zweiten Weltkrieges und der enorme Wirtschaftsaufschwung der 1950er und 1960er Jahre die Ausgangslage völlig. Die Katholiken holten das Bildungsdefizit auf und gaben gleichzeitig grundlegende Werte ihrer katholischen Weltanschauung auf. Nach aussen fiel dieser durch die Wohlstands- und Konsumgesellschaft geförderte Mentalitätswandel mit den Nachwirkungen des Zweiten Vatikanischen Konzils zusammen.[26] Wie immer man diese Wandlungen beschreibt und erklärt, ein Faktum ist gewiss: Die traditionelle Einheit des Katholizismus begann sich zu destabilisieren.

Zwischen Nation, Staat und Konfession

Für protestantische und national-liberale Eliten war der Katholizismus eine transnationale und damit in einem gewissen Sinne unpatriotische Konfession. Man verdächtigte die Katholiken der «doppelten» und gespaltenen Loyalität und sah in ihnen unzuverlässige Patrioten.[27] Als eigentliche Sündenböcke wurden regelmässig die Jesuiten betrachtet, die für viele Protestanten und kirchenferne Katholiken Staatsfeinde erster Ordnung waren.

Ernest Renan nannte Nationen «Solidargemeinschaften».[28] Tatsächlich stellt der Nationalismus eine Form von Integrationsideologie dar, die den einzelnen Menschen in ein politisches System einbindet, weshalb man in der Literatur auch von dessen Religio-Funktion spricht. Ähnlich wie die Religion stellt die Nation Sinnangebote zur Verfügung und prägt Lebensweisen und soziale Beziehungen. Ob national oder religiös begründet, Solidargemeinschaften besitzen gemeinsame Selbst- und Fremdbilder, Erinnerungsorte und Erzählungen, Feste und Riten; sie sind an der Konstruktion von Identität massgeblich beteiligt und weisen Praktiken der Inklusion und Exklusion auf. In Krisenzeiten kommt der Nationalismus gewissen Grundbefindlichkeiten der Menschen entgegen und kann die Religion als gemeinschaftsbildende Kraft teilweise ersetzen, weil er Sinn- und Integrationsbedürfnisse befriedigt.[29]

Während im 16. und 17. Jahrhundert die Konfession das entscheidende Element der gesellschaftlichen Inklusion und Exklusion darstellte, trat im 19. und 20. Jahrhundert in Europa zunehmend die Nation an deren Stelle.[30] Wie Ernest Gellner richtig beobachtet hat, erwies sich im Schmelztiegel der modernen Industriegesellschaft die säkulare Kultur des Nationalstaates stärker als die Religion.[31] Im Unterschied zu früheren Zeiten war es in der modernen Gesellschaft der Staat, der die Kultur schützte, und nicht mehr die Kirche. Die Menschen fühlten sich mit der Kultur des Nationalstaates verbunden, was erklärt, weshalb sie den Nationalstaat vor ihre Religion setzten. Die Testfrage lautet: Sind Sie Deutscher oder Schweizer, der zufällig Katholik ist, oder sind Sie Katholik, der zufällig Schweizer respektive Deutscher ist? In stabilen Nationalstaaten lautet die Antwort überall gleich: Schweizer und Deutscher. Für die modernen Menschen im Westen ist es in der Regel wichtiger, Glied einer anerkannten Kultur und eines Nationalstaates denn einer allgemein anerkannten Religion oder Kirche zu sein. Ähnlich wie der Nationalismus entstand der moderne Massenkatholizismus mit seinen Netzwerken und seiner Weltanschauung im 19. Jahrhundert. Waren die Menschen früher in die lokale Volksreligiosität eingebettet, entstand um die Mitte des 19. Jahrhunderts die katholische Massenreligiosität.[32] Daraus resultierten Volksbewegungen mit Vereinen, Parteien und Zeitungen, die den Katholiken Normen und Werte sowie ein System von Begriffen, Zeichen und Symbolen zur Verfügung stellten. Von Rom aus setzte sich in der zweiten Hälfte des 19. Jahrhunderts die ultramontane Variante des Katholizismus durch, die den Lebensstil der Katholiken homogenisierte und ähnlich wie der Nationalstaat die Grenzen zur Umwelt schärfer zog.[33]

Der ultramontane Katholizismus war von Anfang an zugleich transnational und national ausgerichtet.[34] Das ist das Spezifikum des modernen Katholizismus. Daraus entstanden unterschiedliche Nationsvorstellungen, die jahrzehntelang Konflikte zwischen Katholizismus und Nationalstaat hervorriefen, die richtigerweise als «Kultur-Kämpfe» oder «cultural wars» um die Deutungshoheit in der Gesellschaft in die Geschichte eingingen.[35]

Im Falle der Schweiz, Deutschlands und der Niederlande nahmen die Katholiken zum Staat, der kulturell durch den liberalen Protestantismus oder den protestantisch beeinflussten Liberalismus geprägt war, eine ambivalente Haltung ein. Einerseits anerkannten sie die Nation als solche, andererseits lehnten sie den bestehenden Nationalstaat und sein politisches Regime ab. Die katholischen Eliten konstruierten ihre Identität in der kulturellen Differenz zum Liberalismus und später zum Sozialismus und versuchten mit ihren Bildern und Codes die Vorstellungswelt und Verhaltensweisen der Gläubigen zu prägen.[36]

Unterwegs zur kulturellen und staatspolitischen Integration

Wie Oliver Zimmer und Guy Marchal aufgezeigt haben, waren in der Schweiz bei der Konstruktion der nationalen Identität nicht nur der Staat, sondern auch zivilgesellschaftliche Organisationen wie Vereine und Parteien und auch die Kirchen in hohem Masse beteiligt.[37] Auf diese Weise wurde der Katholizismus in positivem und negativem Sinne Teil des Prozesses der Nationalstaatenbildung. Mit anderen Historikern und Sozialwissenschaftlern hebe ich heute im Unterschied zu meinem Buch von 1989 die komplexen Konkurrenzsituationen, Verschränkungen und Überlagerungen von Nationalstaat und Katholizismus stärker hervor.[38] Diese Komplexität lässt sich aus verschiedenen Perspektiven darstellen. In diesem Buch stelle ich zwei Aspekte ins Zentrum: erstens die kulturellen Diskurse der Katholiken über ihre nationale und religiöse Identität und zweitens ihre politische Emanzipation im Nationalstaat.

Zum ersten Aspekt: Wie die nationale Gesellschaft des Bundesstaates war auch der politische Katholizismus eine Erinnerungsgemeinschaft, die sich in Festen und Riten, Jubiläen und Wallfahrten, Geschichtsdiskursen und Zukunftsentwürfen konkretisierte und dabei Freund- und Feindbilder instrumentalisierte. In diesem Zusammenhang ist ein Blick auf die Bundesjubiläen wie zum Beispiel die 600-Jahrfeier der Eidgenossenschaft 1891 oder das 100-Jahrjubiläum des Bundesstaates 1948 von Interesse. Auch an der Persönlichkeit von Bruder Klaus von Flüe lässt sich aufzeigen, wie sich konfessionelle, religiöse und nationale Elemente vermischten und überlagerten. Der Nationalheilige Bruder Klaus besass im Verlaufe des 19. und 20. Jahrhunderts weltliche und geistliche Funktionen, indem er sich vom patriotischen Landesvater zum katholischen Landesheiligen und zurück zum überkonfessionellen Friedensstifter wandelte. Die Historikerin Franziska Metzger zeigt in einer neuen Studie detailliert auf, wie die Kontroversthemen der Reformation und Gegenreformation bis ins erste Drittel des 20. Jahrhunderts hinein die Diskurse beherrschten, was eine Konfessionalisierung der Geschichtsinterpretationen zur Folge hatte. Seit den 1860er Jahren lässt sich von einer verstärkten protestantischen Konfessionalisierung der Nation sprechen.[39] Umgekehrt stellten sich die Katholiken im

Rückgriff auf die alte vorreformatorische Eidgenossenschaft als die «älteren» Eidgenossen dar. Auf diese Weise werteten sie zentrale Narrative im katholischen Sinne um. In einem dialektischen Prozess begann sich die konfessionelle Dimension des Nationalverständnisses der Katholiken zu verschweizern und im eigentlichen Sinne zu nationalisieren. Im Zusammenhang mit den Feierlichkeiten für das 600-Jahr-Jubiläum der Eidgenossenschaft 1891 konnte man in katholisch-konservativen Zeitungen lesen: «Wie mächtig muss im lieblichen Brunnen es einen Jeden ergreifen, der an jenem Tage hinüberblickt zum Rütli und zur Tellsplatte und hinauf zu den felsigen Bergriesen. – Das sind Erinnerungen, welche Bern [gemeint ist das freisinnige Bundes-Bern] allem äusseren Aufwande und trotz dem Bundespalaste nie zu geben vermag.»[40] Oder: «Wenn eine Partei nach Schwyz gehört, so ist es die katholisch-konservative. Die Katholiken, die Ältesten des Landes, sollen kommen, und sie können erhobenen Hauptes kommen. [...] Also nach Schwyz, um den alten Schweizergeist zu feiern mit unsern gleichgesinnten Freunden der Urschweiz! Da sind wir zu Hause.»[41]

Zum zweiten Punkt: Die kulturellen Assimilationsprozesse an die national-liberal und protestantisch geprägte «Leitkultur» liefen parallel zur politischen Emanzipation.[42] Als Unterlegene im Bürgerkrieg waren die kirchentreuen und konservativ eingestellten Katholiken 1848 zunächst Aussenseiter am Rande der Gesellschaft des neuen Bundesstaates, die erst mit der Einführung des fakultativen Referendums 1874 und des Proporzes 1919 ihren Minderheitenstatus politisch aufzuwerten vermochten. Der Rückzug in die katholische Sondergesellschaft ermöglichte im Sinne des römischen Ultramontanismus eine Homogenisierung und damit auch eine stärkere Konfessionalisierung.

An der Spitze der katholischen Subgesellschaft stand die Partei, die als politischer Arm wirkte. Nach dem schrittweisen Ausgleich mit dem liberalen Freisinn traten die Katholisch-Konservativen 1891 in die Landesregierung ein. Allerdings führte diese Konkordanzpolitik zu internen Spannungen. Die «doppelte Loyalität» zur Eidgenossenschaft und zur römischen Kirche hatte Ambivalenzen zur Folge, die sich erst in den späten 1960er Jahren vollends auflösten.

Transnational und doch patriotisch

Bis ins letzte Drittel des 20. Jahrhunderts war der Katholizismus durch ein Paradoxon gekennzeichnet. Einerseits zeigt die transnationale Perspektive auf den europäischen Ultramontanismus, dass sich Kirche und Katholizismus in einem bisher unbekannten Ausmass internationalisierten. Ein illustratives Beispiel in der Schweiz stellt die Gründung der katholischen Staatsuniversität Freiburg 1889 dar. Auf der anderen Seite passte sich die Kirche an den Nationalstaat an und löste sogar nach dem Bundesbeschluss von 1859 mit der Abspaltung des Tessins vom Erzbistum Mailand und vom Bistum Como die letzten internationalen Verflechtungen ihrer Bistümer auf.[43]

Auf diese Weise fügten sich die Katholiken in das institutionelle Gefüge des Nationalstaates ein, eroberten in den Machtzentren der schweizerischen Politik Schlüsselstellen und wurden so zu einem Bestandteil der Bundespolitik. Dass sie sich dabei verschweizerten und nationalisierten, war die logische Folge. Mit ihrer nationalkonservativen Interpretation der «geistigen Landesverteidigung» gestalteten sie von den dreissiger bis in die fünfziger Jahre des 20. Jahrhunderts die schweizerische Identität entscheidend mit. 1959 krönten sie diese kulturelle Integration mit der parteipolitischen «Zauberformel», die bis 2003 hielt.

Mit der erfolgreichen Integration verlor der politische Katholizismus in einem gewissen Sinne seine Raison d'être. Am Ende des über hundert Jahre dauernden komplexen Prozesses im Verhältnis des Katholizismus zur Nation und zum Bundesstaat stehen Transformationen, deren historische Einordnung ich im Schlusskapitel dieses Bandes erörtere.

ii Religion und Nation
in europäischer Perspektive

1. Religion und Nation: komplexe Kommunikationsgemeinschaften

Während die Religion im konfessionellen Zeitalter Europas die ordnungsstiftende Macht par excellence darstellte, übernahmen im 19. und 20. Jahrhundert Nation und Sprache ähnliche Identifikationsfunktionen.[1] Neben den Grossideologien wie Liberalismus und Sozialismus, im 20. Jahrhundert auch Faschismus, Nationalsozialismus und Kommunismus, etablierte sich der Nationalismus als Integrationsideologie. Nationale Eliten strebten in fast allen Lebensbereichen danach, ihre diskursiven Konstruktionen nationaler Identität in den europäischen Gesellschaften durchzusetzen.[2] Da die funktionale Ausdifferenzierung der europäischen Gesellschaften geistige Vakuen schuf, strömte der Nationalismus als eine Art von pseudoreligiöser Gemeinschaftsideologie in diese ein.[3] Die Nation wurde zum zentralen Integrations- und Exklusionsfaktor. In Bezug auf das 19. und 20. Jahrhundert bezeichnet Pierre Nora die Nation als «stärkste unserer kollektiven Traditionen – unser Gedächtnismilieu par excellence».[4] Auf die Nation und den Nationalstaat ausgerichtete Ideologien erhielten seit dem 19. Jahrhundert eine Funktion, welche in der frühen Neuzeit Religion und Konfession eingenommen hatten[5]; doch trugen religiöse Faktoren trotz der Säkularisierung weiterhin zur Identitätsbildung und Vergemeinschaftung bei. Dies haben verschiedene, in den letzten Jahren erschienene Sammelbände zur Thematik von Religion und Nation demonstriert, so besonders die beiden von Dieter Langewiesche und Heinz-Gerhard Haupt herausgegebenen Sammelbände zu Deutschland und zu Europa (2001 und 2004), der von Michael Geyer und Hartmut Lehmann (2004) herausgegebene ebenfalls europäisch-komparative Band, die auf die politische Dimension sich fokussierenden, von Dieter Ruloff (2001) und Alois Mosser (2001) herausgegebenen

Bücher, sowie der von Franziska Metzger und mir 2007 publizierte Band einer Tagung von 2004.[6]

Bezüglich der Nationalismen des 19. und 20. Jahrhunderts könnte man von einer Überlagerung herkömmlicher Erinnerungstraditionen, wie sie Maurice Halbwachs schon 1925 in der Familie, in religiösen Gruppen und in sozialen Klassen sah[7], durch die nationale Erinnerung sprechen. Die lange Friedenszeit nach dem Zweiten Weltkrieg und die gesellschaftlichen Umbrüche des letzten Drittels des 20. Jahrhunderts lösten später die Triade Gedächtnis, Geschichte und Nation auf,[8] eine gesellschaftliche Entwicklung, die parallel dazu auch für die Verbindung von Religion, Gedächtnis und Geschichte festgestellt werden kann.[9] Beide Vergemeinschaftungen, Nation und Religion, machten Wandlungen durch und pluralisierten sich.

Nation und Religion als Kommunikationsgemeinschaften

Mit kultur- und sozialgeschichtlichen Ansätzen kann man die Nation als Kommunikationsgemeinschaft beschreiben, als «communicative community», die sich über gemeinsame Codes und Symbole konstruierte und deren Eliten bestrebt waren, eine einheitliche «nationale» Kultur zu schaffen, um die staatliche Gemeinschaft politisch zusammenzuhalten oder eine solche zu schaffen.[10] Dabei erachte ich die Vermischung weltanschaulich-diskursiver, lebensweltlicher und organisatorischer Strukturen ineinander als für Kommunikationsgemeinschaften zentral.[11] Nationen gründen sowohl auf gemeinsamen Ideen, Normen und Riten als auch auf sozialen Kohäsionen, um im Rahmen von bereits geschaffenen oder angestrebten staatlichen Strukturen Orientierungen für integrative Diskurse und deren politische Umsetzung zu schaffen. Dabei bildet die doppelte Konstruktion von Selbst- und Fremdbeschreibungen, von Inklusionen und Exklusionen den Kern.[12]

Kommunikationsnetzwerke stellen Integration durch Kommunikation her. Den Eliten als Produzenten von Ideen, Symbolen und Codes kommt dabei eine tragende Rolle zu. Als Mechanismen der nationalen Integration wirkten in den westeuropäischen Nationalstaaten die staatliche Bürokratisierung und die Armee, das Bildungssystem, das Vereins- und das Pressewesen als Sozialagenturen, durch welche der Nationalstaat die kulturellen Vorstellungen seiner Bewohner vereinheitlichte sowie Politik und Kultur auf einer überregionalen Ebene zur Deckung brachte.[13] So schuf der moderne Nationalstaat neue «nationale» Gemeinschaften, die auf gemeinsamen Werten und Symbolen gründeten und ältere, beispielsweise konfessionelle oder regionale Identifikationen überlagerten. Regionale Loyalitäten verschwanden nicht, sondern wurden neu definiert, weshalb in der Forschung Zugehörigkeiten zu mehreren Gemeinschaften ins Blickfeld gerückt sind.[14] Zwar wurden aus den Zürchern, Solothurnern und Genfern Schweizer, aus den Rheinländern und Schwaben Deutsche, doch bestanden die regionalen Identifikationen fort. Für Ostmitteleuropa hat Moritz Csáky solche Überlagerungen verschiedener kultureller Identitäten eindrücklich dargestellt.[15] Das Konzept der Mehrfachidentitäten öffnet den Blick auf die Pluralität diachroner und synchroner Gesellschaftsbeschreibungen.[16] In Bezug auf den religiösen Faktor in Ost- und Mitteleuropa zeigten sich diese Überlagerungen besonders ausgeprägt.[17] Auf die multiplen Identitäten der Juden in ost- und zentraleuropäischen Ländern um die Jahrhundertwende von 1900 wurde öfters hingewiesen.[18] Oder ein Beispiel aus der Schweiz: Hier trug der 1841 gegründete Schweizerische Studentenverein als eines der bedeutendsten Makronetzwerke der katholischen Eliten wesentlich dazu bei, die regionalen Identitäten langsam zu nationalisieren. Mit seinem national-konservativen Programm band er seine Mitglieder in den modernen Bundesstaat ein.[19]

Ähnlich wie die Nation kann Religion als Deutungs- und Kommunikationssystem betrachtet werden, das Sinnangebote zur Verfügung stellt, weltanschauliche Codes, soziale Beziehungen und Lebensweisen prägt.[20] Friedrich Wilhelm Graf spricht von «konfessionsspezifischen symbolischen Ordnungen», welche die «cognitive maps der Individuen» prägten, ihre «moralische Ökonomie» bestimmten und «Codes der Selbstrepräsentation, der lebensgeschichtlichen Selbstdeutung» bereitstellten.[21] Wenn man Religion als «Sinnstiftungskultur»[22] betrachtet, sind vor dem Hintergrund gesellschaftlicher Modernisierung Fragen der Vielschichtigkeit von Identitätsbildung von zentraler Bedeutung.

Aus gemeinsamen Selbst- und Weltbeschreibungen sowie Inklusions- und Exklusionspraktiken entstanden in den europäischen Katholizismen kollektive Identitäten, welche durch Vereine und Organisationen institutionell gebunden und in den politischen Diskurs und in parteipolitischen Bindungen übersetzt wurden. Wilhelm Damberg spricht bezüglich des katholischen Milieus, wie es sich in Ländern wie Deutschland, den Niederlanden und der Schweiz herausbildete, von einem «Träger einer kollektiven Sinndeutung und darauf abgestimmter Handlungsmuster».[23]

Die kulturgeschichtliche Forschung ermöglicht eine komparative Perspektive auf nationale und religiöse Phänomene. Riten, Erinnerungsorte, Erzählungen, Legenden und Feste besitzen für «ihre» Kommunikationsgemeinschaften, ob national oder religiös, ähnliche Funktionen. Dabei weisen die einzelnen Konfessionen, z. B. der Katholizismus und der Protestantismus, vergleichbare Inklusions- und Exklusionsmechanismen auf.[24] Beispiele aus der Erinnerungs- und Geschichtskultur demonstrieren dies anschaulich. Stellten Bruder Klaus in der Schweiz und Bonifatius in Deutschland zunächst überkonfessionelle nationale Erinnerungsfiguren dar, so wurden sie in den Kulturkämpfen des 19. Jahrhunderts von den Katholiken zunehmend konfessionalisiert und protestantischen Erinnerungsfiguren wie Huldrych Zwingli und Martin Luther entgegengestellt.[25]

Von der Konfessionszugehörigkeit zur Staatsbürgerschaft

Im konfessionellen Zeitalter des 16. und 17. Jahrhunderts stellte der religiöse Faktor das entscheidende Element der gesellschaftlichen Inklusion und Exklusion dar, das auf das engste mit der Politik verbunden war. Die europäischen Staaten sahen es als ihre Aufgabe an, die Religion auf ihrem Territorium zu schützen. In monokonfessionellen Ländern wie Frankreich, Spanien oder England förderte die Konfession die Herausbildung der absolutistischen Territorialstaaten.[26]

Im 19. und 20. Jahrhundert ersetzte dann häufig die Sprache die Religion als entscheidenden kulturellen Faktor der Konstituierung nationalstaatlicher Territorien. In Anlehnung an das Prinzip «cuius regio eius religio» regelte der Grundsatz «cuius regio eius lingua» das Zusammenleben im modernen Nationalstaat, der mit Hilfe des Bildungssystems Kultur und Politik zur Deckung brachte.[27]

Zu Beginn des 21. Jahrhunderts bilden trotz aller Globalisierung immer noch Nationalstaaten den Grundstein der internationalen Ordnung, auch wenn regionale Zusammenschlüsse wie die Europäische Union deren Souveränität einschränken. Auf der politischen Ebene stellt die Staatszugehörigkeit in der Regel das entscheidende Kriterium dar, bestimmt das Ausmass der politischen Grundrechte und regelt den Zugang zum Arbeitsmarkt und damit auch zum sozialen Wohlfahrtssystem. Damit ist die Staatsbürgerschaft das zentrale Inklusions- bzw. Exklusionselement, das sich auf verschiedene gesellschaftliche Bereiche auswirkt. Die Regierungen verknüpfen Staatsbürgerschaft und nationale Identität miteinander und fordern von den Bürgern Loyalität in politischen, militärischen und kulturellen Belangen.[28]

Im Zuge der Säkularisierung und der funktionalen Ausdifferenzierung der Gesellschaft ist der religiöse Faktor in den westeuropäischen Gesellschaften noch marginal an den nationalen Integrationsprozessen beteiligt. Der Zugang zum Arbeitsmarkt oder die Teilhabe an der sozialen Sicherheit sind in der Europäischen Union formell nicht von der Religionszugehörigkeit abhängig. Während im konfessionellen Zeitalter die religiöse Zugehörigkeit sowohl über die individuelle Identität wie auch über die Mitgliedschaft im kollektiven Verbund entschied, spielt zu Beginn des 21. Jahrhunderts der religiöse Faktor für die Zugehörigkeit zum Kollektiv des Staates in Westeuropa kaum mehr oder dann eine untergeordnete Rolle. Auch für die gesellschaftliche Integration der Menschen hat der Austritt oder auch der Ausschluss aus einer Kirche oder Religionsgemeinschaft in der westlichen Welt nur noch geringe Auswirkungen. Die Konfessionszugehörigkeit ist zu einer freien Entscheidung geworden.[29]

Die jüngsten Kontroversen um Kopftuch, Moscheen und die Herkunft der Imame in den westeuropäischen Ländern sind jedoch Ausdruck davon, wie die öffentliche Präsenz der Religion in Staat und Gesellschaft nach wie vor zu Debatten führt.[30] So entbrannte 2004 in der Schweiz eine Diskussion um radikale islamische Prediger, in deren Verlauf sich auch der Generalsekretär der Schweizerischen Bischofskonferenz für die Ausbildung von Imamen in der Schweiz aussprach, da dies einer Integration in eine liberale Gesellschaft dienlich sei. Demgegenüber sorgt in Österreich, wo der Islam staatlich anerkannte Glaubensgemeinschaft ist, der Staat für den deutschsprachigen muslimischen Religionsunterricht und kontrolliert die Ausbildung der Religionslehrerinnen und -lehrer.[31]

Im Weiteren geben die unterschiedlichen gesellschaftlichen Ausformungen des Systems der Trennung von Kirche und Staat in Frankreich und den USA Aufschluss über unterschiedliche religiöse Inklusions- und Exklusionsmechanismen. Während in den USA mit der Trennung von Kirche und Staat die verfassungsmässig geschützte freie Religionsausübung einhergeht, schränkt in Frankreich der laizistische Staat, der seine Identität über den Laizismus und Säkularismus definiert, die freie Religionsausübung in der Öffentlichkeit ein. Präsident Nicolas Sarkozy spricht freilich neuestens von «laïcité positive». In den USA bestimmen der säkulare Staat und die öffentliche Präsenz einer Vielzahl religiöser Bekenntnisse den Religionsdiskurs in der Gesellschaft. Demgegenüber stellt in Frankreich das Axiom der Laizität der «einen und unteilbaren» Republik – wie lange noch? – über die vom Staat interpretierte Religionsfreiheit.

Politische und politisierte Religion

Der religiöse Faktor ist keineswegs aus dem Kräftespiel der modernen Gesellschaft verschwunden. Weltweit gesehen kann sogar von einer «Rückkehr der Religion» (Gilles Kepel) gesprochen werden. Auch in Europa ist der religiöse Diskurs trotz oder gerade wegen der Pluralisierung in die politische Arena zurückgekehrt.[32] Darauf haben verschiedene Autoren in dem von Otto Kallscheuer schon 1996 herausgegebenen Sammelband «Das Europa der Religionen» hingewiesen.[33] Der Individualismus und der Materialismus der modernen Konsumgesellschaft riefen und rufen kompensatorische Bedürfnisse religiöser oder pseudoreligiöser Natur hervor. Der polnische Philosoph Leszek Kolakowski betonte 2001 in Bezug auf die Gegenwart, dass wir in Europa keineswegs in einem «nachchristlichen» Zeitalter leben.[34]

Der globale Makrotrend der Säkularisierung darf für das 19. und 20. Jahrhundert nicht als linearer Prozess verstanden werden. Betrachtet man das 19. und die erste Hälfte des 20. Jahrhundert in Bezug auf konfessionelle Auseinandersetzungen und religiöse Lebenswelten, kommt man zu Differenzierungen, die die Komplexität religiöser Phänomene in der Moderne offen legen und das Konzept der Säkularisierung teilweise dekonstruieren.[35] Hartmut Lehmann und Friedrich Wilhelm Graf haben darauf hingewiesen, dass gerade die Konstruktionslogiken des Säkularisierungskonzeptes sowie die Semantiken von «Säkularisierung», «Dekonfessionalisierung» und «Entkirchlichung» zu reflektieren sind.[36]

Das Spektrum von Religion und Politik ist breit; nennen wir die Instrumentalisierung religiöser Diskurse für die Durchsetzung politischer Interessen oder den religiös argumentierenden Ethnonationalismus. Dabei ist die Perspektive nicht auf Ost- bzw. Südosteuropa und den Nahen Osten einzuschränken, sondern auch Westeuropa und die USA in religionsgeschichtlicher Perspektive einzubeziehen.

Fragen nach der Instrumentalisierung der Religion im Dienste der Politik stellen sich ebenso für die europäische Epoche der Nationsbildung im 19. Jahrhundert wie für Phänomene des Ethnonationalismus und religiösen Fundamentalismus am Ende des 20. und am Anfang des 21. Jahrhunderts. Auf der politischen Ebene diente die Religion in den letzten zwei Jahrhunderten oft dazu, die Politik und Herrschaft zu rechtfertigen. Zur Analyse solcher Phänomene sind die Kategorien der «politischen» und «politisierten» Religion des amerikanischen Politikwissenschafters Juan Linz in komparativer Perspektive hilfreich, wenn auch nicht unumstritten.[37] Laut Juan Linz bildet die «politisierte» Religion eine Ersatzideologie, die zum Zweck hat, eine bestimmte politische Ordnung mit religiösen Argumenten zu stützen. Dabei bleibt die Frage strittig, ob die Religion für die Politik oder die Politik für die Religion instrumentalisiert wird. Ein gutes Beispiel dafür ist Spanien unter Francos Diktatur. Demgegenüber hätten die «politischen Religionen» wie etwa der kommunistische Marxismus oder die nationalsozialistische Rassenlehre im 20. Jahrhundert versucht, Religionen im eigentlichen Sinne zu ersetzen.[38] Als Ersatzreligionen prägten sie von 1917 bis 1989 während den kommunistischen und faschistischen Diktaturen in hohem Masse das Leben der Menschen in den autoritär-totalitären Staaten Europas.[39]

Eine extreme Form politisierter Religion stellt der religiöse Fundamentalismus islamistischer Prägung dar. Religiöser Fundamentalismus verbindet sich leicht mit ethnischem Nationalismus und verschärft damit die politischen Konflikte.[40] Nach dem 11. September 2001 erhielten die Diskussionen um Fragen von Religion und Gewalt in der Öffentlichkeit eine nie dagewesene Präsenz.[41] Zwar besitzt

Samuel P. Huntingtons These vom «Zusammenprall der Zivilisationen» eine grosse Suggestivkraft, weil sie die globale Ethnisierung von Politik und Religion komplexitätsminimierend deutet.[42] Doch reicht die These auf verschiedenen Ebenen nicht aus, so etwa nicht, um die zahlreichen regionalen Konflikte des ausgehenden 20. Jahrhunderts verständlich zu machen. Im Nahen Osten und anderen Teilen Asiens und Afrikas erwachten die lokalen Kulturen zu neuem Leben, was sich im Separatismus der Kurden gegen den türkischen und irakischen Staat oder in den Stammeskriegen in Afrika zeigte. Dadurch ethnisierten sich Regionalkonflikte und mutierten zu ethnonationalistischen Kriegen. Islamistische Fundamentalisten instrumentalisieren das religiöse Solidaritätsgefühl der Muslime über die nationalstaatlichen Grenzen hinweg.

Fundamentalistische Strömungen treten nicht nur im Islam, sondern auch im Judentum und im Christentum auf.[43] Grundlegend für sie ist das Streben nach einer Minimierung der Differenz zwischen Religion und Politik. So unterschiedlich die verschiedenen fundamentalistischen Phänomene in den einzelnen Religionsgemeinschaften sind, gemeinsam ist ihnen allen die Zielsetzung, das westlich-liberale Prinzip der Trennung von Kirche und Staat aufzuheben und die moderne Welt zu rechristianisieren, zu reislamisieren oder zu rejudaisieren. Mit ihrem Absolutheitsanspruch streben die Fundamentalisten nach einer Durchdringung sämtlicher Bereiche der Gesellschaft im Sinne ihrer Religion.

Über das analytische Potential des Konzeptes «politische» und «politisierte» Religion lässt sich streiten. In beiden Fällen trete ich für eine Differenzierung und Kontextualisierung ein. Erstens gilt es zwischen totalitären Ideologien und anderen Ideologien wie dem Nationalismus zu unterscheiden. Des Weiteren ist analytisch zu trennen zwischen «Religion» auf der inhaltlich-substantiellen Ebene und der Ebene von (pseudo)religiösen Mechanismen, etwa der sakralen Sprache, Symbolik und rituellen Umsetzung, denn nur so kann zwischen der Instrumentalisierung religiöser Mechanismen und sinnprägender Funktionen von Religion im Bereich der Politik differenziert werden. Dabei ist jedoch der Blick auf die Verbindung der beiden Ebenen nicht zu verlieren. Drittens greift das Konzept der «politischen Religion» in Bezug auf den

Nationalismus zu kurz, wenn es nicht durch andere, vor allem kulturgeschichtliche Zugänge ergänzt wird.[44] Besonders hinsichtlich der Verbindung religiöser und nationaler Diskurse – sei es etwa der Konfessionalisierung der Nation oder der Nationalisierung konfessioneller Diskurse – in einer Kommunikationsgemeinschaft und deren Interaktion mit anderen Kommunikationsgemeinschaften sind die beiden Konzepte zu wenig griffig. Dies hängt in erster Linie damit zusammen, dass sie hauptsächlich auf den Staat und nicht auf die Nation als identitätsbildende Kommunikationsgemeinschaft hin orientiert sind, was wiederum mit den Totalitarismustheorien zu tun hat.

Theologisierung der Nation oder Nationalisierung der Religion?
Zwar wurde der Nationalstaat und dessen Kultur in der zweiten Hälfte des 19. Jahrhunderts zum zentralen Inklusions- und Exklusionskriterium der modernen Gesellschaft, doch blieben – wie ich schon erwähnt habe – Religion und Konfession in europäischen Ländern wie z. B. der Schweiz, Deutschland, den Niederlanden, Polen und Irland während der Modernisierung und Nationalstaatenbildung weiterhin bedeutend. Charles Taylor spricht in Bezug auf die religiöse Ebene von einer «entscheidenden Markierung für ‹nationale› Identität».[45]

An anderer Stelle habe ich darauf hingewiesen, dass der religiöse Faktor dort am nachhaltigsten auf die Entstehung von Nationalstaaten gewirkt hat, wo Religion und Kirchen zum Schutzort kultureller Identität geworden sind.[46] So vermischten sich in Irland nationale und konfessionelle Freiheitsbewegung miteinander; damit konfessionalisierte sich der nationale Konflikt zu Beginn des 19. Jahrhunderts, wobei der irische Katholizismus gleichzeitig politisiert und in einer Massenmobilisierung organisiert wurde.[47] Die Verschränkung von Nation, Religion und Politik steht im Zentrum eines kultur- und sozialgeschichtlichen Zugangs. Die Instrumentalisierung der Religion im Dienste des Nationalismus und die Politisierung der Religion stellen ebenso wie die Sakralisierung der Politik zentrale Themen dar.

Wie schon Carlton Hayes[48] 1928 festgestellt hat, können strukturelle und diskursive Parallelen zwischen den Mechanismen nationaler und religiöser Identitätsbildung festgestellt werden: Sakralisierung, Charismatisierung, Auserwähltheitstopos, Aufopferungs- und Erlösungsdiskurse und andere mehr.[49] Wie zahlreiche Sozialwissenschafter und Historiker festhalten, formten zum einen «säkularisierte» Ideologien gerade auch mit Codes und Bildern aus der religiösen Vorstellungswelt die Normen und Verhaltensweisen der Menschen.[50] So wurden Kategorien wie «Volk» und «Nation» gleichsam sakralisiert, religiöse Riten verweltlicht und als säkularisierte Bräuche fortgeführt. Die Menschen begrüssen die Nationalfahne wie das Allerheiligste, sie singen die Nationalhymne wie das Te Deum, sie versammeln sich zu Massenmeetings wie bei religiösen Festen, sie veranstalten Wallfahrten zu nationalen Heiligtümern wie die Gläubigen zu kirchlichen Wallfahrtsorten.[51] Politische Heldenkulte wie zum Beispiel der Lenin- und Stalin-Kult traten an die Stelle der Heiligenverehrung. Michael Geyer spricht in diesem Zusammenhang davon, dass christliche Konfessionen als «Symbolspeicher» begriffen werden könnten.[52]

Es wäre jedoch falsch, sich auf die Ablösung religiöser Riten, Verhaltensweisen und Codes durch «säkulare» der Nation zu beschränken. Das Verhältnis von Religion und Nation ist viel komplexer. Kann man im Falle der Sakralisierung der Nation von einer Integration religiöser Elemente unter gleichzeitiger Entleerung des Inhaltes sprechen, so ist in Ergänzung dazu der Überlagerung der religiösen und nationalen Ebenen Beachtung zu schenken.[53]

In einer kultur- und sozialgeschichtlichen Perspektive ist nach dem Zusammenwirken religiöser und nationaler Identitätskonstruktionen zu fragen, oder anders gesagt: nach der Präsenz des religiösen Faktors in der «Versprachlichung» der Nation durch verschiedene Gesellschaftsgruppen.[54] Wie wurde die religiöse Symbolsprache in die Konstruktion der nationalen Gemeinschaft als «Heilsgemeinschaft» eingebaut? Friedrich Wilhelm Graf spricht von «Theologisierung» der Nation und betont besonders die theologische Semantik religiöser Diskurse.[55] Auch sind gerade Essentialisierungen in der Verbindung von Religion und Nation zu beachten, wie sie etwa in der protestantischen wie katholischen Geschichtsschreibung der bikonfessionellen Länder Schweiz und Deutschland zum Ausdruck kommen.[56] So präsentierten etwa evangelisch-reformierte und national-liberale Historiker in der Schweiz die Verbindung von Protestantismus und «Schweizertum» als für die republikanische Staatsform quasi natürlich.[57]

Mit Blick auf die komplexen Interrelationen von Religion und Nation rücken die Pluralität synchroner und diachroner Gesellschaftsbeschreibungen und deren Hegemonialkonflikte ins Zentrum. Auf den konfliktiven Charakter der Herausbildung der modernen Nation hat Oliver Zimmer in Bezug auf die Schweiz hingewiesen.[58] An der Konstruktion der Nation waren der Staat und gesellschaftliche Instanzen wie Parteien und Vereine beteiligt, wobei der kompetitive Charakter in öffentlichen Kontroversen etwa um das Landesmuseum, die Primarschule oder die Geschichtsschreibung zum Ausdruck kam.[59] Umgekehrt sind gerade in gemischtkonfessionellen Staaten wie Deutschland und der Schweiz verbindende Elemente nicht ausser Acht zu lassen. Die Überlagerung verschiedener Identitäten – nationaler, regionaler und konfessioneller – hat Siegfried Weichlein für das Bismarck-Reich aufgezeigt. So weiteten sich beispielsweise der Nachrichtenverkehr und die Presse bis zum Ende des 19. Jahrhunderts aus und wurden dabei nationalisiert; zur gleichen Zeit verdichtete sich die Lokal- und Regionalpresse, gerade auch die katholische.[60] Auch regionale und konfessionelle Identitäten wurden in der zweiten Hälfte des 19. Jahrhunderts durch «symbolische Erfindungen», etwa Erinnerungsfeiern, geschaffen.[61] In der Schweiz stellten die Jubiläumsfeierlichkeiten von 1891 eine erinnerungspolitische Schlüsselstelle für die nationale Integration der Schweizer Katholiken dar.[62]

Geschichts- und Vergangenheitspolitik

Für die Bildung nationaler und religiöser Kommunikationsgemeinschaften spielten «inventions of tradition» in der doppelten Bedeutung von «Entdeckung» und «Erfindung» – das heisst Geschichtsschreibung, Erinnerungsorte, Jubiläen und Riten etc. – eine wichtige Rolle, denn sie besassen nach innen integrative und gegen aussen abgrenzende Funktionen.[63] Als kulturelle Konstruktionen vergangener Wirklichkeit widerspiegelte und formte die Geschichtsschreibung kollektive Gedächtnisse. Nicht nur nationale Gemeinschaften, sondern auch religiöse Kommunikationsgemeinschaften waren über die Konstruktion von Erinnerung und Geschichte – Geschichtsdiskurse in einem weiteren Sinn und Geschichtsschreibung im engeren Sinn – «historisch reflexiv»[64]. Vor dem Hintergrund der Bedeutung der Geschichte für die Konstruktion von Identitäten können diese Kommunikationsgemeinschaften als Erinnerungsgemeinschaften bezeichnet werden, die Erinnerung in der Form von Diskursen, Orten, Riten und Festen produzierten, vermittelten und über Generationen tradierten.[65] Auf die Rolle von Symbolen und Ritualen in der Konstruktion von Gründungsmythen haben Heinz-Gerhard Haupt und Dieter Langewiesche hingewiesen.[66]

Wie Franziska Metzger am Beispiel der Geschichtsschreibung und Erinnerungskultur der Schweiz aufzeigt, wiesen die kirchentreuen Katholiken und ihre national-liberalen Konkurrenten in ihren Narrativen ähnliche Diskursmechanismen auf, über welche sie Identitäten konstruierten und politische Ordnungsvorstellungen für die jeweils eigene Gegenwart legitimierten. So funktionierten die beiden weltanschaulichen Gemeinschaften mit ihrer Rechtfertigung von gesellschaftspolitischen Modellen in der national-liberalen und katholischen Geschichtsschreibung ähnlich und instrumentalisierten den Reformator Huldrych Zwingli auf der einen und den katholischen Reformer Kardinal Karl Borromäus auf der anderen Seite.[67] Wie Martin Schulze Wessel demonstriert, stellte die Reformation auch in Böhmen und Mähren einen zentralen Referenzpunkt für konfessionalistische Nationsdeutungen dar.[68] Ähnlich zeigt Árpád von Klimó für Ungarn auf, wie über die Geschichtskultur konfessionelle Freund- und Feindbilder auf die Nation übertragen wurden.[69] Zudem finden sich auf der lebensweltlichen Ebene religiöser Kommunikationsgemeinschaften Gedächtnismechanismen in katholischen Wallfahrten und anderen religiösen Riten. So war etwa die Wallfahrt nach Einsiedeln mit dem Gedächtnis an Maria und den Heiligen Meinrad, den Patron Einsiedelns, eng mit dem schweizerischen Patriotismus verbunden.[70]

Sowohl nationale wie auch religiöse Identitätskonstruktionen kann man als Versuche ansehen, den Zerfall kollektiven Gedächtnisses aufzuhalten, wie er von Pierre Nora als Ausdruck der modernen Gesellschaft beschrieben wird.[71] Die Eliten betreiben Geschichts- und Vergangenheitspolitik, um die kulturelle Hegemonie in der Konkurrenz der Weltanschauungen zu erlangen.[72] Geschichtspolitik ist Ausdruck davon, wie Kommunikationsgemeinschaften Erinnerungsdiskurse fixieren und dadurch weltanschaulich-moralische Konzepte in der Politik durchzusetzen versuchen. Wie in Österreich und anderen Ländern löste auch in der Schweiz die Aufarbeitung des Zweiten Weltkrieges Debatten aus, die konfessionelle Züge aufwiesen.[73]

Auflösung der Triade von Nation, Religion und Erinnerung
Geschichtskultur und Erinnerungsorte sind Ausdruck davon, wie in unterschiedlichen gesellschaftlichen Gruppen über den konfessionellen Faktor Nationskonzeptionen geschaffen wurden. Als moderne Kommunikationsgemeinschaften machten Nation und Religion in der «Postmoderne» der zweiten Hälfte des 20. Jahrhunderts fast zur gleichen Zeit einen Erosionsprozess durch.[74] Nach der Mitte des 20. Jahrhunderts kann von einer parallelen Auflösung nationaler und religiöser Kommunikations- und Erinnerungsgemeinschaften gesprochen werden. Dies ist Ausdruck der Hybridisierung von Geschichte und des Zusammenbruchs von so genannten «Meistererzählungen» für die nationale und religiöse Identitätskonstruktion.[75] Franziska Metzger spricht von einer «Dekonstruktion jener Masternarrative, welche [...] eigentliche Gründungsmythen» bzw. «dominierende nationale Identitätsdiskurse und für den Katholizismus religiöse bzw. kirchliche Identitätsdiskurse dargestellt hatten, die von einem grossen öffentlichen und politischen Konsens getragen worden waren».[76] Mit der Wende von 1989 beschleunigte sich dieser Prozess.

In der Katholizismusforschung gingen diese Veränderungen im letzten Drittel des 20. Jahrhunderts – wie in anderen Gebieten der Geschichtsschreibung – mit einer «kulturgeschichtlichen Wende» einher[77], die die bisherige kulturkämpferische Fixierung auf den säkularen Staat aufbrach, aber gleichzeitig einer Vielfalt von Perspektiven Auftrieb gab und damit die frühere, fast sakrale Einheit von Kirche, Katholizismus und Geschichte aufweichte. Ähnlich wie im nationalen Rahmen entstand eine Partikularisierung und Pluralisierung der Vergangenheiten.

In den heutigen europäischen Gesellschaften stellen wir eine Pluralität von Identitäten unterschiedlicher Kommunikations- und Erinnerungsgemeinschaften fest, die gleichzeitig nebeneinander existieren. Mit Bezug auf den Wandel der Religion, die «transformations du champ religieux»[78], spricht Danièle Hervieu-Léger in Umkehrung des bekann-

ten Diktums von Grace Davie «Believing without belonging» von
«Belonging without believing».[79] Mehr als uns vielleicht bewusst ist,
bilden Religion und Kirchen Teile des kulturellen Gedächtnisses der
(post)modernen Gesellschaften in Europa.
In dem sich laufend neu definierenden Europa, das trotz allen
Gegenläufigkeiten durch eine fortgeschrittene Säkularisierung geprägt
ist, wird der religiöse Faktor als kulturelles Gedächtnis vermehrt zu
einem Element, das jenseits der Kirchen und des christlichen Konfessionalismus und jenseits des Nationalstaates und der Nation neue
Identitäten auf der Basis des christlich-jüdischen, morgen vielleicht des
christlich-jüdisch-muslimischen Erbes formt.

2. Katholizismus und Nation in Europa: Konstellationen

Die römisch-katholische Kirche hielt gegenüber den nationalen Befreiungsbewegungen bis zum Ende des 19. Jahrhunderts mehr oder weniger deutlich am Prinzip der dynastischen Legitimität fest.[1] Entsprechend ergriff Papst Gregor XVI. 1830 beim polnischen Aufstand die Partei des russischen Zaren.[2] Jahrzehntelang belastete die so genannte «römische Frage» den italienischen Nationalstaat, den die Kirche mit ihrem «Non expedit» boykottierte.[3] Demgegenüber stellte sich Gregor XVI. nicht gegen den belgischen Nationalstaat von 1830, zu welchem der Katholizismus wesentlich beigetragen hatte und in welchem, wie Emiel Lamberts ausführt, die katholische Kirche von einer Reihe rechtlicher Freiheiten profitierte.[4]

Die Päpste unterschieden in ihren Verlautbarungen vielfach zwischen Nation und Staat und betrachteten das Nationale als etwas Gesellschaftliches, was ihnen erlaubte, gegenüber dem Absolutheitsanspruch des modernen Kulturstaates Widerspruch anzumelden.[5] Hauptsächlich wehrte sich die katholische Kirche gegen das staatliche Erziehungs- und Bildungsmonopol, mit dessen Hilfe der Nationalstaat die kulturelle Hegemonie nicht nur gegenüber seinen politischen Einheiten, d. h. den Regionen und Provinzen, sondern auch gegenüber den Kirchen und Religionsgemeinschaften beanspruchte.

Wie der Nationalismus hängt der moderne Katholizismus – und dies ist ein zentrales Element des ambivalenten Verhältnisses von katholischer Kirche und moderner Gesellschaft – mit der Entstehung der Massengesellschaft im 19. und 20. Jahrhundert zusammen.[6] Waren die Katholiken früher in die verschiedensten Ausformungen der Volksreligiosität eingebettet, wurden sie im Verlaufe des 19. Jahrhunderts organisatorisch auf neue Weise erfasst.[7] Von Rom aus angeleitet und von einem Netzwerk von Eliten getragen, setzte sich in der zweiten Hälfte des 19. Jahrhunderts der ultramontane Katholizismus durch, der die Unterschiede zwischen den Katholizismen in den verschiedenen Ländern einebnete. Ähnlich wie der Nationalstaat zog die erstarkte römische Kirche seit der Mitte des 19. Jahrhunderts die Grenzen zwischen dem Katholizismus und seiner Umwelt schärfer. Es bildeten sich in Deutschland, Belgien, der Schweiz und den Niederlanden katholische Parallel- und Subgesellschaften mit Vereinen, Parteien und Zeitungen aus. Eine katholische Volksbewegung entstand, die ihre Verbindung mit dem Papsttum über universale katholische Werte herstellte und eine international gültige Variante des katholischen Glaubens praktizierte.[8] Wie der niederländische Historiker Jan Roes hervorgehoben hat, war der neue Katholizismus zugleich national und transnational.[9] Auch in monokonfessionellen Ländern bildeten sich, wenn auch wie in Italien später als in den gemischtkonfessionellen Ländern des nordwestlichen Europa, katholische Vereine und Parteien.[10]

Trotz der internationalen Orientierung wirkte der Katholizismus von Land zu Land in unterschiedlicher Weise auf die Herausbildung des Nationalstaats. Welche Rolle spielten katholische Kirche und Katholizismus in diesem Prozess? Hemmten sie das «Nationbuilding» oder förderten sie es? Spielten sie eine führende Rolle oder folgten sie den nationalstaatlichen Trends? Bestimmten sie die Konturen des Nationalstaates? Befanden sie sich in einer Mehrheits- oder Minderheitssituation? Unter welchen politischen und gesellschaftlichen Bedingungen agierten sie? War der historisch-politische Kontext durch Trennung oder Einheit von Kirche und Staat bestimmt?

Der deutsche Historiker Adolf M. Birke hält 1996 in einem für mich wegleitenden Beitrag fest, dass dem Katholizismus im Nationenbildungsprozess je nach konfessioneller und politischer Situation eine andere politische, soziale und kulturelle Bedeutung zukam.[11] Länder wie Frankreich oder die Schweiz mit alten staatsbürgerlichen Traditionen bildeten schon vor 1800 feste oder lose politische Einheiten; Deutschland, Italien oder Belgien erlangten erst mit Verspätung im 19. Jahrhundert einen modernen Nationalstaat; und alte Nationen wie Irland oder Polen besassen im 19. Jahrhundert noch keinen Staat oder mussten diesen wieder erkämpfen.

Um die länderspezifischen Besonderheiten in den Griff zu bekommen, ist es hilfreich, analytisch zwischen Staatswerdung und Nationenbildung als zwei Prozessen zu unterscheiden, die sich zwar oft überschneiden, aber nicht identisch sind.[12] Wo sich die nationale Identität am Staat formte, bildete sich ein staatsbürgerliches Nationalverständnis heraus, das den Willen zur politischen Gemeinschaft in den Vordergrund stellte; wo der gemeinsame Staat fehlte, rückte die Kultur, d.h. Religion und Sprache in den Mittelpunkt.[13] Zwar stützten sich in Ostmitteleuropa die neuen Nationalstaaten häufig auf vorstaatliche Kategorien wie Sprache, Religion, Kultur und Abstammung und schufen in der Idealvorstellung eine Kultur- oder Abstammungsgemeinschaft, doch entspricht es nicht der historischen Wirklichkeit, wenn man zu starr – wie Rogers Brubaker betont – zwischen Kulturnation und Staatsnation unterscheidet.[14] In West- und Osteuropa überlagerten sich staatsbürgerliches und kulturelles (englisch: «civic» und «ethnic») Nationsverständnis. In Bezug auf die Schweiz folgert Oliver Zimmer, dass der schweizerische Nationalismus eine Verschmelzung zweier Konzeptionen von Gemeinschaft gewesen sei, einer voluntaristischen und einer organischen.[15] Und in Frankreich waren traditionalistische katholische Konzeptionen des Verhältnisses von Religion und Nation Ausdruck einer religiösen Kulturalisierung der Nation, die sich von den «republikanischen» Idealen der Laizisten schroff abhob. Sie vertraten eine in der Vergangenheit verankerte Konzeption der Nation, in welcher die Religion den zentralen nationalen Bezugspunkt darstellte.[16]

Vier Typen

Die Analyse des komplexen Verhältnisses von Katholizismus und Nation macht es notwendig, einige Bemerkungen zur Stellung von Kirche und Staat in Europa zu machen. Die Entwicklung des modernen Verfassungsstaates hat die enge Beziehung von Kirche und Staat der frühneuzeitlichen Gesellschaften in vielen Ländern aufgebrochen; in einigen, meist monokonfessionellen bzw. durch eine Konfession beherrschten Ländern blieben Formen der engen Verbindung von Kirche und Staat bestehen.

In Anlehnung an Hans Maier lassen sich drei Konstellationen unterscheiden.[17] Die erste Konstellation findet sich in Ländern mit einem

Staatskirchensystem, für welche die Einheit zwischen Kirche und Staat auch im 19. Jahrhundert und mit Variationen bis in das 20. Jahrhundert hinein kennzeichnend ist, so etwa Spanien oder die nordischen protestantischen Länder und England. Zweitens sind verschiedene Formen der Koordination von Kirche und Staat vor allem in konfessionell gemischten Ländern festzustellen. In der Schweiz gewährleistete der Bundesstaat die Religionsfreiheit, während einzelne Kantone lange Zeit die staatliche Kirchenhoheit im landeskirchlichen Sinn interpretierten.[18] Drittens sind Länder mit einem Trennungssystem zu nennen. In diesem können wiederum zwei Varianten unterschieden werden: erstens das amerikanische Modell der Trennung zur Sicherung der Pluralität der Religionen in der Gesellschaft, zweitens das französische Modell, in dem der sich als laizistisch verstehende Staat der Kirche die Rechtsform vorschreibt.

Im Folgenden schlage ich ein Interpretationsmodell vor, das die Komplexität des Verhältnisses von Katholizismus, Staat und Nation zu systematisieren versucht. Wenn man von der analytischen Unterscheidung von Staat und Nation ausgeht und nach dem Verhältnis des Katholizismus zum Staat und zur nationalen Identität fragt, lassen sich in Anlehnung an Adolf Birke vier Typen formulieren. Festzuhalten ist freilich, dass einzelne Länder zu verschiedenen Zeitpunkten unterschiedlichen Modellen angehören konnten, was einen synchronen und einen diachronen Vergleich notwendig macht.[19]

Erstens konnte der Katholizismus gemäss dem Einheitsmodell von Kirche und Staat für den Staat tragende Funktionen einnehmen und einen wichtigen identitätsbildenden Faktor in der Nationalstaatenbildung darstellen. Hier kann von einem identitären Modell gesprochen werden. Religiöse und nationale Kommunikationsgemeinschaft überlagern sich. Als Beispiel nenne ich Belgien während der ersten Hälfte des 19. Jahrhunderts sowie Spanien im 19. Jahrhundert bis 1931 (mit einem kurzen Unterbruch).

Zweitens konnten die Katholiken als Minderheit in einem gemischtkonfessionellen Staat den bestehenden Staat und dessen laizistische Nationskonzeption ablehnen und einen eigenen Nationalstaat fordern, der aus der Verbindung von katholischer Konfession und Nation hervorgehen sollte. Auch in diesem Fall gingen die Katholiken von einem identitären Verhältnis, ja einer eigentlichen Kultursymbiose von religiöser und nationaler Identität aus. Dabei war die Symbiose von Nation und Religion der katholischen Minderheit auf relativ geschlossenem Territorium potentiell sezessionistisch, sofern der nationale von anderen Konflikten überlagert wurde. Deshalb spreche ich von einem Kultursymbiose- und Separationsmodell. Als Beispiele nenne ich Polen vor 1945 und Irland im 19. und 20. Jahrhundert.

Drittens konnten sich die Katholiken im plurireligiösen Staat mit der Nation grundsätzlich identifizieren, aber den Staat und dessen politisches Regime ebenso wie die von der dominanten Elite geschaffenen Nationsvorstellungen ablehnen und diesen «fremden» eigene Konzeptionen entgegenstellen. Ich möchte in diesem Fall von einem Konkurrenztyp sich überschneidender nationaler und konfessioneller Kommunikationsgemeinschaften sprechen und als Beispiele die Schweiz, Deutschland und die Niederlande im 19. und der ersten Hälfte des 20. Jahrhunderts nennen. Dieser Typ führt auf staatlicher wie auf gesellschaftlich-kultureller Ebene zur schrittweisen Integration der Katholiken.

Viertens konnte sich im laizistischen Staat mit mehrheitlich katholischer Konfession eine minoritäre katholisch-traditionalistische Opposition auf ein vergangenes identitäres Verhältnis von Religion und Nation beziehen, weshalb ich vom Typus traditionalistischer Opposition sprechen möchte. Als Beispiel nenne ich hier Frankreich.

Identitäten und Überlagerungen

Die europäische Geschichte des 19. und 20. Jahrhunderts zeigt, dass die Religion für die Konstruktion nationaler Identitäten vor allem dann eine Rolle spielte, wenn sie von den Eliten als Basis der nationalen Kultur angesehen wurde. Diesbezüglich lässt sich von einer identitären Beziehung von religiöser und nationaler Konstruktion sprechen. Nationale und konfessionelle Identitäten erhielten im Prozess der Nationsbildung einen komplementären Charakter.

Dies war in Belgien in der ersten Hälfte des 19. Jahrhunderts im Verhältnis zu den mehrheitlich protestantischen Niederlanden der Fall. Im 19. Jahrhundert wurde die katholische Kirche zu einer der zentralen Stützen des belgischen Staates und Nationalbewusstseins.[20] Wie Emiel

Lamberts ausführt, verschlechterte sich diese enge Verbindung zwischen den 1840er und den 1880er Jahren, als die liberale und antiklerikale Bourgeoisie an Gewicht gewann. Als 1884 die katholisch-konservative Partei an die Macht kam, wurde die katholische Kirche erneut zum dominierenden Faktor im belgischen Staat.[21] Sehr ähnlich hielt die frühneuzeitliche identitäre Verbindung von Religion und Nation in Spanien im 19. Jahrhundert mit einem kurzen Unterbruch bis 1931 an. Sie wurde laut Mariano Delgado von der Verschränkung von Kirche und Staat getragen.[22] Auch das spanische Grundgesetz von 1945 und das Konkordat von 1953 zwischen dem Heiligen Stuhl und dem Franco-Regime waren Ausdruck der identitären Konzeption.

Weniger eindeutig lässt sich das Verhältnis von Religion und Nation in Österreich umschreiben, wo die «nationsbildende Erinnerung» des Katholizismus für die Zeit zwischen 1850 und 1900 geringer war als häufig festgehalten wurde, wie Ernst Bruckmüller schreibt. Vielmehr bezeichnet er den Katholizismus als «vornationalen Identitätsstifter».[23] Auch war der österreichische Katholizismus im 19. Jahrhundert wenig einheitlich, indem zwischen einem «josephinisch-staatskirchlichen» und einem «konkordatär-papalistischen» zu unterscheiden ist. In Verbindung mit einer monarchistischen Ausrichtung wurde das «katholische Österreich» dann aber im Ständestaat zu einem identitätsbildenden Faktor. Dieser Diskurs des identitären Verhältnisses wirkte auch in der Nachkriegszeit des 20. Jahrhunderts weiter, wenn er auch zunehmend zu einem Element der Erinnerung wurde.

Kultursymbiose und Separation

In gewissen Fällen lässt sich in Bezug auf das identitäre Verhältnis von einer eigentlichen Kultursymbiose sprechen. Ein gutes Beispiel dafür ist Polen. Für den fehlenden Staat nach den polnischen Teilungen konnten in Polen Religion und Kirche eine Kompensations- oder Substitutionsrolle übernehmen, obwohl die Katholiken nur einen Teil der gemischtkonfessionellen polnischen Bevölkerung darstellten.[24] Die polnischen Schriftsteller der Romantik stilisierten die abendländische Sondermission Polens als östliches Bollwerk des lateinischen Christentums und betonten die abendländische Mission Polens: Polen als leidender Christus, der in Stellvertretung für die europäischen Völker stirbt.[25] Als im 19. Jahrhundert die Preussen die unter ihrer Verwaltung stehenden Gebiete zu germanisieren versuchten, wuchs die katholische Kirche auch im Westen Polens zu einem Hort des polnisch-kulturellen Widerstandes heran, zumal in Preussisch-Polen eine polnische Universität fehlte.[26] Unter dem kommunistischen Regime machte sich die katholische Kirche wiederum zur Anwältin des Polentums und verteidigte die sprachlichen und religiösen Traditionen gegenüber der offiziellen marxistischen Staatsideologie. Die enge Verbindung von Katholizismus und Polentum fand in dieser Periode ihren Ausdruck in der «Theologie der Nation» von Kardinal Stefan Wyszynski.[27] Jedoch ist, wie James E. Bjork betont, auch für Polen die Komplexität verschiedener Verhältnisse von religiöser und nationaler Identität hervorzuheben.[28]

Im identitären Modell kann der religiöse Faktor auch zur Entstehung einer sezessionsorientierten nationalen Bewegung beitragen, wenn sich eine auf einem mehr oder weniger geschlossenen Territorium wohnende Bevölkerungsminderheit im religiösen Bekenntnis von der herrschenden Mehrheit des Nationalstaates unterscheidet. Dabei kann sich die religiöse Minderheitenlage in der Verbindung mit anderen Faktoren sozioökonomischer, politischer oder rechtlicher Natur verstärken und einer eigentlichen Ethnisierung der Religion Vorschub leisten.[29] Zu nennen sind als Beispiele Irland, aber auch der erst im letzten Drittel des 20. Jahrhunderts entstandene schweizerische Kanton Jura.[30]

Unter der britischen Herrschaft unterstanden seit Beginn des 17. Jahrhunderts im konfessionell gemischten und von einer schmalen protestantischen Oberschicht beherrschten Irland die Katholiken und andere Religionsgemeinschaften einem gesonderten Strafrecht und wurden in politischer, sozialer und wirtschaftlicher Hinsicht diskriminiert.[31] Da der Zusammenschluss Irlands mit Grossbritannien 1800 den Katholiken nicht die erhoffte Verbesserung brachte, konfessionalisierte sich der nationale Konflikt, wobei der Katholizismus gleichzeitig politisiert wurde, eine Bewegung, die hauptsächlich von den Laien ausging. Nicht die Sprache war, wie Sean Connolly festhält, die Grundlage einer «communal identity opposed to the state», sondern die Religion.[32]

Im späten 19. Jahrhundert verband sich der religiös begründete Nationalismus schliesslich mit dem aufkommenden gälischen Sprachnationalismus. 1921 erfolgte die Ablösung des Freistaates Irland von Grossbritannien und damit die Teilung der Insel.[33]

Auch in der Schweiz gab es in den 1960er und 1970er Jahren einen Konflikt, dessen konfessionelle Elemente zu einer staatlichen Sezession führten. Die Grenzen des neuen Kantons Jura, die in den 1970er Jahren nach mehreren Volksabstimmungen zustande kamen, verlaufen den Konfessionsgrenzen entlang. Dem neuen französischsprachigen Kanton schlossen sich die katholischen Bezirke und Gemeinden an, während die protestantischen – obwohl französischsprachig – beim deutschsprachigen Kanton Bern verblieben.[34]

Konkurrenz und Integration

In den gemischtkonfessionellen respektive konfessionell gespaltenen Ländern stellten in den Prozessen des «Nationbuilding» die Katholiken politische und kulturelle Minderheiten dar. Während sie gegenüber dem Staat und dessen politischer Ausformung in Opposition standen, identifizierten sie sich mehr oder weniger stark und explizit mit der «Nation», wobei sie mit oder in Konkurrenz mit den liberalen und konservativen Eliten anderer Parteien an der Konstruktion der historischen Ursprungsmythen teilnahmen und in Konkurrenz mit den andern politischen oder konfessionellen Kommunikationsgemeinschaften standen.[35]

Das ambivalente Verhältnis zum Staat zeigt das Beispiel der Niederlande im 19. und bis in die Mitte des 20. Jahrhunderts. Theo Salemink folgert, die Katholiken hätten die «Ideologie hinter der Demokratie und dem Rechtsstaat» aus religiösen Motiven abgelehnt, die Praxis der Demokratie und des Rechtsstaates jedoch akzeptiert, was er als «orthodoxe Modernisierung» bezeichnet.[36] Und in der Schweiz waren es gerade die konservativen Katholiken, die in den Jahren von 1874 bis 1884 das direktdemokratische Instrument des Referendums benutzten, um ihre Minderheitenstellung in Parlament und Regierung zu kompensieren und die Politik der liberalen und antiklerikalen Regierungspartei auf Bundesebene zu blockieren.[37] 1891 wurde den Katholisch-Konservativen der erste Sitz in der Landesregierung zugestanden. Auch die Feierlichkeiten zum 600jährigen Jubiläum der Eidgenossenschaft in demselben Jahr waren Ausdruck der zunehmenden Integration der Katholisch-Konservativen, die sich hinter den konsensorientierten mittelalterlichen Nationalmythos von 1291 stellten.[38] Gerade die Herausbildung neuer säkularer und politischer Sinnstiftungen durch den liberalen Nationalstaat führte im Katholizismus zur Mobilisierung der kirchentreuen Gläubigen mit einer konfessionell definierten Identität.[39] Die Modernisierung und die Industrialisierung lösten die herkömmlichen Erinnerungstraditionen der Volksfrömmigkeit auf, an deren Stelle nun der Katholizismus als Phänomen der Massengesellschaft trat und die Identität einer Sondergesellschaft bestimmte. Die katholische Partei- und Vereinsbewegung im westlichen Mitteleuropa waren Ausdruck dieser gesellschaftlichen Konkurrenz mit anderen Wertegemeinschaften. Bei der Genese der katholischen Subgesellschaft ging es im 19. und 20. Jahrhundert um die Organisation ideologischer Positionen und um die Ideologisierung oder Theologisierung sozialer Beziehungen.[40]

Da sich die katholische Parallel- und Sondergesellschaft in sämtlichen Teilbereichen der Gesellschaft äusserte und die Inklusion und Exklusion regelte, wuchs sie zu einer Konkurrenz der nationalen Kommunikationsgemeinschaft heran.[41] Dies schloss nicht aus, dass die Katholiken in unterschiedlichem Grad am nationalen Diskurs partizipierten und sich der Katholizismus selbst nationalisierte. Heinz-Gerhard Haupt und Dieter Langewiesche sprechen von einer «Nationalisierung der Kirchen und der Theologien» als Folge der neuen Sinnstiftungen.[42] Insofern waren Katholizismus und Nationalismus gemeinschaftsbildende Parallelerscheinungen, die darauf ausgerichtet waren, Binnen- und Aussengrenzen stärker zu ziehen.[43]

Vor dem Hintergrund der Nationalstaatenbildung und der Konstituierung einer katholischen Kommunikationsgemeinschaft stellt sich die Frage nach dem Verhältnis von konfessioneller und nationaler Identitätskonstruktion und deren Überlagerung. Wie verschiedene Autoren festgestellt haben, führte dies zu einem Prozess der wechselseitigen Durchdringung auf der Ebene des Diskurses, der Zeremonien und Riten, was bedeutet, dass man von einer komplexen Überlagerung von Religion und Nation in der jeweiligen Gesellschaft ausgehen kann.[44]

Die Verbindung nationaler und religiöser Diskurse zeigt sich in gemischtkonfessionellen Ländern wie der Schweiz oder Deutschland in den national-politischen Diskursen etwa der Erinnerungs- und Festkultur.[45] Die katholischen Sozialmilieus stellten Erinnerungsgemeinschaften dar, welche parallel und in Überschneidung zur nationalen Erinnerungsgemeinschaft bestanden. Die Katholiken partizipierten teilweise an den Diskursen der nationalen Gemeinschaft, deren historische Narrative sie zugleich uminterpretierten, konfessionalisierten und in einem wechselseitigen Prozess nationalisierten. Dabei findet sich der religiöse Faktor auf beiden Seiten der konfliktiven Konstruktion nationaler Identität. So vereinnahmten in der Schweiz die national-liberalen Deutungen protestantischer Observanz den Reformator Zwingli als Prototyp des «echten christlichen Schweizers» und Republikaners und verbanden damit die konfessionelle mit der nationalen Ebene.[46] Eine vergleichbare Konfessionalisierung der Nationalgeschichte stellt Árpád von Klimó für Ungarn fest.[47] Die Partizipation der Katholiken am nationalen Diskurs war in den gemischtkonfessionellen Ländern Ausdruck der Modernisierung des Katholizismus, denn mit Hilfe dieser Identitätskonstruktionen formten sie auch ihr eigenes Selbstbewusstsein. Dabei zeigte sich in Deutschland, den Niederlanden und der Schweiz eine Entwicklung hin zu einer «doppelten Loyalität» der Katholiken mit der Kirche und der Nation.[48] Die Katholiken verstanden sich in Deutschland, der Schweiz und den Niederlanden als gute Mitglieder ihrer kirchlichen Gemeinschaft und als ebenso gute Bürger ihres Vaterlandes.[49]

Politisch und gesellschaftlich führte die sich über Abgrenzung definierende Gemeinschaft des Milieukatholizismus letztlich zur Integration der Katholiken in die Mehrheitsgesellschaft.[50] Für Deutschland haben darauf Autoren wie Heinz Hürten, Ulrich von Hehl und Joseph Becker für die Zeit von 1918 bis 1945 ebenso wie für die Nachkriegszeit hingewiesen.[51] In Bezug auf die Schweiz von 1850 bis 1950 betrachte ich meine These «Der Weg ins Ghetto war Voraussetzung für den Weg aus dem Ghetto» nach wir vor als treffend und auch für die Katholizismen Deutschlands und der Niederlande anwendbar.[52]

Sehnsucht nach Symbiose

In Ländern, in welchen der Katholizismus die Mehrheitskonfession darstellt, aber von einem laizistischen Staat umgeben wurde, sahen sich die kirchentreuen Katholiken vor einer Sondersituation. Da sich der Nationalstaat als laizistisch, d. h. also nichtreligiös betrachtete, hingen traditionalistische Gruppen des kirchentreuen Katholizismus einem identitären Verhältnis der vorrevolutionären Zeit nach, in welchem der religiöse Faktor zentraler Identitätsfaktor gewesen war. In diesem Fall entstand keine Subgesellschaft, doch spielte der Katholizismus innerhalb der Herausbildung sozialer und politischer Bewegungen eine wichtige Rolle.

In Frankreich wurde das traditionelle identitäre Verhältnis von religiöser und nationaler Identität nach der Revolution aufgebrochen. Jahrhunderte lang hatte sich Frankreich als die «älteste Tochter der Kirche» verstanden, womit die nationale Identität über die Verbindung von Kirche und Nation konstruiert worden war.[53] Mit der Grossen Revolution von 1789 trat die Laizität an die Stelle der Einheit von Kirche und Monarchie, was zur Folge hatte, dass Religion zu einer strikten Privatangelegenheit wurde. Als Gegenreaktion entstanden Rekatholisierungsbewegungen, die Royalismus und Ultramontanismus verbanden. Die Kämpfe um die Hegemonie in der Definition der Nation, die sich in konkurrierenden Erinnerungsdiskursen manifestierten, wurden zugleich von der Frage des Regimes – Republik versus Monarchie – überlagert.[54] Francis Python differenziert das Verhältnis zwischen dem laizistischen Staat und dem ultramontanen Katholizismus jedoch weiter aus und spricht nicht nur von Konfrontation, sondern auch von Verhältnissen der Distanz, des Austausches und der Konvergenz.[55]

Entscheidend für die Verhältnisse in Italien war, dass die nationale Einigung im Konflikt mit dem Kirchenstaat vor sich ging. Die durch das Risorgimento hervorgerufene Gegnerschaft zwischen Kirche und Staat kann als zentraler Faktor des gescheiterten Nationbuildings Italiens erachtet werden.[56] Vor diesem Hintergrund ist für Italien die Frage nach dem Verhältnis regionaler und religiöser Identität von besonderem Interesse. Die starke Ablehnung der Kirche gegenüber dem italienischen Staat und die katholisch geprägte Lebenswelt in Italien führten dazu, dass der italienische Katholizismus im europäischen Vergleich spät, erst um die Jahrhundertwende von 1900, moderne Organisationen entwickelte und in eine «provisorische Symbiose» (Carlo Moos) mit dem Staat überging, welche in der konsensualistischen Politik des Katholizismus im faschistischen Italien ihre Fortsetzung fand. Wie für Frankreich sind auch für Italien Phänomene des Antiklerikalismus und der gleichzeitigen postreligiösen Sakralisierung der Nation zu beobachten.[57]

Nach dieser kurzen Typologie für das komplexe Verhältnis von Katholizismus und Nation bzw. Nationalstaat in Europa wende ich mich nun der Schweiz als «paradigmatischem Fall» (Karl W. Deutsch[58]) politischer Integration religiöser und sprachlicher Minderheiten zu. Zunächst beschreibe ich den langen Weg der Schweizer Katholiken von ihrer faktischen Exklusion nach dem Bürgerkrieg von 1847 bis zu ihrer vollständigen Integration in den Bundesstaat nach dem Zweiten Weltkrieg. In einem für die Geschichte der multikulturellen europäischen Nationalstaaten bemerkenswerten Exkurs befasse ich mich hierauf mit der Frage, warum der italienischsprachige und katholische Kanton Tessin südlich der Alpen nicht den Anschluss an Italien suchte und bei dem von mehrheitlich andern Sprachkulturen und von der protestantischen Konfession dominierten Schweiz verblieb.

3. Die Schweizer Katholiken im Bundesstaat 1848–2000: kulturelle Selbstdefinition und politische Integration

Die Geschichte der Schweizer Katholiken in den gut hundert Jahren zwischen dem ersten Drittel des 19. und der Mitte des 20. Jahrhunderts war stark vom so genannten «politischen Katholizismus» geprägt.[1] Dieser war Teil der katholischen Subgesellschaft, in der sich die katholische Kommunikations- und Wertegemeinschaft formierte. Seit 1970 habe ich den Begriff der katholischen «Sonder»- oder «Subgesellschaft» oder in verschiedenen Fällen auch jenen des katholischen «Milieus» verwendet.[2] Als «politischer Katholizismus» lässt sich mit einem eher politikgeschichtlichen Blick die Gesamtheit der im Namen der katholischen Gesellschaftsvorstellungen tätigen Netzwerke und Eliten im Bundesstaat bezeichnen.[3]

Die ideologischen und sozialen Fundamente erhielt der politische Katholizismus einerseits von der katholisch-konservativen Fraktion der Bundesversammlung (offiziell konstituiert 1882, in loser Verbindung seit 1848) bis zur Schweizerischen Konservativen Volkspartei von 1912, andererseits von gesamtschweizerischen Vereinen wie dem Schweizerischen Piusverein (gegründet 1857) und der Nachfolgevereinigung, dem Schweizerischen Katholischen Volksverein (gegründet 1904/05), sowie von spezifischen Verbänden für Arbeiter, Jugendliche, Frauen und andere soziale Gruppen. Nicht zu vergessen ist das weit verzweigte katholische Pressewesen. Diese strukturelle Formierung des politischen Katholizismus geschah in den kirchen-, verfassungs- bzw. nationalpolitischen Konflikten, die das halbe Jahrhundert von 1830 bis 1880 beherrschten, sowie in den innerkirchlichen Auseinandersetzungen mit der katholischen Aufklärung und den Einwirkungen des von Rom ausgehenden ultramontanen Katholizismus seit der ersten Hälfte des 19. Jahrhunderts.[4] Zu den ursprünglichen Zielsetzungen dessen, was in der älteren deutschsprachigen Literatur auch «katholische Bewegung» genannt wird, gehörte die Verteidigung der kirchlichen Freiheiten gegenüber dem liberalen Staat, mithin die Absicht, der katholischen Kirche im modernen Bundesstaat, der nicht mehr von der Allianz zwischen Staats- und Kirchenbehörden des 18. Jahrhunderts geprägt war, Einflussmöglichkeiten zu sichern. Neben diesen defensiven, auf die kirchlichen Freiheiten und Rechte ausgerichteten Grundzielen entwickelte die Bewegung schon im 19. Jahrhundert ein offensives Programm, das die Gestaltung der Gesellschaft nach katholischen Grundsätzen anstrebte.[5]

Katholisch-konservativ

Seit der Gründung des schweizerischen Bundesstaates stand die politische Bewegung im Zentrum der katholischen Sub- oder (wie ich sie auch nenne) Sondergesellschaft, was dazu führte, dass die Schweizer Katholiken schon im 19. Jahrhundert staats- und gesellschaftspolitische Konzepte entwickelten, die nicht nur von der Kirche, sondern hauptsächlich von den schweizerischen politischen und gesellschaftlichen Realitäten inspiriert waren. Dies erklärt, warum in der schweizerischen Umgangssprache des 19. Jahrhunderts für die politische Bewegung der Katholiken der Name «katholisch-konservativ» (populäre Abkürzung: KK) verwendet worden ist, der auch in die Sekundärliteratur über die Bundesstaatsgeschichte einging. In vielen Belangen verstanden sich die politisch aktiven Eliten in der zweiten Hälfte des 19. Jahrhunderts als Teil jener konservativen Bewegung der ersten Hälfte des 19. Jahrhunderts, die sich als überkonfessionell betrachtete.[6] In verschiedenen Kontexten habe ich daher die Geschichte des politischen Katholizismus auch als Teilgeschichte des politischen Konservatismus betrachtet.[7]

Die Konservativen nahmen in den Auseinandersetzungen um die Verfassungs- und Kirchenfragen im 19. Jahrhundert bewahrende, das heisst die Rechte der Kirche und der Kantone verfechtende Standpunkte ein und traten für die Freiheit und den Schutz der Kirche im Staat und für die Aufrechterhaltung des föderalistischen Aufbaus der Eidgenossenschaft ein. Das Attribut «konservativ» beinhaltete – und das ist im Hinblick auf westeuropäische konservative Bewegungen bemerkenswert – jedoch keine antidemokratische Haltung. Im Gegenteil, es waren in der Schweiz gerade auch die Konservativen, die den Ausbau der Volksrechte forderten, um so die Repräsentativdemokratie des Liberalismus aus den Angeln zu heben.[8] Mit dem Abflauen der staats- und kirchenpolitischen Konflikte gegen Ende des 19. und in der ersten Hälfte des 20. Jahrhunderts verlor die Bezeichnung «konservativ» ihren ursprünglichen Sinn und geriet nach 1960 ins Kreuzfeuer der innerparteilichen Kritik.[9] Mit der Konstituierung der Christlichdemokratischen Volkspartei CVP 1970/71 eliminierte die Partei das Wort «konservativ» endgültig aus ihrem Namen.[10]

In religiös-kirchlicher Hinsicht bezeichnete der Name «katholisch-konservativ» den romtreuen Flügel des schweizerischen Katholizismus, dem die Mehrheit der Schweizer Katholiken angehörte.[11] Wegen des polemischen Untertons konnte sich die Bezeichnung «ultramontan» als Eigenbezeichnung – ausser in integralistischen Kreisen – nicht durchsetzen. Die Mainstream-Katholiken standen im Jahrhundert von 1850 bis 1950 treu zur römisch-katholischen Kirche und zum Papsttum und traten im Namen ihrer katholischen Gesellschaftsvorstellungen im Bundesstaat auf. Allerdings wäre es falsch, davon auszugehen, dass die katholischen Eliten einen monolithischen Block dargestellt hätten, denn sie bildeten je nach ideologischer Ausrichtung – so besonders einer eher föderalistisch-konservativen und einer stärker ultramontan-religiösen Linie –, nach Region, sozialer Schicht oder Generation ein Netzwerk von verschiedenen Katholizismen, die ich andernorts als Teilmilieus, Richtungen und Strömungen bezeichnet habe.[12]

Sonder- und Parallelgesellschaft

Die Konfessionalisierung der Politik und die Politisierung der Religion, die im Sonderbundskrieg von 1847 und in den Kultur- und Verfassungskämpfen von 1874 ihren deutlichsten und zugleich dramatischsten Ausdruck fanden, führten im neuen Bundesstaat zu einer zeitweisen Isolierung der Katholisch-Konservativen, die als vermeintlich unzuverlässige Patrioten an den Rand der damaligen schweizerischen Gesellschaft gedrückt wurden. Die katholische Subgesellschaft war vor diesem Hintergrund wesentlich auf die Stärkung der eigenen Identität ausgerichtet, für die die Eliten grösstmögliche Einheit und Geschlossenheit anstrebten und zum Aufmarsch gegen den liberalen Zeitgeist und seine Organisationen antraten. Dabei machten sie von den liberaldemokratischen Mitteln des modernen Verfassungsstaates, das heisst von der Presse- und Versammlungsfreiheit, Gebrauch und gründeten eigene Parteien, Zeitungen, Vereine und Gewerkschaften. Für viele Katholiken wurde die katholische Subgesellschaft zur politischen und sozialen Ersatzheimat, die einen Staat im Staat, eine Form der negativen Integration in den liberalen Bundesstaat, darstellte.[13]

Nach innen formte sich die Subgesellschaft mit Hilfe der ultramontanen Erneuerungsbewegung, die, von Rom ausgehend, in schweren inneren Auseinandersetzungen mit der katholischen Aufklärung und ihren Strömungen das katholische Volk um papsttreue Pfarrer und Bischöfe versammelte. Mit der Unfehlbarkeitserklärung und der Betonung des päpstlichen Primats setzte das Erste Vatikanische Konzil von 1869 bis 1870 einen Schlussstrich unter diese Zeitperiode heftiger innerkirchlicher Debatten über das Wesen der Kirche und ihr Verhältnis zur Welt: «Roma locuta, causa finita.»[14]

Unter dem Einfluss der gesamtkirchlichen ultramontanen Bewegung kamen damals eine wachsende Zahl der schweizerischen Geistlichen und Bischöfe und eine Mehrheit der katholischen Politiker zur Überzeugung, dass nur ein geeinter Katholizismus, der sich strikt an den Papst und die kirchlichen Lehrmeinungen von der päpstlichen Autorität und den Vorrechten der Kirche über den Staat anlehnte, die Auseinandersetzungen mit dem liberalen Zeitgeist bestehen könne. Ein guter Katholik zeichnete sich in dieser Vorstellung durch strenge Beachtung der Kirchengebote, durch häufige Vereinsbesuche und durch seine Stimmabgabe für die katholische Partei aus.[15]

Der moderne Nationalstaat war nach 1848 der entscheidende Bezugspunkt für Ein- und Ausgrenzungen der Schweizer Katholiken. So gesehen kann die Geschichte des Schweizer Katholizismus von 1850 bis 1950 als ein Prozess der zunehmenden Nationalisierung angesehen werden. Die Subgesellschaft führte – so paradox dies tönt – zur Integration der Katholiken in die moderne Gesellschaft und den modernen Nationalstaat. Ähnlich wie in den Niederlanden und anderen Ländern entstanden politisch-soziale Parteien des politischen Katholizismus, der sozialdemokratischen Arbeiterbewegung und des Liberalismus.[16] Historiker haben festgestellt, dass der katholische Block am stärksten das Gepräge einer eigentlichen Sonder- und Parallelgesellschaft besass, denn er hatte die kompakteste weltanschauliche Basis und stützte sich auf ein breites organisatorisches Netzwerk.[17] Es liegt auf der Hand, dass nicht alle getauften Katholiken zum katholischen Block gehörten. Dennoch traten die Eliten der katholischen Subgesellschaft in der Öffentlichkeit stets im Namen des gesamten Schweizer Katholizismus auf. Katholische Orthopraxie und Blockmitgliedschaft konnten vorab in den katholischen Kantonen und Regionen auseinandergehen, da in diesen Gebieten das katholische Milieu mit dem Klerus an der Spitze die gesamte Bevölkerung zum formellen kirchlichen Praktizieren anhielt.[18] Das entscheidende Kriterium lag in der Einstellung, die der einzelne Katholik zum Verhältnis von Kirche und Politik und damit ganz konkret zur katholischen Partei einnahm. Von ihrer weltanschaulichen Einstellung her betrachteten die Eliten der katholischen Parallelgesellschaft die Religion als öffentliche Angelegenheit und wandten sich gegen die Privatisierung des christlichen Glaubens in der modernen Gesellschaft.

An der Zahl der katholisch-konservativen Wähler gemessen gehörte in der Blütezeit der katholischen Subgesellschaft von 1880 bis 1950 etwas mehr als die Hälfte der Schweizer Katholiken zum katholischen Block. Nach Aussen präsentierte sich diese Subgesellschaft als vielfältiges Geflecht von Organisationen und Institutionen, die dem einzelnen Katholiken buchstäblich von der Wiege bis zur Bahre katholische Dienstleistungen zur Verfügung stellten. Ein guter Katholik sollte sein Katholischsein nicht nur in der Kirche, sondern auch in den anderen Bereichen unter Beweis stellen. Katholisch sollte er immer und überall sein, ob er nun in der Kirche eine Messe mitfeierte, in seiner politischen Gemeinde für die katholische Sache mit dem Stimmzettel in der Hand einstand oder für die Missionen karitativ tätig war.

In meinem Buch von 1972 ziehe ich das Fazit, das ich nach wie vor vertrete: «Der Weg ins Ghetto war Voraussetzung für den Weg aus dem Ghetto [...] Der Weg ins Ghetto war zugleich ein Weg aus dem Ghetto».[19] Differenz und innere Homogenisierung standen in einem dialektischen Verhältnis zueinander, denn mit den Mitteln der Zeitungen und Vereine verfügten die Katholiken über zivilgesellschaftliche Instrumente, die ihre zum Teil nicht beabsichtigte Assimilation an den liberalen Bundesstaat stärkten.[20]

Perioden

Wenn ich in diesem Kapitel den Fokus auf die Exklusion und Inklusion der Katholiken in die schweizerische Nation einerseits und ins politische System des liberalen Bundesstaates andererseits lege, so lassen sich die eineinhalb Jahrhunderte von 1848 bis 2000 in vier Perioden einteilen. Die erste Periode dauerte von 1830/48 bis 1880 und war von kulturkämpferischen Auseinandersetzungen zwischen Kirche und Staat beherrscht. Die zweite Periode umfasste die Zeit vom Ende des Kulturkampfes nach 1880 bis zur Jahrhundertwende von 1900 und gipfelte im historischen Kompromiss von 1891. Die dritte Periode umschloss die Jahre von der Jahrhundertwende von 1900 bis zur Mitte des 20. Jahrhunderts und stellte so etwas wie die Blütezeit der katholischen Subgesellschaft dar. Seit Ende der 1960er Jahre kann man von einer neuen Phase sprechen, die durch die volle Integration der Katholiken in den Bundesstaat geprägt ist, was neben anderen Faktoren zur Erosion des Sozialmilieus führte.

Diese Chronologie rückt mit Absicht die Sozialgeschichte der politischen Integration der Katholiken in den Bundesstaat ins Zentrum der Fragestellungen. An anderer Stelle habe ich die Geschichte des Schweizer Katholizismus aus der Perspektive der inneren Formierung der katholischen Subgesellschaft anders periodisiert, was keinen Widerspruch darstellt.[21] Die beiden Sichtweisen ergänzen sich.

Am Anfang standen für die Herausbildung der katholischen Subgesellschaft die dreissiger und vierziger Jahre des 19. Jahrhunderts, die eine religiöse Erneuerung und eine erste Organisationswelle der katholischen Bewegung hervorbrachten. Die zweite Phase setzte 1848 mit der Gründung des modernen Bundesstaates ein und führte zum Aufbau der katholischen Sondergesellschaft. Zu erwähnen sind hier der Piusverein 1857, der Verband der Männer- und Arbeitervereine 1887/88, der Volksverein 1904/05 sowie die Konservative Volkspartei 1894 bzw. 1912. In der Folge dieser Verbands- und Parteigründungen konnte sich der Katholizismus als gesellschaftliche Kraft etablieren.[22]

Die ersten 100 Jahre dieser katholischen Subgesellschaft standen ganz im Zeichen des Antimodernismus, der als Langzeitphänomen die Zeit von 1850 bis 1950 prägte, auch wenn sich dieses in verschiedenen Richtungen und Schattierungen äusserte. Spätestens seit den sechziger Jahren des 20. Jahrhunderts bildet der Antimodernismus nur noch die ideologische Stossrichtung einer Minderheit, die teilweise integralistische Züge aufweist.

Ein komparativer Blick auf die europäische Geschichte zeigt in grossen Zügen folgendes Schema: Nach der europaweiten katholischen Erneuerung in den 1830er und 1840er Jahren setzte um die Mitte des 19. Jahrhunderts in verschiedenen Ländern, so etwa in Deutschland, in den Niederlanden, in Belgien und in der Schweiz die etappenweise Bildung einer katholischen Subgesellschaft oder eines katholischen Milieus ein, die sich zusehends verfestigten. Seine Blütezeit hatte dieser Milieukatholizismus in der ersten Hälfte des 20. Jahrhunderts, bevor sich ein Erosionsprozess bemerkbar machte.[23] Am grössten sind meines Erachtens die Parallelen zum belgischen und niederländischen Katholizismus. Der niederländische Historiker Jan Roes sprach von der Ultramontanisierung in der Zeitperiode von 1840 bis 1880, von der Klerikalisierung und Pastoralisierung im Zeitraum von 1870 bis 1891 und der Gregalisierung (=Herdenbildung) in der Zeit von 1900 bis 1940.[24]

1848–1874: Rückzug in die Stammlandkantone

Die Gründung der modernen Schweiz 1848 unmittelbar nach den heftigen staats- und konfessionspolitischen Konflikten der 1830er und 1840er Jahre, die in der Niederlage der katholischen Kantone im Sonderbundskrieg von 1847 gipfelten, kam gegen den Willen des politischen Katholizismus zustande. Der neue Bundesstaat wurde im Bürgerkrieg von 1847 mit militärischer Gewalt aufoktroyiert und in den Sonderbundskantonen vom siegreichen Freisinn politisch durchgesetzt. Aus Furcht vor einer konservativen Restaurationsbewegung errichtete die freisinnige Siegerpartei ein Ausschliesslichkeitsregime, in dem für die Verlierer kein Platz war.[25]

Die altkonservativen Eliten um den Luzerner Nationalrat Philipp Anton von Segesser sahen in der neuen Bundesverfassung ein freisinniges Machwerk, das sie ablehnten.[26] Wie nach jedem Bürgerkrieg beherrschten Hass und Verachtung das emotionale Klima zwischen Siegern und Besiegten. Ihren moralischen und politischen Rückhalt fanden die katholisch-konservativen Eliten in den katholischen Regionen, in denen sie die Rückeroberung der politischen Macht anstrebten.[27] Im Unterschied zu den Altkonservativen akzeptierte die so genannte «junge Schule» um den Studentenverein den neuen Bundesstaat von Anfang an.[28]

Die prinzipielle Anerkennung des Bundesstaates konnte nicht verhindern, dass die Niederlage im Bürgerkrieg die katholisch-konservative Opposition über mehr als ein Vierteljahrhundert hinweg mit dem Stigma von Vaterlandsfeinden behaftete. Man kann sich heute kaum vorstellen, wie schwer dieses Trauma auf den Vertretern des politischen Katholizismus jener Jahre lastete und die Inklusion der Katholisch-Konservativen in den neuen Bundesstaat erschwerte.

Da der Freisinn die nationale Gesellschaft auf allen Ebenen beherrschte, bestimmte er auch, wer «schweizerisch» und «unschweizerisch» war. Die Sieger von 1847/48 definierten die schweizerische Nation. «Katholisch-konservativ» erschien damals als ein Synonym für unschweizerisch und unpatriotisch, denn die Katholiken galten als «Sonderbündler» und «Kantonesen», als «Ultramontane», «Papisten» und «Römlinge». Für die Radikalen waren die kirchentreuen Katholiken wegen ihrer gleichzeitigen Loyalität zum schweizerischen Vaterland und zur römischen Kirche unzuverlässige Patrioten, deren Schweizertum in Frage gestellt wurde. Solange die Freisinnigen die nationale Identität mehr oder weniger mit den Attributen «liberal», «protestantisch» und «antiultramontan» gleichsetzten, standen die Katholisch-Konservativen ausserhalb der nationalen Gemeinschaft. Die Verlierer des Bürgerkrieges zahlten also zunächst mit der Ächtung und Exklusion aus dem nationalen Regierungssystem. Im Unterschied zum «liberalen Staat» akzeptierten die Katholiken die schweizerische «Nation» jedoch als Bezugspunkt jahrhundertealter gemeinsamer eidgenössischer Geschichte und identifizierten sich mit der «Eidgenossenschaft».[29]

Als Konsequenz der Exklusion aus der Mitgestaltung des Bundesstaates von 1848, der vom Freisinn beherrscht war, zogen sich die Katholisch-Konservativen in jene Bereiche zurück, wo der freisinnige

Bundesstaat durch den föderalistischen Aufbau der Eidgenossenschaft an seine Grenzen stiess: in ihre Stammkantone. In der konkreten Politik machten sich die Katholiken nach 1848 an die Rückeroberung ihrer Stammlande.[30] Bereits 1850 kam es in Zug zu einem Regierungswechsel, 1856 folgten Freiburg und 1857 das Wallis. Zehn Jahre nach dem Ende des Bürgerkrieges waren mit Ausnahme von Luzern alle Sonderbundskantone wieder in katholisch-konservativer Regierungshand. Der Umschwung in Luzern erfolgte 1871 im Zeichen des aufkommenden neuen Kulturkampfes.[31]

Im katholisch-konservativen Parteilager herrschte nach 1848 ein betont föderalistischer Geist, der sich gegen die Zentralisierungspolitik des Bundesstaats richtete. Vom Luzerner Nationalrat und Regierungsrat Philipp Anton von Segesser stammt das Wort: «Für mich hat die Schweiz nur Interesse, weil der Kanton Luzern – dieser ist mein Vaterland – in ihr liegt. Existiert der Kanton Luzern nicht mehr als freies, souveränes Glied in der Eidgenossenschaft, so ist mir diese so gleichgültig als die grosse oder kleine Tartarey.»[32] Drastischer und plastischer hätte er die Distanz zum Bundesstaat nicht ausdrücken können.

Während sich die altkonservativen Eliten nach der Sonderbundsniederlage in ihre kantonalen Bastionen zurückzogen und gegenüber der schweizerischen Nation ein distanziertes Verhältnis pflegten, brannte die junge Generation des Studentenvereins darauf, ihren Patriotismus unter Beweis zu stellen. Die «Liebe zum gemeinsamen Vaterlande» sei auch den Katholiken der Schweiz das Höchste und Heiligste, schrieb ein Jungkonservativer.[33]

Beinahe zehn Jahre nach den Sonderbundswirren war der «Neuenburgerhandel» von 1856/57 eine wichtige Zäsur. Angesichts der aussenpolitischen Bedrohung durch Preussen fanden sich Sieger und Besiegte erstmals für ein gemeinsames nationales Anliegen in der Aussenpolitik zusammen. Auch wenn dieser Zusammenschluss nicht von langer Dauer war, trug er doch dazu bei, dass die Jungkonservativen ihre Vorstellungen von einer gemeinsamen schweizerischen Nation als einer überparteilichen Sache positiv bestätigt sahen. Damit legten sie den Grundstein für den erst dreissig Jahre später durchschlagenden Gesinnungswandel der Katholisch-Konservativen, die den Bundesstaat nun nicht mehr nur als technische Grösse, sondern auch als emotionales Band zu betrachten begannen.[34]

Die starre Ausschliesslichkeit der freisinnigen Gründungsväter milderte sich erst, als sich der Bundesstaat nach den kritischen Anfangsjahren konsolidiert hatte. Zwar waren die Katholisch-Konservativen immer noch von den höchsten eidgenössischen Ämtern wie Bundesrat und Bundesgericht ausgeschlossen, doch wurden sie nolens volens in die praktische Alltagspolitik einbezogen. In einem föderalistischen Staat erforderte die Gesetzesmaschine auf Bundesebene gewisse Rücksichten auf die Minderheiten. Die katholisch-konservativen Parlamentarier begannen das politische Spiel mitzumachen und integrierten sich auf diesem pragmatischen Weg partiell in die Bundespolitik der 1860er Jahre.[35]

Während die Wunden des Bürgerkrieges allmählich vernarbten, brachen die alten Gegensätze Anfang der 1870er Jahre mit der unheilvollen Verquickung von Verfassungsrevision und Kulturkampf neu auf. In der Kulturkampfstimmung gelang es der freisinnigen Regierungspartei ein weiteres Mal, die Katholisch-Konservativen zu isolieren und damit das Revisionsprojekt der Bundesverfassung mit antiklerikalen und antiultramontanen Parolen sowie populistischer Stimmungsmache unter den Protestanten, den freisinnigen Katholiken und den Romands im zweiten Anlauf 1874 durchzubringen. Wiederum sahen sich die Katholisch-Konservativen isoliert. Die neue Bundesverfassung eröffnete ihnen jedoch neue Möglichkeiten der politischen Partizipation.[36]

An dieser Stelle gilt es anzufügen, dass sich der religiös-kirchliche Kulturkampf auf den nationalen Zusammenhang der mehrsprachigen Schweiz auch positiv auswirkte, da zur gleichen Zeit das Nation-Building in Europa die Sprachkultur als Fundament der neuen Nationalstaaten betonte. Die sprachlichen und religiösen und die darauf aufbauenden politischen Konfliktlinien und Parteiungen deckten sich im schweizerischen Bundesstaat nämlich nicht, sondern überschnitten sich. Indem die Kulturkämpfe seit 1840 ein multilinguales Netz von weltanschaulichen und parteipolitischen Loyalitäten schufen, die über die Sprachengrenzen hinausgingen, verstärkten sie die Kohäsion des mehrsprachigen Staates und verminderten die Bedeutung der Sprachkonflikte in der Schweiz des 19. und beginnenden 20. Jahrhunderts.[37]

1874–1900: Abkehr von der Fundamentalopposition

Mit Hilfe des 1874 eingeführten direktdemokratischen Referendums bei Gesetzesvorlagen konnte sich der politische Katholizismus, der bisher eine unbedeutende und mehr oder weniger ignorierte Minderheit im eidgenössischen Parlament dargestellt hatte, als ernst zu nehmende politische Kraft in der schweizerischen Politik zurückmelden. Die konservativen Referendumsstürme, die zwischen 1875 und 1885 die Schweiz erschütterten und teilweise obstruktionistische Züge annahmen, brachten die freisinnige Regierungsmaschinerie ins Schwanken.[38] Berühmtheit erlangten die erfolgreichen Volksabstimmungen gegen den so genannten «Schulvogt» 1882 und gegen vier Bundesvorlagen 1884, die als «vierhöckriges Kamel» betitelt wurden.[39]

Die Freisinnigen sahen sich gezwungen, die bisherige personelle Ausschliesslichkeitspolitik aufzugeben und erste Schritte zu einem freiwilligen Proporz einzuleiten. 1879 nahm erstmals ein Vertreter der katholisch-konservativen Partei Einsitz ins Bundesgericht. Seit 1884/85 stiegen im Ständerat katholisch-konservative Politiker regelmässig zum Präsidium auf, nachdem sie bereits in der kritischen Übergangsphase von 1873/74 erstmals die kleine Kammer präsidiert hatten.[40] Im Jahre 1887 wurde schliesslich mit dem Luzerner Nationalrat Josef Zemp zum ersten Mal ein katholisch-konservativer Politiker zum Präsidenten des Nationalrates und damit der Vereinigten Bundesversammlung gewählt. Nach vier Jahrzehnten hatten die Katholisch-Konservativen endlich den Status einer offiziell anerkannten Opposition erreicht.[41] Nachdem der Freisinn am 6. Dezember 1891 in der damals zentralen Frage der Eisenbahnverstaatlichung ein weiteres Mal in einer Volksabstimmung eine Niederlage erlitten hatte, gewährte er den Katholisch-Konservativen den Eintritt in die Landesregierung. Am 17. Dezember 1891 wurde Josef Zemp durch die Vereinigte Bundesversammlung als Nachfolger von Emil Welti zum Bundesrat gewählt.[42]

Die Annäherungspolitik an den freisinnigen Bundesstaat wurde nicht von allen Katholisch-Konservativen goutiert. Der Bündner Nationalrat und spätere Professor für Kulturgeschichte an der Universität Freiburg Caspar Decurtins liess sich 1897 in einem Brief vernehmen: «Man kann die Gegenwart für die schweizerischen Katholiken mit dem Worte charakterisieren: ‹Das ist die böse Zeit der Not›, und gewiss waren die Katholiken der Schweiz seit Jahren nicht in einer so bösen Zeit wie heute. […] Zemp hat seine ganze Vergangenheit vergessen und ist mit Sack und Pack in das radikale Lager hinübergezogen.»[43] Mitte der 1880er Jahre war ein wichtiger Wendepunkt erreicht. Zwischen der freisinnigen Regierungspartei und der katholisch-konservativen Opposition begann sich auf der sachpolitischen Ebene ein Basiskonsens einzuspielen. Im Programm von 1883 stellte sich die 1882 gegründete katholisch-konservative Fraktion ausdrücklich auf den Boden der bestehenden Bundesordnung, signalisierte ihre Bereitschaft zu konstruktiver Mitarbeit und begann in den achtziger Jahren zentralistische Staatsinterventionen vorsichtig zu unterstützen. Als wichtiges Feld dieser Versöhnungspolitik erwies sich das Eisenbahnwesen.

Parallel zur schrittweisen Integration der Katholisch-Konservativen in das politische System vollzog sich der Annäherungsprozess auf kultureller Ebene nach dem Abflauen des Kulturkampfes. An erster Stelle ist die populäre Festkultur zu erwähnen.[44] Seit den 1820er und 1830er Jahren waren «eidgenössische» Feste Demonstrationen und Repräsentationen der sich entwickelnden schweizerischen Nation: Älpler- und Schwingerfeste, vor allem aber Schützen-, Turn- und Sängerfeste sowie Studentenfeste. Auch wenn diese Feierlichkeiten den Anspruch erhoben, national-eidgenössisch zu sein, waren sie zumindest in den Augen der katholisch-konservativen Parteigänger vielfach liberale Feste. Diese Vorstellung hielt sich in Restbeständen in der erste Hälfte des 20. Jahrhunderts bis in die dörfliche Vereinskultur einzelner Kantone. Als Beispiel ist der Gegensatz zwischen dem «Eidgenössischen» (ETV) und dem «Katholischen» Turnverein (KTV) zu nennen. An verschiedenen Orten kam noch eine Sektion der Sozialdemokratischen Turner (SATUS) dazu.[45]

Dem politischen Klimawandel kam die historische Rückbesinnung mit der Tellen- und Urschweiz-Begeisterung entgegen. Mit viel Pomp und Patriotismus wurde die alteidgenössische Vergangenheit an volkstümlichen Festen, Umzügen und Festspielen heraufbeschworen. Beim Sempacher Schlachtfeierjubiläum von 1886 wurde im Städtchen Sempach eine Gedenksäule als «Zeuge patriotischer Einigung der Eidgenossen aller Kantone» errichtet.[46]

Der Bundesstaat brauchte für die innere Festigung historische Mythen, die alle Schweizer verbanden.[47] Was bot sich besser als die alteidgenössische Geschichte an, die jenseits des konfliktbeladenen Gründungsdatums der modernen Schweiz von 1848 lag und damit nicht mit den parteipolitischen Konflikten von 1830 bis 1848 belastet war? Die erstmals durchgeführte Bundesfeier von 1891 wurde zum emotionalen Höhepunkt der nationalen Aussöhnungsbewegung und zu einem wichtigen Momentum für das Nationalbewusstsein der Katholiken. Die Katholiken brauchten das Gemeinschaftserlebnis des nationalen Gedenktages, um sich auf gefühlsmässiger Ebene besser in den modernen Bundesstaat zu integrieren. Die Erinnerungskultur an den Bund der katholischen Urschweiz von 1291 erleichterte ihnen die Identifikation mit der modernen Schweiz von 1848 und die Integration in den liberal geprägten Nationalstaat. Die Urschweizer und ihre katholischen Verbündeten in den anderen Randregionen des Landes konnten auf diese Weise ihre lokalen und regionalen Patriotismen mit dem eidgenössischen Nationalbewusstsein verbinden und betrachteten sich zum Teil als die besseren, jedenfalls als die älteren Patrioten.[48] Zum Abschluss kam diese Amalgamierung in der so genannten «geistigen Landesverteidigung» der 1930er Jahre.[49] Umgekehrt benutzte das katholisch-konservative Lager das gestärkte Nationalgefühl, um die freisinnige Regierungspartei zu weiteren Zugeständnissen anzuhalten, denn noch war die nationale Aussöhnung nicht perfekt, vor allem die proportionale Verteilung der politischen Macht nicht erreicht. Die konservativen Katholiken stellten seit 1891 das erste Regierungsmitglied in der siebenköpfigen Bundesregierung, wobei sich Josef Zemp durch seine Aussöhnungspolitik und vor allem durch seine Kehrtwende in der Eisenbahnfrage auszeichnete.

1900–1950: Juniorpartner in der antisozialistischen Bürgerblock-Regierung

Das letzte Drittel des 19. Jahrhunderts war im engeren kulturellen Bereich dadurch gekennzeichnet, dass sich Katholizismus und Zeitkultur zunächst auseinander bewegten. Berühmt geworden ist die Enzyklika «Quanta cura» von Pius IV. im Jahre 1864, der mit dem «Syllabus errorum» eine lange Liste von vermeintlichen Zeitirrtümern auflistete. In liberalen Kreisen galt der Katholizismus als gestrige, der Protestantismus als fortschrittliche Form des Christentums.[50] In der Tat hatte damals der Katholizismus am offiziellen Kanon der Nationalliteratur einen geringen Anteil, die von Gottfried Keller und Conrad Ferdinand Meyer dominiert wurde. Jeremias Gotthelf, der grosse Pfarrer-Schriftsteller, gehörte der reformierten Konfession an, teilte aber die konservative Zeitkritik. Erst um die Jahrhundertwende von 1900 begab sich der Katholizismus auf den langsamen Marsch aus dem kulturellen Exil.[51]

Mit Bezug auf den modernen Nationalstaat tauchte um 1900 ein Begriff auf, der im Gegensatz zu «Nation» oder «Bundesstaat» weniger parteipolitisch geprägt war. Es handelte sich um das Wort «Heimat», das in erster Linie die Gefühlswelt ansprach, die ihre Symbole in der Natur und in der Geschichte, kurzum in der «schweizerischen Eigenart» besass.[52] Heimatdichter wurden populär, die in einer Art von Flucht aus der Gegenwart die heile Vergangenheit besangen. Dabei ist es bemerkenswert, dass unter diesen Heimatdichtern auch katholisch geprägte Schriftsteller waren, so etwa der Schriftsteller und Pfarrer Heinrich Federer, der von seinem Roman «Berge und Menschen» (1911) bis zu seinem Tod im Jahre 1928 rund 112 000 Exemplare verkaufen konnte.[53]

Mit Blick auf die Wissenschaft und Forschung sprachen katholische Kreise gegen Ende des 19. Jahrhunderts von einem «Bildungsdefizit». «Sind die Katholiken in der Wissenschaft inferior?» fragte der Basler Politiker Ernst Feigenwinter am Zentralfest des Schweizerischen Studentenvereins 1899 in Pruntrut und gab zugleich die Antwort: «Den Vorwurf der Gegner, dass wir Katholiken in der Wissenschaft der Zahl nach weniger gut vertreten seien und weniger wissenschaftliche Werke liefern, können wir nicht ganz abweisen [...]. Wenn wir auch uns mit dem Hinweis darauf entschuldigen können, dass man seit langer Zeit die Katholiken systematisch zurückgedrängt hat [...] und uns überall ignoriert, so bleibt uns doch ein grosses Stück Arbeit nachzuholen, und da ist vor allem der Studenten-Verein berufen, uns den geziemenden Platz an der Sonne der Wissenschaft erobern zu helfen.»[54]

Als Reaktion auf das Bildungsdefizit gründeten ultramontan orientierte Jungkatholiken um den Freiburger Staatsrat Georges Python und den Bündner Nationalrat Caspar Decurtins 1889 in Freiburg eine «katholische Staatsuniversität», deren Ziel darin bestand, den Rückstand der Schweizer Katholiken abzubauen und der katholischen Wissenschaft ihren Rang in der Universitätswelt zukommen zu lassen. Es war den römisch-ultramontanen Netzwerken zu verdanken, dass sich die Freiburger Universität mit ihrer Internationalität in Bezug auf Professoren und Studierende rasch einen guten Namen im internationalen Katholizismus schuf. Die Integration in den schweizerischen Katholizismus verlief schleppender, da die Innerschweizer Konservativen dem Unternehmen Misstrauen entgegenbrachten. Sie befürchteten, der militante Katholizismus könnte den politischen Kompromiss stören oder behindern.[55]

Auch die katholisch geprägte akademische Geschichtsschreibung gewann vor dem Hintergrund der Universitätsgründung in Freiburg an Bedeutung. Im ersten Drittel des 20. Jahrhunderts verstärkte die Geschichtswissenschaft die Institutionalisierung auf nationaler Ebene und schuf mit der 1907 gegründeten «Zeitschrift für Schweizerische Kirchengeschichte» ein nationales Forum der katholischen Geschichtsschreibung, das internationale Ausstrahlung erlangte.[56]

Parteipolitisch war der Aufstieg der Katholiken weiter vorangeschritten als kulturell. Allerdings spielten die Katholisch-Konservativen um die Jahrhundertwende von 1900 auf der Bundesebene noch eine untergeordnete Rolle. Im Bundesrat sass ein Christlichdemokrat sechs Freisinnigen gegenüber. Aufgrund des Majorzsystems und der manipulierenden «Wahlkreisgeometrie» vermochte der Freisinn gegenüber den Katholisch-Konservativen und den anderen Parteien seine Vormachtstellung zu bewahren. 1917, bei den letzten Nationalratswahlen nach Majorzprinzip, beanspruchte die 1894 gegründete Freisinnig-Demokratische Partei FDP mit 103 von gesamthaft 189 54.5 Prozent der Nationalratssitze für sich. Auch im Ständerat verfügte die FDP mit 24 von 44 Sitzen über eine knappe Mehrheit.[57]

Erst die Einführung des Proporzes bei den Nationalratswahlen von 1919 brachte eine geradezu revolutionäre Umwälzung. In der Folge verlor der Freisinn die absolute Stellung in der Bundesversammlung. Im

Nationalrat von 1919 wurden noch 60 der 189 Sitze, also 31.7 Prozent, von der FDP gehalten. Die Katholisch-Konservativen (21.7 Prozent oder 41 Sitze), die Sozialdemokratische Partei der Schweiz (21.7 Prozent oder 41 Sitze) sowie die neu gegründete Bauern-, Gewerbe- und Bürgerpartei BGB (15.9 Prozent oder 30 Sitze) besassen nun eine stärkere Stellung in der grossen Kammer. Im Ständerat standen sich die FDP und die Katholisch-Konservativen als die stärksten Parteien gegenüber (FDP 23 Sitze, Katholisch-Konservative 17 Sitze). Der Freisinn büsste in den folgenden Jahren weiter an Terrain ein. Der Wähleranteil nahm bis 1939 stetig von 28.8 (1919) auf 20.7 Prozent (1939) ab, bevor er sich in der Folgezeit leicht zu erholen begann. Dieser Stimmenrückgang schlug sich erst mit der Zeit deutlich in den Sitzzahlen nieder. So betrug 1925 der Anteil an den Nationalratsmandaten noch 30.3 Prozent und ging dann bis 1931 auf 27.8 und bis 1939 schliesslich auf 26.2 Prozent zurück.[58]

1919 war der Freisinn gezwungen, die Katholisch-Konservativen stärker als bisher an der politischen Macht zu beteiligen. Ohne die Katholiken war keine Mehrheit im Parlament möglich. 1919 erhielten die Christlichdemokraten einen zweiten Sitz in der Landesregierung und etablierten sich als Juniorpartner.[59] 1929 erhielt zudem die Bauern-, Gewerbe- und Bürgerpartei BGB einen Bundesratssitz, womit ein Drei-Parteien-«Bürgerblock», geeint durch die Ablehnung des Sozialismus, die Schweiz regierte.

Gleichzeitig mit dem Aufstieg zum Juniorpartner folgte in der ersten Hälfte des 20. Jahrhunderts die Periode, die als eigentliche Blütezeit der katholischen Subgesellschaft bezeichnet werden kann.[60] An den seit 1903 stattfindenden Katholikentagen stellten sie mit ihren Volksvereinen und der Partei ihr neues Selbstbewusstsein und ihre Stärke machtvoll zur Schau. Bis 1954 bildeten die Katholikentage vor allem in den ersten Jahrzehnten eigentliche «Heerschauen» der «acies ordinata catholica».[61]

Ebenso wichtig wie die parteipolitischen Gewinne waren die Erfolge, die die Katholiken in der öffentlichen Meinung erzielten. Das entscheidende Ereignis bildete der Landesstreik im November 1918. Da die Katholisch-Konservativen wie die übrigen Bürgerlichen der Meinung waren, beim Landesstreik handle es sich um einen bolschewisti-

schen Revolutionsversuch, lehnten sie den Generalstreik kompromiss-
los ab. Das Klassenkampf-Paradigma hatte als Grundkonstellation endgültig das Kulturkampfparadigma abgelöst.[62] In der schwersten innenpolitischen Krise des frühen 20. Jahrhunderts stützten die Katholiken
die bestehende bürgerliche Gesellschaftsordnung vorbehaltlos. Die
katholisch-konservative Fraktion der Bundesversammlung beteiligte
sich an vorderster Front bei der Bewältigung der Krise, und die Armee-
truppen aus den ländlichen katholischen Stammlanden versahen in
den unruhigen Städte- und Industrieagglomerationen wie Zürich und
Bern den militärischen Ordnungsdienst.[63]

Es war dieser aktive Patriotismus, der als Rettung des Vaterlandes
interpretiert wurde, der das katholische Selbstbewusstsein in einer
spektakulären Weise steigerte. Endlich konnten die ehemaligen «Sonderbündler» vor aller Öffentlichkeit beweisen, dass sie jahrzehntelang
Opfer von verleumderischen Vorurteilen gewesen waren. «Was würde»,
fragte der Basler Ernst Feigenwinter in der Nationalratsdebatte über
den Generalstreik, «der alte stolze Escher [= ein freisinniger Bundesba-
ron] sagen, wenn man ihm sagen würde, jetzt im November des Jahres
1918 haben Entlebucher und Luzerner Soldaten kommen müssen, um
Zürich und seine Bürgerschaft zu schützen. [...] Sie, die Katholiken, die
man einst glaubte auf die Tribüne schicken zu müssen, sind nun die
zuverlässigsten Verteidiger der Staatsordnung geworden.»[64] Der Presti-
gegewinn trug dazu bei, dass die Katholiken den chronischen Minder-
wertigkeitskomplex abbauten. Endlich war es ihnen gelungen, das Stigma der «Sonderbündler» abzulegen und sich als zuverlässige Patrioten
und gute Staatsbürger zu erweisen.[65]

Dass die Katholiken nun an vorderster Front dazu beitrugen, die
Sozialdemokraten als vaterlandslose Gesellen zu diffamieren, gehört
zur Ironie der Geschichte. Es sieht so aus, als ob die Katholiken ihre
Angst vor dem Rückfall in die Zeit der Diskriminierung dadurch kompensieren wollten, dass sie die Rolle der «unsicheren Patrioten» den
Sozialdemokraten zuschoben.[66] Für den bürgerlichen Schulterschluss
zwischen Freisinn und politischem Katholizismus hatte das sozialdemokratische «Volksrecht» nur Spott und Hohn übrig. Es schrieb: «Die
Kräfte [des Freisinns] reichen nicht mehr weiter. Das einst so verfluch-
te und verlästerte ‹Pfaffengesindel› ist koalitionsfähig geworden. Der

Jesuit, diese politische Vogelscheuche par excellence, verwandelt sich zu einem koalitionsfähigen Ehrenmann, der im Kampf gegen den über Nacht erstarkten neuen Gegner, das Proletariat, höchst willkommen ist! Wer das in den Kulturkampfjahren 1873 und 1874 prophezeit hätte! Die Machtverhältnisse haben sich geändert. Dividende und Kapitalvorrechte gehen über die viel gepriesenen Kulturkampfideale. Darum verschachert man sie gerne an den Pfaffen und tauscht dafür dessen Mitwirkung an der Erhaltung der kapitalistischen Gesellschaftsordnung ein. Das heisst man: ‹Treue Zusammenarbeit der staats- und gesellschaftserhaltenden Parteien›!»[67]

Die nationale Aufwertung des politischen Katholizismus verstärkte das Gewicht der Katholisch-Konservativen. Nun war die Zeit gekommen, endlich alte katholische Postulate im freisinnig dominierten Bundesstaat kategorisch einzufordern. Als ersten Schritt konnte die Partei 1919 – wie bereits erwähnt – ihre Vertretung in der Landesregierung auf zwei Mitglieder verstärken.[68] In diesem Zusammenhang ist auch die Wiedererrichtung der diplomatischen Vertretung des Heiligen Stuhls 1920 zu erwähnen, die für die Katholiken grossen Symbolwert besass.[69] Es war der christlichdemokratische Aussenminister Giuseppe Motta, der im günstigen Moment nach dem Ersten Weltkrieg die Rückkehr des im Kulturkampf aus der Schweiz ausgewiesenen Nuntius ohne diplomatische Reziprozität einfädelte.[70]

Die verstärkte Mitarbeit in der Bürgerblock-Regierung stellte die Katholiken vor das Problem, wie sie ihre katholische Identität gegenüber dem bürgerlichen Regierungspartner abgrenzten. Integrieren bedeutet immer auch Differenzieren. Wenn die Katholiken auf die Gesellschaftspolitik Einfluss nehmen wollten, mussten sie sich den politischen Normen des freisinnigen Seniorpartners anpassen; wollten sie aber in der Koalition des Bürgerblockes nicht einfach aufgehen, mussten sie ihre eigene kulturelle Identität betonen. Politisch arrangierte sich der politische Katholizismus zwar mit dem Freisinn, ideologisch differenzierte er sich von ihm. Daraus resultierte eine permanente Spannungslage, die die Katholiken in der Zwischenkriegszeit in schwere innere Zerreissproben führte.[71]

Schon in den 1920er Jahren machten sich rechtskonservative und integralistische Strömungen bemerkbar.[72] In den 1930er Jahren führten

die Affinitäten der Jungkonservativen zu den autoritären Erneuerungs-
ideen, wie sie vor allem auch von den faschismus- und nationalsozia-
lismusfreundlichen «Fronten» propagiert wurden, zu Spannungen.
Dies zeigte sich beispielsweise darin, dass sich die Jungkonservativen
an der Initiative für eine Totalrevision (1935) der Bundesverfassung
beteiligten, während die Mutterpartei sich für dieses Vorhaben nicht
gewinnen liess.[73] Immer wieder bargen soziale Fragen wie etwa die Frage der Arbeitszeit oder der Sozialversicherung Konfliktpotential, denn
die katholische Partei umfasste einen wachsenden christlichsozialen
Arbeiter- und Angestelltenflügel.[74]

Die Epoche der «geistigen Landesverteidigung» beendete in der
zweiten Hälfte der 1930er Jahre die Ambivalenzen des vorausgegangenen Jahrzehnts. Für die weit fortgeschrittene Integration des politischen Katholizismus war es bezeichnend, dass Bundesrat Philipp Etter
zu einem der massgeblichen geistigen Väter der national-konservativen Erneuerung wurde.[75] Die Rückbesinnung auf die heile Welt der
ländlichen Schweiz des 19. Jahrhunderts bot dem immer noch bäuer-
lich geprägten Katholizismus in der alpinen Schweiz eine einzigartige
Gelegenheit, sich mentalitätsmässig und kulturell im national-konservativen Schweizerland der ausgehenden dreissiger Jahre zu integrieren.
Auch die kulturpessimistischen Ideologien der katholisch-konservativen Intellektuellen fanden darin ihren Platz.[76] Mit dem Literaten
Gonzague de Reynold, der zuerst in Bern Professor für französische Literatur war und dann in Freiburg eine Professur für Kulturgeschichte
übernahm, besass der Katholizismus sogar eine Leitfigur im nationalen Diskurs.[77]

Teil des konservativen Gedankengutes des Schweizer Katholizismus jener Jahre waren nicht selten auch Elemente eines soziokulturellen Antisemitismus. Die Haltung der Katholiken zum Antisemitismus
in der Zwischenkriegszeit ist als ambivalent zu bezeichnen. Auf der
einen Seite wurde aus religiösen Gründen der rassistisch argumentierende Antisemitismus abgelehnt, eine auf wirtschaftlichen, kulturellen, sozialen und religiösen Vorurteilen basierende Judenfeindschaft
auf der anderen Seite gutgeheissen und propagiert.[78]

Wie während des Ersten zweifelte auch während des Zweiten
Weltkrieges niemand mehr an der patriotischen Zuverlässigkeit des

Katholizismus. Die unmittelbare Nachkriegszeit war von Unsicherheiten geprägt, da man nicht wusste, welche Auswirkungen die neue Weltordnung auf die Schweiz haben würde. Auf katholischer Seite äusserte sich dies in einem heftigen antikommunistischen Positionsbezug, und auf linksbürgerlicher Seite flackerten verschiedene anachronistische Debatten mit antikatholischen Tönen auf. So wurde beispielsweise die Debatte um die «Jesuitenfrage» reaktiviert. Besonders tat sich hierbei der Leiter des Evangelischen Pressedienstes Arthur Frey hervor.[79]

Im Allgemeinen herrschte aber am Ende des Zweiten Weltkrieges Zuversicht in den katholischen Reihen. Selbstbewusstsein gab den Christlichdemokraten die Tatsache, dass sie aus den Kriegswahlen von 1943 als stärkste Gruppe der Vereinigten Bundesversammlung hervorgegangen waren und die Freisinnigen von diesem angestammten Platz verdrängen konnten. Die Christlichdemokraten hielten 62 (43 National- und 19 Ständeräte) und die Freisinnigen 59 Sitze (47 National- und 12 Ständeräte).[80]

Die Konsequenz war, dass sich die Christlichdemokraten nun politisch endgültig aus der Vormundschaft des Freisinns zu lösen begannen. Als 1943 die Stelle des Bundeskanzlers frei wurde, beanspruchten sie diesen Sitz für sich.[81] Von aussen wurde das katholische Selbstwertgefühl dadurch gestärkt, dass in den Nachbarländern Italien und Frankreich und später auch in der Bundesrepublik Deutschland die gesinnungsverwandten Christlichdemokraten sensationelle Wahlerfolge erzielten.[82]

Die Stimmungslage, die in der unmittelbaren Nachkriegszeit im Schweizer Katholizismus herrschte, kam auch 1948 aus Anlass des 100jährigen Bestehens des modernen Bundesstaates zum Ausdruck. Die Katholiken nahmen das Verfassungsjubiläum zum Anlass, um ihre staatsbürgerliche Loyalität demonstrativ herauszustreichen, die sich nicht nur auf die Alte Eidgenossenschaft, sondern auch auf den modernen Bundesstaat bezog.[83] Der sichtliche Stolz auf die fortgeschrittene Integration konnte aber nicht darüber hinwegtäuschen, dass die Bundesverfassung nach wie vor antikatholische Ausnahmebestimmungen aus der Kulturkampfzeit enthielt.[84] In der Folge wurden die Stimmen lauter, die auf eine Abschaffung dieser diskriminierenden Bestimmungen drängten. In den frühen 1950er Jahren ging der politische Katholizismus nach langem Zögern in die Offensive über.[85] Doch diese Appelle stiessen in der nichtkatholischen Öffentlichkeit auf taube Ohren. Länger als man heute annehmen würde, hatten im Untergrund antiklerikale Ressentiments gelebt und traten in dieser Frage wieder an die Oberfläche.[86] Erst 1973 kam die Streichung in einer Volksabstimmung zustande.

1950–2000: Erosion und Zerfall

Am 9. Oktober 1958 verstarb nach fast 20jähriger Regierungszeit Papst Pius XII. Auf den aristokratischen Pacelli-Papst folgte der 77jährige Angelo Giuseppe Roncalli mit dem Namen Johannes XXIII., der in seiner äusseren Erscheinung mehr einem Landpfarrer als einem Kirchenfürsten glich. Nur kurze Zeit nach seiner Wahl kündigte der neue Papst Johannes XXIII. ein ökumenisches Konzil an, das von 1962 bis 1965 tagte und in der katholischen Kirche tiefgehende Veränderungen hervorrief.

Aus der Rückschau erscheint das Zweite Vatikanum auch im Hinblick auf den Schweizer Katholizismus als Wendezeit. 1954 fand in Luzern der 10. Schweizerische Katholikentag statt, an dem rund 100 000 Katholiken teilnahmen, von denen die wenigsten damals ahnen konnten, dass dies die letzte grosse Massenveranstaltung des schweizerischen Katholizismus darstellte.[87] 1972 folgte mit der Synode 72 eine Räteversammlung im Stile des Zweiten Vatikanischen Konzils, die die Kirchenreformen in der Schweiz umzusetzen versuchte.

Auf politischer Ebene erreichten 1954 die Christlichdemokraten erstmals die Parität mit dem Freisinn und steuerten in einer Allianz mit den Sozialdemokraten eine konkordante Proporzregierung an, der sie zusammen mit der SP 1959 zum Durchbruch verhalfen. 1963, während des Zweiten Vatikanums, erreichten die Christlichdemokraten bei den Nationalratswahlen mit 23.4 Prozent der Wählerstimmen ihr historisches Glanzresultat, welches sie nie mehr wiederholen konnten. Bis 1987, als sie 19.6 Prozent erhielten, konnten sie sich über der 20-Prozent-Schwelle halten. In den 1990er Jahren zollten die Christlichdemokraten dem Aufstieg der nationalkonservativen Schweizerischen Volkspartei SVP Tribut. 2003 erhielten sie nur noch 14.4 Prozent der

Stimmen, was zum Verlust ihres zweiten Bundesratssitzes führte.[88] 1963 eroberten die Christlichdemokraten erstmals einen Regierungsratssitz im Kanton Zürich, dem grössten Schweizer Kanton.[89] Politisch spielten die Christlichdemokraten in der Zauberformel-Regierung von 1959 bis 2003 eine Mittlerrolle zwischen Sozialdemokratie und Freisinn und prägten damit wie nie zuvor die nationale Politik. Die Katholiken holten in der Gesellschaft der zweiten Hälfte des 20. Jahrhunderts die Rückstände auf, die sie noch vor dem Zweiten Weltkrieg besessen hatten. In dem Masse, wie sich die katholischen Regionen dem nationalen Standard annäherten, verloren ihre Eigenart und traditionelle Identität an Bedeutung. Die Pluralisierung der Gesellschaft im letzten Drittel des 20. Jahrhunderts führte zur Aufweichung des konfessionell-kulturellen Faktors als identitätsbildendes und für die Inklusion entscheidendes Element, wobei diese Auflösungserscheinungen die Diasporastädte früher als die ländlichen Gebiete betrafen.[90]

Hellsichtige Beobachter spürten trotz dieser Erfolge im politischen Bereich in den 1950er und 1960er Jahren eine unterschwellige Krise und diagnostizierten kommende Veränderungen. Der damals als progressiver Reformer eingestufte Theologe Hans Urs von Balthasar rief in einer Schrift von 1952 zum «Schleifen der Bastionen» auf, die in der Tat zu wanken begannen.[91] Die konfessionellen Unterschiede spielten zunehmend eine kleinere Rolle, Religionssoziologen sprachen sogar von einer Protestantisierung des schweizerischen Katholizismus.[92]

Ende der 1960er Jahre und zu Beginn der 1970er Jahre begann sich die katholische Subgesellschaft aufzulösen. Die Modernisierungswelle im Gefolge der Freizeit- und Konsumgesellschaft führte nach dem Zweiten Weltkrieg zum Ende des Milieukatholizismus, der die Denk- und Lebensweisen der Mehrheit der Katholiken von 1850 bis 1950 geprägt hatte. Das katholische Milieu als exklusive Kommunikationsgemeinschaft begann zu erodieren. Säkulare Vorstellungen und neue Ideen über die Sexualität und die Familie, die Gleichberechtigung von Mann und Frau, über Demokratie und Menschenrechte, stiessen in den Binnenraum der Kirche vor und entfalteten dort ihre Wirksamkeit.[93] Die fortschreitende Individualisierung, die als Ausdruck der «zweiten Moderne» (Ulrich Beck) gedeutet worden ist, löste die katholische Einheit und Geschlossenheit auf und machte einem Pluralismus von

Ideologien und Weltanschauungen, Symbolen und Riten Platz, von denen die Menschen Gebrauch machten.[94] Diesen Transformationen war es zu verdanken, dass die latenten Kulturkämpfe zwischen der katholischen Kirche und dem liberalen Staat endgültig beigelegt wurden. 1973 wurden die aus dem 19.Jahrhundert stammenden und die Katholiken diskriminierenden Jesuiten- und Klosterartikel in einer Volksabstimmung abgeschafft, und 2001 wurden schliesslich auch die antikirchlichen Bestimmungen des Bistumsartikels in der Bundesverfassung aufgehoben.[95] Die Folge dieses Integrationsprozesses war, dass der politische Katholizismus in der Form der 1970/71 reorganisierten CVP zunehmend seine gesellschaftspolitische Rechtfertigung und damit auch einen Teil seiner Wählerschaft verlor. Die Partei veränderte ihr Profil und nahm die Gestalt einer bürgerlichen Sammlungspartei an.[96]

Dass in diesen gesellschaftlichen Wandlungsprozessen auch das Verhältnis von Nation und Konfession neu bestimmt wurde, erstaunt nicht. Im Schmelztiegel der modernen Gesellschaft erwies sich die säkulare Kultur des Nationalstaates als stärker als die Religion.[97] Im Unterschied zur frühen Neuzeit ist es heute der Staat, der die Kultur schützt und nicht mehr die Kirche. Die Menschen identifizieren sich in erster Linie mit ihrer Kultur und nicht mit ihrer Religion, die zunehmend den Charakter einer Ethik und Moral anzunehmen scheint. Das erklärt auch, weshalb es für die modernen Menschen wichtiger ist, Teil eines Nationalstaates oder einer überregionalen Gemeinschaft wie der Europäischen Union zu werden, während die religiös-kirchliche Zugehörigkeit zweitrangig wird. In dem Masse, in dem sich die weltanschaulichen Milieus in der Schweiz auflösten, trat an ihre Stelle eine teils national, teils global geprägte Massenkultur, die ein individualisiertes Religionsverständnis den Normen einer Konfessionsgemeinschaft vorzog.[98]

Parallel zu diesen gesellschaftlichen Entwicklungen schlitterte auch der schweizerische Nationalstaat in eine Krise. Das Nationalbewusstsein, das sich im 19. und in der ersten Hälfte des 20.Jahrhunderts an Begriffen wie Volk, Staat und Nation entwickelt hatte, geriet zwischen die Fronten des Globalismus und des Regionalismus. Institutionen wie der Bundesrat oder die Armee, Strategien wie die Neutralität oder die Konkordanz, die in der Zeitperiode von 1945 bis 1989 einen fast unverrückbaren Platz eingenommen hatten, wurden in Frage gestellt. Wie in anderen Ländern begannen die Schweizer ihre eigene Nation neu zu definieren und das bisherige Schweizbild zu dekonstruieren.[99] Bis zum Ersten Weltkrieg unterschied der politische Katholizismus klar zwischen schweizerischer Nation und liberalem Bundesstaat. Ähnlich wie die Päpste in ihren Verlautbarungen betrachteten die Katholiken das Nationale als etwas Gesellschaftliches, was zur Folge hatte, dass sie gegenüber dem Absolutheitsanspruch des modernen Kulturstaates Einwände erhoben. Nach 1919 nationalisierte sich der Katholizismus in zunehmendem Masse, auch wenn für die christlich-demokratisch orientierten Katholiken wegen der so genannten Ausnahmeartikel eine gewisse Distanz zum liberalen Bundesstaat bestehen blieb. Die Zeit der «geistigen Landesverteidigung» von 1930 bis 1950 führte zu einer fast vollständigen Anpassung der Katholiken, nicht nur an die Nation, sondern auch an den Bundesstaat. In der Periode der «Zauberformel» von 1959 bis 2003 betrachteten sie sich – und das war der Schlusspunkt des über ein Jahrhundert dauernden Integrationsprozesses – sogar als Hüter dieses Konkordanzstaates.[100]

4. Das italienischsprachige Tessin: der politische Katholizismus als Brücke zur mehrsprachigen Nation

Im Kontext der europäischen Geschichte ist das italienischsprachige Tessin ein Sonderfall.[1] Trotz der sprachlichen und konfessionellen Minderheitsstellung verblieb das Tessin im Staatsverband der mehrheitlich deutschsprachigen und protestantischen Schweiz. Im 20. Jahrhundert kamen keine wirklich bedrohlichen Separationsbewegungen in Richtung des Nachbarlandes Italien auf, wie dies im deutschsprachigen Südtirol für den Anschluss an Österreich oder im ungarischsprachigen Transsilvanien für die Rückkehr zu Ungarn der Fall war. Gründe für dieses interessante Faktum gibt es viele, die hier nur angetönt werden können: lange historische Verbindung mit dem deutschsprachigen Urnerland, marginale Bergregion in der Nähe der Metropole Mailand, geographische Lage am Südfuss des Gotthard-Passes, zunehmende wirtschaftliche Prosperität im 20. Jahrhundert, weitgehende föderalistische Autonomie, republikanische Staatsform.

Wenig Beachtung im Zusammenhang mit der nationalen Kohäsion hat bisher das Faktum gefunden, dass der weltanschauliche Konflikt zwischen den konservativen Katholiken und den antiklerikalen Liberalen den nationalen Zusammenhalt über die Sprachgrenzen hinweg in den entscheidenden Jahren von 1850 bis 1950 gestärkt hat. Meine These lautet: Zur Nationalisierung des italienischsprachigen Tessins trug in wesentlichem Masse auch der religiös-politische Faktor bei. Der politische Katholizismus und die darauf aufbauenden politischen Loyalitäten milderten die sprachlich-kulturellen Differenzen und förderten die Integration der italienischsprachigen Minderheit in den schweizerischen Nationalstaat. Das Tessin ist in Europa ein Modellbeispiel dafür, wie ethnokulturelle Gegensätze durch ideologische und politische Integrationsfaktoren gemildert, ja sogar aufgehoben werden können.

Damit soll die Wirkung sozioökonomischer Faktoren wie Tourismus, Radio und Fernsehen usw. nicht verneint werden, doch diese stehen nicht im Mittelpunkt meiner Betrachtungen in diesem Kapitel.

Die historischen Alternativen
Die Helvetische Revolution und die Napoleonische Ordnung legten um 1800 die staatlichen Fundamente des Kantons Tessin.[2] Als die Alte Eidgenossenschaft mit ihrem verschachtelten Herrschafts- und Bündnissystem zusammenbrach, formte sich die italienischsprachige Südschweiz als selbständiger Kanton heraus. Theoretisch standen damals drei Lösungen offen: erstens der staatliche Alleingang, der wegen der Kleinräumigkeit keine Lösung war; zweitens der Anschluss an die Lombardei, die unter französischer Besetzung keine attraktive Alternative bot; und drittens der Verbleib im Staatenverband der Eidgenossenschaft unter den neuen staatsrechtlichen Voraussetzungen eines eigenen Kantons.

Für diesen neuen Kanton der Eidgenossenschaft schufen die Mediationsverfassung von 1803, die europäische Friedensordnung von 1814/15 und der Bundesstaat von 1848 die Rahmenbedingungen. Aus schweizerischer Perspektive war um die Mitte des 19. Jahrhunderts die Tessinfrage endgültig entschieden. Anders sah es auf der italienischen Seite aus, wo in der ersten Hälfte des 19. Jahrhunderts noch vieles im Fluss war. Für das Tessin war die Verspätung der italienischen Einigung ein Glücksfall, denn so konnte es seine Stellung in der Eidgenossenschaft sichern und die Grenzen gegen das spätere Italien ohne grosse internationale Komplikationen festlegen, bevor das italienische Risorgimento zu einer mächtigen Nationalbewegung anwuchs.

Der in Europa weit herumgereiste Architekt Domenico Fontana (1543–1607) bezeichnete sich im 16. Jahrhundert als «Domenico Fontana da Mili (= Melide), Diocesi di Como».[3] Ein Kanton als politischer Bezugspunkt stand ihm damals noch nicht zur Verfügung. Das Tessiner Bewusstsein, das sich bis Ende des 19. Jahrhunderts herausbildete, war zu Beginn des Jahrhunderts amorph. Um 1850 war der Blickhorizont der Tessiner wie der übrigen Schweizer noch mehrheitlich von lokalen Kategorien geprägt, die ihre Lebenswelt bestimmten – hauptsächlich durch das Dorf und seine Umgebung, im weiteren Sinn durch das Tal.[4]

Dazu kam, dass die Südschweiz in der ersten Hälfte des 19. Jahrhunderts vom schweizerischen Mittelland mit seinen Zentren Zürich und Bern weit abgelegen und im Winter wegen der Alpen kaum erreichbar war. Als Simon Bavier im Oktober 1876 in Folge der damaligen Tessiner Unruhen als Kommissär ins Tessin geschickt wurde, nahm er den Weg über den Mont Cenis via Turin, da das Wetter stürmisch und der Gotthard eingeschneit war.[5] Für das Tessin spielte die Eröffnung der Gotthardbahn im Jahre 1882 eine enorme Rolle, erst der Alpentunnel durch den Sankt Gotthard ermöglichte den Verkehr und die Kommunikation im Raume der ganzen Schweiz. Nachrichten, wie sie die Berner Zeitung «Der Bund» noch im Winter 1871 gebracht hatte, dass die Post im Tessin ausgeblieben sei, konnte es nun nicht mehr geben.[6]

Identitätsdebatten

Je mehr die Tessiner während des 19. Jahrhunderts durch die nationale Ökonomie in die Schweiz hineinwuchsen, desto mehr begannen sie sich als Schweizer zu fühlen.[7] Gleichzeitig spürten sie ausgeprägter als bisher ihren kulturellen Minderheitenstatus im neuen Nationalstaat. Erst das physische Näherrücken der verschiedenen Sprachregionen der Schweiz durch die technische, insbesondere die verkehrs- und kommunikationstechnische Modernisierung, schuf Reibungsflächen.

In dieser Lage war es ein Vorteil, dass der Bundesstaat die Mehrsprachigkeit der Schweiz schon 1848 offiziell anerkannte und dem Italienischen die Stellung einer Landessprache verlieh. Dies erleichterte den Tessinern die geistige und psychologische Integration in den neuen Staatsverband. Es wäre allerdings falsch anzunehmen, dieser Integrationsprozess sei problemlos verlaufen.

Wie ein roter Faden zieht sich die Debatte um die «Questione nazionale ticinese» durch die Tessiner Geschichte. Im Verlaufe der Jahrzehnte traten in den Diskussionen drei Paradigmen auf.[8] Da sind erstens die «Helvetisten» zu nennen, die die Existenz des Tessins als natürliche Konsequenz der eidgenössischen Geschichte betrachteten. Als zweites Paradigma erscheint immer wieder die Ideologie des «Ticinesismo», die die Eigenart und Eigenständigkeit der Region betont. Von viel geringerer Bedeutung war schliesslich drittens jene Denkrichtung, die im Zeichen des italienischen Kulturnationalismus den Anschluss an Italien propagierte.

Wie der Historiker Sandro Guzzi aufzeigt, begannen Ende des 19. Jahrhunderts die Helvetisten den Platz des Tessins in der Eidgenossenschaft in national-patriotischem Geist zu verankern, betteten die Tessiner Geschichte in die nationale Geschichte ein und betonten die alpinen Gemeinsamkeiten mit der Urschweiz.[9] Als jedoch die rasche Industrialisierung in den peripheren Regionen der Schweiz Unzufriedenheit auslöste, kamen auch im Tessin kritische Stimmen auf. Die Regionalisten sahen in ihrer Region ein Opfer der Moderne, eine diskriminierte und vernachlässigte Minderheit. Aus diesem Inferioritätskomplex heraus beklagten sie die Übermacht der Deutschschweizer, die die einheimische Kultur kolonisieren und das Eigenleben des Tessins zerstören würden. In der Folge verteidigten sie die Rechte der italienischen Sprache und Kultur, forderten eine bessere politische Vertretung in den Bundesbehörden und verlangten wirtschaftliche Sondermassnahmen.[10]

In der Epoche des Faschismus und des Zweiten Weltkrieges gewannen die Helvetisten die Oberhand. Die grosse Mehrheit der Tessiner lehnte den italienischen Irredentismus schroff ab. Damals wurde der Gotthard zum heiligen Berg, der alle Schweizer miteinander verband. Italien verlor als kultureller Bezugspunkt an Bedeutung. Die Tessiner zogen sich ähnlich wie die Deutschschweizer auf sich selbst zurück und verstanden sich als Sonderfall innerhalb des schweizerischen Sonderfalls.[11] Die politisch bedingte Abgrenzung gegen das faschistische Italien führte dazu, dass sich die Tessiner nach dem Zweiten Weltkrieg auch von den italienischen Fremdarbeitern distanzierten. Der isolationistische Provinzialismus ging so weit, dass die Tessiner Historiker bis in die 1960er Jahre die italienische Historiographie nur am Rande rezipierten.[12]

Erst der Modernisierungsschub seit 1970 brachte einen Stimmungswandel. Wiederum fühlten sich die Tessiner vom Norden her in ihrer Identität bedroht, was zur Folge hatte, dass eine neue Identitätsdebatte einsetzte. Politisch äusserte sich diese darin, dass die Lega dei Ticinesi seit Beginn der 1990er Jahre die Tessiner Parteienlandschaft tiefgreifend veränderte. In intellektuellen Debatten begann man von der «Lombardia Elvetica» anstelle der «Svizzera Italiana» zu sprechen.[13]

Wie in der übrigen Schweiz beklagten demgegenüber Schriftsteller den Diskurs in der Enge. Der Schriftsteller Plinio Martini (1923–1979) wandte sich gegen den Mythos des tugendhaften Berglers, der von den Politikern und Dichtern besungen werde.[14] Der Bergler lebe ganz im Gegenteil zwischen Felsabstürzen, Dornengestrüpp und Schweineställen. Er sei eben nicht von Natur aus mit hohem Seelenadel und patriotischen und religiösen Tugenden ausgestattet.[15] Mit dem Mythos Schweiz demontierten die Intellektuellen auch den Sonderfall Tessin. Ohne dass es deren Kritikern immer bewusst war, orientierten sich auch die Mythenzerstörer an der nationalen Frage, die sie an sich bekämpften.

Staats- und Bistumsgrenzen

Mit der Bildung der modernen Nationalstaaten gingen die Regierungen Westeuropas im 19. Jahrhundert von der selbstverständlichen Annahme aus, dass die kirchlichen Bistumsgrenzen mit den nationalstaatlichen Territorien übereinzustimmen hatten. Wo dies nicht der Fall war, wurden die kirchlichen Grenzen den staatlichen angeglichen. Im Falle der Schweiz fand der Angleichungsprozess in der ersten Hälfte des 19. Jahrhunderts statt. Das übernationale Bistum Konstanz, das nicht mehr in die politische Landschaft des modernen Europas passte, wurde aufgelöst, das Bistum Lausanne-Genf verlor die französischen Gebiete, das Bistum Basel wurde völlig neu organisiert und innerhalb der Schweiz erweitert. 1848, bei der Gründung des Bundesstaates, war die Situation so weit bereinigt, dass praktisch alle Bistümer auf Schweizer Gebiet lagen. Über die nationalstaatlichen Grenzen griff das Bistum Chur im Falle des Fürstentums Liechtenstein hinaus.[16]

Die grosse Ausnahme von dieser Regel betraf die italienischsprachige Schweiz, die nach wie vor zu den Bistümern Como und Mailand gehörte. Kirchlich waren seit dem 11./12. Jahrhundert das Bistum Como für den grösseren, das Erzbistum Mailand für den kleineren Teil des Tessins zuständig. 1855 lebten 93 000 Tessiner in der Diözese Como, 33 490 in der Erzdiözese Mailand. Neben dem Tessin besass auch das italienischsprachige Puschlav in Graubünden mit dem Bischof von Como einen kirchlichen Oberhirten ausserhalb der Schweizer Grenzen.[17]

Dass die freisinnigen Gründungsväter des Bundesstaates und die liberalen Regierungen des Kantons Tessin diese letzte – wie sie meinten – nationalpolitische Anormalität aufheben wollten, verwundert nicht. In den 1850er Jahren führten die Nationalisierungsbestrebungen vorerst zu keinem Ergebnis. Die Widerstände im Tessiner Klerus waren zu gross, denn vor allem die Geistlichen des Mailänder Sprengels zeigten eine grosse Anhänglichkeit an ihre berühmte Diözese, da die Mailänder Kirchengebiete seit Jahrhunderten einen eigenen, den «ambrosianischen» Ritus in Liturgie und Kirchenjahr praktizierten, und daher um ihre religiös-kulturelle Identität bangten.[18]

Als Österreich-Habsburg 1859 aus Norditalien vertrieben wurde, nutzte das schweizerische Parlament im Einvernehmen mit der Tessiner Regierung die günstige Gelegenheit und löste das Tessin einseitig von Como und Mailand ab.[19] Da die römische Kurie diesen staatlichen Eingriff in die Kirchenverhältnisse ablehnte, geriet die Tessiner Kirche in ein Niemandsland zwischen dem Heiligen Stuhl und der Eidgenossenschaft. Der «Annuario Pontificio» führte das Tessin bis 1870 – danach stellte er mit der Eroberung des Kirchenstaates die Publikation für mehrere Jahrzehnte ein – unter den alten Bistümern auf. Erst als 1912 das päpstliche Jahrbuch wieder erschien, tauchte mit Hinweis auf das Jahr 1888 unter dem Namen Lugano der Apostolische Administrator mit dem Amtsbereich des Kantons Tessin auf.[20]

Nach der Loslösung des Tessins von den Diözesen Como und Mailand war es den oberitalienischen Bischöfen unmöglich, ihre Jurisdiktion in der italienischen Schweiz weiter auszuüben. Hirtenbriefe und Dekrete konnten nicht mehr für die auf Tessiner Boden gelegenen Pfarreien erlassen werden. Die Einsetzung der Priester durch Como und Mailand oder deren Plazet fielen dahin. Am religiösen Alltag der Tessiner Katholiken änderte sich nicht viel. Die Pfarrer wurden weiterhin an den Priesterseminarien in Como und Mailand ausgebildet. Aus der Sicht der radikal-liberalen Kantonsregierung besassen die Katholiken aber keine kirchlichen Oberhirten mehr. Die Tessiner Priester hatten weiterhin Kontakte mit ihrem Comasker und Mailänder Bischof, nur ersetzten informelle Abkommen die bischöflichen Dekrete, Briefwechsel die bischöflichen Hirtenbriefe.

Als der Kulturkampf um die Mitte der 1880er Jahre abebbte, kam Bewegung in die Bistumsfrage. Auf Bundesebene waren die Vertreter des Freisinns und des politischen Katholizismus bestrebt, einen Ausgleich zu finden.[21] Im Tessin war eine neue Klerikergeneration herangewachsen, die von den staatlich-politischen Rahmenbedingungen des Kantons Tessin aus dachte und so langsam in die Schweiz hineinwuchs. Damit schwand die klerikale Opposition gegen die Loslösung von den oberitalienischen Bistümern. Erleichtert wurde eine Lösung ferner dadurch, dass die Tessiner Katholisch-Konservativen 1877 erstmals die Regierungsgeschäfte übernahmen. Damit begannen sich die kirchenpolitischen Verhältnisse im Tessin zu beruhigen.[22] Wie sah nun die Lösung aus? Die Radikal-Liberalen wollten die Tessiner Gebiete in einem einzigen Kirchensprengel zusammenfassen und aus nationalpolitischen Gründen einem schweizerischen Bistum anfügen. Ende 1884 wurde ein Administrator an die Spitze des Tessins gesetzt. Den Posten erhielt der während des Kulturkampfes 1873 aus dem Bistum Basel vertriebene Bischof Eugène Lachat. Als Lachat 1886, ein Jahr nach seinem offiziellen Einzug ins Tessin, unerwartet starb, bot sich die Gelegenheit, das Provisorium in ein Definitivum umzuwandeln. Am 16. März 1888 kam zwischen dem Heiligen Stuhl und der Eidgenossenschaft ein Konkordat zustande, das faktisch ein Tessiner Bistum schuf. Es blieb allerdings mit dem Bistum Basel verbunden, dessen Oberhirte den formellen Titel eines «Bischofs von Basel und Lugano» trug.[23] Der in Lugano residierende Tessiner Bischof trug den Titel eines Administrators. Damit war das Tessin auch kirchlich nationalisiert. Der staats- und kirchenrechtliche Rahmen der katholischen Kirche war nun schweizerisch. Als erste wichtige Massnahme gründete der neue Administrator Lachat 1885 ein eigenes Priesterseminar in Lugano. Tessiner Pfarrer besuchten von nun an nicht mehr oberitalienische oder römische Seminarien und Fakultäten.

Anzufügen ist, dass die italienischsprachigen Täler des Kantons Graubünden schon vorher (1869/71) dem Bistum Chur angeschlossen wurden. Auch hier folgten die kirchlichen und weltlichen Behörden dem territorialstaatlichen Prinzip. Wie in der Politik waren die staatlichen Kantons- und nicht die Sprachgrenzen ausschlaggebend. Dass die kleine italienischsprachige Schweiz damit kirchen- und kulturpolitisch zerrissen wurde, berührte die modernen Strategen von Staats-, Kantons- und Bistumsgrenzen wenig.[24]

Die Nationalisierung des Tessiner Kirchengebietes lief – und dies ist mehr als ein Zufall – mit der gesellschaftlichen Entwicklung parallel. 1874 erhielt die Schweiz eine neue Bundesverfassung, die die rechtlichen Grundlagen für den Aufbau des modernen schweizerischen Nationalstaates legte. Dass kurz darauf – 1882 – der Gotthardtunnel für die Eisenbahn eröffnet wurde, gehört ebenfalls in diesen Kontext, denn erst dieser Tunnel verband im eigentlichen Sinne das italienischsprachige Tessin mit der deutschen Schweiz.[25]

Kirchenrechtlich war die Luganeser Lösung eine «solutio singularissima». Der Oberhirte von Basel erhielt den Titel eines Bischofs von Basel und Lugano, ohne im Tessin kirchliche Rechte auszuüben. Im Tessin regierte der Administrator, der die bischöfliche Würde besass. In der ersten Hälfte des 20. Jahrhunderts ruhte die Angelegenheit, da weder die kirchlichen noch die weltlichen Behörden den konfessionellen Frieden gefährden wollten.[26] Erst relativ spät, das heisst in den 1960er Jahren, kam die endgültige Lösung in Gange. 1971 verfügte eine päpstliche Bulle die kanonische Trennung der beiden Bistümer Basel und Lugano. Der Oberhirte des Tessins trug fortan den Titel «Bischof von Lugano». In der breiten Öffentlichkeit des Tessins und der übrigen Schweiz fanden diese Abmachungen wenig Beachtung.[27] Die allgemeine Säkularisierung hatte den Stellenwert der Bistumsfrage marginalisiert. Die Verschweizerung der Tessiner Kirche war schon lange vorher Wirklichkeit geworden.

Seit 1968 studierten die Tessiner Theologiestudenten an der Theologischen Fakultät der Universität Freiburg.[28] 1992 holte Bischof Eugenio Corecco die Theologenausbildung wieder nach Lugano zurück und gründete die Theologische Akademie (Istituto accademico di Teologia), die Ende 1993 zur Theologischen Fakultät erhoben wurde. Damit lockerten sich die Beziehungen der Tessiner Kirche zur Schweiz.

Aus historischer Perspektive kann man Coreccos Massnahme auch als ersten Schritt zu einer Tessiner Universität betrachten. Die neue Theologische Fakultät hatte von Anfang an internationalen Charakter und vertrat eine konservative, den Päpsten Johannes Paul II. und Benedikt XVI. nahestehende Linie im Weltkatholizismus. Die Parallelen zur Gründung der Freiburger Fakultät im 19. Jahrhundert sind offensichtlich: mehr international als schweizerisch.

Höhere Schulen als Pflanzstätten des Nationalbewusstseins

Mehr als die Deutsch- und Französischschweizer waren die Tessiner, die um 1850 fünf Prozent der schweizerischen Gesamtbevölkerung ausmachten, darauf angewiesen, eine oder zwei weitere Landessprachen zu lernen. Die italienische Hochsprache, die sie in der Schule lernten, reichte für den Alltag in der Schweizer Gesellschaft nicht aus. Es nützte den Tessinern wenig, dass die italienische Sprache seit 1848 offizielle Landes- und Amtssprache war, denn die Mechanismen des wirtschaftlichen Lebens verliefen nach den Gesetzen des Stärkeren, was zur Folge hatte, dass sich die Tessiner gezwungen sahen, Fremdsprachen zu lernen.

Diese Bemerkung unterstreicht die Rolle des höheren Schul- und Bildungswesens. Seit 1852 besass das Tessin in Lugano eine Kantonsschule, die die Gymnasiasten mit dem Maturitätszeugnis auf die Hochschulen im In- und Ausland vorbereitete.[29] Da die kirchentreuen Tessiner dem neugegründeten Gymnasium des radikal-liberalen Regimes aus weltanschaulichen Gründen misstrauten, sandten sie ihre Söhne, wenn sie dies aus finanziellen Gründen konnten, in die katholischen Kollegien der nahen Lombardei oder der deutsch- oder französischsprachigen Schweiz.[30] Auf diese Weise lernten viele Tessiner Gymnasiasten schon früh in ihrem Leben die Sprache, Kultur und Mentalität einer anderen Schweiz kennen.[31]

Greifen wir ein Beispiel heraus. Das Collège St. Michel in Freiburg besuchten Mitte der 1870er Jahre Giovanni Lurati und Ende der 1880er Jahre Giuseppe Motta, die später beide zusammen in den Nationalrat eintreten sollten. Waren zunächst Tessiner die Ausnahme am Kollegium an der Saane – im Schuljahr 1858/59 treffen wir gerade auf einen, ein Jahr später auf einen zweiten –, so erlebte das Freiburger Gymnasium in den 1870er Jahren einen kleinen Ansturm aus dem Südkanton: 20 Tessiner traten in diesem Dezennium ein. Ein Jahr vor der Eröffnung des Gotthards sank diese Zahl auf zwei, um dann Mitte der 1880er Jahre wieder stark anzusteigen. 1894/95 zählte man 17 Tessiner. Der Gotthardtunnel hatte die Reise vom Tessin ins Uechtland wesentlich erleichtert. War der Aufschwung der 1870er Jahre eher die Ausnahme von der Regel gewesen, so bedeutete derjenige der 1880er Jahre den Anfang einer beständigen Präsenz von Tessinern am Collège St. Michel.[32]

Was die Universitäten anging, studierten die Tessiner Katholiken um 1850 hauptsächlich an den oberitalienischen Universitäten, vorab in Turin und Pavia, aber auch an den Universitäten der Toskana wie Pisa und Siena.[33] Die Ausrichtung auf das nahegelegene Oberitalien änderte sich gegen Ende des 19. Jahrhunderts. Nun zogen die Tessiner häufig an schweizerische und deutsche Universitäten. Da die moderne Schweiz die Studienabschlüsse zunehmend reglementierte, war es für Juristen und Mediziner notwendig, mindestens einen Teil ihres Studiums an einer Schweizer Universität zu absolvieren. Damit rückten die oberitalienischen Studienorte in den Hintergrund. Die Eröffnung des Gotthard-Eisenbahntunnels verringerte für die Tessiner Studenten die Distanz zu den Schweizer Universitäten.[34]

Die Geistlichen besuchten in ihrer grossen Mehrheit das 1885 in Lugano gegründete Diözesanseminar. Im Unterschied zu den Juristen, Medizinern und Philosophen holten sie sich ihre Ausbildung im eigenen Kanton. Auch wenn man die Unterschiede im Bildungsweg nicht überbewerten darf, fallen sie doch auf. Die geistlichen und weltlichen Eliten des Tessiner Katholizismus besassen unterschiedliche Bildungshorizonte, denn die bildungsmässige Mobilität des Tessiner Klerus war gering. Im Zeitraum von 1885 bis 1950 hielten sich von 792 Geistlichen nur 33 eine Zeitlang ausserhalb der Diözese auf.[35] Einzelne Theologen mit grösseren intellektuellen Ansprüchen studierten in Rom oder in Freiburg weiter.[36] Wegen des Priestermangels mussten die Pfarrer in der Regel rasch eine Pfarrei übernehmen.

Im Normalfall studierten die Tessiner Juristen, Historiker und Literaten an den französischsprachigen Universitäten. Eine zentrale Rolle spielte für die kirchentreuen und christlichdemokratisch orientierten Katholiken die französischsprachige Abteilung der Universität Freiburg, die nach dem Ersten und besonders nach dem Zweiten Weltkrieg zu einem eigentlichen Tessiner Hochschulzentrum heranwuchs. Waren im Gründungsjahr 1889/90 fünf von 28 Studenten Tessiner gewesen, sank diese Zahl 1894 auf zwei von 115, um dann 1899 wieder auf 14 von 145 anzusteigen.[37] Die Zahl von 20 Tessiner Studierenden wurde erstmals 1927/28 überschritten. Während des Zweiten Weltkrieges stieg ihre Zahl absolut gesehen rapide an. 1941/42 studierten 31 und 1945/46 68 Studierende an der Universität Freiburg.[38] Betrachtet man die relativen Zahlen, so ist zu konstatieren, dass der Anteil der Tessiner an der Studierendenschaft in den ersten Jahrzehnten seit der Universitätsgründung stets stark schwankte. Anfang der 1950er Jahre begann ein dauerhafter Anstieg. 1950/51 stammten noch 3.8 Prozent der Schweizer Studierenden aus dem Tessin, 1970/71 waren es schon 7.8 und 1990/91 sogar 11.7 Prozent. Mit mehr als 8.2 Prozent war ihr Anteil 2005/06 immer noch hoch, obwohl die Tessiner Studentinnen und Studenten vermehrt die Möglichkeit wahrnehmen, in ganz Europa zu studieren. Im Lehrkörper waren die Tessiner zunächst schlecht vertreten. Erster Tessiner Professor war der frühere Staats- und Nationalrat Martino Pedrazzini, der von 1890 bis 1917 Kirchenrecht und Öffentliches Recht lehrte. Erst nach 1970 stammte eine grössere Anzahl der Freiburger Professoren aus dem Tessin. Das hängt damit zusammen, dass die schweizerischen Bildungsreformen der 1960er Jahre das traditionelle Intellektuellendefizit in der Südschweiz abbauten und damit auch akademischen Nachwuchs heranbildeten.[39]

Mit der Gründung der Università della Svizzera Italiana (USI), als deren Gründungsrektor Marco Baggiolini amtete, änderte sich die Ausgangslage grundlegend. Die Geschichte des Projektes einer Universität im Tessin geht weit ins 19. Jahrhundert zurück. Schon zu Beginn des 19. Jahrhunderts sprach man über die Schaffung einer Hochschule, die die italienische Sprache und Kultur in der Schweiz fördern sollte. Seit 1992 existiert, wie bereits erwähnt, in Lugano eine Katholisch-Theologische Fakultät. Am 3. Oktober 1995 genehmigte der Kantonsrat die Gründung der Università della Svizzera Italiana, die ein Jahr später eröffnet wurde. 2007 zählt die USI 2338 Studierende.[40]

Bildungswege der Bischöfe und Bundesräte

Verfolgen wir die Bildungswege der Tessiner Bundesräte und Bischöfe. Als gute Dokumentation stützen wir uns auf das Werk «Uomini nostri. Trenta biografie di politici» von Fabrizio Panzera und Alberto Lepori.[41] Von den sieben Tessiner Bundesräten[42] holte sich nur der erste, nämlich Stefano Franscini[43] (Bundesrat 1848–1857), seine Ausbildung ausschliesslich im italienischen Sprachraum. Als Spross einer armen Leventiner Familie durchlief er zunächst den typischen

Bildungsweg eines aus diesem Tal stammenden Priesteramtskandidaten. Er besuchte das kleine Seminar von Pollegio, wechselte ans Priesterseminar in Mailand, wo er nach einiger Zeit das Theologiestudium aufgab und sich autodidaktisch in den Mailänder Bibliotheken in Geschichte, Recht und andern Fachbereichen weiterbildete. Später verfasste Franscini, der trotz seiner vielfältigen und langjährigen Studien auf keinen Studienabschluss verweisen konnte, grundlegende Werke zur Geschichte und Statistik des Tessins und der Schweiz. Alle anderen Tessiner Bundesräte waren auf der Gymnasial- oder auf der Hochschulstufe an Schulen der deutschen und/oder der französischen Schweiz. Von den christlichdemokratischen Bundesräten – Giuseppe Motta[44] (im Amt 1912–1940), Enrico Celio[45] (1940–1950), Giuseppe Lepori[46] (1955–1959), Flavio Cotti (1987–1999) – besuchten alle mit Ausnahme Leporis katholische Kollegien: Motta in Freiburg, Celio in Einsiedeln, Cotti in Sarnen. Später finden wir alle vier Bundesräte während längerer oder kürzerer Zeit an der zweisprachigen Universität Freiburg. Vom typischen Bildungsgang der Christlichdemokraten wich der Freisinnige Nello Celio[47] (1967–1973) ab, denn er besuchte die Handelsschule in Bellinzona und studierte Jurisprudenz in Basel und Bern und eben nicht in Freiburg. Im 19. Jahrhundert besuchte der freisinnige Giovanni Battista Pioda[48] (1857–1864) 1825 die Einsiedler Stiftsschule.

Die Bildungswege der Tessiner Bundesräte offenbaren, wie sich die politische Tessiner Elite zunehmend verschweizerte. Gegen Ende des 19. Jahrhunderts war es eine Selbstverständlichkeit, dass sich Tessiner Spitzenpolitiker mindestens einen Teil ihrer höheren Ausbildung in der französischen oder deutschen Schweiz holten.

Ein völlig anderes Bild ergibt sich, wenn man die Bildungswege der Tessiner Bischöfe untersucht.[49] Die ersten sechs Bischöfe blieben während ihrer ganzen Ausbildungszeit auf der Gymnasial- und Hochschulstufe im italienischen Sprachraum. Vincenzo Molo (Bischof 1887–1904) und Alfredo Peri-Morosini (1904–1916) studierten in Italien, Aurelio Bacciarini (1917–1935) besuchte die Priesterseminarien von Barlassina, Lugano, Monza und Mailand, Alfredo Noseda (1934–1936) ging durch das Collegio Gallio in Como, dann besuchte er das deutschsprachige Lyzeum an der Stiftsschule Einsiedeln und das Priesterseminar in

Lugano. Nur im Tessin studierte Angelo Jelmini (1935–1968), denn er absolvierte die Seminarien von Pollegio und Lugano. Auch Giuseppe Martinolis (1968–1978) Bildungsweg war ganz aufs Tessin ausgerichtet. Erst Ernesto Togni (1978–1985) studierte wieder ausserhalb des Kantons, allerdings in Italien, wo er die berühmte Gregoriana in Rom besuchte. Eugenio Corecco (1986–1995) bildet die grosse Ausnahme: Er durchlief das Gymnasium in Lugano und studierte dann Theologie in Rom, Kanonisches Recht in München und Zivilrecht in Freiburg. Giuseppe Torti (1995–2003) absolvierte seine Theologiestudien am Seminar San Carlo in Lugano.[50] Pier Giacomo Grampa, Bischof seit 2003, besuchte das Seminar in Venegono (Italien), studierte dann Theologie in Lugano und Innsbruck, wo er mit einem Lizentiat in Theologie abschloss.[51]

Diese Hinweise zum Bildungsweg der politischen und klerikalen Eliten sind insofern von Bedeutung, als man davon ausgehen kann, dass die Ausbildungszeit die späteren Bischöfe und Bundesräte stark prägte. Praktisch alle Politiker hatten einen Bildungsweg hinter sich, der ihre Sprachkenntnisse förderte und ihren geistigen Horizont über das Tessin hinaus auf gesamtschweizerische Fragen vorbereitete, dadurch besassen sie nationale Netzwerke.

Zivilgesellschaftliche Vereine als Agenturen der nationalen Identität

Wenn man nach der Entstehung eines schweizerischen Nationalbewusstseins fragt, stösst man im 19. Jahrhundert immer wieder auf das Vereinswesen. In der multikulturellen Schweiz bildeten im Jahrhundert von 1850 bis 1950 die Vereine wichtige nationale Brücken über die Sprachengräben hinweg. An den eidgenössischen Verbandsfesten der Turner, Sänger und Studenten entstand ein nationales Gefühl; die moderne Schweiz nahm erstmals reale Gestalt an. Die Novellen des Zürcher Schriftstellers Gottfried Keller geben davon ein bildhaftes Zeugnis.

Auch im Schweizer Katholizismus spielte das Vereinswesen eine zentrale Rolle. Unter der Führung der organisationsfreudigen Deutschschweizer entstand ein breites Geflecht von Vereinen aller Art. Allen voran ist der 1857 gegründete Piusverein zu erwähnen, der 1899 in den Katholikenverein und 1904/05 in den Volksverein umgewandelt wurde. Schon früh wurde das Tessin in das nationale Verbandsgeflecht einbezogen. 1861 entstand die Associazione Pio IX, die sich 1901 in die Società dei Cattolici Ticinesi und 1905 in die Unione popolare cattolica ticinese umbenannte.[52] Der Piusverein profitierte bereits im Sommer 1882 von der neuen Gotthardbahn und führte vom 22. bis 24. August 1882 seine Jahresversammlung in Locarno durch. Mehrere Redner von dies- und jenseits des San Gottardo wiederholten dabei die bekannte Formel «Cattolici e Svizzeri» und schworen sich gegenseitig in pathetischen Worten die eidgenössische Bundestreue. Auf nationaler Ebene schlug sich der Erfolg dieser Vereinsversammlung darin nieder, dass die Vereinszeitschrift, die «Pius-Annalen», nach 1882 regelmässiger als bisher über das Tessin berichtete. Für die Festigung der nationalen Bande war dies eine wichtige Massnahme.[53]

Stärker als in der französischen Schweiz wuchs in den 1860er Jahren der Piusverein im Tessin.[54] In der Zwischenkriegszeit von 1920 bis 1940 erlebte die Unione popolare eine eigentliche Blütezeit und stieg von etwas mehr als 3000 Mitgliedern 1917/19 auf über 6000 im Jahre 1923.[55] Im Sinne der päpstlichen Direktiven wandelte sic sich zur Hauptsäule der Azione cattolica. Die Tessiner bauten ein eigenes Vereinssekretariat auf, organisierten regionale Delegiertenversammlungen, veranstalteten Vortragszyklen und soziale Wochen und führten Pressetage durch. 1930 fand erstmals die schweizerische Delegiertenversammlung des Volksvereins im Tessin statt.[56]

Höhepunkte des Verbandskatholizismus bildeten in regelmässigen Abständen die kantonalen Katholikentage.[57] Ein schweizerischer Katholikentag fand im Tessin nie statt. Die Südschweiz war für eine derartige Massenveranstaltung nicht geeignet, da sie geographisch zu peripher lag. 1954 wurde der letzte Katholikentag im alten Stil durchgeführt. Als man Ende der 1970er Jahre an eine Wiederbelebung der Katholikentage dachte, wünschte sich Bischof Ernesto Togni einen Anlass in neuer Form, denn den Tessinern käme die Massenveranstaltung zu deutsch vor. 1981 organisierte der Tessiner Bischof Ernesto Togni das zweite interdiözesane Pastoralforum der Kirche Schweiz in Lugano.[58]

In den hundert Jahren von 1850 bis 1950 stellten die katholischen Vereine wichtige Soziallaboratorien dar, wo sich die Katholiken über die Sprachengrenzen hinweg kennen lernen und den helvetischen Dialog einüben konnten. An den Vereinsversammlungen entstanden jene gesellschaftlichen Solidaritäten, die Voraussetzung für die nationale Identität waren. Ohne Vereine wäre die Nationalisierung des Katholizismus langsamer vorangekommen.

Der Studentenverein als mehrsprachiger Sammelpunkt
Nationalpolitische Bedeutung ersten Ranges besass der Schweizerische Studentenverein (StV), der im schweizerischen Katholizismus bis um 1970 eine singuläre Rolle spielte.[59] Der 1841 in Schwyz gegründete Verein überlebte zunächst als einzige katholische Organisation die Niederlage des Sonderbundes von 1847. Das erklärt, weshalb die meisten katholisch-konservativen Vereine, Parteien und Zeitungen aus Initiativen von StV-Mitgliedern hervorgingen. Bis in die 1960er Jahre hinein stellte er den Sammelpunkt der christlichdemokratischen und katholischen Eliten dar.

Wie keine andere Organisation trug der StV in der zweiten Hälfte des 19. und in der ersten des 20. Jahrhunderts schrittweise dazu bei, den politischen Katholizismus mit dem liberalen Nationalstaat zu versöhnen. Mit seinem ausgeprägt patriotisch-konservativen Programm band er seine Mitglieder in den Bundesstaat ein und verstärkte deren Integration. Zugleich nahmen die Katholiken aus weltanschaulichen Gründen immer wieder eine gewisse Distanz zum Nationalstaat und zu einem allzu chauvinistischen Nationalismus ein.[60]

Das alljährlich stattfindende Zentralfest des StV förderte auf der menschlichen Beziehungsebene den nationalen Zusammenhalt. Meistens fanden die Feste in den Kleinstädten der katholischen Regionen statt. Bis zur Eröffnung der Gotthardbahn war eine derartige Festveranstaltung im Tessin nicht durchführbar. Ausserdem bot das Tessin mit der radikal-liberalen Regierung bis in die Mitte der 1870er Jahre nicht den politischen Rahmen.[61]

Das erste Tessiner Zentralfest des Studentenvereins kam 1884 in Locarno zur Austragung. Um der italienischsprachigen Minderheit den Rücken zu stärken, beschloss die Generalversammlung, das Italienische als dritte Vereinssprache anzuerkennen.[62] Die «Monat-Rosen» erhielten 1889 einen italienischen Untertitel: «Organo della Società degli Studenti Svizzeri». Als 1902 das Zentralfest zum zweiten Mal im Tessin stattfand, waren die Tessiner schon so gut integriert, dass ihre Verbundenheit mit der übrigen Schweiz kaum mehr zu reden gab. Dieses Detail spricht für sich, belegt es doch, dass die Verschweizerung der Tessiner um die Jahrhundertwende von 1900 bereits als Selbstverständlichkeit angesehen wurde. Weitere Zentralfeste fanden in Intervallen von zehn bis zwanzig Jahren statt: 1923 in Lugano, 1932 in Locarno, 1942 in Lugano, 1949 wiederum in Locarno und letztmals 1963 in Mendrisio. Es fällt auf, dass der StV in den schwierigen Jahren des Faschismus seine Zentralfeste häufiger als sonst im Tessin durchführte. Die Schweizer wollten damit ihre Verbundenheit mit ihren Miteidgenossen italienischer Sprache bekunden.[63]

Man kann nicht vom Studentenverein sprechen, ohne die Tessiner Sektionen zu erwähnen. Die ersten StV-Sektionen entstanden anfangs der 1840er Jahre an den Lyzeen von Freiburg bzw. Luzern und an den katholischen Kollegien der Innerschweiz sowie an den Kantonsschulen St. Gallen, Sitten und Solothurn. Erste Hochschulsektionen wurden an den Universitäten Süddeutschlands gegründet: 1843 in Freiburg im Breisgau, 1844 in München und 1849 in Tübingen. Den Schweizer Universitäten blieb der StV aus parteipolitischen Gründen vorerst fern. Erst 1860 konstituierte sich in Zürich die erste Sektion.[64]

Dass im Tessin keine Sektion zustande kam, hing damit zusammen, dass dort hohe Schulen katholischer Ausrichtung fehlten. Wie Aldo Abächerli und Alberto Lepori aufzeigen, wurde 1883 am Priesterseminar in Como eine Sektion unter dem Namen «Leonia» gegründet. Diese Sektion siedelte zwei Jahre später ans Priesterseminar Lugano über, ging aber 1895 wieder ein, da die kirchlichen Autoritäten den verhältnismässig autonomen Studentenverein am Priesterseminar nicht gerne sahen und als störend für den Seminarbetrieb betrachteten.[65]

1885 entstand die Tessiner Regionalverbindung «Lepontia cantonale», die die Tessiner der verschiedenen in- und ausländischen Universitäten zusammenfasste. 1906 schlief sie wieder ein, wurde aber 1915 zu neuem Leben erweckt. Die Bedeutung der «Lepontia cantonale» lag darin, dass sie die katholisch-konservativen Tessiner Studenten

zu Jahresfesten und Bildungsseminarien zusammenführte und so etwas
wie eine sprachregionale Generalversammlung der katholischen Studenten darstellte.

1915 wurde dann die Lepontia Friburgensis gegründet, 1921 in
Zürich die Lepontia Turicensis und 1935 in Bern die Lepontia Ber-
nensis. Als katholisch-konservative Studentenvereine bildeten die
Leponter Sektionen Pendants zu den Vereinen der radikal-liberalen
«Goliardia».[66]

Die Tessiner präsentierten regelmässig Kandidaten für das alljährlich wechselnde Zentralkomitee des StV, die sie in der Regel problemlos durchbrachten. Wie wenig andere Institutionen des schweizerischen Katholizismus wurde dieses Komitee zur «Rekrutenschule» für
die politischen Eliten. So waren sämtliche christlichdemokratischen
Bundesräte als Studenten Mitglieder des StV-Zentralkomitees gewesen.
Besonders gut waren die Tessiner von 1884 bis 1903 und dann wieder
von 1940 bis 1968 im Leitungsorgan des Studentenvereins vertreten.
1891/92 amteten Giuseppe Cattori, 1945/46 Orazio Dotta, 1962/63
Antonio Riva als Zentralpräsidenten.

Wie kein anderer Verein trug die Lepontia dazu bei, dass die politischen Eliten aus dem Tessin die anderen Sprachen und Kulturen der
Schweiz kennenlernten. Ohne den Studentenverein wäre manche persönliche Beziehung nicht zustande gekommen. Für die Krisen im Verhältnis der Tessiner zur übrigen Schweiz war es charakteristisch, dass
in der Zeit vor dem Ersten Weltkrieg und in der Periode nach 1968 die
Leponti im StV wenig hervortraten. 1968 traten die Leponter Sektionen sogar aus dem StV aus, dem sie sich erst in den 1980er Jahren wieder annäherten, ohne jedoch die frühere Bedeutung wiederzuerlangen.[67]
Der bisher letzte Leponter im Zentralkomitee war Roberto Scolla,
Vizezentralpräsident im Vereinsjahr 1991/92.[68]

Politische Solidaritäten

Aus der Geschichte der multinationalen Staaten Europas wissen
wir, dass die sprachlichen Minderheiten in der Regel ihre kulturellen
Loyalitäten über die politischen stellen. Die Ungarn in Transsilvanien
fühlen sich ihrer ungarischen Nationalität stärker verbunden als dem
rumänischen Staat. Die kulturelle Vielfalt von Nationalitätenstaaten

trägt häufig zur politischen Labilität des Zentralstaates bei. Da eine einheitliche Kultur fehlt, fällt die Kohäsionskraft weg, die von einer einheitlichen Kultur ausgehen kann. Die Schweiz stellt seit dem frühen 19. Jahrhundert ein Gegenbeispiel zur allgemeinen europäischen Entwicklung dar. Wenn man sich nicht einfach mit dem Hinweis auf die Ausnahme, die die Regel bestätigt, begnügen will, stellt sich die Frage: Warum hat die Schweiz trotz der kulturellen Vielfalt zusammen gehalten? Auf diese entscheidende Frage gibt es mehrere Antworten, eine ist besonders plausibel.[69] Da sich die verschiedenen kulturellen Kraftfelder in der Schweiz überschneiden, entsteht ein Netzwerk, das den Staat zusammenhält. In der Schweiz gibt es keine festen Sprachenblöcke wie in Belgien oder in der früheren Tschechoslowakei. Das Cross-Cutting – wie die Politikwissenschaftler sagen – ermöglicht es, dass sich die Schweizer von Fall zu Fall mit ihren anderssprachigen Mitbürgern identifizieren können. Je nach politischem Konflikt setzen sich Minderheit und Mehrheit anders zusammen. Als kulturelles mixtum compositum funktioniert die Schweiz nur deshalb, weil ihre politischen Diskurse und Konflikte nicht hauptsächlich den Sprachlinien entlang verlaufen. Wo sich kulturelle Spannungen zwischen Sprachgemeinschaften mit ökonomischen überlagern, nehmen sie grössere Intensität und Stärke an. Da in der Schweiz derartige Konstellationen nur selten vorkommen, bildete sich kein politischer Sprachenkorporativismus wie in Belgien heraus.[70]

Das Tessin ist ein illustratives Beispiel für diese Thesen. An sich weist es alle Merkmale auf, die man bei andern Sprachminderheiten wie etwa bei den Ungarn in der Slowakei oder in Rumänien vorfindet. Die italienischsprachigen Tessiner bilden eine territorial kompakte, an die grössere Kulturnation – in diesem Fall Italien – angrenzende zahlenmässige Minderheit. Nach der Volkszählung, welche das Bundesamt für Statistik im Jahre 2000 durchführte, leben im Tessin 306 846 Einwohner, wovon sich 83.3 Prozent als italophon bezeichnen. In der Schweiz machen die Italienischsprachigen 6.5 Prozent der Gesamtbevölkerung aus. Betrachtet man nur die Schweizer, reduziert sich ihre Anzahl auf 4.3 Prozent.[71]

Für die Tatsache, dass die Tessiner von 1848 bis zum Ende des
20. Jahrhunderts nie die Separation von der Schweiz anstrebten, kann
man zwei Gründe namhaft machen: Im Unterschied zu den Ungarn in
der Slowakei gehörten die Tessiner erstens historisch nie zum italienischen Nationalstaat. Ebenso wichtig ist ein weiterer Faktor. Seit dem
frühen 19. Jahrhundert herrscht der politische Gegensatz zwischen dem
Liberalismus, der seine Hauptstütze im Bildungsbürgertum der Städte
Lugano, Locarno und Bellinzona hat, und dem katholischen Konservativismus, der auf dem Land und in den Tälern verwurzelt ist. In der katholischen Kirche besass der politische Konservativismus jahrzehntelang einen wichtigen Bündnispartner. Da die Kulturkämpfe der 1830er
bis 1880er Jahre auch die übrige Schweiz entzweiten, entstanden über
die Sprachgrenzen hinaus Solidaritäten. Dadurch formte sich ein politisches Gewebe heraus, das die «classe politique» zusammenhielt. Der
katholisch-konservative Tessiner fühlte sich in den Kulturkämpfen des
19. Jahrhunderts seinen Gesinnungsgenossen jenseits des Gotthards
näher als seinen radikal-liberalen Tessiner Parteigegnern. Dass diese
politische Solidarität schon vor der Mitte des 19. Jahrhunderts funktio-
nierte, war für den schweizerischen Zusammenhalt entscheidend.

Grosses Interesse am Schicksal ihrer Parteifreunde im Tessin bekundeten die Katholisch-Konservativen der übrigen Schweiz hauptsächlich im 19. Jahrhundert.[72] Die Tessiner Unruhen und Putschs nahmen verhältnismässig breiten Raum in der Presse ein. Als es im Winter
1855 zum liberalen Pronunciamento kam, fand dieses Ereignis in der
ganzen Schweizer Presse ein grosses Echo. Der freisinnige «Bund» po-
lemisierte gegen die konservative «Schwyzer Zeitung», diese glaube
«einen Anlass gefunden zu haben, an dessen Hand sie ihre Galle aus-
giessen dürfe über Alles und Alle, die ihr ein Dorn im Auge sind, vom
gemordeten Giorgi bis zum Nationalrath und Bundesrath hinauf».[73]
1890, als der konservative Staatsrat Luigi Rossi in von den Radikalen
angezettelten Unruhen erschossen wurde, machte ihn die katholische
Presse der Schweiz zum politischen Märtyrer.[74]

Prominent in Erscheinung traten die Tessiner 1884, als Nationalrat Mario Pedrazzini zusammen mit seinen Ratskollegen Josef Zemp
(Luzern) und Johann Keel (St. Gallen) in der Grossen Kammer die berühmte Reformmotion einreichte, die den Willen zur konstruktiven

Opposition unterstrich und den historischen Kompromiss von 1891 einleitete.[75] Man muss allerdings anfügen, dass die Katholisch-Konservativen im 19. Jahrhundert unter dem Partikularismus ihrer Kantonalparteien litten. In der Bundesversammlung existierte seit 1882 eine katholischkonservative Fraktion, es fehlte aber eine Landespartei. Die Parteigründungsversuche von 1874, 1881 und 1894 verliefen im Sand. Die Tessiner Konservativen waren meist aktiv an den Gründungsversuchen beteiligt: 1894 wurde Giovacchino Respini ins schweizerische Parteikomitee gewählt, 1912 nahmen an der Neugründung der Konservativen Volkspartei fünf Tessiner teil. Giuseppe Cattori und Giuseppe Respini sassen danach im Parteikomitee.[76] Mit Luigi Balestra und Ruggero Dollfuss besetzten daraufhin weitere Tessiner Sitze im leitenden Ausschuss der Volkspartei.[77]

Als erster Parteipräsident italienischer Zunge amtete vom Jahre 1960 bis 1968 der Italienisch-Bündner Nationalrat Ettore Tenchio aus Verdabbio. Der Tessiner Flavio Cotti wurde 1983 in dieses Amt gewählt, das er nur kurz, bis zu seinem Eintritt in den Bundesrat 1986, inne hatte. Von 1971 bis 1972 führte Nationalrat Enrico Franzoni als Nachfolger von Kurt Furgler die christlichdemokratische Fraktion.[78]

Diese Hinweise auf Politikerkarrieren belegen die solide Verankerung der Tessiner Katholiken in der Christlichdemokratischen Volkspartei. Die Solidarität des parteipolitischen Lagers war Grundlage für die Entstehung und Festigung des schweizerischen Nationalbewusstseins. Zusammen mit den vorpolitischen Vereinen bildeten die Parteien die eigentlichen Transmissionsriemen, mit deren Hilfe das Gemeinschaftsgefühl einer schweizerischen Staatsbürgerschaft entstand.

Bundesräte als Identifikationsfiguren

Die integrative Bedeutung der politischen Eliten in einer kulturell und religiös fragmentierten Gesellschaft wie der Schweiz kann nicht genug unterstrichen werden. Nirgendwo kommt dies deutlicher zum Ausdruck als im Bundesrat, der als siebenköpfiges Kollektivorgan die Schweiz mehr verwaltet als regiert. Obwohl als Parteiangehörige gewählt, besassen die Bundesräte bis Ende des 20. Jahrhunderts in der Regel einen überparteilichen Nimbus.

Seit der Gründung des Bundesstaates 1848 vertreten die Bundesräte neben ihrer Partei auch ihre Heimatkantone und Sprachgemeinschaften. Was die Sprachgruppen angeht, bildete sich folgende Proporz-
formel heraus: vier Deutschschweizer, zwei Französischschweizer, ein
italienischsprachiger Tessiner.[79] Im Unterschied zur französischen
Schweiz vermochte die italienische ihren Sitz nicht ständig durchzusetzen und verlor ihn mehrmals für längere Zeit. Als ungeschriebene
Regel war aber unbestritten, dass die italienischsprachige Schweiz im
Bundesrat vertreten sein müsse.[80] In den Anfangsjahrzehnten des Bundesstaates war das Tessin in der Landesregierung gut vertreten mit dem
Freisinnigen Stefano Franscini (1848–1857) und Giovanni Battista Pioda (1857–1864). Danach verlor der Südkanton seinen Sitz. Die Gründe
waren vielfältig. Das «Journal de Genève» schrieb nach Piodas Rücktritt im Sommer 1864, dass es verständlich wäre, wenn nach dem Tessiner Pioda ein weiterer Italienischschweizer Bundesrat würde.[81] Dagegen spräche aber, dass die Südschweiz mit Pioda am Turiner Hof schon
einen wichtigen Posten der Eidgenossenschaft besetze: «[...] un poste
où il peut rendre d'importants services à ses compatriotes, ce qui doit
les désintéresser plus ou moins dans la question.» Auch spräche gegen
den Tessiner Kandidaten Fogliardi «[...] la nécessité de donner à la Suisse de langue française deux représentants auxquels elle a droit, dit-on,
par sa population». Man wollte also auf keinen Fall einen Bundesrat mit
sechs Deutschschweizern und wünschte sich gleichzeitig zum ersten
Mal zwei Romands in der obersten Bundesbehörde. Auch hätte man –
so schrieben Zeitungen – das katholische Element nicht vergessen
wollen, habe der Tessiner Pioda doch dieser Konfession angehört.[82]

Bei der Wahl von 1864 standen sich der Tessiner Radikale Augusto
Fogliardi, der Freiburger Konservative Alfred Von der Weid und der
Genfer Radikale Jean-Jacques Challet-Venel gegenüber. In den ersten
fünf Wahlgängen stand der Freiburger an der Spitze, im sechsten
schwang der Genfer obenauf. Fogliardi schied nach dem fünften mit
nur sechs Stimmen weniger als Challet-Venel aus. Die «Neue Zürcher
Zeitung» meinte, «dass Simplon und Lukmanier bei der Wahl zusam-
menwirkten, aber ihren Sieg verdanken sie nur der Unterstützung jener Freunde des Gotthard, welche in der Zusammensetzung des Bundesrates noch immer hinlängliche Gewähr für die Interessen ihres

Passes fanden».[83] Offenbar entschieden laut der «Neuen Zürcher Zeitung» eisenbahnpolitische Interessen die Wahl.

Die französischsprachige Schweiz – und dies scheint das Hauptargument gewesen zu sein – wollte einen zweiten Vertreter im Bundesrat, nachdem sie 16 Jahre lang untervertreten gewesen war. Auch wollte man einen neuen Bundesrat, der der «Alpenfrage» relativ neutral gegenüberstand oder wenigstens nicht der Gotthardpartei angehörte, was bei einem Tessiner fast unmöglich schien.[84]

Während einer längeren Periode wurde nun kein Tessiner Bundesrat mehr gewählt, weil die politische Lage im Südkanton labil war. Dazu kam, dass die Bundesversammlung im 19. Jahrhundert nur solche Kantonsparteien als Bundesratskandidaten berücksichtigte, die in ihren Kantonen Regierungsparteien waren. Dies traf für die Tessiner Freisinnigen nach 1877 nicht mehr zu. Infolgedessen war das Tessin während fast einem halben Jahrhundert, das heisst bis 1911, nicht mehr im Bundesrat vertreten.

Um die Jahrhundertwende von 1900 machte sich im Tessin ein schweres Malaise bemerkbar. Die Tessiner fühlten sich von der übrigen Schweiz an den Rand gedrückt. 1890 hatte das Tessin sogar wegen eines Putsches eine Militärintervention des Bundesstaates erdulden müssen. Manchen Deutschschweizern erschien der Südkanton als Putschistenrepublik.[85]

Als 1908 der katholisch-konservative Luzerner Bundesrat Josef Zemp zurücktrat, unterstützten beide Tessiner Parteien – und das war eine Rarität! – die Kandidatur des jungen, erst 37jährigen Nationalrats Giuseppe Motta aus Airolo. In der katholisch-konservativen Fraktion setzte sich aber der herrschende Fraktionsapparat durch und liess den ehemaligen Fraktionspräsidenten Josef Schobinger aus Luzern in den Bundesrat wählen.[86]

Drei Jahre später starb der 62jährige Schobinger unerwartet. Nun besannen sich die Christlichdemokraten nochmals auf den noch nicht ganz vierzigjährigen Tessiner Motta und stellten ihn als offiziellen Kandidaten auf. Die Bundesversammlung wählte den Tessiner mit einem Glanzresultat. Der Südkanton jubelte, die übrige Schweiz war zufrieden.[87]

Wie wenige andere Bundesräte blieb Giuseppe Motta, der von 1920 bis 1940 das Aussenministerium führte, im Gedächtnis der Schweizer haften. Sein moralisches Gewicht war 1920 so gross, dass er die zögernden Delegierten der Konservativen Volkspartei dazu überreden konnte, für den Beitritt zum Völkerbund einzutreten. Als Motta im Jahre 1940 starb, war die äussere Bedrohung der Schweiz durch die faschistischen Mächte so gross, dass das Parlament wiederum einen Tessiner, diesmal Staats- und alt Nationalrat Enrico Celio, in den Bundesrat wählte. Celio blieb bis 1950 in der Landesregierung und zog sich dann auf den Botschafterposten nach Rom zurück. Der Sitz ging in der Folge den Tessinern verloren, die Oberwalliser Konservativen erbten ihn.[88]

Allerdings dauerte das Moratorium nicht lange. 1954 wurde Staatsrat Giuseppe Lepori, der ausserhalb des Tessins wenig bekannt war, in einer denkwürdigen Bundesratswahl am 16. Dezember 1954 zum Bundesrat gewählt. Damals bestand die Landesregierung für kurze Zeit aus drei Freisinnigen, drei Christdemokraten und aus einem Vertreter der Bauernpartei. Lepori trat aus gesundheitlichen Gründen 1959 aus dem Bundesrat zurück, ohne das Bundespräsidium inne gehabt zu haben. Bei der folgenden Wahl sahen sich die Tessiner erneut übergangen.[89] 1962 wurde der Italienisch-Bündner Ettore Tenchio von der Konservativ-Christlichsozialen Volkspartei aufgestellt, fiel im Parlament aber gegen den Welschwalliser Roger Bonvin durch. Das gleiche Schicksal erlitt 1973 Nationalrat Enrico Franzoni, der dem Zuger Hans Hürlimann den Vortritt lassen musste.[90]

1967 kam der freisinnige Tessiner Nello Celio in die Landesregierung, als die Waadtländer Radikalen wegen der Verwicklung ihres Bundesrates Paul Chaudet in die Mirageaffäre pausieren mussten. Auch Celio blieb nicht lange und trat 1973, ein Jahr nach seinem Bundespräsidialjahr, in die Privatwirtschaft über.[91] Wiederum mussten die Tessiner warten. Als der CVP-Bundesrat Alfons Egli 1986 vorzeitig zurücktrat, schlug die Stunde für Flavio Cotti, der bis 1999 in der Landesregierung sass.

Die Wahl der Tessiner Bundesräte löste in der Südschweiz über alle Parteigrenzen hinweg stets Begeisterung aus. Als 1954 Giuseppe Lepori Bundesrat wurde, sprach man im Tessin von einem «atto di giustizia»;[92] und als Flavio Cotti 1986 die höchsten Ehren der Eidgenossenschaft zuteil wurden, sah man in ihm ein «trait d'union» zwischen dem Tessin und der Eidgenossenschaft.[93]

Als nationale Identifikationsfiguren trugen die Bundesräte in hohem Masse dazu bei, dass sich die Tessiner in den Bundesbehörden vertreten fühlten. Die Wahl von Giuseppe Motta beendete kurz vor dem Ersten Weltkrieg eine schwere Krise. Seine Wahl und seine lange Amtstätigkeit waren aus der Rückschau gesehen ein historischer Glücksfall. In der schwierigen Epoche des Faschismus garantierte der Tessiner Bundesrat mit grossem Geschick die Verbindung des Tessins zur Schweiz. Auch wenn sich das Tessin ohne Motta kaum von der Schweiz getrennt hätte, wären stärkere Turbulenzen nicht auszuschliessen gewesen.

Als Fazit steht fest: Nichts – ausser dem Gotthardtunnel – trug zur Integration der Tessiner in den Bundesstaat mehr bei als die Tessiner Bundesräte. Sie konnten allerdings nicht verhindern, dass die Tessiner in den Volksabstimmungen von Fall zu Fall ihre eigenen Bundesräte im Stich liessen. Berühmt geworden ist die Volksabstimmung über den Beitritt zum Europäischen Wirtschaftsraum EWR vom 12. Dezember 1992, in der der Kanton Tessin das Nein-Lager verstärkte, obwohl Bundesrat Flavio Cotti zu den Befürwortern gehörte.

Der politische Katholizismus – eine Säule der Nation?

Wenn ich eine Bilanz ziehe, so lässt sich feststellen, dass der politische Katholizismus die Verbindung der Tessiner zur Schweiz eindeutig gestärkt und dadurch das nationale Gemeinschaftsbewusstsein gefördert hat. Diese Feststellung erstaunt, da man das Gegenteil erwarten würde. In der Literatur konnte man bis in die Mitte des 20. Jahrhunderts oft die Ansicht lesen, dass die kirchen- und romtreue Gesinnung der Katholiken den Nationalstaat geschwächt habe. Im Falle der Tessiner ist diese These eindeutig falsch. Über Presse, Vereine und Zeitungen schufen die Eliten des politischen Katholizismus ein nationales Gemeinschaftsgefühl mit gemeinsamen Mythen und Legenden, Symbolen und Bildern. Die Bürger diesseits und jenseits des Gotthards besassen trotz der sprachkulturellen Unterschiede gleiche nationale Vorstellungen und Werte und entwickelten ein schweizerisches Identitätsbewusstsein. Insofern stellte der religiös-politische Faktor ein entscheidendes Element für die Konstruktion gemeinsamer Narrative dar.

Mehr als man gemeinhin annimmt, flossen lebensweltliche Ereignisse wie Vereinsversammlungen, Wallfahrten zu Bruder Klaus in Sachseln oder zur Muttergottes in Einsiedeln, gemeinsame Schulerfahrungen an Kollegien und Universitäten, mit der Geisteswelt von parteipolitischen Entwürfen und Diskursen zusammen. Es bildeten sich Kommunikationsgemeinschaften.[94]

Die parteipolitischen Konflikte förderten die Bildung nationaler Interessensgemeinschaften, stärkten die Solidaritäten über die Sprachgrenzen hinweg und festigten damit den nationalen Zusammenhalt der Schweiz. Dieser Befund ist auf dem Hintergrund der ethnonationalen Konflikte in Europa von eminenter Bedeutung und macht das Tessin in einem gewissen Sinne zum Modellfall multikultureller Integration.

Grundlegende Voraussetzung für die Integration des Tessins in die Schweiz war die Tatsache, dass die Friedensordnung von 1814/15 Bestand hatte.[95] Die Grenzen des von Napoleon geschaffenen Kantons blieben unverändert. Der 1848 gegründete Bundesstaat bot für die Tessiner aller Parteirichtungen die politische Rahmen- und Friedensordnung, in der sich ihr kantonales Gemeinwesen trotz vieler Unruhen entwickeln konnte. Als Schweizer Bürger besassen sie seit 1848 die gleichen politischen Rechte wie alle übrigen Eidgenossen. Auf der nationalen Ebene schufen die politischen Rechte, wie das Referendum durch den binnennationalen Diskurs, eine politische Kultur, die für die Schaffung einer nationalen Identität bedeutsam war.

Nach der Inkraftsetzung der revidierten Bundesverfassung von 1874 setzte sich der moderne Bundesstaat endgültig durch und machte aus der Schweiz über alle Sprach- und Konfessionsgrenzen hinweg ein einheitliches politisches Staatswesen. Die Wirtschaft war mit einer Zoll- und Währungsunion bereits vorausgegangen. Für die Tessiner spielte eine erhebliche Rolle, dass 1882 der Bahntunnel durch den Gotthard eröffnet wurde, der die verkehrsmässigen Voraussetzungen für das Zusammenwachsen der Schweiz schuf.

Länger als in anderen Schweizer Regionen hielten im Tessin revolutionäre Zustände in der Politik an. Politische Unruhen, Zusammenstösse, ja eigentliche Putschs und Pronunciamenti lösten einander ab. Da die Bundesbehörden für die innere Sicherheit verantwortlich waren, führten die politischen Unruhen verschiedene Male – so 1855, 1876, 1880 und 1890 – zu eidgenössischen Interventionen. Erstaunlicherweise führten diese zu keinen ernsthaften Separationsbestrebungen. Die Tessiner erduldeten die eidgenössischen Kommissäre und Bataillone mit Zähneknirschen. Wichtig war, dass die Interventionen nie einen sprachpolitischen Charakter besassen und letzten Endes zur parteipolitischen Befriedung im Tessin beitrugen.

Wie in anderen Teilen Westeuropas erfasste die nationale Bewegung im Tessin zunächst die bürgerlichen Mittelschichten, vorab das Bildungsbürgertum. Gegen Ende des 19. Jahrhunderts begannen Tessiner Publizisten, Schriftsteller und Historiker ihre Geschichte als Teil der umfassenden Schweizer Geschichte zu interpretieren. Spätestens in der Zwischenkriegszeit setzte sich das populäre Geschichtsbild durch, das eine direkte Linie vom Patto di Torre (1182) zum Waldstättenbund (1291) zog. Die Tessiner fühlten sich als Nachfahren freier Bergler, deren Befreiungsgeschichte sich nahtlos in die schweizerische Nationalgeschichte einfügte.[96]

Die Tessiner aller politischen Parteien anerkannten prinzipiell die Legitimität und Legalität des schweizerischen Bundesstaates. Das war eine fundamentale Voraussetzung für das Zusammenwachsen der multikulturellen Schweiz. Wenn die katholisch-konservativen Tessiner Widersprüche anmeldeten, betrafen diese die Form und nicht die Existenz des Bundesstaates. Wie ihre Parteigenossen jenseits des Gotthards betrachteten die katholisch-konservativen Tessiner Staat und Kirche als gleichberechtigte gesellschaftliche Grössen und lehnten den Absolutheitsanspruch des liberalen Kulturstaates ab. Ihre Opposition richtete sich gegen das politische System des Freisinns und nicht gegen die schweizerische Nation. Im Kampf gegen Liberalismus und Sozialismus fanden die katholisch-konservativen Tessiner im Papst in Rom einen Verbündeten, an den sie sich wie an eine Vaterfigur anlehnten. Doch scheuten sich die Tessiner Konservativen nicht, die Bundesbehörden in Bern um Hilfe anzugehen, wenn sie sich in Not fühlten. Als sie von 1877 bis 1890 die Regierung im Tessin führten, traten die Katholisch-Konservativen hingegen als Vorkämpfer der Tessiner Autonomie auf. Diese Hinweise machen deutlich, dass sich die konservative Opposition jener Zeit nicht aus sprachlich-kulturellen Beweggründen nährte, sondern partei- oder kirchenpolitischer Natur war. Alle diese Faktoren hätten nicht genügt, wenn der Bundesstaat nicht auf dem Prinzip des Föderalismus aufgebaut worden wäre. Die Kantone ermöglichten es den Schweizern, die politischen Konflikte auf einer tieferen Ebene auszutragen. Der föderalistische Aufbau der Eidgenossenschaft gab den Tessinern 1803, 1815 und 1848 die verfassungsmässige Möglichkeit, ihre kulturelle Identität im Rahmen einer subnationalen Einheit zu pflegen. Da der Bundesstaat den kulturellen Pluralismus befürwortete und die italienische Sprache als gleichberechtigte Nationalsprache anerkannte, fühlten sich die italienischsprachigen Tessiner verfassungmässig gleichberechtigt. Das war ein entscheidendes Element für den Aufbau des multinationalen Staates Schweiz.

Für den nationalstaatlichen Zusammenhang spielte das Bildungswesen als praktische Lebenswirklichkeit eine zentrale Rolle. Spezielle Konstellationen im höheren Bildungswesen förderten im Falle des Tessins die Verschweizerung der Eliten. Es gehört zu den Paradoxien der Geschichte, dass das Misstrauen der Tessiner Katholiken gegen die liberale Kantonsschule in Lugano die Hinwendung zur Schweiz beschleunigte. Nach der Eröffnung des Gotthardtunnels zogen die Tessiner Hochschulstudenten mehrheitlich an schweizerische und deutsche Universitäten, und die oberitalienischen Studienorte verloren ihre bisherige Bedeutung. Zuhause im Kanton blieben praktisch nur die Theologiestudenten, die von 1885 bis 1968 vornehmlich am Priesterseminar in Lugano ihrer Berufsausbildung nachgingen. Diese Hinweise machen deutlich, dass sich im höheren Schulwesen im 19. und 20. Jahrhundert lange Zeit kein sprachregionales Denken herausbildete. Erst in den letzten Jahren des 20. Jahrhunderts setzte sich der Wille zu einer eigenen Universität durch. Dabei ging der Bischof – und dies ist bemerkenswert – mit der Gründung einer eigenen Theologischen Fakultät voran.

Nach schweizerischer Auffassung ist das Bürgersein Grundlage und Substanz der nationalen Zugehörigkeit. Die Schweizer verstehen ihren Staat als Staatsbürger-Nation, die auf den Mitwirkungsrechten ihrer Bürger beruht.[97] Voraussetzung dieser Staatsbürgerschaft ist eine Zivilgesellschaft, in der die Regeln der Toleranz und des Kompromisses eingeübt werden. Im Falle der Schweiz waren es von 1850 bis 1950 die vorpolitischen Vereine, die als Laboratorien dieser Zivilgesellschaft dienten. Die ersten Ansätze zu einem Nationalbewusstsein entstanden in diesen Vereinen. Im katholischen Lager bildete sich in der zweiten Hälfte des 19. Jahrhunderts ein ganzes Netzwerk von Vereinen heraus, das über die Sprachgrenzen hinweg Arbeiter und Studenten, Lehrer und Kaufleute auf weltanschaulicher Basis organisierte. Auf der Grundlage dieses nationalen Netzwerkes der Vereine bauten die politischen Parteien auf, die sich in der Schweiz nicht nach sprachregionalen, sondern nach weltanschaulich-ideologischen Konflikten bildeten. Dadurch entstanden politische Solidaritäten, die über die Sprachgrenzen hinausgingen. Die Tessiner Christlichdemokraten fühlten sich den christlichdemokratischen Schweizern deutscher und französischer Zunge näher als den gleichsprachigen Tessiner Liberalen oder Sozialisten.

Auf der politischen Ebene waren es die demokratischen Repräsentationsorgane, das Parlament und die Regierung, die seit dem späten 19. Jahrhundert die Debatte über den Nationalstaat wesentlich bestimmten. Der Bundesrat bildete das wichtigste Integrationsorgan. Von 1848 bis 1864 konnten die Tessiner einen Sitz im siebenköpfigen Regierungskollegium behaupten, verloren ihn dann aber wegen der politischen Labilität des Kantons in den folgenden fünfzig Jahren. Erst 1911 wurde mit Giuseppe Motta wiederum ein Tessiner in den Bundesrat gewählt. Seither kamen regelmässig Tessiner zum Zuge. Wie kein anderes politisches Amt förderte der Bundesrat die Identifikation der Tessiner mit der Schweiz.

Für das Tessin war es ein Glücksfall, dass der italienischsprachige Kanton am Südzipfel der Schweiz seinen Platz in der Eidgenossenschaft festigen konnte, bevor die italienische Einigungsbewegung ihren Höhepunkt erreichte. Als sich 1861 das italienische Königreich gebildet hatte, war das Tessin verfassungmässig voll in die Schweiz integriert. Nun empfanden die Tessiner das monarchistische und zentralistische Königreich als Bedrohung ihrer lokalen Autonomie und republikanischen Staatsform. In dem Masse, in dem in Italien irredentistische Stimmen aufkamen, rückte das Tessin näher an die Schweiz heran. Mussolinis faschistisches Regime vollendete diesen Annäherungsprozess des Tessins an die Eidgenossenschaft. Wie der Historiker Carlo Moos richtig festhält, war der Zusammenhalt mit der Schweiz nie so gross wie in den 1930er, 1940er und 1950er Jahren.[98] Erst die Identitätskrise des Tessins nach 1970 machte das Verhältnis zur Schweiz und zu Italien wieder mehrdeutig. Damit setzte eine neue Debatte über den Standort des Tessins und der Italianità in der Schweiz ein, eine Debatte, die zwischen dem «ticinesimo» und dem «globalismo» hin und her schwankt.

Der Kanton Tessin als europäisches Modell
Solange die Schweiz das multikulturelle Zusammenleben verschiedener Religionen, Sprachen und Kulturgemeinschaften als politisches Staatsziel betrachtet und den kulturellen Pluralismus als staatsbürgerlichen Wert ansieht, kommen ihre Bürger nicht darum herum, die Identitätsfrage immer wieder neu zu diskutieren: Was ist ein Schweizer? Was ist ein Tessiner?

Die Antwort der offiziellen Schweiz ist seit 1848 klar: Seit der Gründung der modernen Schweiz stellen die Bundesbehörden die politische Staatsbürgerschaft über die Kultur und Nationalität und ermöglichen damit allen Schweizern gleich welcher Herkunft, Sprache und Religion den gleichen staatsbürgerlichen Status.

Da die Kombination von politischer Staatsbürgerschaft und kulturellem Pluralismus für das multikulturelle Zusammenleben im zeitgenössischen Europa als ideal gilt, ist das Tessiner Modell über seinen regionalen und schweizerischen Rahmen hinaus von europäischem Interesse. Der Zusammenbruch des kommunistischen Imperiums schuf 1989/90 in Mittel- und Osteuropa zahlreiche kleine Staaten, die kulturelle Minderheiten aufweisen, deren Ähnlichkeiten mit dem Tessiner Beispiel geradezu ins Auge springen.

Gewiss, die Identitätsdebatten der von totalitären Nachbarn geprägten 1930er und 1940er Jahre führten im Tessin und der deutschen Schweiz in eine Defensive, die die heimatliche Welt mystifizierte. Diese aus der Zeit des Faschismus erklärbaren Mythologisierungen entbinden uns diesseits und jenseits des Gotthards nicht von der Aufgabe, die «Questione nazionale ticinese» mit neuen Fragestellungen anzugehen.

Was in vielen schweizerischen Darstellungen fehlt, ist die international-komparative Perspektive, die die europäischen Dimensionen der lokalen und nationalen Geschichte herausarbeitet. Mehr als vielen Schweizern in ihrer Nabelschau bewusst ist, kann die Analyse des Tessiner Beispiels dazu beitragen, die Lage der Minderheiten in Europa besser zu verstehen.

Bis in die 1880er Jahre griff der Staat überall in Europa nur schwach in die Gesellschaft ein. Erst gegen Ende des 19. Jahrhunderts begann sich auch die schweizerische Gesellschaft auf allen Ebenen, von der Wirtschaft über das Recht bis zur Armee, zu nationalisieren. So entstanden unter den Schweizern Bande, einheitliche Vorstellungswelten, gemeinsame Symbole und Bilder, die von den Zeitungen, den Vereinen und Parteien verbreitet wurden. Trotz aller kulturellen Unterschiede fingen die Schweizer an, eine «gemeinsame Sprache» zu sprechen, indem sie den Symbolen und Bildern einen gemeinsamen Sinn gaben.

Für die Nationalisierung von Gesellschaft und Politik waren direkt und indirekt – und dies ist meine These – die weltanschaulich-politisch geprägten Sozialmilieus zentral. Diese bildeten sich alle – der Freisinn, der politische Katholizismus und die Sozialdemokratie – in der zweiten Hälfte des 19. und zu Beginn des 20. Jahrhunderts heraus. Im Falle der Katholiken wirkte die Sondergesellschaft als fundamentales Bindeglied zum Nationalstaat. Ohne die katholischen Zeitungen, Vereine und Parteien wären die nationalen Solidaritäten viel später oder überhaupt nicht entstanden. Dass die weltanschaulichen Parteigegner die konservativen Katholiken wegen ihrer Treue zur römischen Kirche lange Zeit der patriotischen Unzuverlässigkeit verdächtigten, förderte letztlich deren nationale Integration, wenn auch zunächst als Subgesellschaft, die sich am Anfang als Sondergesellschaft im nationalen Kontext fühlte und im Verlaufe der Zeit Schritt für Schritt verschweizerte. Insofern bildet die neuere Geschichte des italienischsprachigen Kantons ein Laboratorium für die Integration anderssprachiger Minderheiten in den klassischen europäischen Nationalstaat.

III Das Kulturkampfparadigma: Konflikte, Krisen und Integration

1. Der Kulturkampf als Integrations- und Desintegrationsfaktor

Wie nur wenige historische Ereigniskomplexe der modernen Schweizer Geschichte prägte der Kulturkampf das kollektive Gedächtnis der Schweiz.[1] Er hinterliess tiefgehende Spuren, die zum Teil mit der Existenz der Christlichdemokratischen Volkspartei bis in die Gegenwart hinein nachwirken. In der Regel wird das Phänomen, das als «Kulturkampf» in die transnationale Geschichtsschreibung eingegangen ist, auf die Zeitperiode von 1870 bis etwa 1885 eingeschränkt. Im Grunde genommen handelte es sich aber in der Schweiz beim Kulturkampf der 1870er Jahre nur mehr um einen Epilog, eine letzte dramatische Zuspitzung in den Auseinandersetzungen zwischen radikal-liberalem Freisinn und ultramontaner Bewegung bzw. politischem Katholizismus.[2] Die Historiker sind sich heute einig, dass Ursachen und Wurzeln des Kulturkampfes bereits bedeutend früher zu suchen sind. Mit der Säkularisierung und der damit verbundenen fortschreitenden Ausdifferenzierung von Religion und Politik spitzte sich das Verhältnis zwischen Kirche und Staat und damit zusammenhängend jenes zwischen Religion und Nation zu.[3]

Aus der Alten Eidgenossenschaft mit konfessionell noch weitgehend geschlossenen Gebieten entstand 1848 der konfessionell neutrale Bundesstaat. Und was vor allem wichtig war: Aus dem Staat, der bisher als Beschützer der christlichen Kirchen aufgetreten und mit diesen eng verbunden war, wuchs der moderne weltliche Kulturstaat, der eigene Erziehungsziele verfolgte, die keineswegs mehr mit den kirchlichen übereinstimmen mussten.

Kulturkämpfe «avant la lettre»

Der Machtkampf zwischen Staat und Kirche um gesellschaftliche Einflussbereiche, der sich bereits in der zweiten Hälfte des 18. Jahrhunderts abzuzeichnen begann, erreichte in den dreissiger und vierziger Jahren des 19. Jahrhunderts einen ersten Höhepunkt. Bereits damals kristallisierten sich Konflikte heraus, welche die Frontstellungen des späteren Kulturkampfes vorwegnahmen. In einem gewissen Sinne kann man für diese Zeitepoche von einem Kulturkampf «avant la lettre» sprechen. Die Zusammenstösse zwischen Kirche und Staat, zwischen Anhängern der neuen liberalen Staatsauffassung und Verteidigern der alten, von der Kirche geprägten Gesellschaftsordnung kulminierten in der Schweiz im Sonderbundskrieg von 1847. Dieser machte mit einem Sieg der fortschrittlich-liberalen Partei den Weg zur Gründung des modernen Bundesstaates frei. Was den Konflikt komplizierte, war das fast unentwirrbare Ineinander von weltanschaulichen, kirchen- und verfassungspolitischen Fragen.

Das Eigenartige der schweizerischen Konfliktkonfiguration bestand darin, dass der Sonderbund, der im Namen der katholischen Sache focht, einer eidgenössischen Allianz gegenüberstand, die neben der Mehrheit der reformierten auch eine Minderheit der katholischen Schweiz umfasste.[4] Die katholische Konfession gab der Sonderbundspartei eine homogene und stabile Basis, verhinderte aber deren Ausweitung ins reformiert-konservative Lager. Die kirchentreuen und konservativen Katholiken wurden auf diese Weise stärker in die Isolation gedrängt.

Fortan blieb der Katholizismus gespalten: Auf der einen Seite befand sich der ultramontane und romtreue Flügel, volkstümlich und populär, mit einer starken regionalen Verankerung in den ehemaligen Sonderbundskantonen Luzern, Freiburg, Wallis, Uri, Schwyz, Unterwalden und Zug, und auf der anderen Seite bildete sich der so genannte «liberale» Katholizismus heraus, eher elitär, ohne grossen Rückhalt in den katholischen Landgebieten, mit Schwerpunkten in den industrialisierten und freisinnigen Regionen der Kantone Solothurn, Aargau und der Diasporakantone wie etwa Zürich oder Genf. Die überkonfessionelle Allianz, die den Freisinnigen gelang, brachte der konservative Katholizismus nicht zustande. Die konfessionelle Isolierung des katholischen Konservativismus resultierte aus dieser Phase des Kulturkampfes «avant la lettre».[5]

Modernisierungskrise

Nach Peter Stadler war der Kulturkampf ein «Investiturstreit des 19. Jahrhunderts».[6] Es ging um die Frage, ob der Staat die Kirche oder die Kirche durch ihren Einfluss auf die Gläubigen auch auf den Staat und die Gesellschaft einzuwirken habe. Im engeren Sinn war der Kulturkampf eine religiös-weltanschauliche Auseinandersetzung zwischen dem kirchentreuen Katholizismus und dem antiklerikalen Radikalismus. Darüber hinaus enthielt er Elemente, die auf eine eigentliche Modernisierungskrise hinweisen, denn der Kulturkampf stand in einer engen Wechselbeziehung zum sozialen Kontext, in dem sich der epochale Wandel der Schweiz von der agrarischen zur industriellen Gesellschaft vollzog. Zwei Kulturen, zwei Staats- und Kirchenauffassungen prallten aufeinander: Auf der einen Seite kämpften die Liberalen nicht nur für den Primat des Staates, sondern auch gegen all das, was den Fortschritt zu behindern schien. Ihnen standen die Konservativen gegenüber, auf der katholischen Seite die Kirche und die Romtreuen, die ihre Identität zu erhalten und den Primat der Kirche zu verteidigen versuchten. Was für die einen die Verteidigung der staatlichen Souveränität war, bedeutete für die anderen die Verteidigung kirchlicher Freiheiten.[7]

Die kirchen- und romtreuen Katholiken standen auf verlorenem Posten. Im Gegensatz zu ihren national-liberalen Gegnern waren die konservativen Katholiken auf politischer Ebene als Bundesfeinde stigmatisiert und auf wirtschafts- und gesellschaftspolitischer Ebene marginalisiert. Die moderne Industrialisierung hatte die ökonomische und kulturelle Rückständigkeit der katholischen Stammlandgebiete noch verstärkt, da sich die wirtschaftlichen und politischen Entscheidungszentren im mehrheitlich reformierten Mittelland, in Städten wie Zürich, Basel, Bern, St. Gallen, Genf oder Lausanne befanden. Hinzu kam, dass um 1870 alle schweizerischen Hochschulen ausserhalb der katholischen Gebiete lagen und – obwohl eigentlich konfessionell neutral – als «reformierte» Universitäten galten.[8]

Vor diesem Hintergrund erstaunt es nicht, dass der ländlich geprägte und kirchentreue Katholizismus dem Fortschritt misstraute, der in seinen Augen freisinniges und protestantisches Gepräge besass. Während sich der Protestantismus mehrheitlich mit dem Liberalismus arrangierte, löste sich der Katholizismus nur sehr langsam von den alten ländlichen Denk- und Verhaltensweisen. Dies hatte zur Folge, dass liberal-radikale Führungskreise aus Politik und Wirtschaft den Katholizismus als gestrige und den Protestantismus als fortschrittliche Variante des Christentums betrachteten. Katholisch galt als rückständig und fortschrittsfeindlich.[9]

Auch wenn der Sonderbundskrieg von 1847, vor allem aber der eigentliche Kulturkampf, als Auseinandersetzung zwischen Modernismus und Antimodernismus bezeichnet werden kann, wäre es falsch, ihn nur auf die sozioökonomischen Dimensionen zu beschränken. Der Kulturkampf der siebziger Jahre des 19. Jahrhunderts nahm seinen Anfang zu einem Zeitpunkt anhaltender Hochkonjunktur um die Wende von 1872/73 und hatte seinen Höhepunkt bereits hinter sich, als die grosse Depression ausbrach. Es macht zudem den Anschein, dass die kulturkämpferischen Parolen mit dem Aufkommen der Rezession zusehends ihre Wirkung verloren.[10] So ist es schwierig, im Kulturkampf ein bewusstes Ablenkungsmanöver zu sehen, das die radikalen Unternehmer inszenierten, um «das Volk von seinen wichtigeren und näherliegenden wirtschaftlichen Interessen abzulenken»[11]. Im Gegenteil, anscheinend stand der Unternehmerliberalismus dem Kulturkampf letztlich reserviert gegenüber; er brauchte das Kulturkampfventil nicht, um soziale Unruhen und Spannungen abzulenken. Die Bundes- und Eisenbahnpatrone um den Zürcher Alfred Escher, die politisch zum liberalen «Zentrum» gehörten, zählten nicht zu den treibenden Kräften.[12] Im Kanton Solothurn gab es allerdings führende Industrielle, die den Kampf gegen den römischen Katholizismus mit aller Kraft führten und nicht davor zurückschreckten, auf ihre Arbeiterklientel politischen Druck auszuüben.[13] Trotz diesen Einschränkungen bleibt die Frage offen, ob der Kulturkampf ohne die sozioökonomischen Triebkräfte dieselbe Grundwelle ausgelöst hätte.

Inferioritätsgefühle
In einem gewissen Sinne bestätigte der Kulturkampf die Inferioritätsstellung der Schweizer Katholiken in Politik, Wirtschaft und nicht

zuletzt auch in der Kultur. Da die dominierende Kultur der damaligen Zeit in den Augen der Katholiken rationalistisch und liberal, religiös indifferent und sogar antireligiös war, wurde sie weitgehend abgelehnt. Dies führte dazu, dass der Katholizismus sich auf kulturelle Aktivitäten im katholischen Innenraum beschränkte.[14] So lässt sich auch auf der kulturellen Ebene, die den geistig-künstlerischen Bereich umfasste, von einer katholischen Sonderwelt sprechen.[15] Umgekehrt vermochte das liberal-urbane Bürgertum nur schwer ein positives Verhältnis zum Katholizismus zu entwickeln.

Die zunehmende Entfremdung zwischen national-liberaler Zeit- und katholischer Gegenkultur verstärkte das Inferioritätsbewusstsein. Die kulturelle Inferiorität resultierte freilich nicht unmittelbar aus den kulturkämpferischen Auseinandersetzungen, sondern war in erster Linie strukturell bedingt. Bis gegen Ende des 19. Jahrhunderts wies der Katholizismus vorwiegend ländlich-agrarische Gesellschaftsstrukturen auf. Dies war nicht zuletzt eine Folge der industriellen Entwicklung, welche die katholischen Landesteile in bedeutend geringerem Masse erfasst hatte als die protestantischen. Die Katholiken auf dem Lande blieben zum grössten Teil traditionellen Berufen verhaftet, nicht zuletzt auch deshalb, weil ihnen entsprechende Weiterbildungsmöglichkeiten fehlten.[16]

Die katholische Kulturinferiorität resultierte nicht nur aus den strukturell ungünstigen Ausgangspositionen. Bereits der Sonderbund und in verstärktem Masse der Kulturkampf bewirkten, dass der organisatorische Abwehrkampf gegen den Freisinn in den Vordergrund katholischer Anstrengungen rückte.[17] Für Jahrzehnte, etwa von 1870 bis 1950, konzentrierte der soziale und politische Katholizismus die Kräfte auf den Aufbau eines breiten Organisationsgeflechts. Auf diese Weise gelang es den Katholiken, den Anschluss an moderne Kommunikationsmittel, z.B. an die Presse, zu finden und sich organisatorisch auf die gleiche Stufe wie die freisinnigen Gegner zu stellen. Die gewaltigen organisatorischen Anstrengungen hatten aber zur Folge – und das ist die Kehrseite der Medaille –, dass geistig-kulturelle Aktivitäten in den Hintergrund traten. Inter arma silent musae: Dies galt in einem gewissen Sinne auch für die Schweizer Katholiken.

Auseinandersetzungen um die Schule
   Viele Katholiken brachten gegenüber dem modernen Schulwesen des liberalen Kulturstaates Reserven an. Ihrer Ansicht nach waren gerade die modernen Bildungsinstitutionen gefährliche Brutstätten des antiklerikalen Liberalismus. Die Freisinnigen ihrerseits betrachteten konfessionell geführte Schulen vielfach als Hort der Reaktion und des religiösen Wahnglaubens. Besonders suspekt erschien ihnen die Unterrichtstätigkeit der Lehrschwestern.[18] Immer häufiger ertönte der Vorwurf aus freisinnigen Kreisen, dass der Unterricht dieser Lehrschwestern nicht genüge und damit im Widerspruch zu den Forderungen von Art. 27 der Bundesverfassung stehe.

   Um den Boden für ein eidgenössisches Schulgesetz vorzubereiten, wurde zunächst statistisches Material gesammelt. Zu diesem Zweck fanden seit 1875 alljährlich die so genannten Rekrutenprüfungen statt[19], deren Ergebnisse mit grosser Spannung erwartet und je nach Resultat mit unverhohlenem Stolz publiziert wurden. Nicht selten dienten diese Ergebnisse dazu, alte Klischees aufzuwärmen. Namentlich Kreise des städtisch-freisinnigen Bildungsbürgertums sahen ihre Vorurteile gegenüber den als weniger kultiviert erachteten Berglern aus den katholischen Stammlandkantonen bestätigt. So ergab beispielsweise die Rekrutenprüfung von 1879 für den Kanton Freiburg einen verhältnismässig hohen Anteil an Analphabeten. Mit 7.1 Prozent lagen die Freiburger deutlich über dem gesamtschweizerischen Durchschnitt von 1.6 Prozent.[20] Da sich die Rekrutenprüfungen zu einem eigentlichen Prestige-, ja Kultur-Kampf zwischen den als «aufgeklärt» erachteten freisinnigen Kantonen und den als «rückständig» angesehenen katholisch-konservativen Kantonen entwickelten, stiessen die Ergebnisse in allen politischen Lagern jeweils auf grosses Interesse. Als 1882 ein Berner Prüfungsexperte die Nidwaldner Rekruten mit einer schlechteren Note in Vaterlandskunde bewertete als diese in Tat und Wahrheit verdient hätten, kam es zu einem Entrüstungssturm im konservativen Blätterwald. Nidwalden rekurrierte an den Bundesrat, der die entsprechende Beschwerde schützte.[21]

   Auch wenn die Ergebnisse der Rekrutenprüfungen oft Anlass zu hitzigen Diskussionen gaben, stellten sie doch nur ein Nebengeplänkel dar. Die eigentlichen Auseinandersetzungen um die Schule wurden in

Parlament und Bundesrat ausgetragen. Auf grosses Interesse stiessen dabei die Beschwerden liberaler Bürger aus den Luzerner Gemeinden Ruswil und Buttisholz, die gegen die Berufung von Lehrschwestern an die örtlichen Schulen beim Bundesrat Rekurs einlegten, damit jedoch nicht durchdrangen.[22] Zum Ärgernis zahlreicher freisinniger Kreise kam der Bundesrat nach einer entsprechenden Untersuchung zum Schluss, dass der Unterricht der Lehrschwestern nicht in Widerspruch stehe zu den Vorschriften von Art. 27 der Bundesverfassung.[23]

Höhepunkt und gleichsam auch vorläufiger Schlusspunkt der kulturkämpferischen Auseinandersetzungen um die Schule bildete die konservativ-föderalistische Referendumskampagne gegen die geplante Einführung eines Schulsekretärs.[24] Obwohl dieser Erziehungssekretär nur die Ergebnisse der Rekrutenprüfungen auszuwerten hatte, sahen die Konservativen darin einen ersten Schritt zu weiteren staatlichen Eingriffen ins Schulwesen. Nach einem auf beiden Seiten äusserst heftig ausgetragenen Abstimmungskampf wurde die so genannte «Schulvogt»-Vorlage am 26. November 1882 mit 318 000 Nein- gegen 172 000 Ja-Stimmen deutlich abgelehnt.[25]

Die teils erfolgreichen, teils gescheiterten Auseinandersetzungen mit dem Freisinn auf schulpolitischer Ebene liessen bei den Katholiken immer stärker das Bedürfnis wachsen, bessere Ausbildungsmöglichkeiten für die Katholiken zu schaffen. Nur auf diese Weise glaubte man, die kulturelle Inferiorität abschütteln und den Kampf gegen die politischen Gegner auch auf bildungspolitischem Gebiet aufnehmen zu können. Die Bemühungen richteten sich dabei vor allem auf eine höhere katholische Lehranstalt, eine Forderung, die 1873 erstmals an der Generalversammlung des Schweizerischen Piusvereins vorgetragen wurde und von da an fast alljährlich auf der Traktandenliste erschien.[26] finanzielle Probleme, Uneinigkeit über den möglichen Standort sowie partikularistische Sonderinteressen erschwerten die Realisierung des Projektes. Während die katholischen Studenten noch bis 1889 warten mussten, bis die erste und einzige katholisch geprägte Schweizer Universität in Freiburg ihre Tore öffnete, konnten Lehramtskandidaten immerhin schon seit 1880 in Zug das katholische Lehrerseminar, eine freie Privatschule, besuchen, dies nur ein Jahr nachdem – wiederum an einer Generalversammlung des Piusvereins – beschlossen worden war, ein Seminar für katholische Lehrer zu gründen.[27] Damit wurde in der katholisch-konservativen Schulpolitik ein deutliches Zeichen gesetzt, fortan nicht mehr nur auf die freisinnigen Angriffe zu reagieren, sondern durch die konsequente Förderung einer eigenen katholischen Bildungselite den Säkularisierungsbestrebungen aktiv entgegenzutreten.

Integration und Desintegration

Ähnlich wie der Sonderbund löste der Kulturkampf Solidarisierungseffekte aus. Mit den katholischen Sonderbündlern und Ultramontanen auf der einen sowie der national-liberalen Regierungspartei auf der andern Seite schuf er zwei Lager, die sich als Schicksalsgemeinschaften nach innen solidarisierten. Je nach Standpunkt kam dem Kulturkampf eine integrierende bzw. desintegrierende Funktion zu. Dies traf in besonderem Masse auf die Katholiken zu. Einerseits zwang der Kulturkampf die Katholiken, ihre organisatorische Verteidigungsbasis über Presse-, Vereins- und Parteiwesen auszubauen. Wo die Parteistrukturen noch zu wenig gefestigt waren, übernahmen einzelne Vereine, so etwa die lokalen Piusvereine oder in der Diaspora die Männer- und Arbeitervereine, parteipolitische Surrogatfunktionen. Unterstützt wurden sie dabei in der Regel von kleineren und grösseren Presseorganen, die im katholischen Lager die doktrinäre Einheit zu wahren und die geistigen Verbindungslinien zwischen den Katholiken aufrechtzuerhalten versuchten.[28]

Zwar setzte sich der politische Katholizismus für konservative Ziele ein, die Mittel aber, mit denen diese Ziele erreicht werden sollten, waren modern.[29] Paradoxerweise trug er damit zur Modernisierung des gesamten Schweizer Katholizismus bei, denn die modernen Kampfmittel wie Presse und Vereine blieben auf die Dauer nicht ohne Rückwirkungen auf die katholische Mentalität. Das wachsende Gruppen- und Selbstbewusstsein der Katholiken manifestierte sich zunächst auf politischer Ebene, wo es den Katholisch-Konservativen gelang, mit Hilfe des 1874 eingeführten Referendums die noch keineswegs gefestigten Strukturen des freisinnigen Bundessystems anzugreifen und zu schwächen.[30] Das Gefühl, nicht immer auf der Seite der Verlierer zu stehen, führte schliesslich auch zu einer verstärkten Auflehnung gegenüber freisinnigen Übergriffen auf religiös-kirchlicher Ebene. So kam es etwa im Jahre 1878 zu einer eindrucksvollen Machtdemonstration, als sich Tausende von Katholiken über ein kirchenfeindliches Vorgehen in Chêne-Bourg (Genf) empörten und in einer einmaligen Aktion gegen die «Vergewaltigung» ihrer dortigen Glaubensbrüder protestierten.[31] Auch wenn der Kulturkampf auf das katholische Lager zunächst einigend und stabilisierend wirkte, zeigten sich mit der Zeit durchaus auch desintegrierende Tendenzen. Im Grunde genommen schuf der Kulturkampf im katholischen Lager zwei Gruppen. Neben den «alten» Eliten der Stammlande begann sich gerade durch die kulturkämpferischen Auseinandersetzungen eine «neue» Gruppe, die so genannten Diasporakatholiken, herauszubilden, die sich sowohl von ihrer Mentalität als auch von ihrer Herkunft her von den Stammlandkatholiken unterschieden.[32] Diese für den politischen Katholizismus bis heute charakteristische Spaltung schuf eine Art von «deux catholicismes à deux vitesses». Durch den Kulturkampf wurden die internen Gegensätze überdeckt, nicht aber behoben. Umso heftiger brachen sie mit dem Abflauen des Kulturkampfes hervor.

Alles in allem förderte der Kulturkampf die «negative Integration» des Katholizismus in den Bundesstaat; er sammelte die Mehrheit der Katholiken um Papst und Kirche und trug zum Ausschluss der Christkatholiken bei.[33] Die innerkatholische Solidarität wurde gestärkt, was letzten Endes die Emanzipation der Katholiken voranbrachte.

In den sechziger Jahren des 19. Jahrhunderts sah es zunächst so aus, als ob sich die Katholisch-Konservativen aus ihrer Aussenseiterstellung herausmanövrieren und in den Bundesstaat integrieren könnten.[34] Während die protestantischen Konservativen im liberalen «Zentrum» der freisinnigen Grossfamilie aufgingen, begannen sich die Katholisch-Konservativen allmählich mit dem Bundesstaat zu arrangieren. Doch die Auseinandersetzungen um die Bundesrevision und der Kulturkampf brachen diese Integrationsbewegung ab. Obwohl es 1874, im Gegensatz etwa zu 1847, zu keinen militärischen Unterdrückungsmassnahmen kam, wirkte sich die Niederlage in der Verfassungsabstimmung verheerend aus. Wiederum standen die alten Sonderbundskantone isoliert da; und da sich zumindest ein Teil der Katholiken vorher um die Integration bemüht hatte, war die neue Isolation bitterer denn je und beförderte den Ausbau der katholischen Subgesellschaft.

Mehr als andere kirchenpolitische Ereignisse besass der Kulturkampf eine transnationale Komponente. Die kirchentreuen Katholiken fanden auf der einen Seite im Papst in Rom Trost und Stütze. Auf der anderen Seite erhielt der von den freisinnigen Behörden aus der Schweiz ausgewiesene Weihbischof Gaspard Mermillod den Status eines internationalen katholischen Helden, dem es später durch glückliche Umstände gelang, zum ersten Schweizer Kardinal im 19. Jahrhundert aufzusteigen.[35]

Der Kulturkampf war ein weiterer Beleg dafür, dass die religiöse Frage hüben und drüben für die eigenen Zwecke verwendet und missbraucht wurde. Der Freisinn und der politische Katholizismus kämpften mit religiös-konfessionellen Schlagworten, um Mehrheiten zu erobern und zu mobilisieren. Konfessionelle Themen dienten beiden dazu, sich zu profilieren, da ihre soziale Basis und ihr politisches Programm zu heterogen waren. In wirtschaftlich-politischen Fragen konnten die Konfliktlinien durchaus quer durch das freisinnige und konservative Lager verlaufen, in der Kirchen- und Kulturpolitik aber brachen die alten Lagergegensätze immer wieder hervor.

Besonders deutlich zeigte sich dies im Kampf um die Revision der Bundesverfassung von 1873/74. Mit dem Kulturkampf erhielten die Revisionsbefürworter ein wirksames Instrument in die Hand, um im Kampf gegen das «ultramontane Schreckgespenst» die Mehrheit des Schweizervolkes hinter die Fahne des radikal-liberalen Projektes zu scharen, zumal sie mit geschicktem taktischem Kalkül den westschweizerischen Föderalisten entgegengekommen waren. Mit der wirtschaftlichen Rezession, vor allem aber mit dem Aufkommen der «sozialen Frage» Ende der 1870er Jahre, wurde die integrative Kraft des Kulturkampfes bedeutend abgeschwächt. An seine Stelle traten neue Spannungspotentiale, die quer durch die konfessionspolitischen Konfliktfronten verliefen.[36] Ein politischer Paradigmawechsel kündete sich an; der Kulturkampf wurde als grundlegende Konfliktlinie durch den aufkommenden Klassenkampf abgelöst. Dieser Paradigmenwechsel förderte das Zusammenrücken der freisinnigen Staatspartei und der bisherigen katholisch-konservativen Opposition und damit deren sukzessive Inklusion in den liberalen Bundesstaat. Nach wie vor blieben aber die transnationalen Solidaritäten mit Rom und den Katholiken in anderen Ländern erhalten. Dieser römisch-katholische Transnationalismus auf der identitären Ebene behinderte den politischen Integrationsprozess nicht wesentlich. Nach rund einem halben Jahrhundert Bundesstaatsgeschichte zeichnete sich eine historische Wende ab, die ich im nächsten Kapitel detailliert beschreibe.

2. Der historische Kompromiss von 1891

Die achtziger Jahre des 19. Jahrhunderts können als eine Zeitenwende betrachtet werden, in der die schweizerische Politik in Folge der zweiten Industrialisierungswelle und der seit 1874 erfolgenden Demokratisierung durch die Erweiterung der Volksrechte auf verschiedenen Ebenen einen Paradigmenwechsel durchmachte.[1] Die fortschreitende Nationalisierung des 1848 gegründeten Bundesstaates hatte ebenfalls tief greifende Folgen. Die «Verwirtschaftlichung der Politik» (Emil Dürr) führte dazu, dass die weltanschaulichen Konflikte des Kulturkampfes langsam in den Hintergrund traten und von den entlang wirtschaftlich-sozialer Konfliktlinien ausgetragenen Klassenkämpfen abgelöst wurden. Nach dem Urteil Georg Baumbergers, seit 1886 Redaktor der katholischen St. Galler «Ostschweiz», setzte in den 1880er Jahren eine «fortschreitende parteipolitische Pazifikation» ein, die sich nach aussen einerseits im «Zurückdrängen des Geistes des Kulturkampfes und der konfessionellen Zwistigkeiten» und andererseits in der «Anerkennung der Rechte der Minderheiten» und im «Übergang zu einer solideren sachpolitischen Tätigkeit» geäussert habe.[2] Die im Zeichen der Entideologisierung und Verwirtschaftlichung erfolgten Veränderungen in der eidgenössischen Politik wirkten auf den schweizerischen Katholizismus zurück und führten zu Umstrukturierungen im katholisch-konservativen Vereins- und Parteiwesen, die schliesslich in der Gründung des Schweizerischen Volksvereins 1904/05 und in der endgültigen Konstituierung einer katholischen Landespartei 1912 gipfelten.[3]

Der Zufall der Geschichte wollte es, dass um die Mitte der 1880er Jahre zwei Persönlichkeiten von der Bühne des politischen Katholizismus abtraten, die das Vereins- und Parteiwesen der Sonderbunds- und Kulturkampfzeit entscheidend geprägt hatten. Im Jahre 1885 starb Theodor Scherer-Boccard, der 1857 massgeblich bei der Gründung des

Piusvereins mitgewirkt und den Verein bis zu seinem Tod während fast dreissig Jahren präsidiert hatte.[4] Drei Jahre später 1888 verschied der Luzerner Regierungs- und Nationalrat Philipp Anton von Segesser.[5] Mit Segesser trat ein Politiker von der eidgenössischen Politikbühne ab, der bis zur Bundesrevision von 1872/74 die katholisch-konservative Parlamentsfraktion dominiert und in den ersten Jahrzehnten des Bundesstaates die katholische Opposition gegen die freisinnig beherrschte Bundespolitik geführt hatte. Der Tod des altkonservativ-föderalistisch gesinnten Segesser versinnbildlichte die personellen Machtablösungen, die seit der Bundesrevision von 1874 im katholisch-konservativen Lager kontinuierlich vor sich gegangen waren und nach dem Patrizier von Segesser den Volksmann Josef Zemp aus dem luzernischen Entlebuch an die Spitze der politischen Elite getragen hatten. Die Transformationen in Politik und Gesellschaft liquidierten allmählich das an den Frontstellungen des Sonderbundes und des Kulturkampfes orientierte Freund-Feind-Verhältnis zwischen der radikal-liberalen Staatspartei und der katholisch-konservativen Opposition. Ein deutliches Zeichen der sich anbahnenden Versöhnung zwischen den beiden alten politischen Gegnern bildete die Wahl des Luzerners Josef Zemp zum Vizepräsidenten des Nationalrates im Jahre 1886. Damit honorierte die radikal-liberale Parlamentsmehrheit den Willen einer wachsenden Gruppe katholisch-konservativer National- und Ständeräte zur positiven Zusammenarbeit im Bund. Es bahnte sich eine Wende an, die ich als «historischen Kompromiss» bezeichnet habe.

Die Revisionsmotion von 1884

Der historische Kompromiss wurde von der gemässigt konservativen Innerschweizer Schule 1884 in einer berühmten Motion auf der sachpolitischen Ebene eingeleitet. Das Fundament legte die Fraktion bereits in ihrem Grundsatzprogramm von 1883, in dem sie sich ausdrücklich auf den Boden der bestehenden Bundesordnung stellte und ihre Bereitschaft zur konstruktiven Mitarbeit signalisierte. Der Architekt dieser Öffnung war der Luzerner Nationalrat Zemp, der von 1881 bis 1885 die Fraktion leitete.[6]

Die Motion Zemp-Keel-Pedrazzini vom Jahre 1884 hatte mehr als nur symbolischen Wert, da sie in der Bundespolitik einen konkreten

Schritt über deklamatorische Aussagen hinaus darstellte. Die Motion wurde am 6. Juni 1884 eingereicht und wirkte in der schweizerischen Öffentlichkeit wie eine politische Bombe, da sie völlig unerwartet kam. Die Presse bezeichnete sie als «Revisionsbombe».[7] Der Überraschungseffekt lag darin, dass die Revisionsgegner von 1872/74 selber einen Revisionsvorstoss der bestehenden Bundesverfassung machten. Als Fraktionschef der katholischen «Rechten» begründete Josef Zemp im Nationalrat mit einer mehr als einstündigen Rede die Motion; der Tessiner Martino Pedrazzini folgte in französischer Sprache. Als Mitunterzeichner figurierte der einflussreiche St. Galler Nationalrat Johann Joseph Keel, womit auch die Katholiken ausserhalb der Stammlande einbezogen wurden.

Als Zemp seine Motion vortrug, herrschte, wie ein Augenzeuge berichtete, «lautlose Stille» im Nationalrat: «[D]eutlich bis auf den letzten Buchstaben dringt jedes Wort durch den Saal, ohne dass der Redner irgendwie in das Schreien mancher welscher Kollegen oder in exaltierte Gesten fällt. Von Pathos ist keine Spur, eher sind hie und da Anflüge eines schneidenden Satzes bemerkbar. Zemps Art zu sprechen reisst nicht gerade hin, und doch, als er seine Rede unter lautloser Stille beendet hatte, war bei Freund und Gegner nur eine Stimme über den gewaltigen Eindruck, welchen dieselbe hervorgebracht.»[8]

Die Revisions-Motion symbolisierte das prinzipielle Bekenntnis der katholisch-konservativen Fraktion zum Bundesstaat, dessen Verbesserung man forderte. Nach den Abstimmungserfolgen in den Referenden ergriffen Zemp und seine Mitstreiter die Initiative, um in konstruktiver Weise die Stimme der Opposition zur Geltung zu bringen. Was waren ihre Forderungen? Sie verlangten in erster Linie eine Wahlreform in Bezug auf die Wahlkreiseinteilung und den Proporz sowie eine Erweiterung der Volksrechte. Diese beiden Postulate zielten nach ihrer Meinung darauf ab, die Kluft zwischen Behörden und Volk zu überwinden, indem sie die freisinnige Parlamentsmehrheit zwang, den Konservativen eine gerechtere Vertretung im Parlament zu ermöglichen.

Die weiteren Reformpunkte betrafen die Unterrichtsfreiheit, was auf einen Schutz der christlichen Schulen hinauslief und damit ein Postulat wieder aufnahm, das in der berühmten «Schulvogt»-Abstimmung von 1882 zur Debatte gestanden hatte. Auf der Liste standen auch wirtschafts-, sozial- und finanzpolitische Anliegen wie die Einschränkung der Handels- und Gewerbefreiheit im Wirtschaftsgewerbe und damit des Alkoholverkaufs sowie das finanzpolitische Anliegen, anstelle des Ohmgeldes Einnahmen aus der Besteuerung der Fabrikation gebrannter Wasser an die Kantone zu leisten.[9] Im radikal-liberalen Regierungslager waren die Meinungen geteilt. Die Mehrheit der radikalen Fundamentalisten sprach sich gegen, das liberale «Zentrum» für die Erheblichkeitserklärung aus. Im Bundesrat gingen die Meinungen der gemässigt liberalen und der radikalen Freisinnigen ebenfalls auseinander. Die Mehrheit des Parlamentes spürte indessen, dass sie auf das Revisionsprogramm der Opposition eintreten musste, wenn sie verhindern wollte, dass daraus eine eigentliche Totalrevisionsbewegung unter konservativer Führung erwachsen würde.

Unter Namensaufruf wurde die Motion mit 98 gegen 40 Stimmen auf Antrag des Bundesrates erheblich erklärt.[10] Es brauchte allerdings noch einige Zeit, bis das Hauptpostulat, das Proporzwahlrecht, im Jahre 1918 eingeführt wurde und ein Jahr später zum ersten Mal zur Anwendung kam.

Für Josef Zemp war die Annahme der Motion ein politischer Erfolg, der seine Stellung in der katholisch-konservativen Opposition stärkte. Zwei Jahre später, in seiner Rede an der Sempacher Schlachtfeier vom 5. Juli 1886 wiederholte er sein Angebot zur konstruktiven Mitarbeit. Als Geste der Versöhnung wurde er am 7. Juni 1886 mit 93 von 119 Stimmen zum Vizepräsidenten des Nationalrates gewählt.[11] Das konservative Luzerner «Vaterland» kommentierte, zum ersten Mal seit Bestand des Nationalrates sei ein konservativer Katholik für diese Würde zu Ehren gezogen und «mit dem System kränkender Hintansetzung einer ehrenwerten Minorität im Rate nach langen Jahrzehnten endlich gebrochen worden».[12] Und die freisinnige «Neue Zürcher Zeitung» meinte, die Wahl sei ein Beweis der versöhnlichen Stimmung im Lande.[13]

Josef Zemps Aufstieg zum Bundesrat war nur noch eine Frage der Zeit. Als Ausgleichspolitiker mit einem konzilianten Stil hatte er sich in den 1880er Jahren Anerkennung und Respekt bis weit ins Lager des Freisinns hinein erworben. Gegen Zemp waren nur noch die radikalen und fundamentalistischen Scharfmacher auf freisinniger wie katholischer Seite.

Regierungskrise

Zum besseren Verständnis der parteipolitischen Verhältnisse ist anzumerken, dass die freisinnige Parteifamilie seit 1848 wegen des Majorzsystems über eine solide Mehrheit im Bundesparlament verfügte und alle sieben Bundesräte stellte. Wer zur katholisch-konservativen Rechten gehörte, besass in den Anfangsjahrzehnten des Bundesstaates keine Chancen und sah sich zum vornherein als «Ultramontaner» oder «Sonderbündler» ausgegrenzt.

Seit Jahren hatten die Katholisch-Konservativen immer wieder vergeblich versucht, ein Parteimitglied in die Landesregierung wählen zu lassen. Bei der Kampfwahl von 1890 war der Luzerner Bundesrichter und ehemalige National- und Ständerat Alois Kopp offizieller Kandidat der Katholisch-Konservativen gewesen. Kopp hätte sich auch ein Jahr später als Bundesratskandidat aufgedrängt, wenn er nicht im Frühjahr 1891 verstorben wäre.[14]

Äusserer Anlass für den erfolgreichen Eintritt der Katholisch-Konservativen in die Landesregierung im Jahre 1891 war eine überraschende Regierungskrise in der Eidgenossenschaft. Ebenso wichtig war ferner die Stimmkraft, welche die konservative Opposition mittlerweile in verschiedenen Volksabstimmungen unter Beweis gestellt hatte. Als das Schweizer Volk am 6. Dezember 1891 die vom freisinnigen Bundesrat getragene Vorlage für den Rückkauf der Zentralbahnaktien verwarf, erklärte der Vorsteher des Post- und Eisenbahndepartementes, Bundesrat Emil Welti, noch am gleichen Tag völlig unerwartet seinen Rücktritt. Welti sass schon 25 Jahre in der Landesregierung, wo er zu den einflussreichsten Regierungsmitgliedern zählte, weshalb er den Beinamen «schweizerischer Bismarck» erhielt.[15]

Der Freisinn fing die unerwartete Regierungskrise dadurch auf, dass er der katholisch-konservativen Opposition einen Sitz im Bundesrat anbot. Bei der Kandidatenkür im Dezember 1891 standen drei katholisch-konservative Politiker im Vordergrund.[16] Neben dem 57jährigen Luzerner Josef Zemp wurden der 49jährige Obwaldner Ständerat Theodor Wirz, damals Fraktionspräsident, und der erst 40jährige Urner Ständerat Gustav Muheim, ab 1892 Nachfolger von Wirz im Fraktionspräsidium, als mögliche Kandidaten gehandelt. Alle drei galten als gemässigte Vertreter der Opposition und wurden deshalb von der freisinnigen Regierungspartei als regierungsfähig angesehen.

Die fraktionsinternen Vorabklärungen kamen vorerst nicht voran, da Zemp und Muheim aus persönlichen und familiären Gründen verzichteten. Der von Zemp als Alternativkandidat vorgeschlagene St. Galler Nationalrat Johann Joseph Keel stiess beim Freisinn auf Widerstand, der keinen Vertreter aus einem Kulturkampfkanton akzeptieren wollte. So fiel in der Fraktionssitzung vom 15. Dezember 1891 die fraktionsinterne Wahl schliesslich doch auf Zemp, der sich als Ausgleichspolitiker einen Namen geschaffen hatte.[17]

Nach zeitgenössischen Berichten erhielt der Luzerner Nationalrat Josef Zemp hauptsächlich aufgrund seiner Persönlichkeit und Charaktereigenschaften wie Loyalität, Geradlinigkeit und Durchsetzungsvermögen überparteiliche Anerkennung. Viel zu seiner Bekanntheit trug die imposante äussere Erscheinung bei. Sein Biograph, der Luzerner Ständerat Josef Winiger, schilderte ihn als grossgewachsen mit ausgeprägtem Charakterkopf, was ihm «magistrale Würde» verliehen habe[18]; und die Freiburger «Liberté» befand bei seinem Tod, der bärtige Innerschweizer habe aufgrund seiner mannhaften Züge die Alten Eidgenossen wie kein Anderer verkörpert.[19] Nicht weniger Aufsehen erregte Zemp mit seiner Stimme. Obwohl der Luzerner keineswegs zu den brillanten Rednern in der Bundesversammlung zählte, vermochte er mit seinem tiefen, sonoren Stimmorgan die Zuhörer im damals noch mikrophonlosen Nationalratssaal zu fesseln.[20]

Am 17. Dezember 1891 wurde Josef Zemp mit offizieller Unterstützung des radikalen Freisinns und des liberalen «Zentrums» bei 183 ausgeteilten Stimmzetteln mit 129 Stimmen zum Bundesrat gewählt. 28 Stimmzettel waren leer, 25 entfielen auf andere Politiker und einer war ungültig.[21] Mit der Wahl Zemps erlangten die Katholisch-Konservativen 43 Jahre nach der Gründung des Bundesstaates 1848 erstmals den Status einer Regierungspartei, was in Parteikreisen grosse Zufriedenheit auslöste.[22] Freilich zwang der Eintritt des früheren Fraktionspräsidenten in die Landesregierung die konservativen Katholiken, als Juniorpartner zusammen mit dem Freisinn die Regierungsverantwortung zu übernehmen.

Bei einer Minderheit der katholisch-konservativen Partei stiess diese historische Wende auf Widerstand. Namentlich der ultramontansozialpolitisch ausgerichtete Parteiflügel, der gleichzeitig eine strikt föderalistische und konfessionalistische Politik betrieb, konnte der freisinnig-konservativen Annäherung nichts Positives abgewinnen. Ihr prominentester Vertreter, der Bündner Nationalrat Caspar Decurtins, sah darin eine «banausische» und «lakaienhafte» Haltung, die die Partei nur zu einem Nachreiter des überholten Freisinns mache.[23]

Der erste katholisch-konservative Bundesrat

Auch wenn Josef Zemp nicht das Privileg gehabt hätte, der erste katholisch-konservative Bundesrat gewesen zu sein, wäre ihm ein Platz in der modernen Schweizer Geschichte sicher gewesen, denn mit dem nationalen Werk der Eisenbahnverstaatlichung schuf er sich ein bleibendes politisches Denkmal.[24]

Das erste eidgenössische Eisenbahngesetz von 1852 überliess Bau und Betrieb der Eisenbahnen den Kantonen und damit indirekt privaten Unternehmern. Der Bund besass ein Rückkaufsrecht. Mit der revidierten Bundesverfassung von 1874 ging die Eisenbahngesetzgebung an den Bund über. In den 1870er und 1880er Jahren gerieten die Eisenbahngesellschaften in schwere unternehmerische Krisen, so dass das Bundesgesetz von 1883 Ordnung in das Rechnungswesen der Unternehmen bringen sollte. Nachdem die Eidgenossenschaft Aktien der Jura-Simplon-Bahn hätte erwerben können, ohne dass das Referendum ergriffen worden war, führte der Versuch, ein Paket von Zentralbahnaktien zu kaufen, zu einem Referendum. Am 6. Dezember 1891 verwarf das Schweizer Volk – wie erwähnt – mit grossem Mehr den Rückkauf.

Um aus der Sackgasse heraus zu kommen, überliess die freisinnige Regierungsmehrheit in einem geschickten Schachzug der Opposition nicht nur einen Sitz im Bundesrat, sondern übergab dem neu gewählten Mitglied, dessen Partei das Referendum unterstützt hatte, das Post- und Eisenbahndepartement. Da der katholisch-konservative Politiker Zemp als Parlamentarier zu den Gegnern der Eisenbahnverstaatlichung gehört hatte, war man in seiner eigenen Partei mit diesem Manöver unglücklich, doch Zemp übernahm loyal das Departement und vollzog als Regierungsmann einen Gesinnungswandel. Hinzu kam, dass die katholisch-konservative Opposition am 4. November 1894 mit ihrer ersten Volksinitiative, die die Zuwendung eines Teils der Zollerträge an die Kantone forderte, scheiterte.[25] Für Bundesrat

Zemp war diese Abstimmungsniederlage ein Signal, endgültig vom bisherigen Kurs der antietatistisch-föderalistisch geprägten Oppositionspolitik abzurücken. Zemp wurde in der Folge zu einem Wegbereiter der Eisenbahnverstaatlichung und damit der Konkordanzpolitik.

Nach dem negativen Volksentscheid von 1891 richteten die Bundesbehörden das Hauptaugenmerk auf den konzessionsgemässen Rückkauf, der durch das neue Rechnungsgesetz von 1896 eingeleitet wurde. Wie zu erwarten war, wurde von konservativer Seite wiederum das Referendum ergriffen.[26] In der Abstimmung vom 20. Februar 1898 nahm der Souverän das Rückkaufsgesetz mit deutlichem Mehr an. Das Volk folgte damit Bundesrat Zemp und der Landesregierung.

Damals erreichte Bundesrat Zemp den Höhepunkt seiner politischen Popularität, zumal er gegen die innerparteiliche Opposition gesiegt hatte. Der Minderheitsflügel der Katholisch-Konservativen, der eine Strategie der Fundamentalopposition vorgezogen hätte, bezeichnete den von Zemp getragenen Ausgleichskurs als verfehlten Burgfrieden und als «Anschluss nach rechts». Mit Bitterkeit kommentierte der bereits zitierte Nationalrat Decurtins 1897: «Man kann die Gegenwart für die schweizerischen Katholiken mit dem Worte charakterisieren: ‹Das ist die böse Zeit der Not›, und gewiss waren die Katholiken der Schweiz seit Jahren nicht in einer so bösen Zeit wie heute. […] Zemp hat seine ganze Vergangenheit vergessen und ist mit Sack und Pack in das radikale Lager hinübergezogen.»[27]

Bundesrat Zemp führte die Eisenbahnverstaatlichung unbeirrt weiter. In mühsamer Kleinarbeit erreichte er nach der Jahrhundertwende von 1900 die Gründung der heutigen Schweizerischen Bundesbahnen SBB. 1903 kam der Simplonvertrag zustande; und 1906 erfolgte im Rahmen eines Festakts zwischen Italien und der Schweiz der Simplondurchstich.[28]

Zwei Mal, 1895 und 1902, bekleidete Bundesrat Zemp, das Amt des Bundespräsidenten. 1895 war die erstmalige Wahl eines katholisch-konservativen Bundespräsidenten keineswegs selbstverständlich, da der gescheiterte katholisch-konservative «Beutezug» auf die Bundesfinanzen (so der zeitgenössische Spottname für die Zollinitiative von 1894) bei den Freisinnigen Unwillen ausgelöst hatte, den man da und dort mit dem Wahlzettel zurückzahlen wollte. Die Präsidentenwahl verlief indessen ohne Komplikationen.[29] Während Zemp in seinem ersten Präsidialjahr 1895 das angestammte Departement beibehalten konnte, musste er 1902 das Politische Departement übernehmen. In dieser Funktion sah er sich zeitweilig mit diplomatischen Unstimmigkeiten zwischen Italien und der Schweiz konfrontiert, die im Zusammenhang mit einem Zeitungsartikel in einem Genfer Anarchistenblatt aufgetreten waren. Dank deutscher Vermittlung konnte die Krise im Juli 1902 beigelegt werden. Hervorzuheben ist ferner, dass Zemp in seinem zweiten Präsidialjahr das neue Parlamentsgebäude, das so genannte «Bundeshaus» in Bern, einweihte.[30]

Im Juni 1908 trat Bundesrat Zemp im Alter von fast 74 Jahren aus gesundheitlichen Gründen von seinem Amt zurück. Zu seinem Nachfolger wurde der katholisch-konservative Luzerner Regierungs- und Nationalrat Josef Anton Schobinger gewählt, der nur kurze Zeit Mitglied des Bundesrates war und die Statur seines Vorgängers nicht erreichte.[31]

1891: Die historische Wende zur Konkordanz

Es war mehr als symbolisch, dass der erste katholisch-konservative Bundesrat aus der Entlebucher Landschaft des früheren katholischen «Vorortes» Luzern stammte. Die Zeit für Josef Zemps Bundesratskarriere war erst gekommen, als die alten Kämpfer aus der Sonderbundszeit von der politischen Bühne abgetreten waren. Zemp personifizierte den Typ der jungen Politikergeneration, die am Sonderbund nicht mehr direkt beteiligt gewesen war und sich von Anfang an auf den Boden des neuen Bundesstaates stellte. Diese «junge Schule», die mehrheitlich von der Landschaft und aus den Kleinstädten stammte, hatte im katholisch-konservativen Studentenverein erste politische Erfahrungen gesammelt.[32] Ihre Vertreter waren als Advokaten und Journalisten tätig und suchten auf kantonaler und eidgenössischer Ebene konservative Zielsetzungen mit den modernen Mitteln des Zeitungs-, Vereins- und Parteiwesens zu verwirklichen.

Josef Zemp war als Parlamentarier und als Bundesrat ein Realpolitiker, der bei aller Treue zu den weltanschaulichen Grundlagen des katholischen Konservativismus keine doktrinäre Politik verfolgte und vom römischen Ultramontanismus wenig hielt. Dieser pragmatische

Zug offenbarte sich in seiner Einstellung zum Föderalismus. Wie das Beispiel der Eisenbahnverstaatlichung zeigt, zögerte Zemp nicht, alte Standpunkte aufzugeben, wenn neue Entwicklungen dies erforderten. Ohne ein Technokrat zu sein, war er ein politischer Macher und ein hervorragender Organisator. In stärkerem Masse als die patrizischen Landammänner der Urschweiz war er ein Mann der modernen Schweiz, der seinen radikalen Gegnern glich: bäuerlich-ländliche Herkunft, schlichtes Auftreten, republikanische Volksverbundenheit.[33]

Für die Katholisch-Konservativen und in ihrer Nachfolge die Christlichdemokraten stellte Zemp ähnlich wie später Ernst Nobs für die Sozialdemokratie eine Symbolfigur der politischen Integration und Gleichberechtigung im Bundesstaat dar.[34] Anlässlich seines Rücktrittes übte ein freisinniger Politiker an Bundesrat Zemp Kritik und warf ihm vor, bei Personalgeschäften in seinem grossen Departement Angehörige seiner eigenen Partei über Gebühr berücksichtigt zu haben. Der katholisch-konservative Bundesrat sorgte tatsächlich für eine angemessene Parität bei der Besetzung der Bundesstellen, die bisher fast ausschliesslich von Freisinnigen besetzt worden waren. Interessanterweise hielt sich Bundesrat Zemp dann zurück, wenn es galt, an grossen Kundgebungen konfessionellen oder parteipolitischen Charakters teilzunehmen. So nahm er nach vertraulicher Konsultation seiner Bundesratskollegen nicht am ersten Katholikentag von 1903 in Luzern teil.[35] Nach seinem Eintritt in den Bundesrat vermied Zemp pointierte konfessions- und parteipolitische Stellungnahmen und wirkte überall auf den helvetischen Kompromiss und die Versöhnung hin, ohne deswegen seine Grundsätze aufzugeben. Sein politischer Stil trug ihm breite Anerkennung in allen Parteilagern ein. Zweifellos war Bundesrat Zemp ein Wegbereiter der helvetischen Konkordanz, die mit dem «historischen Kompromiss» von 1884 bzw. 1891 ihren äusseren Anfang genommen hatte.

Die ersten Eidgenössischen Wahlen nach dem neuen Proporzwahlrecht veränderte die politische Landschaft von Grund auf. Ohne sich mit dem Bundesstaat vollständig zu identifizieren stiegen die Katholisch-Konservativen – wie wir dargestellt haben – zum Juniorpartner des Freisinns auf.

Die «geistige Landesverteidigung» der dreissiger und vierziger Jahre des 20. Jahrhunderts und die Notgemeinschaft im Zweiten Weltkrieg versöhnte den politischen Katholizismus auch mit der Geschichte des Bundesstaates, der zu einem Test der eigenen Erinnerungen wurde.

3. Zwischen Selbstbewusstsein und Defensive nach dem Zweiten Weltkrieg

In den 1940er Jahren gelang es den damals noch unter dem Namen «Konservative Volkspartei» firmierenden Christlichdemokraten, ihre Stellung innerhalb der schweizerischen Parteienlandschaft zu stärken.[1] Nach den eidgenössischen Wahlen von 1943 rückte die Partei erstmals zur stärksten Gruppe der Vereinigten Bundesversammlung auf und zählte 43 Nationalräte und 19 Ständeräte, total 62 Sitze; die radikal-demokratische Fraktion umfasste 59 Sitze, während die sozialdemokratische mit 13 Neugewinnen 61 Sitze erreichte und damit zur zweitstärksten Fraktion aufstieg. Mit 20.8 Prozent erreichten die Katholisch-Konservativen hinter den Sozialdemokraten, die mit 28.6 Prozent neu an erster Stelle lagen, und den Freisinnigen mit 22.5 Prozent den dritten Platz.[2] Im Ständerat konnten die Katholisch-Konservativen ihre starke Position halten. Die 14 Ständeratsmandate der Sonderbundskantone behaupteten sie auch nach dem Zweiten Weltkrieg für weitere zehn Jahre, bis 1955 in Luzern der erste Sitz verloren ging.[3]

Gesteigertes Selbstbewusstsein

1943 erhielten die Katholisch-Konservativen erstmals den Bundeskanzlerposten, nachdem sie 1918 mit dem Solothurner Siegfried Hartmann einen ersten Versuch unternommen hatten.[4] 1934 forderten die Katholisch-Konservativen den freigewordenen Bundeskanzlerposten in aller Form für sich, da sie sich mit ihren zwei Bundesräten untervertreten fühlten. So stieg der Vizekanzler Oskar Leimgruber in eine Kampfwahl gegen den freisinnigen Neuenburger Vizekanzler Georges Bovet, fand aber keine Mehrheit. Da in der Bestätigungswahl des Bundesrates von 1943 der Sitz des freisinnigen Bundesrates Marcel Pilet-Golaz wegen dessen deutsch-freundlicher Aussenpolitik gefährdet war, mussten die Freisinnigen ein Wahlbündnis eingehen und erstmals in der Geschichte des Bundesstaates den Posten des Bundeskanzlers an die Katholisch-Konservativen abtreten. Als Gegenleistung verpflichteten diese sich, Pilet-Golaz zu unterstützen, der sich gegenüber dem sozialdemokratischen Gegner im ersten Wahlgang durchsetzte. Zum Bundeskanzler wurde Vizekanzler Oskar Leimgruber gewählt.[5]

Obwohl die Konservative Volkspartei schon in der Zwischenkriegszeit zum eindeutigen Juniorpartner des Freisinns aufgestiegen war, blieb ihr Einfluss in der Bundesverwaltung verhältnismässig gering. Nach wie vor nahm dort der Freisinn eine starke Position ein. Nach Studien von Ulrich Klöti und Lukas Rölli-Alkemper waren die Katholisch-Konservativen unter den Chefbeamten klar untervertreten.[6] Für die Konservative Volkspartei war die Untervertretung in der Beamtenschaft des Bundes ein Grund, um bei verschiedenen Anlässen eine bessere Vertretung zu fordern. Allerdings handelte es sich um kein zentrales Postulat der Partei.[7] Das Argument tauchte in der Öffentlichkeit dann auf, wenn sich die Katholisch-Konservativen vom Freisinn übergangen fühlten. In diesem Zusammenhang wurde etwa vom grossen Einfluss der Freimaurerlogen auf die Personalpolitik der Bundesverwaltung gesprochen. Bundesstadtkorrespondent Franz Wäger schrieb 1935 über die angeblichen Vorwürfe der katholischen Übervertretung im Finanzdepartement: «Grosse und kleine Loge, soviel man will, aber kein Konservativer. Beim Verteilen des Kuchens sind die Freisinnigen und Sozialisten immer noch brüderlich vereinigt und jeder nimmt, soviel er kann.»[8]

Zu einer gewissen Beruhigung der Katholisch-Konservativen trug bei, dass Ende der 1930er Jahre einige wichtige Bundesstellen an die Partei fielen. Seit 1938 war der Bündner Ständerat Georg Willi Direktor des Bundesamtes für Industrie, Gewerbe und Arbeit, und Mustermesse-Direktor Wilhelm Meile sass in der Generaldirektion der Schweizerischen Bundesbahnen.

Da die Sozialdemokraten zu Beginn der 1940er Jahre noch über keinen Chefbeamtenposten der Bundesverwaltung verfügten, begannen sie in dieser Sache die Katholisch-Konservativen zu attackieren. Als Antwort startete der Bündner Nationalrat Joseph Condrau 1942 eine kleine Anfrage an den Bundesrat, deren Antwort die katholische

Untervertretung deutlich aufzeigte, was der Parteisekretär wiederum zum Anlass nahm, für eine gerechte Berücksichtigung der Katholiken in der Bundesversammlung aufzurufen.[9] Am Ende des Zweiten Weltkrieges war die partei- und machtpolitische Integration der Katholisch-Konservativen in Bundespolitik und Bundesverwaltung weit vorangeschritten. Die Partei begann sich vermehrt als eigenständige Kraft im politischen Machtgefüge der Schweiz zu profilieren und war zu einer «Schlüsselpartei innerhalb des Systems der Konkordanzdemokratie» geworden.[10] Mit dem gesteigerten Selbstbewusstsein der Christlichdemokraten ging eine durch ihr Engagement in der «geistigen Landesverteidigung» gesteigerte «emotionale Bindung» an die Schweiz einher.[11]

Um die gleiche Zeit, als sich 1943 das Kriegsende langsam abzeichnete, setzten in der schweizerischen Gesellschaft verschiedene Debatten ein, die sich auf der einen Seite mit der Zukunft in der Nachkriegszeit und auf der anderen Seite mit der unmittelbar zurückliegenden Vergangenheit befassten. An beiden Diskursen waren die Katholisch-Konservativen in Interaktion mit den anderen weltanschaulichen Milieus beteiligt.

Orientierungskrisen

Trotz der weit fortgeschrittenen politischen Integration und des gesteigerten Selbstbewusstseins machten sich seit Ende des Krieges im politischen Diskurs der Katholiken Unsicherheiten über die Zukunft bemerkbar. Dieses Gefühl der Ungewissheit war für die gesamte Schweiz typisch, wie Hansjörg Siegentaler, Markus Furrer, Matthias Kunz, Kurt Imhof, Christoph Flury, Luc van Dongen, Claude Spiller und andere aufgezeigt haben. Nach dem Krieg standen Optimismus und Unsicherheit in dialektischer Verbindung nebeneinander und riefen Ambivalenzen hervor, die für die Übergangsperiode zur Nachkriegszeit kennzeichnend waren.[12]

Auf machtpolitischer Ebene wurde zwar der nationale Konsens, der sich Mitte der dreissiger Jahre im Rahmen der «geistigen Landesverteidigung» eingespielt hatte, weitergeführt und ausgebaut.[13] Im Dezember 1943 wählte die Bundesversammlung mit Ernst Nobs den ersten Sozialdemokraten in die Landesregierung, und 1947 besiegelte die Einführung der Alters- und Hinterlassenenversicherung den Generationenvertrag. In die gleiche Richtung wirkten die Wirtschaftsartikel, die im Jahre 1947 angenommen wurden und den neokorporativen Verbandsstaat definitiv institutionalisierten.[14]

Wie am Ende aller Krisenzeiten machten sich in der Schweiz um das Jahr 1945 Nervosität und Spannung darüber breit, welche Auswirkungen der Krieg zeitigen würde. Nach aussen ging das Alltagsleben in der kriegsverschonten Schweiz fast normal weiter, unter der scheinbar ruhigen Oberfläche traten aber Symptome von Angst und Unsicherheit auf. Dies zeigte sich in offenen und versteckten Konflikten zwischen dem politischen Katholizismus und dem Sozialismus. Beide politischen Kräfte hatten im schweizerischen Regierungssystem ihre Stellung noch nicht abgesichert. Die Neubestimmung der Rollen im Machtgefüge verunsicherte Katholiken und Sozialdemokraten gleichermassen, was zur Folge hatte, dass sich die beiden politischen Minderheiten gegenseitig misstrauten. In beiden Lagern entstanden diffuse Bedrohungsängste, die nicht nur bei den Katholisch-Konservativen, sondern auch bei den Sozialdemokraten dadurch verstärkt wurden, dass sie sich Ende der 1940er Jahre wegen der internationalen Lage im Aufwind glaubten.[15]

Die Zeit von 1943 bis 1947/48 kann man als Übergangsperiode ansehen, deren Stimmung durch eine eigenartige Mittellage zwischen optimistischem Fortschrittsglauben und ängstlichem Pessimismus geprägt war. In den grossen weltanschaulich-politischen Sozialmilieus nahmen diese Orientierungs- und Transformationskrisen unterschiedliche Ausdrucksformen an, die sich in den Debatten der deutschen Schweiz in den drei grossen Zeitungsorganen «Neue Zürcher Zeitung», «Vaterland» und «Tagwacht» manifestierten.[16]

Nachdem der lähmende Schock der ersten Kriegsjahre vorüber war, begannen in den parteipolitischen Milieus Diskussionen um die Nachkriegsordnung.[17] Die Sozialdemokraten entwarfen 1942 unter dem Namen «Neue Schweiz» ein Gesellschaftsprogramm für die Nachkriegsschweiz und liebäugelten mit der Oppositionspolitik.[18] Die Katholisch-Konservativen lancierten im Mai 1942 zum ersten Mal in ihrer Geschichte eine eigene Volksinitiative, die im Rahmen der Familienpolitik Kinderzulagen und Mutterschaftsversicherung anstrebte und in einer Volksabstimmung vom November 1945 mit grossem Mehr als parlamentarischer Gegenvorschlag angenommen wurde.[19] Die sozialpolitische Initiative der Katholisch-Konservativen in der Familienpolitik brachte ihre neue offensive Haltung gut zum Ausdruck, denn sie zeigte, dass die Katholiken in der Sozialpolitik das Feld nicht einfach den andern überlassen wollten.[20]

Antikommunismus und Vergangenheitsdebatte

In der katholischen Zeitschriften- und Tagespresse stellte der Antikommunismus in den 1940er Jahren einen wichtigen Diskursstrang dar; er bestand aus Äusserungen der Angst vor einer Revolution und vor dem Niedergang des «christlichen Abendlandes»[21] und generierte gleichzeitig einen Anti-Totalitarismusdiskurs.[22] Der Antikommunismus war Ausdruck der Zukunftsunsicherheiten und setzte den Krisendiskurs fort, der bereits die Feindbilder der Zwischenkriegszeit geprägt hatte.[23]

Für die Katholisch-Konservativen hatte der antikommunistische bzw. antisozialistische Diskurs eine innen- und aussenpolitische Stossrichtung. Mit ihrem Antisozialismus stellten sie sich selbst als Verteidiger der Schweiz gegen den revolutionären Umsturz und als staatstragende Partei dar und konstruierten damit über den Weg des Negativbildes ihre eigene Identität.[24] Gleichzeitig wurde der Antikommunismus zum ideologischen Mittel eines neuen nationalen Konsenses, an welchem sich neben den bürgerlichen Parteien ab 1948 auch die Sozialdemokraten beteiligten.[25] Insofern stellte der antikommunistische Diskurs, der sich gegen einen inneren und äusseren Feind auf der äussersten Linken richtete, das konservative Integrationselement der erneuerten «geistigen Landesverteidigung» dar.[26]

Eng mit den Unsicherheiten über die Zukunft hing die Bewältigung der unmittelbar zurückliegenden Vergangenheit während des Weltkrieges zusammen. Richtete sich der Vergangenheitsdiskurs zunächst gegen «Landesfremde», so folgten bald darauf als Zielscheiben Behörden, Bundesrat und Parteien im eigenen Land.[27] 1946 erreichten diese «Säuberungsdebatten» im Rahmen von «nationalen Bewährungsdebatten» den Höhepunkt.[28] Für die Jahrzehnte nach dem Zweiten Weltkrieg bezeichnete Georg Kreis diese Vergangenheitsdebatten als

«Verräter»-, «Neutralitäts»-, «Armee»- sowie «Flüchtlings»- und «Antisemitismus»-Debatten.[29] Träger der ersten Säuberungsdebatten waren vor allem Exponenten linker und linksbürgerlicher Ausrichtung. Mit Vorwürfen des Antiliberalismus, Autoritarismus und Faschismus richteten sich verschiedene Angriffe auch gegen den katholischen Konservativismus und politischen Katholizismus.[30] Angegriffen wurden dabei die katholisch-konservativen Bundesräte Giuseppe Motta und Philipp Etter, aber auch der so genannte «politische Katholizismus». Nach Hermann Kocher führte der Eindruck, der Katholizismus sei gestärkt aus dem Weltkrieg hervorgegangen, im Protestantismus zu einem Bedrohungsgefühl.[31] Claude Spiller zeigt auf, dass der Begriff «politischer Katholizismus» Ende 1944 in der öffentlichen Debatte auftauchte sei.[32] Es besteht kein Zweifel, dass in diesen Debatten auch Stereotype und Vorurteile auftauchten, die an den früheren Antikatholizismus anschlossen. Christoph Flury wies nach, dass antijesuitische Diskurse auflebten und sich Verschwörungskonstrukte wiederholten, die die Jesuiten und Katholiken des Internationalismus bezichtigten und als unzuverlässige Patrioten denunzierten.[33]

Vergangenheits- und Zukunftsdebatten wiesen ähnliche Muster auf und hatten ähnliche Funktionen. Die Parteien antworteten mit Abwehrhaltungen und Differenzsemantik auf die Verunsicherungen der Zeitlage.[34] Die Angriffe auf den politischen Kontrahenten festigten die eigene Identität. Dies zeigte sich in den Rechtfertigungsäusserungen von katholisch-konservativer Seite auf Vorwürfe in der «Verräterdebatte», wobei sie die Säuberungsdiskussionen als politisch motivierte Aktionen verurteilten.[35]

1948: Bundestreue mit kleinem Vorbehalt

Nicht zuletzt im Rahmen der «Bewährungsdiskurse» der Nachkriegszeit stellten sich die Katholiken die Fragen: Welches war unser Anteil an der Gründung der modernen Schweiz 1848? Welche Rolle spielten wir seither im Regierungssystem? Einen besonderen Anlass bot das Jubiläum von 1948, das die Gründung des Bundesstaates von 1848 und die Niederlage des katholischen Sonderbundes von 1847 thematisierte. Im Unterschied zu 1891 ging es 1948 nicht um die mythisierte Alte Eidgenossenschaft, nicht so sehr um die Nation, als vielmehr um die Schaffung des modernen Staatswesens.

Diesmal fanden die Feierlichkeiten in der Bundesstadt Bern und nicht an den Gestaden des Vierwaldstättersees statt. Es war dieses Mal keine Frage, dass sich die Christlichdemokraten ohne Zögern den Berner Feierlichkeiten anschlossen.[36] Konservative und freisinnige Zeitungen berichteten im gleichen pathetischen Ton über die Bundesfeierlichkeiten vom 20. Juni 1948 in Bern. Über den farbenprächtigen Cortège in Bern hielt das «Vaterland» fest: «[…] am eindrucksvollsten ist doch der zweite Teil, der ‹Volk und Staat› in den ewigen und bleibenden Elementen der Eidgenossenschaft lebendig werden lässt: in der Familie, der Gemeinde, den Grundzellen von Volk und Staat der Eidgenossen, die über die starken Pfeiler der 22 kantonalen Republiken erst den schweizerischen Bundesstaat bilden und diesem sein wesentliches Gepräge geben.»[37] Im Unterschied dazu erblickte der freisinnige Berner «Bund» den Höhepunkt des Festzuges in der riesigen Schweizer Fahne und den Kantonsfahnen.[38] Hinter dieser scheinbar nebensächlichen Differenz verbergen sich unterschiedliche Sichten über die moderne Schweiz.

Am Sonntagmorgen vor dem offiziellen Festakt zelebrierte der Basler Bischof Franz von Streng in der katholischen Dreifaltigkeitskirche in Bern eine Pontifikalmesse, an der zahlreiche politische Honoratioren teilnahmen. Beim Staatsakt im Berner Münster kamen durch Zufall gleich zwei Christlichdemokraten offiziell zu Wort: der Tessiner Bundespräsident Enrico Celio und der Schwyzer Ständeratspräsident Alphons Iten. Wie die anderen Redner hoben sie die Vorzüge des Bundesstaates und seiner Verfassungen hervor. Bundespräsident Celio würdigte in einem geschichtlichen Rückblick die Eigenart der Schweiz, vor allem den Föderalismus und die immerwährende Neutralität. Auch Ständeratspräsident Iten erging sich in Lobeshymnen auf den Bundesstaat. Niemand wünsche die früheren Verhältnisse des alten Staatenbundes zurück. Wenn die Legitimität des Bundesstaates unbestritten sei, so deshalb, weil das Verhältnis von Bund und Kantonen glücklich gelöst worden sei.

Ein Hauch von Kritik kam auf, als Alphons Iten kurz auf die Entstehung der Bundesverfassung einging. Es erstaune nicht, wenn nach einem unseligen Bruderzwist die neue Verfassung nicht die Zustimmung aller Stände gefunden habe, «wie das beim Übergang vom Staatenbund zum Bundesstaat staatsrechtlich notwendig wäre».[39] Wenn man von dieser leisen Kritik absieht, unterschieden sich die Ansprachen der katholisch-konservativen Magistraten kaum von jenen ihrer freisinnigen Kollegen. Beide Redner stiessen in der Presse auf ein gutes Echo und wurden meistens in voller Länge wiedergegeben. In Harmonie verliefen die Verfassungsfeiern in verschiedenen katholisch-konservativ dominierten Kantonen. In Schwyz etwa bestanden die Feierlichkeiten aus einem Gottesdienst, den Ansprachen der kantonalen Magistraten vor dem Bundesbrief-Archiv und einem Festzug, bei dem in verschiedenen historischen Bildern Rückblick auf die eigene Geschichte gehalten wurde.[40] Ähnlich gestalteten sich die Feiern im Kanton Luzern, wie Claude Spiller ausführlich beschreibt.[41] Die Katholisch-Konservativen standen den Freisinnigen in den Verfassungsfeierlichkeiten in keiner Weise nach. Das veranlasste das freisinnige «Luzerner Tagblatt» zur süffisanten Bemerkung, dass man fast den Eindruck bekommen könne, «es seien vor hundert Jahren die Konservativen gewesen, die den schweizerischen Bundesstaat geschaffen haben».[42]

Die früheren Sonderbündler benutzten das Jubiläum von 1948, um ihr neues Selbstbewusstsein zu manifestieren und ihre Verbundenheit mit der modernen Schweiz zu demonstrieren. In der Folge nahm der politische Katholizismus die bisher vom Freisinn vereinnahmte bundesstaatliche Tradition als eigenes Werk in Anspruch.[43]

Von den Tageszeitungen bis zum Vereinsorgan des Schweizerischen Studentenvereins, der «Civitas», die ihre Juni-Nummer vollumfänglich dem Bundesjubiläum widmete, nahm das Verfassungsjubiläum breiten Raum ein. Im Vordergrund stand für die Christlichdemokraten der föderalistische Charakter der Bundesverfassung. In fast allen katholischen Presseorganen wurde die Bundesverfassung von 1848 als ein Werk der Mässigung und des Kompromisses gelobt. «[D]ass der schweizerische Katholizismus sich in den neuen Bundesstaat hineinleben konnte, verdanken wir der klug ausbalancierten Bundesverfassung, zu der auch die Schweizerkatholiken heute aus ganzem Herzen ‹Ja› sagen.»[44]

Hervorgehoben wurden die Verdienste der damaligen konservativen Katholiken. Wenn «der auf den Grundlinien von 1848 ruhende schweizerische Staat noch 100 Jahre später in voller Kraft eine Jubiläumsfeier begehen kann, so ist das ganz wesentlich dem schweizerischen Konservativismus zu verdanken», meinten etwa die «Freiburger Nachrichten».[45] Der Historiker Leonhard Haas hob in der Zeitschrift «Rundschau» den konservativen Charakter hervor, der sich im Bundesstaat letztlich durchgesetzt habe und auf welchen sich die Schweiz auch in Zukunft verlassen könne.[46]

Von der «liberalen» zur «christlichen» Demokratie
Mit ostentativem Selbstbewusstsein stellten die Christlichdemokraten ihre Fähigkeit, der Gesellschaft und Politik positive Impulse zu geben, ins Licht. Vor dem Hintergrund der neu gegründeten christlichdemokratischen Schwesterparteien in Italien und Westdeutschland schwebte Alois Hürlimann in der «Civitas» das Idealbild einer christlichen Demokratie vor: «Ist es pietätlos, wenn dennoch gerade das gegenwärtige Jubiläum zum Anlass genommen werden soll, um die Jugend aufzurufen, über die Verfassung von 1848 hinauszustreben, ihren Geist in wesentlichen Punkten zu überwinden und die liberale Demokratie des neunzehnten Jahrhunderts in die christliche Demokratie der Zukunft umzubauen?»[47] In diesem Zitat kommt der Wille zum Ausdruck, sich an die Spitze der zeitgenössischen Politik zu stellen.

Die gleichen Argumentationsmuster zeigten sich an der Feier, die die Schweizerische Konservative Volkspartei anlässlich ihres Parteitages vom 29. Februar 1948 organisierte, an der sie als erste der grossen politischen Parteien der Bundesverfassung gedachte. Bewusst oder unbewusst wollten die Katholiken damit zum Ausdruck bringen, dass sie mittlerweile in der Schweiz eine gleichberechtigte politische Kraft darstellten. So hiess es schon in der Einladung zum Luzerner Parteitag: «In einem imponierenden Aufmarsch soll der Wille des schweizerischen Katholizismus zur Mitsprache und zur Mitverantwortung zum Ausdruck kommen.»[48]

Die Jubiläumsveranstaltung fand im grossen Saal des Hotels «Union» in Luzern statt.[49] Der äussere Rahmen war betont patriotisch gestaltet. Das Schweizerkreuz und die Luzerner Kantonalfahnen schmückten den Saal, in dem sich über 1000 Personen, darunter Parteinotabeln wie Parteipräsident Josef Escher sowie die beiden Bundesräte Enrico Celio und Philipp Etter versammelten. Wie später in Bern lobten die Parteiführer die Bundesverfassung von 1848. Da man unter sich war, wurden die eigenen Verdienste um Bundesverfassung und Bundesstaat besonders herausgestrichen. Parteipräsident Escher meinte mit sichtlichem Stolz: «Sodann hat die Schweizerische Konservative Volkspartei seit jeher in loyaler Weise am Ausbau der Verfassung mitgewirkt, mitgearbeitet am inneren Aufbau des im Jahre 1848 geschaffenen Bundesstaates. [...] So begehen wir mit Recht, ja mit einem Gefühl des Stolzes und der innern Befriedigung, als Wächter und Hüter der föderalistischen Grundsätze, die im Jahre 1848 die Oberhand gewonnen, als Wächter und Hüter der föderativen Struktur des Bundesstaates, das Zentenarium.»[50] Wiederum sahen die Christlichdemokraten den Föderalismus als ihre eigentliche politische Leistung an.[51] Dieser Topos kennzeichnete das katholisch-konservative Selbstbild in der Nachkriegszeit und diente vorab zur Abgrenzung vom Freisinn, dem historischen Gegner und zeitgenössischen Partner.

In der Regel nahmen die Katholisch-Konservativen im Zusammenhang mit den Bundesfeierlichkeiten nicht auf den Sonderbundskrieg von 1847 Bezug. Es verwundert daher nicht, dass der Bürgerkrieg von 1847 hundert Jahre später kaum zu Gedenkfeiern Anlass gab. Weder Sieger noch Besiegte wollten 1947 des traumatischen Ereignisses gedenken. Offenbar waren beide Parteilager nach dem Zweiten Weltkrieg gewillt, diesen Bürgerkrieg in Vergessenheit geraten zu lassen. Hundert Jahre nach dem Sonderbundskrieg gehörte diese Amnesie zur nationalen Identität.

In den Zeitungen kam der «Sonderbund» zwar noch da und dort zur Sprache. Dabei machten die Artikelschreiber verschiedentlich einen Spagat, indem sie den Sonderbund rechtfertigten und gleichzeitig die Gründung des Bundesstaates positiv bewerteten. Das «Vaterland» betonte, der Sonderbundskrieg verlange geschichtliches Verständnis und ruhige Beurteilung und sei in Bezug auf den staatlichen Aufbau der Eidgenossenschaft noch immer lehrreich.[52] Eigentliche Feiern fanden 1947 allem Anschein nach nicht statt; im Unterschied zu den Veteranenfeiern nach 50 Jahren 1897. Am Hauptschauplatz des Krieges, in Gisikon, erachtete man es 1947 als inopportun, an den Bürgerkrieg zu erinnern.[53]

Die «Schweizer Rundschau» gab eine Sondernummer zum Sonderbundskrieg heraus.[54] Der Freiburger Rechtshistoriker Emil F. J. Müller meinte, die Katholiken hätten keinen Grund, sich des Geschehens von damals zu schämen.[55] Doch wollte er die Sonderbundspolitik aus der Rückschau nicht heroisieren.[56] Wie andere Autoren hob Müller die positive Funktion der Katholiken für die Entwicklung des Bundesstaates hervor. «Nur weil noch Kräfte da waren, die für dieses christliche Ideal zu ringen, ja zu sterben bereit waren – auch Niederlagen haben geschichtsbildende Kraft! – ist der schweizerische Staat als einzige Schöpfung des bürgerlichen 19. Jahrhunderts legal und damit beständig geworden.»[57] Der Freiburger Geschichtsprofessor Oskar Vasella legte in der gleichen Nummer Wert darauf, dass der Sonderbundskrieg vor dem Hintergrund der historischen Entwicklungen seit der Französischen Revolution und der Helvetischen Republik interpretiert werde. Die Sonderbundskantone hätten nicht so sehr gegen die Lösung von 1848 gekämpft als vielmehr «gegen massgebende Ideen [...], die 1798 in der helvetischen Revolution zum Durchbruch kamen und durch die kantonalen Verfassungsrevisionen während der Jahre 1830–31 erneute Geltung erhielten».[58] Auch Vasella hob indirekt die positive Wirkung der konservativen Katholiken auf die mässigende Ausgestaltung des modernen Bundesstaates hervor, sei doch möglicherweise erst durch den jahrelangen Widerstand der Konservativen die «revolutionäre Welle gebrochen» worden.[59] «Politisch focht der Sonderbund für die Freiheit der Kantone, kirchlich für die Freiheit des Bekenntnisses, so wie sie während mehr als zweieinhalb Jahrhunderten bestanden hatte.»[60]

Hundert Jahre nach der Gründung des modernen Bundesstaates hatten die Christlichdemokraten die Bundesverfassung und das politische System von 1848 akzeptiert. Um die eigenen Verdienste am Gründungswerk von 1848 hervorzuheben, führten sie dessen gemässigte Ausgestaltung auf ihre seinerzeitige Opposition zurück. Sonderbund und Bürgerkrieg von 1847 fielen in der kollektiven Erinnerung zumindest einem partiellen Vergessen anheim und wurden in positiver Umdeutung für die Geschichte des Bundesstaates verwendet.

Alle drei grossen weltanschaulich-politischen Sozialmilieus integrierten das Bundesjubiläum von 1948 in ihre eigene kollektive Identität und bauten sich gegenseitige Brücken für die gemeinsame Feier der

Bundesverfassung. Die Freisinnigen kamen ihren parteipolitischen Gegnern dadurch entgegen, dass sie keine Exklusivität mehr für sich beanspruchten. Die Katholisch-Konservativen zeigten die positiven Auswirkungen ihrer historischen Oppositionsrolle auf. Gefördert wurde die Stärkung ihres Selbstwertgefühls durch wahlpolitische Erfolge, denn bei den Eidgenössischen Wahlen von 1947 rückten sie dank ihrer Stärke im Ständerat erstmals zur grössten Fraktion der Vereinigten Bundesversammlung auf.

Konfessionelle Ausnahmeartikel als Kohäsionsfaktor
Nach dem Zweiten Weltkrieg trat im katholischen Geschichtsdiskurs ein Thema stärker an die Oberfläche, das schon nach dem Ersten Weltkrieg zu reden gab: die Jesuitenfrage und die konfessionellen Ausnahmeartikel in der Bundesverfassung.[61] Die aus der Kulturkampfzeit des 19. Jahrhunderts stammenden Jesuiten-, Kloster- und Bistumsartikel wurden von den kirchentreuen Katholiken stets als diskriminierende Ausnahmegesetze und als Eingriffe in das katholische Leben, ähnlich dem Schächtverbot für die Juden, verstanden. Tatsächlich flackerten nach 1945 gelegentlich antijesuitische Ressentiments auf, die sich gleichzeitig gegen den so genannten «römisch-katholischen Internationalismus» richteten und damit gegen die transnationalen Elemente im Katholizismus.[62]

Am Parteitag der Schweizerischen Konservativen Volkspartei vom 29. Februar 1948 in Luzern, an dem die Parteiführer Loyalitätserklärungen für das bestehende Grundgesetz des Bundes abgaben, legten sie gleichzeitig den Finger auf die Ausnahmeartikel in der Bundesverfassung. Wer die Reden von 1948 aufmerksam liest, dem fällt der hohe emotionale Stellenwert dieser Kritik auf. Parteipräsident Josef Escher wies in seiner Rede die Freisinnigen darauf hin, dass die Kriegskontributionen des Sonderbundeskrieges abbezahlt seien und dass der Zeitpunkt gekommen wäre, die von den Katholiken als ungerecht erachteten Ausnahmebestimmungen auszumerzen. «Eine Bereiterklärung aller Parteien, diese Säuberung in unserem Staatsgesetze vorzunehmen, wäre ein Höhepunkt des Jubiläumsjahres, die Krönung des Zentenariums, eine weithin leuchtende Tat der Gerechtigkeit.»[63] Auch Bundespräsident Enrico Celio wagte in zurückhaltender Form einen

Hinweis und hob hervor, dass die Katholiken für alle Freiheiten gekämpft hätten, die bedroht gewesen waren, ob sich die Angriffe nun gegen sie oder andere gerichtet hätten. Gleichzeitig gab er der Hoffnung
Ausdruck, dass die antikatholischen Ausnahmebestimmungen eines
nicht mehr fernen Tages von selbst dahinfallen würden.[64] In der Festpredigt anlässlich der Gedenkfeier des Kantons Luzern am 18. Oktober
1948 wies der Luzerner Theologieprofessor Burkhard Frischkopf darauf
hin, dass in einem Rechtsstaat die Bestimmung «Alle Schweizer sind
vor dem Gesetze gleich» keine Einschränkung erfahren dürfe.[65] Auch
in Kommentaren der Presse wurden die konfessionellen Ausnahmeartikel in der Bundesverfassung als ungerecht und als «Gespenster
einer überwundenen Epoche» bezeichnet.[66]

Im Unterschied zu den Politikern und Journalisten äusserten sich
die Bischöfe zurückhaltender. Die Schweizer Bischofskonferenz meinte in ihrer Mitteilung über die Jahreskonferenz 1948 lediglich, dass die
Katholiken «weiterhin in der noch immer ernsten und bedrohlichen
Zeit mit allen vaterlandstreuen Eidgenossen anderer Weltanschauungen und Konfessionen in Eintracht und Frieden zusammenarbeiten»
sollten.[67] Im Sinne der «katholischen Aktion», die eine stärkere religiöse Verinnerlichung gebracht hätte, wollten die Bischöfe eine Einmischung in die Tages- und Parteipolitik vermeiden und überliessen die
Angelegenheit den Politikern.[68]

Im Jubiläumsjahr 1948 fühlten sich die christlichdemokratischen
Politiker derart in Staat und Gesellschaft integriert, dass sie die Zivil-
courage besassen, die nationalen Feiern zum Anlass zu nehmen, die
Abschaffung der Ausnahmeartikel zu fordern. Freilich stiessen die
vorsichtig geäusserten katholischen Postulate weitgehend auf taube
Ohren. So mussten die Politiker feststellen, dass von anderer Seite an
«keinem der offiziellen Festakte des Bundes oder der Kantone auch nur
eine leise Andeutung des Bedauerns über dieses Unrecht» geäussert
worden sei.[69] Im Gegenteil, im Zusammenhang mit dem Diskurs über
die Rolle des politischen Katholizismus kamen verschiedentlich sogar
antijesuitische und antirömische Affekte auf. Der Historiker Christoph
Flury spricht in diesem Zusammenhang von einer «Konfessionalisierung politisch motivierter Interessen».[70]

Anachronistische Polemik um den Jesuitenartikel

In der Tat: die aus der Kulturkampfzeit des 19. Jahrhunderts stammenden Ausnahmeartikel prägten bis zu ihrer Abschaffung im Jahre 1973 den Identitätsdiskurs des Schweizer Katholizismus.[71] Das am 26. Mai 1848 in Kraft getretene Jesuitenverbot untersagte den Jesuiten und «affiliierten Gesellschaften», in Staat und Kirche zu wirken. In der Verfassungsrevision von 1874 wurde der Artikel verschärft und den Jesuiten verboten, Kollegien zu führen und in Unterricht und Erziehung tätig zu sein. Zudem kam der Klosterartikel dazu.[72] Trotzdem wirkte eine Reihe von Jesuiten als Spirituale und Volksmissionare und seit 1918 vor allem in der Studenten- und Akademikerseelsorge in Zürich, später auch in Basel und Bern.[73]

In der ersten Hälfte des 20. Jahrhunderts forderten verschiedene katholische Gremien in schöner Regelmässigkeit die Streichung dieser Kulturkampfartikel. Nach dem Ersten Weltkrieg erhofften sich die Katholisch-Konservativen zunächst die Streichung der Artikel im Rahmen einer Totalrevision der Bundesverfassung, wie diese von Seiten Nationalrat Joseph Scherrer-Füllemanns von der «sozialpolitischen Fraktion» 1918 aufgeworfen worden war. 1919 forderte der Freiburger Nationalrat und spätere Bundesrat Jean-Marie Musy in einer Revisionsmotion die Abschaffung der Ausnahmeartikel.[74]

Anfangs der 1920er Jahre verschlechterte sich die politische Ausgangslage für das Begehren, weshalb die Parteileitung von der Forderung nach einer Verfassungsrevision Abstand nahm und sich, wie Markus Hodel ausführt, damit begnügte, eine möglichst large Handhabung der Ausnahmeartikel in der Praxis zu erreichen. Allerdings beharrten jungkonservative und rechtskatholisch-integralistische Kräfte auf der Revision; letztere hatten bereits 1917 die Forderung nach einer Totalrevision unter der Leitung der Katholisch-Konservativen vorgebracht.[75] Die Motion wurde indessen 1947 abgeschrieben.

In den 1930er Jahren lockerte der Bundesrat die Verbote des Jesuitenartikels. Während der Priesterverfolgungen im nationalsozialistischen Deutschland wurden sogar deutsche und österreichische Jesuiten in die Schweiz eingelassen. Den prominentesten Fall stellte der österreichische Jesuitenpater Mario von Galli dar. Galli wurde wegen «volksverhetzender Tätigkeit» aus dem nationalsozialistischen

Deutschland ausgewiesen und gelangte über Rorschach in die Schweiz.[76] 1936 liess er sich im Akademikerhaus in Zürich nieder, wo er während der nächsten Jahre blieb und am Apologetischen Institut mit den Schweizer Jesuiten Paul de Chastonay, Richard Gutzwiller und Karl Stark zusammenarbeitete. Seit 1942 war er publizistisch an den «Apologetischen Blättern» tätig. Ausserdem hielt Galli bis 1942 Vorträge zu zeitgenössischen Fragen von Kirche und Gesellschaft.[77] Unter dem Pseudonym Andreas Amsee veröffentlichte er 1939 im Auftrag des Apologetischen Institutes des Schweizerischen Katholischen Volksvereins die stark antisemitische Schrift «Die Judenfrage», in welcher er Argumente des christlichen Antijudaismus mit solchen des modernen Rassenantisemitismus verband.[78]

Nach dem Ende des Zweiten Weltkriegs führte die Verschärfung der ideologisch-politischen Gegensätze im Zusammenhang mit den erwähnten Diskursen dazu, dass die Jesuitenfrage wieder zum Thema der öffentlichen Diskussion wurde. Pater Gallis rege Vortragstätigkeit vor zahlreichem Publikum führte immer wieder zu Klagen von Gegnern. 1945 erhielt er ein Predigtverbot und nach Ende des Krieges eine «dringende Empfehlung», das Land zu verlassen.[79] An Weihnachten 1946 verfügte der Bundesrat auch ein Radiopredigt-Verbot gegen den damaligen Schweizer Jesuiten Hans Urs von Balthasar.[80] Anfangs 1946 befasste sich der Schweizerische Katholische Volksverein in der Sitzung vom 8. Januar mit den «Angriffen auf den katholischen Volksteil» und gab eine Erklärung ab, in der er sich gegen «die Zurückweisung von Mitgliedern der Gesellschaft Jesu von der Tätigkeit als Prediger am Radio» verwahrte. Er betrachtete dies als Angriff gegen den katholischen Bevölkerungsteil und als «Störung des heute so notwendigen konfessionellen Friedens». «Wir wollen mit allen loyal gesinnten Schweizer Bürgern auf gemeinsamen kulturellen Gebieten treu für Kirche und Volk zusammenarbeiten.»[81] Während sich der «Evangelische Pressedienst» für das Predigtverbot aussprach, äusserte sich etwa die Zeitung «Tat» kritisch.[82]

Die Verschärfung der Jesuitendiskriminierung nach dem Zweiten Weltkrieg führte zu Reaktionen seitens der Partei. Allerdings verzichteten der Leitende Ausschuss und das Zentralkomitee 1947 darauf, eine Interpellation im Nationalrat einzureichen, denn eine Revision des

Art. 51 der Bundesverfassung könne nur im Rahmen einer Gesamtrevision angestrebt werden.[83] Diese vorsichtige Haltung der Partei kann nur mit den Unsicherheiten erklärt werden, die nach 1945 vorherrschten und in der Angst vor einem Linksrutsch kulminierten.[84] Die ersten Nachkriegswahlen standen 1947 bevor, und die Christlichdemokraten fürchteten, mit polemischem Auftreten eine antikatholische Phalanx hervorzurufen.

Zuweilen kommen in der Geschichte widersprüchliche Bewegungen zusammen. In dem Masse, in dem die Christlichdemokraten in den 1940er Jahren ihre Stellung in Staat und Gesellschaft ausbauen konnten, kamen in andern politisch-sozialen Milieus diffuse Ängste vor dem politischen Katholizismus auf, die mit dem Schreckgespenst einer drohenden Rekatholisierung der Schweiz agierten und das alte Schreckgespenst des Jesuitismus wieder belebten.[85] Bei den antijesuitischen Pamphleten gab hauptsächlich die Präsenz von Jesuiten in der Zwinglistadt Zürich zu konkreten Angriffspunkten Anlass.

Bereits 1946 hatte der LdU-National- und Kantonsrat Werner Schmid im Zürcher Kantonsparlament einen Vorstoss gegen die seiner Ansicht nach zu large Handhabung des Jesuitenartikels in Zürich lanciert. In der heiklen konfessionspolitischen Situation wartete die Regierung zunächst die Stellungnahme des Bundesrates ab, der das Thema mit Absicht zögerlich behandelte, so dass die Zürcher Kantonsratsdebatte erst 1953 stattfinden konnte.[86]

Verknüpft mit allgemeinen Angriffen gegen den «politischen Katholizismus» kam das Jesuitenthema auch in Schriften des Leiters des «Evangelischen Pressedienstes» Arthur Frey zur Sprache. In seiner Schrift «Der Katholizismus im Angriff» von 1948 schrieb er: «Was die Katholiken mit einer Totalrevision der Bundesverfassung in erster Linie zu erreichen hoffen, ist die Ausmerzung der so genannten konfessionellen Artikel der Bundesverfassung, die einer Konfessionalisierung unseres öffentlichen Lebens und der Rekatholisierung des Schweizervolkes im Wege stehen. [...] Weil die Jesuitenfrage in diesem grösseren Zusammenhange steht, darum darf sie nicht bagatellisiert werden.»[87] Eindeutig brachte Frey die Ausnahmeartikel mit seinen konstruierten Befürchtungen einer angeblichen «Rekatholisierung» zusammen und übertrug seine Kritik am «politischen Katholizismus» auf die Jesuiten. «In dem vollendeten Absolutismus des Jesuiten-Ordens, den er auch mit Überzeugung vertritt, liegt für die Demokratie nicht seine zeitliche, sondern seine immerwährende Aktualität», warnte er im Zürcher Kantonsrat 1953.[88] Der Jesuitenorden sei nicht so sehr zur Verbreitung des Glaubens tätig, sondern widme sich «der Durchsetzung der römischen Machtansprüche».[89] Die Jesuiten seien «Diener einer fremden Macht», weshalb ihr «Tätigkeitsbereich [...] im Interesse des Friedens» zu beschränken sei.[90] Auch stellte er die Jesuiten als schlechte Eidgenossen hin.[91] Sogar eine Verbindung von Katholizismus und Kommunismus konstruierte Frey: Es seien katholische Länder, die bisher dem Kommunismus verfallen seien bzw. gefährdet seien, diesem zu verfallen.[92] Innerhalb des schweizerischen Protestantismus fand sich Arthur Frey aber zunehmend isoliert, äusserten sich doch namhafte Theologen wie Karl Barth oder Peter Vogelsanger für eine Aufhebung des Jesuitenartikels.[93]

In der antijesuitischen Kampagne lag die Verbindung zum Schlagwort «Ultramontanismus» nahe. Diese Diskussion lag in der Tradition des kulturkämpferischen Vorwurfes, die Katholiken seien gegenüber dem schweizerischen Bundesstaat illoyal.[94] Diese Verbindung kommt bei Frey besonders deutlich zum Ausdruck: Er bezeichnet die Jesuiten als «Diener einer fremden Macht».[95] An prominenter Stelle tauchen hier Argumente auf, die die Trans- und Internationalität der römisch-katholischen Kirche betonen und die nationale Zuverlässigkeit der Jesuiten in Frage stellen. Damit gingen die antijesuitischen Argumente in Richtung von Verschwörungstheorien, die an ähnliche Konstrukte im soziokulturellen Antisemitismus erinnern.[96]

Dass es auch in etablierten Gesellschaftskreisen Jesuitengegner gab, zeigt ein Blick in Werke renommierter Staatsrechtler. Der Zürcher Professor Fritz Fleiner hielt in seinem Klassiker zum Bundesstaatsrecht von 1923 fest, der Jesuitenorden verwerfe die Gleichberechtigung der Konfessionen im Staat und suche die Alleinherrschaft der katholischen Kirche im öffentlichen Leben aufzurichten.[97] Und noch 1949 hielt der ebenfalls an der Zürcher Universität tätige Staatsrechtler Zaccaria Giacometti in der Neubearbeitung von Fleiners Werk fest, das Jesuitenverbot richte sich gegen «deren schrankenlose Vermehrung», welche «die Konfessionalisierung des öffentlichen Lebens und damit die Gefährdung des Religionsfriedens» nach sich ziehen würde.[98] Auch 100 Jahre nach der Gründung des Bundesstaates erschien ihm das Jesuitenverbot nicht überholt[99]: «Die ‹Gesellschaft Jesu› (societas Jesu) ist nach Tendenzen und Methoden ein Feind der Anschauungen, auf denen die Bundesverfassung ruht, und bekämpft die Autorität des konfessionslosen Staats mit allen Mitteln, über die der Orden kraft seiner militärischen Organisation und des unbedingten geistigen Gehorsams seiner Mitglieder verfügt. Die Gesellschaft Jesu, der eigentliche Orden des Kampfes gegen den Protestantismus, verwirft die Gleichberechtigung der Konfessionen im Staate und sucht die Alleinherrschaft der katholischen Kirche im öffentlichen Leben aufzurichten.»[100]

Während die Katholiken unmittelbar nach Kriegsende auf diese Polemiken eher defensiv reagierten, wagten sie sich 1948 in die Offensive und versuchten mit mässigem Erfolg eine öffentliche Debatte auszulösen. Im Zusammenhang mit dem Verfassungsjubiläum hielt der christlichdemokratische Bundespräsident Enrico Celio am Zentralfest des katholischen Studentenvereins vom 25. Juli 1948 in Freiburg eine Rede, in der er die Ausnahmeartikel erwähnte: «Der grosse Schatten, der für uns Katholiken über ihr [der Bundesverfassung] liegt, ist die Bestimmung, dass der Orden der Jesuiten und die ihm affiliierten Gesellschaften in keinem Teil der Schweiz Aufnahme finden dürfen und ihren Mitgliedern jede Wirksamkeit in Kirche und Schule untersagt. Eine Ausnahmebestimmung also, die dem allgemeinen Grundsatz der Vereins- und Kultusfreiheit, von dem die ganze Bundesverfassung durchdrungen ist, zuwiderläuft.»[101]

Auf diesen Hinweis reagierte ein Teil der freisinnigen und sozialdemokratischen Presse mit harscher Kritik, die an kulturkämpferische Töne des 19. Jahrhunderts erinnert. Der Berner «Bund» meinte, dass die Einführung der Ausnahmeartikel ein Gebot der Klugheit gewesen sei, die der Wahrung des konfessionellen Friedens gedient habe. In gewundenen Worten fragte er sich, ob es klug sei, «konfessionelle Leidenschaften zu wecken, nachdem sie in unserem Lande, abgesehen von gelegentlichem Aufflackern bei politischen Auseinandersetzungen, doch weitgehend eingedämmt und auch überwunden sind».[102] Damit versuchte er, die Katholiken für die Verschärfung konfessioneller Konflikte verantwortlich zu machen – eine Argumentation, die mittlerweile als

Denkmuster von der Antisemitismus-Debatte bekannt ist. Das freisinnige «Luzerner Tagblatt» zeigte sich befremdet darüber, dass ein
Bundespräsident «diese für den konfessionellen Frieden wertvolle und
notwendige Bestimmung als ‹den grossen Schatten›» bezeichnet habe.
Das Blatt drehte den Spiess um und meinte, dass die «stets zunehmende Ignorierung des Jesuitenartikels durch konservative Kreise»
eine Provokation darstelle.[103] Aus heutiger Sicht erscheint diese Argu-
mentationsweise heuchlerisch: Wer sich gegen die antikatholischen
Verfassungsbestimmungen auflehnte, machte man für den Antikatholizismus verantwortlich. Die Freisinnigen reagierten insgesamt zurückhaltend und liessen den Streit nicht eskalieren.

Bemerkenswert ist, dass das sozialdemokratische «Volksrecht»
sich hinter die konfessionellen Ausnahmeartikel stellte. «Das Jesuitenverbot steht nicht zur Diskussion. [...] Gerade das Jubiläumsjahr 1948
ist ein beredtes Beispiel dafür, wie sehr das Jesuitenverbot der Förderung des konfessionellen Friedens in unserem Lande diente.»[104]

Scharf tönte es aus den katholischen Zeitungen zurück. Es bedeute eine eigenartige Geisteshaltung demokratischer Wortführer, wenn
ein katholischer Magistrat überhaupt kein Wort über offenkundige
Mängel und Ungerechtigkeiten der Bundesverfassung sagen dürfe.
«Das ist die gleiche Mentalität, die in den östlichen Demokratien jede
freie Meinungsäusserung verbietet und bestraft», meinte die St. Galler
«Ostschweiz».[105] Die «Neuen Zürcher Nachrichten» bedauerten den
«latenten antirömischen Affekt», der in unserem Lande vor allem unter den Protestanten und den freisinnigen Katholiken herrsche.[106]
Schon vor Celios Rede hatte J. von Rotz in einem Artikel in der «Hochwacht» zur Geschichte der Entstehung des Bundesstaates die Ausnahmeartikel thematisiert und im Namen des Antikommunismus gefor-
dert, dass «alle positiven Kräfte unseres Landes, zu denen auch die
Gesellschaft Jesu und die Klöster zu rechnen sind, gegen die kommunistische Infiltration zu sammeln» seien.[107]

Der Jesuitenpater Ferdinand Strobel verfasste die Schrift «Zur Jesuitenfrage in der Schweiz. Tatsachen und Überlegungen», die 1948 im
Verlag der «Neuen Zürcher Nachrichten» erschien und zum Zweck
hatte, die Diskussion «aus dem Dunst bisheriger Schlagwortpropagan-
da» herauszuheben. Nach historischen Ausführungen über die Jesuiten

in der Schweiz untersuchte er in seiner weitgehend unpolemisch-sachlich gehaltenen Schrift den Jesuitenartikel vom staatsrechtlichen Gesichtspunkt her und kam zum Schluss, dass er mit dem Argument der angeblichen Staatsgefährlichkeit auf falscher Grundlage beruhe.[108] Er versuchte, den Vorwurf der konfessionellen Friedensstörung zu widerlegen.[109] 1954 verfasste Strobel ein über 1000 Seiten starkes Buch über «Die Jesuiten und die Schweiz im XIX.Jahrhundert», das bis heute ein Referenzwerk geblieben ist.[110] Die Zürcher Jesuiten engagierten sich nach dem Krieg, wie Albert Gasser ausführt, auf der einen Seite für die Stärkung des katholischen Selbstbewusstseins in Zürich und traten auf der anderen Seite für ökumenische Kontakte ein.[111]

Auch der zum Katholizismus konvertierte Zürcher Publizist Oskar Bauhofer antwortete 1951 mit einer Schrift «Das eidgenössische Jesuiten- und Klosterverbot», die im Thomas Verlag in Zürich erschien. Er kam zum Schluss, dass sich die Ausnahmeartikel in erster Linie gegen die katholische Kirche und somit «zugleich gegen den katholischen Volksteil insgesamt» richteten; die Schweizer Katholiken seien «unter Ausnahmerecht gestellt».[112] Der Jesuit Josef Stierli fasste dies 1955 prägnant in der Formel zusammen: «Man schlägt den Orden und zielt auf die Kirche!»[113] Ähnlich wie Strobel argumentierte Bauhofer mit folgendem Argumentationsmuster: «Eine in der Verfassung verankerte, von der Verfassung sanktionierte absolute Rechtswillkür greift an die Wurzeln des Rechtsstaates und vergreift sich an der Idee der Eid-Genossenschaft [...].»[114]

Die hochsommerliche Debatte von 1948 um die Ausnahmeartikel provozierte 1949 im Nationalrat eine Jesuiten-Debatte, die durch eine antijesuitische Interpellation des LdU-Nationalrates Werner Schmid ausgelöst wurde. Der katholisch-konservative Fraktionschef Thomas Holenstein beantragte im Nationalrat die Diskussion des Vorstosses, die Haltung der Katholisch-Konservativen blieb aber abwartend.[115] Erst in der Sommersession des folgenden Jahres wurde die Auseinandersetzung um die Ausnahmeartikel abgeschlossen. Die Fraktionssprecher betonten wiederum die Wichtigkeit des Jesuitenartikels für den konfessionellen Frieden. Damit kehrte man zur tagespolitischen Normalität zurück, ohne die Lösung der Angelegenheit weitergebracht zu haben.

Fünf Jahre später 1954 kam es im Zürcher Kantonsparlament zu einer ähnlichen, im Ton heftigeren Debatte, nachdem der Regierungsrat schon 1946 ebenfalls von Werner Schmid aufgefordert worden war, zu den Ausnahmeartikeln Stellung zu nehmen.[116] Wie Christoph Flury ausführt, instrumentalisierten verschiedene Kantonsräte in der Zürcher Debatte von 1954 antikatholische Feindbilder und verbanden ihren Antijesuitismus mit Attacken auf den «politischen Katholizismus», den sie als totalitär und antidemokratisch bezeichneten.[117]

Die antijesuitischen Vorstösse führten im katholischen Milieu 1953 zu verschiedenen Protesten, so von Seiten der Landespartei und der Fraktion der Bundesversammlung, vom Schweizerischen Katholischen Volksverein und von verschiedenen Jugendorganisationen.[118] Die Bischöfe sprachen in ihrem Bettagsmandat von 1953 in starken Worten von einer «brutale(n) Vergewaltigung einer Minderheit».[119] Vor allem die St. Galler «Ostschweiz» äusserte sich vehement gegen die Vorwürfe gegenüber den Katholiken, insbesondere die Infragestellung ihrer «demokratisch-republikanischen Loyalität» im Bundesstaat und die Zweifel an den «patriotischen Gefühlen» der Katholiken.[120] Immer wieder kam es zu Aufforderungen, endlich zur Tat zu schreiten. In Basel und Zürich nahmen verschiedene religiös-kirchliche Vereine Vorarbeiten zur Lancierung einer Volksinitiative in die Hand.[121]

Aus diesen breiten Protesten von Seiten des Partei- und Verbandskatholizismus erwuchs schliesslich im Juni 1954 die Motion des konservativen Obwaldner Ständerates Ludwig von Moos zur Beseitigung der konfessionellen Ausnahmeartikel durch eine Teilrevision der Bundesverfassung. Damit änderte die Partei ihre Taktik und gab unter dem Druck katholischer Journalisten und der Basis die bisherige vorsichtige Haltung auf.

Bis zur Volksabstimmung dauerte es freilich noch zwanzig Jahre. Nach langen Vorbereitungen erfolgte am 20. Mai 1973 die Volksabstimmung, die mit 54.9 Prozent Ja-Stimmen das Jesuitenverbot aufhob.[122] Die traditionell protestantischen Kantone Zürich, Bern, Schaffhausen, Appenzell Ausserrhoden, Waadt und Neuenburg lehnten die Abschaffung der Artikel mit 52.8 Prozent bis 71.8 Prozent ab. Nochmals zwanzig Jahre später wurde mit dem Bistumsartikel die letzte konfessionelle Ausnahmebestimmung mit einer Mehrheit von knapp zwei Dritteln aus der Bundesverfassung gestrichen. Titelte die «Neue Zürcher Zeitung» 1973 «Ein bewältigtes Stück Vergangenheit», so folgte 2001 der Titel «Pendenz ‹Bistumsartikel› erledigt».[123] Die Polarisierung der kantonalen Ergebnisse war bei dieser Abstimmung weit schwächer als 1973, als sich die Mehrheiten zwischen 93.3 Prozent Ja-Stimmen in Appenzell Innerrhoden und 70.8 Prozent Nein-Stimmen in Neuenburg bewegten.

Der Kulturkampf des 19. Jahrhunderts fand damit ein definitives Ende auf der Ebene der Bundesverfassung. Übrig blieb das Schächtverbot.[124]

Verlust des Gegners

Spätestens seit dem Ende des 19. Jahrhunderts versöhnte sich die grosse Mehrheit der konservativen Katholiken mit dem 1848 gegründeten modernen Bundesstaat. Den Waldstättenbund und die Alte Eidgenossenschaft von 1291 betrachteten sie von Anfang an als Teil ihrer nationalen Geschichtserzählung, da der Bund der drei Urkantone in ihren Stammlanden lag. Die Reserven gegenüber dem politischen System von 1848 und der freisinnigen Machtelite bauten sie in dem Masse ab, wie sie am politischen Geschehen des Bundesstaates teilhaben konnten. Beim hundertjährigen Bundesjubiläum 1948 bestanden nur noch Restbestände, die sich hauptsächlich auf die konfessionellen Ausnahmeartikel bezogen.

Was die Definition der Nation anging, förderte die fortschreitende politische Integration in den Bundesrat 1891 und 1919 die katholisch-konservative Inklusion in den kulturellen Identitätsdiskurs der Schweiz. Dabei bezogen die Katholisch-Konservativen ihre eigene politische Emanzipationsgeschichte in diese Diskussion ein, deuteten die Bundesstaatsgeschichte in ihrem Sinne und strichen ihren Anteil am Aufbau der modernen Schweiz hervor, in dem sie den Sonderbundskrieg um 1847 in Vergessenheit geraten liessen und ihre föderalistische Opposition gegen allzu weit gehende Zentralisierung als ihren wesentlichen Beitrag zum politischen System hervorhoben. Die Geschichte des Bundesstaates wurde damit Teil der katholischen Erinnerungsgemeinschaft. Angesichts ihrer Stellung im Machtgefüge brachten sie diese Vergangenheitsinterpretationen in den Jubiläumsreden von 1948 selbstbewusst zum Ausdruck.

Die Konfession, die in der hundertjährigen Bundesstaatsgeschichte von der gegnerischen Seite regelmässig als Exklusionsfaktor bezeichnet worden war, kann so indirekt als integratives Element der neusten Schweizer Geschichte interpretiert werden. Zurück blieb einzig noch das Thema der aus dem Kulturkampf stammenden konfessionellen Ausnahmeartikel (Kloster-, Jesuiten- und Bistumsartikel), die von den kirchentreuen Katholiken als diskriminierende Schandflecken bezeichnet wurden. Im Wissen um die explosive Kraft des Antijesuitismus zögerten die politischen Eliten bis in die 1950er Jahre, mit allzu forschen Postulaten konfessionelle Vorurteile im protestantischen Volksteil neu aufzuwecken. So verlängerten sich die Debatten bis 1973, als das Schweizervolk mit verhältnismässig knappem Mehr diese Ausnahmeartikel gegen die stimmende Volksmehrheit in klassisch protestantischen Kantonen aufhob. Wie immer man das Abstimmungsresultat dreht, es brachte antiklerikale und antirömische Vorurteile unter zahlreichen Protestanten zum Ausdruck. Die Jesuitendebatte vom Ende des Zweiten Weltkrieges bis Mitte der 1970er Jahre erscheint heute anachronistisch, zeigt aber nochmals in aller Deutlichkeit die Stereotypen und Reserven auf, die man in verschiedenen Kreisen noch zu Beginn der siebziger Jahre dem römischen Katholizismus entgegen brachte. Ähnliche Exklusionsvorurteile kamen auch in den innerjurassischen Abstimmungen über die Gründung des Kantons Jura zum Ausdruck, was zur Bildung eines mehrheitlich katholischen Kantons im Nordjura führte.

Nach 1973 ging den Katholiken in ihren Diskursen über den modernen Bundesstaat das Kulturkampf-Argument verloren. Die Integration der Katholiken in Kultur und Gesellschaft löste die alten Frontstellungen und damit auch die ideologische Einheit der katholischen Kommunikationsgesellschaft auf. Der politische Katholizismus erodierte, die alte Katholikenpartei verlor ihre Raison d'être und schrumpfte. Zur Paradoxie dieser Entwicklung gehört, dass in den Reihen der kirchentreuen Katholiken antirömische Affekte auftraten, die sich in den Streitfällen um den Theologen Hans Küng, um Bischof Haas oder um die Priesterbruderschaft St. Pius x. deutlich manifestierten.

IV Geschichte, Gedächtnis und Kulte

1. Bruder Klaus: Nationalheld, Heiliger und Aussteiger

Kurz nach dem Ersten Weltkrieg erhob die römisch-katholische Kirche die 1909 selig gesprochene Jeanne d'Arc zu den Ehren der Altäre.[1] Damit sahen die Franzosen nach dem Sieg im Ersten Weltkrieg ihre Nationalheldin auch kirchlich erhoben. In der katholischen Schweiz löste die Kanonisation von Jeanne d'Arc einen gewissen Konkurrenzneid aus, schaffte doch die französische Nationalheldin die Heiligsprechung in wenigen Jahren, während der selige Bruder Klaus von Flüe seit dem 15. Jahrhundert darauf wartete.

Metamorphosen des Bruder-Klausen-Bildes

Niklaus von Flüe bildet in der Tat ein schweizerisches Gegenstück zu Jeanne d'Arc. Beide sind historische Figuren, um die sich Mythen und Legenden ranken. Im kollektiven Gedächtnis nimmt Klaus von Flüe eine herausragende Stellung ein, die sich im Verlaufe der Jahrzehnte und Jahrhunderte veränderte.

Die historischen Quellen sprechen davon, wie der spätere Eremit Niklaus von Flüe (1417–1487) im Flüeli bei Sachseln im Kanton Obwalden aufwuchs und dort als Bauer lebte.[2] In der Jugend liess er sich für den Solddienst anwerben. Seiner Ehe mit Dorothea Wyss entsprangen zehn Kinder. 1462 gehörte er dem Kleinen Rat an, dem höchsten richterlichen und politischen Gremium des Standes Obwalden. 1465 gab er seine öffentlichen Ämter auf; und um 1467 verliess er seine Familie und zog sich als Waldbruder in den nahegelegenen Ranft zurück. Die Klause und die Kapelle, die ihm Freunde bauten, wurden schon zu seinen Lebzeiten zu einem beliebten Pilgerort.

Seinen festen Platz in der Ehrengalerie der grossen Schweizer verdankt der Obwaldner Laienmystiker einem politischen Ereignis, dem

Stanser Verkommnis.[3] Erinnern wir uns kurz an die damalige historische Lage: Das Bündnisgeflecht, das sich im 14. und 15. Jahrhundert im Raum der heutigen Schweiz herausgebildet hatte, machte im letzten Viertel des 15. Jahrhunderts eine Zerreissprobe durch. Die wirtschaftlichen und politischen Interessen der Städte- und der Länderorte waren kaum mehr auf einen gemeinsamen Nenner zu bringen; die Eidgenossenschaft drohte sich in zwei Parteien aufzuspalten. In dieser fast ausweglosen Situation ersuchten die Tagsatzungsherren in Stans den im nahen Ranft lebenden Einsiedler Bruder Klaus um seinen Rat. Nach der historischen Überlieferung führten seine Ratschläge zum so genannten Stanser Verkommnis und zum Bundesschwur mit den beiden Städten Freiburg und Solothurn. Der Zusammenbruch der Alten Eidgenossenschaft wurde damit verhindert. Dank seinem heiligmässigen Ruf als Eremit und dank seiner diskreten Vermittlung half Niklaus von Flüe 1481, eine schwere Krise des eidgenössischen Bundes zu überwinden und gab dem Stanser Verkommnis als wichtigster Verfassungsgrundlage der Alten Eidgenossenschaft eine mythische Personifizierung. Seither erscheint er in der nationalen Heldengalerie als Integrationsfigur par excellence.[4]

Nationalheld und Landesvater und doch ein ganz gewöhnlicher Mensch, verheiratet und Vater von zehn Kindern, ein Obwaldner Landwirt mit politischen und militärischen Ämtern auf der einen Seite, Eremit und Asket, weltabgewandter Klausner und Mystiker auf der anderen Seite: Diese Stichworte umschreiben die Spannweite dieser herausragenden Persönlichkeit. Die katholische Volksreligiosität integrierte die religiös-mystische Seite des Obwaldners praktisch von Anfang an in ihre Heiligen- und Seligenwelt. In Rom geriet der Kanonisationsprozess ins Stocken, und so musste Bruder Klaus jahrhundertelang als Seliger im Vorhof der Heiligen warten, bis er nach dem Zweiten Weltkrieg von der römischen Kirche offiziell heilig gesprochen wurde.[5] Weltentrückter Heiliger oder naher Bruder, Nationalheld oder bloss Urschweizer Katholik? Das Bild von Niklaus von Flüe machte im Verlaufe der Jahrhunderte zahlreiche Metamorphosen durch. Die Vielschichtigkeit der Bruder-Klausen-Figur erhöhte die Anziehungskraft des Obwaldners; sie barg aber auch die Gefahr in sich, dass sie von vielen Seiten vereinnahmt wurde. Dabei widerspiegeln die unterschiedlichen

Bilder und Mythen von Bruder Klaus die Wunschvorstellungen, Ängste und Hoffnungen der jeweiligen Zeit.

Von allen Aspekten, die das Bruder-Klausen-Bild im Verlaufe der Jahrhunderte enthalten hat, fällt die politische Dimension als Kontinuität auf. Niklaus von Flüe besass seit dem Stanser Kompromiss von 1481 die historische Aura des Friedensstifters und Retters des Vaterlandes, doch in der Schweiz des 19. Jahrhunderts geriet seine Persönlichkeit in den Strudel von partei- und tagespolitischen Konflikten. Je mehr die katholisch-konservative Opposition den Obwaldner für sich okkupierte, desto stärker ging die freisinnige Regierungspartei auf Distanz. Indessen wirkte der Bruder-Klausen-Mythos auch anders herum: Je mehr die freisinnige Regierungspartei den Obwaldner Friedensstifter auch als nationalpolitische Integrationsfigur benutzte, desto einfacher wurde es für die katholisch-konservative Opposition, sich in den neuen Bundesstaat einzuordnen.

Überlagert wurde die politische Ausstrahlung durch die religiös-konfessionelle Dimension. Je mehr es den Katholiken gelang, Niklaus von Flüe als Heiligen emporzustilisieren, desto deutlicher entrückte der Obwaldner aus den gesamteidgenössischen Bezugspunkten. Die Reformierten besassen ja keinen direkten Zugang zum Heiligen. Erst die fortschreitende Säkularisierung der späten fünfziger Jahre des 20. Jahrhunderts brachte dann die ökumenische Interpretation, die die konfessionellen Grenzen übersprang. Schauen wir nun die einzelnen Wandlungsetappen im 19. und 20. Jahrhundert im Einzelnen an.

1848: Schutzpatron der katholisch-konservativen Opposition

Mit der Verkonfessionalisierung der staats- und verfassungspolitischen Gegensätze in den Gründungsjahren der modernen Schweiz von 1830 bis 1848 verlor Niklaus von Flüe die Stellung als Landesvater, die er im 18. Jahrhundert eingenommen hatte. Man vergass zwar Bruder Klaus nicht völlig; im Geschichtsbewusstsein des frühen Bundesstaates spielte er aber eine geringe Rolle.[6]

Im Bundesstaat von 1848 fehlte die verfassungsmässige Voraussetzung für die politische Funktion Niklaus von Flües, denn das Stanser Verkommnis bestand nicht mehr. Die moderne Bundesverfassung bedurfte in ihrem säkularen Geist keines Heiligen, um die tiefen Risse in der Gesellschaft zu überspielen. Damit wurde Bruder Klaus vom Eidgenossen wieder zum Innerschweizer. In der katholischen Schweiz begann man sich auf das asketische Leben des Eremiten Bruder Klaus zurückzubesinnen.

Es wäre jedoch falsch anzunehmen, dass Niklaus von Flüe in den Gründungsjahren des Bundesstaates überhaupt keine Rolle gespielt hätte. Im Gegenteil, die christlich-konservative Parteirichtung bezog sich in den Konflikten der 1830er und 1840er Jahre gerne auf Bruder Klaus als christlichen Hausvater für Land und Volk. Bruder Klaus erschien als Titelfigur auf den Volkskalendern beider Konfessionen. Zu erwähnen ist der in der katholischen Schweiz weit verbreitete «Grosse Christliche Hauskalender». Er erschien von 1834 bis 1838 in Luzern und führte als Titelfiguren Bruder Klaus und den Luzerner Lokalhelden Wolf von Rippertschwand.[7]

Interessant ist, dass auch der reformiert-pietistische «Des Volks-Boten Schweizer-Kalender», der in Basel herauskam, Bruder Klaus als interkonfessionelle Versöhnungsfigur auf dem Deckblatt führte. Allerdings musste sich der Herausgeber damals fast entschuldigen, er schrieb: «[...] Dir aber mein Freund, will der Mann zur Linken, Niklaus von der Flüe nicht gefallen; es will Dir vorkommen als neige sich der Kalender dadurch zuviel auf die katholische Seite. Aber brauchten wir denn nicht gerade jetzt einen Mann im Vaterlande, der im Geiste des seligen Bruder Klaus, Worte des Friedens in die erzürnten Herzen hätte hineinwerfen können! [...] Wir wollen freilich nicht zu ihm nach Sachseln wallfahrten; aber als einen der edlen und frommen Eidgenossen alter Tage wollen wir ihn achten und lieben wie es auch Luther gethan hat und den christlichen Vaterlandssinn, der in ihm so schön war, suchen und pflegen.»[8]

Die freisinnigen Gründerväter des Bundesstaates brauchten keinen Heiligen, um ihr Werk zu legitimieren, denn sie besassen für den neuen Bundesstaat säkularisierte Symbole wie Mutter Helvetia auf den Marken und Münzen oder die monumentalen Repräsentationsbauten in Bern und andern Städten.[9]

Die katholisch-konservativen Schweizer zogen sich nach der Niederlage im Sonderbundskrieg 1847 ins politische Réduit der Stammlande zurück.[10] Auf nationaler Ebene versuchten sie mit Hilfe des katholischen Vereins- und Parteiwesens die verlorenen Stellungen zurückzugewinnen. In diesem innerkatholischen Sammlungs- und Einigungsprozess übernahm nun Bruder Klaus die Funktion einer Leitfigur. Der Piusverein, der 1857 als gesamtschweizerischer Katholikenverein gegründet worden war, wählte Bruder Klaus zum Vereinspatron.[11] 1858 erhielt der Schweizerische Studentenverein, der wichtigste Sammelpunkt der katholisch-konservativen Eliten, erstmals eine Vereinsfahne: vorne das eidgenössische Kreuz, hinten der selige Niklaus von Flüe.[12]

Um die gleiche Zeit tauchte Niklaus von Flüe weiterhin als Deckblattfigur auf katholischen Volkskalendern auf. Zu erwähnen ist der in Freiburg herauskommende «Almanach catholique de la Suisse française», der auf dem Titelbild neben Maria mit dem Jesuskind Bruder Klaus und den Mailänder Erzbischof und Kardinal Carlo Borromeo (1538–1584) abbildete. Seit 1860 erschien in Stans der «Nidwaldner Kalender», auf dessen Titelblatt die Gottesmutter Maria, Bruder Klaus und der Lokalheld Arnold Winkelried zu sehen waren. Bruder Klaus wuchs in der Anfangszeit des Bundesstaates zur katholischen Integrationsfigur heran, die die Reihen der kirchentreuen Katholiken in den schwierigen Jahren des Konfliktes mit dem freisinnigen Radikalismus zusammenhalten sollte.

In der Kulturkampfzeit vermischten sich die politisch-patriotischen Motive mit der neuen ultramontanen Frömmigkeit. So lebten nach der Mitte des 19. Jahrhunderts die alten Bestrebungen wieder auf, die Heiligsprechung des Obwaldner Eremiten zu erreichen. Der Piusverein erliess an seine Mitglieder Aufrufe, «standhaft zu beten, dass es Gott gefallen möge, auf die Fürbitte unseres seligen Vereins-Patrones zwei Wunder geschehen zu lassen, um dessen Heiligsprechung erzielen zu können».[13]

Die konfessionelle Profilierung des eidgenössischen Landeshelden rief in radikal-liberalen Kreisen negative Reaktionen hervor. Man sprach vom «römisch-katholischen Musterpatriotismus».[14] Da und dort wurde Niklaus von Flüe in den Strudel der überhitzten Kulturkampfstimmung hineingerissen; jedenfalls erschien er in der katholischen Deutung und im Zuge der verstärkten Bestrebungen um Heiligsprechung manchen Zeitgenossen nicht mehr als überkonfessioneller

Landesvater. Der Berner Theologieprofessor und erste christkatholische Bischof der Schweiz, Eduard Herzog (1841–1924), stiess sich an der konfessionellen Vereinnahmung des Niklaus von Flüe: «Wir unsrerseits verzichten gern auf eine weitere päpstliche Approbation des Einsiedlers im Ranft und lassen uns weder durch den vollkommenen Schein des ‹Heiligen› noch durch den unvollkommenen des ‹Seligen› in unserm Urtheil über den Bruder Klaus bestimmen. Aber sympathisch bleibt uns immer der Mann, der in schlichter, aber tiefinnerlicher Frömmigkeit [...] und der in aufrichtiger Vaterlandsliebe den durch eine engherzige und kurzsichtige Politik getrennten Eidgenossen zuruft: ‹Öffnet die Thore und haltet Frieden unter einander.›»[15]

In die gleiche Richtung ging auch die liberale «Neue Zürcher Zeitung», die im Jubiläumsjahr des Stanser Verkommnisses 1881 den Obwaldner Klausner mit dem vorab in Freiburg verehrten Kollegiumsgründer Petrus Canisius (1521–1597) verglich und dabei in positivem Sinne die urschweizerische Bodenständigkeit von Bruder Klaus hervorhob. Für die «Neue Zürcher Zeitung» hatte der Jesuitenpater Canisius den Geruch des Ultramontanismus an sich: «Der Einsiedler steht trotz aller seiner Schrullen doch tausendmal höher, als dieser römische, in Holland geborene Priester.»[16] Diese kritische Stimme hinderte die Freiburger Katholiken nicht daran, in ihren Pfarrkirchen den Gründer ihres Jesuitenkollegiums neben dem Obwaldner Eremiten besonders zu verehren. Auffallend viele Freiburger Kirchen erhielten im ausgehenden 19. Jahrhundert Statuen von Petrus Canisius und Niklaus von Flüe.[17]

Auch wenn Bruder Klaus von der ultramontanen Frömmigkeitsbewegung für sich in Beschlag genommen wurde, entsprach die knorrige Gestalt des Obwaldner Klausners nicht dem Bild des triumphalistischen Ultramontanismus römischer Observanz. Das ultramontane Frömmigkeitsideal gab dem seligen Mystiker im Ranft ein vergeistigtes Aussehen. Bis 1934 befand sich ein Gemälde von Melchior Paul von Deschwanden auf dem Altar am Grabe von Bruder Klaus in der Pfarrkirche zu Sachseln. Das Gemälde zeigte die Verehrung des Allerheiligsten Sakramentes durch Bruder Klaus und dessen Vision des Gottesantlitzes. Es prägte sich vielen Wallfahrern ein und wurde bis in die neueste Zeit hinein häufig auf Karten, Andachtsbildchen und Kommunionandenken auf vielfältige Weise reproduziert: Bruder Klaus in frommer Anbetungshaltung vor dem Allerheiligsten Sakrament – gemalt vorab für fromme Gemüter.[18]

1887: Symbolfigur der Aussöhnung zwischen Freisinn und politischem Katholizismus

Mit dem Abflauen des Kulturkampfes in den 1880er Jahren kam es zwischen dem politischen Katholizismus und dem radikalen Freisinn zu einem Annäherungsprozess, der sich vor dem Hintergrund der national-patriotischen Feiern abspielte: Stanser Verkommnis 1881, Sempach 1886, Bundesjubiläum 1891. Niklaus von Flüe wurde nun zur Symbolfigur für die Annäherung der historischen Gegner.[19]

Deutlich kam die Renaissance einer Art von Bruder-Klausen-Geist 1881 anlässlich des 400-Jahr-Jubiläums des Stanser Verkommnisses und 1887 anlässlich des 400. Todestages von Klaus von Flüe zum Ausdruck. Die Klausen-Feiern von 1887 in Sachseln boten der freisinnigen Regierungspartei die Möglichkeit, ihre Versöhnungsbereitschaft gegenüber dem katholisch-konservativen Gegner zu demonstrieren; und sie gaben den Katholiken die Gelegenheit, sich als gute eidgenössische Patrioten vor aller Öffentlichkeit zu präsentieren.

An der religiös-patriotischen Sachsler Feier vom März 1887 nahm eine Dreierdelegation der Landesregierung teil. Bundespräsident Numa Droz gab in seiner Festansprache der Hoffnung Ausdruck, dass sich eine Periode des innern Friedens und der Eintracht öffne: «Mein sehnlichster Wunsch geht also dahin, die Keime der Versöhnung, die ich in Aller Herzen wahrzunehmen glaube, auch wirklich aufgehen zu sehen, und ich kann Euch die bestimmte Erklärung abgeben, dass es das ernste Bestreben des Bundesrathes ist und sein wird, einer gesunden, auf dem Geist der gegenseitigen Achtung und Gerechtigkeit beruhenden Versöhnungspolitik zum Siege zu verhelfen.»[20]

Die Katholiken nahmen die bundesrätlichen Versöhnungs- und Toleranzgesten dankbar entgegen und versprachen, nach dem Beispiel des Bruder Klaus als gute Patrioten für Land und Bundesstaat einzustehen. Der Festprediger Joseph Ignaz von Ah rief am Festtag mit bewegter Stimme aus: «[...] dass Ihr heute hieher gekommen, dass Ihr unserm Landesvater Dank und Huldigung dargebracht, das soll Euch nicht vergessen werden [...] man soll uns nicht mehr fürchten, uns nicht mehr misstrauen; man soll uns in Zukunft nie mehr finstere Ultramontane, vaterlandslose Römlinge, verbissene Kantonesen schelten! Nein! Nein! Ihr seht, wie auch wir unser Vaterland lieben, wie wir an ihm hangen und wie gerade unsere Heiligen, unsere ausgeprägtesten Charakterköpfe, wie ein weltabgeschiedener Bruder Klaus ihr Vaterland lieben mit einem grossen, treuen Herzen.»[21] Und am Festbankett gab Propst Tanner, der zur Linken des Bundespräsidenten sass, der allgemeinen patriotischen Begeisterung in einem Toast Ausdruck. Einmal mehr brachte er das alte Postulat vor, Gerechtigkeit und Gleichberechtigung für die Katholiken im Bundesstaat walten zu lassen. Das Luzerner «Vaterland» schilderte die eindrückliche Szene wie folgt: «Indem er [Propst Tanner] sich in seiner imponierenden Erscheinung vor Hrn. Droz hinstellte, bemerkte er, Aug' in Auge, mit markigen, im Tone der innersten Überzeugung gesprochenen Worten: Ich möchte als Reaktionär, als Ultramontaner dem Fortschritte der Toleranz, der Duldung und der Billigkeit mein Hoch ausbringen. Sie haben, Hr. Bundespräsident, ein herrliches Wort zu uns gesprochen. Es soll auch nicht umsonst gesprochen worden sein. Wenn der Bundesrath für dieses Programm einsteht, so versprechen wir ihm feierlich, mit Gut und Blut jederzeit für das Vaterland einzustehen. Nehmen Sie dieses Wort mit sich nach Bern: Wir Katholiken wollen nichts als gleichberechtigte Brüder sein, aber dieses Recht reclamiren wir für uns und wir werden nicht müde werden, bis wir es erlangt haben. Dem Fortschritte der gegenseitigen Duldung mein Hoch!»[22]

Diese Zitate zeigen, dass Freisinnige und Katholiken in den 1880er Jahren bereit waren, Niklaus von Flüe als gemeinsame Integrationsfigur für die politische Aussöhnung zu instrumentalisieren. Bruder Klaus übernahm wieder die traditionelle Rolle als überparteilicher Landesvater. So wurde er im ausgehenden 19. Jahrhundert zu einem Bestandteil der nationalen Integrationsideologie, die die verschiedenen konfessionellen, kulturellen und politischen Gruppierungen in der Schweiz einander näherbrachte. Klaus von Flüe wurde aus der konfessionellen Einbindung der Sonderbunds- und Kulturkampfzeit herausgelöst und auf das nationale Podest gehoben, wo ihn Freisinnige und Katholiken als Vorbild der Versöhnung zugleich verehren konnten.

Die Modernisierung des politisch stabilisierten Bundesstaates erforderte Leitfiguren, die das Bundeswerk ideell überhöhten. Die liberal-nationale Elite erleichterte den Konservativen dadurch die nationale Integration, indem sie eine in der katholischen Urschweiz beheimatete Symbolfigur adoptierte. Der Landesvater und gute Patriot von Flüe bot durch seine regionale Verankerung in der Urschweiz den Sonderbündlern von 1847 Gelegenheit, sich als ebenso gute Patrioten vorzustellen; er bildete für die Katholisch-Konservativen ein wesentliches Vehikel, um ihren regionalen und partikularen, auf die alte Eidgenossenschaft bezogenen Patriotismus mit dem neuen Nationalismus des Bundesstaates in Einklang zu bringen.

1914–1918: Protektor der krisengeschüttelten Schweiz
In der Zeit des Ersten Weltkrieges nahm Niklaus von Flüe den Platz als überparteilicher und überkonfessioneller Landesvater endgültig ein. Es war daher mehr als symbolisch, dass der Bundesrat am Abend des 20. März 1917, also am Vorabend des 500. Geburtstages von Niklaus von Flüe, im ganzen Land ein patriotisches Glockengeläut erklingen liess. In einem Kreisschreiben an die Kantonsregierungen rief er den Geburtstag des «grossen Schweizer Patrioten und Friedensmannes» in Erinnerung. Die Gegenwart lege das lebendige Gedenken an diese ehrwürdige Gestalt der Schweizer Geschichte nahe. In der Periode der grössten inneren Gefährdung der Alten Eidgenossenschaft habe Niklaus von Flüe 1481 über die kleinen Lokalinteressen hinausgeblickt und das Gewicht seines moralischen Einflusses eingesetzt, um die Bande zwischen den Eidgenossen enger zu knüpfen.[23] In direkter Anspielung auf die zeitgenössischen Probleme des Sprachengrabens zwischen Deutsch und Welsch während des Ersten Weltkrieges schrieb die Landesregierung: «Durch sein Eintreten für die Aufnahme Freiburgs wurde damals zum ersten Male welsches Gebiet in vollberechtigte Bundesgenossenschaft aufgenommen und so der alte ‹oberdeutsche Bund› über die Sprachgrenze hinaus erweitert. Damit wurde erst die Grundlage geschaffen für das heutige schweizerische Ideal: das freie Zusammenleben verschiedener gleichberechtigter Stämme und Sprachen, das sich gegenseitige Durchdringen dreier Kulturen.»[24]

Die Armee schloss sich den Bruder-Klaus-Gedächtnisfeiern an. Auf Befehl von General Ulrich Wille fand am 21. März 1917 bei allen Truppenkorps ein Festgottesdienst statt, in dem das Kreisschreiben des Bundesrates verlesen und die Bedeutung von Bruder Klaus den Bürgern im Wehrkleid vorgeführt wurde. Der Vormittag des 21. März war dienstfrei, sofern die Truppen nicht auf Grenzwacht standen oder sich auf dem Heimmarsch zu ihren Sammelplätzen befanden.[25]

Wenn man die Festreden und Gedenkartikel des Jahres 1917 liest, erkennt man zwei hervorstechende Motive: Auf der einen Seite erschien Klaus von Flüe als Beschützer der mehrsprachigen Schweiz, und auf der anderen Seite präsentierte er sich als Versöhnungsfigur zwischen den sozialen Gegensätzen. Soziale und politische Konflikte, die die verschiedenen Sozialschichten und die Sprachregionen auseinanderdriften liessen, prägten die innere Lage des Landes. 1914 hielt der Schriftsteller Carl Spitteler die berühmt gewordene Rede über den «Schweizer Standpunkt», in der er die Landsleute zu grösserer Zurückhaltung in ihren aussenpolitischen Sympathiekundgebungen anhielt.

Die Landesregierung und die Armeeführung nahmen die Gelegenheit des Bruder-Klausen-Jubiläums wahr und stellten den alteidgenössischen Nationalhelden der Bevölkerung als leuchtendes Beispiel friedenstiftenden und vermittelnden Wirkens vor Augen. In Sachseln rief Bundespräsident Edmund Schulthess aus: «Möge die alte Freundschaft zwischen Deutsch und Welsch, möge die Harmonie zwischen Stadt und Land, möge der Friede zwischen den verschiedenen Volkskreisen die sichere Grundlage unserer zukünftigen Arbeit bilden.»[26] Die inneren und äusseren Gefährdungen, die den Zusammenhalt der Schweiz bedrohten, machten Klaus von Flüe zu einem «Gegenwartssymbol» (so wörtlich das Kreisschreiben des Bundesrates[27]), zu einer Symbolfigur der Einheit zwischen den Sprachregionen und den sozialen Schichten, aber auch zwischen den Konfessionen und Parteien. Der reformierte «Murtenbieter» erfasste die zeitgenössische Situation richtig wenn er kommentierte, das Schweizervolk werde «dieses Mannes gedenken vorerst nicht als Heiliger, in dessen Geruch er bei den Anhängern der römischen Kirche steht und auch gefeiert wird, sondern als vaterländisch gesinnter Bürger, als Friedensstifter in einem Momente, da sich unser Vaterland, wie heute, in äusserst kritischer Lage befand».[28] Wie ein roter Faden zieht sich das Motiv des Friedensstifters durch die Gedenkartikel des Jahres 1917 hindurch. In einem ähnlichen Grundton formulierten dasselbe Anliegen auch die katholischen «Freiburger Nachrichten». Die Zeitung unterstrich von Flües friedensstiftende Rolle in einem weiteren, sozioökonomisch bedingten Konfliktfeld: «Vielleicht werden die drohenden Entbehrungen aller Art uns die harte Prüfung auferlegen, dass wir nebst den künstlich gezüchteten Gegensätzen der Sprache und Rasse auch noch die Interessen des Landes gegen jene der Städte sich erheben sehen. Sollte die Not der Agrarier von den Industriellen nicht mehr verstanden werden und umgekehrt, dann wäre die Mahnung des Seligen erst recht am Platze und deren Beherzigung dringend. Drum stellen wir schon heute den Kompass unseres Verhaltens in der Zukunft auf den Stundenzeiger des Bruder Klaus: Seid einig!»[29]

Man darf bei der Darstellung der Bruder-Klausen-Mythologie im Kriegsjahr 1917 die internationalen Elemente nicht ausser Acht lassen. Verschiedene Redner und Autoren brachten Bruder Klaus direkt in Zusammenhang mit der aussenpolitischen Maxime der Neutralität. Damit tauchte in aller Deutlichkeit ein Motiv auf, das seither immer wieder zu hören ist: Niklaus von Flüe als Friedensmann in internationalen Konflikten. Neutralität und internationaler Völkerfriede waren von nun an Begriffe, die die traditionelle Bruder-Klausen-Philosophie ergänzten. Man gewinnt den Eindruck, dass Niklaus von Flüe damit eine weitere Qualität erhielt; er wurde zum schweizerischen Exportartikel, der das aussenpolitische Sendungsbewusstsein des neutralen Kleinstaates zum Ausdruck brachte: Bruder Klaus als Friedensmann für die ganze Welt, die durch die schweren Erschütterungen des Krieges in ihrer internationalen Ordnung auseinandergebrochen war. «Gebe Gott», schrieb der Bundesrat im zitierten Kreisschreiben 1917, «dass dieses Geläute auch jenseits unserer Grenzen ein Echo finde im Geiste des Friedensmannes vom Ranft».[30] Und die «Neue Zürcher Zeitung» meinte: «Wer unter den im grauenhaften Weltkrieg streitenden Nationen vollzieht als erster eine edelmütige Handlung, wer spricht als erster ein Wort der Verzeihung, der Versöhnung aus? [...] Hat unter allen den erleuchteten Nationen keine einen Bruder Klaus? Ist keine willens, auf ihn zu hören, wie unsere Altvordern zu guter Stunde getan haben?»[31]

Auch wenn Bruder Klaus 1917 praktisch vom ganzen Land als Symbolfigur der Versöhnung und des Friedens gefeiert wurde, darf nicht übersehen werden, dass sich die nationalen Einheitsriten weitgehend auf das freisinnige und konservative Bürger- und Bauerntum beschränkten. Die Sozialdemokraten, die damals anstelle der Katholisch-Konservativen die Rolle der vaterlandslosen Gesellen einnahmen, standen weitgehend ausserhalb dieser nationalen Beschwörungsfeiern. Wenn man den Zeitungsstimmen glauben darf, betrachteten die Sozialdemokraten, zumindest die linke Elite, das Bruder-Klausen-Jubiläum aus kritischer Distanz. Jedenfalls wies die sozialdemokratische «Berner Tagwacht» in einem Artikel darauf hin, dass das Stanser Verkommnis von 1481 ein «Vertrag der Herren über ihre Knechte»[32] darstelle. «Das keimende Prinzip des damaligen Klassenstaates siegte über die Rechte und Freiheiten des Volkes – das war der Preis der nationalen Einigung, zu deren Feier die herrschende Klasse heute aufruft.» Deshalb wende sich die Arbeiterschaft von einer Bruder-Klausen-Feier ab, die im Grunde genommen nichts anderes als die «Verherrlichung der Knechtschaft und des Untergangs der Volksrechte» bedeute.[33]

Allem Anschein nach vermochten sich die Sozialdemokraten mit Bruder Klaus als nationaler Versöhnungsfigur kaum anzufreunden. Dies kann man damit erklären, dass sie sich im Gegensatz zum Freisinn und politischen Katholizismus noch bedeutend stärker als eine internationale Partei verstanden, die keine national-schweizerische Leitfigur brauchte. Ein weiterer Grund für die distanzierte Haltung der Linken gegenüber Bruder Klaus lag darin, dass der Obwaldner Eremit eben von den so genannten Bürgerlichen okkupiert und als Versöhnungssymbol hochstilisiert wurde. Die Versöhnung der einstmals verfeindeten bürgerlichen Parteien bedeutete für die Linke eine Kampfansage. In aller Deutlichkeit kam dies 1918 zum Ausdruck, als die bürgerlichen Koalitionspartner den von den Sozialdemokraten ausgerufenen Landesstreik gemeinsam niederschlugen.

Zwischenkriegszeit: Mobilisierung für die Heiligsprechung

Nach dem Ersten Weltkrieg nahm die Verehrung des seligen Bruder Klaus im katholischen Bevölkerungsteil ein bisher unbekanntes Ausmass an. Erst jetzt gingen die katholischen Eliten wirklich daran, das katholische Volk mit Hilfe der modernen Massenkommunikationsmittel wie etwa der Druckereierzeugnisse und der Transportmöglichkeiten für das Anliegen der Heiligsprechung des Obwaldners zu organisieren.[34] Die Bruder-Klausen-Verehrung ist ein schönes Beispiel dafür, wie der moderne Katholizismus unter der Leitung des Klerus die Figur einer herausragenden Persönlichkeit benutzte und diese in eine religiöse Massenbewegung umfunktionierte. Ausdrücklich kommt dies in einem Aufruf des Bruder-Klausen-Bundes im «Obwaldner Volksfrcund» anfangs der 1930er Jahre zum Ausdruck: «Wie soll da Hilfe kommen, wie soll da die Heiligsprechung kommen? – Liebes katholisches Volk! Kommt mit eueren Bitten und Anliegen, Sorgen und Nöten, kommt immer wieder zum grossen Fürbitter und Helfer, dem seligen Bruder Klaus. Es ist Zeit, dass wir uns erheben und was jahrelang versäumt wurde, dass wir es mit vermehrtem Eifer nachholen.»[35]

Die Bruder-Klausen-Bewegung der Zwischenkriegszeit verdankte ihre Durchschlagskraft vor allem den katholischen Vereinen, die das Volk nach verschiedenen Zielgruppen, nach Männern und Frauen, Jugendlichen und Erwachsenen für die Sache des Seligen im Ranft mobilisierten. Zu erwähnen ist der Katholische Volksverein, der mit seinen Teilverbänden am Schweizerischen Katholikentag von 1935 in Freiburg eine Resolution verabschiedete, in der den Katholiken konkrete Möglichkeiten zur Klausen-Verehrung vorgeschlagen wurden.[36]

Im Zusammenhang mit der römischen Heiligsprechung des in Freiburg verstorbenen Jesuitenpaters Petrus Canisius am 21. Mai 1925 richtete der katholische Erziehungsverein einen «feurigen Appell» an die Gläubigen, «nun auch für die Kanonisation des sel. Landesvaters vom Ranft sich einzusetzen».[37] Die Schweizer Katholiken ahmten das deutsche Vorbild nach und gründeten für Bruder Klaus eigene Organisationen. So entstand im Jahre 1927 der Bruder-Klausen-Bund, ein Gebetsverein mit dem Zweck: «1. Die Heiligsprechung des seligen Bruder Klaus von Gott zu erbitten. 2. Die Wiedervereinigung des Schweizervolkes im Glauben durch die Fürbitte des seligen Bruder Klaus zu erlangen. 3. Den Frieden des Landes im Geiste des seligen Friedensstifters zu erhalten und zu fördern.»[38] Der Bund entfaltete eine enorme Aktivität und liess in grosser Auflage Gebetbüchlein, Gebetstexte und eine ganze Reihe volkstümlicher Erbauungsschriften drucken.

Weite Verbreitung fand damals das Porträt aus der Hand des Sarner Malers Anton Stockmann (1868–1940). Schon während des Ersten Weltkrieges wurden von diesem Bruder-Klausen-Kopf aus dem Jahre 1899 zahlreiche Reproduktionen erstellt, die überall begeisterte Aufnahme fanden und das Bild des Nationalheiligen für Jahrzehnte prägten. Stockmann gestaltete seinen Bruder-Klausen-Kopf mit verklärten Zügen und einer Spur von Schrecken vor den furchtbaren Visionen. Von nun an blieb dieses Bild des weltabgewandten Mystikers im katholischen Kollektivbewusstsein für Jahrzehnte verankert.[39] Anzufügen ist, dass der katholische Schriftsteller Heinrich Federer (1866–1928) schon 1916 eine Biographie über Niklaus von Flüe veröffentlichte.[40]

Ohne die religiöse Erneuerungsbewegung der Zwischenkriegszeit wäre die Klausen-Renaissance kaum verständlich.[41] Bruder Klaus galt den Katholiken als Vorbild für eine tiefempfundene und gelebte Religiosität. So setzte sich der Abt von Engelberg, der Benediktinerpater Leodegar Hunkeler, mit dem religiösen Minimalismus der gebildeten Katholiken auseinander. Zahlreiche Studenten und Akademiker würden der religiösen Erneuerungsbewegung kühl und zurückhaltend gegenüberstehen und diese als Frömmelei, religiöse Verspanntheit und sogar als Bigotterie bezeichnen. «Ohne Ergriffenheit schauen sie zu, wie die jungen Burschen aus den Jünglingsvereinen und die Mannen aus dem Volk mit der schwieligen Hand, die nicht zu den ‹Gebildeten› gehören, in hellen Scharen ihre monatlichen oder doch regelmässigen Generalkommunionen halten und am Tische des Herrn Kraft und Mut für schwere und schwerste sittliche und berufliche Aufgaben holen; wie sie ihr Vereinsleben religiös unterbauen, ihren opfervollen Alltag übernatürlich verklären, bei frugaler Kost und ohne Alkohol religiöse Tagungen halten, die Zeichen der Zeit verstehen und besten Bruderklausengeist betätigen.»[42] Konkret waren diese Worte an die Adresse des Studentenvereins (StV) gerichtet, der seinen Katholizismus zuweilen mehr politisch als religiös interpretierte. Es wäre falsch, aus dieser kritischen Stimme zu schliessen, der StV habe sich aus der Bruder-Klausen-Bewegung herausgehalten. Im Gegenteil, der Studentenverein gab 1935/36 Bruder-Klausen-Broschüren in allen vier Landessprachen heraus, beteiligte sich an der Sammelaktion für die Kapelle auf dem Klausenpass, publizierte eine Sondernummer der «Monatschrift», druckte Bruder-Klausen-Bildchen mit einem Vereinsgebet und organisierte eine Vereinswallfahrt nach Sachseln.[43] Mitte der dreissiger Jahre konnte die «Kirchenzeitung» stolz berichten, dass das Vorhaben der Heiligsprechung zu einer «mächtigen Bewegung» herangewachsen sei.[44] Der selige Bruder Klaus war dank der vielfältigen Aktionen der Vereine und Pfarreien umfassend ins Bewusstsein des katholischen Volkes eingedrungen. Die Gläubigen machten sich auf den Weg, die überfällige römische Kanonisation mit den Füssen und Gebeten wallfahrender Pilger gleichsam plebiszitär von unten her im Himmel zu erbitten. In den dreissiger und vierziger Jahren waren die Wallfahrten zu Bruder Klaus derart beliebt, dass die Stätten in Sachseln-Flüeli neben Einsiedeln zum zweitwichtigsten Wallfahrtsort der Schweiz wurden. Einen Höhepunkt erreichten die Pilgerzüge 1937: Victor Bieri schätzt die Zahl der Pilger in diesem 450. Todesjahr auf über 100 000.[45]

Auch die Post gab 1929 eine Pro-Juventute-Briefmarke mit dem Bruder-Klausen-Sujet heraus. Eine Ehre, die dem Eremiten noch ein weiteres Mal, 1937, zuteil wurde. Fünfzig Jahre später, 1987 anlässlich seines 500. Todestages, lehnten die PTT den von verschiedenen Seiten vorgebrachten Wunsch nach einer neuen Sondermarke ab. Nicht zuletzt spielten dabei Nebengeräusche konfessioneller Art eine Rolle: Von protestantischer Seite soll moniert worden sein, dass der Reformator Zwingli im Jubiläumsjahr seines 500. Geburtstages 1984 auch keine Sondermarke erhalten habe.[46]

Identifikationsfigur der «geistigen Landesverteidigung»
und der Völkerverständigung

Nach der nationalsozialistischen Machtergreifung in Deutschland 1933 sah sich die Schweiz im Norden und im Süden von faschistischen Diktaturen umringt, die nicht nur die demokratische Staatsform, sondern auch die föderalistisch-mehrsprachige Existenz der Eidgenossenschaft in Frage stellten. Die äussere Bedrohung liess die Parteien enger zusammenrücken. 1935 bejahten die Sozialdemokraten die militärische Landesverteidigung, womit sie den Weg zu einem nationalen Schulterschluss aller politischen Kräfte freilegten; 1937 folgte das Friedensabkommen zwischen den Sozialpartnern. Die Mehrheit der

Schweizer sammelte sich hinter der Devise der «geistigen Landesverteidigung».[47]

Schon früh verwendeten die Schweizer Bischöfe Bruder Klaus als Symbol für ein Vaterlandsliebe und christlichen Glauben verbindendes ideologisches Zusammenrücken der schweizerischen Bevölkerung vor dem Hintergrund der politischen und gesellschaftlichen Entwicklungen. 1933 verfassten sie ihr Bettagsmandat mit dem Titel «Der selige Bruder Klaus und unser Vaterland»[48] und verknüpften damit einen Aufruf zur Einheit und zur Vaterlandsliebe in schwerer Zeit, zur Verbindung von Glaube, Vaterlandsliebe und Nationalbewusstsein, wie sie in den Bettagsmandaten der Schweizer Bischöfe in der Zwischenkriegs- und Kriegszeit immer wieder eine wichtige Rolle spielte.[49] Schon drei Jahre später stand das Bettagsmandat unter dem Titel «Der selige Bruder Klaus und die Schweizerfamilie».[50]

Vor diesem Hintergrund versteht man, dass die Bruder-Klausen-Feiern zum 450. Todestag, die am 11. April 1937 stattfanden, den herrschenden Zeitgeist aufnahmen. An der Jubiläumsfeier in Sachseln beteiligte sich eine Zweierdelegation der Landesregierung unter der Führung von Bundespräsident Giuseppe Motta. In der Festansprache hob der Bundespräsident in italienischer Sprache – und diese Geste besass symbolischen Charakter – die schweizerische Eigenart, Einheit und Selbständigkeit hervor. «Alle Schweizer, deutsch und welsch, katholisch und reformiert, ja christlich und nicht christlich» würden an diesem Festtag ihre Blicke nach dem Ranft ausrichten. «Denn die Schweiz ist nicht nur ein Land und ein Volk, ein Land von eigener Zusammensetzung und ein Volk, das in einem Staate brüderlich, trotz aller Verschiedenheiten brüderlich zusammenlebt, sondern sie verkörpert eine eigene sittliche und politische Idee, der nach unserm Gefühl einige Dauer innewohnen sollte: die Idee eines kleinen, im Zentrum Europas lebenden Volkes, welches in Selbstregierung das Glück seiner Volksgenossen in wahrer Rechtsgleichheit und in zuchtvoller Freiheit erstrebt.»[51] Offensichtlich bot das Bruder-Klausen-Jubiläum der Landesregierung Gelegenheit, den Sonderfall Schweiz in gefahrvoller Zeit vor aller Öffentlichkeit in Erinnerung zu rufen.

Im Luzerner «Vaterland» nahm Redaktor Karl Wick dieses Motiv in einem Leitartikel auf. Die «geistige Landesverteidigung», schrieb er, erfordere Besinnung auf die zu verteidigende Idee, die Sammlung und Hinordnung aller Kräfte auf dieses gemeinsame Ziel hin. Und er führte weiter aus: «Bruderklausengeist ist für unsere schweizerische Kulturpolitik, für unsere geistige Landesverteidigung heute notwendiger als je.» Damit hatte Wick den Zusammenhang zwischen dem Diskurs der «geistigen Landesverteidigung» und dem Bruder-Klausen-Jubiläum ausdrücklich hergestellt. Kulturpolitik und eine «politische Kultur» könnten nur das Ergebnis «moralischer Kultur» sein. Alle staatliche Organisation und alle gesellschaftliche Kultur würden einen bestimmten gesellschafts- und staatsbildenden «Seelenzustand» voraussetzen. «Der Staat muss nicht nur äusserlich organisiert, er muss auch innerlich in den Seelen begründet sein. Diese innerliche Begründung und Festigung des Staates in den Seelen ist vielleicht die vornehmste Aufgabe aller Kulturpolitik und aller geistigen Landesverteidigung.»[52] Dieser Diskurs Wicks ist Ausdruck einer Kulturalisierung des schweizerischen politischen Systems als Teil des Diskurses der «geistigen Landesverteidigung», in welche die nationale Erinnerungsfigur Bruder Klaus gut hinein passte. Auch die «Neue Zürcher Zeitung» würdigte in einem Artikel von Georg Thürer Bruder Klaus an seinem 450jährigen Todestag.[53]

Allerdings hatten die Jubiläumsfeierlichkeiten von 1937 einen schwächeren Nachhall im Land als jene von 1917. Das mag damit zusammenhängen, dass das Bruder-Klausen-Jubiläum von 1917 mitten in den Ersten Weltkrieg fiel. Im Übrigen eignete sich Niklaus von Flüe nicht als Leitfigur für die Aussöhnung zwischen dem Bürgertum und der Sozialdemokratie. Was 1887 für die Annäherung zwischen politischem Katholizismus und Freisinn galt, spielte 1937 für Bürgertum und Sozialdemokratie nicht.

Die Linke stand dem Obwaldner Landesvater mit Distanz gegenüber. Die «Berner Tagwacht» publizierte einen Beitrag, der ähnlich wie 1917 die Widersprüchlichkeiten des Kompromisses von 1481 aufdeckte. Sie anerkannte zwar, dass Bruder Klaus als der grosse Friedensstifter, als der erste wirklich eidgenössisch denkende und handelnde Staatsmann in die Überlieferung eingegangen sei. Manches blieb den Sozialdemokraten jedoch fremd. Kritische Untertöne finden sich im folgenden Zitat: «Da ist der Unterwaldner, der den Sieg der Städte fördert: ist es nicht ein Bild grossen Opfersinns für das Wohl des Ganzen? Da ist der bäuerliche Heilige, der den bedrückten Untertanen der ‹Herren und Oberen› von Zürich, Bern, Luzern, Frieden und Gehorsam predigt.»[54] Für die sozialdemokratische Zeitung blieb von Flüe der «grosse Friedensstifter innerhalb der Herrenklasse der Städte und Länder». Auch wenn der Ton 1937 gemässigt war, belegt die Lektüre der «Tagwacht», dass der Klausen-Mythos nicht von allen Volksschichten in gleicher Weise geteilt wurde.

Umgekehrt konnte man 1937 in den katholisch-konservativen «Freiburger Nachrichten» einen Gedenkartikel lesen, der Bruder Klaus ohne Hemmungen für die parteipolitische Agitation und Polemik gegen den Sozialismus einsetzte. Das Schweizervolk habe allen Grund, das Bruder-Klausen-Jubiläum in aufrichtiger Dankbarkeit zu feiern, «mit frommem Dank- und Bittgebet, dass der Selige, wie er schon oft unser liebes Vaterland aus drohenden Gefahren gerettet hat, auch in der Gegenwart die Schweiz vor dem jähen Zusammenbruch bewahre, der uns um so schwerer bedroht durch die kommunistische Wühlarbeit und die sozialistische Umsturzarbeit».[55]

Ohne Zweifel: Die Bruder-Klausen-Mythologie sagte in den 1930er Jahren wiederum mehr über die kollektive Seelenlage der Schweizer als über die historische Gestalt des Niklaus von Flüe aus. Ständerat Walter Amstalden, der an der Sachsler Jubiläumsfeier die Gäste begrüsste, sah am Bruder-Klausen-Firmament «drei unverrückbare Sterne» aufleuchten: «Autorität, Freiheit und Friede.»[56] Aus der kritischen Distanz wissen wir, dass der Obwaldner Ständerat mit dem Begriff Autorität dem damaligen Zeitgeist Tribut zollte: Bruder Klaus auch hier als Seismograph der nationalen Befindlichkeit.

Man würde dem Bruder-Klausen-Mythos nicht gerecht, wenn man nur die innenpolitischen Dimensionen erfassen würde. In der Zwischenkriegszeit lässt sich die Argumentationsreihe weiterverfolgen, die an die Figur des internationalen Friedensmannes anschloss und bereits 1917 artikuliert wurde. In einem interessanten Aufsatz «Apologie eines Unmodernen» begründete Josef Bütler in der «Monatschrift» des Studentenvereins die Bedeutung von Niklaus von Flüe mit aussenpolitischen und internationalen Argumenten. Bütler interpretierte die Heiligsprechung von Bruder Klaus als einen Akt der «kulturellen Aus-

senpolitik» des Landes. Die Schweiz solle durch die Heiligsprechung
Bruder Klaus der ganzen Welt als Patron der Völkerversöhnung und
Schutzherrn des Friedens, des Völkerbundes und der Abrüstung schenken. Als konkrete Aktion schlug er vor, Bruder Klaus als Sujet für die
schweizerischen Auslandbriefmarken zu wählen: «[...] nach Tell muss
Klaus auf unsere Auslandbriefmarken, nicht vorübergehend nur, sondern dauernd. Tell hat unabhängige Staaten geschaffen, Winkelried ver-
teidigt sie bis aufs Blut: beide tun nur halbe Arbeit, wenn nicht Bruder
Klaus sich zu ihnen gesellt und die selbstbewussten, wehrhaften Bru-
derstaaten zu höherer Einheit führt. Das ist seine, unsere Sendung für
heute.»[57] So galt Bruder Klaus in den 1930er Jahren auch als Symbol für
die Öffnung der Schweiz nach aussen. Fünfzig Jahre später – Mitte der
1980er Jahre – benützten helvetische Isolationisten die Figur des Obwaldners, um gegen den Beitritt der Schweiz zur UNO Neinstimmen
zu mobilisieren.[58]

1947: Landesheiliger mit antikatholischen Nebengeräuschen
Die gefahrvollen Zeiten des Zweiten Weltkrieges verstärkten im
Schweizer Katholizismus die Bruder-Klausen-Verehrung. Für die damalige Stimmung war es bezeichnend, dass im Mai 1940 eine Himmels-
erscheinung bei Waldenburg am Oberen Hauenstein – vermutlich ein
Wolkengebilde – als schützende Hand von Bruder Klaus vor Nazi-
deutschland gedeutet wurde. Die Ängste und Hoffnungen der Kriegsjahre erklären auch, dass selbst im Jahre 1940 rund 50000 Wallfahrer
nach Sachseln pilgerten.[59]
Wo Tausende von Menschen zusammenkamen, gab es notwendi-
gerweise Rummel. Durch Gebet, Messe und Predigt seelisch gestärkt
und durch das Gemeinschaftserlebnis des Wallfahrens festlich ge-
stimmt, kehrten die meisten Pilger zufrieden nach Hause zurück, im
Hosensack oder in der Tasche ein «Bätti» (Rosenkranz) und ein «Hei-
ligenhelgeli» (Andenkenbild von Bruder Klaus) als Mitbringsel für die
daheimgebliebenen Familienangehörigen. Andenken und Geschenke
gehörten nun einmal zu jeder Wallfahrt.[60]
Das Plebiszit des katholischen Volkes mit den Füssen und den
Rosenkränzen verfehlte seine Wirkung nicht. Ende der 1930er Jahre
kam es endlich zu zwei Wunderheilungen.[61] Für den Heiligsprechungs-

prozess waren aber nicht nur Wunder notwendig, wichtig war auch, dass das Leben dieser mit Legenden umrankten Figur historisch rekonstruiert wurde. Das war das Lebenswerk des Nidwaldner Historikers Robert Durrer (1867–1934), der eine monumentale Quellensammlung aus «Tatsachenmaterial» und zur «Entwicklungsgeschichte der kirchlichen und patriotischen Verehrung» herausgab.[62] Dass diese Quellensammlung der Begründung der nationalen und religiösen Bedeutung des Bruder Klaus diente, liegt im Typus der Quellenedition begründet, welche für die katholische Geschichtsschreibung seit der Mitte des 19. Jahrhunderts ein wichtiges Medium darstellte.[63] Damit war der Weg zur offiziellen Kanonisation frei. Am 4. Juni 1944 verkündete Papst Pius XII., es könne «mit Sicherheit zur Heiligsprechung des seligen Nikolaus geschritten werden».[64] Die eigentlichen Heiligsprechungsfeierlichkeiten fanden nach dem Krieg, am 15. Mai 1947 in Rom statt.[65]

Bis in die Zeit nach dem Zweiten Weltkrieg feierten Kirche und Staat in der Schweiz den Todestag von Niklaus von Flüe am 21. März als offiziellen Klausen-Gedenktag. Nach der kirchlichen Heiligsprechung passten sich Kirche und Staat der katholischen Schweiz dem römischen Heiligenkalender an. Bruder-Klausen-Tag war fortan am 25. September. Die nicht-katholische Schweiz behielt demgegenüber ihren eigenen Rhythmus und blieb bei den zivilen Daten. Die liberale «Neue Zürcher Zeitung» brachte im März 1987 mehrere Artikel zur Gestalt und zum Phänomen von Bruder Klaus und begnügte sich im September mit Berichten über die Feierlichkeiten in Sachseln.[66]

An den Sachsler Feierlichkeiten vom 25./26. Mai 1947 nahmen Bundespräsident Philipp Etter und Vizepräsident Enrico Celio, die beiden katholisch-konservativen Mitglieder der Landesregierung, teil. Während die Teilnahme der Landesregierung an den Feierlichkeiten in Sachseln keine Probleme aufwarf, gaben die römischen Heiligsprechungsfeierlichkeiten vom 15. Mai 1947 zu politisch-diplomatischen Diskussionen hinter den Kulissen Anlass. Der Bundesrat sah sich vor die Frage gestellt, wie sich die Eidgenossenschaft offiziell vertreten lassen solle. Um den skeptischen Stimmen im Protestantismus entgegenzukommen, entsandte er bloss einen privaten Vertreter. Bundesrat Enrico Celio nahm als Privatmann und nicht als offizieller Repräsentant der Landesregierung an den Römer Feierlichkeiten teil.[67]

Aus der breiten Literatur, die zur Propagierung der Heiligsprechung von Bruder Klaus beigetragen hat, ist der Nidwaldner Pfarrer, Schriftsteller und Publizist Josef Konrad Scheuber (1905–1990) zu nennen, der in den Jahren 1946 und 1947 insgesamt vier Bücher zu Bruder Klaus verfasste, insbesondere ein im Verlag der «Neuen Zürcher Nachrichten» erschienenes «Offizielles Gedenkbuch der Heiligsprechung».[68]

Während die Heiligsprechung von den Katholiken als Ehrenbezeugung der katholischen Kirche betrachtet wurde, nahmen sie viele Reformierte mit gemischten Gefühlen auf.[69] Die Mehrheit der Protestanten blieb reserviert und kühl, denn die katholische Heiligsprechung entzog den eidgenössischen Helden in einem gewissen Sinne der überkonfessionell-patriotischen Verehrung und vereinnahmte den Landesvater für die katholische Seite. Von reformierter Seite wurde der Vorwurf laut, der eigentliche Zweck der Heiligsprechung liege in der Festigung des katholischen Einflusses in der Schweiz.[70] In diesem Sinn äusserte sich auch der bekannte Theologe Leonhard Ragaz: «Das Tüpflein auf das i in der Rekatholisierung der Schweiz soll Niklaus von der Flüe als schweizerischer Nationalheiliger sein.»[71] Auch der Leiter des Evangelischen Pressedienstes Arthur Frey ging in seinen antikatholischen Polemiken der frühen Nachkriegszeit auf Bruder Klaus ein.[72]

Der «Abschiedsbrief an Bruder Klaus», der 1947 in einer evangelischen Zeitung stand, war charakteristisch für die skeptische, wenn auch nicht ablehnende Stimmung im schweizerischen Protestantismus. Es hiess da wörtlich: «Lieber Bruder Klaus [...] ‹selig› warst Du für alle Eidgenossen, ‹heilig› bist Du in Zukunft nur für einen Bruchteil. Aber was sollen jetzt die übrigen, vom andern Bruchteil, mit Dir anfangen? [...] Du entschwindest mir wie in einer fernen Wolke. Denn Du bist jetzt nicht mehr Eidgenosse, der mit beiden Füssen auf dem Boden der Vaterlandsliebe stand. [...] Dein Platz war bisher im Herzen jedes aufrechten Eidgenossen; jetzt stellen sie Dich auf einen Altar, vor den unsereins nicht niederkniet. So leb denn wohl, lieber Bruder Klaus. Armer, nicht einmal dies kannst Du der heutigen Menschheit einprägen, dass sie aus Deiner Heiligkeit kein Geschäft machen darf. Schick Dich drein in Deinem Chambre séparée.»[73]

Die reformierten Kritiker, die ihre Einwände in der Regel zurückhaltend vorbrachten, sahen in der Heiligsprechung den Versuch, «dem reformierten Schweizervolk katholisches Denken und katholischen Glauben beizubringen».⁷⁴ Sie argwöhnten, dass die römische Kirche und die Katholiken aus der Heiligsprechung politisches Kapital schlagen könnten und warnten vor einem «Trojanischen Pferd».⁷⁵ Die Heiligsprechung könne den Boden für alte katholische Postulate wie für die Aufhebung der konfessionellen Ausnahmeartikel oder die Errichtung einer diplomatischen Vertretung im Vatikan fördern. Wörtlich schrieb der «Evangelische Pressedienst» bereits im Jahre 1941: «Man wird [...] katholischerseits erklären, wir hätten es Niklaus von der Flüe zu verdanken, dass wir vom Kriege verschont geblieben seien, und man wird auch dem protestantischen Schweizervolk nahelegen, sich ebenfalls dankbar zu erweisen. Man wird weiter erklären, dass die konfessionellen Artikel der Bundesverfassung das Herz des Bruder Klaus betrüben und deshalb, da sie ja im Übrigen sowieso veraltet seien, ausgemerzt werden sollen. Ganz gratis wird die Schweiz ihren nationalen Schutzpatron kaum erhalten.»⁷⁶

Man bemühte sich auf katholischer und evangelischer Seite, die Angelegenheit nicht hochzuspielen und gegenseitig eine gewisse Rücksicht walten zu lassen.⁷⁷ Diesem Gentlemen's Agreement der katholischen und protestantischen Eliten im Jahre 1947 war es zu verdanken, dass der konfessionelle Friede durch die Kanonisation nur leichteren Turbulenzen ausgesetzt war. Das war nicht selbstverständlich, wenn man sich die konfessionalistische Pressepolemik vergegenwärtigt, die wenige Jahre vorher, 1942, mitten im Zweiten Weltkrieg ausgebrochen war. Was war geschehen?⁷⁸

In der traditionellen Neujahrsansprache des Jahres 1942 schloss der katholisch-konservative Bundespräsident Philipp Etter seine Ansprache mit folgenden Worten: «Ich stelle das kommende Jahr, eure Familien, unsere Armee, all unsere Arbeit und unsere Sorgen und die Zukunft des Landes unter den Schutz des Allmächtigen und unseres Landesvaters Bruder Klaus, damit er uns auch im neuen Jahr den äussern und den innern Frieden bewahre!»⁷⁹ Diese Rede-Passage rief den Protest des bereits zitierten «Evangelischen Pressedienstes» (EPD) und einiger Zeitungsorgane hervor. Der EPD bezeichnete die bundesrätlichen Worte als «Entgleisung»: «Das protestantische Schweizervolk ist durch die Neujahrsrede des Bundespräsidenten Dr. Philipp Etter – gelinde gesagt – sehr überrascht worden. Am Schlusse seiner Rede erhob Bundespräsident Etter Niklaus von der Flüe zum Landesvater, dem nichts weniger als der Schutz unserer Heimat zugewiesen und anvertraut ist. Wir wollen jetzt nicht davon reden, dass Bundesrat Etter den Allmächtigen und Bruder Klaus in einem Atemzug nannte und auf die gleiche Linie stellte; aber wir sind sehr beunruhigt, dass sich Bundesrat Dr. Etter in seiner ersten Ansprache als neuer Bundespräsident in die Reihe jener stellte, die mit Niklaus von der Flüe, wir können es nicht anders ausdrücken, politischen Missbrauch treiben.»[80] Die linksbürgerliche «Nation» war noch deutlicher, als sie schrieb: «Was hier getrieben wird, ist schändlicher Missbrauch mit einem um das Vaterland verdienten Manne, Förderung schlimmsten Aberglaubens und offenes Geschäft mit der Religion.»[81]

Wenn die «Nation» vom Geschäft mit der Religion sprach, traf sie – wohl unabsichtlich – den Kern der Sache. Durfte man 1942 dem katholischen Bundespräsidenten verargen, dass er mitten im Weltkrieg für den Schutz des Landes die Fürbitte des Seligen Bruder Klaus erbat? Die «Nation» profitierte ja ebenfalls von den Ängsten und Hoffnungen der damaligen Menschen, indem sie auf das Jahresende – übrigens fast gleichzeitig – ein ganzseitiges Horoskop für 1942 publizierte. Aber eben: säkularisierter Wunderglaube störte die aufgeklärten Zeitungsmacher nicht.

Wie dem auch sei, die Heiligsprechung ging mit einigen konfessionellen Irritationen und kleineren Misstönen über die Bühne. Viel änderte sie nicht. Die Jesuiten blieben weiterhin – bis 1973 – durch die Bundesverfassung diskriminiert, und der päpstliche Nuntius in Bern erhielt erst 1991 bzw. 2004 ein diplomatisches Pendant in Rom.[82] Bruder Klaus konnte offensichtlich keine politischen Wunder wirken. Aber eines ist gewiss: Als offizieller Heiliger der römisch-katholischen Kirche entrückte Niklaus von Flüe eine Zeit lang einem Teil der evangelisch-reformierten Bevölkerung. Für viele Protestanten war er nun in erster Linie katholischer Heiliger und erst in zweiter Linie patriotischer Nationalheld.[83] Die konfessionellen Dispute, die im Zusammenhang mit der Heiligsprechung von 1947 aufflackerten, waren für die labile Lage des konfessionellen Friedens in der Nachkriegsschweiz charakteristisch. Der protestantische Theologe Karl Barth war der Überzeugung,

Bruder Klaus auf seiner Seite zu haben: «Es ist wohl wahr, dass es auch nach dem Zeugnis der Bibel heilige Menschen gibt. Man kann aber doch unmöglich übersehen, dass das im Neuen Testament ganz einfach und allgemein die Bezeichnung der Christen ist. [...] So müssen wir [...] dafür halten, dass die Sache mit dem heiligen Klaus, so wie sie jetzt in der katholischen Kirche behandelt wird, der christlichen Wahrheit nicht entspricht. Und wir glauben dabei gerade den heiligen Klaus auf unserer Seite zu haben.»[84]

Krisenmanager, alternativer Aussteiger und Isolationist
Die Säkularisierung und Entkonfessionalisierung im letzten Drittel des 20. Jahrhunderts liessen die konfessionellen Elemente des Heiligen vom Ranft zurücktreten.[85] Die Ökumene des Alltages hatte zur Folge, dass Katholiken und Protestanten näher zusammenrückten und die Streitfragen um Bruder Klaus einen anachronistischen Geschmack erhielten. 1973 nahm das Schweizer Stimmvolk – allerdings mit knapper Mehrheit – symbolisch Abschied vom Kulturkampf, indem es die diskriminierenden Jesuiten- und Klosterartikel aus der Bundesverfassung strich.[86] Beidseits der konfessionellen Grenzen trug man in mühsamer Kleinarbeit den Schutt konfessionellen und kulturkämpferischen Haders ab.[87]

Die evangelisch-reformierten Theologen bemühten sich seit den 1960er Jahren vermehrt darum, die katholische Heiligenverehrung zu verstehen, und die Katholiken kamen dieser Entwicklung dadurch entgegen, dass sie ihren Heiligen menschlichere Züge gaben. Grossen Erfolg konnten die Bücher des reformierten Theologen und Schriftstellers Walter Nigg verzeichnen, der neue Heiligenbilder entwarf und aus Bruder Klaus einen «ökumenischen Heiligen» machte.[88]

Im Zeitalter der Globalisierung gewannen in den 1980er Jahren die internationalen Elemente des Bruder-Klausen-Bildes wieder an Bedeutung.[89] Die von der Friedensbewegung stark ins öffentliche Bewusstsein gehobenen Endzeitszenarien eines Atomkrieges mit der totalen Vernichtung des menschlichen Lebens gab der Friedensthematik auch in der Schweiz eine neue Dimension. Bruder Klaus wurde zum Aufhänger für Reflexionen über den Frieden in der Welt. Das «Fastenopfer der Schweizer Katholiken» wählte zusammen mit dem evangelisch-reformierten Werk «Brot für Brüder» als Besinnungsthema für das Jahr 1981 das Motto «Frieden wagen». Als Meditationsbild diente das so genannte Betrachtungs- oder Radbild (entstanden um 1475 im Raum Oberrhein), von dem man annimmt, es sei eigens für Bruder Klaus angefertigt worden und habe sich bis zu seinem Tod im Ranft befunden.[90] Der Dominikanerpater und Freiburger Theologieprofessor Heinrich Stirnimann, der Autor des Buches «Der Gottesgelehrte Niklaus von Flüe», schrieb 1981: «Niklausens Pazifismus besagt: Nicht nur Grosskriege sind gefährlich, auch Folter und Terror, Diskriminierung, unmenschliche Anwendung von ‹Recht›, unfaire Propaganda, einseitige Information, psychische und physische Unterdrückung. ‹Auf Frieden› stellen heisst, ‹Witwen und Waisen (alle Wehrlosen) beschirmen›. Wer ‹Gerechtigkeit lieb hat›, der muss ‹die Wahrheit fördern›.»[91]

Doch auch die Nationalkonservativen beriefen sich auf Niklaus von Flüe und stützten sich bei der UNO-Abstimmung 1986 auf vermeintliche Aussprüche Bruder Klausens, um das Schweizer Volk gegen den Beitritt der Schweiz zur Weltorganisation zu mobilisieren und den Isolationismus zu rechtfertigen.[92] Im Unterschied dazu gab Papst Johannes Paul II. anlässlich seiner Schweizer Reise im Jahre 1984 dem von den Isolationisten erwähnten Satz «Stecket den Zun nit zue wyt» eine weltoffene Interpretation: «Ja, ‹macht den Zaun nicht zu weit›, aber scheut euch nicht, über den Zaun hinauszuschauen, macht die Sorgen anderer Völker zu euren eigenen.»[93] Während der gleichen Reise besuchte der Papst die Pfarrkirche Sachseln und sprach ein Gebet am Grab von Bruder Klaus[94], womit er dem Nationalheiligen seine Reverenz erwies.

Zu Beginn der 1980er Jahre wurde vermehrt auch Dorothea Wyss, der Frau des Eremiten, Beachtung geschenkt. Im Hörspiel «Dorothea. Die Ehefrau des hl. Niklaus von Flüe» liess die Autorin Klara Obermüller die von ihrem Ehemann Verlassene zu Wort kommen.[95] 1982 überbrachte eine Delegation der Kirchgemeinde Sachseln in einer privaten Audienz dem Papst ein Reliquiar als Geschenk sowie eine Bittschrift, die für die Verehrung von Dorothea Wyss warb.[96] In seiner Friedenspredigt vom 14. Juni 1984 im Flüeli erwähnte Papst Johannes Paul II. – wie schon Pius XII. 1947 – die Verdienste der Ehefrau: «Ehren wir auch seine Frau Dorothea: In einem durchlittenen Entschluss hat sie den Gatten freigegeben. Zu Recht trägt sie in den Augen vieler das heroische Lebenszeugnis des Bruders Klaus mit.»[97] 1991 stifteten die katholischen Bäuerinnen die Bronzeskulptur «Dorothea von Flüe, Gattin von Bruder Klaus», die heute beim Turm der Sachsler Pfarrkirche steht,[98] und 1994 veröffentlichte Werner T. Huber sein Buch «Dorothea. Die Ehefrau des hl. Niklaus von Flüe», eine Sammlung von historischen Quellen.[99] Den Auftrag dazu hatte Huber vom Präsidenten der Bruder-Klausen-Stiftung, Pfarrer Josef Eberli, erhalten, nachdem sowohl der Apostolische Nuntius Erzbischof Karl-Josef Rauber als auch der Präsident der Schweizerischen Bischofskonferenz Pierre Mamie eine solche Dokumentation angeregt hatten.[100]

Der Eremit Bruder Klaus selbst erfuhr derweil – im Zuge der Kritik am Fortschrittsglauben nach dem Wirtschaftseinbruch von 1973 – eine noch grössere gesellschaftliche Akzeptanz. Seit den späten sechziger Jahren wuchs das Unbehagen an der Modernität, das die Wertvorstellungen der Konsumgesellschaft in Frage stellte. Beobachter sprachen von einem Paradigmenwechsel, der sich vom materiellen Fortschritt abkehre und den postmateriellen Werten einer alternativen Lebensweise zuwende. In dieser allgemeinen Orientierungskrise suchten die Menschen nach Vorbildern. Hier bot sich die Persönlichkeit von Bruder Klaus als Fixpunkt der Reflexion an. In diesem Sinne können die Meditationen des Dominikanerpaters Heinrich Stirnimann gedeutet werden, der 1981 schrieb: «Auch könnte man ihn als guten Patron für Anti-Tourismus, Anti-Konsum und gegen die Inflation sinnloser Freizeit-‹Hobbies› anrufen.»[101] Vor diesem Hintergrund nahmen die Publikationen über Bruder Klaus zu. Zu erwähnen sind etwa «Bruder Klaus oder zwei Männer im Wald» von Hans Rudolf Hilty[102] sowie die Biographien von Pirmin Meier[103] und Manfred Züfle[104].

Für manche Alternative galt Klaus von Flüe als prophetische Gestalt, die sich mit ihrem Rückzug in den Wald beim Ranft den Zwängen der zivilisierten Welt verweigerte. Bewegungen, die das Landleben und die Mystik, Bio-Nahrung und ganzheitliche Lebensweise in den Mittelpunkt rückten, gaben dem Ranftheiligen eine postmoderne Deutung: Bruder Klaus als Postmaterialist und Antimodernist, gleichsam als Schutzheiliger für die Randgruppen und für die Alternativen der Überflussgesellschaft.

Bemerkenswert ist, dass die charismatische Figur des Mystikers Niklaus von Flüe nun in jenen Segmenten und Schichten der Gesellschaft an Sympathien gewann, die sich durch die Säkularisierung von der institutionellen Religion, das heisst von der Amtskirche, abgewandt hatten. Insofern signalisierte die Renaissance des Bruder-Klausen-Phänomens die Wandlungen des Religiösen in neuen Formen: Bruder Klaus als Figur eines postmodernen Christentums.

Einmal mehr wurde damit Klaus von Flüe zum ideologischen Kristallisationspunkt von Krisenphänomenen in Staat, Kirche und Gesellschaft. Kurt Koch, der damalige Luzerner Theologieprofessor und heutige Bischof von Basel, betonte 1987 in der «Kirchenzeitung», dass Bruder Klausens Bedeutung für die Gegenwart gleichsam «schismatisch halbiert» werde. Während die einen die Mystik des Eremiten hervorheben und sich nicht fragen würden, welche politischen Konsequenzen aus dieser Mystik gezogen werden sollten, würden die andern Niklaus von Flüe in politischer Weise vereinnahmen, ohne gleichzeitig seine Mystik zur Kenntnis zu nehmen.[105]

Nachzutragen ist, dass an der offiziellen Gedenkfeier zum 500. Todesjahr von Niklaus von Flüe in Sachseln vom 27. September 1987 eine Dreierdelegation des Bundesrates teilnahm. Der christlichdemokratische Bundesrat Arnold Koller hielt die Festansprache, die er dazu benützte, einen politischen Tour d'horizon über die innere und äussere Lage der Schweiz zu präsentieren. Als eine der bleibenden Lehren von Bruder Klaus bezeichnete er den «Verzicht auf jede Grossmachtpolitik, das Besinnen auf und das Sichbegnügen mit dem Kleinstaat Schweiz».[106] Mit Blick auf die zunehmende Polarisierung der politischen Kräfte mahnte Koller, dass die Eidgenossenschaft nur bestehen könne, wenn politische Ziele nicht verabsolutiert und Gegner nicht zu Feinden gemacht würden.

Die Zeitgeschichte hat den Landesvater und Einsiedler in Unterwalden am Ende des 20. Jahrhunderts eingeholt. Niklaus von Flüe ist nicht nur Superpatriot und Krisenmanager einer ihre nationale Identität stets neu suchenden Schweiz, er ist auch Symbolfigur des Protestes und der Verweigerung in einer von apokalyptischen Katastrophenängsten geplagten Welt, Vorbild für eine andere Lebensweise in einer im konsumeristischen Überfluss fast erstickenden modernen Gesellschaft.

Um die Jahrhundertwende von 2000 litt die eidgenössische Heldenfigur nicht mehr unter dem konfessionellen Partikularismus der Katholiken. Während Tell, Winkelried und andere Gründungsväter der Geschichtswelt im ausgehenden 20. Jahrhundert erbarmungslos entmystifiziert wurden, blieb der Eremit im Flüeli von dieser Entmythologisierungswelle praktisch unberührt.[107] Dies ist ein interessantes Phänomen, möglicherweise ein Zeichen dafür, dass die Schweiz den Allwetter-Mythos Bruder Klaus braucht.

Polyvalente Erinnerungsfigur

Was zeigen uns diese Metamorphosen des Bruder-Klaus-Bildes? Durch seinen potentiell integrativen Charakter für die Schweiz, der durch seine historische Rolle als Friedensstifter beim Stanser Verkommnis 1481 gegeben war, stellt Niklaus von Flüe eine polyvalente Erinnerungsfigur dar, welche eine Vielzahl möglicher Interpretationsmuster in unterschiedlichen Erinnerungsgemeinschaften ermöglicht. Die Konfessionalisierung und die – wohlverstanden: gleichzeitige – Nationalisierung durch die Katholiken seit der zweiten Hälfte des 19. Jahrhunderts war Ausdruck der Herausbildung einer katholischen Kommunikationsgemeinschaft, die sich gegenüber der nationalen, genauer: national-liberalen Kommunikationsgemeinschaft profilieren und behaupten musste.[108]

Die Konstruktion von Niklaus von Flüe als konfessionell markierter «Gedächtnisort» geschah in Wallfahrten und in der Heiligenverehrung, in bildlichen Inszenierungen und in der Geschichtsschreibung, das heisst: auf der rituellen und diskursiven Ebene, die von der katholischen Subgesellschaft mit ihren Vereinen getragen wurde. Gerade in dieser Vernetzung von Diskursen, Riten und Bräuchen zeigt sich die zentrale Rolle von Gedächtnis in der Bildung einer katholischen Erinnerungsgemeinschaft. Diskurse und Wallfahrten waren Elemente der katholischen Gedächtnisproduktion, die eine Sakralisierung und Nationalisierung des Katholizismus zum Ziele hatte. Dabei wurde die Erinnerung ritualisiert[109]; Religion und Gedächtnis verschmolzen ineinander.[110]

Die Pluralität der Deutungen von Bruder Klaus im letzten Drittel des 20. Jahrhunderts ist Ausdruck der Pluralisierung von Erinnerung

und Gedächtnis in der postmodernen Gesellschaft, denn Kommunikationsgemeinschaften wie Nation und Katholizismus brachen als
tragende Gemeinschaften auseinander.[111] Die Pluralisierung der schon
immer polyvalenten Erinnerungsfigur Bruder Klaus ist damit Ausdruck
der Hybridisierung von Geschichte, die von den «Meistererzählungen»[112] für die nationale und religiöse Identitätskonstruktion Abschied
nimmt.[113]

2. Bundesfeier 1891: die Katholiken als «ältere» Eidgenossen

Seit dem 700-Jahr-Jubiläum der Eidgenossenschaft 1991 ist allgemein bekannt, dass der 1. August als Nationalfeiertag keine alteidgenössische Tradition besitzt; er ist eine Erfindung des ausgehenden 19. Jahrhunderts.[1] Im 19. Jahrhundert war im kollektiven Geschichtsbewusstsein der Schweizer lange Zeit nicht der 1. August 1291, sondern der 7. November 1307 als Gründungstag der Eidgenossenschaft mehr oder weniger verankert. Am «Mittwoch vor Martini» 1307 hatten die Landsleute von Uri, Schwyz und Unterwalden – so die alte Überlieferung – auf dem Rütli ihren Bund geschworen. Erst in den 1880er Jahren rückte langsam der 1. August als neuer nationaler Geburtstag in den Vordergrund, zunächst in den Reihen der Geschichtswissenschaftler, nach 1891 allmählich auch in breiteren Bevölkerungskreisen.[2]

Der Bundesstaat brauchte für die innere Festigung historische Mythen, die alle Schweizer verbanden. Was bot sich besser an als die alteidgenössische Vergangenheit? Die populäre Gründungsgeschichte mit Wilhelm Tell und der Befreiungssage reicht ins Spätmittelalter zurück und bildete deshalb einen allseits anerkannten Ansatzpunkt. Die kritische Geschichtsschreibung des 19. Jahrhunderts leistete ihren Beitrag an die Einführung des Nationalfeiertages dadurch, dass sie die Staatsgründung auf den eindeutig belegbaren Waldstättenbund von 1291 festlegte und vom sagenhaften Rütlischwur von 1307 abrückte.[3] Auf der populären Ebene bereitete die Stilisierung von Wilhelm Tell und den Urschweizern als Kern der nationalen «Meistererzählung» den Weg für das Bundesjubiläum. Aus den zahlreichen, mit Festspielen und Gedenkschriften begleiteten Schlachtenjubiläen, so etwa Murten 1876 oder Sempach 1886, sowie aus den sich in regelmässigen Abständen folgenden kantonalen Beitrittsjubiläen, von Zürich 1851 bis Freiburg und Solothurn 1881, ergab sich als innere Konsequenz und Krönung das Bundesjubiläum von 1891. Es lag in der Logik der Sache, dass die Landesregierung gegen Ende der 1880er Jahre diese national-patriotischen Rückbesinnungen mit einer nationalen Gedenkfeier abschliessen wollte.[4] Die Schweiz bildete im ausgehenden 19. Jahrhundert keine Ausnahmeerscheinung.[5] Im Gegenteil, in den Nachbarländern und in den USA waren ähnliche Strömungen festzustellen. Der «Quatorze Juillet» wurde in Frankreich 1880 zum Nationalfeiertag erhoben, und in den USA bürgerte sich um dieselbe Zeit der 4. Juli als Unabhängigkeitstag ein. Im Deutschen Reich ergänzte man nach 1871 den Geburtstag des Kaisers mit der Sedanfeier.[6] In den Republiken USA und Frankreich erinnerten die nationalen Gedenktage an die neuen Verfassungen und die vorangegangenen revolutionären Ereignisse; in der Schweiz hingegen verzichtete man darauf, die Geburt des modernen Verfassungsstaates als Nationalfeiertag zu begehen. Warum?

Von Bern nach Schwyz

Als der Bundesrat im Dezember 1889 die Botschaft zur Säkularfeier von 1891 veröffentlichte, sah er vor, die eigentlichen Festivitäten in Bern durchzuführen.[7] Das bundesrätliche Projekt fand in der Presse zunächst wenig Beachtung. Erst um die Jahreswende 1889/90 entstand in der Urschweiz eine Diskussion, die sich hauptsächlich um den Festort drehte.

Ausgelöst wurde die Debatte durch den Vorschlag einer katholischen Ostschweizer Zeitung, die als Festort, anstelle von Bern, das bei Schwyz gelegene Brunnen ins Gespräch brachte. «In Brunnen» – so argumentierte die Zeitung – «ist der Bund gestiftet worden und nicht in Bern. Darum soll Brunnen seiner Ehre nicht beraubt werden, auf die es allein ersten Anspruch als freundeidgenössischen Festort erheben kann. [...] Wie mächtig muss im lieblichen Brunnen es einen Jeden ergreifen, der an jenem Tage hinüberblickt zum Rütli und zur Tellsplatte und hinauf zu den felsigen Bergriesen. – Das sind Erinnerungen, welche Bern allem äusseren Aufwande und trotz dem Bundespalaste nie zu geben vermag.»[8]

Die Urschweizer nahmen die Anregung aus der Ostschweiz dankbar auf; auch die Schwyzer Regierung schlug im Frühjahr 1890 in einem Brief an das Eidgenössische Departement des Innern vor, die gesamteidgenössische Bundesfeier mit dem Beitrittsjubiläum der Urschweizer Kantone zu verbinden und «an einem und demselben Orte und Tage» zu veranstalten, auf jenem «Boden, von dem die Schweiz Namen und Ursprung erhalten hat».[9] Damit war die Kandidatur von Schwyz lanciert. Rasch erkannten die Bundesbehörden die psychologische Bedeutung des Schwyzer Vorschlages. Im Frühsommer übernahm der Ständerat die Initiative und entschied sich am 20. Juni 1890, die zentrale Bundesfeier in der Urschweiz durchzuführen. Der Nationalrat schloss sich einige Tage später diesem Entscheid an.[10] Am 4. September 1890 bestimmte schliesslich das von Bundesrat Karl Schenk geleitete provisorische Organisationskomitee Schwyz als eigentlichen Festort.[11]

Der Wechsel von Bern nach Schwyz war mehr als ein symbolischer Akt. Die Bundesfeier von 1891 wurde so zu einem Symbol für den Ausgleich zwischen Freisinn und politischem Katholizismus. Aus Anlass des 600jährigen Bestehens der Eidgenossenschaft versöhnte sich die freisinnig-liberale Schweiz in feierlicher Form mit der katholisch-konservativen Urschweiz. Der moderne Bundesstaat kehrte im Gedenken an den 600. Gründungstag des Waldstätten-Bundes zu den alteidgenössischen Wurzeln zurück.

Der Bundesstaat, der in den beiden Jahrzehnten vor und nach der Jahrhundertwende von 1900 einen noch nie da gewesenen wirtschaftlichen Aufschwung und eine enorme soziale Mobilität erlebte, brauchte für die innere Stabilität eine nationale Ideologie, die die liberale und die konservative Schweiz miteinander versöhnte und dem noch nicht 50jährigen Bundesstaat historischen Glanz vermittelte. 1291, Wilhelm Tell und der Waldstättenbund waren dafür geeignete Anknüpfungspunkte gemeinsamer eidgenössischer Vergangenheit. Die auf die mittelalterlich-alteidgenössische Geschichte bezogenen Erinnerungstage stärkten mit ihrem nationalen Pathos die emotionalen Bande unter den Schweizern unterschiedlicher Konfession und Region, Interessen und Parteien.[12]

Katholische Kirche: «älteste Bürgerin des Landes»
Wenn man sich diese kulturgeschichtlichen Mechanismen vor
Augen hält, erstaunt es nicht, dass die Katholisch-Konservativen der
600-Jahr-Feier von 1891 ohne Vorbehalte gegenüberstanden, galt es
doch, nicht den Bundesstaat, sondern die Eidgenossenschaft zu feiern.[13]
Wenn die Katholiken 1891 jedoch auf die tages- und parteipolitische
Situation zu sprechen kamen, brachten sie mit hartnäckiger Regelmässigkeit ein Postulat zur Sprache, das sie seit 1848 immer wieder vorgebracht hatten: Freiheit und Gleichberechtigung für die Kirche und die
Katholiken. In dieser Weise äusserte sich etwa der Piusverein, der 1857
als allgemeiner Katholikenverein gegründet worden war. An der Jahresversammlung vom 1. bis 3. September 1891 in Bremgarten hob Vereins-
präsident Adalbert Wirz den Patriotismus der katholischen Schweizer
hervor. Er forderte die nichtkatholischen Eidgenossen auf, die Diskriminierung der Katholiken zu beenden und der katholischen Kirche die
volle Freiheit zu geben. «Recht und Freiheit auch für die älteste Bürgerin des Landes, für die Kirche! Das ist unsere Losung.»[14]
Ähnliche Forderungen waren am Zentralfest des Studentenvereins
(StV) zu hören. Der StV, der sich als traditionsreichster Katholikenverein des Landes bezeichnete, beging 1891 sein 50jähriges Gründungs-
jubiläum.[15] An der Jahresversammlung, die vom 25. bis 27. August im
Gründungsort Schwyz stattfand, kamen verschiedene Redner auf die
Bundesfeier zu sprechen.[16]
Auch die Repräsentanten der katholischen Amtskirche standen
dem Bundesjubiläum positiv gegenüber. Die Bischöfe liessen es sich
nicht nehmen, im Hinblick auf die Bundesfeier eine spezielle Ansprache an die Gläubigen zu verfassen.[17] Im Unterschied zu Papst Leo XIII.,
der in seinem Gratulationsschreiben an den Präsidenten der Bischofskonferenz auf die Kirchenspaltung und die Reformation anspielte[18], un-
terliess der Episkopat derartige Andeutungen. In einer äusserst gemäs-
sigten Sprache stimmten die Bischöfe in das allgemeine nationale
Pathos ein und hoben die Schönheit der Naturlandschaft und die Vielfalt der staatlichen Einrichtungen hervor. Es entsprach dem damaligen
Zeitgeist, dass die Kirche die staats- und gesellschaftserhaltenden
Funktionen der Religion in den Vordergrund rückte. Die Kirche sei
schon an der Wiege der Eidgenossenschaft gestanden und habe seither

nicht aufgehört, für die geistigen Fundamente und die Wohlfahrt des Schweizervolkes einzustehen. Auch auf das klassische Postulat von der Freiheit der Kirche und der Katholiken kamen die Bischöfe zu sprechen. Wörtlich schrieben sie: «Nous espérons que les catholiques aussi jouiront sans obstacles des droits et des libertés qui leur reviennent, et qu'ils pourront vivre et élever leurs enfants selon leurs convictions religieuses et que l'Eglise catholique aussi, sans la liberté de laquelle il n'y a point de liberté pour ses fidèles, pourra remplir sa mission librement et sans entraves.»[19] Die Bischöfe vermieden es, kulturkämpferische Töne anzuschlagen und damit die Erinnerung an alte Konflikte wachzurufen. Insofern war die bischöfliche Ansprache für 1891 ein Zeichen für die fortschreitende Aussöhnung im Kulturkampf zwischen katholischer Kirche und freisinnigem Staat.

Kritische Stimmen

Doch waren in kirchlichen Kreisen auch kritische Stimmen zu hören. Die Opposition ultramontaner Kreise richtete sich – wie der Theologe Josef Beck es formulierte – gegen die «merkwürdige Doppelzüngigkeit» einzelner radikaler Wortführer, die «bei politischen Parteidemonstrationen Culturkampfphrasen» aussprechen, «an Bundesfesten und Bruderklausenfeiern» aber den Katholisch-Konservativen «die Religion der Liebe» predigen würden.[20]

Die kritischen Stimmen richteten sich ferner gegen die konkrete Gestaltung des Bundesfestes. So kritisierte die «Kirchenzeitung», dass am Sonntagmorgen, dem 2. August, kein offizieller Gottesdienst vorgesehen und der Festumzug mit anschliessendem Festspiel verhältnismässig früh, um 8.30 Uhr, anberaumt sei. Zur gleichen Zeit hätte der gewöhnliche Sonntagsgottesdienst in Schwyz anfangen sollen. «Alle am Umzug Betheiligten aber» – so gab man zu bedenken – «bedürfen zur Vorbereitung, Ankleidung und Aufstellung wenigstens 1 1/2 Stunden. Wie viele Schwyzer werden sodann in der Kirche und in der Predigt sein, wenn sich ein solcher Festzug durch die Strassen bewegt? Und wo gehen jene in die hl. Messe und in die Predigt, welche von andern Orten herkommen, um das Festspiel zu sehen?» Wenn man schon eine patriotische Feier an einem Sonntag veranstalte, müsse man sie mit einem religiösen Gottesdienst verbinden. Denn von «Festreden,

Festspielen und Festgesängen hängt gewiss das Heil der Schweiz nicht ab; wohl aber vom Segen Gottes».[21] Diese Bedenken aus den katholischen Reihen verhallten nicht wirkungslos. Im definitiven Programm figurierten schliesslich am Samstag wie am Sonntag offizielle Gottesdienste: am Samstag, dem 1. August, eine «stille Messe» mit Musikaufführungen und Festpredigt und am Sonntag, dem 2. August, ein Festgottesdienst mit Predigt. In ihrem Schreiben zum Bundesjubiläum von 1891 empfahlen die Bischöfe den Geistlichen, die lokalen Bundesfeiern auch religiös-kirchlich zu begehen. Sie regten an, in der Sonntagspredigt vom 2. August auf die Bundesfeier Bezug zu nehmen. Im Anschluss an die Sonntagsmesse sollte das «Allerheiligste» feierlich ausgesetzt und das «Te Deum» gesungen werden. Für den Nachmittag sah der Episkopat Bittandachten für Kirche und Vaterland vor.

Fortschreitende Pazifikation

Die historische Idealisierung der gemeinsamen alteidgenössischen Geschichte wäre kaum erfolgreich gewesen, hätte sie nicht gemeinsamen Interessen entsprochen. Die ideelle Annäherung passte in die Politik des ausgehenden 19. Jahrhunderts. Um die Mitte der achtziger Jahre erfolgten in der Politik teils als Folge der neuen Volksrechte und der zunehmenden schweizerischen Integrationsprozesse, teils als Folge der technischen Entwicklungen und wirtschaftlich-sozialen Umschichtungen bedeutende politisch-soziale Wandlungen, die einen Klima- und Themenwechsel hervorbrachten. Immer stärker zeichnete sich ein Ausgleich zwischen den beiden politischen Gegnern von 1848 ab.[22]

Nach dem Urteil von Georg Baumberger, der damals Redaktor bei der St. Galler «Ostschweiz» war, kam eine «fortschreitende parteipolitische Pazifikation» in Gang, die sich nach aussen einerseits im «Zurückdrängen des Geistes des Kulturkampfes und der konfessionellen Zwistigkeiten» und andererseits in der «Anerkennung der Rechte der Minderheiten» und im «Übergang zu einer solideren sachpolitischen Tätigkeit» manifestierte.[23]

Mittlerweile hatten die Katholisch-Konservativen eine verhältnismässig starke Stellung im politischen System erreicht. Dies zeigte sich darin, dass mit Josef Zemp 1887 erstmals ein konservativer Katholik den Nationalrat präsidierte und damit als Vorsitzender der Vereinigten Bundesversammlung die Ehrenposition des höchsten Schweizers einnahm. Zemp hatte sich bereits 1884 mit der berühmt gewordenen Reform-Motion und zwei Jahre später, 1886, mit einer allseits beachteten Versöhnungsrede anlässlich des Sempacher Schlachtjubiläums als Ausgleichspolitiker profiliert.[24]

Im Hinblick auf das kommende Bundesjubiläum führte die radikal-liberale Parlamentsmehrheit zu Beginn der 1890er Jahre den Ausgleichskurs in der Personalpolitik weiter. In der Junisession des Jahres 1891, also unmittelbar vor der Bundesfeier, wählten die eidgenössischen Räte gleich zweimal katholisch-konservative Politiker zu Vizepräsidenten der Kammern.[25] Im Ständerat kam der Freiburger Henri-Guillaume de Schaller und im Nationalrat der Schwyzer Fridolin Holdener zu Ehren. Dabei stellte vor allem die Wahl von Nationalrat Holdener eine Überraschung dar. Jedenfalls meinte der «Obwaldner Volksfreund»: «Die radikale Mehrheit des Nationalrathes liess sich zu einer konservativen Wahl herbei mit Rücksicht auf das bevorstehende Bundesfest und weil man eben mit den Katholiken rechnen muss.»[26] Zur Enttäuschung der eigenen Fraktion lehnte der Schwyzer Volksvertreter die Wahl ab, die darauf auf einen Solothurner Freisinnigen fiel.

Am 5. Juli 1891 stimmte das Schweizer Volk mit deutlichem Mehr der Einführung der Partialrevisionsinitiative als neuem Volksrecht zu.[27] Die Initiative ging unter anderem auf die katholisch-konservative Motion Zemp-Keel-Pedrazzini aus dem Jahre 1884 zurück. Die Einführung der Volksinitiative weckte in den katholisch-konservativen Reihen grosse Erwartungen, denn man verglich das neue Volksrecht mit dem oppositionserprobten Referendum. Das «Urner Wochenblatt» meinte, das neue Volksrecht breche die einseitige Parteienlandschaft der Radikalen und bilde die schönste Eröffnung der kommenden Bundesfeier.[28] Entgegen allen Erwartungen erwies sich jedoch das neue Initiativrecht als stumpfe Waffe für die konservative Opposition.

Rückfälle in kulturkämpferische Diskurse

Auch wenn sich der Ausgleich zwischen dem herrschenden Freisinn und dem politischen Katholizismus deutlich abzeichnete, waren die alten kulturkämpferischen Vorurteile und Feindbilder auf beiden

Seiten nicht endgültig verschwunden. Immer wieder drohten Zwischenfälle die freisinnig-konservative Sammlungsstrategie zu stören.

Zu einer schweren Belastungsprobe zwischen den Katholisch-Konservativen und den Radikalen sollte der Tessiner Konflikt werden, der im Herbst 1890 offen ausbrach und über mehrere Monate hinweg die eidgenössische Politik belastete.[29] Die Tessiner Konservativen hatten 1875 die Mehrheit im Grossen Rat gewonnen und 1877 die Regierung übernommen. Von seiten der Radikalen erwuchs ihnen jedoch wachsende Opposition. Nachdem der Freisinn die Wahlen von 1889 nur äusserst knapp verloren hatte, spitzte sich die Situation zu. Am 11. September 1890 entlud sich der schon lange schwelende Konflikt in einem blutigen Staatsstreich der Radikalen, welche die katholisch-konservative Regierung stürzten. Staatsrat Luigi Rossi fand dabei vor dem Rathaus in Bellinzona den Tod.[30]

Der Bundesrat reagierte rasch und intervenierte mit einem militärischen Truppenaufgebot. Zur Enttäuschung der Konservativen setzte der Bundeskommissär, der Aargauer Oberstdivisionär und freisinnige Nationalrat Arnold Künzli, die gestürzte konservative Regierung nicht wieder ein, sondern nahm die Staatsgewalt in die eigenen Hände. Unter eidgenössischer Aufsicht wurde in der Folge über eine Verfassungsrevision abgestimmt. Das Tessiner Volk nahm ein Wahlgesetz an, das den Proporz in Legislative und Exekutive einführte. Langfristig kam es dadurch zu einer Beruhigung der parteipolitischen Gegensätze, kurzfristig hinterliess der Ausgang der Tessiner Affäre aber Frustration und Erbitterung im katholisch-konservativen Lager.[31]

Der Zufall wollte es, dass um die gleiche Zeit eine Bundesratswahl das Verhältnis der beiden Parteien zusätzlich belastete.[32] Nachdem der Solothurner Liberale und Zentrumsvertreter Bernhard Hammer auf Ende 1890 seinen Rücktritt erklärt hatte, hegte die katholisch-konservative Minderheit die Erwartung, dass der freiwerdende Sitz in der Landesregierung erstmals in der Geschichte des Bundesstaates mit einem konservativen Katholiken besetzt würde. Die Katholisch-Konservativen stellten den allseits angesehenen Bundesrichter und ehemaligen Luzerner National- und Ständerat Alois Kopp als ihren Kandidaten auf. Kopp erhielt zwar die Unterstützung des liberalen «Zentrums», doch reichte diese Allianz nicht aus. Der Freisinnige Baselbieter Emil Frey

wurde im ersten Wahlgang mit 94 Stimmen gewählt, zwar äusserst
knapp, aber immerhin drei Stimmen über dem absoluten Mehr. Kopp
erzielte mit 77 Stimmen einen Achtungserfolg.[33]
    Die Wahl verärgerte die Katholisch-Konservativen umso mehr, als
Frey zum antiklerikalen Flügel des Freisinns zählte und – wie die
«Neue Zürcher Zeitung» schrieb – «ein entschlossener Gegner aller
ultramontanen Eingriffe in unser Staatswesen» war.[34] Die freisinnige
Presse gab nach der Wahl zu verstehen, dass die Katholisch-Konservativen mit ihrer Haltung gegenüber dem Konkursgesetz und der Tessiner Affäre die parteipolitischen Fronten verhärtet und einen Bundesrat
aus ihren Reihen verunmöglicht hätten. «Die Haltung der Rechten
in diesen beiden Angelegenheiten», meinte die gemässigte «Neue
Zürcher Zeitung», «war Wasser auf die Mühle derjenigen Radikalen,
welche der konservativen Partei überhaupt keine Vertretung geben
wollten.»[35] In der katholisch-konservativen Presse liess man diese
Erklärung nicht gelten und bezeichnete sie als «blöde Ausflucht» und
als «Feigenblatt», um «die radikale Blösse zu decken».[36]
    Die Bundesratsersatzwahl vom 11. Dezember 1890 bildete einen
Rückfall in kulturkämpferische Diskurse. Jedenfalls empfanden die Katholisch-Konservativen die Wahl Freys als Brüskierung. Ein Sturm der
Entrüstung ging durch die katholisch-konservativen Blätter. Mit dieser
Wahl sei – so schrieb das deutschschweizerische Zentralorgan «Vaterland» – «der seit bald einem halben Jahrhunderte dem katholischen
Volkstheil gegenüber angewendete Grundsatz sanktionirt und neu
bethätigt» worden, ein Grundsatz, «welcher zwischen Schweizerbür-
gern erster und solchen zweiter Klasse, zwischen Regimentsfähigen
und Heloten» unterscheide.[37]
    In die Empörung über das Wahlergebnis mischten sich Revanche-
gedanken. Forderungen nach einer systematischen Referendumsoppo-
sition und einer Verfassungsrevision zwecks Einführung der Volkswahl
des Bundesrates wurden erhoben. Vereinzelt waren auch Stimmen zu
hören, die zum Boykott der eidgenössischen Bundesfeier aufriefen.
«Wenn unsere Radikalen», schrieb die «Thurgauer Wochenzeitung»,
«diesen Schweizerbund so auffassen, wie u. A. diese letzte Bundes-
rathswahl schliessen lässt, so mögen sie auch allein ‹jubiliren›!»[38]
Selbst das sonst zurückhaltende «Nidwaldner Volksblatt» unterstützte
diese Ansicht.[39]

Ein halbes Jahr später flammte die Entrüstung wieder neu auf, als das eidgenössische Geschworenengericht in Zürich am 14. Juli 1891, also kurz vor dem 1. August, nur den Mörder von Staatsrat Rossi zu acht Jahren Gefängnis in contumaciam verurteilte, die übrigen zwanzig angcklagten Tessiner Putschisten jedoch freisprach.[40] Die katholisch-konservativen Zeitungen sprachen von einem «Skandalurteil».[41]

Für und wider den Boykott

Im ersten Zorn beschlossen die Tessiner Konservativen Mitte Juli, die bevorstehende Bundesfeier in Schwyz zu boykottieren. Sie wollten den 1. August unter sich, ohne die Radikalen, feiern und eine Gegendemonstration in Locarno durchführen.[42]

Die Reaktionen der katholisch-konservativen Zeitungen und Parteien auf den Tessiner Boykottaufruf waren unterschiedlich. So unterstützte der «Ami du Peuple», ein ultramontanes Freiburger Organ, die Boykottforderungen.[43] Und im «Luzerner Landboten» schrieb ein Einsender: «[...] wenn unsere lieben Nachbaren und Bundesgenossen, die Schwyzer, nicht wären, so möchte ich empfehlen, dass unsere Partei fernbleiben sollte [...]. Es ist gewiss nicht einladend in diesem Moment bei der Bundesfeier mitzumachen, wenn man nicht weiss, welchen Augenblick solche freiheitsmörderische Subjekte auch in unserm Kanton sich finden, unsere Regierung niederschiessen, alle einflussreichen Beamtcn einkerkern und misshandeln, und dann hintennach ebenfalls freigesprochen würden.»[44]

Unschlüssig zeigte sich die Freiburger «La Liberté». Nach einigen Tagen des Schwankens plädierte das Blatt für die Teilnahme an der Bundesfeier. Zentenarfeiern seien dazu da, Verbitterungen zu vergessen. In Schwyz werde man von treuen und aufrichtigen Eidgenossen empfangen. Heimat bedeute mehr als Bundesbehörden und Logen, die diese beschmutzen und unterjochen, mehr als vorübergehende Ungerechtigkeiten, die die heutige Stunde verdunkeln würden.[45] Darin zeigte sich der Mechanismus der Trennung von Erinnerungsdiskursen, die auf der alteidgenössischen Tradition basierten, auf der einen, und den parteipolitischen Erfahrungen der jüngsten Vergangenheit in der politischen Ordnung der Gegenwart auf der anderen Seite.

Auch das jurassische «Le Pays» unterstützte die Bundesfeier: «Car ce que nous allons fêter à Schwytz, ce n'est pas la Suisse radicale de 1891, saturée d'irréligion et d'immoralité, courbée sous le despotisme et souillée par la justice de la Franc-Maçonnerie. C'est la Suisse de 1291, conservée pure et intacte par des fils respectueux et fidèles, c'est la Suisse chrétienne et tolérante que nous acclamerons. [...] Allons à Schwytz! Allons-y nombreux et fiers. [...] C'est notre fête à nous.»[46] Die Radikalen allein würden nicht die Schweiz bilden. Man müsse sich in Erinnerung rufen, dass Tell, Winkelried und Niklaus von der Flüe Katholiken, Papisten und Ultramontane gewesen seien.[47] In einer Walliser Zeitung meinte ein Leserbriefschreiber: «Les cantons catholiques conservateurs doivent-ils, oui ou non, prendre part à la fête fédérale? Si cette fête se célébrait à Berne, je n'hésiterais pas à conseiller l'abstention, en face du scandale que viennent de nous donner les débats et le verdict de Zurich!»[48]

In der deutschen Schweiz zeigte man sich gegenüber der Boykottidee reserviert. Vorab die Innerschweizer vermochten sich damit nicht anzufreunden. Das Luzerner «Vaterland» lehnte einen solchen Boykott entschieden ab: «Wenn eine Partei nach Schwyz gehört, so ist es die katholisch-konservative. Die Katholiken, die Ältesten des Landes, sollen kommen, und sie können erhobenen Hauptes kommen. [...] Also nach Schwyz, um den alten Schweizergeist zu feiern mit unsern gleichgesinnten Freunden der Urschweiz! Da sind wir zu Hause.»[49]

Trotz vereinzelten Unmutsäusserungen zog die katholisch-konservative Parteielite einen Boykott der Bundesfeier nie ernsthaft in Erwägung. Zu stark war sie schon in den Bundesstaat integriert, um sich jetzt noch abseits zu stellen. Mit der Wahl von Schwyz als Festort war der Rückzug in den Schmollwinkel unmöglich geworden. So erstaunt es nicht, dass die katholisch-konservative Kantons- und Bundesprominenz an der Schwyzer Bundesfeier praktisch lückenlos teilnahm. Nur gerade bei der Luzerner Delegation meldeten sich der Freiburger Theologieprofessor Josef Beck und der Kantonalschulinspektor Arnet demonstrativ ab.[50]

Selbst im Tessin hielt sich der Protest im Rahmen. Die liberalkonservative «La Libertà» meldete am 25. Juli, dass die einige Tage zuvor von den Konservativen beschlossene Separatversammlung am

2. August nicht stattfinde. Die Zeit für die Organisation sei zu kurz.[51] Die «Libertà» begnügte sich damit, am 31. Juli auf der Frontseite einen gross aufgemachten Aufruf abzudrucken, worin die Katholiken gebeten wurden, am 2. August in der Kirche der Gründer der Eidgenossenschaft zu gedenken und für das Heil des Vaterlandes zu beten.[52] Stilles Gebet statt lauter Proteste: das war am Schluss die katholisch-konservative Variante der Bundesfeier im Tessin. Allerdings wäre es übertrieben zu behaupten, dass die Tessiner Konservativen das Bundesfest freudig begangen hätten. Von einem eigentlichen Boykott kann man aber nicht sprechen, auch wenn einige Führerpersönlichkeiten den offiziellen Bundesfeiern in Schwyz fernblieben. Letzten Endes kämpften die Tessiner Konservativen auf verlorenem Posten. Der Zeitgeist drängte auf einen parteipolitischen Ausgleich und ging über die verletzten Tessiner Gefühle hinweg. Versöhnung war Trumpf im Bundesstaat des Jubiläumsjahres von 1891.

Die versöhnliche Haltung der Katholisch-Konservativen stiess beim protestantisch-konservativen Berner Grossrat Ulrich Dürrenmatt, der die «Berner Volkszeitung» in Herzogbuchsee leitete, auf harte Kritik. «Wenn die würdigen Nachkommen der Begründer und Vertheidiger unserer Schweizerfreiheit es gleichwohl über sich bringen, ihren systematischen Verunglimpfern und Verächtern an der bevorstehenden Bundesfeier in Schwyz die Hand zum Willkommen zu bieten, ihre Heuchlerphrasen anzuhören und die nationalen Heiligthümer des Rütli und der Tellsplatte etc. durch die Füsse und das Gebrüll der radikalen Festlöwen entweihen zu lassen, so sind wir eine solche Langmuth weit eher zu bedauern als zu bewundern geneigt.»[53] Dürrenmatt bezeichnete die Bundesfeier schlicht als «Bundeslüge»[54] und verspottete den Bundesfeierpatriotismus als «Einheitsduselei».[55] Ja, Dürrenmatts Kritik in der «Buchsi-Zeitung» tönte beinahe modern. So kritisierte er etwa die von oben herab verordnete Säkularfeier als bürokratische Festmaschinerie, der er beim besten Willen nichts Positives abgewinnen könne: «Wo amtlich wird gefeiert / Mit hohem Festgepräng' / Ich sag es unverhohlen / Da wird es mir zu eng.»[56]

Bundesfeier in Schwyz

Wie vorauszusehen war, spielte sich die Bundesfeier in Schwyz nach dem vorgesehenen Programm reibungslos ab. Das Fest erstreckte sich über drei Tage, vom Freitagabend, dem 31. Juli, bis zum Sonntagabend, dem 2. August. Am 1. und 2. August gab es in Schwyz Festzüge und Festspiele, Gottesdienste und Bankette, stets begleitet von offiziellen Reden politischer Prominenz. Am 2. August fuhren die Ehrengäste nachmittags mit dem Schiff zum Rütli, wo wiederum Reden gehalten wurden und eine Kantate zur Aufführung kam.

Neben den vier in Schwyz anwesenden Bundesräten Emil Welti, Karl Schenk, Adolf Deucher und Emil Frey – alle Freisinnige – waren als Ehrengäste eingeladen: die Vertreter des eidgenössischen Parlaments, des Bundesgerichts, der Armee, des diplomatischen Korps, ferner die Kantonsdelegationen, die Repräsentanten der Universitäten und höheren Unterrichtsanstalten, die Delegierten einer grossen Anzahl schweizerischer Vereine und Gesellschaften und schliesslich die Vertreter der Studentenschaften. Insgesamt waren es laut Schätzungen der «Gazette de Lausanne» rund 600 bis 700 Ehrengäste.[57]

Die Galerie der Ehrengäste war ein treues Abbild des ausgehenden 19. Jahrhunderts, wo die Vereine, die Universitäten und die Studentenschaften zur gesellschaftlichen Prominenz gehörten, nicht aber die Kirchen, genauso wenig wie die Wirtschaftsverbände. Kirchenvertreter bildeten damals keine selbständige Gruppe; sie waren in den Kantonsdelegationen integriert.

Wie bei anderen Volksfesten war die Religion Bestandteil des gesamten Festablaufes und gehörte als selbstverständliches Element dazu. So begann die Bundesfeier an beiden Tagen mit einem Gottesdienst. Damit wurde auf sinnfällige Weise der Zusammenhang zwischen dem kirchlichen und dem profanen Gesellschaftsleben zum Ausdruck gebracht.

Die von den Politikern gehaltenen Festansprachen hielten sich an den vorgegebenen Rahmen einer patriotischen Feier.[58] Bundespräsident Emil Welti sprach diskret die bestehenden parteipolitischen Konflikte an, vermied es aber, aktuelle politische Fragen in seine Ansprache einfliessen zu lassen. Im gleichen Ton hielten der Genfer Nationalratspräsident Adrien Lachenal und der Obwaldner Ständerat Theodor Wirz ihre Reden.

Von dieser Vorsicht hob sich der Urner Nationalrat Franz Schmid bei seiner Rütlirede ab. Zunächst rühmte er zwar die positiven Errungenschaften des Bundesstaates wie die Vereinheitlichung von Mass und Gewicht, die Entwicklung des Verkehrswesens «und gar manche[n] Fortschritt auf gesetzgeberischem und sozialem Gebiete», zog dann aber in Zweifel, ob «alles Heil einzig in der unbeschränkten Zentralisation» liege. Er sprach sich gegen die Provinzialisierung der Kantone aus und hielt damit ein Plädoyer für den Föderalismus. Gleichzeitig forderte er in aller Deutlichkeit «Freiheit und Toleranz», was eine indirekte Kritik am exklusiven Bundesfreisinn bedeutete.[59] Diese Offenheit rief bei manchen Zuhörern «einigen Missmuth» hervor. Die «Neue Zürcher Zeitung» glaubte sogar, in der Rede Schmids eine deutliche «Anspielung auf den Kulturkampf» entdeckt zu haben.[60]

Feiern im ganzen Land

Am 1./2. August 1891 begingen die Schweizer, sieht man vom Eidgenössischen Dank-, Buss- und Bettag ab, zum ersten Mal überall und gleichzeitig eine nationale Gemeinschaftsfeier.[61] In den meisten Schweizer Gemeinden spielte sich die Bundesfeier nach einem vorgegebenen Schema ab.[62] Am Abend des 1. August läuteten im ganzen Land um 19.00 Uhr während mindestens einer Viertelstunde alle Kirchenglocken. Dazu ertönten vielerorts Böllerschüsse. Die Gemeindefeiern enthielten in der Regel einen Umzug der Behörden mit den Musikkorps an der Spitze, patriotische Ansprachen, Darbietungen der Vereine mit musikalischen und gymnastischen Einlagen und als Abschluss das Lied «Rufst Du mein Vaterland». An manchen Orten brannten Höhenfeuer auf den umliegenden Hügeln und Bergen. Da und dort beleuchtete man lokale Sehenswürdigkeiten, so in Sitten die Burg Valeria.[63]

Auch am Sonntag, dem 2. August, war das Programm in den grösseren Gemeinden ähnlich: vormittags Festgottesdienst, danach Umzüge und Ansprachen, am Nachmittag Jugendfeste und am Abend wiederum Freudenfeuer.

Zu erwähnen ist, dass die meisten Schulen die Erinnerungsfeier wegen der Sommerferien zeitlich vorzogen und daher bereits im Monat Juli feierten. Dies führte dazu, dass im Juli 1891 in der ganzen

Schweiz an verschiedenen Tagen Bundesfeiern stattfanden. Diese Tatsache stiess da und dort auf Kritik. «Was soll das Wort ‹Bundesfeier› für die Jugend, wenn sozusagen jedes Schulhaus an einem besonderen Tage feiert? Das gibt keinen Einklang, weckt nicht das hohe Gefühl, das Bewusstsein, dass wir alle eines Vaterlandes sind», schrieb ein Einsender in der «Neuen Zürcher Zeitung».[64]

Wenn man die Walliser Zeitungen durchsieht, fällt auf, dass die Welschwalliser Zeitungsschreiber einen überschwänglicheren Ton anschlugen. Im katholischen Kanton Wallis feierten das deutschsprachige Ober- und das welsche Unterwallis das Bundesfest in gleicher Weise. In Leukerbad machten die Kurgäste wacker mit. Eine «Kollekte für die Armen» erbrachte die schöne Summe von 300 Franken.[65] In Törbel verletzte sich ein junger Mann beim Böllerschiessen derart schwer, dass ihm ein Fuss amputiert werden musste. Sonst wusste der «Walliser Bote» wenig über die Bundesfeiern in den Dörfern zu berichten.[66] In Leukerbad machte sich ein Phänomen bemerkbar, das in späteren Jahren noch viel deutlicher in Erscheinung treten sollte. Die Gestaltung der Bundesfeier hing in den Alpenregionen oft stark mit dem Fremdenverkehr zusammen. Es waren damals neben den ausländischen Touristen vorab Angehörige der städtisch-bürgerlichen Oberschicht, welche die Kurorte besuchten. Im Gegensatz zu diesen Trägern des neuen Nationalbewusstseins hatte die Bergbevölkerung, die im Sommer zum Teil gar nicht in den Dörfern, sondern auf den Maiensässen lebte, ein distanziertes Verhältnis zu den Nationalfesten. So waren es häufig die Hoteldirektoren und Kurgäste, die – wie das Beispiel von Leukerbad zeigt – die Bundesfeier an die Hand nahmen.[67]

Was hier für das Wallis gesagt wird, galt mehr oder weniger für die ganze Schweiz. Im basellandschaftlichen Sissach fand ein Jugendfest statt, im aargauischen Aarburg pflanzte man eine «Bundeslinde» und führte Szenen aus Schillers «Wilhelm Tell» auf; auch im aargauischen Schöftland pflanzte man einen Baum.[68]

Selbst im Kanton Tessin, der durch politische Unruhen aufgewühlt war, feierte man den 1. August, jedoch war die Stimmung etwas gedämpfter. Der freisinnige Berner «Bund» berichtete jedenfalls: «Im Gegensatz zur freudigen Begeisterung [...] aller Liberalen [...] sieht man die Emissäre des Herrn Respini mit finstern Mienen von Haus zu

Haus ziehen und die Gläubigen auffordern, sich nicht an der Feier zu beteiligen.»[69] Gedrückt war die Feststimmung in Basel. Am 14. Juni 1891 war es in Münchenstein, unmittelbar vor den Toren Basels, zu einem schweren Eisenbahnunglück gekommen, das 73 Todesopfer und zahlreiche Verletzte forderte.[70] Die Katastrophe überschattete die Bundesfeier. Die Behörden legten sich daher eine gewisse Zurückhaltung auf. So verzichtete der Verkehrsverein auf das geplante Feuerwerk auf dem Rhein.[71] Wenn man den Zeitungsberichten Glauben schenken kann, liessen sich aber zahlreiche Stadtbasler von der Katastrophe nicht abhalten und zogen aufs Land, um dort an den Festivitäten teilzunehmen.[72] Verhältnismässig aktiv waren in Basel die Sozialdemokraten, die sich das Bundesfest nicht nehmen lassen wollten. Die Zeitung «Grütlianer» glaubte sogar: «Ohne die Initiative der Arbeiter wäre in Basel das Bundesfest nicht gefeiert worden.»[73]

Auch das Eidgenössische Militärdepartement machte wacker mit. Auf den Waffenplätzen spielten die Militärmusiken. Am Nachmittag des 1. August war der Dienstbetrieb erleichtert, abends wurden die Kasernen illuminiert, und jeder Wehrmann erhielt einen halben Liter Wein.[74]

Im Zeichen des politischen Ausgleichs

Die Jubiläumsfeierlichkeiten in Schwyz stiessen in der Presse durchwegs auf ein positives Echo. Beinahe alle Berichterstatter hoben die gestärkte nationale Einheit hervor. Selbst der linke «Grütlianer» schloss sich diesem Gesamteindruck an.[75] «Segensvoll», so schrieb er, werde die Feier darauf hinwirken, «dass die Eidgenossen aus den äussern und den innern Kantonen sich auf dem Boden der Urkantone wieder als Brüder kennen lernten, die trotz Verschiedenheit konfessioneller und politischer Ansichten doch eines Stammes und in der Hauptsache auch eines Sinnes sind.»[76] Die liberale «Neue Zürcher Zeitung» stellte fest: «Das Schweizervolk fühlte sich an diesen beiden Tagen als ein Ganzes und gab seiner Freude und seiner Begeisterung für das Vaterland den schönsten und kräftigsten Ausdruck in Lied, Spiel und Wort und in den Höhenfeuern, die von den Tausenden und Tausenden von Bergspitzen herab in die dunkle Nacht hinaus leuchteten.»[77] Die französischsprachige Genfer Zeitung sah in der Bundesfeier einen Beweis dafür, dass in der Schweiz nur «patriotische» Parteien existierten: «Les fêtes du centenaire ont prouvé qu'il n'y a en Suisse que des partis patriotes, que nos querelles et nos rancunes politiques ne portent pas atteinte à notre sentiment national [...].»[78]

Die Förderung der nationalen Integration und Identität war das wichtigste Ergebnis der Bundesfeier von 1891. Das Bundesfest zelebrierte in Erinnerung an den Waldstättenbund von 1291 die gemeinsame Gründungsgeschichte. Wie Fahnen und Nationalhymnen stellte der 1. August 1891 eine politische Zeremonie zur staatlichen Selbstdarstellung dar und machte den Staat für den einzelnen Menschen emotional zugänglich. Nicht von ungefähr fiel die Entstehung der Bundesfeier in dasselbe Jahrzehnt, in dem die Bundesbehörden im Anschluss an die Landesausstellung von 1883 das Landesmuseum in Zürich gründeten.[79] Landesmuseum und Bundesfeier müssen im Zusammenhang mit der Suche nach der gemeinsamen Vergangenheit gesehen werden. «Die Bundesfeier und das Landesmuseum sind ein Kultus der neuen Eidgenossenschaft gegenüber der alteidgenössischen Geschichte», schrieb eine Urschweizer Zeitung.[80]

Die Bundesfeier von 1891 stand eindeutig im Zeichen der politischen Versöhnung von regierendem Freisinn und katholisch-konservativer Opposition. Gewiss, der Ausgleich zwischen den beiden politischen Gegnern war noch nicht perfekt. Im katholisch-konservativen Lager spielten ultramontan-integralistische Gruppen mit der Idee des Boykotts. Die innerkatholischen Diskussionen machten aber eines deutlich: Die katholisch-konservativen Realpolitiker waren auf der politischen Ebene stärker als die fundamentalistischen Systemoppositionellen, die die Annäherung zwischen Freisinn und politischem Katholizismus mit Argwohn verfolgten.[81]

Der politische Alltag vermochte zu Beginn der 1890er Jahre den nationalen Festtag nicht mehr zu beeinträchtigen. Der Obwaldner Ständerat Theodor Wirz, der zu den Führerfiguren der Ausgleichspolitik gehörte, benützte die Gelegenheit, um einmal mehr darauf hinzuweisen, dass nach der Bundesfeier von 1891 die radikale Ausschliesslichkeitsherrschaft endgültig zu Ende gehen müsse: «Darum halten wir diejenigen für die besten Eidgenossen, welche trotz vielfacher Vergewaltigung mit aller Energie der Schweizertreue am Vaterlande hangen. Es wurde an der katholischen Schweiz und ihren Institutionen ungemein gesündigt, und man wagte dies nur zu thun, weil die Vaterlandsliebe unaustilgbar in der Seele des katholischen Schweizervolkes wurzelt. Welch' schönere Frucht könnte die Bundesfeier tragen, als dass man endlich der Schlange der Herrschsucht und der Verfolgungssucht den Kopf zertreten würde! Man soll nur das Schweizervolk gegeneinander nicht verhetzen und das Schweizervolk ist ein billig denkendes tolerantes Volk. Das Schweizervolk will keine ausschliessliche Parteienherrschaft. Es will Gerechtigkeit und Freiheit.»[82]

Die Teilnahme der Katholiken am nationalen Geschichtsdiskurs um 1891 wurde dadurch erleichtert, dass es sich nicht um das Jubiläum des liberalen Nationalstaates von 1848 handelte. Vielmehr ging es um die alteidgenössische Geschichte, die konfessionell integrativ interpretiert werden konnte und zudem der katholischen Innerschweiz eine zentrale Funktion zuschrieb. Diese historische Rolle der katholischen Urschweiz in der nationalen «Meistererzählung» liess die Sonderbundsniederlage von 1847 in den Hintergrund treten. Während im Falle von 1891 in der katholischen Schweiz die Integration in die nationale Erzählung dominierte, waren in Bezug auf die Erinnerungsfigur Bruder Klaus ultramontane Deutungen bis ins 20. Jahrhundert hinein wirksam, was zu konkurrierenden katholischen Narrativen im Verhältnis zu den national-liberalen führte. Noch stärker war dies in Bezug auf das Jubiläum des Bundesstaates der Fall. Im Zentrum der katholischen Interpretation von «1848» hundert Jahre nach der Bundesstaatsgründung stand die Betonung der historischen Oppositionsrolle der Katholisch-Konservativen, was zu jenem Zeitpunkt, als die Christlichdemokraten erstmals die grösste Fraktion der Vereinigten Bundesversammlung bildeten, auch ein Zeichen des erstarkten Selbstbewusstseins war.[83]

3. Freiburg, Genf und Rom: Netzwerke der ultramontanen Eliten

Es ist kein Zufall, dass 1870 ein internationales Informationsnetzwerk ultramontaner Intellektueller seinen Sitz in der Schweiz nahm.[1] Die Gründung der «Correspondance de Genève» fiel in eine kirchenpolitisch äusserst bewegte Zeit. In verschiedenen europäischen Ländern fanden Kulturkämpfe zwischen der katholischen Kirche und dem liberalen Nationalstaat um den kulturellen Primat in der Gesellschaft statt. Die römisch-katholische Kirche wuchs unter Papst Pius ix. (1846–1878) zu einem Bollwerk des Traditionalismus heran, zu einer Institution, die unter der Führung des Papstes die Amtskirche zentralisierte und das katholische Volk mit den modernen Mitteln der Massenkommunikation mobilisierte. 1864 erliess Pius ix. die Enzyklika «Quanta cura» und den «Syllabus errorum», der sich gegen so genannte Irrlehren der Moderne, so unter anderem gegen Materialismus, Säkularismus, Liberalismus und Sozialismus, richtete.

In der Schweiz nahm in der zweiten Hälfte des 19. Jahrhunderts der Katholizismus jene Gestalt an, die ihn organisatorisch und ideologisch befähigte, im Spiel der politisch-gesellschaftlichen Kräfte mitzuwirken.[2] Die Ereignisse der 1870er Jahre besassen eine katalysatorische Wirkung auf die Ultramontanisierung der kirchentreuen Katholiken.[3] Freilich konnte die katholische Bewegung in der Schweiz an ältere Organisationen anknüpfen, deren erste Gründungen in die dreissiger und vierziger Jahre des 19. Jahrhunderts zurückreichten. 1857 wurde der erste allgemeine Katholikenverein gegründet, der als Laienbewegung die Gläubigen auf nationaler Ebene organisierte und zu Ehren des regierenden Papstes den Namen Piusverein annahm.[4]

Weihbischof Gaspard Mermillod als Symbolfigur
des ultramontanen Netzwerkes
   In den ultramontanen Kreisen Roms spielte Gaspard Mermillod,
der Weihbischof der Diözese Lausanne-Genf, eine nicht unbedeutende
Rolle. Der 1824 in Carouge bei Genf geborene Geistliche studierte bei
den Jesuiten in Freiburg Theologie. Bereits 1848 und 1852 war er an ersten Zeitungsgründungen beteiligt, des «Observateur de Genève» und
der «Annales catholiques de Genève». Für den Bau der Diaspora-Kir-
che Notre-Dame in Genf sammelte er in ganz Europa Spendengelder;
so entstanden erste internationale Kontakte, welche er in den 1860er
und 1870er Jahren intensivierte. 1864 wurde er von Bischof Etienne
Marilley, der in Freiburg residierte, als Genfer Stadtpfarrer eingesetzt,
und im selben Jahr ernannte ihn Papst Pius IX. zum Weihbischof, was
einer römischen Aufwertung der alten Calvin-Stadt gleichkam und den
internationalen Protestantismus auf der symbolischen Ebene heraus-
forderte.[5]
   Am Ersten Vatikanischen Konzil in Rom fiel der brillante Redner
Mermillod als aktiver Anhänger von Papst Pius IX. und des von ihm
vertretenen Unfehlbarkeitsdogmas auf, welches in der Proklamation
vom 18. Juli 1870 festgeschrieben wurde. Es lag nahe, dass ihn der Papst
beauftragte, einen Zirkel von katholischen Journalisten und Publizisten zu bilden, der die internationale Medienkampagne für die Interessen des Papsttums koordinieren und Nachrichten aus Rom in verschiedene Länder aussenden sollte.[6] Am Rande des Konzils konstituierte
sich so im Februar 1870 um den Genfer Weihbischof und den österreichischen Grafen Gustav von Blome eine kleine ultrakonservative
Gruppe Intellektueller aus verschiedenen Ländern unter dem Namen
«Société Mamertine».[7]
   Die angestrebte Realisierung einer internationalen katholischen
Liga oder eines internationalen katholischen Zeitungsorgans kam indessen nicht voran, da der Ausbruch des deutsch-französischen Krieges
im Juli 1870 die Pläne behinderte.[8] Als am 20. September 1870 italienische Truppen in Rom einmarschierten und der Papst seine weltlichen
Herrschaftsgebiete verlor, reagierten Katholikenkreise in ganz Europa
heftig. Der Verlust des Kirchenstaates wurde zum eigentlichen Aus-
löser einer verstärkten ultramontanen Mobilisierung.

Die schwierige Lage in Rom hatte zur Folge, dass der Intellektuellenkreis, die «Société Mamertine», in die neutrale Schweiz auswich. Unter der Leitung Mermillods und des Erzbischofs Spalding von Baltimore fand ein Treffen in der Calvin-Stadt Genf statt, an welchem am 8. Oktober 1870 ein «Appel aux catholiques en faveur du Saint-Siège» erlassen wurde, der die Katholiken der ganzen Welt zum Widerstand gegen den Verlust der weltlichen Macht des Papstes aufrief. In der Schweiz druckten verschiedene Zeitschriften und Zeitungen, so die «Annalen des Schweizerischen Piusvereins» und die «Schweizerische Kirchenzeitung», der «Courrier de Genève», der Freiburger «Ami du Peuple» und die «Gazette Jurassienne» den Appell ab.[9] Er war auf schweizerischer Seite vom Präsidenten des Piusvereins Theodor Scherer-Boccard und von Edouard Dufresne (1818–1898), einem Genfer Arzt und Politiker, der in freundschaftlichem Kontakt mit Bischof Mermillod stand, unterzeichnet; redigiert hatten ihn Mermillod, Cramer und Blome, wobei man gemäss Philippe Chenaux von einem eigentlichen «mandat explicite» von Seiten des Papstes sprechen kann.[10]

Etwas später, am 23. und 24. Oktober, gründeten etwa dreissig Laien des gleichen internationalen Genfer Kreises, d. h. Vertreter aus Deutschland, Österreich, England, Frankreich, Belgien, Italien, Spanien, der Schweiz und anderen Ländern ein «Comité de Défense catholique» mit dem Ziel, die Proteste gegen die Besetzung Roms sowie den Kampf für die Wiederherstellung der weltlichen Macht des Papstes zu koordinieren. Dazu wurde ein Büro in Genf eröffnet, welches die «Correspondance de Genève» herausgab, die katholische Zeitungen über die Ereignisse in Rom informierte.[11] Das Genfer Komitee versicherte Pius IX. auch am 24. Oktober wiederum die Treue.[12]

Sowohl die Schweizer Bischöfe[13] als auch der Vorstand des Schweizerischen Piusvereins sandten dem Heiligen Vater in Rom eine Note, in der sie sich mit ihm solidarisierten und die berühmte Ergebenheitsadresse von 1860 mit über 150 000 Unterschriften erneuerten.[14] Wenn man sich vergegenwärtigt, dass 1850 insgesamt 972 000 Katholiken in der Schweiz wohnten, bewies die Zahl von über 150 000 Unterschriften eine beachtliche Mobilisationskraft des Katholikenvereins.[15] Es verwundert daher nicht, dass die in Genf versammelten Delegierten sich zum Ziel setzten, überall in Europa katholische Vereine («Unions catholiques») nach dem Modell des schweizerischen Piusvereins zu bilden.[16]

Eine «schwarze Internationale» in Genf?
Bei der «Correspondance de Genève» handelte es sich um ein Presseorgan, das seit dem 27. Oktober 1870 zwei bis dreimal wöchentlich in deutscher und französischer Sprache erschien und Informationen über die katholische Kirche im Geiste des regierenden Papstes an rund 300 Zeitungen in Europa gratis verbreitete.[17] Gemäss dem Schweizer Historiker Philippe Chenaux besass sie drei Aufgaben: erstens stellte sie eine Art «feuille d'information officieuse du Saint-Siège» dar; zweitens sollte sie die Solidaritätsbewegung für den «gefangenen» Papst wie beispielsweise Protestbriefe, Gebetsvereinigungen, Spendensammlungen usw. koordinieren; und drittens kam ihr die Aufgabe zu, eine Doktrin des ultramontanen Gedankengutes auszuarbeiten und international zu verbreiten.[18]

Als logischer Sitz einer solchen internationalen Informationsagentur hätte sich die Papststadt Rom angeboten, doch die Kriegswirren um den Kirchenstaat erforderten eine andere Lösung. Mit ihrer Neutralität erwies sich die mehrsprachige Schweiz als günstige Operationsbasis in einer Zeit, in der europäische Nationalismen Konflikte verursachten. Ihre zentrale europäische Lage an der Schnittstelle der deutschen und französischen Kultur und ihr ausgebautes Kommunikationssystem boten wichtige Vorteile. So fiel Weihbischof Gaspard Mermillod in Genf eine internationale Koordinationsaufgabe zu, die auch seinen persönlichen Ambitionen entsprach.[19]

Wie Emiel Lamberts ausführt, kamen im Genfer Komitee eine Reihe ultramontan gesinnter katholischer Intellektueller zusammen, die zum Teil wie der österreichische Graf Gustav von Blome, der die eigentliche Leitung des Komitees inne hatte, aus aristokratischen Familien stammten und auf bereits bestehende soziale Netzwerke des europäischen Adels aufbauen konnten. Blome übernahm die Redaktion der «Correspondance» und wurde hauptsächlich von zwei österreichischen Adeligen, nämlich Graf Anton «Toni» Pergen und Graf Anton Brandis unterstützt. Die Beziehungen zum Papst und seinem Staatssekretär Giacomo Antonelli waren eng und liefen in den Anfängen über Mermillod, dessen Kontakte zu Pius IX. bis in die 1850er Jahre zurückreichten. In Rom spielte ein so genannter «Intermédiaire» – auch «l'Innominato» genannt – eine wichtige Rolle, der direkte Beziehungen zu Papst und Kurie herstellte, ohne dass diese von aussen erkennbar waren.[20] 1871 organisierte das Genfer Büro ein grosses internationales Treffen, das vom 31. August bis 3. September am Marienwallfahrtsort Einsiedeln in der Innerschweiz stattfand.[21] Hier wurde ein «Comité des Permanents» geschaffen, das aus einem Abgeordneten pro Land bestand. Für die Schweiz trat der Präsident des Piusvereins, Theodor Scherer-Boccard, in dieses Komitee ein. Wiederum schickte die Einsiedler Versammlung eine Adresse an den Heiligen Vater, in welcher sie erneut die Wichtigkeit der weltlichen Souveränität des Papstes betonte. Gleichzeitig unterzeichnete sie eine Protestnote gegen die Vorkommnisse im Grossherzogtum Baden.[22] Die Gäste aus Italien, Belgien, Deutschland, England, Frankreich, Österreich und Spanien erliessen zudem am Ende der Tagung eine Dankesadresse und Sympathiekundgebung an die Schweizer Bischöfe, in der sie deren Einsatz für die Freiheit der Kirche lobten.[23] Die «Luzerner Zeitung», aber auch der Freiburger «Ami du Peuple» druckten den Text ab.[24] «In der Schweiz wie überall haben katholische Hände die Freiheit begründet, Katholiken werden sie auch fürder hüten und vertheidigen; den Händen der Revolution anheimgegeben, müsste sie bald untergehen oder in Knechtschaft ausarten», hiess es in der Note.[25] Eine ähnliche Sympathieadresse sandten auch die deutschen Katholiken im Rahmen des Mainzer Katholikentages, d.h. der Generalversammlungen der katholischen Vereine, im September 1871 auf Antrag von Baron von Loë, einem Mitunterzeichner der Einsiedler Adresse, an die durch den aufkommenden Kulturkampf bedrängten Schweizer Bischöfe.[26]

Eine von Jacques Lory erstellte Statistik der «Correspondance de Genève» zeigt, dass darin nur verhältnismässig wenige Berichte über die kirchlichen Verhältnisse und die katholische Bewegung in der Schweiz erschienen sind.[27] Von 1870 bis 1873 entfielen nur 3.64 Prozent der Länderberichte auf die Schweiz, was erstaunt, wenn man in Betracht zieht, dass der deutschsprachige Raum mit Deutschland und

Österreich zusammen 45.5 Prozent, also fast die Hälfte des gesamten Nachrichtenvolumens, ausmachte. Diese auffallende Zurückhaltung erklärt sich dadurch, dass die Redaktion die freisinnigen und antiklerikalen Machthaber in der Schweiz, die dem römischen Katholizismus kritisch bis feindlich gegenüberstanden, nicht unnötig reizen und damit ihre eigene Tätigkeit in Genf gefährden wollte.

An dieser Stelle ist daran zu erinnern, dass kurz nach der Gründung des Genfer Komitees der Kulturkampf in der Schweiz in voller Stärke ausbrach. In einzelnen Kantonen der Diözese Basel liefen seit 1872 verschiedene Auseinandersetzungen zwischen Kirche und Staat. Bischof Eugène Lachat, der offen für das Unfehlbarkeitsdogma Stellung nahm, wurde im Januar 1873 durch die Diözesankonferenz der Kantone abgesetzt. Trotz Sympathiekundgebungen und Pilgeraufmärschen musste der in Solothurn residierende Bischof nach Altishofen im katholisch-konservativ regierten Kanton Luzern umziehen. Nach einem Protest des Papstes brach die Schweizer Regierung im Dezember 1873 ihre Beziehungen mit dem Nuntius in Luzern ab.[28]

Als 1872 die radikale Genfer Regierung Gaspard Mermillods Aktionsradius zu beschneiden versuchte, verhärteten sich auch in Genf die kulturkämpferischen Positionen. Im Januar 1873 errichtete Papst Pius IX. ohne Konsultation der Genfer und Schweizer Regierungen ein apostolisches Vikariat in Genf und betraute damit Mermillod, was als Etappe auf dem Weg zur Neuerrichtung des in der Reformation untergegangenen Genfer Bistums angesehen wurde.[29] Daraufhin wurde der umstrittene Genfer Geistliche des Landes verwiesen, obwohl er Schweizer Bürger war.[30] Am 11. Februar 1873 musste er die Schweiz verlassen und sich im benachbarten französischen Ferney, dann in Monthoux (Savoyen) niederlassen. Auf diese Weise wuchs Mermillod zum Märtyrer des Genfer Kulturkampfes heran. Erst einige Jahre später beruhigte sich die Lage wieder, und 1883 konnte Papst Leo XIII. Mermillod zum Bischof von Lausanne-Genf mit Sitz in Freiburg ernennen.

Welche Wirkung zeigte die «Correspondance» in der Schweiz? Wir haben Stichproben in Zeitungen gemacht. In der «Luzerner Zeitung» erschienen im Januar und Februar 1871 mit einer gewissen Regelmässigkeit insgesamt acht Mal Meldungen, die ihr entnommen und mit «Genfer Korr.» gekennzeichnet waren.[31] Im Vergleich zu den belgischen Zeitungen «Bien Public» und «Gazette de Liège»[32], die in den gleichen Monaten 27 bzw. 16 Meldungen aus der «Correspondance» übernahmen, war dieser Erfolg bescheiden. Interessant ist, dass sich die «Luzerner Zeitung» in Meldungen über die Situation von Kirche und Staat in Rom fast ausschliesslich auf das Genfer Büro stützte. Der «Ami du Peuple» in Romont, welcher schon im Dezember 1870 einige Meldungen der «Correspondance» verwendet hatte, veröffentlichte in den Monaten Januar und Februar 1871 rund ein Dutzend Meldungen.[33] Zwar waren die entsprechenden Artikel durchschnittlich länger als jene in der «Luzerner Zeitung», doch bezog sich der «Ami du Peuple» in Meldungen aus Rom nicht ausschliesslich auf die «Correspondance», sondern auch auf Zeitungen wie die «Unità Cattolica» oder den «Osservatore Romano» sowie auf einen eigenen Korrespondenten. In der «Gazette Jurassienne» erschien in der gleichen Periode nur gerade ein Artikel, der sich auf eine Meldung in der «Correspondance de Genève» stützte, was sich auch mit der eher regionalen Ausrichtung dieses kleinen Westschweizer Blattes erklären lässt.[34] Dasselbe gilt für die beiden deutschsprachigen Innerschweizer Zeitungen «Obwaldner Volksfreund» und «Luzerner Landbote», die im Vergleich zur grösseren «Luzerner Zeitung» wesentlich seltener Nachrichten der «Correspondance» brachten.[35] Der Ende 1870 gegründete und in Sarnen erscheinende «Obwaldner Volksfreund» enthielt im Januar und Februar 1871 gar keine solchen Meldungen.[36]

In den deutsch- und französischsprachigen «Annalen des Schweizerischen Piusvereins» stand mit Ausnahme eines Hinweises auf die internationale Konferenz vom 23. Oktober 1870 in Genf praktisch kein Wort über die «Correspondance de Genève». Demgegenüber erschienen in der von Scherer-Boccard redigierten «Schweizerischen Kirchenzeitung» einige Artikel, die mit G.C.P. gezeichnet wurden, so drei «Offene Depeschen» an die Regierungen Europas mit der Aufforderung, der katholischen Kirche ihre Rechte wieder zurückzugeben.[37]

Im Frühjahr 1872 zog sich Gustav von Blome wegen Meinungsverschiedenheiten aus der Redaktion zurück und überliess die «Correspondance» Pergen und Breda. Durch innere Konflikte geriet das Pressewerk zunehmend unter die Kontrolle des Vatikans, der es auch finanzierte. Als das Büro im Oktober 1873 aufgelöst wurde, wurde des-

sen Tätigkeit direkt von Rom aus durch den «Intermédiaire» weitergeführt. Weiterhin fanden jährlich Ende August internationale Treffen
statt, bis die Organisation Ende 1876 definitiv liquidiert wurde.[38]

In den 1880er Jahren initiierte der international nach wie vor aktive Gaspard Mermillod, nun Diözesan-Bischof mit Sitz in Freiburg, die
«Union de Fribourg», die auf dem Netzwerk der untergegangenen
«Correspondance de Genève» aufbaute und in einem gewissen Sinne
das Erbe des Genfer Zirkels weiterführte.[39]

Chanoine Joseph Schorderets Pressewerk in Freiburg

Mermillods ultramontanes Komitee in Genf muss man in den
Kontext anderer Presseinitiativen in Westeuropa stellen. In der
Schweiz belegt die Korrespondenz des Piusvereins-Präsidenten Scherer-Boccard, dass der Solothurner Pressemann ähnliche Projekte schon
seit längerer Zeit im Rahmen des Zentralkomitees seines Vereins plan-
te.[40] Die Führungsrolle übernahmen in der französischen Schweiz
ultramontane Kreise in Freiburg, das zu einem intellektuellen Zentrum des ultramontanen Schweizer Katholizismus heranwuchs.

Mittelpunkt des Freiburger Zirkels war der junge Priester Joseph
Schorderet (1840–1893), der aus Bulle im Kanton Freiburg stammte und
seine theologische Ausbildung am Grand Séminaire in Freiburg erhielt.[41] Zunächst war er Vikar in Neuenburg, dann Seelsorger am Lehrerseminar in Hauterive, bevor er 1869 zum Domherrn im Kapitel von
Saint-Nicolas in Freiburg ernannt wurde. Der Theologe Dominique
Barthélemy charakterisiert Schorderet als Visionär voller Initiative und
Ideen, als charismatische, aber auch unberechenbare Persönlichkeit,
die zugleich bewundert und gehasst wurde. «Prophète crucifié» nannte er den Freiburger Geistlichen, der ein aussergewöhnliches Organisa-
tionstalent besass und den Typus des neuen Priesters verkörperte, der
die modernen Medien wie die Presse zur Verbreitung des ultramontanen Gedankengutes systematisch nutzte.[42]

In den 1870er Jahren baute Schorderet in der französischen
Schweiz ein eigentliches Pressewerk auf. Zur gleichen Zeit, als die internationalen Kontakte um Gaspard Mermillod liefen, nämlich im Juli
1870, verfolgte der erst dreissigjährige Priester die Idee eines Korrespon-
denzbüros.[43] In Freiburg formierte sich ein Intellektuellenzirkel, der

sich «Comité de Correspondance de Fribourg» nannte und in welchem ein Dutzend Priester und Laien über religiöse und politische Fragen diskutierte und dabei das Ziel verfolgte, für katholische Zeitungen im In- und Ausland eine «agence centrale de Correspondance suisse» zu errichten.[44]

Der Freiburger Zirkel stand mit einer Vielzahl katholischer Zeitungen im Ausland, so etwa mit dem «Univers», der «Union de Paris», dem «Le Monde», der «Gazette de France», der «France nouvelle» in Paris, der «Gazette du Midi» in Marseille sowie mit Zeitungen in Deutschland wie etwa der «Germania» in Berlin oder österreichischen Zeitungen wie dem «Vaterland» in Wien und dem «Courrier de Bruxelles» in Belgien in Kontakt.[45]

Präsidiert wurde der Zirkel von Mamert Soussens (1837–1903), der seit deren Gründung während mehr als dreissig Jahren die Freiburger «La Liberté» redigierte. Der Theologe Soussens stammte aus Frankreich, hatte zunächst Literatur und Philosophie und dann Theologie studiert, bevor er seit 1863 als Redaktor bei der «Gazette de la Glâne» und dann beim «Ami du Peuple», dem Vorgängerorgan der «Liberté», arbeitete. Bald kam er in engen Kontakt mit Schorderet und wurde zu einem der wichtigsten Exponenten in der «machine schorderetienne»[46].

Die eigentliche treibende Kraft der Ultramontanen in Freiburg war jedoch Joseph Schorderet, der seit 1866 den französischen Teil der «Monatrosen» des Schweizerischen Studentenvereins redigierte, dem er 1858 beigetreten war.[47] 1869 gründete er die literarische, historische und religiöse Zeitschrift «Revue de la Suisse catholique», und seit Ende 1870 redigierte er das «Bulletin de l'Association de Pie IX» für die Westschweizer Sektionen des Piusvereins. Im Alter von erst dreissig Jahren war er bereits Redaktor von drei überregionalen Zeitschriften in der französischsprachigen Schweiz.

Um sein Pressewerk besser abzustützen, gründete er 1872 die «Société de l'Imprimerie Suisse catholique» in Freiburg, die neben der «Liberté» auch den in Romont erscheinenden «Ami du peuple», die «Revue de la Suisse catholique», das «Bulletin de l'Association de Pie IX» sowie das «Bulletin pédagogique» herausgab. 1874 schuf er das «Oeuvre de Saint-Paul». In der Druckerei waren seit Ende Mai 1874 ausschliesslich die Paulusschwestern, die «Filles de Saint-Paul» tätig.[48] Bei der Reorganisation der katholischen Parteibewegung beeinflusste Schorderet andere Gründerpersönlichkeiten wie den jungen Politiker Georges Python (1856–1927), der später die Universität gründete. Hauptorgan des Freiburger Presseimperiums war «La Liberté», die am 1. Oktober 1871, einige Jahre vor der «La Croix» in Paris (1883), zu erscheinen begann. Gemäss dem Freiburger Historiker Francis Python ist die «Liberté»-Gründung im Zusammenhang mit dem Pressebüro Schorderets zu sehen.[49] An der Versammlung des Schweizerischen Piusvereins vom 29. und 30. August 1871 wurde die Gründung zusammen mit jener des Luzerner «Vaterland» angekündigt.[50] Nach Mamert Soussens bestand das Programm der neuen Freiburger Zeitung im «catholicisme sans épithètes»: «Les rédacteurs de la Liberté seront catholiques tout simplement. C'est dire que leur adhésion aux enseignements de l'Eglise sera toute filiale et leur soumission à ses directions sans réserves.»[51]

Das Erscheinen der «Liberté» und des «Vaterland» ist vor dem Hintergrund der Umstrukturierungen im katholisch-konservativen Pressewesen der Schweiz zu sehen. Während in der italienischen Schweiz die seit dem Jahre 1865 erscheinende «Libertà» weiterhin erschien, erlebte eine ganze Reihe von Zeitungen in der übrigen Schweiz ihre Geburtsstunde. Bei einigen handelte es sich um Neugründungen, bei anderen um Reorganisationen. Auch wenn die beiden wichtigsten Zeitungsgründungen «Vaterland» und «Liberté» nur indirekt mit den internationalen Bestrebungen des Genfer Zirkels in Zusammenhang gebracht werden können, entsprachen sie den Zielsetzungen Mermillods.

In der französischen Schweiz etablierte sich die «Liberté» rasch als führendes Organ, um das sich andere Regionalzeitungen gruppierten, so als Genfer Kantonalzeitung der bereits 1868 von Mermillod gegründete «Courrier de Genève», der 1873 aus der «Gazette Jurassienne» hervorgegangene «Le Pays» in Pruntrut und die 1874 konstituierte «Nouvelle Gazette du Valais» in Sitten.[52]

Bei einem Grossteil dieser Gründungen hatte der Freiburger Abbé Schorderet die Hand im Spiel. Getreu seiner Devise «Tout informer et restaurer en Notre Seigneur Jésus-Christ» suchte er nach den Worten seines Biographen Pie Philipona den «accord complet de la religion et de la politique».[53] Mit seinen ultramontanen Ideen beeinflusste er die weltanschauliche Ausrichtung der katholischen Presse und gab ihr das für sie charakteristische religiös-klerikale und ultramontane Gepräge. Die «Liberté» bezeichnete sich im Untertitel als «Journal catholique quotidien» und gab ihrem Namen folgende Deutung: «Le titre du journal qui va paraître correspond très exactement aux besoins de la religion catholique en Suisse, puisque c'est la liberté qui lui manque et qu'on s'efforce de diminuer encore. [...] La liberté n'est pas le libéralisme, et le libéralisme exclut la liberté.»[54]

Schorderet propagierte im April 1874 die Idee einer «christlichen Republik», die eine enge Verbindung von Religion und Politik verwirklichen sollte.[55] In der Tat bezeichneten die Freiburger Katholisch-Konservativen nach ihrem Wahlerfolg von 1881 ihr politisches System als «république chrétienne».[56] Von der ideologischen Seite her gesehen kann Schorderet als eigentlicher Architekt dieses Projekts bezeichnet werden.[57]

Weniger Erfolg verzeichneten die Freiburger Ultramontanen um Schorderet auf nationaler Ebene. Sie strebten 1874 die Gründung einer katholischen Landespartei an, scheiterten aber am Widerstand der Mehrheit der Deutschschweizer Katholiken, die dem ultramontanen Kurs der Freiburger misstrauten.[58]

Ultramontanes Vereinswesen gegen konservative Parteipolitik

Mit den ultramontanen Zirkeln in Freiburg und Genf eng verbunden war der Deutschschweizer Laie Theodor Scherer-Boccard.[59] Der 1816 geborene Scherer versuchte sowohl in den dreissiger und vierziger Jahren des 19. Jahrhunderts in seinem Heimatkanton Solothurn – wegen seiner Oppositionspolitik sass er hier sogar im Gefängnis – als auch im Rahmen des Sonderbundes als Kabinettssekretär von Konstantin Siegwart-Müller in Luzern eine politische Karriere aufzubauen; er scheiterte jedoch beide Male.

Da ihm eine politische Karriere im Kanton Solothurn und anderswo versperrt war, wandte er sich nach der Gründung des liberalen Bundesstaates von 1848 der Presse- und Vereinstätigkeit zu. Schon in seinen Solothurner Jahren hatte er sich bei der von ihm 1836 gegründeten «Schildwache am Jura»[60] und später in Luzern bei der «Staatszeitung der katholischen Schweiz» journalistisch betätigt. Daneben publizierte er fleissig eigene Schriften wie Geschichtsstudien und Biographien, Heiligenviten und Erbauungsschriften, Lebensbilder und Sittengemälde und vor allem politische Streitschriften. Ab 1855 leitete er bis 1881 die wöchentlich in Luzern erscheinende «Schweizerische Kirchenzeitung», die die Verteidigung der katholischen Kirche zum Programm hatte.[61]

Am originellsten war seine publizistische Aktivität paradoxerweise dort, wo er keinen andauernden praktischen Erfolg erzielte. So versuchte er schon in Solothurn und später in Luzern, einen Informationsdienst ultramontaner Ausrichtung und sogar eine Presseagentur aufzubauen.[62] Das Projekt einer eigentlichen Presseagentur sollte erst 1917 mit der «Katholischen Internationalen Presseagentur» (KIPA) von Ferdinand Rüegg gelingen.[63]

Scherer übertrieb nicht, wenn er in seiner Korrespondenz mit Schorderet darauf hinwies, dass die Idee einer Presseagentur in der Schweiz schon lange in den Köpfen von katholischen Schweizer Publizisten herumschwirrte. Am 9. Juli 1870 schrieb Scherer: «Dans votre lettre, vous parlez d'organiser un bureau de correspondance à Fribourg. Le projet concorde avec l'idée que le Comité central a formée depuis longtemps.»[64]

Bedeutung erhält Scherer in der Geschichte der katholischen Schweiz dadurch, dass er zu den Gründungsvätern des ersten schweizerischen Katholikenvereins gehörte und den Piusverein fast dreissig Jahre lang von 1857 bis 1885 präsidierte.[65] In dieser Funktion war er als «Permanent» Mitglied des internationalen Genfer Komitees. Während gut eines Vierteljahrhunderts hielt der dreisprachige und hauptsächlich von Luzern aus operierende Publizist die Schaltstelle des Vereinskatholizismus in seinen Händen und bildete den personellen Mittelpunkt der katholischen Vereinsbewegung, die sich zum Ziel gesetzt hatte, die Massen des katholischen Volkes zu organisieren.

Vom Piusverein gingen im 19. Jahrhundert wichtige Impulse für die Organisation der Katholiken aus. Das Spektrum reichte von der «Inländischen Mission»[66] für die Katholiken in der reformierten Diaspora über Sozialwerke für Lehrlinge, Gesellen und Dienstboten bis zur Unterstützung von katholischen Schulen. Sieht man von der eigentlichen Parteipolitik ab, gab es damals kaum ein Geschäft, mit dem sich der Piusverein nicht befasste. So stand bereits Ende der 1850er Jahre das Projekt einer katholischen Universität auf seiner Traktandenliste.[67] Selbst bei der Gründung der Schweizerischen Bischofskonferenz von 1863 waren Scherer und seine Freunde als treibende Kräfte tätig.[68] Dennoch haftet der Karriere Theodor Scherers ein Zug des Scheiterns an. Während seine freisinnigen Gegner im Kanton Solothurn und in der Eidgenossenschaft zu immer höheren politischen Ämtern aufstiegen, musste er sich mit internationalen Ehrentiteln begnügen. 1852 erhielt er den Titel eines römischen Grafen und nannte sich Scherer-Boccard, wobei der Zusatz Boccard auf die vornehme Familie seiner Freiburger Frau hinwies.[69]

Als ultramontan ausgerichteter Vereinsaktivist stiess Scherer vorab in etablierten Politikerzirkeln der deutschen Schweiz auf Ablehnung. Dort gab die konservativ-föderalistische Richtung unter Führung des Luzerner Regierungs- und Nationalrates Philipp Anton von Segesser (1817–1888) den Ton an.[70] Da Scherer kein politisches Amt inne hatte und auch keiner politischen Tageszeitung redaktionell vorstand, hatte er auf die katholisch-konservative Partei- und Tagespolitik wenig Einfluss. Ein Beispiel: Als Scherer und seine Freunde 1874 ein geschlosseneres Auftreten der Schweizer Katholiken im Zusammenhang mit dem Kulturkampf organisieren wollten, scheiterten sie: Scherer und Schorderet beriefen auf den 1. Dezember 1874 eine Luzerner Versammlung ein, an welcher eine Petition zur Unterstützung des Rekurses von Bischof Lachat an die Bundesversammlung verabschiedet und die Gründung einer gesamtschweizerischen katholischen Partei realisiert werden sollte. Nach stürmischen Auseinandersetzungen mit der konservativ-föderalistischen Richtung scheiterte das Vorhaben.[71]

Wie wenig andere Persönlichkeiten seiner Zeit verkörperte Scherer die ultramontane Richtung: militant und papsttreu, ein weltanschaulicher Propagandist modernen Zuschnitts. Mit gutem Gespür für die moderne Zeit erkannte er die Möglichkeiten der Massenmedien.[72] In der Wahl der Mittel stand er seinen radikal-liberalen Gegnern in mancher Hinsicht näher als vielen seiner katholisch-konservativen Gesinnungsgenossen.

Jedenfalls hielt der führende konservative Politiker Philipp Anton von Segesser von den katholischen Volksvereinen und ihrem Ultramontanismus nicht viel: «Vom Piusverein habe ich im Ganzen keine grosse Vorstellung. Wir stehen in einer fatalen Mitte zwischen der Kopfhängerei und komödienhafter Prunkerei mit katholischer Gesinnung einerseits und dem Unglauben und dem Indifferentismus andererseits. Für die katholische Politik in der Schweiz hat der Piusverein noch wenig geleistet. Scherer ist eine Art religiöser Hanswurst und benutzt den Verein, um sich selbst wichtig zu machen. Ich kann dem Ding nichts abgewinnen.»[73]

Segesser, der bis zirka 1880 als Führer der katholisch-konservativen Fraktion der Bundesversammlung angesehen werden kann, lehnte den Demonstrationskatholizismus ab und hatte gegenüber öffentlichen Manifestationen wie Volkskundgebungen ein tiefes Misstrauen. Im Unterschied zu den ultramontanen Kulturkämpfern, die eine direkte Konfrontation mit dem antiklerikalen Freisinn und Radikalismus suchten, setzte er sich zum Ziel, die politische Herrschaft in den katholischen Stammlandkantonen zurückzugewinnen; und dieses Vorhaben erforderte politischen Pragmatismus und Zurückhaltung.[74]

Die Kulturkämpfe formten zwar die katholischen Reihen zu einer «acies ordinata», konnten aber die bestehenden Gegensätze zwischen dem konservativen und dem ultramontanen Flügel nicht überbrücken Im Gegenteil: zwischen der Innerschweiz mit Luzern an der Spitze und der französischsprachigen Schweiz mit Freiburg und Genf als Zentren nahmen die Spannungen zu. Für die faktischen Machtverhältnisse war es symbolisch, dass der erste katholisch-konservative Vertreter in der Landesregierung aus dem Kanton Luzern stammte und aus der gemässigt konservativen «jungen Schule» des katholischen Studentenvereins hervorging. Bundesrat Josef Zemps (1834–1908)[75] Zeit kam allerdings erst, als die beiden innerkatholischen Gegenspieler aus der Kulturkampfzeit, der Luzerner National- und Regierungsrat Philipp Anton von Segesser auf der einen und der Solothurner Publizist und Piusvereins-Präsident Theodor Scherer auf der andern Seite, abgetreten waren. Scherer starb 1885, Segesser 1888.

Die Schweizer Bischofskonferenz war papsttreu, schlug aber in der Tagespolitik einen äusserst moderaten Kurs ein und trat als nationale

Institution wenig in Erscheinung[76]. Angesichts des Kulturkampfs in verschiedenen Kantonen bestimmte Vorsicht das Verhalten der Bischöfe. Als 1872 die Schweizer Bischöfe eine Sympathieadresse an Gaspard Mermillod im Exil verfassten, bemerkten sie fast hilflos, dass sie nicht mehr machen könnten.[77]

Schwache Verbindungen zwischen dem Genfer Büro und dem Schweizer Katholizismus

Ende 1871 betrachtete sich das Genfer Büro als eine Art katholische oder «schwarze» Internationale.[78] Wie Emiel Lamberts aufzeigt, verstand sich das Komitee als katholischen Gegenspieler der ersten sozialistischen Internationale, die 1864 gegründet worden war. Das Informationsnetzwerk stand – und darüber besteht kein Zweifel – eindeutig im Dienste des konservativen Papstes Pius IX., der damit nicht nur seine weltliche Macht verteidigen, sondern auch die katholischen Volksmassen in ultramontanem Sinne mobilisieren wollte. Auch wenn der Papst der Agentur keinen formellen Auftrag gab, war diese eindeutig ein offiziöses Instrument in seiner Hand. Allerdings geriet das Werk schon vor dem Tod des Papstes im Jahre 1878 in eine schwere innere Krise und hörte auf zu existieren. Der Nachfolger auf dem päpstlichen Thron, Papst Leo XIII., setzte auf die Diplomatie und bevorzugte eine andere Strategie als sein Vorgänger.[79]

In der Schweiz waren die praktischen Auswirkungen des Genfer Komitees begrenzt. Was die Organisation der katholischen Laienbewegung anging, brauchte der Schweizer Katholizismus keine speziellen Impulse aus Rom. Die Annahme wäre völlig falsch, dass das Genfer Komitee im Vereinswesen Koordinationsaufgaben wahrgenommen hätte. Der schweizerische Verbandskatholizismus baute auf älteren Entwicklungen auf. Im Wesentlichen blieben die Resultate der Presseagentur darauf beschränkt, katholischen Presseorganen die Möglichkeit zu bieten, Korrespondenzmeldungen abzudrucken. Doch bildete die «Correspondance» in der Schweiz bloss eine von verschiedenen Quellen aus Rom.

Den grössten Einfluss hatte der internationale Genfer Zirkel auf die französischsprachige Presse, wo der Freiburger Chanoine Joseph Schorderet entsprechend dem ultramontanen Ideengut weitgehend unabhängig, aber im gleichen Geist wie das internationale Komitee sein Vereins- und Pressewerk aufbaute. Abgesehen von Weihbischof Mermillod spielten die Schweizer im internationalen Genfer Komitee eine untergeordnete Rolle. Mermillods Funktion bestand hauptsächlich im geistlichen Patronat; die eigentliche Arbeit leisteten nichtschweizerische Aristokraten.

Jene Schweizer Theologen und Journalisten, die mit dem Genfer Komitee in Verbindung standen, können trotz diesen Vorbehalten als Wortführer der ultramontanen Elite angesehen werden. Sie gehörten zu den Initiatoren verschiedener Pressewerke, die teilweise schon vor den 1870er Jahren entstanden waren. In verschiedenen Regionen war eine neue Generation von Geistlichen und Laien tätig, die als intermediäre Elite des Ultramontanismus beurteilt werden kann.

Die 1863 gegründete Schweizer Bischofskonferenz blieb gegenüber der «Correspondance» reserviert. In den Konferenzprotokollen von 1871 bis 1873 erscheint das Komitee überhaupt nicht. Das hängt auch damit zusammen, dass die Bischofskonferenz pro Jahr nur einmal tagte und in der Zeit des Kulturkampfes einen behutsamen Kurs einschlug. Obwohl die Schweizer Bischöfe dem Papst treu ergeben waren, blieben sie gegenüber dem Genfer Zirkel unter Mermillods Patronat zurückhaltend. Gaspard Mermillod war in der Bischofskonferenz ein Einzelgänger, der bei Kollegen als Intrigant galt, der zudem häufig durch Abwesenheit glänzte.[80]

Das Dreigestirn Scherer, Schorderet und Mermillod gab dem katholischen Vereins- und Pressewesen wichtige Impulse, hatte jedoch in der katholisch-konservativen Politik auf schweizerischer Ebene wenig Einfluss. Eine Ausnahme bildete auf kantonaler Ebene Schorderet in Freiburg. In den 1870er Jahren gab auf der politischen Ebene die Innerschweizer Richtung mit dem Luzerner Nationalrat Philipp Anton von Segesser weitgehend den Ton an. Diese konservativ-föderalistische Strömung beargwöhnte die konfessionellen Zielsetzungen der Ultramontanen. Die Spannungen zwischen den pragmatisch-politischen Innerschweizern und den doktrinär-konfessionellen Freiburgern setzten sich bis ins 20. Jahrhundert fort und äusserten sich in zahlreichen Tagesfragen, so etwa bei der Universitätsgründung in Freiburg oder bei der Namensgebung der katholischen Partei.

Die Traditionen des Genfer Komitees nahm in den 1880er Jahren die «Union de Fribourg» auf. Es bildete sich ein internationaler Studienzirkel, der wiederum unter dem Patronat Gaspard Mermillods stand und eine katholisch-konservative Gesellschaftsdoktrin ausarbeitete, die indirekt 1891 zur berühmten Sozialenzyklika «Rerum Novarum» von Papst Leo XIII. führte.[81] Parallelen zum internationalen Netzwerk des «Bureau de Genève» lassen sich fast vierzig Jahre später zu Beginn des 20. Jahrhunderts finden: 1909 rief der Unterstaatssekretär Umberto Benigni die von Papst Pius X. gestützte Geheimorganisation «Sodalitium Pianum» und dessen Informationsblatt «Correspondance de Rome» ins Leben.[82] Schweizerischerseits gehörten Intellektuelle dazu, die sich am rechten Rande des katholisch-konservativen Milieus bewegten, zum Beispiel der Freiburger Professor Caspar Decurtins und der Publizist Ferdinand Rüegg.[83] Der St. Galler Historiker Rüegg (1884–1970) war zwischen 1912 und 1917 Redaktor bei den integralistischen Trierer «Petrus-Blättern», bevor er in die Redaktion der Wochenzeitung «Schildwache» wechselte, welche das Zentrum des integralistisch-rechtskatholischen Netzwerkes in der Schweiz zwischen 1910 und 1945 bildete.[84] Zusammen mit dem Herausgeber dieser Zeitung, dem Politiker der Jungkonservativen Otto Walter von Olten gründete Rüegg 1917 die «Katholische Internationale Presseagentur» KIPA in Freiburg. Diese belieferte die schweizerischen katholischen Zeitungen und bald auch die ausländischen Organe mit täglichen Informationsbulletins. Was die ultramontane und integralistische Ausrichtung betrifft, erscheinen erstaunliche Parallelen zwischen dem Comité de Genève und seinem Informationsnetz in den 1870er Jahren und den Aktivitäten der internationalen integralistischen Netzwerke in der ersten Hälfte des 20. Jahrhunderts.

Die ultramontane Richtung im Schweizer Katholizismus der zweiten Hälfte des 19. Jahrhunderts war auf der nationalen Ebene in Bezug auf die Konstruktion einer katholischen Kommunikationsgemeinschaft bedeutend. Verfolgte die konservativ-föderalistische Richtung besonders die politische Integration der Schweizer Katholiken in den Nationalstaat, dominierten die ultramontanen Eliten zumindest im letzten Drittel des 19. und zu Beginn des 20. Jahrhunderts den katholischen Diskurs über die Nation. Zugleich waren die ultramontanen

Eliten international vernetzt, was die Netzwerke um den Genfer Kreis, aber auch jene um die «Union de Fribourg» demonstrieren. War Genf durch die internationalen Aktivitäten des ultramontanen Bischofs Gaspard Mermillod zu einer internationalen ultramontanen Drehscheibe geworden und nahm gleichsam eine stellvertretende Stellung für das durch die Krisen des Kirchenstaates geschüttelte Rom ein, so war Freiburg ein bedeutendes Zentrum des schweizerischen Ultramontanismus und prägte den frankophonen Teil der katholischen Presse und des Organisationswesens wesentlich.

4. Vom Papstkult zum antirömischen Affekt

1930 führte der Schweizerische Katholische Volksverein eine Romfahrt durch, an der rund 400 Personen teilnahmen.[1] Nach der Privataudienz bei Papst Pius XI. schrieb der Zentralpräsident Emil Buomberger: «Für uns Katholiken ist der Papst schon durch sein hohes Amt als Stellvertreter Christi die verehrungswürdigste Persönlichkeit auf dem ganzen Erdenrund. Und wenn den Träger dieser erhabenen Würde auch noch hohe persönliche Tugenden, hervorragende Eigenschaften des Geistes und Herzens zieren, so preisen wir dankend Gottes Gnade, die in so schwerer Zeit der Kirche ein solches Oberhaupt gegeben hat und sind diesem als unserem geistigen Vater in doppelt herzlicher Liebe und Verehrung zugetan.»[2]

Fast ein halbes Jahrhundert später, 1974, veröffentlichte Hans Urs von Balthasar ein Taschenbuch unter dem Titel «Der antirömische Affekt». Der Schweizer Theologe umschrieb damit das kollektive Befinden in den Katholizismen Westeuropas. Als Novum der damaligen Umbruchszeit bezeichnete er den Umstand, dass antirömische Protesthaltungen gleichzeitig auf progressiver wie auf konservativer Seite vorkommen würden. «Der antirömische Affekt ist so alt wie – erstens das Römische Reich und zweitens der Vorrangsanspruch des römischen Bischofs. Er ist – gesteigert – die normale Seelenhaltung in den von der Communio mit Rom getrennten Kirchen: wer wollte sich darüber wundern. Aber dass er nach dem II. Vatikanum […] weiterhum auch innerhalb der Catholica als die normale Seelenlage bezeichnet werden muss, ist doch ein beunruhigendes Phänomen.»[3]

Zwei Zitate, zwei Welten. Von 1930 bis 1974 hatte sich offenbar das Verhältnis der Schweizer Katholiken zum Papst grundlegend verändert. Gehen wir den Mentalitätswandlungen vom 19. bis in das letzte Drittel des 20. Jahrhunderts nach.[4]

Konfessioneller Papstkult unter Pio Nono
mit kulturkämpferischer Note

In der zweiten Hälfte des 19. Jahrhunderts nahm die Papstverehrung bei den Katholiken in ganz Europa zu. Es kam zu einem in der Geschichte noch nie dagewesenen Papstkult, wobei verschiedene Ursachen eine Rolle spielten. Nach dem übereinstimmenden Zeugnis seiner Zeitgenossen verfügte Pius IX., der von 1846 bis 1878 die römische Kirche regierte, über grossen Charme. Er vervielfachte die Audienzen, zu denen dank besserer Verkehrsmittel immer mehr Gläubige herbeiströmten. Nach ihrer Rückkehr in die Heimat verbreiteten diese Rompilger die Papst-Begeisterung.[5]

Intensiviert wurde die Papstverehrung durch die ultramontane Bewegung, die mit dem Papstkult versuchte, Dämme gegen die moderne Welt und den aufstrebenden Liberalismus zu errichten. Von den Kanzeln predigten die neuen Geistlichen von der Autorität des Papstes und der Trutzburg der katholischen Kirche gegen den modernen Zeitgeist.[6] Auf der politischen Ebene verlor der Pontifex 1870 den letzten Rest des Kirchenstaates, seines weltlichen Herrschaftsgebietes. Dies umgab Pius IX. mit dem Glorienschein eines Märtyrers, um den sich die Katholiken Europas scharten.[7]

Dazu kam, dass der in der Schweiz 1848 entstandene Bundesstaat von den Liberalen beherrscht wurde, die den Einfluss der Kirche in den «res mixtae», so etwa im Eherecht oder im Schulwesen, zurückdrängten. Seit den 1830er und 1840er Jahren war in der Schweiz ein Kulturkampf «avant la lettre» im Gang. So erstaunt es nicht, dass die Schweizer Katholiken an einer starken Stellung des Papsttums als Gegenpol zur freisinnigen Staatsmacht interessiert waren; der Papst wurde in den 1870er Jahren zur Symbolfigur des katholischen Widerstandes.[8]

Zu einem Sammlungsbecken der romtreuen Katholiken entwickelte sich der Piusverein. Schon kurz nach der Niederlage der katholischen Kantone im Sonderbundskrieg ertönten Rufe nach einem Zusammenschluss der Schweizer Katholiken. Der zündende Gründungsfunke kam schliesslich vom kaum 23jährigen Diakon Josef Ignaz von Ah. Aufgrund seines Aufrufes in der «Schweizerischen Kirchenzeitung» fand am 21. Juli 1857 in Beckenried die Gründungsversammlung des neuen Katholikenvereins statt, der sich nach deutschen Vorbildern zu Ehren des regierenden Papstes den Namen Piusverein gab.[9] Der Verein zelebrierte während des Pontifikates von Pius IX. einen eigentlichen Papstkult. Bei den Generalversammlungen präsentierte sich der Festschmuck des jeweiligen Ortes häufig im Zeichen der Papstverehrung. Als im Winter 1859/60 der Kirchenstaat schwer gefährdet war, organisierte der Verein eine breite Unterstützungskampagne für den Heiligen Vater in Rom. Die von den Bischöfen und der katholischen Presse geförderte Adressenaktion brachte es auf das Glanzresultat von 155 766 Unterschriften. Als «Romfahrt in papiernen Schuhen» hat man diese Petition bezeichnet.[10]

Unter dem äusseren Druck des Kulturkampfes steigerte sich der Papstkult. Anlässlich des 25jährigen Pontifikats von Pius IX. 1871 wurden in der ganzen katholischen Schweiz Feiern organisiert. Deren Gestaltung war überall die gleiche: Freudenfeuer auf Bergen und Hügeln, Kanonenschüsse, Strassen- und Häuserschmuck, Glockengeläute und Musik bildeten den Rahmen zu den Gottesdiensten, in denen die Prediger die Vorzüge des Papstes herausstellten. Diese Veranstaltungen erfassten die Katholiken weit über den Piusverein hinaus und fanden oft auch unter Beteiligung der Behörden statt.[11] Bilderreich gibt folgende zeitgenössische Stimme aus dem Kanton St. Gallen die Stimmung wieder: «Gestern, am Jubeltage Pius IX., wallte das Herz des katholischen Volkes des Gaster- und Uznacherkapitels in freudigster Stimmung und hl. Begeisterung für unsern vielgeliebten hl. Vater. Schon am Vorabend des lang ersehnten schönen Tages knallte es zu Berg und Thal und einzelne Freudenfeuer leiteten die hohe Festlichkeit ein. Am Tage selbst aber verkündeten Glockengeläute und Böllerschüsse allüberall die hehre Feier. Auf dem Berg Sion, in der schönen Klosterkirche, sammelten sich die frommen Scharen der Bewohner des Thales, um dort zugleich mit der Feier des Herz-Jesu-Festes die des Jubeltages Pius des IX. festlich zu begehen. Ein herrlicher Triumphbogen, auf welchem das Bild Pius IX. sammt den päpstlichen Insignien sinnig und schön angebracht waren, prägte demselben die ungewöhnliche Festfeier ein und der Prediger des Tages setzte auseinander: Wie das heiligste Herz Jesu die von Pius IX. regierte Kirche von jeher schützte und wir Katholiken uns dieses Schutzes des heiligsten Herzens Jesu mit Pius IX. würdig machen sollen und können. Nachmittags aber sammelten sich Tausende und Tausende von Nah und Fern vor der Klosterkirche und der Prediger des Nachmittags stellte dem Volke das Schmerzenreiche und Trostreiche im Leben Pius ix. dar. Beim Schlusstedeum klangen die Glocken und 25 Böllerschüsse wiederhallten im herrlichsten Echo die 25 Regierungsjahre Pius ix. Der Abend aber sah die Bergspitzen ringsum im Glanze der vielen Freudenfeuer, die da sinnbildeten das Feuer der Liebe, das im Herzen unseres katholischen Volkes für Pius ix. erglühet. Das war in der That ‹der Tag, den der Herr gemacht›.»[12]

Gute Gelegenheiten für öffentlich organisierte Papsthuldigungen waren auch die runden Jahrestage der Priester- oder Bischofsweihe des amtierenden Papstes. So organisierte der Piusverein 1877 eine Romwallfahrt anlässlich des 50jährigen Bischofsjubiläums von Pius ix. Vier Bischöfe begleiteten den Pilgerzug, der mehr als hundert Personen umfasste, beinahe einen Monat dauerte und in der Papstaudienz seinen Höhepunkt fand. Es scheint, dass an dieser mehrwöchigen Romreise aus finanziellen Gründen nur besser gestellte Vereinsnotabeln teilnehmen konnten. Für die breiten Massen des gläubigen Volkes veranstalteten die Ortsvereine Papstfeiern, die in gleicher Weise begangen wurden wie schon die Feiern zum 25jährigen Pontifikat Pius' ix.[13]

Papstverehrung bis in die 1960er Jahre

Der Pontifikatswechsel von Pius ix. zu Leo xiii. im Jahre 1878 markierte das Ende des eigentlichen Papstkultes bei den Schweizer Katholiken. Abgesehen davon, dass Leo xiii. eine weniger charismatische Persönlichkeit als sein Vorgänger war, hing dies damit zusammen, dass die Heftigkeit der kulturkämpferischen Auseinandersetzungen abnahm. Je mehr sich die Katholiken in den liberalen Bundesstaat integrierten, desto geringer wurde die Zahl der demonstrativen Treuekundgebungen an den Papst. Dennoch gab es weiterhin eine ausgeprägte Papstverehrung, die das katholische Milieu bis in die sechziger Jahre des 20. Jahrhunderts hinein prägte. Allerdings äusserte sich diese vermehrt im kirchlichen Binnenraum und stand weniger unter politischen denn unter religiösen Vorzeichen.[14]

Papst Leo xiii., dessen Pontifikat von 1878 bis 1903 dauerte, hatte mit seinen Enzykliken zu staats- und gesellschaftspolitischen Themen grossen Einfluss auf die katholischen Intellektuellen. Hervorzuheben ist hier vorab «Rerum Novarum» von 1891. Vor allem bei der akademischen Jugend erfreute sich Leo XIII. grosser Beliebtheit. Nicht umsonst veranstalteten 1902 die katholischen Studentenverbindungen deutscher Sprache in der Universitätsstadt Freiburg einen imposanten Umzug zum Beginn seines 25. Pontifikatsjahres.[15] Im Unterschied zum Pio-Nono-Kult des 19. Jahrhunderts betonten die Katholiken bei den Pontifikaten von Pius x. (1903–1914), Benedikt xv. (1914–1922) und Pius xi. (1922–1939) spezielle Verdienste oder Eigenschaften. Wurden bei Pius x. die Frömmigkeit und die bäuerliche Herkunft hervorgehoben, so war es bei Benedikt xv. der Einsatz für den Frieden während und nach dem Ersten Weltkrieg.[16] Als Hauptwerk Pius' xi. wurde die Gründung des Vatikanstaates durch die Lateranverträge von 1929 gefeiert.[17] Mit dem Rundschreiben «Ubi arcano» rief Papst Pius xi. die Katholische Aktion ins Leben, die das Laienapostolat unter die kirchliche Hierarchie band.[18]

Einen krönenden Abschluss in der Papstverehrung bildete das Pontifikat von Pius xii. (1939–1958). Wie keinem seiner Vorgänger gelang es Pius xii., der Institution des Papsttums majestätische Würde zu vermitteln. Seine zahlreichen Audienzen, Reden und Rundschreiben wurden von den Katholiken meist mit Begeisterung aufgenommen und in Schulungskursen verarbeitet. So stiessen etwa die beiden Radioansprachen des Papstes an die 100000 Teilnehmer des Katholikentags von 1949 in Luzern und an die 80000 Besucher des Katholikentages von 1954 in Freiburg auf grosse Beachtung. Die «Schweizerische Kirchenzeitung» drückte sich 1949 folgendermassen aus: «Ihren Höhepunkt fand die Tagung in der Radioansprache des Hl. Vaters in den drei Landessprachen, die mit einer mystischen Ergriffenheit von den hunderttausend Zuhörern andächtig entgegengenommen wurde.»[19]

Aus der zeitlichen Distanz fällt dem Historiker auf, dass die Papstverehrung unter Pius xii. eher defensiven Charakter besass. Bereits kündigte sich ein gesellschaftlicher Umbruch an, den Pius xii. trotz seiner hohen intellektuellen Fähigkeiten nicht mehr in den Griff bekam. Wegen seines Verhaltens während des Zweiten Weltkrieges geriet Papst Eugenio Pacelli in nichtkatholischen Kreisen unter Kritik. Obwohl die innerkatholische Solidarität bröckelte, löste das Theaterstück von Rolf

Hochhuth, in dem das Schweigen Pius' XII. zu den Judenverfolgungen scharf kritisiert wurde, bei den Schweizer Katholiken heftige Proteste aus.[20]

Proteste gegen Hochhuths Theaterstück

1963 brach eine Debatte aus, die den Schweizer Katholizismus nur am Rande berührte, aber längerfristig das katholische Selbstbewusstsein stark veränderte. Ausgelöst wurde die Kontroverse durch das Theaterstück «Der Stellvertreter», das der damals junge und noch wenig bekannte deutsche Schriftsteller Rolf Hochhuth (geboren 1931) verfasst hatte. Hochhuth stellte die Haltung der römischen Kirche und Papst Pius XII. als «Stellvertreter Christi auf Erden» gegenüber der grausamen Verfolgung und Ermordung von sechs Millionen Juden im Zweiten Weltkrieg ins Zentrum seiner Kritik. Dies löste teilweise heftige Reaktionen aus. Nadine Ritzer beschreibt diese Kontroverse um das Stück in der Schweiz in einer aufschlussreichen Studie.[21]

Das «christliche Trauerspiel» (so Hochhuth) wurde am 20. Februar 1963 auf der Freien Berliner Volksbühne uraufgeführt. Als zweites deutschsprachiges Theater brachte es das Stadttheater Basel ein halbes Jahr später, am 24. September 1963, erneut auf die Bühne. In der Schweiz wurde das umstrittene Stück im selben Jahr auch in Zofingen, Olten, Aarau und Bern gespielt, während das Schauspielhaus Zürich davon Abstand nahm.[22]

Schon im Zusammenhang mit der Berliner Aufführung kam es zu einigen polemischen Kommentaren, doch erst die Basler Vorstellung löste Reaktionen aus, die für den Schweizer Katholizismus im 20. Jahrhundert ungewöhnlich waren. Praktisch geschlossen verteidigte die katholische Presse mit kämpferischem Ton Papst Pius XII. «Wir sind solidarisch mit dem Papst, solidarisch im Guten und im Bösen», schrieb Dr. Paul Huber in einem Leserbrief im «Basler Volksblatt».[23] Zahlreiche Redaktoren, Autoren und Leserbriefschreiber betrachteten Hochhuths Stück als Diffamierung von Papst und Kirche. Der Oltner «Neue Morgen» schrieb von einem «Schmähstück», die St. Galler «Ostschweiz» von einem Werk mit «perfid pamphletärem Charakter», das die Katholiken beleidige und den konfessionellen Frieden gefährde.[24]

Auch das Direktorium des Schweizerischen Katholischen Volksvereins (SKVV) meldete sich im Auftrag der Bischofskonferenz am 9. September zu Wort. In ihrem Kommuniqué bezeichneten die Verbandskatholiken den «Stellvertreter» als «übelstes Tendenzstück» und erhoben «im Namen der Schweizer Katholiken» Protest. Es fordere die katholische Bevölkerung heraus, verletze ihre religiösen Gefühle und gefährde den konfessionellen Frieden. Allerdings gestanden sie dem Dramatiker Hochhuth die kritische Erörterung «[des] Verhalten[s] des Papstes angesichts des ungeheuren Verbrechens» der Shoah grundsätzlich zu. Die Frage, ob Pius XII. «lauten öffentlichen Protest hätte erheben sollen und ob er damit die Beendigung der Judenvernichtung hätte erwirken können», sei eine legitime Frage, die sehr wohl diskutierbar sei, fügte der SKVV an.[25]

Diese Textpassage belegt, dass die obersten Vereinskatholiken trotz aller verbalen Proteste ein gewisses Unbehagen nicht verbergen konnten. Allzu gern interpretierte aber die Mehrheit der kirchentreuen Katholiken das Stück als antikatholisches Pamphlet und zog sich in eine apologetische Verteidigungsstellung zurück. Statt den Papst als exemplarische Persönlichkeit für das Verhalten der ganzen Christenheit zu betrachten, wiesen sie auf die aufopferungsvollen karitativen Tätigkeiten kirchlicher Kreise hin und machten auf die schwierigen Zeitumstände während des Krieges und der Herrschaft der totalitären Diktaturen aufmerksam. Einige Autoren wiesen auf das Grunddilemma hin, vor dem der Papst gestanden habe: entweder öffentlich protestieren mit dem Risiko nationalsozialistischer Repressalien gegen Kirche und Katholiken oder schweigendes diplomatisches Handeln hinter den Kulissen, in der Hoffnung, damit Schlimmeres zu verhindern.[26] In der «Schweizerischen Kirchenzeitung» wurde schon nach der Uraufführung in Berlin eine kurze Diskussion geführt, die in ihren Schlussfolgerungen Pius XII. verteidigte.[27] Nach der Meinung des einflussreichen Kulturredaktors beim Luzerner «Vaterland», Nationalrat Karl Wick, liesse sich diskutieren, ob das «Unterlassen einer speziellen öffentlichen Anklage des Papstes gegen die Judenverfolgungen eine Mitursache an der schaudervollen Vernichtung von Millionen von Juden gewesen sei oder ob ein öffentlicher Appell gegen diese Verfolgungen diese Vernichtung verhindert hätte». Doch könnten diese Fragen nicht «schlüssig» beantwortet werden. Im Grunde bleibe das Stück ein «antipäpstliches Pamphlet». Wick betonte die tragische Situation des Papstes und wies auf dessen Liebestätigkeit für die Verfolgten hin, was im Stück nicht zum Ausdruck komme. Pauschalisierend meinte er, das Stück sei «eine einzige grosse Lüge» und stelle den Papst völlig falsch dar.[28]

Am Premiereabend in Basel fand ein von der «Aktion junger Christen für den konfessionellen Frieden» organisierter Schweigemarsch statt. Die Aktion, bei der auch Protestanten mitarbeiteten, gab eine Protesterklärung ab, in der sie darauf hinwies, dass während des Zweiten Weltkrieges alle Mächte «Dreck am Stecken» gehabt hätten und ungenügend gegen die Barbarei vorgegangen seien. Das «Verbrechertum der Hitler-Clique» sei weit unterschätzt worden. Dies zeige, dass die Macht des Papstes keineswegs ausgereicht hätte, Hitler mit Protesten umzustimmen.[29]

Am Schweigemarsch selber, der vom Marktplatz bis zum Stadttheater führte, trugen Demonstranten Plakate mit Aufschriften wie «Hochhuth hat der Wahrheit nicht Zeugnis gegeben», «Darf Hochhuth das Naziregime entlasten?» oder «Fort aus Basel mit dem Gefasel». Nach dem Berichterstatter der liberal-konservativen «Basler Nachrichten» hatten sich die Neugierigen «zu vielen Tausenden» eingefunden; das «Vaterland» bezeichnete das Ereignis als «imposanten und würdigen Schweigemarsch», an dem 4000 bis 6000 Demonstranten teilnahmen.[30]

Am Vorabend der Premiere sprach der an der Päpstlichen Universität Gregoriana in Rom lehrende deutsche Kirchenhistoriker P. Burkhart Schneider im grossen Saal der Mustermesse vor 3000 Zuhörerinnen und Zuhörern.[31] In seiner Verteidigung des Papstes wies er darauf hin, Pius XII. sei bestrebt gewesen, «alles zu vermeiden, was den Konflikt verschärfen könnte, alles zu tun, was den Krieg abkürzen könnte und alles für die Vorbereitung des Friedens zu tun». Zu seinen Ausführungen gehörte auch folgender Satz: «Wenn von einer Schuld der Passivität des Schweigens zu sprechen ist, dann ist sie von uns Deutschen bei uns selbst zu suchen.»[32]

In Luzern sprach am 30. September vor der «Gesellschaft für christliche Kultur» der deutsche Historiker Hans Buchheim, Mitarbeiter des Institutes für Zeitgeschichte in München und setzte sich kritisch mit Hochhuths Thesen auseinander, wobei er sich gemäss «Vaterland» auf das Thema «katholische Kirche und Hitlerregime» konzentrierte. Man müsse vor allem die realen Umstände beachten, wenn man die Möglichkeiten beurteilen wolle, die für einen kirchlichen Widerstand bestanden hätten.[33] Buchheim trat erneut am 11. Dezember, im Vorfeld der Berner Erstaufführung, als Referent in Erscheinung.[34]

Vorab katholische Politiker äusserten sich öffentlich. Nach der Basler Aufführung reichte Walter Hänggi im Namen der Katholischen Volkspartei und der Christlichsozialen im Grossen Rat des Kantons Basel eine Interpellation ein, in der er monierte, dass Hochhuths Theaterstück den konfessionellen Frieden störe und die religiösen Gefühle «weiter Teile der Bevölkerung verletze».[35] Anzumerken ist, dass der katholische Politiker kein Verbot der Aufführung erwirken wollte. Ein Leserbriefverfasser forderte aber tags darauf die Basler Katholiken zu einem «vollständigen Boykott des Stadttheaters» auf.[36] In ihrer Antwort auf die Interpellation Hänggi berief sich die Basler Regierung darauf, dass es sich bei Hochhuths Drama nicht um eine religiöse, sondern um eine politische Frage handle.[37] Zu einer ähnlichen Intervention seitens der Fraktion der Volkspartei und Christlichsozialen kam es im Oltner Gemeinderat im Anschluss an die Gastvorführung vom 29. Oktober 1963.[38] Der Solothurnische Katholische Volksverein veranstaltete am 21. Oktober eine Kundgebung, die nach Angaben des «Neuen Morgen» gegen 1000 Teilnehmer zählte. Dem Oltener Stadttheater warfen die papsttreuen Katholiken vor, es sei eine «Pflegestätte des konfessionellen Unfriedens».[39] Während der Aufführung selbst kam es zu heftigen Protesten, in die der Jungmannschaftsverband Solothurn involviert war.[40]

Auch auf der nationalen Ebene führte Hochhuths Stück zu Interventionen. Auf eine Ankündigung des Direktors des Basler Stadttheaters, Radio Basel bereite eine «Sendung» des Stückes vor, reagierte Nationalrat Hans Fischer, Präsident der Konservativ-christlichsozialen Fraktion der Bundesversammlung mit einer Kleinen Anfrage an den Bundesrat. Das «Tendenzstück» werde «von weiten protestantischen Kreisen abgelehnt und von den Katholiken als Beleidigung von Papst Pius XII. empfunden». Er fragte, ob der Bundesrat die «Sendung dieses

Machwerkes eines Ausländers durch das schweizerische Radio als mit der erteilten Radio-Konzession vereinbar» halte und was er zu tun gedenke, um eine Gefährdung des konfessionellen Friedens zu verhindern. Der Bundesrat antwortete, dass keine «Hörspielsendung» geplant, jedoch eine «Aussprache» am Radio mit Vertretern verschiedener Bekenntnisse angesetzt worden sei, die aber den «konfessionellen Frieden» nicht gefährdet habe.[41] Als sich herausstellte, dass zwar keine Hörspielsendung, aber eine «Vorlesung der wesentlichen Teile des Buches» in einem Lesezirkel geplant und bereits ausgearbeitet worden war, gerieten sowohl der Bundesrat als auch die SRG unter Druck. Entschuldigungen und Richtigstellungen wurden notwendig.[42]

In Zeitungsartikeln und Leserbriefen wurden mehrfach Boykott-Drohungen formuliert. Die in Freiburg erscheinende Katholische Internationale Presseagentur KIPA sah im Boykott «für die Dauer eines Jahres […], auch wenn für Katholiken tragbare Stücke aufgeführt werden», ein wirksameres Protestmittel als in Schweigemärschen und anderen Aktionen.[43]

Auch nicht-katholische Kreise äusserten sich zum Teil kritisch zu Hochhuths Stück. Zu erwähnen ist etwa die Schrift des reformierten Baslers Hansrudolf Tschopp-Brunner «Hochhuth und kein Ende».[44] Aus Sorge um den konfessionellen Frieden meldete auch der bekannte evangelisch-reformierte Basler Theologe Karl Barth Bedenken an. Obwohl er den Katholiken riet, den Vorwurf Hochhuths ernst zu nehmen und die Vergangenheit aufzuarbeiten, betonte er gleichzeitig, dass «alle Dreck am Stecken» hätten und dass deshalb jeder in erster Linie vor seiner eigenen Tür kehren sollte. Barth fand vor allem die Tatsache problematisch, dass Hochhuth den Vorwurf als Protestant ausspreche und das Stück im protestantischen Basel aufgeführt werde.[45]

Vereinzelt kam es auch zu einer Auseinandersetzung mit der Geschichte des Papsttums, der Kirche und der Katholiken zur Zeit des Dritten Reiches. Der katholische Historiker Paul Huber etwa, der Hochhuths «Geschichtsschreibung» verurteilte, räumte ein, der Beweis, dass die katholische Kirche und ihr Oberhaupt schuldlos seien, hätte bisher nicht erbracht werden können.[46]

Das Theaterstück wirkte in der katholischen Schweiz als Katalysator für die Reflexion über die eigene Vergangenheit. Aus heutiger

Sicht erkennen wir, dass Hochhuths Stück weit über Papst Pius xii. hinauszielte und die Frage aufwarf, was der einzelne Katholik und Christ hätte tun können, um gegen die Brutalitäten der Judenverfolgung zu protestieren oder in tätiger Nothilfe den verfolgten Juden beizustehen. Weil sich die «Hochhuth-Debatte» jedoch hauptsächlich um den Papst drehte, blieben Stimmen, welche das Versagen der Katholiken und der andern Christen angesichts der Shoah anprangerten, eher selten. Auf die allgemeine Thematik des katholisch oder christlich geprägten Antisemitismus ging die «Stellvertreter»-Diskussion nur vereinzelt ein.[47] Albert Schweitzer, der katholische Kulturhistoriker Friedrich Heer oder der evangelische Propst Heinrich Grüber forderten das Eingestehen einer gesamtchristlichen Schuld an der Shoah. In einem Rundfunkgespräch von Radio Beromünster am 14. November prangerte Karl Jaspers die antijüdische Tradition des Christentums an, und auch der Philosoph und Journalist Arnold Künzli verlangte die Überwindung des christlichen Antijudaismus. Der protestantische Kirchenhistoriker Max Geiger konstatierte, dass das Stück für die Christen eine Demütigung sei, welche sie sich «angesichts dessen, was die Christenheit sich durch die Jahrhunderte gegenüber den Juden zuschulden kommen liess»[48] gefallen lassen müssten.

Der Berner Gemeinde- und Grossrat Gerhart Schürch gab in einem Kommentar im «Bund» zu bedenken, dass das Stück dem Leser die Frage stelle, «ob nicht auch der Vatikan einem neuen Aufquellen des Antisemitismus erlegen» sei. Es sei die Frage nach dem «spezifisch römisch-katholischen Antisemitismus» nicht zu unterdrücken, wie auch die Schweizer für die Bewältigung ihrer eigenen Vergangenheit – und damit meinte er die Flüchtlingspolitik während des Zweiten Weltkrieges – die Frage «nach dem latenten schweizerischen Antisemitismus» nicht umgehen könnten.[49] Obwohl Schürch der Meinung war, dass sich die Christen aller Konfessionen fragen müssten, ob sie Schuld auf sich geladen hätten, empfand der katholische «Neue Morgen» in Olten dessen Artikel als einen Angriff auf die Katholiken. In der Zeitung wurde betont, der Antisemitismus sei nicht ein katholisches, sondern ein menschliches Phänomen. Die katholische Kirche, die während der Judenverfolgung in Klöstern und bei Priestern Juden versteckt habe, dürfe nicht von solchen des Antisemitismus bezichtigt werden, die «nichts Entscheidendes für die Rettung von Juden» getan hätten.[50]

Auch wenn selbstkritische Äusserungen selten waren, komme ich zum Schluss, dass die Debatte im Anschluss an das Hochhuth-Stück in der Perspektive des langsamen Wandels von Mentalitätsstrukturen gesehen werden muss. 1963 wurden zum ersten Mal ganz direkt grosse Teile der Schweizer Katholiken mit möglichen Versäumnissen ihrer Kirche als moralischer Anstalt während der Epoche des Nationalsozialismus auf unmittelbare und gefühlsmässig nachvollziehbare Weise konfrontiert. Gerade weil die kirchentreuen Katholiken die Kirchengeschichte damals noch als ein Stück der eigenen persönlichen Identität betrachteten, machte sie die Kritik Rolf Hochhuths betroffen. Zwar waren sie in ihrer Mehrheit mit der These des Stücks nicht einverstanden, aber die Emotionalität der aufgeworfenen Fragen an Kirche und Katholizismus brachte einen irreversiblen Veränderungsprozess in ihrem Bewusstsein in Gang. Nadine Ritzer kommt in ihrer Studie zum Schluss, dass «das Zusammenfallen der ‹Stellvertreter›-Debatte mit dem Zweiten Vatikanischen Konzil» die «Auseinandersetzung mit der Tradition des Antijudaismus der Christenheit» gefördert hat.[51] Das katholische «Basler Volksblatt» druckte seitenweise Leserbriefe ab. Praktisch alle katholischen Zeitungen und Zeitschriften befassten sich auf irgendeine Weise mit der Thematik. Noch liefen die meisten Beiträge auf eine Apologie von Papst und Kirche hinaus, doch die bohrenden Fragen über das Schweigen des Papstes konnten nicht mehr übergangen werden. Obwohl die meisten katholischen Autoren der Meinung waren, dass Hochhuth die geschichtlichen Tatsachen verfälscht habe, veränderte sich unterhalb der äusseren Oberfläche das katholische Bewusstsein langsam. Dieses Faktum dürfen wir nicht verniedlichen, wenn wir heute über die Wirkungsgeschichte der «Hochhuth»-Debatte sprechen.

In der «Erklärung über das Verhältnis der Kirche zu den nichtchristlichen Religionen», «Nostra Aetate», legte das Zweite Vatikanum 1965 bezüglich des Verhältnisses gegenüber den Juden fest, dass man «die Ereignisse» des Leidens Christi «weder allen damals lebenden Juden ohne Unterschied noch den heutigen Juden zur Last legen» könne. Die Kirche beklage «alle Hassausbrüche, Verfolgungen und Manifestationen des Antisemitismus, die sich zu irgendeiner Zeit und von irgend jemandem gegen die Juden gerichtet» hätten.[52] Obwohl die

Rolle Papst Pius XII. nicht direkt angesprochen wurde, stellte die Erklärung von 1965 einen Meilenstein im Verhältnis der römischen Kirche zum Judentum dar.[53]

Die «Stellvertreter»-Debatte war in der katholischen Schweiz der Anfang vom Ende des geschönten und überhöhten Papst-Bildes, das die Katholiken während Jahrzehnten gepflegt hatten. Schliesslich lösten die Folgen des Zweiten Vatikanischen Konzils von 1962 bis 1965 in der katholischen Schweiz antirömische Affekte aus, die die Protestmärsche des kirchentreuen katholischen Volkes von 1963 heute für viele kaum mehr nachvollziehbar machen. Die Demonstration gegen Hochhuth vereinigte zum letzten Mal das gesamte katholische Milieu, von der Presse über die Vereine bis zum Klerus und den Politikern, hinter dem Papst. Insofern handelte es sich um eine Art Schlussakkord, der einen vermeintlichen Höhepunkt des katholischen Bollwerkes zum Ausdruck brachte, aber zugleich – aus der Rückschau gesehen – den Anfang vom Ende des triumphalistischen Geistes der Zwischen- und Nachkriegszeit anzeigte.

Autoritätskrise nach der Enzyklika «Humanae vitae» von 1968

Das Zweite Vatikanische Konzil (1962–1965) und das Pontifikat von Johannes XXIII. (1958–1963) leiteten eine neue kirchengeschichtliche Epoche ein. Mit wechselnden Anlässen, Personen und Schauplätzen machte der Schweizer Katholizismus im letzten Drittel des 20. Jahrhunderts eine Reihe von Autoritätskrisen durch, die sich nahtlos in den gesellschaftlichen Protestzyklus der Epoche nach 1968 einfügten.

Die Entfremdung breiter Bevölkerungsschichten von der institutionellen Kirche nahm in einem Ausmass zu, wie man sich dies vor dem Krieg nicht hatte vorstellen können. Die Mehrzahl der Katholiken gehörte zwar aus Tradition noch der Kirche an und wünschte sich bei wichtigen Lebensstationen wie bei Taufe, Hochzeit oder Tod die Dienstleistungen der Kirche, wollte aber sonst wenig mit dem kirchlichen Leben zu tun haben. Daneben nahmen unkonventionelle Aktivitäten zu, die sich etwa in Gebetsgruppen, in charismatischen Erneuerungsbewegungen oder in Kundgebungen aller Art zeigten.[54]

In der Schweiz wie in der übrigen westlichen Welt wirkte die Enzyklika «Humanae vitae», die Papst Paul VI. am 29. Juli 1968 veröffentlichen liess, als Katalysator. Das Lehrschreiben enthielt Weisungen zur Geburtenregelung und griff somit in den Bereich der persönlichen Sexualmoral ein. In den Industrieländern Westeuropas und Nordamerikas stiess die Enzyklika gerade durch die Emotionalität des Themas auf breite Ablehnung. Im Anschluss an die Einführung der Antibaby-Pille hatte sich ein Klima sexueller Freiheit ausgebreitet, gegen das die Kirche mit ihren Sexualgeboten kein Bremsmittel mehr fand. Die Konsumgesellschaft bestimmte das Lebensgefühl und bewirkte einen tief greifenden Wertewandel, der die Mentalitätsstrukturen des Katholizismus veränderte. Anstelle der Pflichtideale traten Hedonismus und Konsumerismus. Der neue Lebensstil beeinflusste Ehe und Familie, veränderte die Sexualmoral und untergrub damit die Autorität der Kirche, welche bis anhin diese Bereiche des Lebens mit Geboten und Verboten entscheidend mitgestaltet hatte.[55]

Westliche Bischofskonferenzen suchten die von «Humanae vitae» ausgelöste Autoritätskrise dadurch aufzufangen, dass sie auf das Gewissen als letzte Instanz sittlicher Entscheidungen verwiesen. Die Stellungnahme der Schweizer Bischöfe kam nur mühsam zustande, denn die Meinungsunterschiede gingen tief.[56] Der Vorsitzende der Bischofskonferenz, der Sittener Bischof Nestor Adam, liess sich auf der Seite des Papstes auf einen kleinen Pressekrieg im Wallis ein, während der neue Bischof von Basel, Anton Hänggi, Verständnis für jene Gläubigen signalisierte, die mit der Enzyklika Mühe hatten.[57] Am 8. September benützte der Bischof von Lausanne-Genf-Freiburg, François Charrière, die Festpredigt vor dem Zentralfest des Schweizerischen Studentenvereins in Freiburg, um folgende Klage zu erheben: «Jusqu'à tout récemment, qui aurait cru possible que tant de catholiques, avec à leur tête des professeurs de théologie, s'insurgeraient contre des encycliques papales, pour les contester, tout en leur donnant, en passant, un coup d'encensoir?»[58] Das Zentralkomitee des Studentenvereins selber, das sonst in diesem Jahr aufmüpfig zu zahlreichen hochschulpolitischen Fragen Stellung nahm, schwieg sich an der Generalversammlung vom 6. September in Freiburg zu «Humanae vitae» aus, um seine progressive Hochschulpolitik nicht in einem theologischen Streit untergehen zu lassen.[59]

Eine Reihe von Schweizer Theologen äusserte Kritik am päpstlichen Rundschreiben. Zu nennen sind die Jesuiten um die Zeitschrift «Orientierung» in Zürich mit Jakob David und Albert Ziegler an der Spitze.[60] Polemisch war die Attacke des in Freiburg lehrenden Pastoraltheologen Alois Müller, der sich in den 1950er Jahren für ein Verbot der atomaren Bewaffnung der Schweiz engagiert hatte und deswegen vom Diözesanbischof François Charrière mit Zensur belegt worden war. Mit einem Seitenhieb auf General de Gaulle schrieb Müller polemisch: «Warum kann der Vater der atomaren ‹Force de frappe› ungehindert zur Kommunion gehen, weil man die Verantwortung seiner Entscheidung ihm überlässt, und warum kann man Millionen gläubiger Ehepaare nicht zutrauen, dass sie aus der praktischen Erfahrung schliesslich erkennen, ob künstliche Empfängnisregelung der christlichen Ehe widerspricht oder nicht?»[61]

Aus der Rückschau gesehen war die Debatte um die Enzyklika «Humanae vitae» ein Prolog für die späteren Proteste. Generell lässt sich sagen, dass das päpstliche Lehramt dadurch ins Wanken geriet, dass sich die Gläubigen nun mit Bezug auf das Zweite Vatikanische Konzil auf ihr persönliches Gewissen berufen und damit die Autorität des Papstes in Frage stellen konnten.

Bisher waren die gelehrten Rundschreiben der Päpste von der katholischen Öffentlichkeit in der Regel mit offiziellem Applaus, aber ohne grosse Emotionalität zur Kenntnis genommen worden. Da mit «Humanae vitae» Fragen der Sexualmoral berührt wurden, wühlte die Enzyklika persönliche Gefühle bei den Gläubigen auf. Dennoch beschränkte sich in den 1970er Jahren die öffentliche Kritik hauptsächlich auf intellektuelle Kreise, an deren Spitze katholische Theologen und Journalisten standen. Selbstverständlich kritisierten auch Durchschnittskatholiken das päpstliche Rundschreiben. Von einer Massenprotestbewegung kann man jedoch nicht sprechen. Viele Katholiken machten sich auf den Marsch in die innere Emigration.[62]

Eine Umfrage, die der Schweizerische Katholische Frauenbund 1981 durchführte, kam zum Ergebnis, dass damals achtzig Prozent der katholischen Leserschaft der Zeitschrift «ehe – familie» in Fragen der Geburtenregelung und der Familienplanung nach dem eigenen Gewissen handelten und somit die kirchlichen Weisungen zum ehelichen

Sexualleben nicht als bindend betrachteten.[63] In der pastoralen Praxis passte sich der Klerus der stillen Verweigerung der Gläubigen an und spielte die Frage herunter. Einige papsttreue Priester wiesen gelegentlich auf die kirchliche Sittenlehre hin, stiessen aber sogleich in weiten Kreisen der Theologen, der Pfarrer und der Gläubigen auf heftigen Widerstand.[64]

Der Fall Pfürtner an der Universität Freiburg

Die so genannte Pfürtner-Affäre begann mit einem Vortrag, den der an der Universität Freiburg lehrende Professor Stephan Pfürtner am 3. November 1971 im Rahmen einer Volksmission in Bern hielt. Darin stellte der aus Deutschland stammende Dominikanerpater die offiziellen Anweisungen der katholischen Kirche zu gewissen Bereichen der Sexualmoral den «tatsächlichen Verhältnissen» gegenüber und kam zum Schluss, dass das Verbot beispielsweise der vorehelichen Sexualität nicht absolut sei. Der Freiburger Bischof Pierre Mamie wandte sich in der Folge mit einer Anfrage direkt an die römische Glaubenskongregation, die öffentlichen Widerruf verlangte und ein geheimes Prüfungsverfahren einleitete.[65]

Wie man aus einer überaus reichhaltigen Dokumentation des Jesuitenpaters Ludwig Kaufmann aus dem Jahre 1987 entnehmen kann, entwickelte die Affäre auf verschiedenen Ebenen von der Theologischen Fakultät der Universität Freiburg bis zur Freiburger Kantonsregierung, von der Schweizerischen Bischofskonferenz und der Leitung des Dominikanerordens bis zur Glaubenskongregation in Rom eine Dynamik, die ich hier nicht in all ihren Verwicklungen darstellen will. Der eigentliche Stein des Anstosses bestand nicht so sehr in den moraltheologischen Themen als vielmehr in der Frage, ob und inwieweit sich die Lehrfreiheit der Theologie als Wissenschaft und die Lehrautorität der Kirche miteinander vertragen.

Anfang Februar 1972 solidarisierten sich die Theologiestudenten auf freiburgischer und schweizerischer Ebene mit Professor Pfürtner. Die Delegierten des Dachverbandes schweizerischer protestantischer und katholischer Theologiestudierender protestierten «gegen die mittelalterlichen Methoden der Kurienkommission, öffentlichen Widerruf einer Lehrmeinung zu fordern und damit eine offene Diskussion mit autoritären Mitteln zu verhindern».[66] Damit war das Grundthema des Konfliktes deutlich zur Sprache gebracht.

Als im Dezember des gleichen Jahres bekannt wurde, dass der in Rom residierende Generalmagister des Dominikanerordens, Anicet Fernandez, dem Ordensbruder die «Missio canonica» entzogen hatte, nahmen die Protestaktionen zu. Trotz strömenden Regens fanden sich am 4. Dezember 1972 zwischen 300 und 400 Personen, meist Studierende, vor dem Dominikanerkonvikt Albertinum in Freiburg ein. Fackeln beleuchteten die Spruchbänder, worauf etwa stand: «Pfürtner argumentiert – Rom guillotiniert».[67]

Da sich die Schweizer Bischofskonferenz und Pfürtner zur gleichen Zeit um einen Kompromiss bemühten, empfand man in der katholischen Schweiz die Intervention aus Rom als Ohrfeige. Der Chefredaktor des sonst zurückhaltenden Luzerner «Vaterland», Otmar Hersche, schrieb: «Bestraft wird also nicht ein einzelner Mann, bestraft wird die Kirche der Schweiz. Der Vorschlag zur Einigung, der der Sache angemessen war und der für die Gläubigen ein Zeichen der Hoffnung und des Vertrauens darstellte, wurde abgewiesen. Wo Versöhnung möglich gewesen wäre, wird jetzt Streit ausbrechen. Der Riss in unserer Kirche wird nicht überbrückt, sondern vertieft.»[68]

Im Mai 1973 stand in der Schweiz die heikle Volksabstimmung über die Abschaffung der konfessionellen Ausnahmeartikel bevor. Damit erhielt der Konflikt eine staatspolitische Dimension. Nicht wenige katholische Publizisten warnten davor, dass römische Interventionen den konfessionellen Frieden im Land stören könnten. Am 6. Dezember 1972 kam es sogar zu einem Vorstoss im schweizerischen Parlament. Der sozialdemokratische Nationalrat Walter Renschler stellte die Frage, ob der Entzug der Lehrbefugnis durch den römischen Ordensgeneral nicht eine Einmischung in die inneren Angelegenheiten der Schweiz darstelle.[69]

In der Tat liess die Pfürtner-Affäre in der protestantischen Schweiz Emotionen und Schlagworte aufkommen, die an die Kulturkampfzeit des 19. Jahrhunderts erinnerten. Selbst antiquierte Wortkombinationen wie «Pfürtner-Handel»[70] erinnerten an alte konfessionelle Händel in der Schweiz. Einmal mehr sah man das römische System mit seinem undurchschaubaren Ränkespiel am Werk.

Als Pfürtner nach langem Hin und Her schliesslich zur Überzeugung kam, «dass sich die innerkatholischen Fragen auf der Ebene der Lehre und der Lehrordnung zur Zeit nicht lösen lassen», reichte er auf Ende 1973 den Rücktritt von seinem Lehramt an der Universität Freiburg ein, ohne dass zunächst die Öffentlichkeit darüber informiert wurde. Publik wurde die Demission im April 1974, als Pfürtner auch aus dem Dominikanerorden austrat.[71] Pfürtners Ausscheiden war in der Öffentlichkeit nur noch Epilog. Zwar behandelte die Schweizer Presse die Angelegenheit eingehend, doch es kam zu keinen heftigen Protesten mehr. Zurück blieben Verletzungen. Hanno Helbling, Redaktor der «Neuen Zürcher Zeitung», traf wohl die allgemeine Stimmung, wenn er von einem Prozess schrieb, «dessen Akten nur denen bekannt sind, die ihn veranstalteten».[72]

Dass das römische Lehramt Meinungsverschiedenheiten in der Theologie auf diese Weise autoritär entschied, verstand die Mehrheit der Schweizer nicht. Noch weniger akzeptierte die katholische Öffentlichkeit das kirchliche Prozedere. Zu weit waren säkulare Vorstellungen über Rechtsstaat und Meinungsfreiheit in den Binnenraum der Kirche vorgestossen und entfalteten dort ihre Wirkung. Die Katholiken hatten spätestens nach dem Zweiten Vatikanischen Konzil ihre Wertorientierungen der Umwelt angepasst und gerieten nun in einen Konflikt mit der Amtskirche, die für sich eigene Regeln in Anspruch nahm. Es war vor allem dieser Punkt, der in einem grossen Teil der katholischen Presse Kritik hervorrief.

In die Proteste mischten sich eindeutig antirömische Affekte, die sich vor allem gegen die Kurie in Rom richteten. Der Papst selber blieb noch weitgehend ausgespart. Im Vergleich zur Debatte um die Enzyklika «Humanae vitae» kann man aber von einer Eskalation sprechen. Unter der Meinungsführung der katholischen Presse selber entwickelte sich eine antirömische Grundstimmung, die deutlich sichtbar wurde.

Da zur gleichen Zeit die Beratungen der «Synode 72» stattfanden, erhielten die Presseproteste bei dieser und jener Gelegenheit einen offiziösen Charakter. Auf der Diözesansynode des Bistums St. Gallen in Wil erfolgte ein Vorstoss, der den Unterschied zwischen Theologie und hierarchischem Lehramt zum Gegenstand hatte. Ähnliche Kritik kam an der Synode des Bistums Basel in Bern auf. Aus den beiden diözesanen Vorstössen entstand im Verlauf von zwei Jahren eine Eingabe an den Papst, die sich dem breiten Konsens zuliebe auf Reformen hinsichtlich der Verfahren der Glaubenskongregation beschränkte.[73]

Proteste für den Theologen Hans Küng

Bereits 1967 ermahnte die Glaubenskongregation in Rom den in Tübingen lehrenden Schweizer Theologen Hans Küng wegen seines damals erschienenen Buches «Die Kirche».[74] Küng wurde von der Kurie zu einem Kolloquium aufgeboten, an dem dieser jedoch nur teilzunehmen bereit war, wenn die Verfahrensordnung vorher bekannt gegeben werde. 1970 erschien im Benziger Verlag in Zürich das Buch: «Unfehlbar? Eine Anfrage».[75] Gegen beide Bücher setzte Rom ein Lehrverfahren in Gang. Der deutsche Kardinal Julius Döpfner erreichte durch beharrliches Verhandeln in Rom, dass das Verfahren 1975 «für jetzt» ohne Sanktionen beigelegt wurde. Von der Kurie wurde dies als Stillhalteabkommen aufgefasst.[76]

Im Frühling 1979 erschienen zwei neue Publikationen von Hans Küng, was man in Rom als Torpedierung der 1975 erreichten Lösung interpretierte.[77] Daraufhin entzog die Glaubenskongregation dem Tübinger Professor am 18. Dezember 1979 die Lehrbefugnis an der Theologischen Fakultät. Damit eskalierte die Affäre.

Was passierte in der Schweiz? In Luzern sammelte die «Aktion für die Menschenrechte in der Kirche» Unterschriften zuhanden der Schweizerischen Bischofskonferenz. Schon 1974 war diese Bewegung mit einer Unterschriftensammlung gegen ein drohendes Publikationsverbot für Küng an die Öffentlichkeit getreten.[78] Mit der neuen Aktion wurden die Schweizer Bischöfe aufgefordert, in Rom für die Wahrung der Menschenrechte in der Kirche einzutreten. Weitere Proteste kamen von den Theologischen Fakultäten. So sandten 149 Theologiestudenten aus Freiburg und Luzern – nach ihrem Sprecher waren es 90 Prozent der eingeschriebenen deutschsprachigen Studierenden – einen Brief an den Papst, worin sie den Wunsch ausdrückten, dass die Massnahmen gegen Hans Küng rückgängig gemacht werden sollten. «Weiter wünschen wir uns in der Kirche einen angstfreien ehrlichen Dialog und ein offenes, den Menschenrechten entsprechendes Verfahren zur

Lösung theologischer Streitfragen.»[79] Am 22. Dezember 1979 fand vor der Hofkirche in Luzern eine Sympathiekundgebung statt, an der über 1000 Personen jeden Alters und Geschlechts teilnahmen.[80] Der Fall Küng brachte in der Schweiz eine neue Dimension in das bereits konfliktträchtige Verhältnis mit Rom. Zwar gab es schon in der Diskussion um «Humanae vitae» und in der Pfürtner-Affäre vereinzelte Leserbriefe, im Falle von Hans Küng wurde dieses Medium jedoch zu einem eigentlichen Demonstrationsmittel gegen Rom. Vor allem in den katholisch geprägten Zeitungen erschienen tagelang Leserbriefseiten, die mit Rom zum Teil hart ins Gericht gingen. Das Luzerner «Vaterland» druckte im Gefolge der Suspendierung von Küng Ende 1979 gut 15 Zeitungsseiten Leserbriefe ab, was der Hälfte der auf der Redaktion eingegangenen Reaktionen entsprach.[81]

Am 29. Dezember 1979 schrieb ein Leser im «Vaterland»: «Die Machenschaften der katholischen Kirche unter Kardinal Höffner mit Unterstützung des Kirchenoberhauptes Papst Johannes Paul II. scheinen dahin zu gehen, dass die Worte Jesus nicht mehr respektiert werden. Was Theologieprofessor Hans Küng betrifft, darf man behaupten, dass seine Anschauungen sich mit den Gedanken jedes normal denkenden Christen decken. Die Unfehlbarkeit des Papstes scheint jedem nüchternen Menschen eine Anmassung des Kirchenoberhauptes zu sein, das nicht einmal Jesus für sich in Anspruch nehmen konnte noch wollte. Daran glauben vielleicht die Kardinäle über siebzig. Ich bin froh, an Gott in seiner Grösse glauben zu dürfen, ohne von Rom mit seinen grauen Häuptern beeinflusst zu werden.»[82] Vor dem II. Vatikanum hätte dieser Leserbrief wohl keinen Platz im «Vaterland» gefunden.

Es fällt auf, dass Berichterstattung und redaktionelle Kommentare zum Fall Küng in der gesamten schweizerischen Presse im Wesentlichen eine ähnliche romkritische Tonart aufwiesen. Selbstverständlich gab es jedoch auch Leserstimmen, die sich gegen Hans Küng wandten. Im Luzerner «Vaterland» nahm etwa die Hälfte aller Leserbriefe gegen den Schweizer Theologen Stellung.[83] Zwischen den kritischen Journalisten und einem Teil der katholischen Leser tat sich somit ein Graben auf, der aber zu keinen grösseren innerkatholischen Konflikten führte.

Wie schon im Fall Pfürtner stiess das römische Verfahren auf grosses Unverständnis. Über die Konfessionsgrenzen hinweg empfand man das römische Vorgehen als Verletzung der Menschenrechte, für die sich ja die Kirche gerade unter dem Pontifikat von Papst Johannes Paul II. in der politischen Welt einsetzte. Während die Kirche Glaubensfragen in den Vordergrund stellte, erhielten Verfahrensfragen wie die Einhaltung von rechtsstaatlichen Prozessnormen bei den Kritikern einen hohen Stellenwert.

Ohne Zweifel war das Echo auf den Fall Küng grösser und heftiger als bei der Pfürtner-Affäre einige Jahre zuvor. Für die Entfaltung des antirömischen Meinungsklimas war bedeutungsvoll, dass Hans Küng aus Sursee im Kanton Luzern stammte und mit seinen Büchern auch in der protestantischen Schweiz ein hohes Ansehen besass. Für viele Schweizer erhielt der Konflikt zeitweise den Charakter eines Zweikampfes, in dem sich ein aufmüpfiger Tellensohn für die Freiheit des theologischen Wortes gegen einen als reaktionär empfundenen Papst in Rom zum Kampf stellte.

Dazu kam, dass die beiden Kontrahenten Johannes Paul II. und Hans Küng aus der gleichen Generation stammten und ähnlich charismatische Persönlichkeiten mit einer Begabung für mediale Auftritte darstellten beziehungsweise darstellen. Johannes Paul II. schuf durch seine vielen Weltreisen eine Art von «Primat durch persönliche Präsenz»[84].

Die antirömische Front hatte sich zwar im städtischen und halbstädtischen Bildungsbürgertum stark ausgeweitet, war aber auf dem Land – noch – nicht in die Kerngebiete des konservativen Katholizismus vorgestossen, denn in den siebziger Jahren lehnten manche Katholiken Küng als Symbolfigur des katholischen Progressismus ab. Die konservativ ausgerichteten Katholiken sahen in Theologen wie Hans Küng, Stephan Pfürtner, Franz Böckle oder Herbert Haag Intellektuelle, denen sie mit Misstrauen begegneten; und der katholisch-konservative Antiintellektualismus begann rasch abzunehmen; und damit geriet der Papst selber ins Zwielicht. Dies spiegelte sich auch im relativ geringen Interesse der katholischen Schweizer Bevölkerung an Papstbesuchen wider.

Gemischte Reaktionen auf die Papstreisen von 1969 und 1984

Am 10. Juni 1969 besuchte Papst Paul VI. die internationalen Organisationen und den Weltkirchenrat in Genf. Statt der erwarteten 100 000 Gläubigen und Schaulustigen fanden sich auf den Strassen der Calvinstadt nur etwa 10 000 ein. Erst gegen Abend wurde die Reise doch noch zu einem gewissen Publikumserfolg, als einer Eucharistiefeier des Papstes am Ufer des Genfersees zwischen 50 000 und 80 000 Gläubige beiwohnten. Die «Schweizerische Kirchenzeitung» bedauerte, «dass nicht mehr Katholiken aus der deutschen Schweiz nach Genf gekommen waren».[85]

Fünfzehn Jahre später, im Juni 1984, besuchte Papst Johannes Paul II. für mehrere Tage die Schweiz. Bei den Veranstaltungen mit dem Papst blieben die Besucherzahlen ebenfalls hinter den Erwartungen zurück. So rechnete das Komitee für die Eucharistiefeier auf der Luzerner Allmend mit über 100 000 Teilnehmern; in Wirklichkeit fanden sich nur etwa 40 000 Gläubige ein. Auch an den anderen Anlässen der sechstägigen Papstreise waren jeweils mehr Besucher erwartet worden, als tatsächlich anreisten. An der letzten Eucharistiefeier vor der Abreise des Papstes in Sitten nahmen 45 000 Menschen teil.[86]

Die Ursache für den verhältnismässig geringen Zulauf bei den Papstveranstaltungen in der Schweiz lag zum Teil im Wandel, den die katholischen Vereine und Verbände seit den 1960er Jahren durchgemacht hatten. 1984 existierte keine nationale Organisation mehr, um einen gesamtschweizerischen Katholiken- oder Papsttag durchzuführen. Weder der Papst noch die Bischöfe vermochten die alten Verbands- und Parteiführer zu ersetzen. Die Katholiken kamen zwar in Tausenden zu den Papstmessen, doch sie kamen in den meisten Fällen individuell und unorganisiert. Zum Vergleich ist darauf hinzuweisen, dass sich an den beiden Katholikentagen von 1949 und 1954 noch jeweils 80 000 bis 100 000 Gläubige versammelten.[87]

Einen gewissen Einfluss hatte auch, dass sich verschiedene katholische Intellektuelle und Gruppierungen kritisch, wenn nicht negativ zum Besuch von Johannes Paul II. von 1984 äusserten. So warnten etwa ehemalige Mitarbeiter der katholischen Jugendorganisationen Blauring und Jungwacht in einem offenen Brief vor der Gefahr, dass «die grauen Seiten des kirchlichen Alltags» von Äusserungen des Triumphalismus und Selbstlobes zugedeckt würden.[88] Der Theologe Hans Küng kritisierte die Papstreise in der «Basler Zeitung» als «teure Medien-Schau». Der Luzerner Pfarrer Adolf Stadelmann verwendete in einem Zeitungsartikel über den Papstbesuch Ausdrücke wie «kirchliche Folklore», «Personenkult» und «Machtdarstellung»[89], was zu einer heftigen Leserbriefkontroverse in der Innerschweiz führte.

Der allgemeine Nenner der oppositionellen Stimmen war, dass sich der Papst zu sehr auf eine triumphalistische Selbstdarstellung der Kirche beschränke. Probleme der katholischen Kirche in der Schweiz, wie etwa die ökumenische Interkommunion, die Ordination der Frau oder die Zulassung wiederverheirateter Geschiedener zur Eucharistie, kämen zu kurz.

Antirömische Affekte artikulierten sich auch in protestantischen oder kirchenfernen Bevölkerungsteilen. Die Kritik drehte sich hier weniger um innerkirchliche Probleme, sondern vielmehr um die Kosten der Papstreise und die politische Rolle der katholischen Kirche. Vor allem der Empfang des Papstes durch den Gesamtbundesrat stiess bei einigen Protestanten auf Ablehnung. Bezeichnend dafür ist folgender Leserbrief: «Als Mitglied der Reformierten Kirche bin ich empört, dass für die grossen Kosten, die dieser Besuch kostet, auch Steuergelder der Freikirchen und der Reformierten Kirche herhalten sollen. Eine Provokation für uns ist, dass der gesamte Bundesrat einen kostspieligen Empfang aufziehen will, denn das ist ausschliesslich Sache des rabenschwarzen Herrn Furgler. [...] Ich bin erstaunt, dass die Reformierte Kirche laufend Geschenke und Konzessionen an die Firma in Rom macht und vergessen hat, warum die Reformation hat kommen müssen. Soll die Reformation weiterhin verraten werden?»[90]

In manchen Ländern brachten die Papstreisen eine Stärkung des katholischen Gruppenbewusstseins. Für die Schweiz lässt sich diese Schlussfolgerung nicht ziehen. Im Grunde genommen veränderte der Papstbesuch den Schweizer Katholizismus nicht. Die romkritischen Geister sahen sich in ihrer Grundhaltung bestärkt und standen der Reise indifferent bis ablehnend gegenüber. Dabei spielte bestimmt auch der antirömische Provinzialismus eine gewisse Rolle.

Zwanzig Jahre nach seiner ersten Reise in die Schweiz besuchte der 84jährige Papst Johannes Paul II. im Juni 2004 erneut für zwei Tage die Schweiz. Nach einer Begrüssung durch eine Delegation des Bundesrates liess sich der Pontifex an einem katholischen Jugendtreffen in Bern von 14 000 Jugendlichen bejubeln. Am darauffolgenden Sonntag feierte er mit 70 000 Personen auf der Berner Allmend die Messe.[91] In den Medien wurde der Besuch des Papstes mehrheitlich als positives Ereignis gewertet; so titelte etwa die «Neue Zürcher Zeitung»: «Erfolgreicher Besuch des Papstes»[92]. Besondere Aufmerksamkeit schenkten die Journalisten der Begeisterung der Jugendlichen für Karol Wojtyla. In der «Basler Zeitung» wurden die Eindrücke des katholischen Jugendtreffens mit «Johannes Paul II. ‹Superstar› wurde gefeiert wie ein Popidol»[93] zusammengefasst. Der Theologe Hans Küng kritisierte im Anschluss an den Besuch den «triumphalistischen Personenkult» und bedauerte das Ausbleiben von kritischen Diskussionen.[94]

Das Wiederaufleben einer Art von Papstkult, der sich 2004 und ein Jahr später beim Tod des Pontifex manifestierte, kann als Ausdruck des religiösen Synkretismus sowie der Individualisierung und Pluralisierung von Religion interpretiert werden.[95] Durch die Loslösung vom traditionellen katholischen Milieu wirkte die Person des Papstes mit Hilfe der globalen Kommunikationsmittel für verschiedenste gesellschaftliche Gruppen emotional aufwühlend. Die offene Bewunderung des protestantischen US-Präsidenten Georg W. Bush nach dem Ableben von Papst Johannes Paul II. passte in dieses Geschehen. So erstaunt es nicht, dass Johannes Paul II. über das konservativ-christliche Spektrum hinaus globale Präsenz erlangte, die durch seine Auslandsreisen und sein Eintreten für die Menschenrechte auf der einen und durch seine traditionalistischen Moralvorstellungen auf der anderen Seite vorbereitet worden war. Dass Konservative und Progressive den charismatischen Papst verehrten, ist Ausdruck der synkretistischen Verwendung des Personen-Kultes um den Papst. Obwohl Johannes Paul II. bei katholischen Theologen und Intellektuellen in manchen Bereichen als konzilskritischer Papst galt, spielte dies für die globale Wahrnehmung des Papstes eine geringe Rolle.

War der Papstkult im 19. Jahrhundert und bis über die Mitte des 20. Jahrhunderts hinaus hauptsächlich in den katholischen Vereinen und Kongregationen und in der katholischen Presse präsent, so transformierte er sich in den letzten beiden Jahrzehnten des 20. Jahrhunderts in einen Kult, der durch die Medialisierung nicht mehr nur den katholischen Raum betraf. Die Wirkung des Kultes um den Papst erhielt damit – und hier liegt ein Paradoxon im Verhältnis zur moralisch-exklusiven Weltsicht des Papstes – einen inklusiven, zugleich aber auch einen ambivalenten Charakter, für welchen in Abwandlung eines Diktums von Grace Davie «believing and belonging» und «belonging without believing» kennzeichnend sind.[96] Religiosität war kein persönliches Bekenntnis, mit anderen Worten keine Konfession mehr und löste sich in einen kulturellen Akt auf.

Antirömische Emotionen im Gefolge der Haas-Affäre
Die antirömischen Affekte kulminierten in der Schweiz Ende der 1980er Jahre in der Bischofsernennung von Wolfgang Haas.[97] Am 6. April 1988 wurde bekannt, dass Papst Johannes Paul II. für das Bistum Chur einen Koadjutor ernannt hatte. Die Ernennung des damals 40jährigen Liechtensteiners Wolfgang Haas zum Weihbischof erfolgte mit dem Recht der Nachfolge. Das Privileg des Churer Domkapitels, aus einem Dreiervorschlag des Apostolischen Stuhls den Bischof frei zu wählen, wurde damit umgangen. In der Tat trat zwei Jahre später, am 22. Mai 1990, Weihbischof Haas die Nachfolge von Johannes Vonderach als Bischof von Chur an.[98] Die Expertenkommission unter dem St. Galler Politologieprofessor Alois Riklin kommentierte in ihrem Bericht: «Beim jüngsten Konflikt um die Koadjutorernennung im Bistum Chur hat der Apostolische Stuhl das Völkerrecht verletzt, innerkirchlich relevante Zusicherungen nicht eingehalten und Verfahrensregeln missachtet.»[99]

Die Bischofsernennung von Wolfgang Haas löste eine kirchenpolitische Protestwelle aus, wie sie die Schweiz seit dem Kulturkampf im 19. Jahrhundert nicht erlebt hatte. Die Kritik richtete sich gegen das Ernennungsprozedere, aber auch gegen Bischof Haas selber, dem unter anderem ein restauratives Kirchenbild, autoritäres Gehabe und mangelnde Seelsorgeerfahrung vorgeworfen wurden. Die Protestaktionen nahmen ein derart ungewöhnliches Ausmass an, dass selbst internationale Medien darauf aufmerksam wurden. Am Tag der Bischofsweihe behinderte eine Gruppe von Demonstranten den feierlichen Einzug der Zelebranten. Nach der Bischofsweihe führten einzelne Pfarrgemeinden

Firmungsboykotte durch, in denen sie Haas als unerwünschte Person bezeichneten.[100] Als Reaktion auf die Haas-Affäre erschien am 28. November 1988 eine neue Kirchenzeitung mit dem programmatischen Namen «Aufbruch – Forum für eine offene Kirche», die sich über den konkreten Konfliktanlass hinaus halten konnte.[101] Im Juni 1990 sperrte die römisch-katholische Synode des Kantons Zürich ihre finanziellen Beiträge an das Bistum Chur.[102] Zwei Jahre später folgte die Katholische Landeskirche Graubünden, wo Bischof Haas etwas mehr Rückhalt besass, dem Zürcher Beispiel.[103] Katholikengruppen veranstalteten unter der Führung ihrer Pfarrer Protestveranstaltungen mit Glocken- und Gebetsstunden. Als Bischof Haas im Mai 1990 drei Tage nach seinem Amtsantritt den bisherigen Zürcher Generalvikar Gebhard Matt nicht mehr in seinem Amt bestätigte, läuteten in weiten Teilen des Kantons die Trauerglocken.[104]

Nicht zu vergessen ist, dass Bischof Haas auch begeisterte Anhänger hatte. Der Katholischen Volksbewegung Pro Ecclesia ging es unter anderem um die vorbehaltlose Unterstützung von Bischof Haas. Eng verbunden mit der Pro Ecclesia ist die «Schweizerische Katholische Wochenzeitung», die schon kurz nach der Ernennung von Haas zum Koadjutor eine Solidaritätsaktion zugunsten des neuen Weihbischofs organisierte.[105]

Die Redaktoren der Schweizer Presse nahmen mehrheitlich eine negative Haltung zur Ernennung des neuen Bischofs ein. Im Vergleich mit früheren Konflikten wurde die Kritik gegenüber der Amtskirche und vor allem gegenüber Papst und Kurie gehässiger und pauschaler geäussert. In den Kommentaren von Nichtkatholiken konnte man gelegentlich Töne feststellen, die an die Kulturkampfzeit des 19. Jahrhunderts erinnerten. Paradoxerweise trug die Affäre um Bischof Haas auch dazu bei, dass protestantische Vorurteile gegenüber dem Katholizismus abgebaut wurden. In der überkonfessionellen Ökumene des Protestes fanden sich Katholiken und Protestanten erstmals seit Jahrzehnten in gemeinsamer Kritik gegenüber Rom zusammen. Konnte man in Zürich vor der Haas-Affäre noch kritische Bemerkungen gegenüber der Idee einer Gründung eines katholischen Bistums in der Zwingli-Stadt hören, verstummten diese in der Affäre Haas fast völlig.

Die romkritischen Stellungnahmen der Katholiken wurden ebenfalls schärfer. Zeitungsleser schrieben in ihren Briefen an die Redaktionen vom «fundamentalistischen Hierarchismus der Wojtyla-Kirche»[106] oder von einer «Papst-Diktatur»[107], von «Kadavergehorsam gegenüber Rom»[108] oder von «vatikan-kurial konstruierten Moralgesetzen»[109]. Wie nie zuvor konnten kirchenkritische Journalisten einen Teil der schweigenden Mehrheit der Gläubigen hinter sich vereinen. Mit den Pfarrern, Pastoralassistenten, Theologen, Publizisten und kirchlichen Verbandsleitern an der Spitze ging eine Art katholischer Volksaufstand gegen Rom durch die Schweiz. Was bei den Debatten um Stephan Pfürtner und Hans Küng noch ein hauptsächlich elitäres Phänomen war, trat nun eindeutig als Massenkundgebung zutage: der antirömische Affekt. Anzumerken ist allerdings, dass der antirömische Affekt in der deutschen Schweiz stärker verbreitet war als in der romanischen.

Wie immer man die Affäre Haas aus kirchenrechtlicher Sicht beurteilt, die Ernennung löste einen Streit aus, der die Entfremdung weiter Katholikenkreise von der Kirche als Institution und damit vom Papst förderte. Die Missstimmung ging weit über das seit längerem liberal gestimmte Bildungsbürgertum hinaus und reichte bis tief in die katholischen Kerngemeinden hinein, wo sie die aktiven Gemeindemitglieder und kirchlichen Mitarbeiter erfasste. Das Haas-Debakel führte dazu, dass auch gemässigte oder sogar konservativ orientierte Katholiken ins Lager der Romgegner hinüberschwenkten. Zahlreiche Protestschreiben offenbarten in geradezu dramatischer Weise den Riss in der katholischen Loyalität gegenüber Rom und dem Papst. Schon Ende 1990 zeigte eine im Auftrag der Römisch-katholischen Zentralkommission des Kantons Zürich bei 506 Zürcher Katholiken durchgeführte Umfrage, dass nur 9 Prozent der Katholiken (17 Prozent der regelmässigen Kirchgänger) Wolfgang Haas die Stimme bei einer Volkswahl des Bischofs gegeben hätten. Die überwältigende Mehrheit der Zürcher Katholiken lehnte den eigenen Bischof ab.[110] In einer anderen Umfrage gab fast die Hälfte der befragten Katholiken an, im Falle einer Kirchenspaltung einer unabhängigen katholischen Kirche der Schweiz beitreten zu wollen.[111] Auch wenn man solchen Umfragen gegenüber Zurückhaltung üben muss, eines ist überdeutlich: Die Ernennung von Wolfgang Haas zum Bischof von Chur stürzte den Schweizer Katholizismus in eine tiefe Krise.

Die Breite des Protestes lässt sich damit erklären, dass die Ernennung von Bischof Haas Werten und Leitvorstellungen der politischen Kultur und der Schweizer Zivilgesellschaft widersprach. Es wurden Grundwerte des schweizerischen Demokratie- und Föderalismusverständnisses verletzt. Dadurch entstand ein Konfliktpotential, das sich quer zum üblichen Schema von konservativ versus liberal legte. Als Rom am 4. März 1993 dem Churer Diözesanbischof zwei Weihbischöfe zur Seite stellte, beruhigte sich die Lage kaum. Der Vertrauensverlust im Bistum Chur war bereits zu gross. Eine Entspannung der verfahrenen Situation erfolgte erst am 2. Dezember 1997, als der Vatikan verkünden liess, er werde das Fürstentum Liechtenstein vom Bistum Chur abtrennen und eine Erzdiözese in Vaduz errichten. Dies ermöglichte dem Papst, den umstrittenen Bischof in seine Liechtensteiner Heimat zu versetzen. Zuvor hatten die Schweizer Bischofskonferenz sowie der Bundesrat den Vatikan um eine Lösung des Streits gebeten.[112] Am 23. August 1998 übergab Bischof Haas den Bischofsstab an seinen Nachfolger Amédée Grab, der vom Domkapitel des Bistums Chur gewählt worden war. Während es nun in Liechtenstein zu Protesten gegen die Einsetzung von Haas kam, kehrte im Bistum Chur Ruhe ein.[113] Interessant ist die Neuschaffung der Erzdiözese Vaduz gerade für das Verhältnis von Religion und Nation: Die Grenzen des Bistums folgten nun jenen des Nationalstaates, nachdem sie noch im klassischen Zeitalter der Nationalstaaten quer zu den nationalstaatlichen Grenzen verlaufen waren.

Von der konfessionellen Verehrung des Heiligen Vaters
zum medialen Papstkult der Moderne
Die enge Verbundenheit mit Rom und dem Papst war in der Epoche des Milieukatholizismus von 1850 bis 1950 das typische Verhältnis der kirchentreuen Katholiken in der Schweiz. Bei Gelegenheiten verschiedenster Art, so etwa bei Pilgerfahrten nach Rom zum Heiligen Vater und bei Papstjubiläen, drückten die Katholiken ihre Treue und Solidarität aus. Kritik am Papsttum war äusserst selten und wurde, wenn überhaupt, nur zurückhaltend geäussert. Ich würde freilich das Bild überzeichnen, wenn ich jene Stimmen ausser Acht liesse, die schon im 19. Jahrhundert vor dem triumphalistischen Papalismus

warnten. Dazu gehörten katholische Intellektuelle wie der Luzerner Publizist Philipp Anton von Segesser, der während langer Zeit Regierungs- und Nationalrat war.[114] Einige Papstkritiker schlossen sich in der Auseinandersetzung um das Unfehlbarkeitsdogma nach 1870 der christkatholischen Kirche an.[115] Die übergrosse Mehrheit des katholischen Volkes und seiner Eliten blieben im Kulturkampf dem Papst treu. Ja, der Kulturkampf verstärkte die emotionalen Bande zum «Heiligen Vater» in Rom, der den Katholiken als Schutzherr gegen den Zeitgeist und den Liberalismus erschien. Die Treue zum Papst darf jedoch nicht darüber hinwegtäuschen, dass die Schweizer Katholiken stets auf ihren ortskirchlichen Eigenarten mit ihren Privilegien und Traditionen beharrten. So blieben trotz der Zentralisierung der römischen Kirche Privilegien für die Bischofswahlen in den Diözesen Basel, Chur und St. Gallen erhalten.

Unter der Oberfläche bereitete sich der Stimmungsumschwung in den fünfziger Jahren des 20. Jahrhunderts vor und erfolgte offen erst in der zweiten Hälfte der 1960er Jahre, als die antiautoritären Kontestationswellen in der Gesellschaft auch die hierarchischen Strukturen der katholischen Kirche in Frage stellten. Schon in der Zeit nach dem Zweiten Weltkrieg ging der überschwängliche Ton der Papstverehrung zurück. Zu Beginn der sechziger Jahre war die Solidarität mit dem Papst noch so stark, dass Rolf Hochhuths Theaterstück «Der Stellvertreter» demonstrative Sympathiekundgebungen für Pius XII. hervorrief. Mit welcher Geschwindigkeit die Papstverehrung in eine romkritische Haltung umschlug, ist daraus ersichtlich, dass zwischen der so genannten Hochhuth-Affäre 1963 und dem Fall Pfürtner 1972 nicht einmal zehn Jahre lagen. Während die Konflikte um den Schweizer Theologen Hans Küng in Tübingen oder den deutschen Dominikanerpater Stephan Pfürtner an der Universität Freiburg noch stark der Linie von progressiv und konservativ entlangliefen, sprengten die Protestwellen um den Churer Bischof Wolfgang Haas die traditionellen Fronten. Die Proteste richteten sich nun vorwiegend gegen den römischen Zentralismus, der das ortskirchliche Selbstverständnis der Katholiken verletzte. Dadurch kamen antirömische Affekte auf, die sich wegen der starren Haltung von Bischof Haas zu einer eigentlichen Verweigerungsmentalität gegenüber Rom steigerten. Da um dieselbe Zeit die Schweiz auf der politischen Ebene im Zusammenhang mit der UNO und der europäischen Integration schwere Erschütterungen wegen der aussenpolitischen Öffnung durchmachte, äusserte sich im innerkirchlichen Bereich derselbe trotzige Wunsch nach Unabhängigkeit von einer ausländischen Macht, die in diesem Fall Rom hiess.

Damit ist eine paradoxe Entwicklung verbunden: In dem Masse, indem sich Teile des Gemeindekatholizismus von Rom entfernten, gingen die antirömischen Affekte um die Jahrhundertwende von 2000 zurück. Die kritische Haltung gegenüber Rom ist zwar immer noch vorhanden, tritt nun aber als sekundäres Element in den Hintergrund, denn wie der Nationalstaat Schweiz verlor die römische Kirche als zentralistische Institution seit den späten 1960er Jahren an Bedeutung. Die alltägliche Relevanz von Identitätsfaktoren wie dem Katholizismus und der Nation nahm mit der modernen Individualisierung ab. Bedeutungsvoll wurden neue kirchliche Bewegungen, die mit einer Themenpalette von der Frauenemanzipation bis zum Umweltschutz jüngeren Mittelschichten neue Identifikationsmöglichkeiten anboten. Die Gleichgültigkeit nahm Überhand, da zahlreiche Katholiken den Papst und Rom nurmehr als mediale Grössen wahrnahmen. Der antirömische Affekt, der die Kirchenkritiker auf dialektische Weise an die Kirche band, löste sich damit in Indifferenz und Beliebigkeit auf. Zugleich wurden neue Formen der Religiosität in der Öffentlichkeit präsent. In eine solche Bewegungsreligiosität fügten sich auch verschiedene Elemente des Kultes um den Papst ein. Dieser neue Kult um den Papst lässt sich mit anderen religiösen Identitäten verbinden, wie sie die vielfältigen religiösen Möglichkeiten der Gegenwart darstellen. Dabei verbanden sich exklusive und inklusive Mechanismen miteinander. Exklusiv wirkten die traditionalistischen Moralvorstellungen von Johannes Paul II. und die darauf aufbauenden Gesellschaftskonzepte, inklusiv erwies sich der gleiche Papst umgekehrt auf der Ebene der Emotionalisierung, Charismatisierung und Ritualisierung, welche wesentlich von den neuen Medien wie dem Fernsehen getragen wurden. Religiöser Synkretismus – und ein (vermeintlich) vorherrschendes «believing without belonging» – ermöglichte es zugleich, den medial inszenierten Tod von Papst Johannes Paul II. oder das 500-Jahre-Jubiläum der Schweizer Garde in Rom 2006 als verbindende Ereignisse mitzuerleben und dadurch wieder eine gewisse, nun aber säkularisierte Identität mit Rom herzustellen. Man kann diesbezüglich auch von einem «belonging without believing», von einem Dazugehören ohne bekennenden Glauben sprechen, was freilich mit der in der Konfession verankerten Solidarität des früheren Milieukatholizismus nicht mehr zu vergleichen ist.

Vom antipapalistischen Affekt, der im Januar 2009 im Zusammenhang mit der Affäre um die Priesterbruderschaft St. Pius x. und Papst Benedikt xvi. von neuem ausbrach, ist im Schlusskapitel dieses Buches die Rede.

v Schluss

Vom Konfessionalismus zur universalen Religion

Vom Konfessionalismus zur universalen Religion

Als er starb, war ich 16 Jahre alt. Sein Tod löste in der katholischen Welt echte Trauerwellen aus.[1] Die katholischen Tageszeitungen widmeten ihm seitenlange Nachrufe, und die Illustrierte «Die Woche» brachte eine ausführliche Reportage mit einer Fülle von Fotos.[2] Die Rede ist von Eugenio Pacelli, der als Papst Pius XII. von 1939 bis 1958 die katholische Kirche regiert hatte und am 9. Oktober 1958 im Alter von 82 Jahren verstarb. Wie kein anderer Pontifex verkörperte Pius XII. im 20. Jahrhundert mit seiner aristokratische Würde ausstrahlenden Persönlichkeit den monarchistisch-absolutistischen Stil der römischen Kirche. Bei seinem Ableben erhielten die Leistungen des «Pastor angelicus», wie er auch genannt wurde, breite Anerkennung, doch keine fünf Jahre später löste ein junger deutscher Schriftsteller eine heftige öffentliche Debatte um den gleichen Papst aus. Mit seinem Theaterstück «Der Stellvertreter» prangerte Rolf Hochhuth das «Schweigen» des Oberhauptes der römischen Kirche während der Shoah an. Wie es zu Beginn des 21. Jahrhunderts nicht mehr vorstellbar ist, verteidigte die Mehrheit der kirchentreuen Katholiken mit Vehemenz ihren verstorbenen Oberhirten. Im Zusammenhang mit der Aufführung des Stücks kam es in verschiedenen Schweizer Städten zu Demonstrationen, ja sogar zu Störungen von Vorstellungen; Drohungen wurden ausgesprochen, katholische Kirchgemeinden und Organisationen bekundeten ihren Unmut, und die Schweizerische Bischofskonferenz erliess einen Protestaufruf.[3]

Erinnerungen an vergangene Zeiten
Aus der Distanz von über vierzig Jahren wissen wir, dass von Mitte der fünfziger bis Anfang der siebziger Jahre des 20. Jahrhunderts in einer seltenen «Gleichzeitigkeit des Ungleichzeitigen» Höhepunkte und Zerfallserscheinungen im Katholizismus äusserst nahe beieinan-

der lagen. Die Demonstrationen von 1963 können als letztes Aufbäumen der katholischen Subgesellschaft in der Schweiz betrachtet werden, denn das Sozialmilieu, das seit dem letzten Drittel des 19. Jahrhunderts die Mehrheit der kirchentreuen Katholiken von der Wiege bis zur Bahre umfasst hatte, begann sich, ähnlich wie das sozialdemokratische Arbeitermilieu, aufzulösen.[4]

In den 1950er Jahren war es für mich als Bub einer katholischen Familie durchaus üblich, dass ich bei der Sonntagsmesse als Ministrant diente und dabei lateinische und altgriechische Gebete auswendig rezitierte, die ich als junger Primarschüler mit Ausnahme des «Confiteor», des «Kyrie eleison» und des «Ita missa est» kaum verstand. Zusammen mit meinen Geschwistern machte ich in Jugendvereinen mit, die nach Alter und Geschlecht getrennt organisiert waren und als Hauptattraktion Sommerferienlager und Theaterabende mit Tanz anboten. Während die Mutter alljährlich für den Bazar des Frauen- und Müttervereins, der sich gemeinnütziger Anliegen der Pfarrei annahm, soziale Freiwilligenarbeit leistete, gehörte der Vater dem politisch ausgerichteten Männerverein an und turnte in der Männerriege des KTV mit, den er zusammen mit Gesinnungsfreunden in Konkurrenz zum freisinnigen ETV und zum sozialdemokratischen SATUS gegründet hatte.[5] Wichtig war, dass die katholischen Männer die «Volkspartei» – wie die spätere CVP im Kanton Solothurn damals hiess – wählten und damit die katholische Sache in der Politik vertraten. «Präses» dieses bunten, vielfältigen und multifunktionalen Vereinslebens war der Pfarrer, ohne sich allzu sehr in die Tagesgeschäfte einzumischen, denn diese waren Angelegenheit der Laien. Parteipolitik betrieb unser Pfarrer nicht, denn im früheren Kulturkampf-Kanton Solothurn waren die Katholiken seit dem 19. Jahrhundert politisch in einen «konservativen» und einen «freisinnigen» Flügel gespalten. Wären wir in den Niederlanden oder in Belgien aufgewachsen, hätten wahrscheinlich alle Kinder katholische Schulen besucht, was im freisinnig dominierten Kanton nicht möglich war; der Besuch der staatlichen Volksschule war obligatorisch. Umso stärker gestaltete der Milieukatholizismus die Lebenswelt ausserhalb von Schul- und Arbeitszeit und sorgte für die Erhaltung katholischer Werte. Am Sonntag besuchte die Familie gemeinsam die Messe, und wir Kinder besorgten uns danach in der Pfarreibibliothek

Bücher zum Lesen. Neben Karl May, dem «Tagebuch der Anne Frank» und den «Lederstrumpf»-Erzählungen Coopers gab es dort aus einer breiten Bücherpalette die Jugendbücher von Pfarrer Franz Heinrich Achermann wie zum Beispiel «Die Madonna von Meltingen» oder «Aram Béla», aber auch viele Sachbücher für den Wissenshunger, da das Fernsehen wenig verbreitet war. An Weihnachten freute ich mich auf den vom Walter-Verlag in Olten herausgegebenen Jugendkalender «Mein Freund», ein katholisches Konkurrenzprodukt zum «Pestalozzi-Kalender», den ich jeweils heimlich in die Mitternachtsmesse mitnahm. Als Referenzwerk für Sachdispute am Familientisch standen im Büchergestell zwei mehrbändige Ausgaben von Herders grossem «Konversations-Lexikon», die eine noch aus der Zeit der Jahrhundertwende von 1900, und ein «Staatslexikon». Warum wir Kinder bei der «Konkordia» gegen Krankheit und Unfall versichert waren, wussten wir nicht. Einen der ersten Ferienjobs übte ich als Korrektor beim christlichdemokratischen «Solothurner Anzeiger»[6] aus, den die «Union»-Druckerei herausgab, bei der mein Vater in guter Familientradition wenige Solidaritätsaktien besass, die es ihm ermöglichten, alljährlich an deren Generalversammlungs-Zvieri teilzunehmen, bevor Verlag und Zeitung eingingen. In den Sommerferien durfte ich bei der Grossmutter im Schwarzbubenland auf einem alten Sofa in der schönen Stube neben einem Kachelofen und einem runden Nussbaumtisch schlafen. In der Ecke des grossen Zimmers stand ein geheimnisumwitterter tonnenschwerer Kassenschrank, der der Raiffeisenbank gehörte. Am Sonntag kamen nach dem Hochamt jeweils schwarz gekleidete Männer mit Hut ins Haus, um Geldgeschäfte zu erledigen. Dass fast die ganze Verwandtschaft noch heute Genossenschafter der Raiffeisenbank ist, gehört zur Familientradition, denn schliesslich gründete mein Urgrossvater 1901 eine der ersten Raiffeisenbanken in der Schweiz.[7]

Dies sind persönliche Jugenderinnerungen an eine längst vergangene Zeit. Viele der erwähnten Vereine und Institutionen, die in den 1950er Jahren zu den Säulen des katholischen Milieus gehörten, gingen im letzten Drittel des 20. Jahrhunderts ein oder veränderten sich derart, dass sie kaum noch zu erkennen sind. Den einst mächtigen Schweizerischen Katholischen Volksverein (SKVV) mit seinen Bildungsanlässen gibt es nicht mehr; von den Katholikentagen, die nach dem

Zweiten Weltkrieg Massen von Katholikinnen und Katholiken in prachtvollen Tagungen in Luzern und in Freiburg begeisterten, spricht niemand mehr; die christlichsozialen Gewerkschaften wechselten ihren Namen und fusionierten zum Teil mit den früheren sozialistischen Konkurrenten.[8] Kaum jemand kennt noch die Namen der damaligen Bischöfe; der «gnädige Herr» Franziskus von Streng vom Bistum Basel ist ebenso vergessen wie Monseigneur François Charrière von Lausanne-Genf-Freiburg. Überlebt haben die Krankenkassen und die Raiffeisenbanken, wobei die heutigen Klienten meistens keine Ahnung haben, dass diese einstmals von katholischen Geistlichen und Laien gegründet worden sind. Überlebt hat auch der Schweizerische Katholische Frauenbund, der in geschickter Modernisierung von der Frauenbewegung profitierte.[9] Nach wie vor existiert, wenn auch stark geschwächt, die Christlichdemokratische Volkspartei, die den politischen Arm der katholischen Sondergesellschaft dargestellt hatte.[10]

Schon diese wenigen impressionistischen Beobachtungen zeigen die Ambivalenzen auf, ja Widersprüche, die den Schweizer Katholizismus in den 1950er und 1960er Jahren prägten. Was passierte in diesen Jahrzehnten? Das ist die Frage, die ich am Schluss dieses Buches skizzenartig und ohne jeden Anspruch auf Vollständigkeit zu beantworten versuche.

Denkschulen und ihre Interpretationen

Über die religiösen Wandlungen in der zweiten Hälfte des 20. Jahrhunderts besteht eine immer breiter werdende Literatur. Eine wegweisende Studie für Westeuropa verfasste der britische Kirchenhistoriker Hugh McLeod mit dem Titel «The Religious Crisis of the 1960s», die die Schweiz freilich nur am Rande behandelt.[11] Den Blick über Europa hinaus wirft der neuste Band der «Cambridge History of Christianity».[12] Als Analysen der schweizerischen Religionslandschaft, die frühere Studien aus den 1990er Jahren weiterführen, sind der von Alfred Dubach und Brigitte Fuchs verfasste Band «Ein neues Modell von Religion» (2005) sowie der von den Religionswissenschaftlern Martin Baumann und Jörg Stolz herausgegebene Sammelband «Eine Schweiz – viele Religionen» (2007) zu nennen; letzterer enthält einen Beitrag von Rolf Weibel und Michael Krüggeler über die katholische Kirche.[13]

2004 legte der schweizerische Altmeister der Religionssoziologie Roland J. Campiche das Buch «Die zwei Gesichter der Religion» vor.[14] Auf katholischer Seite bieten die Studien des «Pastoralsoziologischen Institutes» in St. Gallen informative Daten, die in der internationalen Forschungswelt zu wenig beachtet werden.[15] Aus kirchengeschichtlicher Sicht erwähne ich hier Beiträge von Markus Ries, Franz Xaver Bischof, Francis Python, Stephan Leimgruber und Victor Conzemius sowie die 1994 erschienene «Ökumenische Kirchengeschichte».[16] Mit ihren über 50 Bänden bietet die Freiburger Publikations-Reihe «Religion – Politik – Gesellschaft in der Schweiz» einen breiten Fundus an Werken zum Thema[17]; ebenso sind in der an der Universität Freiburg herausgegebenen «Schweizerischen Zeitschrift für Religions- und Kulturgeschichte» (SZRKG), so vor allem im Band von 2005, zahlreiche nationale und internationale Beiträge zu den religiösen Transformationen erschienen.[18]

Dass der Katholizismus seit den 1960er Jahren tief greifende Transformationen durchmacht, ist unter Theologen, Religionssoziologen und Historikern unbestritten, doch deren Einschätzungen gehen auseinander. Die Interpretationen hängen vom wissenschaftlichen Fokus und von den ideologischen Prämissen ab. In Anlehnung an Hugh McLeod untersuche ich die religiöse Krise in Bezug auf die Schweiz.[19] Sind die Transformationen Etappen innerhalb des langen Prozesses der Modernisierung und Säkularisierung?[20] Ist die Krise das Produkt gesellschaftlicher Wandlungen wie der Frauenemanzipation oder der Jugendrevolte?[21] Oder ist sie in erster Linie auf innerkirchliche Entwicklungen und Ereignisse wie das Zweite Vatikanische Konzil zurückzuführen?[22]

Je nach Perspektive und Denkschule fallen die Antworten anders aus. Wer von der innerkirchlichen Perspektive ausgeht, muss auf das Zweite Vatikanische Konzil 1962–1965 zu sprechen kommen. Damit findet er sich mitten in der Debatte, ob das Konzil die Krise ausgelöst hat oder ob es das Resultat eines Anpassungsprozesses der Kirche an die Moderne war.[23] Da die Kirche mit den Konzilstexten die so genannte «Welt» aufwertete, verstärkte das Zweite Vatikanum die «Selbstmodernisierung» des Katholizismus.[24] Es wurde zum Katalysator von tiefgreifenden Transformationen. Der Soziologe Franz-Xaver Kaufmann betont mit Blick auf den innerkirchlichen und gesellschaftlichen Wandel die Transformationen im Selbstverständnis des Katholizismus und darüber hinaus des Christentums überhaupt, einem Selbstverständnis, das nicht zuletzt von einer Selbsthistorisierung geprägt sei.[25]

Wer von der Annahme ausgeht, dass die Transformationen des Katholizismus mit gesellschaftlichen Veränderungen der «langen sechziger Jahre» zusammenhängen, kann eine ganze Reihe von Faktoren aufzählen, die von Historikern wie Hugh McLeod, Mark Ruff, Wilhelm Damberg, James C. Kennedy und anderen illustrativ beschrieben werden. Mit meinen bisherigen Studien stehe ich vorwiegend in der Tradition dieser Denkschule.[26] Callum Brown hebt die Rolle der Frauenemanzipation hervor: Wie nie zuvor hätten die Frauen den Gang der Entwicklung beeinflusst.[27] Verschiedene Autoren verweisen auf die Kulturrevolution im Anschluss an die Jugend- und Studentenrevolte von 1968, die die Jugendkultur, die Moral, das Sexualverhalten und die Haltung gegenüber Drogen nachhaltig verändert hätten.[28] Mark Ruff betont unter vielen Faktoren die Bedeutung von Musik und Mode, Rock und Jeans für die Auflösung der katholischen Jugendmilieus.[29] Die Konsumgesellschaft schuf eine neue Lebenswelt, die die katholischen Jugendvereine in die Defensive drängte. Den «massiven Integrationsverlust» in der katholischen Jugendarbeit hat auch Wilhelm Damberg für das Bistum Münster (Deutschland) sowie für die Niederlande dargestellt.[30] Karl Gabriel hebt den sozioökonomischen und lebensweltlichen Umbruch in der klassischen Industriegesellschaft hervor, in welcher eine Mischung zwischen Tradition und Modernität konstitutiv gewesen sei.[31] Hugh McLeod legt in einem umfassenden Buch, das auch für das übrige Europa wegweisend ist, den Fokus auf Grossbritannien und betont unter anderem die Einflüsse des Vietnamkrieges, und James C. Kennedy nimmt für die Niederlande eine anregende Periodisierung vor.[32]

Im Unterschied zu den Historikern befassen sich die Religionssoziologen vornehmlich mit theoretischen Fragen. In ihren Gegenwartsanalysen heben sie die Säkularisierung, die Individualisierung und die neue religiöse Vielfalt als Makrotrends hervor. Die Schweizer Martin Baumann, Roland J. Campiche, Alfred Dubach und Jörg Stolz betonen die zunehmende Pluralisierung der Religiosität und modifizieren die Individualisierungsthesen.[33]

In diesem Essay, das von den Studien vieler Autorinnen und Autoren profitiert und keineswegs Vollständigkeit beansprucht, wende ich mich zunächst der Thematik der Periodisierung zu. Im Anschluss daran befasse ich mich mit den endogenen, das heisst innerkirchlichen und innerkatholischen Faktoren. Die Prozesse werden in der Katholizismusforschung einerseits als «Entsakralisierung» und «Entklerikalisierung» und andererseits als «Verkirchlichung» beschrieben, was die Ambivalenz der Transformationen unterstreicht. Insgesamt differenzierten sich das Religiöse und das Weltliche stärker als eigenständige Lebensbereiche aus, die Stellung der Laien festigte sich, und die Autonomie des Politischen wurde zum Prinzip. Auf der Suche nach exogenen, das heisst gesellschaftspolitischen Einflüssen, die zum Zusammenbruch der aus dem 19. Jahrhundert stammenden Sozialform «Katholizismus» geführt haben, spielen die Veränderungen in der Industriegesellschaft im Übergang zur «zweiten Moderne» eine zentrale Rolle, was in den theologischen Diskussionen oft vergessen wird: der Aufstieg der Freizeitgesellschaft und die Errichtung des Wohlfahrtsstaates, die Pluralisierung der Demokratie und die Etablierung der Religionsfreiheit als Normen in Westeuropa – um nur einige Stichworte zu nennen.

«1968» – ein Schlüsseljahr auch in der Kirchengeschichte

Es ist schwierig, die religiösen Transformationsprozesse auf eine einzige begriffliche Formel zu reduzieren.[34] Gewiss ist allerdings, dass das Jahr «1968» eine symbolische Chiffre für Kulturrevolutionen darstellt, die alle gesellschaftlichen Bereiche, auch die Religion und die Kirchen, erfasst haben. Fast einhellig betrachten Historiker und Soziologen die 1950er Jahre als Inkubationszeit.[35] In meinem Buch von 1989 sah ich in den 1950er und 1960er Jahren ebenfalls den Anfang einer neuen Epoche.[36]

Unter dem Reformschub der sechziger Jahre modernisierte sich die Kirche selbst, worauf neben anderen der belgische Religionssoziologe Staf Hellemans hingewiesen hat.[37] Aus meiner Perspektive bilden die Transformationen im religiös-moralischen Bereich sogar einen zentralen Bestandteil des sozialen Wandels – ein Faktum, das in den bisherigen Studien zu den «Sixties» zu wenig thematisiert worden ist.

Geht man mit McLeod von einer «religiösen Krise» aus, rückt auch in der katholischen Kirchengeschichte das Jahr 1968 in den Blickpunkt. Am 25. Juli 1968 veröffentlichte Papst Paul VI. die berühmt gewordene «Pillen»-Enzyklika «Humanae vitae», in der er die traditionelle kirchliche Lehre zu Ehe und Geburtenregelung bekräftigte und damit eine noch immer andauernde Autoritätskrise unter Durchschnittskatholiken auslöste oder – je nach Perspektive – verstärkte. Die Mehrzahl der Katholikinnen und Katholiken beachtete in der Frage der Geburtenregelung die kirchlichen Vorschriften nicht und befolgte sie in ihrem Sexualleben ebenso wenig.[38] Bereits ein Jahr zuvor, 1967, hatte Papst Paul VI. in der Enzyklika «Sacerdotalis caelibatus» den Zölibat des Priestertums bekräftigt. Die individuellen Gewissenskonflikte von Geistlichen führten zu einem starken Anstieg von erbetenen Dispensierungen von Weltpriestern und Ordensleuten – «Laisierungen», wie sie der Volksmund nannte. Dass der Zölibat im schweizerischen Priesterstand umstritten war, zeigen Zahlen einer Befragung von 1970. 31 Prozent der befragten Weltpriester sprachen sich für die Aufhebung der Zölibatsverpflichtung aus, 55 Prozent dagegen (6 Prozent kein Urteil). 39 Prozent befürworteten die Zölibatsdispens für Priester, die heiraten und ihr Priesteramt weiterhin ausüben wollten, 40 Prozent waren dagegen (11 Prozent kein Urteil). 66 Prozent sprachen sich dafür aus, dass Ehemänner, die Priester werden möchten, einen Zölibatsdispens erhalten sollten, nur 14 Prozent waren dagegen (10 Prozent kein Urteil). Zudem hielten 53 Prozent die Weihe auch verheirateter Männer für notwendig oder wünschenswert. Interessant sind auch die Zahlen zur Frage nach dem Einsatz «laisierter» Priester in der Seelsorge. 37 Prozent aller Befragten befürworteten deren Einsatz im priesterlichen Dienst und weitere 42 Prozent deren Einsatz im kirchlichen Dienst ohne priesterliche Funktion. In der Altersgruppe der bis 40jährigen sprachen sich sogar rund zwei Drittel für den Einsatz «laisierter» Priester im priesterlichen Dienst aus.[39] Zahlreiche in den «Laienstand» zurückgetretene ehemalige Priester und Ordensleute übernahmen Funktionen in Medien, höheren Schulen und sozialen Hilfswerken; sie betätigten sich häufig aktiv in den neuen sozialen Bewegungen und wurden zu Trägern und Katalysatoren progressiver Reformen in Kirche und Gesellschaft.[40] Marit Mon-

teiro und Mariet Derks machen die Feststellung, dass die 68er Kulturrevolution in manchen Beziehungen religiöse Wurzeln besitzt.[41] Die
«radikalen Christen» besassen laut Hugh McLeod mit ihren Reform-
projekten unrealistische Hoffnungen, so dass ihre Suche nach einem
authentischeren Christentum dazu führte, dass viele ihre institutionelle Loyalität, ihre konfessionelle Identität und ihre religiösen Praktiken aufgaben.[42] Die beiden holländischen Historikerinnen kommen
zum Schluss, dass in den Niederlanden der späten 1960er Jahre unter
der Führung dieser «radikalen Christen» die «Selbstsäkularisierung»
des Katholizismus vorangetrieben worden sei.[43] Parallele Phänomene
lassen sich für die Schweiz feststellen, wo ehemalige Priester vorab in
den Medien die öffentliche Meinung stark beeinflussten und das Bild
der Kirche prägten.

Epochenwende

Für die wissenschaftliche Diskussion unter Historikern ist es hilfreich, eine Periodisierung vorzunehmen, die versucht, die Entwicklungen im Katholizismus in die allgemeine europäische Geschichte einzu-
fügen. In Anlehnung an Arthur Marwick (1998) spricht Hugh McLeod
von den «langen sechziger Jahren» und datiert diese von 1958 bis
1974.[44] Diese Chronologie passt gut in mein bisheriges Konzept und ermöglicht es mir, die «Sixties» nahtlos an die so genannte «Pianische
Epoche» von 1846 bis 1958 anzufügen.[45] Unter Pius IX. war 1870 die Erklärung der päpstlichen Unfehlbarkeit erfolgt, 1950 verkündete Pius
XII. das Dogma von der leiblichen Himmelfahrt Mariens in den Himmel. Häufiger als je ein Papst zuvor äusserte sich der Pacelli-Papst in
unzähligen Ansprachen und Rundschreiben zu den Fragen der Zeit und
verlieh dem Papsttum, zumindest im katholischen Raum, eine Stimme mit hohem moralischem Ansehen. Während des Kalten Krieges bekannte er sich wiederholt klar zum «christlichen Abendland» und
nahm eindeutig für den «Westen» und die «freie Welt» in deren Kampf
gegen den Kommunismus Stellung. In Bezug auf die autoritär-faschistischen Regimes in Spanien und Portugal zeigte er sich bedeutend
weniger kritisch, solange diese die katholische Kirche in den internen
Angelegenheiten in Ruhe liessen und keine antikirchliche Propaganda
betrieben.

In der Tat besteht kein Zweifel darüber, dass die «langen sechziger Jahre» eine tiefe Zäsur in der Geschichte des Katholizismus des 19. und 20. Jahrhunderts bilden. Ob man diese mit der Reformation vergleichen kann, bleibt offen.[46] Noch kam es nicht zu einer institutionellen Kirchenspaltung wie im 16. Jahrhundert. Es ist nicht ausgeschlossen, dass – bewusst oder unbewusst – die Erinnerung an die Reformation den deutschen Papst Benedikt XVI. dazu bewegte, 2009 die Exkommunikation gegen die vier ultratraditionalistischen Bischöfe der Priesterbruderschaft St. Pius X. aufzuheben, um damit ein dauerhaftes Schisma zu verhindern. Wenn man die weiteren restaurativen Handlungen seines bisherigen Pontifikates, wie zum Beispiel die Erlaubnis zur lateinisch zelebrierten so genannten «Tridentinischen Messe» betrachtet, drängt sich die Vermutung auf, dass der Papst die Frustrationen und Proteste des liberalen Flügels und kritische Äusserungen in der breiten Öffentlichkeit um der Einheit der katholischen Kirche willen in Kauf nimmt.

Um 1960 kamen verschiedene Strömungen zusammen, die epochale Transformationen im Katholizismus westlicher Prägung zur Folge hatten.[47] Für den Katholizismus in der Schweiz sind die Entwicklungen in Deutschland, den Niederlanden und Belgien besonders aufschlussreich, weil es sich ebenfalls um konfessionell fragmentierte Gesellschaften handelt, in denen die kirchentreuen Katholiken im 19. Jahrhundert katholische «Sub-» oder «Sondergesellschaften», «Säulen» und «Milieus» hervorgebracht haben. In der Schweiz verloren nicht nur der Sonntag und die christliche Erziehung ihre frühere Bedeutung für die Lebenswelt, sondern es lösten sich auch jene Denkweisen und institutionellen Strukturen auf, die bisher die kirchentreuen Katholiken ausserhalb der Kirche in einem Block, in einer defensiven «Acies ordinata» zusammengeschlossen hatten.[48] Diese Phänomene finden in manchen religionssoziologischen Untersuchungen zu wenig Beachtung.

Als das Konklave der Kardinäle am 28. Oktober 1958 den 76jährigen Kardinal und Patriarchen von Venedig, Angelo Roncalli, zum Papst wählte, war dies für die Aussenwelt eine Überraschung, so dass zunächst von einem «Übergangspapst» die Rede war. Mit seiner offenen Art, die an einen liebenswürdigen und volkstümlichen Landpfarrer erinnerte, gewann Johannes XXIII. in kürzester Zeit die Sympathien der

Gläubigen und darüber hinaus der Weltöffentlichkeit. Das Losungswort vom «Aggiornamento» ging um. 1959 überraschte Roncalli die Weltöffentlichkeit mit der Ankündigung eines allgemeinen Konzils, das er am 11. Oktober 1962 einige Monate vor seinem Tod eröffnete.[49] Mit seinen Enzykliken «Mater et magistra» (1961) und «Pacem in terris» (1963) bekannte er sich in Abgrenzung zur bisher führenden Neoscholastik zu einem offenen Weltbild. Sein Pontifikat korrigierte auch den Kurs des Heiligen Stuhls gegenüber den Staaten und Menschen im kommunistischen Ostblock und rückte vom starren Antikommunismus ab.[50]

Ein geradezu epochaler Einschnitt war zweifellos das Zweite Vatikanische Konzil, das in vier Sitzungsperioden von 1962 bis 1965 in Rom tagte und von Papst Paul VI. als Nachfolger von Johannes XXIII. am 8. Dezember 1965 abgeschlossen wurde. Über dieses Konzil ist von Kirchenhistorikern so viel geschrieben worden, dass es eine Anmassung wäre, im Kontext dieses Beitrages über die schweizerische Katholizismusgeschichte noch Wesentliches beifügen zu wollen.

Der Beitrag der Schweizer Bischöfe war bescheiden, was nicht zuletzt damit zusammenhing, dass diese auf dem Konzil keine vertiefte Zusammenarbeit im nationalen Rahmen pflegten und hauptsächlich mit den Bischöfen der jeweiligen Sprachengruppe in Verbindung standen.[51] Doch waren die Schweizer in den vorbereitenden Kommissionen wie auch in jenen des Konzils angemessen vertreten. Ins Gewicht fiel die Tätigkeit von Schweizer Konzilstheologen, unter denen sich der Fundamentaltheologe Hans Küng[52] und der Liturgiker Anton Hänggi[53], der spätere Bischof von Basel, befanden.[54] Zu nennen ist auch der spätere Kardinal Charles Journet, damals Professor für Dogmatik am Priesterseminar in Freiburg und Herausgeber der Zeitschrift «Nova et vetera».[55] Nicht zu vergessen sind die nichtkatholischen Konzilsbeobachter aus der Schweiz, unter ihnen Lukas Vischer vom Ökumenischen Rat in Genf und Frère Roger Schutz von der Gemeinschaft in Taizé. Ein kleines Detail möchte ich hier aus schweizerischer Sicht anführen: Im Mai 1962 wandte sich die Schweizer Juristin Gertrud Heinzelmann direkt an die Vorbereitungskommission des Konzils und forderte die Zulassung von Frauen zu Weiheämtern und löste damit, vor allem in der Presse, eine Diskussion aus.[56]

Das Zweite Vatikanum war ein internationales Medienereignis. Auch in der Schweiz nahm die Zeitungsberichterstattung einen verhältnismässig grossen Umfang an, der keineswegs auf die katholische Presse beschränkt blieb.[57] So verfügten beispielsweise die «Neue Zürcher Zeitung» und die «National-Zeitung» über eigene Konzilsberichterstatter, unter denen Hanno Helbling von der «Neuen Zürcher Zeitung» hervorragte. Katholische Blätter wie die «Neuen Zürcher Nachrichten», «La Liberté» oder das «Vaterland» benutzten die Berichte der Katholischen Internationalen Presseagentur KIPA und druckten regelmässig Beiträge von Theologen ab. Einen grossen publizistischen Einfluss besassen die Jesuitenpatres Ludwig Kaufmann und Mario von Galli von der Zeitschrift «Orientierung».[58]

Schwere Krise in der religiösen Praxis

Besuchte man in den fünfziger und in den frühen sechziger Jahren katholische Pfarrgemeinden, erhielt man von aussen den Eindruck eines blühenden kirchlichen Lebens. In den ländlichen katholischen Regionen der Deutschschweiz besuchten um 1960 über 90 Prozent der Gläubigen die Sonntagsmesse; in den französischsprachigen Gebieten war der sonntägliche Kirchgang etwas schwächer. Auffallend ist im westeuropäischen Vergleich, dass in den urbanen Agglomerationen die Schweizer Katholikinnen und Katholiken laut Pastoralzählungen häufiger die Sonntagsmesse besuchten als ihre Glaubensgenossen in umliegenden katholischen Ländern.

In ländlichen katholischen Gebieten entsprach die Kirchenpraxis der Gläubigen weitgehend den kirchlichen Regeln. Während auf dem Land der soziale Druck den Kirchgang förderte, brauchte es in den Diasporastädten wie Zürich und Bern das katholische Milieu mit seinen Vereinen als schützenden Rahmen, um die Sonntagspraxis in der fremden Umgebung zu erhalten. Ende der fünfziger Jahre wiesen traditionell katholische Städte wie Luzern und Freiburg Anteile von deutlich über 60 Prozent auf; in der konfessionell paritätischen Stadt St. Gallen gingen über 50 und im protestantisch geprägten Zürich über 40 Prozent zur Sonntagsmesse.[59]

Bis Anfang der sechziger Jahre bewegte sich der Besuch der Messe auf hohem Niveau. Vermutlich hatte er sich nach dem Zweiten Weltkrieg sogar erhöht. Zu diesem Resultat kam eine Studie im ostschweizerischen Bistum St. Gallen, die feststellte, dass von 1945 bis 1960 der Kommunionsempfang um rund einen Drittel zunahm.[60] Die kirchenstatistischen Daten deuten auf eine Spätblüte in der kirchlichen Praxis hin – eine Einschätzung, die Paul M. Zulehner auch für Österreich festhält.[61] Nur ein Jahrzehnt später begann der Kirchgang wie in den Nachbarländern signifikant einzubrechen. In den 1970er Jahren besuchten noch 15 Prozent der städtischen Katholikinnen und Katholiken regelmässig die Sonntagsmesse. Für die ländliche katholische Bevölkerung ist damals von einem Wert zwischen 40 und 50 Prozent auszugehen.[62] Am stärksten brach die Praxis der Einzelbeichte ein. In den fünfziger Jahren erhielten die Jugendlichen in der Christenlehre im Alter von acht oder neun Jahren mit Hilfe von so genannten «Beichtspiegeln» eine Einführung in die Beichte. Als Grundregel galt, mindestens einmal pro Monat zur Beichte zu gehen, um damit den würdigen Kommunionsempfang zu gewährleisten. Ich erinnere mich gut an die nach Mädchen und Buben getrennten Schlangen vor den Beichtstühlen in den Pfarrkirchen am Samstagnachmittag. In den «langen sechziger Jahren» ging diese Praxis rapide zurück. Als Reaktion führten die Schweizer Bischöfe Bussfeiern mit Generalabsolution vor Festtagen ein, die sich grosser Beliebtheit erfreuten, mit den Jahrzehnten aber vorab bei den jüngeren Generationen nur mehr auf wenig Interesse stiessen. Mitte Januar 2009 vollzogen die Schweizer Bischöfe unter römischem Druck eine Kehrtwende und sprachen sich für die Abschaffung der Generalabsolution bei Bussfeiern aus.[63]

Ähnliche Tendenzen lassen sich in Bezug auf die Zahl der Priester- und Ordensleute feststellen. Als Institution genoss die Kirche unmittelbar nach dem Zweiten Weltkrieg bei ihren Gläubigen ein hohes Ansehen, was sich dahingehend auswirkte, dass sie keine Rekrutierungsschwierigkeiten für geistliche Berufe hatte. Die Priester verfügten über ein grosses Sozialprestige und nahmen in Pfarreien, Mittelschulen und Medien wichtige Funktionen wahr. Die geistlichen Berufungen hatten in den 1930er Jahren einen Höhepunkt erreicht und waren im Folgejahrzehnt zurückgegangen. Seit 1950 kehrte der Trend um, und die Zahl der Neupriester stieg für kurze Zeit wiederum an, was sich unter anderen Faktoren mit der Zunahme an Pfarreien erklären lässt. Gerade in den grossen Städten, die für die Katholiken oft Diaspora-Gebiete darstellten, wurden zwischen 1920 und 1960 viele Pfarreien gegründet.[64] Zählte man 1930 2545 Weltpriester, so waren es 1941 deren 2866 und 1950 bereits 3096. Bis 1960 stieg ihre Zahl auf 3139 an. In den späten sechziger Jahren setzte ein markanter Wandel ein. 1970 lebten noch 2938 Weltpriester in der Schweiz, 1980 deren 2583, 1991 deren 2156, 2000 waren es 1859 und 2005 noch 1709.[65]

Als Folge der religiösen Transformationen verliessen Priester und Ordensleute den geistlichen Beruf, was die allgemeine Krise verstärkte. Stärker als gemeinhin angenommen wird, trug dies zur Vergrösserung der Malaisestimmung bei und untergrub das Vertrauen in die Institution Kirche. Anstelle der fehlenden Priester wurden in zahlreichen Pfarreien und Regionen Laien, Frauen und Männer hauptamtlich als Pastoralassistentinnen und Seelsorgehelfer, als Katechetinnen, Jugendleiter und Sozialarbeiter angestellt.[66] 1975 wurden 223 im pastoralen Dienst der schweizerischen Bistümer gezählt, 1980 waren es 500 und 1985 bereits 795. Besonders zahlreich waren die Laien im pastoralen Dienst des Bistums Basel.[67]

Das Konzil wertete die Laien auf, ohne die Dominanz des Klerus aufzuheben. Im Alltag verwischten sich die Unterschiede zwischen Klerus und Laien zudem auch dadurch, dass die priesterliche Kleidung – ich denke an die Soutanen – als Unterscheidungsmerkmal mit der Kulturrevolution von 1968 in kurzer Zeit aus dem Alltag der Dörfer weitgehend verschwand. Ende der 1970er Jahre drang Papst Johannes Paul II. nicht durch, als er das Tragen des priesterlichen Gewandes in Westeuropa wieder einführen wollte.

Vom kirchlichen Sonntag zum säkularisierten Weekend

Wie keine andere Institution ist in einer christlich geprägten Gesellschaft der Sonntag mit den Kirchen verbunden. Der rasche sozioökonomische Wandel nach dem Ende des Zweiten Weltkrieges bewirkte eine markante Veränderung der religiösen Sonntagspraxis.[68]

Noch in den fünfziger Jahren kannte die katholische Kirche ein striktes Gebot zum Besuch der Sonntagsmesse. Wer diese nicht besuchte, beging eine schwere Sünde. Der kirchliche Sonntag begann damals bereits frühmorgens mit einer so genannten Frühmesse. Zwischen neun und zehn Uhr war dann der Hauptgottesdienst, in der Regel ein Hochamt, angesetzt. Am Nachmittag fanden Vespern und Volksandachten statt. Den «Tag des Herrn» beschloss in vielen Pfarreien eine Abendandacht mit Rosenkranz.

Wenn man die Pfarrblätter durchsieht, stellt man fest, dass die Nachmittagsgottesdienste im Verlaufe der fünfziger Jahre einen starken Abbau durchmachten. Grosser Beliebtheit erfreuten sich demgegenüber die Jugendgottesdienste. In vielen Städten etablierte sich die Elfuhr-Messe, und in grösseren Ortschaften wurde die Sonntagabendmesse eingeführt. Die «Schweizerische Kirchenzeitung» kam 1959 in einer Analyse zum Schluss, dass die Abendmesse gefördert werden müsse: «Will man den gegenwärtigen Anteil der praktizierenden Gläubigen halten [...], so muss man unverzüglich in allen Pfarrkirchen jeden Sonntag Spätmessen, vielleicht sogar Abendmessen einführen.»[69]

Schon kurz nach dem Zweiten Weltkrieg beschäftigte die Sonntagsheiligung die christlichen Kirchen, die 1950 ein gemeinsames Schreiben zum Thema «Sonntag» herausgaben.[70] Die Debatte drehte sich nicht mehr um die Verletzung der Sonntagsruhe durch Fabrik- oder Feldarbeit, sondern um die Sonntagsheiligung in Konkurrenz zur Freizeitgesellschaft, denn die aufkommende Konsumgesellschaft veränderte das Sonntagsverhalten der Katholiken in radikaler Weise. In dem Masse, indem der Sonntag zum Weekend der Freizeitgesellschaft wurde, entglitt er den kirchlichen Vorschriften und säkularisierte sich. Der katholische Sonntag, der das religiöse Ziel der Sonntagsheiligung verfolgt, füllte sich mit säkularen Inhalten wie Sport und anderen Freizeitvergnügungen, die die Kirche nicht mehr zu kontrollieren vermochte. An die Stelle der katholischen Vereine traten professionelle Freizeitinstitutionen.

Auf den sozialen Wandel reagierte die Kirche mit einer Art «Verkirchlichung» des Restsonntags, konnte aber mit volksnäheren Liturgieveranstaltungen wie zum Beispiel Jugend- oder Abendgottesdiensten keine Umkehr des gesellschaftlichen Makrotrends einleiten. Als die Kirche in den späten fünfziger und frühen sechziger Jahren Spätmessen am Sonntagvormittag und später, nach dem Zweiten Vatikanum im

Jahre 1965 zuerst ad experimentum, dann 1969 definitiv erlaubt[71], Samstagabendmessen in ihr Pastoralangebot aufnahm, brachten diese Modernisierungen nur einen kurzen Erfolg. Seit den siebziger Jahren ging der Rückgang in schnellem Tempo weiter. Der sonntägliche Kirchenbesuch brach geradezu dramatisch ein und erreichte bei einer Umfrage von 1999 in der Altersgruppe der 16–25jährigen lediglich noch einen Wert von 4.7, in der Gruppe der 26–35jährigen einen von 5.6, in der Gruppe der 36–45jährigen einen von 12.7 und der Gruppe der 46–55jährigen einen von 14.6 Prozent. Nur in den beiden Altersgruppen der 56–65jährigen und der 66–75jährigen lag der Anteil der Kirchgänger mit 27.9 respektive 38.2 Prozent deutlich höher.[72]

In den letzten drei Jahrzehnten des 20. Jahrhunderts nahm der Sonntag als Ruhetag mehr kulturelle als religiöse Dimensionen an. 1985 gaben die christlichen Kirchen eine Erklärung zum Schutz des Sonntags heraus, die die weltliche Begründung des Ruhetages neben die Sonntagsheiligung stellten.[73]

Entritualisierung

Vor dem Hintergrund der Sonntagskrise erstaunt es nicht, dass am Zweiten Vatikanum die Liturgie ein zentrales Anliegen darstellte. In der Rückschau gesehen, war die Einführung der Volkssprache in die katholische Liturgie ein epochaler Meilenstein, denn dadurch erhielten die Gottesdienste ein völlig anderes Gepräge. Mit dem Abschied vom Latein verlor der Klerus ein Instrument, das mit der fremden Liturgiesprache etwas Geheimnisvolles, für das einfache Volk nur schwer Verständliches, dargestellt hatte. In einem gewissen Sinne verstärkten sich damit auf der symbolischen und lebenspraktischen Ebene die Entsakralisierung und Entklerikalisierung der Kirche. Es ist hier nicht der Ort, um auf die Liturgiereform im Einzelnen einzugehen. Kritiker, zu denen auch der deutsche Professor für Dogmatik und spätere Kardinal Joseph Ratzinger gehörte, sahen darin partiell so etwas wie eine «Entzauberung» der katholischen Religiosität.

Waren viele Frömmigkeitsübungen vor dem Konzil darauf ausgerichtet, die Gläubigen auf das «ewige Leben» vorzubereiten, so dienten sie nach dem Konzil vielfach dazu, das irdische Leben zu bewältigen. Damit wurden Glaubensverständnis und Kultformen weltlicher. Es entstand eine neue Frömmigkeitskultur, die stärker vom Wort geprägt war und in einem gewissen Sinn entritualisiert wurde. An die Stelle eines farbigen Kosmos von Statuen auf Altären und Bildern in Kirchenfenstern, an Stelle von frommen Andachten und barocken Wallfahrten trat eine rationalistischer geprägte Wortkultur, die einen moralischen Appell an die Gläubigen richtete. Mit der Verbalisierung des katholischen Kultes passte sich die Kirche den Lebensformen der modernen Bildungsschichten Europas und Nordamerikas an, denn diese konnten in der fortschrittsgläubigen Nachkriegszeit mit dem mysterienhaften Sakramentalismus der vorkonziliären Kirche wenig anfangen.[74] Die durch das Konzil hervorgerufene innerkirchliche Aufklärung produzierte in dialektischer Weise Ungleichzeitigkeiten. Hatte sich die konziliare Kirche den Bedürfnissen der städtisch-bürgerlichen Mittelschichten Westeuropas und Nordamerikas angepasst, so verlangten verunsicherte Gläubige gerade im postmodernen Zeitalter mehr Mysterien und Mystik. Euphorischer Reformoptimismus und panische Ängste vor dem Traditionszerfall äusserten sich gleichzeitig neben einander. Von 1972 bis 1975 tagte die «Synode 72», um die Konzilsbeschlüsse in der Schweiz umzusetzen.[75]

Auf der traditionalistischen Seite gründete der ehemalige Erzbischof von Dakar Marcel Lefebvre 1970 die Priesterbruderschaft St. Pius x., die sich zum Ziel setzte, die Lehren und Riten der katholischen Kirche zu erhalten, was sich faktisch gegen die Reformen des Zweiten Vatikanums richtete, weil dieses angeblich mit seinen Beschlüssen die Traditionen der römischen Kirche verlassen habe. Da Lefebvres erstes Priesterseminar in Ecône (Kanton Wallis) entstand, waren die Schweizer Bischöfe von Anfang an durch die Lefebvre-Bewegung betroffen. Gegen das Verbot Roms weihte Erzbischof Lefebvre in den siebziger Jahren Priester und 1988 vier Bischöfe, darunter den Walliser Bernard Fellay, was seine eigene und deren Exkommunikation zur Folge hatte.[76]

Ideologisch steht die Pius-Bruderschaft in der Kontinuität rechtsintegralistischer Bewegungen des 19. und 20. Jahrhunderts.[77] In ihrer Ablehnung des Zweiten Vatikanums wendet sie sich gegen Religionsfreiheit und Ökumene, gegen innerkirchliche Demokratie und Gleichberechtigung der Frauen in der Kirche und vor allem gegen die Liturgiereformen. Die Organisation ist wiederholt auch durch ihre religiös und teilweise sozio-kulturell argumentierende Judenfeindschaft und durch antifreimaurerische Verschwörungsdiskurse aufgefallen.[78]

Verbandskatholizismus im Umbruch

Auf der organisatorisch-strukturellen Ebene des Katholizismus lässt sich ein Wandel feststellen, den man mit dem Soziologen Franz-Xaver Kaufmann und dem deutschen Historiker Heinz Hürten als «Verkirchlichung» bezeichnen kann.[79] «Verkirchlichung» meint hier den Bedeutungsgewinn der amtskirchlich legitimierten Räte und Stabsstellen gegenüber den traditionellen Vereinen und Verbänden. Man kann auch von einem Übergang vom Verbands- zum Rätekatholizismus sprechen.[80] Zahlreiche katholische Vereine gerieten in den «langen sechziger Jahren» in eine Krise, verschwanden entweder ganz oder nahmen den Charakter von Spontangruppen oder von Arbeitskreisen an.

Ohne auf die Geschichte der einzelnen Verbände einzugehen, die Rolf Weibel[81] detailliert nachzeichnet, fällt auf, dass einzelne Vereine kleinere Nachwuchssorgen hatten als andere. Erfolgreich waren vorab Vereine, die in der Freizeitgesellschaft oder auf dem religiösen Markt spezielle Bedürfnisse abdeckten. Frauen-, Jugend- und Sportorganisationen litten weniger unter der allgemeinen Vereinskrise, gar nicht zu reden von den neuen religiösen Bewegungen wie Focolare, Schönstatt, Communione e Liberazione etc. Als neue Organisationstypen gewannen die spirituellen Bewegungen zahlreiche Mitglieder. Innerkirchlich löste in vielen Bereichen der Bewegungs- und Gemeinschaftskatholizismus die Vereine ab.[82]

Nach dem Zweiten Weltkrieg begannen sich die katholischen Frauen, die in der Schweiz bis 1971 kein Stimm- und Wahlrecht besassen, aus der patriarchalischen Bevormundung des Schweizerischen Katholischen Volksvereins zu lösen und die Zusammenarbeit mit Frauenorganisationen anderer weltanschaulicher Ausrichtung zu intensivieren.[83] Im Jahre 1994 erfolgte der Zusammenschluss der Frauen- und Müttergemeinschaften mit dem Frauenbund, der seine Organisation und seine Aktivitäten modernisierte und zu Beginn des 21. Jahrhunderts rund 200 000 Mitglieder zählte. Im Geist der Ökumene wurde 1971 die Zeitschrift «Die Schweizerin» des 1912 gegründeten Schweizerischen Katholischen Frauenbundes mit der vom evangelischen Frauenbund herausgegebenen Zeitschrift «Die evangelische Schweizerfrau» zusammengelegt.[84]

Der Emanzipationsprozess der katholischen Frauen kam in den fünfziger Jahren langsam voran, da in der Schweiz ein konservatives Frauenbild vorherrschte. In der neuen Wohlstandsgesellschaft wurde das Bild der opferbereiten, mit Hausarbeit überlasteten Mutter durch das Traumbild der perfekten Hausfrau und Gastgeberin ersetzt, die sich dank neuer Haushaltsapparate, etwa dem Kühlschrank und der Waschmaschine, vom öden Hausfrauenalltag befreien und damit mehr Zeit für sich und ihre Kinder gewinnen konnte. Der katholische Frauenbund zeigte sich gegenüber der aufkommenden Frauenbewegung zunächst reserviert und blieb in den 1970er Jahren den konservativen Wertvorstellungen der katholischen Kirche verbunden. Grosse Hoffnung setzten die Frauen in die pastorale Laienarbeit, die als Folge des Zweiten Vatikanums an Boden gewann. In der deutschen Schweiz nehmen zahlreiche Pastoralassistentinnen in den Pfarreien zentrale Aufgabenbereiche ein, zu denen die Verkündigung im Gottesdienst, die Katechese und der Religionsunterricht, die Sakramentenpastoral und die Diakonie gehören.[85]

Nach dem Konzil vergrösserte sich die Zahl der Laientheologinnen rasch. An der Katholisch-Theologischen Fakultät der Universität Freiburg erfolgte laut Michaela Sohn-Kronthaler und Andreas Sohn die erste Immatrikulation von Frauen im Jahre 1956. 1963 promovierte eine Amerikanerin als erste Theologin, und 1989 wurde die erste Frau an der Freiburger Fakultät habilitiert.[86]

Mit seinen eigenständigen Meinungen zu Fragen der Sozialethik wurde der Frauenbund zu einem Modernisierungsfaktor im Schweizer Katholizismus. Da der Frauenbund sich nicht nur gegenüber der Amtskirche, sondern auch gegenüber den Männerverbänden und der christlichdemokratischen Partei ein eigenständiges Profil erarbeitete, ist er in der allgemeinen Frauenbewegung eine anerkannte Stimme, die versucht, christliche Ethik mit modernen Frauenpostulaten zu verbinden.

Bedeutungsgewinn von Dienstleistungsorganisationen
Von den alten katholischen Verbänden blieben solche Institutionen erfolgreich, die ihre Aktivitäten im Dienstleistungsbereich ausbauten. Als prominenteste Beispiele greife ich das Fastenopfer und die Caritas heraus, die als Non-Profit-Organisationen weit über den Katholizismus hinaus eine angesehene Stellung einnehmen.

1955 wurde unter dem Namen «Messis» in mehreren Städten eine Wanderausstellung zur Mission in Afrika, Asien und Lateinamerika veranstaltet, aus deren Initiative das Missionsjahr 1960/61 unter dem Präsidium von Meinrad Hengartner hervorging. Bleibendes Produkt dieser Jugendinitiative war das 1962 gegründete «Fastenopfer der Schweizer Katholiken».[87] Im europäischen Vergleich ist es bemerkenswert, dass das Fastenopfer kein bischöfliches Hilfswerk ist. Bei dessen Gründung standen Laien und einfache Priester an vorderster Stelle. Auch wenn das Fastenopfer in den Anfängen die spirituelle Pastoral- und Missionsarbeit betonte, gewann das politische Mandat seit Beginn der siebziger Jahre an Gewicht. Das Hilfswerk übernahm eine anwaltschaftliche Rolle für die «Dritte Welt» und den «Süden», indem es die christliche Spiritualität und politisches Engagement verband. Die erste Sammelaktion im Jahre 1962 war mit 4.2 Millionen Franken ein sensationeller Erfolg. In den folgenden Jahren stieg das Ergebnis ständig an und überschritt 1979 erstmals die 20-Millionen-Marke.[88]

Der Caritas-Verband, der zu Beginn des 20. Jahrhunderts ebenfalls aus dem katholischen Verbandswesen hervorgegangen war, war in seiner langen Geschichte sorgsam darauf bedacht, zwar die Anerkennung durch die Bischöfe zu behalten, aber nicht unter deren Leitung zu geraten.[89] Die historische Verbundenheit mit der katholischen Sondergesellschaft äusserte sich in personeller Hinsicht darin, dass der Caritas-Präsident in der Regel aus der Politik stammte. Im Unterschied dazu waren von den acht Caritas-Direktoren im Zeitraum von 1919 bis 2001 sechs Geistliche. Erst 1971 übernahm mit Fridolin Kissling erstmals ein Laie das auf der operativen Ebene wichtige Amt des Direktors. Der Wechsel fiel mit der nachkonziliären Epoche zusammen, in der Laien Aufgaben übernahmen, die bisher von Geistlichen erfüllt worden waren. Demgegenüber entspricht das in den siebziger Jahren eingeführte Caritas-Opfer der schon mehrfach genannten Tendenz zur «Verkirchlichung», dessen Ertrag allerdings nur einen Teil der Aktivitäten abdeckt.

Wie die Mehrzahl der katholischen Organisationen und Institutionen machte der Caritas-Verband eine Selbstsäkularisierung durch und wandelte sich im letzten Drittel des 20. Jahrhunderts zu einem polyvalenten Hilfswerk mit christlichem Hintergrund. Seit dem Zweiten Weltkrieg wuchs die Caritas zu einem der grössten Hilfswerke in der Schweiz heran und beschäftigte im Jahre 2001 mehr als 500 Mitarbeiterinnen und Mitarbeiter. Im Gegensatz zu vielen anderen katholischen Verbänden konnte der Caritas-Verband seine gesellschaftliche Wirkung vergrössern. Er wandelte sich ähnlich wie in Deutschland von einem Verband der katholischen Wertegemeinschaft zu einem sozial-karitativen Dienstleistungsunternehmen. In Anlehnung an den deutschen Religionssoziologen Karl Gabriel kann man festhalten, dass dem Caritas-Verband damit neue integrative Funktionen zukamen. Kirchenferne Katholiken blieben über das Sozial- und Fürsorgewesen lose mit dem Katholizismus verbunden.[90]

Im Anschluss an das Zweite Vatikanische Konzil, das die soziale Diakonie neben der Verkündigung und der Liturgie als dritte Säule der katholischen Lebenswelt bezeichnete, anerkannte die Synode der Schweizer Katholiken 1975 die Caritas als kirchliche Zentralstelle für soziale Tätigkeit, womit das Werk neben der episkopalen Anerkennung auch diejenige des synodalen Kirchenvolkes erhielt.[91] Damit ist es dem Hilfswerk gelungen, weiterhin die Unterstützung vieler Katholiken zu erhalten und sich gleichzeitig als Non-Profit-Organisation das Vertrauen kirchenferner Kreise zu erwerben.

Als private Non-Profit-Organisation übernahm die Caritas im Fürsorgewesen Aufgaben, die der Staat nicht wahrnimmt. Wie in Deutschland ist die soziale Wohlfahrt durch eine duale Struktur geprägt, in der neben staatlichen Einrichtungen wie der Alters- und Hinterlassenenversicherung (AHV) private Werke eine wichtige Rolle spielen.[92]

Synode 72 und Pastoralforum anstelle des Katholikentages
Eindrücklich kommt die Entwicklung zur «Verkirchlichung» in der Geschichte der Katholikentage zum Ausdruck.[93] Anders als vor

dem Zweiten Weltkrieg waren die beiden Katholikentage der Nachkriegszeit in erster Linie eucharistische Kongresse, an denen Bischöfe
im Vordergrund standen. 1954 fand in Freiburg der 10. schweizerische
Katholikentag statt, der trotz Spannungen zwischen deutsch- und französischsprachigen Eliten 80 000 Katholikinnen und Katholiken anzog,
womit er nicht ganz die Zahl von 100 000 erreichte, die sich 1949 in
Luzern eingefunden hatten. Wie schon beim Katholikentag von 1949
in Luzern stellte die Radiobotschaft von Papst Pius XII. einen der emotionalen Höhepunkte dar.

Niemand rechnete Mitte der fünfziger Jahre damit, dass der Freiburger Katholikentag der letzte in einer beeindruckenden Reihe sein
würde. Das zunehmende Malaise um diese Massenveranstaltung hing
mit der Orientierungskrise des Verbandskatholizismus zusammen. Obwohl nach aussen intakt erscheinend, machte der SKVV bereits damals
eine Krise durch, welche durch den Tod seines langjährigen General-
sekretärs Prälat Josef Meier im Jahre 1960 verstärkt wurde.

Im März 1969 beschlossen die Bischöfe, nach einem föderalistischen Modell Synoden durchzuführen: gesamtschweizerische Vorbereitungen, diözesane Durchführung, nationale Koordination. In der Folge tagte die Synode von 1972 bis 1975, in deren Sog in den Gemeinden
Pfarreiräte und Stabsstellen geschaffen wurden, die nun das kirchliche
Leben trugen und die Legitimation zahlreicher Vereine im alltäglichen
Pfarreileben schmälerten. Da sich diese Räte strikt auf das pfarreilich-
kirchliche Leben konzentrierten, machte das Gemeindeleben einen
Wandel durch, den man wiederum als «Verkirchlichung» bezeichnen
kann.[94] Auf kantonaler, diözesaner und nationaler Ebene übernahmen
Arbeitsgemeinschaften und Stabsstellen der Bischofskonferenz weit-
gehend die Aufgaben, die früher der SKVV als Dachverband mit seinen
Mitgliedvereinen erfüllt hatte. Im Bereich der Erziehung wurde der Bil-
dungsrat, in jenem der Missionswerke der Missionsrat gegründet.[95]

In diesem Zusammenhang ist auf die bereits genannte Stabsstelle
Justitia et Pax einzugehen.[96] Wie erwähnt, ging das gesellschaftspolitische Engagement als Folge der Transformationen von den Verbänden
auf Stabsstellen über, die unter kirchlicher Leitung standen. 1969 wurde die Justitia et Pax als Stiftung gegründet und 1973 zu einer Stabsstelle der Bischofskonferenz umgewandelt, die wegweisende Studien

zur Sozialethik, unter anderem zur betrieblichen Mitbestimmung, zum Bodenrecht und zur Gentechnologie, publizierte.[97] In den Anfangsjahren hatte die Justitia et Pax Akzeptanzschwierigkeiten, denn ältere katholische Organisationen begegneten ihr mit Misstrauen und ordneten sie als politisch zu links ein. Bemerkenswert ist dabei, dass die Akzeptanz nicht mehr von der konfessionellen, sondern von der politisch-inhaltlichen Ausrichtung bestimmt wurde, was auf die interne Pluralisierung des Katholizismus hinweist. Die frühere weltanschauliche Einheit und Geschlossenheit zerbröselte.

In der zweiten Hälfte der siebziger Jahre kam der nachkonziliäre und synodale Aufbruch auf allen Ebenen ins Stocken. Das Schlagwort von den «ratlosen Räten» machte die Runde. Dies hing unter anderem damit zusammen, dass die Pfarrei- und Seelsorgeräte auf lokaler Ebene praktisch keine kirchenrechtlichen Entscheidungskompetenzen erhielten und mit der autoritären Hierarchie der römischen Kirche in Konflikt gerieten.

Die Synode 72 bat die Bischofskonferenz, einen gesamtschweizerischen Pastoralrat zu schaffen, der die Verwirklichung der synodalen Beschlüsse und Empfehlungen in der Schweiz einheitlich vorantreiben sollte. Ein solcher Plan wurde im Sommer 1977 von Rom abgelehnt. Papst Paul VI. ermunterte jedoch die Bischöfe am 1. Dezember 1977, die interdiözesane Koordination auf einem anderen Weg zu fördern. So entstand das «interdiözesane Pastoralforum», das zum ersten Mal vom 8. bis 10. Dezember 1978 in Einsiedeln und zum zweiten Mal vom 29. Oktober bis 1. November 1981 in Lugano tagte.

An dieser Stelle ist auf eine schweizerische Eigenart hinzuweisen, die Einflüsse aus der Organisation der evangelisch-reformierten Kirche aufweist und Traditionen aus dem schweizerischen Staatskirchenrecht des 19. Jahrhundert weiterführt. In der Eidgenossenschaft ist die katholische Kirche durch einen Dualismus kirchlicher und staatskirchlicher Organisationen geprägt.[98] Neben den kirchlichen Organismen wie der Pfarrei, dem Dekanat, dem Bistum und der Bischofskonferenz existieren staatskirchenrechtliche Körperschaften wie die Kirchgemeinden und die Kantonalkirchen. Die kantonal-kirchlichen Institutionen sind in der Regel für die Finanzierung der kirchlichen Angelegenheiten besorgt, weshalb sie Arbeitsstellen für die Katechese und den Religionsunterricht, Stabsstellen für die kirchliche Jugend- und Sozialarbeit, für die Ausländerseelsorge und die Erwachsenenbildung etc. geschaffen haben.

Auf nationaler Ebene erfolgte der Zusammenschluss der Kantonalkirchen spät. Erst im Jahre 1967 bildete sich die Konferenz der katholischen kantonal-kirchlichen Organisationen, die einen Informations- und Gedankenaustausch zum Ziel hatte. 1971 gab sich die Konferenz Statuten und nannte sich Römisch-katholische Zentralkonferenz der Schweiz RKZ.[99]

Vermehrt sozialethische Stellungnahmen der Bischöfe

Die 1863 gegründete Schweizer Bischofskonferenz SBK gilt als älteste der Weltkirche und hat eine wechselvolle Geschichte hinter sich. Auf organisatorischer Ebene wandelte sie sich von einem losen Beratungsgremium zu einem kirchenrechtlich verankerten Organ der katholischen Kirche. Die späten sechziger und frühen siebziger Jahre des 20. Jahrhunderts waren für die Bischofskonferenz eine Zeit der organisatorischen Reformen.[100]

Auf römische Initiative hin kam Ende der 1950er Jahre eine erste Revision des SBK-Organisationsstatus zustande. Als Folge des Konzils wurden die Statuten nochmals überarbeitet und 1975 definitiv erlassen. Unter anderem brachten sie eine Verstärkung der inneren Strukturen und damit eine modernere Bürokratie mit sich. Nach dem Vorbild des Bundesrates wurde die Bischofskonferenz von einem im Turnus wechselnden Präsidenten geleitet und ein hauptamtliches Sekretariat geschaffen. Die neue Organisation ermöglichte es den Schweizer Bischöfen, in pastoralen Fragen nach innen und in gesellschaftspolitischen Fragen nach aussen sachkundiger als bisher aufzutreten. Dabei leisteten Kommissionen und Stabsgruppen wie die Pastoralplanungskommission wegweisende Vorarbeiten.

Bis in die fünfziger Jahre widerspiegelten die politischen Stellungnahmen der Bischofskonferenz fast immer die Meinung der katholischen Sondergesellschaft mit ihren Vereinen und Parteien. In der unmittelbaren Nachkriegsperiode von 1945 bis 1965 begann sich diese Einheitsphalanx aufzulösen. Politisch gingen die Bischöfe auf einen vorsichtigen Distanzkurs zur katholischen Partei. In der Frauenstimmrechtsfrage, die 1959 zum ersten Mal zur Abstimmung kam, waren die Bischöfe gespalten.[101] Die zunehmende politische Abstinenz des Episkopates passte in die religiöse Landschaft der Nachkriegszeit, deren wirtschaftliche Hochkonjunktur die allgemeine Entideologisierung förderte. Nach dem Konzil begannen sich die Schweizer Bischöfe häufiger zu Themen der Gesellschaftspolitik zu äussern, wobei die sachlichen Programme von Stabskommissionen wie etwa der Justitia et Pax stammten. Es wäre aber falsch anzunehmen, der Episkopat hätte sich wieder vermehrt der Parteipolitik zugewandt. Im Gegenteil, er folgte der Linie des Zweiten Vatikanums, das die Eigenständigkeit der weltlichen Bereiche betonte und die Äquidistanz zu den demokratischen Parteien empfahl. In diesem Kurs bestärkte die Schweizer Synode 72 die Bischofskonferenz.[102]

Verschiedene sozialethische Stellungnahmen der Bischöfe riefen unter den Katholiken und darüber hinaus Irritationen hervor. Angespannt wurde das Klima, als die SBK Tabuthemen wie die militärische Landesverteidigung und die Waffenausfuhr aufgriff. Als sich die Bischöfe 1975/76 im Zusammenhang mit einer schweizerischen Volksabstimmung für die betriebliche Mitbestimmung aussprachen, brach die Diskussion über die Legitimität des so genannten «politischen Mandates» der Kirche offen aus.[103] In den achtziger Jahren verloren die Debatten an Härte, da sich der kirchliche Einfluss in der Alltagspolitik als kleiner erwies, als die politischen Eliten ursprünglich angenommen hatten. Dennoch ist die Langzeitwirkung der bischöflichen Öffentlichkeitsarbeit in Fragen der Sozialethik nicht zu unterschätzen.

Vorrang von Religionsfreiheit vor kirchlichem Wahrheitsanspruch

Der schweizerische Bundesstaat von 1848 gründete prinzipiell auf den universalistisch verstandenen Menschen- und Grundrechten. Wenn sich die Schweizer Katholiken in den modernen Staat integrieren wollten, mussten sie die individuelle Religions- und Glaubensfreiheit der Bundesverfassung grundsätzlich anerkennen und durften für sich bloss religiöse Sonderrechte, so etwa katholische Feiertage oder öffentliche Prozessionen zu religiösen Zwecken, einfordern. Eine Rückkehr zu einem «katholischen Staat», wie er in den katholischen

Kantonen des Ancien Régimes – teilweise bis 1830/48 – Bestand hatte, war in der modernen Schweiz ausgeschlossen. Als Minderheit anerkannten die Katholiken in der praktischen Politik den Vorrang der Religionsfreiheit vor dem kirchlichen Wahrheitsanspruch.[104] Da die Religionsfreiheit eng mit dem liberalen und demokratischen Verfassungsstaat verbunden ist, stellt der katholische Diskurs über die Demokratie ein Paradebeispiel für die schrittweise Modernisierung des Katholizismus dar. Seit dem 19. Jahrhundert bildete die naturrechtliche Staatslehre die Grundlage für die kirchliche Neutralität gegenüber den Staatsformen, was zur Folge hatte, dass die römisch-katholische Kirche keiner Staatsform eine besondere theologische Legitimation gab. Die Kirche forderte, dass der Staat das Gemeinwohl fördere. In der konkreten Wirklichkeit bevorzugte sie oft Regime, die die Interessen der Kirche nicht verletzten, was in Europa bis zum Zweiten Weltkrieg ihre partiellen Sympathien für kirchenfreundliche autoritäre Regime erklärte.[105]

Im 19. und zu Beginn des 20. Jahrhunderts fanden sich in Verlautbarungen der römischen Kirche regelmässig demokratiekritische, ja antidemokratische Äusserungen. Die römische Kirche betrachtete die Demokratie als revolutionär und lehnte die liberalen Freiheitsrechte ab, da sie für sich die einzige Wahrheit beanspruchte. Berühmt geworden ist der «Syllabus errorum» von 1864. Erst um die Mitte des 20. Jahrhunderts gab die Kirche auf Druck der westlichen Demokratien, insbesondere der USA, ihre distanzierte Neutralität in der Frage der Staatsform auf. Unter dem Eindruck des weltweiten Kampfes der so genannten «freien Welt» gegen die kommunistischen Diktaturen begann sie die Demokratie vorzuziehen. Einen ersten Durchbruch brachte die Weihnachtsansprache von Papst Pius XII. 1944. Auf dem Zweiten Vatikanischen Konzil wurde in «Dignitatis humanae» (1965) und «Gaudium et spes» (1965) die freiheitliche Demokratie schliesslich positiv beurteilt. Mit der grundsätzlichen Anerkennung der Religionsfreiheit sprach sich das Konzil auch für den Meinungspluralismus in «weltlichen» Angelegenheiten aus. Ob man dies als Bruch (wie Ernst-Wolfgang Böckenförde) oder als Etappe in einem langen Lernprozess (wie Rudolf Uertz oder Karl Gabriel/Christian Spiess/Katja Winkler u. a.) interpretieren soll, lasse ich hier offen.[106]

Während die katholische Universalkirche erst spät ein positives Verhältnis zur Demokratie entwickelte, akzeptierte die grosse Mehrheit der Schweizer Katholiken im praktischen Alltag die demokratische Staatsform des Bundesstaates und seiner Kantone bereits im 19. Jahrhundert als politische Selbstverständlichkeit und machte schon vor 1848 in einzelnen Kantonen von den Volksrechten Gebrauch. In den Jahren von 1874 bis 1884 waren es gerade die kirchentreuen Katholiken, die das direktdemokratische Instrument des Referendums häufig benutzten, um ihre Minderheitenstellung in Parlament und Regierung zu kompensieren und die Politik der freisinnigen Regierungspartei zu blockieren.[107]

Das Programm der katholisch-konservativen Parlamentarier anlässlich der Konstituierung ihrer Fraktion in der Bundesversammlung 1882 erwies sich ohne Abstriche als demokratisch. In der katholischen Publizistik tauchte der Begriff «christliche Demokratie» schon im Zusammenhang mit Bemühungen um die Gründung einer interkonfessionellen konservativen Partei in den Jahren 1882 bis 1884 auf. Im Rahmen des Parteigründungsversuches von 1907/08 wollten einzelne Kreise, insbesondere der Nidwaldner Publizist und Politiker Hans von Matt, den damals avantgardistischen Namen «Christlich-demokratische Partei» verwenden.[108] Diese knappen Hinweise auf den politischen Katholizismus können mit der demokratischen Vereinspraxis unzähliger katholischer Vereine, Gewerkschaften und Institutionen ergänzt werden. Insofern vollzog das kirchliche Lehramt bloss nach, was der Laienkatholizismus in der Schweiz schon ein Jahrhundert lang praktiziert hatte. In der Annäherung der Kirche an die Demokratie kommt daher den katholischen Vereinen und Parteien in europäischen und nordamerikanischen Staaten eine wesentliche Rolle zu.[109]

An dieser Stelle ist kritisch anzumerken, dass auch in den Diskursen des Schweizer Katholizismus zur Demokratie eine gewisse Ambivalenz hauptsächlich bei Theologen und Philosophen bestehen blieb. Katholische Intellektuelle sprachen sich in Anlehnung an die römische Kirche nicht immer eindeutig für die Demokratie aus. Vor allem in den 1920er und 1930er Jahren machten verschiedene Publizisten rechtsintegralistischer Ausrichtung einen Unterschied zwischen alter «christlicher» und moderner «liberaler» Demokratie.[110] Nicht selten sympathisierten diese Rechtskatholiken mit autoritär-faschistischen Regimen der Zwischenkriegszeit.[111]

Bis Mitte des 20. Jahrhunderts empfanden Katholiken einerseits verschiedene Erscheinungen der Moderne als Krise; andererseits traten sie in eine folgenreiche Beziehung mit dieser Moderne und inkulturierten Teilbereiche der modernen Welt. Sie stellten Gegenkonzepte zu den modernen Gesellschaftsentwürfen des Liberalismus und Sozialismus auf, benützten aber auch Elemente aus diesen Ideologien für ihre eigenen Projekte. Zugleich beeinflussten sie in einem interdependenten Prozess säkulare Gesellschaftskonzepte, wie es etwa das aus der katholischen Soziallehre stammende Prinzip der «Subsidiarität» demonstriert.[112]

Dass sich der Katholizismus damit in die moderne Gesellschaft sukzessive integrierte, bleibt das Ergebnis dieses vielschichtigen und widersprüchlichen Prozesses. Es ist für die katholische Bewegung mit ihrer starken Betonung des weltanschaulichen Elementes typisch, dass die Doktrin in vielen gesellschaftlichen Teilbereichen hinter dem faktischen Gesellschaftswandel hinterher hinkte. Oft war es die normative Kraft des Faktischen, die in der konkreten Wirklichkeit neue Rahmenbedingungen schuf und den Katholizismus partiell modernisierte. Wie verschiedene Historiker und Soziologen festhalten, kam es innerhalb des ursprünglich antimodernen Milieukatholizismus zu Teilmodernisierungen, die ihn schliesslich von Grund auf veränderten.[113]

Das Zweite Vatikanum war durch die Versöhnung mit der Moderne ein epochaler Meilenstein in der Kirchengeschichte. Mit dem Konzilsdekret «Gaudium et spes» anerkannte die Kirche 1965 die Autonomie des «Weltlichen». Bis zum Vorabend des Zweiten Vatikanischen Konzils hatte sie gesellschaftspolitische Ordnungsmodelle vertreten, die auch die weltlichen Lebensbereiche nach kirchlichen Vorstellungen regeln wollten. Für dieses integralistische Denken war es typisch, dass die vorkonziliäre Kirche die Religions- und Gewissensfreiheit grundsätzlich ablehnte, denn nach den damaligen Vorstellungen besass der Irrtum kein Existenzrecht. Der so genannte «christliche Staat», der vor dem Zweiten Weltkrieg das katholische Ideal dargestellt hatte, besass die Aufgabe, die wahre Religion zu schützen und zu fördern. Allerdings konnte in konfessionell gemischten Ländern wie in der

Schweiz, in den Niederlanden und in Deutschland diese Doktrin nur mit Konzessionen in die Wirklichkeit umgesetzt werden.[114] Erst das Zweite Vatikanum brachte mit der Anerkennung der Religionsfreiheit am 7. Dezember 1965 das endgültige Ende dieser integralistischen Kirchenperiode, die die weltlichen Bereiche letztlich sakralisieren wollte. Mit einer Verspätung von rund 200 Jahren übernahm die katholische Kirche die Grundprinzipien der liberalen Verfassungsstaaten, anerkannte die Autonomie des Politischen und akzeptierte damit den demokratischen Meinungspluralismus. In diesem Zusammenhang muss man die Öffnung der Kirche gegenüber den nicht-christlich inspirierten Parteien und Ideologien stellen.[115]

Zunehmende Individualisierung als Folge der Konsumgesellschaft

Wie ich bereits betont habe, ist es zu einseitig, die Transformationen nur mit innerkirchlichen Faktoren zu erklären, weshalb ich hier auch auf die exogenen oder gesellschaftlichen Einflüsse zu sprechen komme. Von Theologen wird oft übersehen, dass die religiös-kirchlichen Transformationen seit den sechziger Jahren an prominenter Stelle mit der Modernisierung der Gesellschaft zu tun haben.[116] Mit dem amerikanischen Historiker Mark Ruff sehe ich im Aufkommen der hedonistisch geprägten Konsum- und Freizeitgesellschaft einen entscheidenden Faktor für den Niedergang des Milieukatholizismus.[117] Der wirtschaftliche Wohlstand erreichte in der Nachkriegszeit die Kleinstädte und Landgebiete der katholischen Schweiz und veränderte die Denk- und Lebenswelten der Katholikinnen und Katholiken. Aus den Pastoralberichten der Pfarrer geht oft hervor, welchen vergeblichen Kampf sie in den fünfziger Jahren gegen die so genannte «Sittenverderbung», insbesondere gegen Tanzklubs, Sportvergnügen und Frauenmode, führten.[118] In den katholischen Frauen- und Mädchenzeitschriften fanden über Mode und Tanz kontroverse Debatten statt.[119] Die kirchliche Sexualmoral geriet vor allem nach der Markteinführung der «Pille» zur Empfängnisverhütung unter Druck.[120]

In der Nachkriegszeit zeichnete sich die wirtschaftliche Entwicklung durch ein rasantes Wachstum aus. Einige Zahlen illustrieren dies: Dank der Zuwanderung von ausländischen Arbeitern stieg die Bevölkerung in der Schweiz von 4.3 Millionen im Jahre 1941 auf 6.4 Millionen im Jahre 1980. Damit war eine starke Binnenmobilität verbunden. 1941 zählte die Schweiz 31 Ortschaften mit über 10000 Einwohnern, 1970 waren es bereits 92. Mit dem steigenden Wohlstand wurden Telefon, Radio und Television, Auto, Kühlschränke und Waschmaschinen zu allgemein verbreiteten Wohlstandsgütern. Allein die Zahl der Personenwagen stieg von 65 947 1940 auf über eine Million im Jahre 1970 und auf 2.6 Millionen im Jahre 1985.[121]

Dazu kam, dass der entstehende Wohlfahrtsstaat mit seinen sozialen Einrichtungen wie der AHV (seit 1948) oder der Invalidenversicherung (seit 1960) Funktionen übernahm, die bis zum Weltkrieg private Institutionen und Verbände aus dem kirchlichen Umfeld ausgeübt hatten. Wo der Staat für soziale Notlagen aufkam, brauchte es die karitativen Organisationen der Kirche nur noch subsidiär.[122]

Die zwischen 1945 und 1965 geborene Babyboom-Generation trat in den siebziger Jahren auf die öffentliche Bühne. Eine Generation, die im Unterschied zur Kriegs- und Vorkriegsgeneration wirtschaftliche Not nicht mehr wirklich erlebt hatte und unter dem Eindruck des wachsenden Wohlstandes aufgewachsen war. Ronald Inglehart beschrieb den Wertewandel im neuen Mittelstand mit dem Begriff der «stillen Revolution».[123] Wenn die Versorgungs- und Sicherheitsbedürfnisse genügend abgedeckt werden, treten immaterielle Werte wie Selbstverwirklichung, Partizipation und Ästhetik in den Vordergrund. Dass diese gesellschaftlichen Trends die katholische Bevölkerung beeinflussten, liegt auf der Hand. Vor allem die katholische Jugend in den urbanen Gebieten nahm den neuen Lebensstil rasch an: Blue Jeans und Rock'n'Roll, Kino und Dancings besassen stärkere Anziehungskräfte als die gegen die Moderne gerichteten Sonntagspredigten der Pfarrer. Stärker als die Industriegesellschaft des 19. Jahrhunderts bedrohte nach 1950 die Freizeitgesellschaft die traditionelle katholische Lebenswelt.

Der Modernisierungsschub der «langen sechziger Jahre» führte dazu, dass die Menschen einen grösseren individuellen Spielraum erhielten. Die Bildung von Markt und Wettbewerb kennzeichnet – wie Staf Hellemans und andere Religionssoziologen feststellen[124] – die neue religiöse Landschaft. Die bessere Ausbildung der Menschen förderte deren geographische und soziale Mobilität, was ihre Ungebundenheit von der Kirche verstärkte. Die Grosskirchen erlitten einen Mitgliederschwund. Da gleichzeitig andere religiöse Sondergruppen und Gemeinschaften an Boden gewannen, sprechen Religionssoziologen von Pluralisierung.[125] Die im Jahre 1993 erschienene Studie von Alfred Dubach und Roland J. Campiche «Jede(r) ein Sonderfall?» kommt zum Schluss, dass der Individualismus die Bindung zur Kirche lockerte.[126] In seinem Buch von 2004 modifizierte Campiche die Individualisierungsthese und schreibt von der Dualisierung des Religiösen. Auf der einen Seite würden die Grosskirchen an Bedeutung verlieren und auf der anderen Seite eine universale, allen Mitgliedern der Gesellschaft gemeinsame Religiosität an Gewicht gewinnen, wie die Berufung auf die Menschenrechte zeige.[127]

Integrationsschub mit dem Zweiten Weltkrieg

Anders als in den Nachbarländern Deutschland und Italien bildete das Jahr 1945 in der Schweiz keinen totalen Bruch mit der Vergangenheit. Im Gegenteil, in der kriegsverschonten Eidgenossenschaft herrschte Kontinuität, das politische System war stabil und die politischen Diskurse glichen denjenigen vor dem Krieg. Das Land machte auf allen Ebenen einen Integrationsschub durch, der den politischen Katholizismus einbezog. Geistig prägte der Antikommunismus die Haltung der Schweizer im Kalten Krieg, wobei die Mehrheit der Katholiken zur Verteidigung des «christlichen Abendlandes» an vorderster Front marschierte.[128]

Das System der Konkordanzdemokratie, das Ähnlichkeiten mit den Grossen Koalitionen in anderen westeuropäischen Ländern wie in Österreich oder Deutschland besitzt, setzte sich in der Schweiz nach dem Zweiten Weltkrieg vollends durch. 1891 erhielt die Vorgängerpartei der CVP erstmals einen Sitz im siebenköpfigen Bundesrat, dem sie 1919 nach ihrem strammen Einstehen für die bürgerlich-kapitalistische Gesellschaftsordnung im Landesstreik einen zweiten Sitz hinzufügen konnte, womit sie einen ihrer Wählerstärke entsprechenden Regierungsanteil besass.[129] 1929 trat ein Vertreter der Bauern-, Gewerbe- und Bürgerpartei (BGB) in die Bürgerblock-Regierung ein, während die Sozialdemokraten – ähnlich wie die Christlichdemokraten im 19. Jahrhundert – warten mussten. Erst die Wahlen im Kriegsjahr 1943 trugen den Sozialdemokraten den ersten Sitz im Bundesrat ein. 1959 folgte

schliesslich die so genannte «Zauberformel»-Regierung mit zwei Freisinnigen, zwei Christlichdemokraten (damals unter dem Namen Konservativ-Christlichsoziale Volkspartei), zwei Sozialdemokraten und
einem Vertreter der SVP (damals BGB). Der rasante Aufstieg der nationalkonservativen Schweizerischen Volkspartei (SVP) in den 1990er
Jahren beendete die lange Phase dieser grossen Konkordanz und führte
im Jahre 2003 zu einem Sitzverlust der CVP im Bundesrat.[130]

Mitte der sechziger Jahre stand die CVP als Erbin des politischen
Katholizismus auf dem Höhepunkt ihrer wahlpolitischen Stärke und
errang 1963 23.4 Prozentpunkte.[131] Wie in andern westeuropäischen
Ländern nahmen die Christlichdemokraten eine Mittlerstellung zwischen dem rechten liberal-konservativen und dem linken sozialdemo-
kratisch-grünen Lager ein. In finanz- und wirtschaftspolitischen Fragen
politisierten sie mit der Rechten, in der Sozialpolitik in der Regel mit
der Linken und in gesellschaftspolitischen und kulturellen Fragen, wie
zum Beispiel beim straffreien Schwangerschaftsabbruch oder bei der
Gentechnologie, vertraten sie einen sozialkonservativen Kurs.

Aus der Rückschau gesehen erweist sich das Glanzresultat von
Mitte der sechziger Jahre als Wendepunkt. Wie ihre Schwesterparteien
in Westeuropa litt die CVP zunächst an einem langsamen, in den neunziger Jahren an einem galoppierenden Schrumpfungsprozess, der nur
teilweise mit der Erosion des katholischen Milieus infolge der kulturellen Revolution der «langen sechziger Jahre» erklärt werden kann.[132]
Die Weltwirtschaftskrise von Mitte der 1970er Jahre erschütterte die
Schweiz. Innenpolitische Spannungen, wie die Fichen-Affäre von 1989
oder die Vergangenheitsdebatte Mitte der neunziger Jahre, untergruben
das Vertrauen der Bürger in die politischen Institutionen und in die
staatstragenden Parteien; eine tiefgreifende Legitimationskrise war die
Folge.

Die CVP versuchte den gesellschaftlichen Trends mit verschiedenen Modernisierungen zu begegnen. Unter dem Einfluss der Säkularisierung und des Zweiten Vatikanischen Konzils löste sie ihre bisher
enge Allianz mit der katholischen Kirche, das heisst mit den katholischen Verbänden und der Bischofskonferenz, auf. Entflechtung und
Äquidistanz lauteten die Zauberwörter, die in den sechziger Jahren die
Debatten in den katholischen Blättern und Versammlungen beherrsch-

ten. Für diese Diskurse sind die Delegierten- und Generalversammlungen des Studentenvereins ein illustratives Beispiel.[133] Die Partei machte eine «apertura a sinistra» durch und rückte unter dem Slogan «dynamische Mitte» ins Zentrum der Parteienlandschaft. 1970 wählten die Konservativ-Christlichsozialen unter der Führung von Generalsekretär Urs C. Reinhardt das europaweit bekannte Etikett «christlichdemokratisch» für ihren Parteinamen. Damit gaben sie das Feld des politischen Konservativismus frei und strebten mit dem Abschied vom politischen Katholizismus eine interkonfessionelle Öffnung an. Allerdings gelang es der CVP nicht, das Image der katholisch-konfessionellen Partei wirklich abzustreifen und unter den Protestanten Fuss zu fassen. In einem gewissen Sinne lebt ein katholisches Restmilieu in der CVP weiter.[134]

Von der Partei- zur Forumspresse
Parallel zu dieser Entwicklung zerfiel das traditionelle katholische Pressewesen, das im 19. Jahrhundert in der ganzen Schweiz aufgebaut worden war und ein breites Netz von lokalen Zeitungen als Unterstützung der katholischen Sondergesellschaft herausgebracht hatte.[135] Wie David Luginbühl[136] darstellt, machten sich schon in den späten fünfziger Jahren Krisenerscheinungen in der katholischen Presse bemerkbar, die mit der allzu engen Parteibindung in Verbindung gebracht wurden. Als Reaktion wurde 1963 die Vereinigung der Verleger katholischer Zeitungen gegründet und im folgenden Jahr die Arbeitsgemeinschaft der katholischen Presse ins Leben gerufen.[137]

Von dem Ende der sechziger Jahre einsetzenden Konzentrationsprozess in der Schweizer Presse waren neben den sozialdemokratischen die katholisch ausgerichteten Zeitungen besonders stark betroffen, denn sie vermochten den steigenden Kapitalbedarf nicht mehr zu decken und litten darunter, dass sie von Grossinserenten zunehmend übergangen wurden. Etliche Verlage sahen nur noch im Falle einer engeren Zusammenarbeit mit gleich gesinnten Blättern eine Zukunft. Diskutiert wurde das Projekt einer Grossfusion innerhalb der katholischen Presse, verbunden mit der Schaffung einer schweizerischen Zentralredaktion. Nachdem diese Pläne am katholischen Kulturföderalismus scheiterten, versuchten sich verschiedene CVP-nahe Zeitungen mittels überregionaler Kopfblattsysteme über Wasser zu halten. Rund um das Luzerner «Vaterland», dem führenden Blatt unter den CVP-nahen Zeitungen in der deutschen Schweiz, entstand im Verlaufe der 1970er und 1980er Jahre ein Kooperationssystem, das sich auf seinem Höhepunkt vom Wallis bis in die Ostschweiz erstreckte. Dass das «Vaterland» finanziell verhältnismässig gut dastand, verdankte es in erster Linie der 1971 etablierten Zusammenarbeit mit dem freisinnigen «Luzerner Tagblatt» im Inseratbereich, einer betriebswirtschaftlich motivierten Zusammenarbeit über die politischen Lagergrenzen hinweg.[138]

Neben diesen strukturellen Veränderungen im Zuge der Presse-konzentration sah sich die katholische Presse auch in ihrem Selbstverständnis herausgefordert. 1966 schrieb der scheidende «Vaterland»-Chefredaktor Karl Wick, dass er nie den Ehrgeiz gehabt hätte, «in erster Linie konservativer oder christlich-sozialer Journalist zu sein, sondern in erster Linie katholischer Publizist».[139] Sein ehemaliger Redaktions-kollege Carl Mugglin meinte 1973 rückblickend auf seine Tätigkeit (1953–1963): «Damals war alles noch schön eingeteilt: Auf der einen Seite die Kirche, auf der anderen Seite die Partei.»[140] Die neue Journalistengeneration stellte solche Einteilungen in Frage und interpretierte ihre Rolle in einer offenen Art und Weise. Inspiriert vom Konzil und der Aufbruchstimmung im Zuge der CVP-Neugründung versuchte sie, «neue Akzente zu setzen», wie sich Otmar Hersche, 1971 bis 1974 Chefredaktor des «Vaterland», erinnert.[141]

Dem Nachwuchsproblem und der Qualitätssicherung versuchten die katholischen Verleger 1964 mit der Gründung des Seminars für Journalismus an der Universität Freiburg beizukommen. Die Arbeits-gemeinschaft der katholischen Presse führte bis 1970 jährlich Fortbil-dungskurse durch. Alle diese Defensivmassnahmen vermochten nicht zu verhindern, dass die partei- und konfessionsorientierten Tageszei-tungen verschwanden, indem sie mit regionalen Rivalen fusionierten wie 1991 das «Vaterland» in Luzern oder eingestellt wurden wie 1997 die «Ostschweiz» in St. Gallen. In der Westschweiz konnte sich die Freiburger «Liberté» halten, öffnete sich aber in politischer Hinsicht ebenfalls. Im Dezember 1988 erschien als Reaktion auf den Konflikt um den erzkonservativen Churer Bischof Wolfgang Haas die progressiv ausgerichtete unabhängige Zeitung «Aufbruch – Forum für eine offene Kirche», die freilich nur einen kleinen Kreis liberal gesinnter Katholiken (2007 rund 32 000 zahlende Abonnenten) erreichte.[142]

Ideologische Nivellierung

Als Folge der Wohlstandsgesellschaft entstand eine breite Mittelschicht, die einen ausgeprägten Individualismus pflegte und die früher fast unzerbrechliche Loyalität zum katholischen Lager lockerte. Der Konsumerismus hielt auch in der Politik Einzug; die Parteien wurden zu Warenhäusern, in denen man sich nach Gutdünken à la carte bediente. Als Konsequenz wurden die Wähler und Wählerinnen beweglicher, mobiler und stimmungsabhängiger; sie wurden zu Wechselwählern.[143]

In der Sozialdemokratie verschwand der klassische Arbeiter im Arbeitergewand, und in der Christlichdemokratie schrumpfte die Gruppe der kirchlich gebundenen Katholiken zusammen. Zu Beginn des 21. Jahrhunderts verteilen sich die bekennenden Katholiken in der Schweiz auf verschiedene Parteien. Für die CVP bilden sie noch immer die eigentliche Stammwählerschaft. In einer Analyse der Nationalratswahlen von 2003 zeigte sich, dass 27 Prozent der katholischen Wählerinnen und Wähler die CVP wählten. Verglichen mit dem Wähleranteil der CVP von 14.4 Prozent wählten demnach überproportional viele Katholiken christlichdemokratisch, demgegenüber legten lediglich 6 Prozent der Protestanten ihre Stimme für die Christlichdemokraten ein. Auch bei den darauf folgenden Wahlen 2007 änderte sich an diesem Bild nichts, wurde doch ein CVP-Wähleranteil unter den Katholikinnen und Katholiken von 30 und unter den Protestantinnen und Protestanten von 5 Prozent ermittelt.[144]

Indessen wäre es zu einfach, den Schrumpfungsprozess der CVP allein mit dem parteipolitischen Individualismus der jüngeren Generation und dem Rückgang der Kirchgänger zu erklären. Mark Ruff hat für Westdeutschland festgestellt, dass nach 1945 so etwas wie eine einheitliche deutsche Kultur entstand, in der sich die regionalen, konfessionellen und klassenmässigen Fragmentationen der Vorkriegszeit auflösten.[145] Das gleiche Phänomen erfasste die Schweiz mit der Verspätung einer Generation, was ich darauf zurückführe, dass die Eidgenossenschaft nach 1945 keinen Neuanfang nach einer totalitären Diktatur erlebt hat. Mit anderen Worten hat die Erosion der katholischen Subgesellschaft mit ihren Vereinen und mit ihrer einheitlichen Weltanschauung das soziale Fundament der CVP eingeengt.

In der Schweiz äusserte sich die ideologische Nivellierung in einer fortschreitenden Entkonfessionalisierung des Alltages, was zunächst wenig bemerkt wurde. Eine zentrale Rolle spielten die elektronischen Medien wie Radio und Fernsehen und die neue Boulevardpresse, die mit dem «Blick» 1959 in der Schweiz Einzug hielt.[146] Säkulare Ideen über Demokratie und Religionsfreiheit und über das Verhältnis der Geschlechter stiessen in den Binnenraum des Kirchenvolkes ein. Die Katholiken übernahmen die Wertvorstellungen ihrer Umwelt, die sich mit den Verlautbarungen der Kirche nicht deckten. Wie in Deutschland versuchten die Katholiken mit einer Kombination von wirtschaftlichem und politischem Modernismus und kulturellem Konservativismus das Überleben ihres Sozialmilieus zu retten, was indessen fehlschlug.[147] Damit verlor der Katholizismus als Weltanschauung seine Homogenität und seine defensive Abwehrstellung gegen die Moderne.[148] Der früher als so einheitlich angesehene Katholizismus bot auch nach aussen ein pluralistisches Bild. In einem gewissen Sinne bedeutete die kulturelle Assimilation an die dominante Leitkultur eine Protestantisierung des schweizerischen Katholizismus.[149] Es erstaunt daher nicht, dass katholische Traditionalisten gerade darin eine Grundursache für die angebliche religiöse Degeneration sehen.

Zerfall der katholischen Phalanx

Der auch in andern westeuropäischen Ländern feststellbare Erfolg in den fünfziger und sechziger Jahren nahm den Christdemokraten ihre politische Existenzberechtigung.[150] In der zweiten Hälfte des 19. Jahrhunderts hatten die kirchentreuen Katholiken ihr Parteiwesen aufgebaut, um im freisinnig dominierten Bundesstaat gleiches Recht, politische Macht und soziales Ansehen zu erlangen. Während sie die Eidgenossenschaft als Nation nie in Frage stellten, ja diese in der vorrevolutionären Form der «Alten» Eidgenossenschaft bis zu einem gewissen Grade sogar zu monopolisieren versuchten, lehnten sie 1848 bei der Gründung des Bundesstaates das System der «liberalen» Demo-

kratie ab. Mitte der 1880er Jahre begannen sie sich mit dem Bundesstaat zu versöhnen und stiegen 1919 im Zeichen des bürgerlichen Klas-
senkampfes gegen die sozialistische Arbeiterbewegung zum Juniorpartner des national-liberalen Freisinns auf. In der Zwischenkriegszeit
schlug der politische Katholizismus einen antisozialistischen Rechts-
kurs ein, den er nach dem Zweiten Weltkrieg schrittweise revidierte.
Zu Beginn der fünfziger Jahre besannen sich die Christdemokraten
auf die von der katholischen Soziallehre vorgegebene Ausgleichsphi-
losophie, öffneten sich gegenüber «links» und näherten sich taktisch
der Sozialdemokratie an. Als sie 1954 im Bundesrat die Parität mit dem
Freisinn erlangt hatten, setzten sie mit einer schwarz-roten Allianz
die arithmetisch-proportionale Konkordanzregierung von 1959 durch.
Parallel dazu gaben sie in den Stammlandkantonen ihre Hegemonie
auf und bezogen gegnerische Minderheitsparteien stärker ins lokale
Regierungssystem mit ein. Umgekehrt forderten sie in den klassischen
Diasporakantonen ihren Anteil an der politischen Macht ein und erlangten zum Beispiel 1963 einen Regierungsratssitz in Zürich.

Schliesslich führte der jahrzehntelange politische Kampf um
Gleichberechtigung 1973 zur Abschaffung der Kulturkampfartikel in
der Bundesverfassung. In diesem Kontext ist auch die Gründung des
Kantons Jura 1978 zu stellen. Dessen formelle Anerkennung durch eine
nationale Volksabstimmung war insofern ein historisches Ereignis, als
dieser Akt bis heute die einzige wesentliche Veränderung in der inneren Gliederung der Eidgenossenschaft bildet. Eine Kaskade von Volksabstimmungen führte zu einem für viele Beobachter verwirrenden Ergebnis, denn die Grenzen des neuen Kantons Jura laufen exakt den
Konfessionsgrenzen der Distrikte und Dörfer entlang. Die frankophonen, mehrheitlich protestantischen Gebiete blieben beim deutschsprachigen und grossmehrheitlich protestantischen Kanton Bern. Ob eine
Abstimmung zu Beginn des 21. Jahrhunderts dasselbe Resultat ergeben
würde, ist fraglich. Im Zusammenhang von Religion und Nation belegt
diese Etappe der jurassischen Geschichte die «longue durée» konfessioneller Identitäten.[151]

Ende des 20. Jahrhunderts hatte der politische Katholizismus seine wichtigsten inhaltlichen Ziele erreicht. Gleichzeitig hatten sich die
kirchentreuen Katholiken kulturell den Werten des Bundesstaates so

weit angeglichen, dass eine Sonder- oder Parallelgesellschaft nicht mehr notwendig war und damit ihre bisherige Rechtfertigung verlor. Ich meine, dass dieses Faktum den Zerfall der «Acies ordinata catholica», der katholischen Phalanx zu einem guten Teil erklärt. Anders formuliert: Die Katholiken wurden zum Opfer ihres eigenen Erfolges. Die Konfessionalisierung von Gesellschaft und Politik verlor ihren Sinn. Damit erübrigten sich die inkludierenden und exkludierenden Mechanismen, die die Einheit und Geschlossenheit des Katholizismus im Abwehrkampf gegen die als feindlich angesehene Umwelt notwendig gemacht hatten. Mit dem Ende des Kalten Krieges 1989/90 verlor auch der Antikommunismus, der bis Ende der sechziger Jahre eine Art säkularistische Substitutionsideologie dargestellt und die innere Homogenität des katholischen Blocks sichergestellt hatte, seine Bedeutung. Ohne innere und äussere Feinde löste sich die frühere ideologische Einheit und Geschlossenheit der katholischen «famille spirituelle» und die allumfassende katholische Identität auf.

Die römische Kirche ihrerseits fand im Zweiten Vatikanum mit der Pastoralkonstitution «Gaudium et spes» eine neue Haltung zur «Welt», sie anerkannte die Autonomie und Pluralität der politischen Diskurse und Optionen und verzichtete auf eine holistische Weltanschauung.

Ärger über Papst Benedikt XVI.:
mehr als der übliche antirömische Affekt

Dass mehr als vierzig Jahre nach dem Zweiten Vatikanum in Bezug auf das Verhältnis der katholischen Kirche zur Welt weiterhin Ambivalenzen, Brüche und fundamentale Differenzen bestehen, zeigte sich in den Debatten um Papst Benedikt XVI. und die Priesterbruderschaft St. Pius X. Anfang 2009 in vehementer Weise. Am 21. Januar 2009 nahm Papst Benedikt XVI. die Exkommunikation von vier Bischöfen der Priesterbruderschaft St. Pius X. zurück[152], um damit ein nach dem Zweiten Vatikanischen Konzil entstandenes Schisma mit einer teils erzkonservativen, teils reaktionären Gemeinschaft aufzuheben, die weltweit rund 350000 Gläubige und gegen 500 Priester zählt.[153] Wie die Schweizer Bischofskonferenz in einem Kommuniqué vom 24. Januar 2009 festhielt, bot der Papst den vier Bischöfen «die Hand zur Versöhnung» an.[154]

Unter den vier Bischöfen befindet sich der Brite Richard Williamson, der den Völkermord der Nationalsozialisten und ihrer Helfershelfer an sechs Millionen europäischen Juden und die Existenz von Gaskammern in den Vernichtungslagern geleugnet hat.[155] Es war hauptsächlich die zunächst kommentarlose Aufhebung der Exkommunikation dieses Holocaust-Leugners, die in der westlichen Welt einen Sturm der Entrüstung inner- und ausserhalb der Kirche hervorrief.

Die «Teilrehabilitierung» der Bruderschaft sei «ein Signal für die Vergiftung und gegen die Versöhnung, für die Kälte und gegen die Herzlichkeit» kritisierte der Vizepräsident des Zentralrates der Juden in Deutschland.[156] Von den USA bis nach Europa äusserten sich Intellektuelle und Politiker, darunter die deutsche Bundeskanzlerin Angela Merkel, die eine eindeutige Klarstellung von Papst und Vatikan betreffend die Leugnung der Shoah forderte.[157]

Auch in der katholischen Kirche entstand ein Aufruhr, der breite Kreise von Laien und Klerikern erfasste. Der für die Beziehungen zum Judentum zuständige deutsche Kurienkardinal Walter Kasper beklagte sich über die mangelnde Kommunikation im Vatikan. In ungewohnter Vehemenz distanzierten sich Bischöfe im deutschen Sprachraum von ihrem Oberhirten in Rom. So betonte der Wiener Erzbischof und Kardinal Christoph Schönborn: «Wer die Shoah leugnet, kann nicht in seinem kirchlichen Amt rehabilitiert werden.»[158] In der Schweiz waren es der Basler Bischof Koch und der St. Galler Bischof Büchel, die den Papst offen kritisierten und die jüdischen Gemeinden um Entschuldigung für die Verletzungen und Irritationen baten. In einem offenen Brief schrieb Bischof Markus Büchel: «Auch wenn wir von Anfang an überzeugt waren, dass Papst Benedikt XVI. eine positive Einstellung zum Judentum hat und dass er diese unhaltbaren Behauptungen [des Holocaust-Leugners Richard Williamson] nie dulden wollte, hätten wir uns diese deutliche Aufforderung [des Papstes] zum öffentlichen Widerruf früher gewünscht.»[159] Und Kurt Koch, Präsident der Schweizer Bischofskonferenz, hielt in seinem «Brief an die Gläubigen» fest: «Die Integrität von Papst Benedikt, das Papsttum und unsere Kirche als ganze haben einen schweren Schaden erlitten [...]».[160] Verschiedene Theologieprofessoren kritisierten das Vorgehen des Vatikans, so etwa Professoren der Universitäten Münster, Tübingen und Freiburg i. Br.[161] Der

Schweizer Hans Küng forderte sogar den Rücktritt des Papstes. Am 8. März 2009 fand in Luzern eine Demonstration mit 1500 Teilnehmerinnen und Teilnehmern statt.[162] Selbst bei kirchennahen Publizisten löste der Schritt Benedikts XVI. Missbilligung aus. Der frühere Präsident des Zentralkomitees der deutschen Katholiken Hans Maier mutmasste, dass das Drehbuch der Versöhnung nicht vom Vatikan, sondern von der Pius-Bruderschaft entworfen worden sei.[163] Das waren harte Töne, wobei auffällt, dass die Stellungnahmen aus den drei deutschsprachigen Ländern nach einer kurzen Kommunikationspause mehr oder weniger im Gleichschritt erfolgten. Die Schweizer Bischöfe übernahmen im Wesentlichen die Sprachregelung der deutschen Mitbrüder.[164] Ungewohnt war die direkte Kritik an der Person Benedikts XVI. Hinter der öffentlichen Kritik stand mehr als der in Teilen Europas seit der Aufklärung durchaus immer wieder aufflackernde Antipapalismus.

Etappe auf dem Weg zur Restauration?

Wie lässt sich diese Fronde gegen Papst und Kurie vom Frühjahr 2009 erklären? Zahlreiche Katholikinnen und Katholiken interpretieren den Entscheid von Papst Benedikt XVI. als Rückschritt und als weitere Etappe auf dem Weg zur Restauration vorkonziliärer Zustände. Da der frühere Dogmatikprofessor Joseph Ratzinger – so kann man vermuten – aus seiner langjährigen Erfahrung als Präfekt der römischen Kongregation für die Glaubenslehre die traditionalistische Pius-Bruderschaft und ihre antiliberale Gedankenwelt gut kennt, lässt sich sein umstrittener Erlass in eine Reihe anderer Massnahmen einordnen. Die Frage stellt sich, ob die Rücknahme der Exkommunikation als Aufwertung einer Kirchenbewegung anzusehen ist, die seit 1970 gegen zentrale Neuerungen des Zweiten Vatikanischen Konzils im Namen eines integralistischen Antimodernismus Opposition macht. An dieser weitherum geteilten Einschätzung konnten Papst, Kurie und Bischöfe wenig ändern, als sie in nachgelieferten Erklärungen beteuerten, dass es sich um einen päpstlichen Schritt aus «väterlicher Barmherzigkeit» handle, der im Interesse der kirchlichen Einheit erfolgt sei. Fakt bleibt, dass der gleiche Papst bereits 2007 die Feier der lateinischen Messe nach tridentinischem Ritus für Ausnahmefälle wieder zugelassen hatte und damit einem wichtigen Anliegen der Pius-Bruderschaft entgegen gekommen war. Im Februar 2008 änderte Benedikt für Messfeiern nach diesem Ritus die aus der vorkonziliären Zeit stammende antijudaistische Fürbitte für die Juden in der Karfreitagsliturgie zwar ab, doch sie wurde weitherum als Aufruf zur Judenmission verstanden: «Lasst uns auch beten für die Juden, auf dass Gott, unser Herr, ihre Herzen erleuchte, damit sie Jesus Christus als den Retter aller Menschen erkennen. [Beuget die Knie. – Erhebet Euch.] Allmächtiger ewiger Gott, der du willst, dass alle Menschen gerettet werden und zur Erkenntnis der Wahrheit gelangen, gewähre gnädig, dass beim Eintritt der Fülle der Völker in deine Kirche ganz Israel gerettet wird. Durch Christus unseren Herrn. Amen.» Zu erinnern ist ferner, dass sich Benedikt XVI. anlässlich des so genannten «Ad Limina»-Besuches der Schweizer Bischöfe im Vatikan 2006 gegen die primär in der Deutschschweiz praktizierte Laienpredigt in der Eucharistiefeier aussprach.

Die weit über die katholische Kirche hinausgehende Schubkraft erhielt die internationale Debatte dadurch, dass sich unter den vier Bischöfen der Bruderschaft ein notorischer Holocaust-Leugner befindet. Ein paar Tage nach Bekanntgabe der Rücknahme der Exkommunikation sah sich der Papst dazu veranlasst, die Negation der Shoah moralisch und historisch zu verurteilen.[166] Benedikt XVI. forderte zudem die Priesterbruderschaft direkt auf, das Zweite Vatikanum und die Autorität des Papstes anzuerkennen.[167]

Um den Papst persönlich zu schützen, erklärten Kurienvertreter, Bischöfe und Radio Vatikan, dass Papst Benedikt von der negationistischen Einstellung des Holocaust-Leugners Richard Williamson nichts gewusst habe.[168] Das mag durchaus zutreffen, zeugt aber von einer äusserst unsorgfältigen Vorbereitung des Dossiers, denn die antisemitischen Stimmen in der Priesterbruderschaft St. Pius X. und ihre Verbindungen zu integralistischen Zirkeln in Frankreich sind seit langem bekannt. Dem 1991 im Status der Exkommunikation verstorbenen Gründer der Priesterbruderschaft, Erzbischof Marcel Lefebvre, wurde auch eine Nähe zur rechtsextremen Le Pen-Bewegung nachgesagt. Er verband antisemitische Stereotype mit antifreimaurerischen Verschwörungstheorien, was den zuständigen Stellen im Vatikan bekannt sein musste.[169]

Wesentlicher Bestandteil des Antisemitismus in der Priesterbruderschaft ist der religiös argumentierende Antijudaismus. So enthielt ein Text von Franz Schmidberger, Oberer des Deutschen Distrikts, der 2008 an die Deutschen Bischöfe versandt wurde, klassische Vorstellungen des christlichen Antijudaismus, zum Beispiel den Topos vom «Gottesmord».[170] Wie immer man den Entscheid Benedikts XVI. beurteilt, eines steht fest: Die Rücknahme der Exkommunikation für die vier Bischöfe war ein kirchenpolitischer Schritt von historischer Bedeutung. Aus seinen zahlreichen Schriften wissen wir, dass Papst Benedikt von einer Ekklesiologie ausgeht, die die Kirche als spirituelles Wesen begreift und die soziologische Wirklichkeit der Kirche weitgehend unbeachtet lässt.[171] Insofern war der Schritt des Papstes die Konsequenz der persönlichen Intentionen und Anschauungen des Papstes über Kirche und Welt. Dass Joseph Ratzinger, der die Nazi-Zeit in seiner deutschen Heimat selbst erlebt hat, keine antisemitischen Vorurteile teilt und diese mit seinem Dekret auch nicht fördern wollte, steht für mich ausser Zweifel. Doch sieht es so aus, dass der Vatikan den Antijudaismus von Exponenten der Pius-Bruderschaft um der Einheit der Kirche willen hingenommen hat. Es brauchte die Unverfrorenheit des Holocaust-Leugners Williamson, um die zwar bekannten, aber verdrängten antisemitischen Haltungen in der Pius-Bruderschaft in die internationale Öffentlichkeit zu tragen.

Der Vatikan funktioniert wie eine Quasi-Monarchie, die alle Entscheide auf den Papst ausrichtet. So fehlt – wie der bereits genannte Hans Maier beklagt – ein Kabinett, das regelmässig zusammenkommt und Entscheide im interministeriellen Dialog fällt.[172] Die legalistischen Argumentationen von Kurie und Bischöfen mit Erläuterungen zum Kirchenrecht in Sachen Exkommunikation drangen in der Öffentlichkeit des deutschsprachigen Europa nicht durch. In einem Kommuniqué vom 27. Januar 2009 schrieb die schweizerische Bischofskonferenz: «Es muss aber unmissverständlich festgehalten werden, dass nach dem Recht der katholischen Kirche die Aufhebung der Exkommunikation noch nicht die Versöhnung oder Rehabilitierung, sondern erst die Eröffnung eines Weges auf Versöhnung hin ist. Dieser Akt ist nicht das Ende, sondern der Beginn von notwendigen Gesprächen über die strittigen Fragen.»[173]

Das Neue an der antirömischen Protestwelle von Anfang 2009 war die Schärfe der Kritik an der Person des Papstes. In einer im 20. Jahrhundert nie da gewesenen Weise richtete sich die Missbilligung auch in kirchennahen Kreisen gegen den Papst. Im deutschsprachigen Raum distanzierten sich die drei Bischofskonferenzen von Deutschland, Österreich und der Schweiz in seltener Deutlichkeit – wenn auch mit bemerkenswerten Unterschieden – vom Heiligen Vater und baten ihn um Klarstellungen. Die Schweizer Bischofskonferenz liess am 27. Januar verlauten: «Die katholische Kirche kann diese ausdrückliche Leugnung des Holocausts niemals hinnehmen. Der Sprecher des Apostolischen Stuhls hat zugleich mit der Veröffentlichung des Dekrets zu den absurden Behauptungen von Bischof Williamson Stellung genommen und sie als ‹völlig inakzeptabel› bezeichnet. Wir Schweizer Bischöfe machen uns dieses Urteil zu eigen und bitten die Mitglieder von jüdischen Gemeinschaften in der Schweiz um Entschuldigung für diese Irritationen, die in den letzten Tagen entstanden sind. […] Wir Schweizer Bischöfe erwarten, dass in den Gesprächen, die gemäss Dekret vor der Herstellung der vollen Gemeinschaft und damit auch vor der Aufhebung der Suspendierung der vier Bischöfe notwendig sind, von diesen Bischöfen glaubwürdig erklärt wird, dass sie das Zweite Vatikanische Konzil und insbesondere die in der Erklärung ‹Nostra aetate› festgehaltene positive Einstellung zum Judentum annehmen.»[174]

Der Entrüstungssturm im deutschsprachigen Raum Europas hängt wohl damit zusammen, dass die Wahl Joseph Ratzingers 2005 in Deutschland nationalen Stolz geweckt und grosse Erwartungen ausgelöst hatte: «Wir sind Papst». Ausserdem betrifft die Debatte um die Shoah die deutschen Katholiken in besonderem Masse, da die Geschichte Deutschlands untrennbar mit dem Holocaust verbunden bleibt. Dies bewog wahrscheinlich Bundeskanzlerin Angela Merkel, Tochter eines protestantischen Pfarrers, den Papst zu einer Klarstellung in Bezug auf die Shoah aufzufordern.[175] Auch wenn die Erklärung Merkels ohne Zweifel eine umstrittene Einmischung in die inneren Angelegenheiten der römischen Kirche darstellte, bot sie für das offizielle Deutschland die Möglichkeit, in dieser internationalen Debatte die Stimme für die Juden zu erheben.

Die Aufhebung der Exkommunikation für die vier Bischöfe der Pius-Bruderschaft stellt einen bedeutenden kirchenpolitischen Schritt dar. Erklärtermassen diente die von der Sorge um Einheit getragene Entscheidung des Papstes dazu, die Perpetuierung des bestehenden Schismas durch weitere Bischofsweihen zu verhindern. Ohne neue Bischöfe wird das Schisma nämlich in sich zusammenfallen. Hinter dem Dekret stand die Sorge des Papstes vor einer Kirchenspaltung. Als Deutscher war ihm die von Deutschland ausgegangene Kirchenspaltung zur Zeit der Reformation im 16. Jahrhundert vor Augen. Zu erinnern ist in diesem Zusammenhang ebenfalls an die Kirchenspaltung im Zusammenhang mit dem Ersten Vatikanum von 1869 bis 1870, als ein liberaler, gegen die Infallibilitätserklärung opponierender Flügel die christkatholische Kirche gründete.

Die Erinnerungskultur vatikanischer Stellen ist offenbar noch immer in den kirchlichen Binnenraum gerichtet und von historischen Ereignissen geprägt, die als innerkirchliche Traumata das historische Gedächtnis dominieren, eine interne Perspektive, die sie im Verhalten gegenüber der Pius-Bruderschaft vor die Erinnerung an die Shoah gerückt haben, was den internationalen Entrüstungssturm in den Medien erklärt. Jedenfalls kann man Papst und Kurie vorhalten, dass sie zu stark theologisch und kirchenrechtlich argumentiert und dabei die politische Dimension ihrer Entscheidung verkannt haben. Dass Papst Benedikt XVI. am 10. März 2009 in einem Brief an die Bischöfe der katholischen Kirche seine Motive nochmals erläuterte und Pannen beim Vorgehen einräumte, belegt diese Interpretation.

Postchristliches oder postsäkulares Zeitalter?
Wenn man die religiös-kirchlichen Transformationen, insbesondere im Katholizismus, seit den «langen sechziger Jahren» abschliessend zu interpretieren versucht, bleibt offen, ob man den Wandel als Bruch, als Verfallsgeschichte der Sondergesellschaft oder als Neubeginn im Sinne der Pluralisierung des Religiösen interpretieren soll.[176] Erstens: Misst man religiöse Praxis wie beispielsweise die Teilnahme am Sonntagsgottesdienst an quantitativen Zahlen, drängt sich der Schluss auf, dass die katholische Kirche eine Krise durchmachte. Die Zahl der praktizierenden Kirchgänger ging drastisch zurück; zahlreiche

Kirchen leerten sich und mussten in Städten anderen Zwecken zugeführt werden. Bei der Interpretation dieses Rückgangs in der kirchlichen Praxis ist freilich zu beachten, dass das «goldene Zeitalter» von 1850 bis 1950 in der Jahrhunderte langen Kirchengeschichte eine Ausnahmeperiode darstellte. Wenn man sich die historische Einmaligkeit dieser Epoche vor Augen hält, erscheint die gegenwärtige Kirchenkrise in Europa in neuem Licht. Ja, es lässt sich sogar die These aufstellen, dass der Rückgang in der religiösen Praxis der Durchschnittskatholiken eine Rückkehr zur historischen Normalität darstellt.[177]

Zweitens: Die «Pianische Epoche», die die Zeitperiode von der Thronbesteigung Pius' IX. 1846 bis zum Tod Pius' XII. 1958 umfasst, war in Ländern wie in der Schweiz, den Niederlanden, Belgien und Deutschland durch eine Konfessions- und Frömmigkeitskultur geprägt, aus der eine imposant geschlossene katholische Kommunikationsgemeinschaft um den Papst in Rom hervorging. In den Kulturkämpfen des 19. Jahrhunderts scharten sich die Katholiken um den Heiligen Vater, den sie als ihren moralischen und geistlichen Schutzherrn betrachteten, und entwickelten gegen den liberalen Staat und seine Einrichtungen eine defensive Haltung. Einsprüche gegen das Papsttum prallten bei den ultramontanen Katholiken ab, ja transformierten sich zu einer eigentlichen Papstverehrung. Mit Hilfe moderner Mittel wie Vereinen und Zeitungen, wie Wallfahrten und anderen Frömmigkeitspraktiken vereinheitlichten die ultramontanen Eliten den Volkskatholizismus seit der Mitte des 19. Jahrhunderts. Bis weit ins 20. Jahrhundert hinein verstand sich der organisierte Katholizismus grundsätzlich als Bewegung gegen Liberalismus, Sozialismus und andere als modern erachtete «Irrlehren». Dass er sich dabei partiell selbst modernisierte, war das paradoxe Ergebnis in diesem Prozess. Nach dem Zweiten Weltkrieg verloren die Kulturkämpfe, die in der Schweiz seit den 1840er Jahren immer wieder neu die kirchentreuen Katholiken mobilisiert hatten, ihre integrative Kraft und ihre traumatische Langzeitwirkung.

Drittens: Die Katholiken gaben Schritt für Schritt ihren Widerstand gegen die Moderne auf und eigneten sich national-liberale Leitdiskurse an, wobei sie diese im konfessionellen Sinne umdeuteten. Wie Franziska Metzger aufzeigt, begann sich die Konfessionskultur in einem weiteren Schritt zu nationalisieren und integrierte katholische

Erinnerungsbestandteile in die nationalen Narrative.[178] Parallel akzeptierten die Katholiken die liberale Demokratie des schweizerischen Bundesstaates, die sie bis 1960 mindestens teilweise zu verchristlichen suchten. Vorangetrieben wurde dieser Verschweizerungs-Prozess durch die Bedrohungslagen der Eidgenossenschaft im Ersten und Zweiten Weltkrieg und durch den äusseren Druck der totalitären Regime in den Nachbarländern. Es war schliesslich die durch den Antikommunismus geprägte Periode des Kalten Krieges, die die Integration der Katholiken in die schweizerische Nation vollends verfestigte. Nach 1945 identifizierten sich die Katholiken in zunehmendem Masse in erster Linie mit der Schweiz und nicht mehr mit der römischen Kirche. Ein letztes Mal scharten sich Verbände und Partei 1963 hinter Rom, als sie den verstorbenen Papst Pius XII. gegen Rolf Hochhuths Kritik an seinem Schweigen in der Zeit der Judenverfolgung in Schutz nahmen. Mit der Auflösung der organisatorischen Stützen der Subgesellschaft begann sich die «Acies ordinata» der katholischen Kommunikationsgemeinschaft aufzulösen.

Viertens: Die Baby-Boom-Generation der Nachkriegszeit, die den Kulturkampf nur noch vom Hörensagen kannte, war nicht mehr bereit, den Mythos vom «katholischen Bollwerk in der feindlichen Welt» aufrechtzuerhalten. Beeinflusst von der Kultur der Wohlstandsgesellschaft und von den antiautoritären Freiheitsidealen der 68er Kulturrevolution lehnte sich vorab die Jugend gegen die Zwänge der katholischen Dogmen und Moralvorstellungen auf. Es gehört zur persönlichen Tragik von Papst Paul VI., dass dieser geistig der liberaldemokratischen Gesellschaft nahe stehende Papst mit seiner «Pillen»-Enzyklika 1968 die Autoritätskrise in ungeahntem Masse beschleunigte, da sich die Masse der Katholikinnen und Katholiken im Alltagsleben nicht mehr an die kirchlich vorgeschriebene Sexualmoral hielt und damit so etwas wie zivilen Ungehorsam praktizierte. Von nun an galt: Roma locuta, causa non finita. Wie wenige gesellschaftliche Makrotrends erschütterte die sexuelle Revolution in der Zeit des «post-pill paradise» (John Updike) die Autorität der römischen Kirche. In diesem Kontext ist auch die Debatte um den Zölibat der Priester zu stellen, der in wachsenden Teilen des Kirchenvolkes auf wenig Verständnis stösst. Der überraschende Rücktritt des Basler Bischofs 1995 wegen seiner Vaterschaft produzierte weltweite Schlagzeilen, hatte aber keine Erschütterung des Schweizer Katholizismus zur Folge.

Fünftens: Unter dem Eindruck der 68er Kulturrevolution stellten die progressiven Katholiken nach dem Zweiten Vatikanum die kirchlichen Autoritäten in Rom in Frage. Die Interventionen Roms gegen den Theologen Hans Küng führten zu harten innerkatholischen Debatten und spalteten in Leserbriefen und Diskussionen die Schweizer Katholiken in den siebziger Jahren. Als die römische Kurie 1988 bei der Bischofsernennung in Chur schweizerische Sitten und Traditionen verletzte, brachen antirömische Affekte auch in Katholikenkreisen offen aus, die bisher Zurückhaltung geübt hatten. In der Affäre um den später ins Fürstentum Liechtenstein «versetzten» Bischof Wolfgang Haas steigerten sich diese Emotionen zu einer eigentlichen Verweigerungsmentalität gegen Rom, wobei sich die Ablehnung der Schweizer in erster Linie gegen die Kurie und weniger gegen Papst Johannes Paul ii. richtete. Die verhältnismässig kühle Aufnahme von Johannes Paul ii. anlässlich seiner Schweizer Reise von 1984 war Ausdruck der veränderten Stimmungslage.

Sechstens: Der rapide gesellschaftliche Wandel hatte zur Folge, dass das «kommunikative Gedächtnis» (Jan Assmann[179]) zwischen den Generationen zusammenbrach und ein Graben zwischen Grosseltern, Eltern und Kindern aufgerissen wurde. Die Religion verlor ihre konfessionellen Konturen und diente nicht mehr in erster Linie der Inklusion und Exklusion von Konfessionsgemeinschaften. Im Zuge der voranschreitenden Individualisierung veränderte sich das Religionsverständnis, das seit den siebziger Jahren in zunehmendem Masse individuell zusammengestellten «Puzzles» gleicht. Religion wurde zur Privatsache, deren Orientierung jenseits des Institutionellen und Gemeinschaftlichen liegt und höchstens noch die Familie betrifft. Damit bewahrheitet sich die Formulierung von Grace Davie: «Believing without belonging»[180].

Siebtens: Die Kirche verlor ihr Weisungsmonopol, und die katholische Weltanschauung ging dadurch ihres bisher umfassenden Deutungscharakters verlustig. Laut Religionssoziologen sind «institutionalisierte» Religion und «persönliche» Religiosität nicht mehr deckungsgleich. Alfred Dubach und Brigitte Fuchs sprechen von Subjektivierung der Religion, was zu einer Pluralität als Merkmal der religiösen Landschaft führe. Roland J. Campiche weist darauf hin, dass in der Spätmoderne zwei Typen von Religion nebeneinander stehen: auf der einen Seite die «institutionelle» Religion, verankert in der christlichen Tradition, und auf der anderen Seite eine «universale» Religion, die die moralisch-ethischen Diskurse seit den sechziger Jahren widerspiegle.[181] Die Kontroverse um Papst Benedikt XVI. und die Pius-Bruderschaft war Ausdruck dieser Widersprüche. Während die institutionelle Kirche die Einheit ins Zentrum rückte, orientierte sich die universale Religion zunächst an den Standards der Menschenrechte.

Achtens: Man darf die Pluralisierung von Religion in der «zweiten Moderne» nicht mit Säkularisierung gleichsetzen und von einer «postreligiösen» Epoche sprechen. Im Gegenteil, Verweltlichung und religiöse Erneuerung verliefen seit 1800 in zyklischen, einander überlagernden Wellenbewegungen.[182] Während im letzten Drittel des 20. Jahrhunderts die intergenerationell vermittelte und von einer konfessionellen Gemeinschaft vorgegebene Religiosität sank, was sich zum Beispiel im Schrumpfen der christlichen Erziehung als selbstverständliche Weitergabe von Wissen zeigt, gewannen neue religiöse Bewegungen spiritueller Art, New Age, Astrologie und Esoterik an Boden. Die Menschen stellen die Rationalität der modernen Gesellschaft in Frage, was den deutschen Philosophen Jürgen Habermas dazu veranlasste, von einer «postsäkularen Gesellschaft» zu sprechen.[183] Die Gleichzeitigkeit des Ungleichzeitigen manifestierte sich beim letzten Kurzbesuch des schwerkranken Papstes Johannes Paul II. in der Schweiz im Jahre 2004. Eine Berner Versammlung von rund 14000 Jugendlichen brachte dem Heiligen Vater geradezu kultartige Verehrung entgegen. Religion und Papsttum werden zu Beginn des 21. Jahrhunderts mehr als moralische denn als konfessionelle Grösse angesehen. Der von 1978 bis 2005 regierende polnische Papst Karol Wojtyla hatte den Status eines transnationalen Medienstars jenseits des Feldes von Konfession und Nation erlangt.

Neuntens: Obwohl die christlichen Grosskirchen Mitgliederschwund erlitten, stellen sie in der Öffentlichkeit nach wie vor gesellschaftspolitische Stimmen dar. Bischofskonferenz und Justitia et Pax, Verbände wie etwa der Katholische Frauenbund, Dienstleistungsorganisationen wie die Caritas und das Fastenopfer äussern sich zu gesellschaftlichen und politischen Themen und sind damit im öffentlichen Raum präsent. Allerdings verlor im Vergleich zur zweiten Hälfte des 19. und zur ersten Hälfte des 20. Jahrhunderts die praktische Wirkung der Grosskirchen in den gesellschaftspolitischen Debatten seit den 1970er Jahren an Bedeutung, so dass man von einer zunehmenden Irrelevanz bei Abstimmungen und Wahlen sprechen kann.[184]

Zehntens: Zu den Ambivalenzen der gegenwärtigen religiösen Lage gehört, dass Religion über die kirchlichen Strukturen hinaus in zunehmendem Masse eine moralisch-ethische Dimension erhält. Anders gesagt: Religion wurde zunehmend in Moral transformiert, während die Politik ethisiert wurde.[185] Dies zeigte sich in Debatten um die Abtreibung ebenso wie in solchen um die Gentechnik. Jenseits der konfessionellen Grenze manifestiert sich damit auch – aber nicht nur – der Katholizismus als ethische Grösse. In seinem langen Pontifikat mahnte Johannes Paul II. die Menschenrechte und die soziale Ungerechtigkeit an und stiess auf ein starkes überkonfessionelles Echo, dessen Diskurse entlang politischer und nicht konfessioneller Linien verliefen. Zugleich weist das Verhältnis der katholischen Kirche zu Moralisierung und Ethisierung, wie die jüngste Kontroverse um die Piusbruderschaft zeigt, explosive Ambivalenzen auf. Hierin spielt der Faktor der Gedächtniskultur eine wesentliche Rolle.

Plädoyer für eine universale Erinnerungskultur

Meistens vergessen wir, dass Konfession und Nation in der zweiten Hälfte des 20. Jahrhunderts parallele Erosionen durchgemacht haben. Die Allgemeinhistoriker blenden den religiösen Bereich bei der Darstellung der «langen sechziger Jahre» häufig aus, und die Theologen beachten die gesellschaftlichen Wandlungen wenig.

Ähnlich wie die Grosskirchen gerieten die europäischen Nationalstaaten am Ende des 20. Jahrhunderts in Identitätskrisen. Die globalen Migrationsbewegungen schufen heterogene Gesellschaften und stellten die im 19. Jahrhundert geschaffene nationale Einheit in Frage.[186]

Als der Nationalstaat keine identitäre Einheit mehr formte, brauchte es keine subnationalen Kommunikationsgemeinschaften wie die drei Sozialmilieus der Christlichdemokraten, der Sozialdemokraten und des liberalen Freisinns mehr, um die inneren Konflikte zu befrieden. In Belgien, den Niederlanden und der Schweiz lösten sich die Subgesellschaften weitgehend auf; es stürzten die «Säulen» ein, die das nationale Dach trugen und die politische Pazifikation begründet hatten.[187] Übrig blieben christlichdemokratische Parteien mit ethischem Anspruch.

Bis in die fünfziger Jahre des 20. Jahrhunderts bildeten Gedächtnis, Geschichte und Nation in Europa eine komplementäre und symbiotische Einheit.[188] Wie der französische Historiker Pierre Nora festhält, pluralisierten sich die kollektiven Erinnerungen nach dem Zweiten Weltkrieg im Zuge der Wohlstandsgesellschaft und des damit verbundenen Individualismus. Eine Vielzahl von kollektiven Gedächtnissen entstanden. In diesem Zusammenhang sind die zahlreichen Teil-Geschichten zu sehen: die Frauen-Geschichte, die Arbeiter-Geschichte und die Katholizismus-Geschichte, die alle zur wachsenden Pluralität von kollektiven Gedächtnissen beigetragen und damit die bisherige Hegemonie der Nationalgeschichte untergraben haben. Zugleich bestehen parallel zur Pluralisierung und Dekonstruktion nationaler und konfessioneller Gedächtnisbestände alte, auf Konfession und Nation konzentrierte Erinnerungskulturen weiter. Innerhalb des Katholizismus erwähne ich integralistische Gruppen wie die Priesterbruderschaft St. Pius x. und in Bezug auf die Nation national-konservative Parteien wie die SVP in der Schweiz.

Zugleich wurde in den 1990er Jahren die Shoah zu einem universellen Bezugspunkt der europäischen und nordamerikanischen Erinnerungskulturen. Nachdem der Massenmord an den Juden in der unmittelbaren Nachkriegszeit weitgehend beschwiegen worden war, erhielt die Shoah im kollektiven Gedächtnis des Westens seit den 1980er Jahren steigende Bedeutung und prägte sich als «Zivilisationsbruch» (Dan Diner) und Schandmahl ins Bewusstsein ein. Auschwitz prägt zu Beginn des 21. Jahrhunderts nicht nur die jüdische, sondern auch die europäische und amerikanische Identität.[189]

Länger als in anderen westeuropäischen Ländern vermochte in der Schweiz die Kriegsgeneration eine nationale Gedächtniskultur zu fixieren. Da das Land einer Besetzung durch fremde Mächte entgangen war, erlebten viele Schweizer die faschistische Epoche von 1933 bis 1945 weder in ihrer persönlichen Biographie noch in der nationalen Geschichte als Bruch. Dadurch konnten sie sich von den Verbrechen des Nationalsozialismus distanzieren und die Mitverantwortung an der Judenvernichtung exterritorialisieren. Erst in den 1990er Jahren kam es zu einer tiefen Zäsur, die die Schweizer und Schweizerinnen zwang, ihre Zuschauerrolle aufzugeben und sich der historischen Mitverantwortung zu stellen.[190] Eine Zuschauerrolle nahmen in Europa auch die christlichen Kirchen ein. Insgesamt rafften sich die Kirchen während des Nationalsozialismus in Europa weder zu einem gemeinsamen Protest noch zu koordinierten Aktionen für die verfolgten Juden auf. Hilfeleistungen für die Juden blieben Einzelaktionen. Papst Pius XII. schwieg aus mannigfachen Gründen beharrlich und begnügte sich in der Weihnachtsansprache von 1942 damit, in allgemeinen Worten gegen die nationalsozialistischen Morde zu protestieren.[191]

Nach dem Krieg war die katholische Kirche herausgefordert, ihr Verhältnis zum Judentum neu zu bestimmen und ihre antijudaistisch geprägte Karfreitagsliturgie kritisch zu überdenken. Der irreführende Ausdruck «perfidis Judaeis» in einer Fürbitte der Karfreitagsliturgie wurde schliesslich durch Papst Johannes XXIII. gestrichen.[192] Nach zähem Ringen erliessen die Konzilsväter am Zweiten Vatikanischen Konzil 1965 das Dekret «Nostra aetate», das sich mit dem Verhältnis der Kirche zu den nichtchristlichen Religionen auseinandersetzte. Darin distanzierte sich die Kirche von der traditionellen antijudaistisch geprägten Sicht, die Juden seien von Gott verworfen und verflucht, weil sie den Messias abgelehnt hätten.[193]

Mit «Nostra aetate» vollzog die römisch-katholische Kirche eine Kehrtwendung und eröffnete im Verhältnis zum Judentum eine neue Ära, die der polnische Papst Johannes Paul II. in seiner langen Regierungszeit konsequent weiterverfolgte. 1997 gab auch die Schweizer Bischofskonferenz eine Erklärung ab, in der sie den Antisemitismus eindeutig verurteilte.[194] Anlässlich seines Besuches im Vernichtungslager Auschwitz-Birkenau 2006 sprach sich Benedikt XVI. klar gegen den Antisemitismus aus. Ferner beschwor die Kirche wiederholt den jüdisch-christlichen Dialog. 1994 hatte der Heilige Stuhl diplomatische Beziehungen mit Israel aufgenommen.

In einem gewissen Sinne prallten in der Kontroverse um Papst Benedikt XVI. und die Pius-Bruderschaft Religion und Moral im Kontext von Pluralisierung und Universalisierung von Gedächtnis in der «zweiten Moderne» aufeinander. In der Spätmoderne verwandelt sich – wie Franziska Metzger aufzeigt – Religion zunehmend in Ethik und Moral und geht damit in einer stark universal bezogenen Semantik auf. Mit diesen Wandlungen kollidierten der Diskurs von Papst Benedikt XVI., seine Ekklesiologie und Kirchenpolitik. Seine auf die innerkirchlichen Probleme fokussierte Sicht löste in der westlichen Welt des frühen 21. Jahrhunderts schwerwiegende Widerstände aus, die neuartige Kulturkämpfe signalisieren.

Obwohl die katholische Kirche wie wenige andere Institutionen der Welt globale Dimensionen besitzt, hat die Shoah – so macht es den Anschein – nicht in allen Bereichen ihrer Kurie jenen zentralen Platz erlangt, den sie in der offiziellen westlichen Erinnerungskultur spätestens seit den 1990er Jahren einnimmt. Geprägt von der Erinnerung an europäische Kirchenschismen, versuchte der Papst als Pontifex, das heisst als Brückenbauer, die Pius-Bruderschaft um der Einheit der Kirche willen zu reintegrieren und damit die Gefahr einer Gegenkirche abzuwenden.[195] Die Erinnerungen an die Kirchenspaltungen überlagerten die Gedächtniskultur in Bezug auf die Shoah.[196]

Auf eindrückliche Weise brachte diese internationale Debatte zum Bewusstsein, dass die Menschen in einer globalisierten Welt in verschiedenen Kommunikationsgemeinschaften mit unterschiedlichen Erinnerungskulturen leben. Entsprechend können die Reaktionen in Europa und den USA anders ausfallen als in Afrika und Asien. Ist für die Europäer die Shoah ein Mahnmal, bilden im kollektiven Gedächtnis der Asiaten und Afrikaner Imperialismus, Kolonialismus und Sklaverei dominierende Traumata. Die unterschiedlichen Erinnerungswelten in einem permanenten Dialog zusammenzuführen, ist Aufgabe einer im griechischen Wortsinn allumfassenden, eben «katholischen» Kirche.

Da die Kirche – auch – eine soziale Realität darstellt, lässt sich dieser Dialog nicht mit einer apolitischen Weltflucht und nicht mit einer die Einheit und die Wahrheit der Kirche vor die universalen Moralprinzipien setzenden Kirchenpolitik verwirklichen. Sonst kommt es zu Kontroversen, in denen Bestände aus alten, dem Konfessionalismus verpflichteten Denkstrukturen ihre Wiederauferstehung feiern. Nach dem Zweiten Vatikanischen Konzil, das ein Meilenstein in der Jahrhunderte langen Geschichte der römischen Kirche bildet, ist nicht mehr Distanz von, sondern Dialog mit der pluralen Welt erforderlich. Kirche und Papst sind aufgerufen, ihr Verhältnis zur «Welt» neu zu bestimmen. Im Sinne der Pastoralkonstitution «Gaudium et spes» von 1965 geht es um eine positive Weltinterpretation, die über den traditionellen Konfessionalismus hinausweist und damit in universaler Haltung Katholizität verwirklicht.

Anhang

Anmerkungen

Bei jedem Kapitel werden sämtliche Literatur- und Quellenangaben zunächst vollständig, ab der zweiten Nennung jeweils in der Kurzzitierweise angegeben.

1 Einführung
Von Bürgern zweiter Klasse zu Gralshütern der Konkordanz

1 Siehe zur Geschichte des politischen Katholizismus in den 1950er Jahren: Christoph Flury, «Von der Defensive zur gültigen Präsenz». Die Konservativ-Christlichsoziale Volkspartei der Schweiz in der Zeit nach dem Zweiten Weltkrieg (1950–1960), unveröffentlichte Lizentiatsarbeit Freiburg/Schweiz 1994. – Bei der Schlussredaktion dieses Einführungskapitels unterstützten mich Franziska Metzger und Thomas Metzger, wofür ich ihnen herzlich danke.

2 Solothurner Anzeiger, 20. Dezember 1954.

3 Die Katholisch-Konservativen erzielten bei den Nationalratswahlen 1951 mit 22.5 Prozent Wähleranteil ihr bis anhin bestes Wahlergebnis. In der Vereinigten Bundesversammlung überflügelten sie sogar die FDP, denn sie errangen 66 (48 im National- und 18 im Ständerat), die FDP 63 (51 im National- und 12 im Ständerat) Mandate. Für die Zahlen siehe: ‹http://www.bfs.admin.ch/bfs/portal/de/index/themen/17/02/blank/key/national_rat/mandatsverteilung.Document.2 1767.xls› (5. Januar 2009); ‹http://www.bfs.admin.ch/bfs/portal/de/index/themen/17/02/blank/key/national_rat/parteienstaerke.Document.21769.xls› (5. Januar 2009); ‹http://www.bfs.admin.ch/bfs/portal/de/index/themen/17/02/blank/key/staenderat.Document.21763.xls› (5. Januar 2009).

4 Die CVP (damals Konservative Volkspartei) portierte den Zürcher Nationalrat Emil Duft, der dem freisinnigen Zürcher Regierungsrat Hans Streuli im zweiten Wahlgang unterlag. Zur Bundesratswahl von 1953 siehe: Arthur Fritz Reber, Der Weg zur Zauberformel. Die Bundesratswahlen der Vereinigten Bundesversammlung seit der Wahl des Nationalrates nach dem Verhältniswahlrecht 1919 bis zur Verwirklichung eines «freien Proporzes» für die parteipolitische Zusammensetzung der Regierung 1959, Bern/Frankfurt a. M./Las Vegas 1979; Peter Baumgartner, Hans Streuli, in: Urs Altermatt (Hg.), Die Schweizer Bundesräte. Ein biographisches Lexikon, Zürich/München 1991, 458–462.

5 Siehe hierzu: Christoph Flury, Die Diskussionen um die konfessionellen Ausnahmebestimmungen der Bundesverfassung 1945–1955, in: Urs Altermatt (Hg.),

Schweizer Katholizismus im Umbruch 1945–1990, Freiburg/Schweiz 1993, 163–
187; Werner Kägi, Gutachten zum Jesuiten- und Klosterartikel der Bundesverfassung, Bern 1973. Siehe auch: Martin Zenhäusern, Die Schweizerische
Konservative Volkspartei 1943–1947, unveröffentlichte Lizentiatsarbeit Frei-
burg/Schweiz 1987; Markus Rohner, Der Weg der Schweizer Christdemokratie.
Eine Analyse der Ursachen und Auswirkungen der Parteistatuten-Reform vom
Dezember 1970, unveröffentlichte Lizentiatsarbeit Freiburg/Schweiz 1983.

6 Zur öffentlich-rechtlichen Anerkennung der römisch-katholischen Kirche in
Zürich siehe u. a.: Alfred Teobaldi, Katholiken im Kanton Zürich. Ihr Weg zur
öffentlich-rechtlichen Anerkennung, Zürich 1978.

7 Zu den Abstimmungsresultaten siehe: ‹http://www.admin.ch/ch/d/pore/va/
19730520/can236.html› (18. November 2008). Zur Abstimmung siehe auch:
Année politique Suisse, 9 (1973), 14–15. Das Schweizer Stimmvolk nahm die
Vorlage mit 54.9 Prozent an. Im Kanton Zürich belief sich der befürwortende
Anteil auf 47.2, in den Kantonen Waadt und Bern auf lediglich 34.8 beziehungs-
weise 34.2 Prozent. St. Gallen, Solothurn und Graubünden wiesen einen Ja-
Stimmen-Anteil von 70.9 respektive 68.3 und 64.9 Prozent auf.

8 In meinem katholischen Verwandten- und Bekanntenkreis wurde 1960 die
Kennedy-Wahl häufig erwähnt.

9 Ich erlebte diese Unterschiede in meiner eigenen Schulzeit im Kanton Solothurn. Zur von religiösen Bräuchen und Ritualen geprägten katholischen Lebenswelt siehe auch die Memoiren und Erinnerungen von: Paul O. Pfister, Geworden.
Familie, Kindheit, Jugend, Bildung. Ein Album, Lufingen 2000; Albert Gasser,
Auf Empfang. Erinnerungen an Geschichte und Geschichten des 20. Jahrhunderts, Zürich 2002.

10 Siehe Urs Altermatt, Die Universität Freiburg auf der Suche nach Identität,
erscheint 2009 bei Academic Press Fribourg; Susanna Biland, Der Hochschulrat
der Universität Freiburg/Fribourg (1949–1967), Freiburg/Schweiz 2004.

11 Ich verbrachte 1961/62 das Wintersemester an der Universität Freiburg. Im Wei-
tern verweise ich auf die Memoiren von Paul O. Pfister. Zu Vasella siehe: Marco Jorio, Oskar Vasella (1904–1966) – ein bedeutender Reformationshistoriker,
in: Zeitschrift für Schweizerische Kirchengeschichte, 90 (1996), 83–99.

12 Zum «Fall Spahn» siehe Rudolf Morsey, Martin Spahn (1875–1945), in: Jürgen
Aretz/Rudolf Morsey/Anton Rauscher (Hg.), Zeitgeschichte in Lebensbildern.
Aus dem deutschen Katholizismus des 19. und 20. Jahrhunderts, Bd. 4, Mainz
1980, 143–158; Christoph Weber, Der «Fall Spahn» (1901). Ein Beitrag zur Wis-
senschafts- und Kulturdiskussion im ausgehenden 19. Jahrhundert, Rom 1980.

13 Viktor Pfluger, «Voraussetzungslose Wissenschaft», in: Monat-Rosen, 48 (1904),
3–10; 57–65, für die Zitate siehe 57–65 resp. 64.

14 Siehe Richard Feller/Edgar Bonjour, Geschichtsschreibung der Schweiz. Vom
Spätmittelalter zur Neuzeit, 2 Bde, Basel/Stuttgart 1962. Die zweite, erweiter-
te Auflage erschien 1979: Richard Feller/Edgar Bonjour, Geschichtsschreibung
der Schweiz. Vom Spätmittelalter zur Neuzeit, 2 Bde, Basel/Stuttgart ²1979.

15   Zu Gonzague de Reynold siehe: Aram Mattioli, Zwischen Demokratie und
      totalitärer Diktatur. Gonzague de Reynold und die Tradition der autoritären
      Rechten in der Schweiz, Zürich 1994. Nach seiner Ernennung zum Privatdozen-
      ten 1912 erhielt Reynold an der Universität Genf einen Lehrauftrag. Seine
      Ernennung zum Ordinarius für französische Literatur an der Universität Bern
      erfolgte 1915. Ab 1931 war Reynold Professor in Freiburg. Er besetzte den Lehr-
      stuhl für «Histoire littéraire de la Suisse Romande» und «Histoire de la civili-
      sation à l'époque moderne».

16   Gonzague de Reynold, La démocratie et la Suisse. Essai d'une philosophie de
      notre histoire nationale, Biel 1929.

17   Siehe hierzu das Kapitel «Fragmente zur Historiographie» in: Altermatt, Die
      Universität Freiburg auf der Suche nach Identität, 341–376.

18   Zu Segesser siehe: Emil F. J. Müller-Büchi, Philipp Anton von Segesser. Das Kon-
      zil, die Revision der Bundesverfassung und der Kulturkampf, Freiburg/Schweiz
      1977; Victor Conzemius, Philipp Anton von Segesser 1817–1888. Demokrat zwi-
      schen den Fronten, Zürich/Einsiedeln/Köln 1977.

19   Zum Katholizismus in Deutschland siehe: Ulrich von Hehl/Konrad Repgen
      (Hg.), Der deutsche Katholizismus in der zeitgeschichtlichen Forschung, Mainz
      1988. Zur Schweiz siehe das Kapitel «Fragmente zur Historiographie» in: Alter-
      matt, Die Universität Freiburg auf der Suche nach Identität, 341–376; Guy
      P. Marchal, Zwischen «Geschichtsbaumeistern» und «Römlingen». Katholi-
      sche Historiker und die Nationalgeschichtsschreibung in Deutschland und der
      Schweiz, in: Michael Graetz/Aram Mattioli (Hg.), Krisenwahrnehmung im Fin
      de siècle. Jüdische und katholische Bildungseliten in Deutschland und der
      Schweiz, Zürich 1997, 177–210; Franziska Metzger, Religion, Geschichte, Nati-
      on. Kommunikationstheoretische Perspektiven auf die katholische Geschichts-
      schreibung in der Schweiz im 19. und 20. Jahrhundert, unveröffentlichte Disser-
      tation Universität Freiburg/Schweiz 2007.

20   Urs Altermatt, Katholizismus und Moderne. Zur Sozial- und Mentalitäts-
      geschichte der Schweizer Katholiken im 19. und 20. Jahrhundert, Zürich 1989,
      ²1991.

21   Hans Maier, Zum Standort des deutschen Katholizismus in Gesellschaft, Staat
      und Kultur, in: Anton Rauscher (Hg.), Entwicklungslinien des deutschen Katho-
      lizismus, Paderborn 1973, 40–49; Wilhelm Damberg, Moderne und Milieu
      (1802–1998), Münster 1998; Heinz Hürten, Deutsche Katholiken 1918–1945,
      Paderborn 2001; Ulrich von Hehl, Katholizismus und Einheit der Nation, in:
      ders./Friedrich Kronenberg (Hg.), Zeitzeichen. 150 Jahre Deutsche Katholiken-
      tage 1848–1998, Paderborn et al. 1999, 91–102.

22   Zu Katholizismus und Bildung siehe u. a.: Jeffrey T. Zalar, The Process of Con-
      fessional Inculturation. Catholic Reading in the «Long Nineteenth Century»,
      in: Helmut Walser Smith (Hg.), Protestants, Catholics and Jews in Germany,
      1800–1914, Oxford/New York 2001, 121–152; Harm Klueting (Hg.), Katholische

Aufklärung – Aufklärung im katholischen Deutschland, Hamburg 1993; Heribert Raab, «Katholische Wissenschaft» – Ein Postulat und seine Variationen in der Wissenschafts- und Bildungspolitik deutscher Katholiken während des 19. Jahrhunderts, in: Anton Rauscher (Hg.), Katholizismus, Bildung und Wissenschaft im 19. und 20. Jahrhundert, Paderborn/München/Wien/Zürich 1987, 61–91. Siehe auch den Sammelband: Mattioli/Graetz (Hg.), Krisenwahrnehmung im Fin de siècle. Zur Schweiz siehe auch: Altermatt, Die Universität Freiburg auf der Suche nach Identität.

23 Siehe hierzu u. a.: Philipp Frei, Der reformkatholische Hintergrund der Kulturzeitschrift «Schweizerische Rundschau» (1900–1925). Reformkatholizismus im Spannungsfeld zwischen linkskatholischem Modernismus und rechtskatholischem Integralismus, unveröffentlichte Lizentiatsarbeit Freiburg/Schweiz 2006; Christoph Baumer, Die «Renaissance». Verband Schweizerischer Katholischer Akademiker-Gesellschaften, 1904–1996, Freiburg/Schweiz 1998.

24 Civitas, 20 (1965) Heft 6/7. Chefredaktor: Walter Gut.

25 Ich verweise z. B. auf: Hans Urs von Balthasar, Schleifung der Bastionen. Von der Kirche in dieser Zeit, Einsiedeln 1952. Siehe dazu für den Studentenverein das Interview mit Willy Spieler und Urs Altermatt: Die 68er Jahre und der Schw.StV., in: Civitas, 63 (2008), 4–11.

26 Siehe dazu das Schlusskapitel dieses Buches mit ausführlichen Literaturhinweisen.

27 So schon bei: Altermatt, Katholizismus und Moderne, 54.

28 Siehe Renans berühmten Vortrag: Ernest Renan, Was ist eine Nation [1882], in: Michael Jeismann/Hennig Ritter (Hg.), Grenzfälle. Über neuen und alten Nationalismus, Leipzig 1993, 290–311, 309.

29 Zur Religio-Funktion des Nationalismus und zum Nationalismus als Integrationsideologie siehe u. a.: Arnold Suppan/Valeria Heuberger, Nationen und Minderheiten in Mittel-, Ost- und Südosteuropa seit 1918, in: Valeria Heuberger/Othmar Kolar/Arnold Suppan/Elisabeth Vyslonzil, Nationen, Nationalitäten, Minderheiten. Probleme des Nationalismus in Jugoslawien, Ungarn, Rumänien, der Tschechoslowakei, Bulgarien, Polen, der Ukraine, Italien und Österreich 1945–1990, Wien 1994, 11–32; Carlton J. H. Hayes, Essays on Nationalism, New York 1928; Hans Kohn, Die Idee des Nationalismus. Ursprung und Geschichte bis zur Französischen Revolution, Hamburg 1962; John Lukacs, Die Geschichte geht weiter. Das Ende des 20. Jahrhunderts und die Wiederkehr des Nationalismus, München 1994; Juan J. Linz, Der religiöse Gebrauch der Politik und/oder der politische Gebrauch der Religion. Ersatzideologie gegen Ersatzreligion, in: Hans Maier (Hg.), «Totalitarismus» und «Politische Religionen». Konzepte des Diktaturvergleichs, Bd. 1, Paderborn et al. 1996, 129–154.

30 Siehe Kaspar von Greyerz, Religion und Kultur. Europa 1500–1800, Göttingen 2000.

31 Ich folge hier Ernest Gellner, Nationalismus und Moderne, Berlin 1991 (englisches Original: Oxford 1983).

32 Siehe Wolfgang Schieder (Hg.), Religion und Gesellschaft im 19. Jahrhundert, Stuttgart 1993; Altermatt, Katholizismus und Moderne; Thomas Nipperdey, Religion im Umbruch. Deutschland 1870–1918, München 1988.

33 Siehe dazu u. a.: Jan Roes, Die katholische Kirche und die Herausforderungen der Moderne in den Niederlanden im 19. und 20. Jahrhundert, in: Zeitschrift für Schweizerische Kirchengeschichte, 89 (1995), 7–44; Schieder (Hg.), Religion und Gesellschaft im 19. Jahrhundert; Altermatt, Katholizismus und Moderne. Zum Ultramontanismus siehe u. a.: Gisela Fleckenstein/Joachim Schmiedl (Hg.), Ultramontanismus. Tendenzen der Forschung, Paderborn 2005; Emiel Lamberts (Hg.), The Black International 1870–1878. The Holy See and Militant Catholicism in Europe, Leuven 2002; Vincent Viaene (Hg.), The Papacy and the New World Order. Vatican Diplomacy, Catholic Opinion and International Politics at the Time of Leo XIII 1878–1903, Leuven 2006; Michael N. Ebertz, «Ein Haus voll Glorie, schauet...» Modernisierungsprozesse der römisch-katholischen Kirche im 19. Jahrhundert, in: Schieder (Hg.), Religion und Gesellschaft im 19. Jahrhundert, 62–85.

34 Roes, Die katholische Kirche und die Herausforderungen der Moderne.

35 Siehe etwa die Beiträge in: Christopher Clark/Wolfram Kaiser (Hg.), Culture Wars. Secular – Catholic Conflict in Nineteenth-Century Europe, Cambridge ²2004; Olaf Blaschke (Hg.), Konfessionen im Konflikt. Deutschland zwischen 1800 und 1970: Ein zweites konfessionelles Zeitalter, Göttingen 2002; Walser Smith (Hg.), Protestants, Catholics and Jews in Germany.

36 Siehe u. a.: Hans Righart, De katholieke zuil in Europa. Het ontstaan van verzuiling onder katholieken in Oostenrijk, Zwitserland, België en Nederland, Amsterdam 1986; Urs Altermatt, Ambivalences of Catholic Modernisation, in: Judith Frishman/Willemien Otten/Gerard Rouwhorst (Hg.), Religious Identity and the Problem of Historical Foundation. The Foundational Character of Authoritative Sources in the History of Christianity and Judaism, Leiden/Boston 2004, 49–75.

37 Siehe Oliver Zimmer, A Contested Nation. History, Memory and Nationalism in Switzerland 1761–1891, Cambridge/New York 2003; Guy P. Marchal, Schweizer Gebrauchsgeschichte. Geschichtsbilder, Mythenbildung und nationale Identität, Basel 2006; Urs Altermatt/Catherine Bosshart-Pfluger/Albert Tanner (Hg.), Die Konstruktion einer Nation. Nation und Nationalisierung in der Schweiz, 18.–20. Jahrhundert, Zürich 1998.

38 Siehe aus der breiten Literatur verschiedene Beiträge in wichtigen Sammelbänden und Monographien: Heinz-Gerhard Haupt/Dieter Langewiesche (Hg.), Nation und Religion in Europa. Mehrkonfessionelle Gesellschaften im 19. und 20. Jahrhundert, Frankfurt a. M./New York 2004; Michael Geyer/Hartmut Lehmann (Hg.), Religion und Nation – Nation und Religion. Beiträge zu einer unbe-

wältigten Geschichte, Göttingen 2004; Friedrich Wilhelm Graf, Die Wiederkehr der Götter. Religion in der modernen Kultur, München 2004; Hans-Christian Maner/Martin Schulze Wessel (Hg.), Religion im Nationalstaat zwischen den Weltkriegen 1918–1939. Polen–Tschechoslowakei–Ungarn–Rumänien, Stuttgart 2002; Heinz-Gerhard Haupt/Dieter Langewiesche (Hg.), Nation und Religion in der deutschen Geschichte, Frankfurt a.M./New York 2001; Dieter Ruloff (Hg.), Religion und Politik, Chur/Zürich 2001; Alois Mosser (Hg.), «Gottes auserwählte Völker». Erwählungsvorstellungen und kollektive Selbstfindung in der Geschichte, Frankfurt a.M. et al. 2001. Zu nennen ist hier auch der Sammelband: Urs Altermatt/Franziska Metzger (Hg.), Religion und Nation. Katholizismen im Europa des 19. und 20. Jahrhunderts, Stuttgart 2007. Darin: Urs Altermatt, Katholizismus und Nation. Vier Modelle in europäisch-vergleichender Perspektive, 15–33.

39 Siehe Metzger, Religion, Geschichte, Nation. Siehe zudem: Franziska Metzger, Die Reformation in der Schweiz zwischen 1850 und 1950. Konkurrierende konfessionelle und nationale Geschichtskonstruktionen und Erinnerungsgemeinschaften, in: Haupt/Langewiesche (Hg.), Nation und Religion in Europa, 64–98.

40 Thurgauer Wochenzeitung, zit. in: Nidwaldner Volksblatt, 4. Januar 1890.

41 Vaterland, 26. Juli 1891. Für die Haltung der Katholisch-Konservativen zu den Jubiläumsfeierlichkeiten siehe: Urs Altermatt, Das Bundesjubiläum 1891, das Wallis und die katholische Schweiz, in: Blätter aus der Walliser Geschichte, 21 (1989), 89–106.

42 Siehe: Urs Altermatt, Der Weg der Schweizer Katholiken ins Ghetto. Die Entstehungsgeschichte der nationalen Volksorganisationen im Schweizer Katholizismus 1848–1919, Diss. Bern 1970, Zürich/Köln 1972, Freiburg/Schweiz ³1995.

43 Eine Ausnahme stellt das Fürstentum Liechtenstein dar, das bis zu seiner Abtrennung 1997 zum Bistum Chur gehörte.

II Religion und Nation in europäischer Perspektive

1. Religion und Nation:
komplexe Kommunikationsgemeinschaften

1 In den letzten Jahren sind viele Werke zum Thema Religion und Nation erschienen. Aus der breiten Literatur, der ich zahlreiche Anregungen verdanke, möchte ich an dieser Stelle nennen: Heinz-Gerhard Haupt/Dieter Langewiesche (Hg.), Nation und Religion in Europa. Mehrkonfessionelle Gesellschaften im 19. und 20. Jahrhundert, Frankfurt a.M./New York 2004; Michael Geyer/Hartmut Lehmann (Hg.), Religion und Nation – Nation und Religion. Beiträge zu einer unbewältigten Geschichte, Göttingen 2004; Friedrich Wilhelm Graf, Die Wiederkehr der Götter. Religion in der modernen Kultur, München 2004; Hans-Christian

Maner/Martin Schulze Wessel (Hg.), Religion im Nationalstaat zwischen den Weltkriegen 1918–1939. Polen–Tschechoslowakei–Ungarn–Rumänien, Stuttgart 2002; Heinz-Gerhard Haupt/Dieter Langewiesche (Hg.), Nation und Religion in der deutschen Geschichte, Frankfurt a. M./New York 2001; Dieter Ruloff (Hg.), Religion und Politik, Chur/Zürich 2001; Alois Mosser (Hg.), «Gottes auserwählte Völker». Erwählungsvorstellungen und kollektive Selbstfindung in der Geschichte, Frankfurt a. M. et al. 2001; Helmut Walser Smith (Hg.), Protestants, Catholics and Jews in Germany 1800–1914, Oxford/New York 2001; Moritz Csáky/Klaus Zeyringer (Hg.), Pluralitäten, Religionen und kulturelle Codes, Innsbruck 2001; Gerd Krumeich/Hartmut Lehmann (Hg.), «Gott mit uns». Nation, Religion und Gewalt im 19. und frühen 20. Jahrhundert, Göttingen 2000. Für weitere Literaturangaben verweise ich auf die Fussnoten. – Mit der Thematik Religion und Nation beschäftige ich mich seit Jahrzehnten, so bereits in meiner Berner Dissertation von 1970: Urs Altermatt, Der Weg der Schweizer Katholiken ins Ghetto. Die Entstehungsgeschichte der nationalen Volksorganisationen im Schweizer Katholizismus 1848–1919, Diss. Bern 1970, Zürich/Köln 1972, Freiburg/Schweiz ³1995. Von meinen neueren Arbeiten zum Thema siehe u. a.: Religion und Nationalismus. Ein Essay, in: Jaarboek van het Katholiek Documentatie Centrum (Nijmegen, Niederlande), 24 (1994), 12–25; Heimliche Rückkehr des Heiligen, in: Das Fanal von Sarajevo. Ethnonationalismus in Europa, Zürich 1996, 101–124; Religion und Nation. Die Rolle der Religion bei der Nationalstaatenbildung Europas im 19. und 20. Jahrhundert, in: Ruloff (Hg.), Religion und Politik, 27–52; Postreligiöses oder postsäkulares Zeitalter?, in: Moritz Csáky/Peter Stachel (Hg.), Mehrdeutigkeit. Die Ambivalenz von Gedächtnis und Erinnerung, Wien 2003, 79–91; Religion, Staat und Gesellschaft in der Schweiz, in: Jüdische Lebenswelt Schweiz. 100 Jahre Schweizerischer Israelitischer Gemeindebund (SIG), Zürich 2004, 377–387; Das komplexe Verhältnis von Religion und Nation: eine Typologie für den Katholizismus, in: Schweizerische Zeitschrift für Religions- und Kulturgeschichte, 99 (2005), 417–432 (für dieses Buch leicht abgeändert). Der vorliegende Beitrag baut auf meinem Vortrag am internationalen Freiburger Kolloquium «Religion und Nation» vom 30. April und 1. Mai 2004 auf, dessen Beiträge in dem von Franziska Metzger und mir herausgegebenen Sammelband «Religion und Nation. Katholizismen im Europa des 19. und 20. Jahrhunderts» (Stuttgart 2007) erschienen sind. Ich danke Franziska Metzger herzlich für die wertvolle Unterstützung bei der Redaktion meines dort abgedruckten Beitrages.

2   Siehe u. a.: Csáky/Zeyringer (Hg.), Pluralitäten, Religionen und kulturelle Codes, darin bes.: Moritz Csáky, Paradigma Zentraleuropa: Pluralitäten, Religionen und kulturelle Codes. Religion–Mythos–Nation. Einführende Überlegungen, 9–17; Lothar Gall, Die Nationalisierung Europas seit der Französischen Revolution, in: Wilfried Feldenkirchen/Frauke Schönert-Röhlk/Günther Schulz (Hg.), Wirtschaft, Gesellschaft, Unternehmen. Festschrift für Hans Pohl zum

60. Geburtstag, 2. Teilband, Stuttgart 1995, 568–579; Arnold Suppan/Valeria Heuberger, Nationen und Minderheiten in Mittel-, Ost- und Südosteuropa seit 1918, in: Valeria Heuberger/Othmar Kolar/Arnold Suppan/Elisabeth Vyslonzil, Nationen, Nationalitäten, Minderheiten. Probleme des Nationalismus in Jugoslawien, Ungarn, Rumänien, der Tschechoslowakei, Bulgarien, Polen, der Ukraine, Italien und Österreich 1945–1990, Wien 1994, 11–32.

3   Diese These vertraten schon vor Jahrzehnten: Carlton J.H. Hayes, Essays on Nationalism, New York 1928, 93–125; Hans Kohn, Die Idee des Nationalismus. Ursprung und Geschichte bis zur Französischen Revolution, Hamburg 1962. Siehe auch: John Lukacs, Die Geschichte geht weiter. Das Ende des 20. Jahrhunderts und die Wiederkehr des Nationalismus, München 1994; Suppan/Heuberger, Nationen und Minderheiten in Mittel-, Ost- und Südosteuropa seit 1918; Anthony D. Smith, Nations and nationalism in a global era, Cambridge 1995; ders., Myths and Memories of the Nation, New York 1999. – Zur Auseinandersetzung mit dieser These: Michael Geyer, Religion und Nation – Eine unbewältigte Geschichte. Eine einführende Betrachtung, in: ders./Lehmann (Hg.), Religion und Nation, 12–32; Heinz-Gerhard Haupt/Dieter Langewiesche, Nation und Religion. Zur Einführung, in: dies. (Hg.), Nation und Religion in der deutschen Geschichte, 11–29.

4   Pierre Nora, Zwischen Geschichte und Gedächtnis, Frankfurt a. M. 1998, 14.

5   Siehe u. a.: Haupt/Langewiesche, Nation und Religion. Zur Einführung; Alois Mosser, Einleitung, in: ders. (Hg.), «Gottes auserwählte Völker», 13–20; Ernest Gellner, Nationalismus und Moderne, Berlin 1991 (englisches Original: Oxford 1983). – Als allgemeine Einführung zur frühen Neuzeit siehe: Kaspar von Greyerz, Religion und Kultur. Europa 1500–1800, Göttingen 2000. Siehe auch: Aram Mattioli, Einige Überlegungen zu einem neuen Forschungsfeld, in: ders./Markus Ries/Enno Rudolph (Hg.), Intoleranz im Zeitalter der Revolutionen. Europa 1770–1848, Zürich 2004, 9–19.

6   Siehe Anm. 1.

7   Siehe Maurice Halbwachs, Les Origines du sentiment religieux d'après Durkheim, Paris 1925; ders., La Mémoire collective. Posthum herausgegeben von Jeanne Alexandre, geb. Halbwachs, Paris 1950.

8   Siehe auch: Nora, Zwischen Geschichte und Gedächtnis, 11–21.

9   Siehe zur These der Parallelität dieser Erosions- und Pluralisierungsprozesse: Urs Altermatt/Franziska Metzger, Religion und Kultur. Zeitgeschichtliche Perspektiven, in: Schweizerische Zeitschrift für Religions- und Kulturgeschichte, 98 (2004), 185–208; Franziska Metzger, Diskurse des Krieges. Komparative Thesen zu katholischen Erinnerungsdiskursen des Zweiten Weltkrieges in Österreich und der Schweiz, in: Karl-Joseph Hummel/Christoph Kösters (Hg.), Kirchen im Krieg. Europa 1939–1945, Paderborn 2006, 569–592; Altermatt, Religion und Nationalismus. Ein Essay; ders., Religion und Nation.

10   Siehe neben den bereits genannten Titeln aus der breiten Literatur zu Nation
      und Nationalismus mit Bezug zur Konstruktion von Identitäten u. a. folgende
      anregende Beiträge: Benedict Anderson, Imagined Communities. Reflections on
      the Origin and Spread of Nationalism, London/New York 1983; Gellner, Natio-
      nalismus und Moderne; Eric J. Hobsbawm/Terence Ranger (Hg.), The Invention
      of Tradition, Cambridge 1983; Eric J. Hobsbawm, Nationen und Nationalismus.
      Mythos und Realität seit 1780, München 1992; Siegfried Weichlein, Nationalis-
      mus als Theorie sozialer Ordnung, in: Thomas Mergel/Thomas Welskopp (Hg.),
      Geschichte zwischen Kultur und Gesellschaft. Beiträge zur Theoriedebatte,
      München 1997, 171–200; Ulrich Bielefeld, Nation und Gesellschaft. Selbstthe-
      matisierung in Deutschland und Frankreich, Hamburg 2003.
11   Einen kommunikationstheoretischen Ansatz auf die Nationalismusforschung
      angewandt hat bereits der Politikwissenschafter Karl W. Deutsch, mein Mentor
      am Center for European Studies der Harvard-Universität 1976/77. Siehe Karl
      W. Deutsch, Nationalism and Social Communication. An Inquiry into the Foun-
      dations of Nationality, Cambridge/Mass. ²1996. Zu einer entsprechenden Ver-
      bindung sozialer und kultureller Faktoren siehe auch: Siegfried Weichlein,
      Nation und Region. Integrationsprozesse im Bismarckreich, Düsseldorf 2004;
      Bielefeld, Nation und Gesellschaft; Miroslav Hroch, Social Preconditions of Na-
      tional Revival in Europe. A Comparative Analysis of the Social Composition of
      Patriotic Groups among the Smaller European Nations, New York ²2000; ders.,
      From ethnic group toward the modern nation: the Czech case, in: Nations and
      Nationalism, 10 (2004), 95–107; Franziska Metzger, Konstruktionsmechanis-
      men der katholischen Kommunikationsgemeinschaft, in: Schweizerische Zeit-
      schrift für Religions- und Kulturgeschichte, 99 (2005), 433–447. Auf Karl
      W. Deutschs Anregung hin habe ich im Buch «Katholizismus und Moderne»
      schon 1989 kommunikationstheoretische Ansätze für das Subgesellschafts- oder
      Milieumodell verwendet. Siehe Urs Altermatt, Katholizismus und Moderne.
      Zur Sozial- und Mentalitätsgeschichte der Schweizer Katholiken im 19. und
      20. Jahrhundert, Zürich ²1991, 27, 89–91.
12   Siehe etwa: Bielefeld, Nation und Gesellschaft.
13   Siehe Ernest Gellner, Encounters with Nationalism, Oxford 1994, 182–186;
      ders., Nationalismus und Moderne, 63–97. Für die Schweiz als Beispiel siehe
      u. a.: Oliver Zimmer, A Contested Nation. History, Memory and Nationalism
      in Switzerland, 1761–1891, Cambridge 2003; die Beiträge in: Urs Altermatt/
      Catherine Bosshart-Pfluger/Albert Tanner (Hg.), Die Konstruktion einer Nation.
      Nation und Nationalisierung in der Schweiz, 18.–20. Jahrhundert, Zürich 1998;
      Andreas Ernst/Albert Tanner/Matthias Weishaupt (Hg.), Revolution und Inno-
      vation. Die konfliktreiche Entstehung des schweizerischen Bundesstaates von
      1848, Zürich 1998; Alfred Kölz, 1789–1798–1848–1998. Der Weg der Schweiz
      zum modernen Bundesstaat. Historische Abhandlungen, Chur/Zürich 1998.

14 Zum Verhältnis von regionalen und nationalen Identitäten und der Betonung der Überlagerung der beiden Identitätsebenen siehe: Weichlein, Nation und Region. Ich habe die regionale Thematik schon in meiner Dissertation «Der Weg der Schweizer Katholiken ins Ghetto» (1972, ³1995) als ein Hauptproblem der nationalen Organisationsbildung der Schweizer Katholiken ausführlich beschrieben.

15 Siehe Moritz Csáky, Gedächtnis, Erinnerung und die Konstruktion von Identität. Das Beispiel Zentraleuropas, in: Catherine Bosshart-Pfluger/Joseph Jung/ Franziska Metzger (Hg.), Nation und Nationalismus in Europa. Kulturelle Konstruktion von Identitäten. Festschrift für Urs Altermatt, Frauenfeld 2002, 25–49; die Beiträge in: ders./Zeyringer (Hg.), Pluralitäten, Religionen und kulturelle Codes; dies. (Hg.), Ambivalenzen des kulturellen Erbes. Vielfachcodierung des historischen Gedächtnisses. Paradigma: Österreich, Innsbruck 2000; Csáky/Stachel (Hg.), Mehrdeutigkeit.

16 Siehe u. a.: Gerhard Plumpe/Niels Werber, Différence, Differenz, Literatur. Systemtheoretische und dekonstruktivistische Lektüren, in: Henk de Berg/Matthias Prangel (Hg.), Differenzen. Systemtheorie zwischen Dekonstruktion und Konstruktivismus, Tübingen/Basel 1995, 91–112; Henk de Berg/Jos Hoogeveen, Die Andersartigkeit der Vergangenheit. Eine kritische Auseinandersetzung mit der radikal-konstruktivistischen Literaturhistoriographie, in: de Berg/Prangel (Hg.), Differenzen, 187–212.

17 Siehe Klaus Zeyringer, Sakrale Diskurse, kulturelle Codes und Skripts in Zentraleuropa, in: Csáky/Zeyringer (Hg.), Pluralitäten, Religionen und kulturelle Codes, 19–29. Siehe auch die Beiträge in: Maner/Schulze Wessel (Hg.), Religion im Nationalstaat; Mosser (Hg.), «Gottes auserwählte Völker».

18 Siehe z. B.: Péter Varga, Deutsch-jüdische Identitäten in Autobiographien ungarischer Juden des ausgehenden 19. Jahrhunderts, in: Csáky/Stachel (Hg.), Mehrdeutigkeit, 105–123.

19 Urs Altermatt (Hg.), «Den Riesenkampf mit dieser Zeit zu wagen…». Schweizerischer Studentenverein 1841–1991, Luzern 1993. Siehe für Belgien neuerdings: Linda Van Stantvoort/Jan De Maeyer/Tom Verschaffel (Hg.), Sources of Regionalism in the Nineteenth Century: Architecture, Art, and Literature, Leuven 2008.

20 Siehe u. a.: Niklas Luhmann, Religion als Kultur, in: Otto Kallscheuer (Hg.), Das Europa der Religionen. Ein Kontinent zwischen Säkularisierung und Fundamentalismus, Frankfurt a. M. 1996, 291–340; Graf, Die Wiederkehr der Götter, 111–116; ders., Die Nation – von Gott «erfunden»? Kritische Randnotizen zum Theologiebedarf der historischen Nationalismusforschung, in: Krumeich/Lehmann (Hg.), «Gott mit uns», 285–317; Csáky, Paradigma Zentraleuropa, 9–17; Urs Altermatt/Franziska Metzger, Milieu, Teilmilieus und Netzwerke. Das Beispiel des Schweizer Katholizismus, in: Urs Altermatt (Hg.), Katholische Denk- und Lebenswelten. Beiträge zur Kultur- und Sozialgeschichte des Schweizer Katholizismus im 20. Jahrhundert, Freiburg/Schweiz 2003, 15–36.

21 Graf, Die Wiederkehr der Götter, 91. Siehe auch: ders., Die Nation – von Gott
«erfunden»?

22 Geyer, Religion und Nation – Eine unbewältigte Geschichte, 20.

23 Wilhelm Damberg, Abschied vom Milieu? Katholizismus im Bistum Münster
und in den Niederlanden 1945–1980, Paderborn/München/Wien/Zürich 1997,
zit. 23. Siegfried Weichlein spricht von «Übersetzungslogiken»: Wahlkämpfe,
Milieukultur und politische Mobilisierung im Deutschen Kaiserreich, in: Simone Lässig/Karl Heinrich Pohl/James Retallack (Hg.), Modernisierung und Region im wilhelminischen Deutschland. Wahlen, Wahlrecht und Politische Kultur,
Bielefeld 1995, 69–87. Zum katholischen Milieu siehe z. B. die ausführlichen
Angaben zur internationalen Forschungsliteratur in: Altermatt/Metzger, Milieu,
Teilmilieus und Netzwerke sowie in meinem früheren Buch «Katholizismus
und Moderne» (1989).

24 Siehe etwa die Beiträge in: Smith (Hg.), Protestants, Catholics and Jews, 3–29;
Olaf Blaschke (Hg.), Konfessionen im Konflikt. Deutschland zwischen 1800 und
1970: ein zweites konfessionelles Zeitalter, Göttingen 2002; Haupt/Langewie-
sche (Hg.), Nation und Religion in der deutschen Geschichte; dies. (Hg.), Nation
und Religion in Europa.

25 Zu einem Vergleich siehe: Franziska Metzger, Histories of the nation in Germany and Switzerland: overlapping communities of discourse and memory, Vortrag auf dem Workshop des Projektes der European Science Foundation «Representations of the Past», Budapest 21.–23. Oktober 2004. Zu Bruder Klaus: Urs
Altermatt, Niklaus von Flüe als nationale Integrationsfigur. Metamorphosen
der Bruder-Klausen-Mythologie, in: Zeitschrift für Schweizerische Kirchengeschichte, 81 (1987), 51–82 sowie ders., Religion, Nation und Gedächtnis im
Schweizer Katholizismus – Das Beispiel von Klaus von Flüe als polyvalente
Erinnerungsfigur, in: Schweizerische Zeitschrift für Religions- und Kulturgeschichte, 100 (2006), 31–44. Zu Bonifatius: Siegfried Weichlein, Der Apostel der
Deutschen. Die konfessionspolitische Konstruktion des Bonifatius im 19. Jahrhundert, in: Blaschke (Hg.), Konfessionen im Konflikt, 155–179 sowie ders., Religion und Nation: Bonifatius als politischer Heiliger im 19. und 20. Jahrhundert,
in: Schweizerische Zeitschrift für Religions- und Kulturgeschichte, 100 (2006),
45–58.

26 Siehe dazu z. B.: von Greyerz, Religion und Kultur. Siehe auch: Barbara Döle-
meyer, Rechte religiöser Minderheiten in Deutschland und Frankreich in historischer Sicht, in: Hartmut Lehmann (Hg.), Multireligiosität im vereinten
Europa. Historische und juristische Aspekte, Göttingen 2003, 16–29. Für die
Schweiz: Hans Conrad Peyer, Verfassungsgeschichte der alten Schweiz, Zürich
1978.

27 Ernest Gellner hat diese These ausführlich dargelegt in: Nationalismus und Moderne, 72. Siehe auch mein vor allem in Osteuropa erfolgreiches (acht Überset-
zungen!) Buch: Urs Altermatt, Das Fanal von Sarajevo. Ethnonationalismus in
Europa, Zürich 1996.

28 Ich verdanke hier zahlreiche Anregungen Rogers Brubaker, den ich als Fellow am Collegium Budapest kennen gelernt habe: Rogers Brubaker, Staats-Bürger. Frankreich und Deutschland im historischen Vergleich, Hamburg 1994; ders., The Manichean Myth: Rethinking the Distinction between «Civic» and «Ethnic» Nationalism, in: Hanspeter Kriesi/Klaus Armingeon/Hannes Siegrist/Andreas Wimmer (Hg.), Nation and National Identity. The European Experience in Perspective, Chur/Zürich 1999, 55–71. Siehe auch: Altermatt, Das Fanal von Sarajevo; ders., Postreligiöses oder postsäkulares Zeitalter?; Jürgen Habermas, Staatsbürgerschaft und nationale Identität. Überlegungen zur europäischen Zukunft, in: Nicole Dewandre/Jacques Lenoble (Hg.), Projekt Europa. Postnationale Identität: Grundlage für eine europäische Demokratie?, Berlin 1994, 11–29; Michael Walzer, Zivile Gesellschaft und amerikanische Demokratie, Berlin 1992; Walter Kälin, Grundrechte im Kulturkonflikt. Freiheit und Gleichheit in der Einwanderungsgesellschaft, Zürich 2000; Gianni d'Amato, Vom Ausländer zum Bürger: der Streit um die politische Integration von Einwanderern in Deutschland, Frankreich und der Schweiz, Münster 2001; Oliver Zimmer, Switzerland, in: Timothy Baycroft/Mark Hewitson (Hg.), What is a Nation? Europe 1789–1914, New York 2006, 100–119; neuerdings: Damir Skenderovic/Gianni D'Amato, Mit dem Fremden politisieren: Rechtspopulismus und Migrationspolitik in der Schweiz seit den 1960er Jahren, Zürich 2008.

29 Siehe Altermatt, Das Fanal von Sarajevo.

30 Siehe auch: José Casanova, Der Ort der Religion im säkularen Europa, in: Transit. Europäische Revue, 27 (2004), 86–106; ders., Public religions in the modern World, Chicago 1994. Zu Frankreich siehe auch: Klaus Manfrass, Islam in Frankreich. Im Spannungsfeld zwischen Innen- und Aussenpolitik, in: Haupt/Langewiesche (Hg.), Nation und Religion in Europa, 303–342; Christian Walter, Säkularisierung des Staates – Individualisierung der Religion. Überlegungen zum Verhältnis von institutionellem Staatskirchenrecht und dem Grundrecht der Religionsfreiheit, in: Lehmann (Hg.), Multireligiosität im vereinten Europa, 30–56. Zur Schweiz: René Pahud de Mortanges, Kooperation zwischen Staat und Religionsgemeinschaften nach schweizerischem Recht, Basel 2005; Martin Baumann/Jörg Stolz (Hg.), Eine Schweiz – viele Religionen. Risiken und Chancen des Zusammenlebens, Bielefeld 2007.

31 Siehe zum islamischen Religionsunterricht in Österreich: Richard Potz, Der islamische Religionsunterricht in Österreich, in: Heinrich de Wall/Michael Germann (Hg.), Bürgerliche Freiheit und Christliche Verantwortung. Festschrift für Christoph Link zum siebzigsten Geburtstag, Tübingen 2003, 345–369.

32 Siehe aus der seit den 1990er Jahren enorm angestiegenen und immer noch zunehmenden Literatur zur «Rückkehr der Religion»: Gilles Kepel, La Revanche de Dieu: chrétiens, juifs et musulmans à la reconquête du monde, Paris 1991; Samuel P. Huntington, The Clash of Civilizations?, in: Foreign Affairs, 72 (1993), 22–49; ders., The Clash of Civilizations, New York 1996; Otto Kallscheuer,

Zusammenprall der Zivilisationen oder Polytheismus der Werte? Religiöse Identität und europäische Politik, in: ders. (Hg.), Das Europa der Religionen, 17–38; Ruloff (Hg.), Religion und Politik, darin u.a.: Samuel P. Huntington, The Religious Factor in World Politics, 147–159 und Altermatt, Religion und Nation. Martin Riesebrodt, Die Rückkehr der Religionen. Fundamentalismus und der «Kampf der Kulturen», München ²2001; Hartmut Lehmann, Säkularisierung. Der europäische Sonderweg in Sachen Religion, Göttingen 2004; George Weigel/David Martin/Jonathan Sacks/Grace Davie/Tu Weiming/Abdullahi A/ An-Na'im, The Desecularization of the World. Resurgent Religion and World Politics, Washington 1999.

33 Kallscheuer (Hg.), Das Europa der Religionen.

34 Leszek Kolakowski, Leben wir schon in der nachchristlichen Zeit?, in: Ruloff (Hg.), Religion und Politik, 53–70.

35 Siehe mit Schwerpunkt auf die Semantik der Begriffe Säkularisierung und Säkularisation: Lehmann, Säkularisierung; Graf, Die Wiederkehr der Götter, 69–101; José Casanova, Beyond European and American Exceptionalisms: towards a Global Perspective, in: Grace Davie/Paul Heelas/Linda Woodhead (Hg.), Predicting Religion. Christian, Secular and Alternative Futures, Aldershot 2003, 17–29. Siehe auch: Altermatt, Katholizismus und Moderne; Olaf Blaschke, Der «Dämon der Konfessionalisierung». Einführende Überlegungen, in: ders. (Hg.), Konfessionen im Konflikt, 13–69; ders., Das 19. Jahrhundert: Ein Zweites Konfessionelles Zeitalter?, in: Geschichte und Gesellschaft, 26 (2000), 38–75; Casanova, Der Ort der Religion im säkularen Europa.

36 Lehmann, Säkularisierung; Graf, Die Wiederkehr der Götter, 69–101.

37 Juan J. Linz, Der religiöse Gebrauch der Politik und/oder der politische Gebrauch der Religion. Ersatzideologie gegen Ersatzreligion, in: Hans Maier (Hg.), «Totalitarismus» und «Politische Religionen». Konzepte des Diktaturvergleichs, Bd. 1, Paderborn et al. 1996, 129–154. Siehe auch die anderen Beiträge in: Maier (Hg.), «Totalitarismus» und «Politische Religionen». Zur kritischen Auseinandersetzung mit Linz siehe die Beiträge in: Klaus Hildebrand (Hg.), Zwischen Politik und Religion. Studien zur Entstehung, Existenz und Wirkung des Totalitarismus, München 2003. Für die deutsche Nationalbewegung des 19. Jahrhunderts: Dietmar Klenke, Deutsche Nationalreligiosität zwischen Vormärz und Reichsgründung. Zur innen- und aussenpolitischen Dynamik der deutschen Nationalbewegung, in: Historisches Jahrbuch, 123 (2003), 389–447.

38 Linz, Der religiöse Gebrauch der Politik.

39 Zur Differenzierung in Bezug auf den Nationalsozialismus: Hildebrand (Hg.), Zwischen Politik und Religion, darin insbesondere: Hans Günter Hockerts, War der Nationalsozialismus eine politische Religion? Über Chancen und Grenzen eines Erklärungsmodells, 45–71. Siehe darin auch zum faschistischen Italien: Lutz Klinkhammer, Mussolinis Italien zwischen Staat, Kirche und Religion, 73–90.

40 Siehe auch Altermatt, Das Fanal von Sarajevo.

41 Auch wenn das Thema von Religion und Gewalt von Theologen, Politologen
und Religionswissenschaftern in der letzten Zeit öfters Thema von Sammelbänden und Zeitschriftennummern gewesen ist, stellt das Verhältnis von Religion
und Gewalt in den Geschichts- und Sozialwissenschaften immer noch ein
aktuelles Forschungsthema dar, das weiterer Untersuchungen bedarf. Siehe Jan
Assmann, Monotheismus und die Sprache der Gewalt, Wien 2006; ders., Die
mosaische Unterscheidung oder der Preis des Monotheismus, München 2003;
Jürgen Manemann (Hg.), Monotheismus, Münster 2002. – Zu Nation, Religion
und Krieg siehe: Krumeich/Lehmann (Hg.), «Gott mit uns»; Stefan Fuchs,
«Vom Segen des Krieges». Katholische Gebildete im Ersten Weltkrieg. Eine
Studie zur Kriegsdeutung im akademischen Katholizismus, Stuttgart 2004.

42 Zu den Diskussionen um Huntington siehe: Jeane J. Kirkpatrick, The Moderni-
zing Imperative. Tradition and Change, in: Foreign Affairs, 72 (1993), 22; Kallscheuer, Zusammenprall der Zivilisationen oder Polytheismus der Werte?;
Mosser, Einleitung, sowie viele andere.

43 Zum Folgenden siehe aus der breiten Literatur zum Fundamentalismus: Clemens Six/Martin Riesebrodt/Siegfried Haas (Hg.), Religiöser Fundamentalismus. Vom Kolonialismus zur Globalisierung, Innsbruck et al. 2004; Shmuel
Noah Eisenstadt, Die Vielfalt der Moderne, Weilerswist 2000; Riesebrodt, Die
Rückkehr der Religionen; Heiner Bielefeldt/Wilhelm Heitmeyer (Hg.), Politisierte Religion: Ursachen und Erscheinungsformen des modernen Fundamentalismus, Frankfurt a. M. 1998; José Casanova, Chancen und Gefahren öffentlicher
Religion. Ost- und Westeuropa im Vergleich, in: Kallscheuer (Hg.), Das Europa
der Religionen; Klaus Kienzler, Der religiöse Fundamentalismus. Christentum,
Judentum, Islam, München 1996; Bassam Tibi, Krieg der Zivilisationen. Politik
und Religion zwischen Vernunft und Fundamentalismus, Hamburg 1995;
Kepel, La Revanche de Dieu; Thomas Meyer, Fundamentalismus. Aufstand
gegen die Moderne, Reinbek bei Hamburg 1989; Altermatt, Katholizismus und
Moderne.

44 Anregend: Peter Walkenhorst, Nationalismus als «politische Religion»? Zur religiösen Dimension nationalistischer Ideologie im Kaiserreich, in: Olaf Blasch-
ke/Frank-Michael Kuhlemann (Hg.), Religion im Kaiserreich. Milieus–Mentalitäten–Krisen, Gütersloh 1996, 503–529.

45 Charles Taylor, Religion, politische Identität und europäische Integration, in:
Transit. Europäische Revue, 26 (Winter 2003/2004), 166–186, hier 175.

46 Siehe Altermatt, Religion und Nation.

47 Siehe D. George Boyce, Nationalism in Ireland, London/New York ²1991,
123–153.

48 Hayes, Essays on Nationalism, 104–117.

49 Zum Auserwähltheitstopos: Geyer, Religion und Nation – Eine unbewältigte
Geschichte, bes. 25; Hartmut Lehmann, Die Säkularisierung der Religion und

die Sakralisierung der Nation im 20. Jahrhundert: Varianten einer komplementären Relation, in: Maner/Schulze Wessel (Hg.), Religion im Nationalstaat, 13–27; Graf, Die Wiederkehr der Götter, 128–129; ders., Die Nation – von Gott «erfunden»? – Zu Sakralisierung und Absolutheitsanspruch: Walkenhorst, Nationalismus als «politische Religion»? Zur Charismatisierung: Weichlein, Der Apostel der Deutschen. Zu Aufopferungs- und Erlösungstopoi: Klenke, Deutsche Nationalreligiosität zwischen Vormärz und Reichsgründung, bes. 400–409. Zu diesen Diskursmechanismen in historischen Narrativen siehe: Franziska Metzger, Entangled discourses. Religion, Geschichte, Nation in der katholischen Kommunikationsgemeinschaft, in: Urs Altermatt/Franziska Metzger (Hg.), Religion und Nation. Katholizismen im Europa des 19. und 20. Jahrhunderts, Stuttgart 2007, 153–175; dies., Konstruktionsmechanismen der katholischen Kommunikationsgemeinschaft.

50   Siehe etwa: Csáky/Zeyringer (Hg.), Pluralitäten, Religionen und kulturelle Codes; Moritz Csáky/Elena Mannová (Hg.), Collective Identities in Central Europe in Modern Times, Bratislava 1999; Hayes, Essays on Nationalism, 93–125; Lukacs, Die Geschichte geht weiter; Suppan/Heuberger, Nationen und Minderheiten in Mittel-, Ost- und Südosteuropa seit 1918; die Beiträge in: Maner/Schulze Wessel (Hg.), Religion im Nationalstaat.

51   Siehe Hayes, Essays on Nationalism.

52   Geyer, Religion und Nation – Eine unbewältigte Geschichte, zit. 21.

53   Siehe für das Folgende die anregenden Beiträge in: Haupt/Langewiesche (Hg.), Nation und Religion in der deutschen Geschichte; Krumeich/Lehmann (Hg.), «Gott mit uns»; Maner/Schulze Wessel (Hg.), Religion im Nationalstaat zwischen den Weltkriegen 1918–1939. Siehe weiter: Walkenhorst, Nationalismus als «politische Religion»?; Adolf M. Birke, Nation und Konfession. Varianten des politischen Katholizismus im Europa des 19. Jahrhunderts, in: Historisches Jahrbuch, 116 (1996), 395–416.

54   Siehe Siegfried Weichlein, Nationsbilder und Staatskritik im deutschen Katholizismus des 19. und 20. Jahrhunderts, in: Altermatt/Metzger (Hg.), Religion und Nation, 137–151. Siehe weiter: Weichlein, Nationalismus als Theorie sozialer Ordnung; ders., Nation und Region.

55   Graf, Die Wiederkehr der Götter, 123–132, zit. 124.

56   Siehe zur Essentialisierung: Metzger, Histories of the nation; dies., Religion, Geschichte, Nation. Kommunikationstheoretische Perspektiven auf die katholische Geschichtsschreibung in der Schweiz im 19. und 20. Jahrhundert, unveröffentlichte Dissertation Freiburg/Schweiz 2007; Hedda Gramley, Christliches Vaterland – einiges Volk. Zum Protestantismus und Nationalismus von Theologen und Historikern 1848 bis 1880, in: Jörg Echternkamp/Sven Oliver Müller, Die Politik der Nation. Deutscher Nationalismus in Krieg und Krisen 1760–1960, München 2002, 81–105; Zimmer, Switzerland.

57 Siehe Franziska Metzger, Die Reformation in der Schweiz zwischen 1850 und 1950. Konkurrierende konfessionelle und nationale Geschichtskonstruktionen und Erinnerungsgemeinschaften, in: Haupt/Langewiesche (Hg.), Nation und Religion in Europa, 64–98. Siehe auch: Metzger, Entangled discourses.

58 Zimmer, A Contested Nation, 14–15, 243–245. Siehe zum Schweizer Katholizismus auch: Altermatt, Niklaus von Flüe als nationale Integrationsfigur. Zu Deutschland siehe: Helmut Walser Smith, German Nationalism and Religious Conflict. Culture, Ideology, Politics, Princeton 1995.

59 Siehe Altermatt (Hg.), «Den Riesenkampf mit dieser Zeit zu wagen...»; ders., Der Kulturkampf als Integrations- und Desintegrationsfaktor. Interpretationsmodelle zur katholischen Gegengesellschaft in der Schweiz, in: Louis C. Morsak/Markus Escher (Hg.), Festschrift für Louis Carlen zum 60. Geburtstag, Zürich 1989, 547–556; ders., Aufstieg und Krise der Christlichdemokraten in der Schweiz, in: Bernhard Löffler/Karsten Ruppert (Hg.), Religiöse Prägung und politische Ordnung in der Neuzeit. Festschrift für Winfried Becker zum 65. Geburtstag, Köln/Weimar/Wien 2006, 607–632.

60 Weichlein, Nation und Region, bes. 176–189, 376.

61 Weichlein, Nation und Region, 378.

62 Siehe Urs Altermatt, Das Bundesjubiläum 1891, das Wallis und die katholische Schweiz, in: Blätter aus der Walliser Geschichte, 21 (1989), 89–106.

63 Siehe für den Komplex von Geschichtsschreibung, Erinnerung und Nation u. a.: Hobsbawm/Ranger (Hg.), The Invention of Tradition; Hobsawm, Nationen und Nationalismus; Philipp Sarasin, Die Wirklichkeit der Fiktion. Zum Konzept der «imagined communities», in: ders., Geschichtsschreibung und Diskursanalyse, Frankfurt a. M. 2003, 150–188; Csáky, Gedächtnis, Erinnerung und die Konstruktion von Identität; Anderson, Imagined Communities. – Mit Einbezug der Religion: Urs Altermatt, Religion und Nation als Gedächtnis, in: Johannes Feichtinger et al. (Hg.), Schauplatz Kultur – Zentraleuropa. Transdisziplinäre Annäherungen. Moritz Csáky zum 70. Geburtstag gewidmet, Innsbruck et al. 2006, 37–44; Metzger, Die Reformation in der Schweiz zwischen 1850 und 1950; Weichlein, Der Apostel der Deutschen; Stephan Laube, Konfessionelle Brüche in der nationalen Heldengalerie – Protestantische, katholische und jüdische Erinnerungsgemeinschaften im deutschen Kaiserreich (1871–1918), in: Haupt/Langewiesche (Hg.), Nation und Religion in der deutschen Geschichte, 293–332; Frank-Michael Kuhlemann, Pastorennationalismus in Deutschland im 19. Jahrhundert – Befunde und Perspektiven der Forschung, in: Haupt/Langewiesche (Hg.), Nation und Religion in der deutschen Geschichte, 548–586; Kevin Cramer, The Cult of Gustavus Adolphus: Protestant Identity and German Nationalism, in: Smith (Hg.), Protestants, Catholics and Jews in Germany, 97–120; Holger Th. Gräf, Reich, Nation und Kirche in der gross- und kleindeutschen Historiographie, in: Historisches Jahrbuch, 116 (1996), 367–394; Barbara Stambolis, Nationalisierung trotz Ultramontanisierung oder: «Alles für Deutschland.

Deutschland aber für Christus». Mentalitätsleitende Wertorientierung deutscher Katholiken im 19. und 20. Jahrhundert, in: Historische Zeitschrift, 269 (1999), 57–97; Uta Rasche, Geschichtsbilder im katholischen Milieu des Kaiserreichs: Konkurrenz und Parallelen zum nationalen Gedenken, in: Clemens Wischermann (Hg.), Vom kollektiven Gedächtnis zur Individualisierung der Erinnerung, Stuttgart 2002, 25–52. – Für den internationalen Vergleich siehe die Beiträge in: Christoph Conrad/Sebastian Conrad (Hg.), Die Nation schreiben. Geschichtswissenschaft im internationalen Vergleich, Göttingen 2002.

64 Weichlein, Nationalismus als Theorie sozialer Ordnung, 198.

65 Siehe auch: Altermatt/Metzger, Religion und Kultur, 205–206; Metzger, Die Konfession der Nation. Katholische Geschichtsschreibung und Erinnerungskultur des konfessionellen Zeitalters in der Schweiz zwischen 1850 und 1950, in: Zeitschrift für Schweizerische Kirchengeschichte, 97 (2003), 145–164.

66 Haupt/Langewiesche, Nation und Religion. Zur Einführung, 18–19.

67 Siehe Metzger, Konstruktionsmechanismen der katholischen Kommunikationsgemeinschaft.

68 Siehe Martin Schulze Wessel, Die Konfessionalisierung der tschechischen Nation, in: Haupt/Langewiesche (Hg.), Nation und Religion in Europa, 135–149; ders., Konfessionelle Konflikte in der Ersten Tschechoslowakischen Republik: Zum Problem des Status von Konfessionen im Nationalstaat, in: Maner/Schulze Wessel (Hg.), Religion im Nationalstaat, 73–101.

69 Árpád von Klimó, Ein «konfessionelles Zeitalter» Ungarns (1848–1948), in: Altermatt/Metzger (Hg.), Religion und Nation, 215–228. Siehe auch: ders., Nation, Konfession, Geschichte. Zur nationalen Geschichtskultur Ungarns im europäischen Kontext (1860–1948), München 2003.

70 Zur Einsiedler Wallfahrt siehe besonders: Kari Kälin, Schaubühne der Ultramontanen. Wallfahrt nach Einsiedeln von 1864–1914, Freiburg/Schweiz 2005.

71 Nora, Zwischen Geschichte und Gedächtnis, 31.

72 Zur Geschichtspolitik siehe u. a.: Edgar Wolfrum, Geschichte als Waffe. Vom Kaiserreich bis zur Wiedervereinigung, Göttingen ²2002; Petra Bock/Edgar Wolfrum (Hg.), Umkämpfte Vergangenheit. Geschichtsbilder, Erinnerung und Vergangenheitspolitik im internationalen Vergleich, Göttingen 1999. – Generell überwiegen in Bezug auf die Geschichtspolitik Beiträge zur neueren Zeitgeschichte nach 1945. Siehe insbesondere die Beiträge in: Ralph Jarausch/Martin Sabrow (Hg.), Verletztes Gedächtnis. Erinnerungskultur und Zeitgeschichte im Konflikt, Frankfurt a. M. 2002, sowie jene in: Martin Sabrow/Ralph Jessen/Klaus Große Kracht, Zeitgeschichte als Streitgeschichte. Grosse Kontroversen seit 1945, München 2003; Klaus Große Kracht, Die zankende Zunft. Historische Kontroversen in Deutschland nach 1945, Göttingen 2005; Aleida Assmann/Ute Frevert, Geschichtsvergessenheit, Geschichtsversessenheit. Vom Umgang mit deutschen Vergangenheiten nach 1945, Stuttgart 1999; Urs Altermatt, Verspätete Thematisierung des Holocaust in der Schweiz, in: Georg Kreis (Hg.), Erinnern und Verarbeiten. Zur Schweiz in den Jahren 1933–1945, Basel 2004, 31–55.

73 Für die Schweiz siehe zu den Debatten seit 1944: Urs Altermatt, Die Stimmungslage im politischen Katholizismus der Schweiz von 1945: «Wir lassen uns nicht ausmanövrieren.», in: Victor Conzemius/Martin Greschat/Hermann Kocher (Hg.), Die Zeit nach 1945 als Thema kirchlicher Zeitgeschichte. Referate der internationalen Tagung in Hünigen/Bern (Schweiz) 1985, Göttingen 1988, 72–96. Zu den aufschlussreichen Debatten mit konfessionspolitischem Element Mitte der 1990er Jahre siehe: Lukas Rölli-Alkemper, Katholischer Antisemitismus und die «Freiburger Schule». Eine Richtigstellung, in: Zeitschrift für Schweizerische Kirchengeschichte, 92 (1998), 107–123 sowie Debatte über die «Freiburger Schule» mit Beiträgen von Josef Lang, Lukas Rölli-Alkemper und Urs Altermatt, in: Zeitschrift für Schweizerische Kirchengeschichte, 93 (1999), 85–105; Thomas Maissen, Verweigerte Erinnerung. Nachrichtenlose Vermögen und die Schweizer Weltkriegsdebatte 1989–2004, Zürich 2005.

74 Siehe aus der anwachsenden Literatur zum Wandel der Religion und im Speziellen zur Erosion des katholischen Milieus: Urs Altermatt, Ambivalences of Catholic Modernisation, in: Judith Frishman/Willemien Otten/Gerard Rouwhorst (Hg.), Religious Identity and the Problem of Historical Foundation. The Foundational Character of Authoritative Sources in the History of Christianity and Judaism, Leiden 2004, 49–75; ders., Vom geschlossenen katholischen Milieu zur Pluralisierung des Katholizismus, in: Moeizame Moderniteit. Katholieke cultuur in transitie. Opstellen voor Jan Roes (1939–2003), Trajecta, Nijmegen, 13 (2004), 44–62; Hubert Wolf, Einleitung: (Anti-)Modernismus und II. Vatikanum, in: ders. (Hg.), Antimodernismus und Modernismus in der katholischen Kirche. Beiträge zum theologiegeschichtlichen Vorfeld des II. Vatikanums, Paderborn/München/Wien/Zürich 1998; Hubert Wolf/Claus Arnold, Die deutschsprachigen Länder und das II. Vatikanum, Paderborn 2000; Peter Hünermann, Antimodernismus und Modernismus. Eine kritische Nachlese, in: Wolf (Hg.), Antimodernismus und Modernismus, 367–376; Danièle Hervieu-Léger avec la collaboration de Françoise Champion, Vers un nouveau christianisme? Introduction à la sociologie du christianisme occidental, Paris 1986.

75 Siehe u. a.: Konrad H. Jarausch/Michael Geyer, Shattered Past. Reconstructing German Histories, Princeton/Oxford 2003, 37–60; Daniel Levy/Natan Sznaider, Erinnerung im globalen Zeitalter: Der Holocaust, Frankfurt a. M. 2001, 15. Siehe auch: Christoph Cornelissen/Lutz Klinkhammer/Wolfgang Schwenter, Nationale Erinnerungskulturen seit 1945 im Vergleich, in: dies. (Hg.), Erinnerungskulturen. Deutschland, Italien und Japan seit 1945, Frankfurt a. M. 2003, 9–27; Altermatt, Verspätete Thematisierung des Holocaust in der Schweiz; Metzger, Diskurse des Krieges. Siehe auch: Jakob Tanner, Die Krise der Gedächtnisorte und die Havarie der Erinnerungspolitik. Zur Diskussion um das kollektive Gedächtnis und die Rolle der Schweiz während des Zweiten Weltkrieges, in: Traverse, 6 (1999), S. 16–38.

76 Metzger, Diskurse des Krieges.

77 Siehe dazu: Urs Altermatt, Plädoyer für eine Kulturgeschichte des Katholizismus, in: Karl-Joseph Hummel (Hg.), Zeitgeschichtliche Katholizismusforschung. Tatsachen, Deutungen, Fragen. Eine Zwischenbilanz, Paderborn 2004, 169–187; ders., Katholische Denk- und Lebenswelten. Eine Einführung, in: ders. (Hg.), Katholische Denk- und Lebenswelten, 9–14; Franziska Metzger, Die kulturgeschichtliche Wende in der zeitgeschichtlichen Freiburger Katholizismusforschung. Ein Forschungsbericht, in: Zeitschrift für Schweizerische Kirchengeschichte, 96 (2002), 145–170. Dan Diner spricht vom Wechsel von Gesellschaft zu Gedächtnis als zentralem Paradigma: Diner, Von «Gesellschaft» zu «Gedächtnis», in: ders., Gedächtniszeiten. Über jüdische und andere Geschichten, München 2003, 7–15. Siehe auch: Pierre Nora, Gedächtniskonjunktur, in: Transit. Europäische Revue, 22 (2002), 18–31; ders., Zwischen Geschichte und Gedächtnis; Lucian Hölscher, Kulturgeschichte als Sozialgeschichte. Wie «neu» ist die «Neue Kulturgeschichte»?, in: Frankfurter Rundschau, Nr. 261, 9. Nov. 1999, 16; Hans Günter Hockerts, Zugänge zur Zeitgeschichte: Primärerfahrung, Erinnerungskultur, Geschichtswissenschaft, in: Jarausch/Sabrow (Hg.), Verletztes Gedächtnis, 39–73, bes. 60.

78 Hervieu-Léger, Vers un nouveau christianisme?, zit. 218.

79 Danièle Hervieu-Léger, Religion und sozialer Zusammenhalt in Europa, in: Transit. Europäische Revue, 26 (Winter 2003/2004), 101–119, hier 104. Siehe auch: Grace Davie, Religion in Britain since 1945: Believing without Belonging, Oxford 1994.

2. Katholizismus und Nation in Europa: Konstellationen

1 Katholizismus und Nation stehen in verschiedenen Beiträgen der folgenden Sammelbände und Monographien im Zentrum: Heinz-Gerhard Haupt/Dieter Langewiesche (Hg.), Nation und Religion in Europa. Mehrkonfessionelle Gesellschaften im 19. und 20. Jahrhundert, Frankfurt a. M./New York 2004; Michael Geyer/Hartmut Lehmann (Hg.), Religion und Nation – Nation und Religion. Beiträge zu einer unbewältigten Geschichte, Göttingen 2004; Friedrich Wilhelm Graf, Die Wiederkehr der Götter. Religion in der modernen Kultur, München 2004; Hans-Christian Maner/Martin Schulze Wessel (Hg.), Religion im Nationalstaat zwischen den Weltkriegen 1918–1939. Polen–Tschechoslowakei–Ungarn–Rumänien, Stuttgart 2002; Heinz-Gerhard Haupt/Dieter Langewiesche (Hg.), Nation und Religion in der deutschen Geschichte, Frankfurt a. M./New York 2001; Dieter Ruloff (Hg.), Religion und Politik, Chur/Zürich 2001; Alois Mosser (Hg.), «Gottes auserwählte Völker». Erwählungsvorstellungen und kollektive Selbstfindung in der Geschichte, Frankfurt a. M. et al. 2001; Helmut Walser Smith (Hg.), Protestants, Catholics and Jews in Germany 1800–1914,

Oxford/New York 2001; Moritz Csáky/Klaus Zeyringer (Hg.), Pluralitäten, Religionen und kulturelle Codes, Innsbruck 2001; Gerd Krumeich/Hartmut Lehmann (Hg.), «Gott mit uns». Nation, Religion und Gewalt im 19. und frühen 20. Jahrhundert, Göttingen 2000. Für weitere Literaturangaben verweise ich auf die Fussnoten. – Dieser Beitrag baut auf meinem Vortrag am internationalen Freiburger Kolloquium «Religion und Nation» vom 30. April und 1. Mai 2004 auf, dessen Beiträge in dem von mir und Franziska Metzger herausgegebenen Sammelband «Religion und Nation. Katholizismen im Europa des 19. und 20. Jahrhunderts» (Stuttgart 2007) erschienen sind. Siehe Emiel Lamberts, Religion and National Identities in Belgium, 37–49; Mariano Delgado, Religion und Nation in den «zwei Spanien». Der Kampf um die nationale Identität 1812–1980, 51–68; Ernst Bruckmüller, Österreich – eine «katholische» Nation?, 69–93; James E. Bjork, Beyond the Polak-Katolik. Catholicism, Nationalism, and Particularism in Modern Poland, 97–117; Sean Connolly, Religion and Nationality in Ireland. An Unstable Relationship, 119–134; Siegfried Weichlein, Nationsbilder und Staatskritik im deutschen Katholizismus des 19. und 20. Jahrhunderts, 137–151; Franziska Metzger, Entangled discourses. Religion, Geschichte, Nation in der katholischen Kommunikationsgemeinschaft der Schweiz, 153–175; Theo Salemink, Katholisches Milieu und demokratischer Nationalstaat. Orthodoxe Modernisierung in den Niederlanden, 177–202; Martin Schulze Wessel, Zwischen kirchlichem Aggiornamento und außerkirchlicher Nationalisierung von Religion. 1848 als Schlüsseljahr in Tschechien, 203–213; Árpád von Klimó, Ein «konfessionelles Zeitalter» Ungarns (1848–1948)?, 215–228; Francis Python, De la vocation de «Fille aînée de l'Église» à l'affirmation de la laïcité. Continuité et ruptures dans la composante religieuse de l'identité française, 231–239; Carlo Moos, Kirche, Staat und Nation in Italien, 241–254. Ich danke den Teilnehmern und vor allem Franziska Metzger herzlich für die Anregungen. Ansätze der hier vorgelegten Typologie präsentierte ich bereits 2001: Urs Altermatt, Religion und Nation. Die Rolle der Religion bei der Nationalstaatenbildung Europas im 19. und 20. Jahrhundert, in: Ruloff (Hg.), Religion und Politik, 27–52. Nach der Tagung von 2004 ist erschienen: Urs Altermatt, Das komplexe Verhältnis von Religion und Nation: eine Typologie für den Katholizismus, in: Schweizerische Zeitschrift für Religions- und Kulturgeschichte, 99 (2005), 417–132 (für dieses Buch leicht verändert). Ich verweise ausserdem auf das Kapitel «Heimliche Rückkehr des Heiligen» in: Urs Altermatt, Das Fanal von Sarajevo. Ethnonationalismus in Europa, Zürich 1996, 101–124. – Ich danke Franziska Metzger für ihre wertvolle Unterstützung bei der Redaktion dieses Textes.

2   Siehe u. a.: Franc Rodé, Kirche, Nationalitäten und nationale Minderheiten, in: Ingeborg Gabriel (Hg.), Minderheiten und nationale Frage, Wien 1993, 37–48; Adolf M. Birke, Nation und Konfession. Varianten des politischen Katholizismus im Europa des 19. Jahrhunderts, in: Historisches Jahrbuch, 116 (1996), 395–416; Urs Altermatt, Ambivalence of Catholic Modernisation, in: Judith

Frishman/Willemien Otten/Gerard Rouwhorst (Hg.), Religious Identity and the Problem of Historical Foundation. The Foundational Character of Authoritative Sources in the History of Christianity and Judaism, Leiden 2004, 49–75.

3   Dazu u. a.: Giovanni Battista Varnier, Aspekte der italienischen Kirchenpolitik in den Jahren der Konsolidierung des italienischen Staates, in: Rudolf Lill/Francesco Traniello (Hg.), Der Kulturkampf in Italien und in den deutschsprachigen Ländern, Berlin 1993, 127–165; Oliver Janz, Konflikt, Koexistenz und Symbiose. Nationale und religiöse Symbolik in Italien vom Risorgimento bis zum Faschismus, in: Haupt/Langewiesche (Hg.), Nation und Religion in Europa, 231–252.

4   Siehe Lamberts, Religion and National Identities in Belgium. Siehe auch: Vincent Viaene, Belgium and the Holy See from Gregory XVI to Pius IX (1831–1859). Catholic Revival, Society and Politics in 19th-Century Europe, Leuven 2001.

5   Siehe Rudolf Weiler, Zur nationalen Frage als Friedensfrage, in: Gabriel (Hg.), Minderheiten und nationale Frage, 49–74; die Beiträge von Paul Mikat, Christoph Link, Alexander Hollerbach und Peter Leisching in: Staatslexikon. Recht, Wirtschaft, Gesellschaft, hg. von der Görres-Gesellschaft, Freiburg i. Br./Basel/Wien 1995, Sp. 468–511. Für Deutschland siehe u. a.: Hans Maier, Fremd unter Fremden? Katholische Zeitkultur im 19. Jahrhundert, in: Ulrich von Hehl/Friedrich Kronenberg (Hg.), Zeitzeichen. 150 Jahre Deutsche Katholikentage 1848–1998, Paderborn et al. 1999, 43–58; Heinz Hürten, Deutsche Katholiken im 19. Jahrhundert. Positionsbestimmung und Selbstbehauptung, in: ders., Katholiken, Kirche und Staat als Problem der Historie. Ausgewählte Aufsätze 1963–1992, Paderborn/München/Wien/Zürich 1994, 33–50; Ulrich von Hehl, Katholizismus und Einheit der Nation, in: ders./Kronenberg (Hg.), Zeitzeichen, 91–102.

6   Ausführlicher zu Katholizismus und moderner Gesellschaft siehe u. a.: Urs Altermatt, Katholizismus und Moderne. Zur Sozial- und Mentalitätsgeschichte der Schweizer Katholiken im 19. und 20. Jahrhundert, Zürich 1989, ²1991; ders., Religion und Nationalismus. Ein Essay, in: Jaarboek van het Katholiek Documentatie Centrum (Nijmegen, Niederlande), 24 (1994), 12–25; Wolfgang Schieder (Hg.), Religion und Gesellschaft im 19. Jahrhundert, Stuttgart 1993; ders. (Hg.), Volksreligiosität in der modernen Sozialgeschichte, Göttingen 1986; Altermatt, Ambivalence of Catholic Modernisation. Siehe auch: Staf Hellemans, Religieuze modernisering, Utrecht 1997; ders., Secularization in a religiogeneous modernity, in: Rudi Laermans/Bryan Wilson/Jaak Billiet (Hg.), Secularization and social integration. Papers in honour of Karel Dobbelaere, Leuven 1998, 67–81; ders., From «Catholicism Against Modernity» to the Problematic «Modernity of Catholicism», in: Ethical Perspectives, 8 (2001), 117–127.

7   Siehe die Beiträge in: Schieder (Hg.), Religion und Gesellschaft im 19. Jahrhundert.

8   Zu den internationalen ultramontanen Netzwerken siehe die Beiträge in: Emiel Lamberts (Hg.), The Black International 1870–1878. The Holy See and Militant

Catholicism in Europe, Leuven 2002; ders., La découverte du «quatrième pouvoir» par le Saint-Siège. L'épisode de la «Correspondance de Genève» (1870–1873), in: Catherine Bosshart-Pfluger/Joseph Jung/Franziska Metzger (Hg.), Nation und Nationalismus in Europa. Kulturelle Konstruktion von Identitäten. Festschrift für Urs Altermatt, Frauenfeld 2002, 589–620. Zur Ultramontanisierung des Katholizismus siehe weiter: Gisela Fleckenstein/Joachim Schmiedl (Hg.), Ultramontanismus. Tendenzen der Forschung, Paderborn 2005, darin bes.: Siegfried Weichlein, Mission und Ultramontanismus im frühen 19. Jahrhundert, 93–109 sowie Vincent Viaene, Katholisches Reveil und ultramontane Pietät in Belgien (1815–1860), 111–134; Olaf Blaschke, Das 19. Jahrhundert: Ein Zweites Konfessionelles Zeitalter?, in: Geschichte und Gesellschaft, 26 (2000), 38–75; Jan Roes, Die katholische Kirche und die Herausforderungen der Moderne in den Niederlanden im 19. und 20. Jahrhundert, in: Zeitschrift für Schweizerische Kirchengeschichte, 89 (1995), 7–44; Michael N. Ebertz, «Ein Haus voll Glorie, schauet...» Modernisierungsprozesse der römisch-katholischen Kirche im 19. Jahrhundert, in: Schieder (Hg.), Religion und Gesellschaft im 19. Jahrhundert, 62–85; ders., Herrschaft in der Kirche. Hierarchie, Tradition und Charisma im 19. Jahrhundert, in: Karl Gabriel/Franz-Xaver Kaufmann (Hg.), Zur Soziologie des Katholizismus, Mainz 1980, 89–111.

9 Jan Roes, Katholizismus und Moderne oder der veruntreute Himmel und seine postmoderne Relevanz, in: Kirchliche Zeitgeschichte, 4 (1991), 278–284.

10 Zu Italien siehe: Moos, Kirche, Staat und Nation in Italien. Zur italienischen Christdemokratie siehe: Giorgio Vecchio, Christliche Demokratie in Italien, in: Günter Buchstab/Rudolf Uertz (Hg.), Christliche Demokratie im zusammenwachsenden Europa. Entwicklungen, Programmatik, Perspektiven, Freiburg i. Br. 2004, 167–189; Antonio Parisella, Cattolici e Democrazia Cristiana nell'Italia repubblicana. Analisi di un consenso politico, Rom 2000; Pietro Scoppola, La Repubblica dei partiti. Evoluzione e crisi di un sistema politico, 1945–1996, Bologna ²1997.

11 Birke, Nation und Konfession, 400. Birke spricht von vier Gruppen und bezieht auch das nichtkatholische Südosteuropa ein. Für vergleichende internationale Perspektiven siehe die anregenden Beiträge in: Haupt/Langewiesche (Hg.), Nation und Religion in Europa; Krumeich/Lehmann (Hg.), «Gott mit uns»; Geyer/Lehmann (Hg.), Religion and Nation.

12 Dazu unter vielen anderen: Dieter Langewiesche, Nation, Nationalismus und Nationalstaat in Deutschland und Europa, München 2000; Altermatt, Das Fanal von Sarajevo; Juan J. Linz, Staatsbildung, Nationenbildung und Demokratie. Eine Skizze aus historisch vergleichender Sicht, in: Transit. Europäische Revue, 7 (1994), 43–62; Eric J. Hobsbawm, Nationen und Nationalismus. Mythos und Realität seit 1780, München 1992.

13 Siehe auch: Hobsbawm, Nationen und Nationalismus.

14 Zu einer differenzierenden Perspektive: Rogers Brubaker, The Manichean Myth: Rethinking the Distinction between «Civic» and «Ethnic» Nationalism, in: Hanspeter Kriesi/Klaus Armingeon/Hannes Siegrist/Andreas Wimmer (Hg.), Nation and National Identity. The European Experience in Perspective, Chur/Zürich 1999, 55–71; George Schöpflin, Nations, Identity and Power. The New Politics of Europe, London 2000; ders., Civic and Ethnic Identities: The Context of the Hungarian Status Law, in: Bosshart-Pfluger/Jung/Metzger (Hg.), Nation und Nationalismus in Europa, 103–113; Dan Dungaciu, East and West in the «mirror of nature». Nationalism in Western and Eastern Europe – essentially different?, in: Focaal, 35 (2000), 171–191; Mariano Delgado, Religion und Nation in der abendländischen Geschichte. Mit einem Seitenblick auf den baskischen Nationalismus, in: Bosshart-Pfluger/Jung/Metzger (Hg.), Nation und Nationalismus in Europa, 115–135; Urs Altermatt, Politische Kultur und nationale Identität in West- und Osteuropa, in: Alois Mosser (Hg.), Politische Kultur in Südosteuropa. Identitäten, Loyalitäten, Solidaritäten, Frankfurt a. M. 2006, 39–55.

15 Oliver Zimmer, Switzerland, in: Timothy Baycroft/Mark Hewitson (Hg.), What is a Nation? Europe 1789–1914, New York 2006, 100–119; ders., A Contested Nation. History, Memory and Nationalism in Switzerland, 1761–1891, Cambridge/New York 2003.

16 Siehe Python, De la vocation de «Fille aînée de l'Église» à l'affirmation de la laïcité. Siehe weiter: Daniel Mollenhauer, Symbolkämpfe um die Nation. Katholiken und Laizisten in Frankreich (1871–1914), in: Haupt/Langewiesche (Hg.), Nation und Religion in Europa, 202–230.

17 Hans Maier, Kirche–Staat–Gesellschaft. Historisch-politische Bemerkungen zu ihrem Verhältnis, in: Essener Gespräche zum Thema Staat und Kirche, Bd. 1, Münster 1969, 12–38; ders., Kirche und Gesellschaft, München 1972, bes. 34–57.

18 Zur Schweiz siehe etwa: Giusep Nay, Freie Kirche im freien Staat, in: Urban Fink/René Zihlmann (Hg.), Kirche–Kultur–Kommunikation. Peter Henrici zum 70. Geburtstag, Zürich 1998, 475–483; Urs Josef Cavelti, Kirchenrecht im demokratischen Umfeld: ausgewählte Aufsätze, Freiburg/Schweiz 1999; Cla Reto Famos, Die öffentlichrechtliche Anerkennung von Religionsgemeinschaften im Lichte des Rechtsgleichheitsprinzips, Freiburg/Schweiz 1999.

19 Ich habe in einem Beitrag von 2001 (Altermatt, Religion und Nation) bereits einen ersten Vorschlag unterbreitet, den ich hier nicht zuletzt dank den Anregungen am Freiburger Kolloquium von 2004 erweitern kann. Wegweisende Anregungen erhielt ich auch vom oben zitierten Adolf Birke. Siehe auch: Altermatt, Das komplexe Verhältnis von Religion und Nation.

20 Siehe Lamberts, Religion and National Identities in Belgium.

21 Siehe auch: Emiel Lamberts, La démocratie chrétienne en Belgique et aux Pays-Bas (19e–20e siècles), in: Buchstab/Uertz (Hg.), Christliche Demokratie im zusammenwachsenden Europa, 140–166, bes. 146–152.

22 Siehe Mariano Delgado, Religion und Nation in den «zwei Spanien». Der Kampf
    um die nationale Identität 1812–1980, in: Altermatt/Metzger (Hg.), Religion und
    Nation, 51–68.

23 Siehe Bruckmüller, Österreich – eine «katholische» Nation? Siehe weiter auch:
    ders., Nation Österreich. Kulturelles Bewusstsein und gesellschaftlich-politi-
    sche Prozesse, Wien/Köln/Graz ²1996; Emil Brix/Hannes Stekl/Ernst Bruck-
    müller (Hg.), Memoria Austriae I. Menschen, Mythen, Zeiten, Wien/München
    2004, 9–25.

24 Siehe Bjork, Beyond the Polak-Katolik. Siehe weiter: Rudolf Jaworski, Konfessi-
    on als Faktor nationaler Identifikationsprozesse in Ostmitteleuropa im 19. und
    zu Beginn des 20. Jahrhunderts, in: Csáky/Zeyringer (Hg.), Pluralitäten, Religio-
    nen und kulturelle Codes, 19–29; Jerzy Kloczowski (Hg.), Histoire religieuse de
    la Pologne, Paris 1987, 356–359; Helmut Juros, Zur Problematik von Nation und
    Konfession am Beispiel Polen, in: Günther Gillessen et al. (Hg.), Europa fordert
    die Christen. Zur Problematik von Nation und Konfession, Regensburg 1993,
    107–125; Helmut Walser Smith, German Nationalism and Religious Conflict.
    Culture, Ideology, Politics, Princeton 1995, 169–205; Vincent C. Chrypinski,
    Church and Nationality in Postwar Poland, in: Pedro Ramet (Hg.), Religion and
    Nationalism in Soviet and East European Politics, Durham/London 1989, 241–
    263.

25 Kloczowski (Hg.), Histoire religieuse de la Pologne, 356–359; Juros, Zur Proble-
    matik von Nation und Konfession am Beispiel Polen.

26 Smith, German Nationalism and Religious Conflict, 169–205.

27 Chrypinski, Church and Nationality in Postwar Poland, 259; Juros, Zur Proble-
    matik von Nation und Konfession, 107–112.

28 Siehe Bjork, Beyond the Polak-Katolik.

29 Siehe die Beiträge in: Mosser (Hg.), «Gottes auserwählte Völker»; Altermatt,
    Religion und Nation.

30 Zur langen Tradition des religiös begründeten Nationalismus in Irland siehe:
    Connolly, Religion and Nationality in Ireland. Siehe weiter: Marianne Elliott,
    The Catholics of Ulster. A History, New York 2001; Brian Girvin, The Act of
    Union, Nationalism and Religion: 1780–1850, in: Jürgen Elvert (Hg.), Nordirland
    in Geschichte und Gegenwart/Northern Ireland – Past and Present, Stuttgart
    1994, 53–81; Duncan Morrow, Faith and Fervour. Religion and Nationality in
    Ulster, in: Elvert (Hg.), Nordirland in Geschichte und Gegenwart, 422–441;
    K. Theodore Hoppen, Ireland since 1800: Conflict and Conformity, London
    1989; Wendy Hinde, Catholic Emancipation. A shake to men's minds, Oxford
    1992; D. George Boyce, Nationalism in Ireland, London/New York ²1991. Siehe
    auch: Birke, Nation und Konfession, 401.

31 Birke, Nation und Konfession, 401–402.

32 Connolly, Religion and Nationality in Ireland.

33 Boyce, Nationalism in Ireland, 123–153.

34 Zum Jurakonflikt siehe u. a.: Christian Ruch, Struktur und Strukturwandel des jurassischen Separatismus zwischen 1974 und 1994, Bern 2001; Altermatt, Katholizismus und Moderne, 91–95; John R. G. Jenkins, Jura Separatism in Switzerland, Oxford 1986; Gilbert Ganguillet, Le conflit jurassien. Un cas de mobilisation ethno-régionale en Suisse, Zürich 1986; Kenneth D. McRae, Conflict and Compromise in Multilingual Societies: Switzerland, Waterloo (CAN) 1983.

35 Zu konkurrierenden Kommunikationsgemeinschaften im modernen Nationalstaat siehe auch: Haupt/Langewiesche (Hg.), Nation und Religion in Europa; Olaf Blaschke (Hg.), Konfessionen im Konflikt. Deutschland zwischen 1800 und 1970: ein zweites konfessionelles Zeitalter, Göttingen 2002; Smith (Hg.), Protestants, Catholics and Jews in Germany; Altermatt, Das komplexe Verhältnis von Religion und Nation; Franziska Metzger, Die Reformation in der Schweiz zwischen 1850 und 1950. Konkurrierende konfessionelle und nationale Geschichtskonstruktionen und Erinnerungsgemeinschaften, in: Haupt/Langewiesche (Hg.), Nation und Religion in Europa, 64–98; Siegfried Weichlein, Der Apostel der Deutschen. Die konfessionspolitische Konstruktion des Bonifatius im 19. Jahrhundert, in: Blaschke (Hg.), Konfessionen im Konflikt, 155–179; Kevin Cramer, The Cult of Gustavus Adolphus: Protestant Identity and German Nationalism, in: Smith (Hg.), Protestants, Catholics and Jews in Germany, 97–120; Frank-Michael Kuhlemann, Pastorennationalismus in Deutschland im 19. Jahrhundert – Befunde und Perspektiven der Forschung, in: Haupt/Langewiesche (Hg.), Nation und Religion in der deutschen Geschichte, 548–586; Jörg Echternkamp, «Religiöses Nationalgefühl» oder «Frömmelei der Deutschtümler»? Religion, Nation und Politik im Frühnationalismus, in: Haupt/Langewiesche (Hg.), Nation und Religion in der deutschen Geschichte, 142–169; Holger Th. Gräf, Reich, Nation und Kirche in der gross- und kleindeutschen Historiographie, in: Historisches Jahrbuch, 116 (1996), 367–394. Zu Ungarn: Árpád von Klimó, Nation, Konfession, Geschichte. Zur nationalen Geschichtskultur Ungarns im europäischen Kontext (1860–1948), München 2003. Zu Böhmen und Mähren: Martin Schulze Wessel, Die Konfessionalisierung der tschechischen Nation, in: Haupt/Langewiesche (Hg.), Nation und Religion in Europa, 135–149.

36 Siehe Salemink, Katholisches Milieu und demokratischer Nationalstaat.

37 Siehe Urs Altermatt, Der Weg der Schweizer Katholiken ins Ghetto. Die Entstehungsgeschichte der nationalen Volksorganisationen im Schweizer Katholizismus 1848–1919, Diss. Bern 1970, Zürich/Köln 1972, Freiburg/Schweiz ³1995; ders., Katholizismus und Moderne; ders., Aufstieg und Krise der Christlichdemokraten in der Schweiz, in: Bernhard Löffler/Karsten Ruppert (Hg.), Religiöse Prägung und politische Ordnung in der Neuzeit. Festschrift für Winfried Becker zum 65. Geburtstag, Köln/Weimar/Wien 2006, 607–632; ders., Von der katholischen Milieupartei zu einer bürgerlichen Sammlungspartei. Zur Geschichte der Christlichdemokraten in der Schweiz, in: Mariano Delgado/David Neuhold (Hg.), Politik aus christlicher Verantwortung. Ein Ländervergleich Österreich – Schweiz, Innsbruck 2008, 39–64.

38 Siehe Urs Altermatt, Das Bundesjubiläum 1891, das Wallis und die katholische Schweiz, in: Blätter aus der Walliser Geschichte, 21 (1989), 89–106; ders., Il cattolicesimo sociale svizzero intorno al 1891, in: Gabriele De Rosa (Hg.), I tempi della «Rerum Novarum», Roma 2002, 203–210. Siehe auch: Urs Altermatt/ Catherine Bosshart-Pfluger/Albert Tanner (Hg.), Die Konstruktion der Nation. Nation und Nationalisierung in der Schweiz, 18.–20. Jahrhundert, Zürich 1998; Andreas Ernst/Albert Tanner/Matthias Weishaupt (Hg.), Revolution und Innovation. Die konfliktreiche Entstehung des schweizerischen Bundesstaates von 1848, Zürich 1998; Georg Kreis, Der Mythos von 1291. Zur Entstehung des schweizerischen Nationalfeiertages von 1891, Basel 1991; ders., Der Mythos von 1291. Zur Entstehung des schweizerischen Nationalfeiertages, in: Die Entstehung der Schweiz. Vom Bundesbrief 1291 zur nationalen Geschichtskultur des 20. Jahrhunderts. Schwyz 1999, 43–102.

39 Siehe zur Schweiz u. a.: Altermatt, Der Weg der Schweizer Katholiken ins Ghetto; ders., Katholische Subgesellschaft. Thesen zum Konzept der «katholischen Subgesellschaft» am Beispiel des Schweizer Katholizismus, in: Gabriel/Kaufmann (Hg.), Zur Soziologie des Katholizismus, 145–165; ders., Katholizismus und Moderne; Urs Altermatt/Franziska Metzger, Milieu, Teilmilieus und Netzwerke. Das Beispiel des Schweizer Katholizismus, in: Urs Altermatt (Hg.), Katholische Denk- und Lebenswelten. Beiträge zur Kultur- und Sozialgeschichte des Schweizer Katholizismus im 20. Jahrhundert, Freiburg/Schweiz 2003, 15–36. Zu Deutschland siehe u. a.: Johannes Horstmann/Antonius Liedhegener (Hg.), Konfession, Milieu, Moderne. Konzeptionelle Positionen und Kontroversen zur Geschichte von Katholizismus und Kirche im 19. und 20. Jahrhundert, Schwerte 2001; Blaschke (Hg.), Konfessionen im Konflikt; Arbeitskreis für kirchliche Zeitgeschichte (AKKZG), Konfession und Cleavages. Ein Erklärungsmodell zur regionalen Entstehung des katholischen Milieus in Deutschland, in: Historisches Jahrbuch, 120 (2000), 358–395; Wilhelm Damberg, Abschied vom Milieu? Katholizismus im Bistum Münster und in den Niederlanden 1945–1980, Paderborn/München/Wien/Zürich 1997; Olaf Blaschke/Frank-Michael Kuhlemann (Hg.), Religion im Kaiserreich. Milieus – Mentalitäten – Krisen, Gütersloh 1996; Siegfried Weichlein, Sozialmilieu und politische Kultur in der Weimarer Republik. Lebenswelt, Vereinskultur, Politik in Hessen, Göttingen 1996; ders., Wahlkämpfe, Milieukultur und politische Mobilisierung im Deutschen Kaiserreich, in: Simone Lässig/Karl Heinrich Pohl/James Retallack (Hg.), Modernisierung und Region im wilhelminischen Deutschland. Wahlen, Wahlrecht und Politische Kultur, Bielefeld 1995, 69–87.

40 Altermatt, Katholizismus und Moderne, 105.

41 Siehe auch: Altermatt/Metzger, Milieu, Teilmilieus und Netzwerke; Franziska Metzger, Religion als Gesellschaft? Rekatholisierungsdiskurse im integralistisch-rechtskatholischen Teilmilieu, in: Altermatt (Hg.), Katholische Denk- und Lebenswelten, 151–173. Olaf Blaschke spricht in diesem Zusammenhang von

«externer Konfessionalisierung»: Der «Dämon der Konfessionalisierung». Einführende Überlegungen, in: ders. (Hg.), Konfessionen im Konflikt, 21.

42 Heinz-Gerhard Haupt/Dieter Langewiesche, Nation und Religion. Zur Einführung, in: dies. (Hg.), Nation und Religion in der deutschen Geschichte, 11–29, 17.

43 Siehe Altermatt, Religion und Nationalismus.

44 Siehe die Beiträge in: Haupt/Langewiesche (Hg.), Nation und Religion in Europa; Geyer/Lehmann (Hg.), Religion und Nation; Haupt/Langewiesche (Hg.), Nation und Religion in der deutschen Geschichte; Mosser (Hg.), «Gottes auserwählte Völker»; Cramer, The Cult of Gustavus Adolphus; Weichlein, Der Apostel der Deutschen.

45 Siehe für die Schweiz: Zimmer, A Contested Nation; Franziska Metzger, Histories of the nation in Germany and Switzerland: overlapping communities of discourse and memory, Vortrag am Workshop des Projektes der European Science Foundation «Representations of the Past», Budapest 21.–23. Oktober 2004; Catherine Santschi, Schweizer Nationalfeste im Spiegel der Geschichte, Zürich 1991. Siehe für Deutschland: Barbara Stambolis, Religiöse Symbolik und Programmatik in der Nationalbewegung des 19. Jahrhunderts im Spannungsfeld konfessioneller Gegensätze, in: Archiv für Kulturgeschichte, Köln/Weimar/ Wien 2000, 158–185; dies., Nationalisierung trotz Ultramontanisierung oder: «Alles für Deutschland. Deutschland aber für Christus». Mentalitätsleitende Wertorientierung deutscher Katholiken im 19. und 20. Jahrhundert, in: Historische Zeitschrift, 269 (1999), 57–97; Dietmar Klenke, Deutsche Nationalreligiosität zwischen Vormärz und Reichsgründung. Zur innen- und aussenpolitischen Dynamik der deutschen Nationalbewegung, in: Historisches Jahrbuch, 123 (2003), 389–447; ders., Der Gesangsverein, in: Deutsche Erinnerungsorte, Bd. 3, hg. von Etienne François/Hagen Schulze, München 2001, 393–407.

46 Siehe Metzger, Die Reformation in der Schweiz zwischen 1850 und 1950, 75.

47 Siehe von Klimó, Ein «konfessionelles Zeitalter» Ungarns (1848–1948)?; ders., Nation, Konfession, Geschichte.

48 Siehe dazu: Altermatt, Katholizismus und Moderne, 54. Ebenso: Weichlein, Nationsbilder und Staatskritik im deutschen Katholizismus des 19. und 20. Jahrhunderts.

49 Diese These formulierte ich 1972 in: Altermatt, Der Weg der Schweizer Katholiken ins Ghetto.

50 Siehe hierzu auch: Thomas Nipperdey, Religion im Umbruch. Deutschland 1870–1918, München 1988, 24–31; Altermatt, Der Weg der Schweizer Katholiken ins Ghetto.

51 Siehe Hürten, Deutsche Katholiken im 19. Jahrhundert; ders., Kirche auf dem Weg in eine veränderte Welt: ein Versuch über die Auseinandersetzung der Katholiken mit der Gesellschaft des 19. und 20. Jahrhunderts, Münster 2003; von Hehl/Kronenberg (Hg.), Zeitzeichen; Winfried Becker, Christliche Demokratie, in: ders./Günter Buchstab/Anselm Doering-Manteuffel (Hg.), Lexikon der Christlichen Demokratie in Deutschland, Paderborn et al. 2002, 9–23.

52 Altermatt, Der Weg der Schweizer Katholiken ins Ghetto, 428. Siehe für den Schweizer Katholizismus nach 1945 auch: Markus Ries, Die Schweiz, in: Erwin Gatz (Hg.), Kirche und Katholizismus seit 1945. Bd. 1: Mittel-, West- und Nordeuropa, Paderborn/München/Wien/Zürich 1998, 333–356; die Beiträge in: Urs Altermatt (Hg.), Schweizer Katholizismus im Umbruch 1945–1990, Freiburg/ Schweiz 1993.
53 Siehe Python, De la vocation de «Fille aînée de l'Église» à l'affirmation de la laïcité.
54 Siehe Mollenhauer, Symbolkämpfe um die Nation, 205.
55 Siehe Python, De la vocation de «Fille aînée de l'Église» à l'affirmation de la laïcité.
56 Siehe Moos, Kirche, Staat und Nation in Italien.
57 Siehe dazu: Janz, Konflikt, Koexistenz und Symbiose.
58 Karl W. Deutsch, Die Schweiz als ein paradigmatischer Fall politischer Integration, Bern 1976.

3. Die Schweizer Katholiken im Bundesstaat 1848–2000: kulturelle Selbstdefinition und politische Integration

1 Dieses Resümee stützt sich auf Vorarbeiten in: Urs Altermatt, Der Weg der Schweizer Katholiken ins Ghetto. Die Entstehungsgeschichte der nationalen Volksorganisationen im Schweizer Katholizismus 1848–1919, Diss. Bern 1970, Zürich/Köln 1972, Freiburg/Schweiz ³1995; ders., Katholizismus und Moderne. Zur Sozial- und Mentalitätsgeschichte der Schweizer Katholiken im 19. und 20. Jahrhundert, Zürich 1989, ²1991; ders. (Hg.), Katholische Denk- und Lebenswelten. Beiträge zur Kultur- und Sozialgeschichte des Schweizer Katholizismus im 20. Jahrhundert, Freiburg/Schweiz 2003; ders., Identität und Emanzipation einer konfessionell-politischen Minderheit. Sozialgeschichtliches Modell zur Entstehung der katholisch-konservativen Subkultur im schweizerischen Bundesstaat, in: Zeitschrift für Schweizerische Kirchengeschichte, 73 (1979), 169–192; ders. (Hg.), Schweizer Katholizismus zwischen den Weltkriegen 1920–1940, Freiburg/Schweiz 1994; ders., Conservatism in Switzerland: A Study in Antimodernism, in: Journal of Contemporary History, 14 (1979), 581–610; ders., Katholische Subgesellschaft. Thesen zum Konzept der «katholischen Subgesellschaft» am Beispiel des Schweizer Katholizismus, in: Karl Gabriel/Franz-Xaver Kaufmann (Hg.), Zur Soziologie des Katholizismus, Mainz 1980, 145–165; ders., Der Schweizer Katholizismus im Bundesstaat. Entwicklungslinien und Profile des politischen Katholizismus von 1848 bis zur Gegenwart, in: Historisches Jahrbuch, 103 (1983), 76–106; ders., Katholizismus und Antisemitismus. Mentalitäten, Kontinuitäten, Ambivalenzen. Zur Kulturgeschichte der Schweiz 1918–1945, Frauenfeld/Stuttgart/Wien 1999; ders. (Hg.), Schweizer Katholizismus im

Umbruch 1945–1990, Freiburg/Schweiz 1993. Siehe auch das Kapitel über den Zeitraum von 1800 bis zur Gegenwart in der «Ökumenischen Kirchengeschichte der Schweiz», für die ich zusammen mit Urs von Arx, Victor Conzemius, Oliver Fatio, Albert Gasser, Hermann Kocher, Christine Nöthiger-Strahm, Francis Python, Alois Steiner und Lukas Vischer Texte verfasst habe: Lukas Vischer/ Lukas Schenker/Rudolf Dellsperger (Hg.), Ökumenische Kirchengeschichte der Schweiz, Freiburg/Schweiz/Basel 1994. – Zum Thema Nation und Konfession siehe: Urs Altermatt/Franziska Metzger (Hg.), Religion und Nation. Katholizismen im Europa des 19. und 20. Jahrhunderts, Stuttgart 2007; Urs Altermatt, Der Schweizer Katholizismus zwischen Konfession und Nation, in: Konfessionelle Religiosität. Chancen und Grenzen, hg. vom Schweizerischen Pastoralsoziologischen Institut, Zürich 1989, 36–51; ders., Religion und Nationalismus. Ein Essay, in: Jaarboek van het Katholiek Documentatie Centrum (Nijmegen, Niederlande), 24 (1994), 12–25; ders., Das komplexe Verhältnis von Religion und Nation: eine Typologie für den Katholizismus, in: Schweizerische Zeitschrift für Religions- und Kulturgeschichte, 99 (2005), 417–432; ders., Religion, Nation und Gedächtnis im Schweizer Katholizismus – Das Beispiel von Klaus von Flüe als polyvalente Erinnerungsfigur, in: Schweizerische Zeitschrift für Religions- und Kulturgeschichte, 100 (2006), 31–44. Im Übrigen verweise ich ausdrücklich auf die über 50 Studien der «Freiburger Schule», die in der Reihe «Religion, Politik, Gesellschaft» seit 1987 erschienen und in Anmerkung 17 des Schlusskapitels aufgeführt sind. – Ich danke Thomas Metzger herzlich für die Mitarbeit bei der Schlussredaktion.

2   Siehe zur Forschung im deutschsprachigen Raum, wo sich der Milieubegriff durchgesetzt hat, u.a.: Claudia Hiepel/Mark Edward Ruff (Hg.), Christliche Arbeiterbewegung in Europa 1850–1950, Stuttgart 2003; Urs Altermatt/Franziska Metzger, Milieu, Teilmilieus und Netzwerke. Das Beispiel des Schweizer Katholizismus, in: Altermatt (Hg.), Katholische Denk- und Lebenswelten, 15–36; Johannes Horstmann/Antonius Liedhegener (Hg.), Konfession, Milieu, Moderne. Konzeptionelle Positionen und Kontroversen zur Geschichte von Katholizismus und Kirche im 19. und 20. Jahrhundert, Schwerte 2001 mit Beiträgen von Christoph Kösters und Antonius Liedhegener, Olaf Blaschke, Wilfried Loth, dem Arbeitskreis für kirchliche Zeitgeschichte und Wolfgang Tischner; Arbeitskreis für kirchliche Zeitgeschichte (AKKZG), Konfession und Cleavages. Ein Erklärungsmodell zur regionalen Entstehung des katholischen Milieus in Deutschland, in: Historisches Jahrbuch, 120 (2000), 358–395; Michael N. Ebertz, Erosion der Gnadenanstalt? Zum Wandel der Sozialgestalt von Kirche, Frankfurt a. M. 1998; Wilhelm Damberg, Abschied vom Milieu? Katholizismus im Bistum Münster und in den Niederlanden 1945–1980, Paderborn/München/Wien/Zürich 1997; Olaf Blaschke/Frank-Michael Kuhlemann (Hg.), Religion im Kaiserreich. Milieus–Mentalitäten–Krisen, Gütersloh 1996 mit Beiträgen von Olaf Blaschke, Norbert Busch, Frank Michael Kuhlemann, Siegfried Weichlein u.a.;

Siegfried Weichlein, Wahlkämpfe, Milieukultur und politische Mobilisierung im Deutschen Kaiserreich, in: Simone Lässig/Karl Heinrich Pohl/James Retallack (Hg.), Modernisierung und Region im wilhelminischen Deutschland. Wahlen, Wahlrecht und Politische Kultur, Bielefeld 1995, 69–87; Karl Gabriel, Christentum zwischen Tradition und Postmoderne, Freiburg i. Br./Basel ⁴1994; Michael Klöcker, Das katholische Milieu. Grundüberlegungen – in besonderer Hinsicht auf das Deutsche Kaiserreich von 1871, in: Zeitschrift für Religions- und Geistesgeschichte, 44 (1992), 241–262; ders., Katholizismus in der modernen Gesellschaft, in: Archiv für Sozialgeschichte, 32 (1992), 490–509; Altermatt, Katholizismus und Moderne; ders., Katholische Subgesellschaft; ders., Der Weg der Schweizer Katholiken ins Ghetto.

3 Siehe Urs Altermatt, Politischer Katholizismus. Überlegungen und Hinweise zu Begriff und Gegenstand des politischen Katholizismus im allgemeinen und des politischen Katholizismus der Schweiz im besondern, in: Reformatio, 22 (1973), 486–496.

4 Siehe Altermatt, Der Weg der Schweizer Katholiken ins Ghetto.

5 Zum katholischen Vereinswesen siehe v. a.: Altermatt, Der Weg der Schweizer Katholiken ins Ghetto. Zu den Zeitungsgründungen: Fritz Blaser, Bibliographie der Schweizer Presse. Mit Einschluss des Fürstentums Liechtenstein, 2 Bde, Basel 1956/58.

6 Zum Konservatismus in der Schweiz siehe: Altermatt, Conservatism in Switzerland; ders., Art. «Konservativismus», in: Historisches Lexikon der Schweiz. ‹http://www.hls-dhs-dss.ch/textes/d/D17458-pref.php› (3. September 2008); Erich Gruner, Konservatives Denken und konservative Politik in der Schweiz, in: Gerd-Klaus Kaltenbrunner (Hg.), Rekonstruktion des Konservatismus, Bern/Stuttgart 1978, 241–272. Zum schweizerischen Konservatismus siehe auch: Hans Ulrich Jost (Hg.), Die Reaktionäre Avantgarde. Die Geburt der neuen Rechten in der Schweiz um 1900, Zürich 1992; Aram Mattioli (Hg.), Intellektuelle von rechts. Ideologie und Politik in der Schweiz 1918–1939, Zürich 1995.

7 Siehe v. a.: Altermatt, Conservatism in Switzerland; ders., Art. «Konservativismus».

8 Zu den Volksrechten in der Schweiz siehe u. a.: Wolf Linder, Schweizerische Demokratie. Institutionen – Prozesse – Perspektiven, Bern/Stuttgart/Wien ²2005; ders./Regula Zürcher/Christian Bolliger, Gespaltene Schweiz – geeinte Schweiz. Gesellschaftliche Spaltungen und Konkordanz bei den Volksabstimmungen seit 1874, Baden 2008; Leonhard Neidhart, Die politische Schweiz. Fundamente und Institutionen, Zürich 2002.

9 1894 wählte die Gründungsversammlung den Begriff «Katholische Volkspartei». Schon in den achtziger Jahren des 19. Jahrhunderts stand der Begriff «christlichdemokratisch» zur Debatte. Siehe Altermatt, Der lange Weg der Schweizer Katholiken ins Ghetto; ders., Von der katholischen Milieupartei zu einer bürgerlichen Sammlungspartei. Zur Geschichte der Christlichdemokraten in der

Schweiz, in: Mariano Delgado / David Neuhold (Hg.), Politik aus christlicher Verantwortung. Ein Ländervergleich Österreich – Schweiz, Innsbruck 2008, 39 – 64.

10 Zu den Namensänderungen siehe: Markus Rohner, Der Weg der Schweizer Christdemokratie. Eine Analyse der Ursachen und Auswirkungen der Parteistatuten-Reform vom Dezember 1970, unveröffentlichte Lizentiatsarbeit Freiburg/Schweiz 1983; Urs Altermatt/Hans Peter Fagagnini (Hg.), Die CVP zwischen Programm und Wirklichkeit. Zürich/Köln 1979; Urs Altermatt, Die Entkonfessionalisierung des politischen Katholizismus in der Schweiz. Von der Katholischen Volkspartei 1894 zur CVP 1970, in: Albert Portmann-Tinguely (Hg.), Kirche, Staat und katholische Wissenschaft in der Neuzeit. Festschrift für Heribert Raab zum 65. Geburtstag, Paderborn 1988, 459 – 477.

11 Zum Ultramontanismus siehe u. a.: Gisela Fleckenstein/Joachim Schmiedl (Hg.), Ultramontanismus. Tendenzen der Forschung, Paderborn 2005; Emiel Lamberts (Hg.), The Black International 1870 – 1878. The Holy See and Militant Catholicism in Europe, Leuven 2002; Vincent Viaene (Hg.), The Papacy and the New World Order. Vatican Diplomacy, Catholic Opinion and International Politics at the Time of Leo XIII 1878 – 1903, Leuven 2006; Michael N. Ebertz, «Ein Haus voll Glorie, schauet…» Modernisierungsprozesse der römisch-katholischen Kirche im 19. Jahrhundert, in: Wolfgang Schieder (Hg.), Religion und Gesellschaft im 19. Jahrhundert, Stuttgart 1993, 62 – 85.

12 Altermatt/Metzger, Milieu, Teilmilieus und Netzwerke; Altermatt, Der Weg der Schweizer Katholiken ins Ghetto, 19 – 34.

13 Zur katholischen Sondergesellschaft siehe v. a.: Altermatt, Der Weg der Schweizer Katholiken ins Ghetto; ders., Katholische Subgesellschaft; ders., Abschied vom katholischen Block-Denken. Eine historisch-soziologische Analyse zum Gesellschaftspolitischen Leitbild des StV von 1971, in: Civitas, 30 (1974/75), 561 – 590; ders., Identität und Emanzipation einer konfessionell-politischen Minderheit.

14 Siehe hierzu: Herbert Lüthy, Vom Schutt konfessionellen Haders… (1968), in: ders., Essays II 1963 – 1990, Bd. 4 der gesammelten Werke, hg. von Irene Riesen und Urs Bitterli, Zürich 2004, 205 – 224.

15 Altermatt, Katholizismus und Moderne. Zum Antimodernismus des schweizerischen Katholizismus siehe auch: ders., Katholizismus: Antimodernismus mit modernen Mitteln?, in: ders./Heinz Hürten/Nikolaus Lobkowicz (Hg.), Moderne als Problem des Katholizismus, Regensburg 1995, 33 – 50; ders., Zum ambivalenten Verhältnis von Katholizismus und Moderne: Epochen, Diskurse, Transformationen, in: Zeitschrift für Schweizerische Kirchengeschichte, 97 (2003), 165 – 182; ders., Ambivalences of Catholic Modernisation, in: Judith Frishman/Willemien Otten/Gerard Rouwhorst (Hg.), Religious Identity and the Problem of Historical Foundation. The Foundational Character of Authoritative Sources in the History of Christianity and Judaism, Leiden/Boston 2004, 49 – 75.

16 Ich verweise hier auf einzelne Werke zu den Niederlanden und zu Deutschland: Peter van Dam, Sind die Säulen noch tragfähig? «Versäulung» in der niederländischen Historiographie, in: Schweizerische Zeitschrift für Religions- und Kulturgeschichte, 102 (2008), 415–443; Hans Righart, De katholieke zuil in Europa. Het ontstaan van verzuiling onder katholieken in Oostenrijk, Zwitserland, België en Nederland, Amsterdam 1986; Piet de Rooy, Republiek van rivaliteiten. Nederland sinds 1813, Amsterdam 2002; Arend Lijphart, The politics of accomodation. Pluralism and democracy in the Netherlands, Berkeley 1968; Rainer M. Lepsius, Parteiensystem und Sozialstruktur. Zum Problem der Demokratisierung der deutschen Gesellschaft, in: Wilhelm Abel et al. (Hg.), Wirtschaft, Gesellschaft und Wirtschaftsgeschichte. Festschrift zum 65. Geburtstag von Friedrich Lütge, Stuttgart 1966, 371–393; Simone Lässig/Karl Heinrich Pohl/James Retallack (Hg.), Modernisierung und Region im wilhelminischen Deutschland. Wahlen, Wahlrecht und Politische Kultur, Bielefeld 1995; Horstmann/Liedhegener (Hg.), Konfession, Milieu, Moderne; Ulrich von Hehl, Katholizismus und Einheit der Nation, in: ders./Friedrich Kronenberg (Hg.), Zeitzeichen. 150 Jahre Deutsche Katholikentage 1848–1998, Paderborn et al. 1999, 91–102; Hans Maier, Fremd unter Fremden? Katholische Zeitkultur im 19. Jahrhundert, in: von Hehl/Kronenberg (Hg.), Zeitzeichen, 43–58; Heinz Hürten, Deutsche Katholiken im 19. Jahrhundert. Positionsbestimmung und Selbstbehauptung, in: ders., Katholiken, Kirche und Staat als Problem der Historie. Ausgewählte Aufsätze 1963–1992, Paderborn/München/Wien/Zürich 1994, 33–50.

17 Siehe z. B.: Righart, De katholieke zuil in Europa.

18 Siehe zu regionalen Differenzen: Altermatt/Metzger, Milieu, Teilmilieus, Netzwerke; Altermatt, der Weg der Schweizer Katholiken ins Ghetto.

19 Altermatt, Der Weg der Schweizer Katholiken ins Ghetto, 428.

20 Siehe hierzu: Urs Altermatt, Der Kulturkampf als Integrations- und Desintegrationsfaktor. Interpretationsmodelle zur katholischen Gegengesellschaft in der Schweiz, in: Louis C. Morsak/Markus Escher (Hg.), Festschrift für Louis Carlen zum 60. Geburtstag, Zürich 1989, 547–556.

21 Siehe Altermatt, Katholizismus und Moderne.

22 Zum Vereinswesen v. a.: Altermatt, Der Weg der Schweizer Katholiken ins Ghetto.

23 Zur Periodisierung siehe: Bill McSweeney, Roman Catholicism. The Search for Relevance, Oxford 1980, 236–239; Staf Hellemans, From «Catholicism Against Modernity» to the Problematic «Modernity of Catholicism», in: Ethical Perspectives, 8 (2001), 117–127.

24 Jan Roes, Die katholische Kirche und die Herausforderungen der Moderne in den Niederlanden im 19. und 20. Jahrhundert, in: Zeitschrift für Schweizerische Kirchengeschichte, 89 (1995), 7–44. Zu Belgien siehe: Emiel Lamberts, Religion and National Identities in Belgium, in: Altermatt/Metzger (Hg.), Religion und Nation, 37–49.

25 Zum Sonderbundskrieg und seinen politischen Implikationen siehe: Altermatt, Der Weg der Schweizer Katholiken ins Ghetto; Erwin Bucher, Die Geschichte des Sonderbundskrieges, Zürich 1966; Joachim Jemak, Bruderzwist, nicht Brudermord. Der Schweizer Sonderbundskrieg von 1847, Zürich 1997; Carlo Moos, «Im Hochland fiel der erste Schuss». Bemerkungen zu Sonderbund und Sonderbundskrieg, in: Thomas Hildbrand/Albert Tanner (Hg.), Im Zeichen der Revolution. Der Weg zum schweizerischen Bundesstaat 1798–1848, Zürich 1997, 161–177; Marco Jorio, «Wider den Pakt mit dem Teufel». Die Gegenwehr der Konservativen, in: Hildbrand/Tanner (Hg.), Im Zeichen der Revolution, 139–160; Carlo Moos, Dimensionen eines Bürgerkriegs. Für eine Neubewertung des Geschehens um den Sonderbund, in: Brigitte Studer (Hg.), Etappen des Bundesstaates. Staats- und Nationsbildung der Schweiz, 1848–1998, Zürich 1998, 21–44. Zur Stimmung im Lager der Verlierer siehe etwa: Altermatt, Der Weg der Schweizer Katholiken ins Ghetto; Heidi Borner, Zwischen Sonderbund und Kulturkampf. Zur Lage der Besiegten im Bundesstaat von 1848, Luzern/Stuttgart 1981; Emil F. J. Müller-Büchi, Die alte «Schwyzer-Zeitung» 1848–1866. Ein Beitrag zur Geschichte des politischen Katholizismus und der konservativen Presse im Bundesstaat von 1848, Freiburg/Schweiz 1962; ders., Altschweizer Eliten im Bundesstaat von 1848, in: Innerschweizerisches Jahrbuch für Heimatkunde, XIX/XX (1959/60), 101–114.

26 Zu Segesser siehe: Emil F. J. Müller-Büchi, Philipp Anton von Segesser. Das Konzil, die Revision der Bundesverfassung und der Kulturkampf, Freiburg/Schweiz 1977; Victor Conzemius, Philipp Anton von Segesser 1817–1888. Demokrat zwischen den Fronten, Zürich/Einsiedeln/Köln 1977.

27 Altermatt, Der Weg der Schweizer Katholiken ins Ghetto, 42–43.

28 Siehe Urs Altermatt (Hg.), «Den Riesenkampf mit dieser Zeit zu wagen…». Schweizerischer Studentenverein 1841–1991, Luzern 1993. Siehe auch: Müller-Büchi, Die alte «Schwyzer-Zeitung» 1848–1866.

29 Für die katholische Historiographie siehe: Franziska Metzger, Religion, Geschichte, Nation. Kommunikationstheoretische Perspektiven auf die katholische Geschichtsschreibung in der Schweiz im 19. und 20. Jahrhundert, unveröffentlichte Dissertation Universität Freiburg/Schweiz 2007.

30 Altermatt, Der Weg der Schweizer Katholiken ins Ghetto, 42–43. Siehe auch: Borner, Zwischen Sonderbund und Kulturkampf.

31 Zum Kulturkampf in der Schweiz siehe: Peter Stadler, Der Kulturkampf in der Schweiz. Eidgenossenschaft und Katholische Kirche im europäischen Umkreis 1848–1888, Zürich ²1996; Altermatt, Der Weg der Schweizer Katholiken ins Ghetto; ders., Katholizismus und Moderne; Viktor Conzemius, Der Kulturkampf in der Schweiz. Sonderfall oder Paradigma?, in: Rottenburger Jahrbuch der Kirchengeschichte, 15 (1996), 27–42. Zu Luzern siehe u. a.: Heidi Bossard-Borner, Im Spannungsfeld von Politik und Religion. Der Kanton Luzern 1831 bis

1874, 2 Bde, Basel 2008; Alexandra Binnenkade/Aram Mattioli (Hg.), Die Innerschweiz im frühen Bundesstaat (1848–1874). Gesellschaftliche Annäherungen,
Zürich 1999.

32   Philipp Anton von Segesser an Andreas Heusler-Ryhiner, Luzern, 9. Februar
1848, in: Briefwechsel Philipp Anton von Segesser (1817–1888), hg. von Victor
Conzemius, Bd. 1: 1840–1848, Zürich/Einsiedeln/Köln 1983, 493–497, hier 494.

33   Joseph Gmür, 1856, zit. in: Müller-Büchi, Die alte «Schwyzer Zeitung» 1848–
1866, 27. Zum StV siehe zudem: Altermatt (Hg.), «Den Riesenkampf mit dieser
Zeit zu wagen…».

34   Altermatt, Der Weg der Schweizer Katholiken ins Ghetto, 48. Siehe zudem:
Altermatt (Hg.), «Den Riesenkampf mit dieser Zeit zu wagen…».

35   Siehe v.a.: Altermatt, Der Weg der Schweizer Katholiken ins Ghetto.

36   Zu den Möglichkeiten politischer Partizipation siehe: Linder, Schweizerische
Demokratie; Neidhart, Die politische Schweiz.

37   Die damals entstandenen Weltanschauungsparteien existieren in säkularisierter
Form bis heute fort, auch wenn sie sich seit der Erosion des soziokulturellen
Milieus ab den sechziger Jahren des 20. Jahrhunderts langsam zu transformieren
begannen. Umgekehrt nahmen seit den 1970er Jahren die ethnolinguistischen
Attitüden hauptsächlich in der Romandie ähnlich wie in Kanada und Belgien
zu. Dadurch, dass das katholische Sozialmilieu Katholiken der verschiedenen
Sprachgruppen zusammenhielt, wirkte es für den multikulturellen Nationalstaat als integrative Kraft. Zur Frage der Stabilität der mehrsprachigen Schweiz
siehe u. a.: Urs Altermatt, Das Fanal von Sarajevo. Ethnonationalismus in
Europa, Zürich 1996; ders., Sprachenmodelle in Europa, in: Christian Giorda-
no/Jean-Luc Patry (Hg.), Multikulturalismus und Multilinguismus. Ein Symposium, Freiburg/Schweiz 2002, 71–96. Zur Sprachenfrage in der Romandie siehe:
Urs Altermatt, «La Romandie dominée?» Zur labilen Beziehung zwischen der
deutschen und welschen Schweiz, in: Zeitschrift für Schweizerische Archäolo-
gie und Kunstgeschichte, 60 (2003), 209–220; ders., Sprachenregionalismus in
der Schweiz im Vormarsch, in: Die multikulturelle Schweiz, Jahrbuch der Neu-
en Helvetischen Gesellschaft 2002/2003, Zürich/Chur 2003, 39–49.

38   Siehe Roswitha Feusi, Die katholisch-konservative Oppositionsbewegung
1875–1878. Von der verachteten zur beachteten Minderheit, unveröffentlichte
Lizentiatsarbeit Freiburg/Schweiz 1986.

39   Zur Abstimmung über die «Schulvogt»-Vorlage: Franz Xaver Hard, Der eidgenössische Erziehungssekretär. Bestrebungen zu einer gesamtschweizerischen
Schulkoordination im Jahre 1882, Zürich 1974. Zu den Abstimmungskämpfen
im Allgemeinen: Linder/Zürcher/Bolliger, Gespaltene Schweiz – geeinte
Schweiz. Zudem: Linder, Schweizerische Demokratie.

40   Zu den Präsidenten des Ständerates siehe: ‹http://www.parlament.ch/d/ra-
raete/pr-praesidenten/pr-sr-seit-1848/Seiten/index.aspx› (3. Oktober 2008); Erich
Gruner/Karl Frei et al., Die Schweizerische Bundesversammlung 1848–1920,
Bd. 1: Biographien, Bern 1966.

41   Siehe hierzu: Urs Altermatt, Die Christlichdemokratische Volkspartei der
     Schweiz 1945–1999, in: Hans-Joachim Veen (Hg.), Christlich-demokratische
     und konservative Parteien in Westeuropa, Bd. 5, Paderborn 2000, 35–115; ders.,
     Aufstieg und Krise der Christlichdemokraten in der Schweiz, in: Bernhard
     Löffler/Karsten Ruppert (Hg.), Religiöse Prägung und politische Ordnung in der
     Neuzeit. Festschrift für Winfried Becker zum 65. Geburtstag, Köln/Weimar/
     Wien 2006, 607–632; ders., Von den Hinterbänklern von 1848 zur Regierungs-
     partei von heute, in: 100 Jahre Christlichdemokratische Fraktion der Bundesver-
     sammlung, Bern 1983, 10–28, 12.

42   Zur Wahl von Joseph Zemp und zu seiner Person siehe: Urs Altermatt, Joseph
     Zemp, in: ders. (Hg.), Die Schweizer Bundesräte. Ein biographisches Lexikon,
     Zürich/München 1991, 254–259; Alois Hartmann/Hans Moos (Hg.), Josef
     Zemp. Ein Bundesrat schafft den Ausgleich, Schüpfheim 2008; Josef Winiger,
     Bundesrat Dr. Zemp. Lebens- und zeitgeschichtliche Erinnerungen, Luzern 1910.

43   Brief Caspar Decurtins an Josef Beck, 26. Oktober 1897, zit. in: Altermatt, Der
     Weg der Schweizer Katholiken ins Ghetto, 216.

44   Zu nationalen Erinnerungsfesten siehe mehrere Beiträge in: Jubiläen der
     Schweizer Geschichte. 1798–1848–1998, Zeitschrift des Schweizerischen
     Bundesarchivs, Studien und Quellen, Bd. 24, Bern/Stuttgart/Wien 1998, 131–
     170. Zudem: Catherine Santschi, Schweizer Nationalfeste im Spiegel der Ge-
     schichte, Zürich 1991; Georg Kreis, Der Mythos von 1291. Zur Entstehung des
     schweizerischen Nationalfeiertages von 1891, Basel 1991.

45   Siehe hierzu: Urs Altermatt, Sport im Spannungsfeld von Religion, Gesellschaft
     und Politik. Entstehung und Wandel des Schweizerischen Katholischen Turn-
     und Sportverbandes, in: Sport – Symbol unserer Gesellschaft. Ansätze einer
     kritischen Solidarität von Kirche und Sport, Sonderheft Reformatio, 26 (1977),
     449–458; Regula Wind, Reine Töchter – starke Mütter. Die katholische Turne-
     rinnenbewegung der Schweiz zwischen 1931 und 1973, Freiburg/Schweiz 2008;
     Reto Siffert, Der Diskurs zum Wettkampf- und Leistungssport in den Verbän-
     den SATUS und SKTSV (1920–1970). Zwischen ideologischem Anspruch und
     Anpassung an die Sportrealität, unveröffentlichte Lizentiatsarbeit Freiburg/
     Schweiz 2006.

46   Urs Altermatt, Das Bundesjubiläum 1891, das Wallis und die katholische
     Schweiz, in: Blätter aus der Walliser Geschichte, 21 (1989), 89–106.

47   Zu den Feierlichkeiten von 1891 siehe u. a.: Georg Kreis, Die Bundesfeier von
     1891, in: Jubiläen der Schweizer Geschichte, 35–52; Georg Kreis, Mythos Rütli.
     Geschichte eines Erinnerungsortes. Mit zwei Beiträgen von Josef Wiget, Zürich
     2004. Siehe zudem: Ulrich Im Hof, Mythos Schweiz. Identität, Nation, Ge-
     schichte. 1291–1992, Zürich 1991; Santschi, Schweizer Nationalfeste.

48   Für die katholische Geschichtsschreibung in der Schweiz siehe: Metzger, Reli-
     gion, Geschichte, Nation.

49 Für die «geistige Landesverteidigung» siehe v.a.: Josef Mooser, Die «Geistige Landesverteidigung» in den 1930er Jahren. Profile und Kontexte eines vielschichtigen Phänomens der schweizerischen politischen Kultur in der Zwischenkriegszeit, in: Schweizerische Zeitschrift für Geschichte, 47 (1997), 685–708. Siehe weitere Literatur in den Fussnoten des Kapitels «Zwischen Selbstbewusstsein und Defensive nach dem Zweiten Weltkrieg».

50 Siehe Altermatt, Katholizismus und Moderne.

51 Siehe z. B.: Christoph Baumer, Die «Renaissance». Verband Schweizerischer Katholischer Akademiker-Gesellschaften, 1904–1996, Freiburg/Schweiz 1998.

52 Zum schweizerischen Heimatschutz und zur Naturthematik siehe: Erhalten und Gestalten. 100 Jahre Schweizer Heimatschutz, hg. von Madlaina Bundi, Baden 2005; Diana Le Dinh, Le Heimatschutz. Une ligue pour la beauté. Esthétique et conscience culturelle au début du siècle en Suisse, Lausanne 1992; François Walter, Bedrohliche und bedrohte Natur. Umweltgeschichte der Schweiz seit 1800, Zürich 1996.

53 Zu Heinrich Federer siehe: Ignaz Britschgi (Hg.), Heinrich Federer (1866–1928). Literarische Landschaften. Einblicke und Ausblicke, Luzern 1998; Baumer, Die «Renaissance», v. a. 182–184; Edwin Schweizer/Bernhard Sohmer, Heinrich Federer. Lachweiler Tage, Jonschwil 1996.

54 Zit. in: Silvio Bucher, Festigung und Blüte 1880–1920, in: Altermatt (Hg.), «Den Riesenkampf mit dieser Zeit zu wagen...», 73–116, hier 88–89.

55 Siehe dazu ausführlich mein neues Buch: Urs Altermatt, Die Universität Freiburg auf der Suche nach Identität, Freiburg/Schweiz, erscheint 2009; Roland Ruffieux et al. (Hg.), Geschichte der Universität Freiburg Schweiz 1889–1989. Institutionen, Lehre und Forschungsbereiche, 3 Bde, Freiburg/Schweiz 1991–1992.

56 Zur «Schweizerischen Zeitschrift für Kirchengeschichte» und der Geschichtsforschung an der Universität Freiburg siehe: Altermatt, Die Universität Freiburg auf der Suche nach Identität, 355–376; Francis Python, La «Revue suisse d'histoire ecclésiastique suisse» 1907–2006: l'apport de la suisse romande, in: Schweizerische Zeitschrift für Religions- und Kulturgeschichte, 100 (2006), 79–85; Metzger, Religion, Geschichte, Nation.

57 Siehe die Tabellen in: Erich Gruner, Die Parteien in der Schweiz, Bern 1969, 186–187. Zum Majorz- respektive Proporzwahlsystem siehe zudem: Linder, Schweizerische Demokratie; Neidhart, Die politische Schweiz. Zur Majorz-Proporz-Thematik und zu den Nationalratswahlen im Allgemeinen siehe: Erich Gruner, Die Wahlen in den schweizerischen Nationalrat 1848–1919. Wahlrecht, Wahlsystem, Wahlbeteiligung, Verhalten von Wählern und Parteien, Wahlthemen und Wahlkämpfe, 4 Bde, Bern 1978.

58 Zu den Zahlen seit 1919: ‹http://www.bfs.admin.ch/bfs/portal/de/index/themen/ 17/02/blank/key/national_rat/mandatsverteilung.Document.21767.xls› (16. September 2008); ‹http://www.bfs.admin.ch/bfs/portal/de/index/themen/17/02/

blank/key/national_rat/parteienstaerke.Document.21769.xls› (16. September
2008); ‹http://www. parlament.ch/siteCollectionDocuments/ed-rueckblick-47-
leg-mandate-sr.pdf› (14. Oktober 2008). Für die schweizerische Bundesversammlung seit der Gründung des modernen schweizerischen Bundesstaates siehe
zudem: Gruner/Frei et al., Die Schweizerische Bundesversammlung 1848–1920,
2 Bde, Bern 1966; Erich Gruner (Hg.), Die Schweizerische Bundesversammlung
1920–1968, Bern 1970; Jean-François Aubert, Die Schweizerische Bundesversammlung von 1848 bis 1998, hg. von den Parlamentsdiensten zum Jubiläum
«150 Jahre Bundesstaat» 1998, Basel/Frankfurt a. M. 1998.

59   Siehe Markus Hodel, Die Schweizerische Konservative Volkspartei 1918–1929.
      Die goldenen Jahre des politischen Katholizismus, Freiburg/Schweiz 1994. Zur
      Konservativen Volkspartei siehe zudem: Bernhard Wigger, Die Schweizerische
      Konservative Volkspartei 1903–1918. Politik zwischen Kulturkampf und Klas-
      senkampf, Freiburg/Schweiz 1997; Lukas Rölli-Alkemper, Die Schweizerische
      Konservative Volkspartei 1935–1943. Politischer Katholizismus zwischen
      Emanzipation und Integration, Freiburg/Schweiz 1993. Zum politischen Auf-
      stieg der Katholisch-Konservativen siehe auch: Altermatt, Aufstieg und Krise
      der Christlichdemokraten in der Schweiz; ders., Von der katholischen Milieu-
      partei zu einer bürgerlichen Sammlungspartei; ders., Von den Hinterbänklern
      von 1848 zur Regierungspartei von heute.

60   Siehe etwa: Urs Altermatt, Die goldenen Jahre des Milieukatholizismus
      1920–1945, in: ders. (Hg.), Schweizer Katholizismus zwischen den Weltkriegen
      1920–1940, 3–24.

61   Für die schweizerischen Katholikentage siehe: Armin Imstepf, Die schweizeri-
      schen Katholikentage 1903–1954. Geschichte, Organisation, Programmatik und
      Sozialstruktur, Freiburg/Schweiz 1987; Altermatt, Der Weg der Schweizer
      Katholiken ins Ghetto.

62   Siehe Dieter Holenstein, Die Christlichsozialen der Schweiz im Ersten Welt-
      krieg. Entwicklung der christlichsozialen Organisationen und ihre Stellung in
      der schweizerischen Arbeiterbewegung und der katholischen Sondergesellschaft
      1914–1920, Freiburg/Schweiz 1993. Zum Landesstreik siehe: Willi Gautschi,
      Der Landesstreik 1918, Zürich ³1988; Marc Vuilleumier, La grève générale de
      1918 en Suisse, Genf 1977; Paul Schmid-Ammann, Die Wahrheit über den
      Generalstreik von 1918. Seine Ursachen, sein Verlauf, seine Folgen, Zürich 1968;
      Fritz Marbach, Der Generalstreik 1918. Fakten. Impressionen, Illusionen, Bern
      1969.

63   Siehe Chantal Kaiser, Bundesrat Jean-Marie Musy 1919–1934, Freiburg/Schweiz
      1999.

64   Amtliches stenographisches Bulletin, Nationalrat, 1918, 470.

65   Für diese Zeit siehe: Hodel, Die Schweizerische Konservative Volkspartei 1918–
      1929.

66 Altermatt, Katholizismus und Moderne, 152–154. Siehe zudem: Hodel, Die Schweizerische Konservative Volkspartei 1918–1929; Holenstein, Die Christlichsozialen der Schweiz im Ersten Weltkrieg.

67 Volksrecht, 6. Juli 1920, zit. in: Hodel, Die Schweizerische Konservative Volkspartei 1918–1929, 62.

68 Zu den Bundesratswahlen in der Zwischenkriegszeit und der Rolle der Katholisch-Konservativen siehe: Arthur Fritz Reber, Der Weg zur Zauberformel. Die Bundesratswahlen der Vereinigten Bundesversammlung seit der Wahl des Nationalrates nach dem Verhältniswahlrecht 1919 bis zur Verwirklichung eines «freien Proporzes» für die parteipolitische Zusammensetzung der Regierung 1959, Bern/Frankfurt a. M./Las Vegas 1979; Peter Menz, Der «Königsmacher» Heinrich Walther. Zur Wahl von vierzehn Bundesräten 1917–1940, Freiburg/Schweiz 1976; Altermatt (Hg.), Die Schweizer Bundesräte.

69 Zur Nuntiatur in der Schweiz siehe: Helvetia Sacra, Abt I, Bd. 1: Schweizerische Kardinäle. Das Apostolische Gesandtschaftswesen in der Schweiz. Erzbistümer und Bistümer I (Aquileja, Basel, Besançon, Chur), Bern 1972; Claude Altermatt, Die Beziehungen der Schweiz zum Vatikan nach der Wiedererrichtung der Nuntiatur im Jahre 1920, in: Altermatt (Hg.), Schweizer Katholizismus zwischen den Weltkriegen, 331–342; Urban Fink, Die Luzerner Nuntiatur 1586–1873: zur Behördengeschichte und Quellenkunde der päpstlichen Diplomatie in der Schweiz, Luzern/Stuttgart 1997.

70 Zu Bundesrat Motta, der über viele Jahre die Aussenpolitik der Schweiz prägte, siehe: Mauro Cerutti, Giuseppe Motta 1871–1940, in: Altermatt (Hg.), Die Schweizer Bundesräte, 306–311.

71 Siehe hierzu: Altermatt, Die goldenen Jahre des Milieukatholizismus; Hodel, Die Schweizerische Konservative Volkspartei 1918–1929; Rölli-Alkemper, Die Schweizerische Konservative Volkspartei 1935–1943.

72 Als Beispiel siehe: Franziska Metzger, Die «Schildwache». Eine integralistisch-rechtskatholische Zeitung 1912–1945, Freiburg/Schweiz 2000.

73 Für die katholischen Jugendbewegungen und die Jungkonservativen siehe: Joseph Jung, Katholische Jugendbewegung in der deutschen Schweiz. Der Jungmannschaftsverband zwischen Tradition und Wandel von der Mitte des 19. Jahrhunderts bis zum Zweiten Weltkrieg, Freiburg/Schweiz 1988; Josef Widmer, Von der konservativen Parteinachwuchsorganisation zur katholischen Erneuerungsbewegung. Die Schweizer Jungkonservativen in den dreissiger Jahren, unveröffentlichte Lizentiatsarbeit Freiburg/Schweiz 1983. Zudem auch: Urs Altermatt, Das Verhältnis des Schweizerischen Studentenvereins zu Parteien und Politik, in: ders. (Hg.), Schweizer Katholizismus zwischen den Weltkriegen, 183–212. Zur Initiative für eine Totalrevision der Bundesverfassung siehe: Widmer, Von der konservativen Parteinachwuchsorganisation zur katholischen Erneuerungsbewegung; Peter Stadler, Die Diskussion um eine Totalrevision der schweizerischen Bundesverfassung 1933–1935, in: Schweizerische Zeitschrift

für Geschichte, 19 (1969), 75–169. Zum Frontismus in der Schweiz siehe v. a.: Walter Wolf, Faschismus in der Schweiz. Die Geschichte der Frontenbewegungen in der deutschen Schweiz, 1930–1945, Zürich 1969; Beat Glaus, Die Nationale Front. Eine Schweizer faschistische Bewegung 1930–1940, Zürich/Einsiedeln/Köln 1969; Peter Gilg/Erich Gruner, Nationale Erneuerungsbewegungen in der Schweiz 1925–1940, in: Vierteljahrshefte für Zeitgeschichte, 14 (1966), 1–25. Zur Haltung des Schweizer Katholizismus zum Faschismus und zum Korporatismus siehe: Quirin Weber, Korporatismus statt Sozialismus. Die Idee der berufsständischen Ordnung im schweizerischen Katholizismus während der Zwischenkriegszeit, Freiburg/Schweiz 1989; Davide Dosi, Il cattolicesimo ticinese e i fascismi. La Chiesa e il partito conservatore democratico ticinese nel periodo tra le due guerre mondiali, Freiburg/Schweiz 1999; Stephan Aerschmann, Katholische Schweizer Intellektuelle und der italienische Faschismus (1922–1943), Freiburg/Schweiz 2002; Frederik Udry, Reformabsichten mit unterschiedlichen Vorzeichen. Die politischen Programme der Nationalen Front und des politischen Katholizismus im Vergleich 1929–1939, unveröffentlichte Lizentiatsarbeit Freiburg/Schweiz 2007.

74 Für die Christlichsozialen in der Schweiz siehe: Holenstein, Die Christlichsozialen der Schweiz im Ersten Weltkrieg. Zur katholischen Arbeiterbewegung zudem: Urs Altermatt/Franziska Metzger, Katholische Arbeiter und Milieuidentität in der Schweiz 1850–1950, in: Hiepel/Ruff (Hg.), Christliche Arbeiterbewegung in Europa 1850–1950, 159–175.

75 Zu Philipp Etter siehe: Martin Pfister, Die Wahl von Philipp Etter in den Bundesrat 1934. Ereignisse, Ideologien, soziales Umfeld, unveröffentlichte Lizentiatsarbeit Freiburg/Schweiz 1996; Josef Widmer, Philipp Etter 1891–1977, in: Altermatt (Hg.), Die Schweizer Bundesräte, 389–394. Für die «geistige Landesverteidigung» siehe: Mooser, Die «Geistige Landesverteidigung» in den 1930er Jahren. Siehe weitere Literatur in den Fussnoten des Kapitels «Zwischen Selbstbewusstsein und Defensive nach dem Zweiten Weltkrieg».

76 Siehe Altermatt, Katholizismus und Antisemitismus; Rölli-Alkemper, Die Schweizerische Konservative Volkspartei 1935–1943; Nicolas Haymoz, Die alte «Neue Mitte». Eine doppelte Abwehrfront gegen den Sozialismus und Liberalismus: die Wochenzeitung «Das Aufgebot» und die gleichnamige Bewegung unter der Federführung von Jakob Lorenz (1933–1946), unveröffentlichte Lizentiatsarbeit Freiburg/Schweiz 1999; Annetta Bundi, Die Schweizerischen Republikanischen Blätter des konservativen Publizisten J. B. Rusch: eine aufmüpfige Stimme im Schweizer Blätterwald (1918–1945), Freiburg/Schweiz 1999. Siehe zudem: Mattioli, Intellektuelle von rechts; Jost (Hg.), Die reaktionäre Avantgarde.

77 Zu Gonzague de Reynold siehe: Aram Mattioli, Gonzague de Reynold: Vordenker, Propagandist und gescheiterter Chef der «nationalen Revolution», Zürich 1995.

78 Zum Antisemitismus im Schweizer Katholizismus siehe: Altermatt, Katholizismus und Antisemitismus; ders., Das Koordinatensystem des katholischen Antisemitismus in der Schweiz 1918–1945, in: Aram Mattioli (Hg.), Antisemitismus in der Schweiz 1848–1960, Zürich 1998, 465–500; ders., Vom doppelten Antisemitismus der Katholiken in der Zwischenkriegszeit, in: Zeitschrift für Schweizerische Kirchengeschichte, 92 (1998), 9–18; Metzger, Die «Schildwache»; Thomas Metzger, Antisemitismus in der Stadt St. Gallen 1918–1939, Freiburg/Schweiz 2006.

79 Siehe etwa seine Schrift: Arthur Frey, Der Katholizismus im Angriff, Zürich 1948. Zu den Diskussionen in der Nachkriegszeit siehe etwa: Christoph Flury, Die Diskussionen um die konfessionellen Ausnahmebestimmungen der Bundesverfassung 1945–1955, in: Altermatt (Hg.), Schweizer Katholizismus im Umbruch 1945–1990, 163–187; Hermann Kocher, «Es ist zum Katholischwerden»! Der römische Katholizismus 1920–1950 aus der Optik des deutsch-schweizerischen Protestantismus, in: Victor Conzemius (Hg.), Schweizer Katholizismus 1933–1945. Eine Konfessionskultur zwischen Abkapselung und Solidarität, Zürich 2001, 77–122; Matthias Kunz, Aufbruchstimmung und Sonderfall-Rhetorik. Die Schweiz im Übergang von der Kriegs- zur Nachkriegszeit in der Wahrnehmung der Parteipresse 1943–50, Bern 1998.

80 Für die Zahlen siehe: ‹http://www.bfs.admin.ch/bfs/portal/de/index/themen/ 17/02/blank/key/national_rat/ mandatsverteilung.Document.21767.xls› (9. September 2008); ‹http://www.bfs.admin.ch/bfs/portal/de/index/themen/17/02/ blank/key/staenderat.Document.21763.xls› (9. September 2008).

81 Zur Bedeutung des Bundeskanzlers in der Schweizer Politik siehe: Urs Altermatt, Bundesrat und Bundesräte. Ein historischer Aufriss, in: ders. (Hg.), Die Schweizer Bundesräte, 11–99, 40–42; ders., Personen, Themen und Kontroversen in den Bundeskanzlerwahlen, in: Neue Zürcher Zeitung, 2. Dezember 1999.

82 Siehe hierzu das mehrbändige Werk von: Hans-Joachim Veen (Hg.), Christlichdemokratische und konservative Parteien in Westeuropa, 5 Bde, Paderborn 1983–2000.

83 Zu den Feierlichkeiten und den Feierlichkeitsdiskursen in den unterschiedlichen politischen Milieus der Schweiz siehe: Georg Kreis, Das Verfassungsjubiläum von 1948, in: Jubiläen der Schweizer Geschichte. 1798–1848–1998, Zeitschrift des Schweizerischen Bundesarchivs, Studien und Quellen, Bd. 24, Bern/Stuttgar/Wien 1998, 131–170. Siehe zudem: Claude Spiller, Das katholischkonservative Geschichtsbild im Jahre des Verfassungsjubiläums von 1948. Einige Abklärungen am Beispiel des Kantons Luzern, in: Schweizerische Zeitschrift für Geschichte, 48 (1998), 471–493. Zum politischen Katholizismus in der unmittelbaren Nachkriegszeit siehe: Urs Altermatt, Die Stimmungslage im politischen Katholizismus der Schweiz von 1945: «Wir lassen uns nicht ausmanövrieren», in: Victor Conzemius/Martin Greschat/Hermann Kocher (Hg.), Die

Zeit nach 1945 als Thema kirchlicher Zeitgeschichte. Referate der internationalen Tagung in Hünigen/Bern 1985, Göttingen 1988, 72–96; ders., Die Christlichdemokratische Volkspartei der Schweiz 1945–1999.

84 Zur schweizerischen Verfassungsgeschichte und zu den konfessionellen Ausnahmeartikeln betreffend die Katholiken siehe: Alfred Kölz, Neuere schweizerische Verfassungsgeschichte, 2 Bde, Bern 1992/2004; Werner Kägi, Gutachten zum Jesuiten- und Klosterartikel der Bundesverfassung, Bern 1973; Flury, Die Diskussionen um die konfessionellen Ausnahmebestimmungen; Markus Hodel, Die konfessionellen Ausnahmegesetze in der innenpolitischen Diskussion nach dem Ersten Weltkrieg, in: Altermatt (Hg.), Schweizer Katholizismus zwischen den Weltkriegen, 279–296; Marco Jorio, Art. «Ausnahmeartikel», in: Historisches Lexikon der Schweiz, ‹http://www.hls-dhs-dss.ch/textes/d/ D10388.php› (04. September 2008). Zu den Jesuiten zudem: Ferdinand Strobel, Die Jesuiten und die Schweiz im XIX. Jahrhundert. Ein Beitrag zur Entstehungsgeschichte des schweizerischen Bundesstaates, Olten/Freiburg i. Br. 1954. Siehe weiter: Franziska Metzger, The Legal Situation of Religious Institutes in Switzerland. Conflicts about Social and Cultural Modernisation and Discourses about National Hegemony, in: Jan De Maeyer/Sofie Leplae/Joachim Schmiedl (Hg.), Religious Institutes in Western Europe in the 19th and 20th Centuries. Historiography, Research und Legal Position, Leuven 2004, 309–330; Helvetia Sacra, Abt. VII., Der Regularklerus. Die Gesellschaft Jesu in der Schweiz, Bern 1976.

85 Siehe u. a.: Jahrbuch der Schweizerischen Konservativen Volkspartei 1947–1951, hg. von Martin Rosenberg, Bern 1951, 56.

86 Siehe etwa: Kägi, Gutachten zum Jesuiten- und Klosterartikel der Bundesverfassung.

87 Siehe Imstepf, Die schweizerischen Katholikentage 1903–1954.

88 Für die Zahlen siehe: ‹http://www.bfs.admin.ch/bfs/portal/de/index/themen/ 17/02/blank/key/national_rat/ parteienstaerke.Document.21769.xls› (10. September 2008). Zu den Verschiebungen in den Wähleranteilen siehe: Altermatt, Die Christlichdemokratische Volkspartei der Schweiz 1945–1999; ders., Aufstieg und Krise der Christlichdemokraten in der Schweiz. Zum Verlust des zweiten Bundesratsitzes der CVP siehe: ders., Konkordanz- und Tabubrüche bei der Bundesratswahl 2003, in: Hansrudolf Kamer/Martin Meyer/Gerhard Schwarz, Freiheit gestalten. Freundesgabe für Hugo Bütler, Zürich 2004, 57–62.

89 Siehe hierzu: Stefan G. Schmid, Die Zürcher Kantonsregierung seit 1803, Zürich 2003.

90 Dies zeigte sich beispielsweise auch in den Wahlresultaten der CVP. Siehe hierzu etwa: Altermatt, Aufstieg und Krise der Christlichdemokraten in der Schweiz.

91 Hans Urs von Balthasar, Schleifung der Bastionen. Von der Kirche in dieser Zeit, Einsiedeln 1952.

92 Luc Boltanski, Le bonheur suisse, Paris 1966. Zu den Angleichungsprozessen siehe auch verschiedene Beiträge in: Altermatt (Hg.), Schweizer Katholizismus im Umbruch 1945–1990; ders., Katholizismus und Moderne.

93 Zur Sexualität siehe beispielsweise: Martin Tschirren, Ehe- und Sexualmoral im Schweizer Katholizismus 1950–1975. Diskussion zwischen kirchlicher Autorität und Eigenverantwortung, Freiburg/Schweiz 1998; Mirjam Künzler, Sexualmoral in katholischen Frauen- und Familienzeitschriften 1945–1990, Freiburg/ Schweiz 2003; Barbara Ludwig, Die Familienpolitik der Christlichdemokratischen Volkspartei der Schweiz in Zeiten des familialen Wandels. Der Kampf gegen die Entkriminalisierung des Schwangerschaftsabbruchs und die Politik in Sachen Mutterschutz 1971–1987, unveröffentlichte Lizentiatsarbeit Freiburg/ Schweiz 2007.

94 Zur Pluralisierung des Schweizer Katholizismus: Urs Altermatt, Vom geschlossenen katholischen Milieu zur Pluralisierung des Katholizismus, in: Moeizame Moderniteit. Katholieke cultuur in transitie. Opstellen voor Jan Roes (1939–2003), Trajecta, Nijmegen, 13 (2004), 44–62.

95 Die Abschaffung der Jesuiten- und Klosterartikel kam nur mit einer knappen Mehrheit zustande. Die Resultate in den katholischen und protestantischen Kantonen fielen zum Teil deutlich unterschiedlich aus. Während die katholischen Stammlandkantone mit bis zu 90 Prozent für die Aufhebung der Verfassungsartikel stimmten, sprachen sich beispielsweise in Zürich eine knappe, in Bern, der Waadt und Neuenburg sogar sehr deutliche Mehrheiten dagegen aus (Der Kanton Genf wich mit 53 Prozent von diesen Kantonen ab). Im Unterschied dazu waren bei der Abstimmung vom 10. Juni 2001 über den Bistumsartikel die alten Linien des Kulturkampfes grundsätzlich nicht mehr auszumachen. Die protestantisch geprägten Kantone Zürich und Bern beispielsweise wichen nicht, respektive kaum vom gesamtschweizerischen Ergebnis ab. Von den bedeutenden ehemals klassisch protestantischen Kantonen war alleine in Genf mit 54.1 Prozent Ja-Stimmen die Zustimmung lediglich verhalten. Auch der Ja-Stimmenanteil in den katholischen Stammlanden wich kaum vom nationalen Mittel ab, was die Entkrampfung in konfessionellen Fragen ebenfalls unterstreicht. Zu den Zahlen siehe: Bericht des Bundesrates an die Bundesversammlung über das Ergebnis der Volksabstimmung vom 20. Mai 1973 betreffend den Bundesbeschluss über die Aufhebung des Jesuiten- und Klosterartikels der Bundesverfassung (Art. 51 und 52) (Vom 22. Juni 1973), in: Bundesblatt 1973, Bd. 1: 1600–1662; Bundesratsbeschluss über das Ergebnis der Volksabstimmung vom 10. Juni 2001, in: Bundesblatt 2001, 4660–4664.

96 Zu den Entwicklungen in der CVP siehe etwa: Altermatt, Von der katholischen Milieupartei zu einer bürgerlichen Sammlungspartei; ders., Die Entkonfessionalisierung des politischen Katholizismus in der Schweiz.

97 Ich verweise für das Folgende auf: Ernest Gellner, Nationalismus und Moderne, Berlin 1991.

98 Für diese Prozesse siehe: Martin Baumann/Jörg Stolz (Hg.), Eine Schweiz – viele Religionen. Risiken und Chancen des Zusammenlebens, Bielefeld 2007; Roland J. Campiche, Die zwei Gesichter der Religion. Faszination und Entzauberung, Zürich 2004; Alfred Dubach/Roland J. Campiche (Hg.), Jede(r) ein Sonderfall? Religion in der Schweiz: Ergebnisse einer Repräsentativbefragung, Zürich 1993; Roland J. Campiche/Alfred Dubach, Pluralité confessionelle, religiosité diffuse, identité culturelle en Suisse, Basel 1991.

99 Für den Wandel der Geschichtsbilder siehe z. B.: Guy P. Marchal/Aram Mattioli (Hg.), Erfundene Schweiz. Konstruktionen nationaler Identität, Zürich 1992; Guy P. Marchal, Schweizer Gebrauchsgeschichte. Geschichtsbilder, Mythenbildung und nationale Identität, Basel 2006; Georg Kreis, Der Mythos von 1291; Roger Sablonier, Gründungszeit ohne Eidgenossen. Politik und Gesellschaft in der Innerschweiz um 1300, Baden 2008.

100 Siehe etwa: Pierre Nora (Hg.), Les lieux de mémoire, 3 Bde, Paris 1984–1992.

4. Das italienischsprachige Tessin: der politische Katholizismus als Brücke zur mehrsprachigen Nation

1 Siehe zur Geschichte des Kantons Tessin: Raffaello Ceschi (Hg.), Storia del Cantone Ticino, 2 Bde., Bellinzona 1998, ²2000. Siehe auch: ders., Nel labirinto delle valli. Uomini e terre di una regione alpina: La Svizzera italiana, Bellinzona 1999; ders., Le nostre origini. Le terre ticinesi dai tempi remoti alla fine del Settecento, Locarno 2006; Remigio Ratti/Raffaello Ceschi/Sandro Bianconi (Hg.), Tessin, eine offene Region, Locarno 1993, italienische Originalausgabe: Il Ticino regione aperta: problemi e significati sotto il profilo dell'identità regionale e nazionale, Locarno 1990. An dieser Stelle danke ich zahlreichen Personen für sachkundige Informationen: Prof. Oliviero Bernasconi, ehemaliger Professor für Pastoraltheologie an der Universität Freiburg, Monsignore Giuseppe Bonanomi, Bischöflicher Kanzler der Diözese Lugano, Dr. Alberto Lepori, alt Staatsrat, Dr. Filippo Lombardi, früherer Direktor des «Giornale del Popolo», Dr. Antonietta Moretti, Dr. Enrico Morresi, Prof. Dr. Fabrizio Panzera, Archivar im Kantonsarchiv in Bellinzona, Prof. Sandro Vitalini, ehemaliger Professor für Dogmatik an der Universität Freiburg, lic. iur Antonio Riva. Ich danke Ralf Heckner für die Recherchen, die er als Assistent leistete. Bei Nachkontrollen in diesem Kapitel unterstützte mich Sibylla Pigni.

2 Zur Gründungszeit des Kantons siehe u. a.: Raffaello Ceschi, Ottocento ticinese. La costruzione di un cantone, Locarno 2004. Ausführliche Literaturangaben zur Geschichte des Tessiner Katholizismus im 19. Jahrhundert finden sich in: Fabrizio Panzera, Una bibliografia per la storia del movimento cattolico nel Canton Ticino. Parte Prima: dalle origini al 1890, in: Risveglio (Associazione per la storia del movimento cattolico nel Ticino), 1984, 230–243.

3   Nach Giovanni Orelli, Le due frontiere, in: Guy P. Marchal/Aram Mattioli (Hg.),
     Erfundene Schweiz. Konstruktionen nationaler Identität, Zürich 1992, 341–352,
     hier 342.

4   Siehe etwa: Orelli, Le due frontiere. Zum aktuelleren Identitätsbewusstsein der
     Tessiner siehe: Ratti/Ceschi/Bianconi (Hg.), Il Ticino regione aperta.

5   Lebenserinnerungen von Bundesrat Simon Bavier 1825–1896, Chur 1925, 53
     (Autobiographie).

6   Der Bund, 5. Dezember 1871.

7   Zur Wirtschaftspolitik im Tessin siehe: Fabrizio Viscontini, Alla ricerca dello
     sviluppo. La politica economica nel Ticino (1873–1953), Locarno 2005; Angelo
     Rossi, Dal paradiso al purgatorio. Lo sviluppo secolare dell'economia ticinese,
     Locarno 2005.

8   Einen guten Einstieg in das Thema bietet: Sandro Guzzi, Die Nation als fixe
     Idee. Vom schwierigen Umgang der Tessiner Kultur mit den helvetischen Sinn-
     bildern, in: Marchal/Mattioli (Hg.), Erfundene Schweiz, 353–368.

9   Guzzi, Die Nation als fixe Idee, 356–358. Siehe auch die Bücher von Raffaello
     Ceschi, aufgeführt in Fussnote 1.

10   Siehe zu den Regionalisten: Ratti/Ceschi/Bianconi (Hg.), Il Ticino regione aper-
     ta; Silvano Gilardoni, Italianità ed elvetismo nel Canton Ticino negli anni pre-
     cedenti la prima guerra mondiale (1909–1914), in: Estratto dall'Archivio Storico
     Ticinese, Bellinzona, 12 (1971), 5–84.

11   Nach Guzzi, Die Nation als fixe Idee, 362. Siehe auch: Pierre Codiroli, Tra fas-
     cio e balestra. Un'acerba contesa culturale (1941–1945), Locarno 1992; ders.,
     All'ombra del duce: lineamenti di politica culturale del fascismo nel cantone
     Ticino (1922–1943), Milano 1983. Zum Tessin der Zwischenkriegszeit siehe
     auch: Atti del Convegno «A 70 anni dalla morte di Giuseppe Cattori. Il Ticino
     degli anni Venti», in: Bollettino storico della Svizzera Italiana, 107 (2004), 11–
     148; Fabrizio Panzera, I cattolici ticinesi e il Fascismo (1920–1943), in: Victor
     Conzemius (Hg.), Schweizer Katholizismus 1933–1945. Eine Konfessionskultur
     zwischen Abkapselung und Solidarität, Zürich 2001, 191–217; Roberto Garava-
     glia, Il Partito conservatore-democratico ticinese e la collaborazione con il Par-
     tito liberale-radicale negli anni del governo dell'«Era nuova» (1935–1939), in:
     Bollettino storico della Svizzera Italiana, 109 (2006), 303–321; Davide Dosi, Il
     cattolicesimo ticinese e i fascismi. La Chiesa e il partito conservatore democra-
     tico ticinese nel periodo tra le due guerre mondiali, Freiburg/Schweiz 1999;
     Michela Trisconi, Giuseppe Motta e i suoi corrispondenti (1915–1939), Locarno
     1992; Raffaello Castagnola/Fabrizio Panzera/Massimiliano Spiga (Hg.), Spiriti
     liberi in Svizzera. La presenza di fuorusciti italiani nella Confederazione negli
     anni del fascismo e del nazismo (1922–1945), Florenz 2006. Siehe auch: Associa-
     zione Carlo Cattaneo, Il Ticino fra le due guerre (1919–1939): ‹http://www.asso-
     ciazionecattaneo.ch› (16. Januar 2009).

12   Siehe Guzzi, Die Nation als fixe Idee, 362.

13 Siehe Michele De Laurentis/Bruno Giussani, La Lega dei ticinesi. Indagine sul
    fenomeno che ha sconvolto il Ticino politico, Locarno 1992; Giuseppe Rusconi,
    La Lega dei Ticinesi: Gegen die Tessiner «Partitokratie», in: Urs Altermatt et
    al. (Hg.), Rechte und linke Fundamentalopposition. Studien zur Schweizer
    Politik 1965–1990, Basel 1994, 154–173.

14 Siehe Margrit Huber-Staffelbach, Plinio Martini (1923–1979). Wie leben im en-
    gen Tal? in: Joseph Bättig/Stephan Leimgruber (Hg.), Grenzfall Literatur. Die
    Sinnfrage in der modernen Literatur der viersprachigen Schweiz, Freiburg/
    Schweiz 1993, 811–822.

15 Plinio Martini, Requiem für Tante Domenica, Roman, Zürich 1975, 129–130. In
    italienischer Sprache ein Jahr später herausgekommen: Plinio Martini, Requiem
    per zia Domenica, Milano 1976, 86–87.

16 Siehe Helvetia Sacra, Abt. I, Bd. I, Bern 1972; Abt. I, Bd. 2, Basel/Frankfurt a. M.
    1993; Abt. I, Bd. 4, Basel/Frankfurt a. M. 1988. Zur Geschichte des Bistums sie-
    he auch: Luciano Vaccaro/Giuseppe Chiesi/Fabrizio Panzera, Terre del Ticino.
    Diocesi di Lugano, Brescia 2003.

17 Siehe Antonietta Moretti, La Chiesa ticinese nell'ottocento. La questione dio-
    cesana (1803–1884), Locarno 1985, 25 und 53, Anm. 9. Zur Diözesangeschichte
    des Tessins im Allgemeinen siehe: Helvetia Sacra, Abt. I, Bd. 6, Basel/Frankfurt
    a. M. 1989.

18 Siehe Moretti, La Chiesa ticinese nell'ottocento, 25–28; dies., La questione dio-
    cesana nel Ticino: clero romano e clero ambrosiano, in: Risveglio (Associazio-
    ne per la storia del movimento cattolico nel Ticino), 1986, 173–178.

19 Zu den folgenden Ausführungen über das 19. Jahrhundert siehe: Moretti, La
    Chiesa ticinese nell'ottocento, 119.

20 Siehe Annuario Pontificio 1870, Roma, pubblicato il 2 Gennaio 1870; Annuario
    Pontificio per l'Anno 1912, Roma 1912, 119.

21 Siehe Peter Stadler, Der Kulturkampf in der Schweiz: Eidgenossenschaft und
    katholische Kirche im europäischen Umkreis 1848–1888, Zürich ²1996.

22 Siehe Moretti, La Chiesa ticinese nell'ottocento, 155–172.

23 Siehe Helvetia Sacra, Abt. I, Bd. 6, Basel/Frankfurt a. M. 1989, 238.

24 Siehe Moretti, La Chiesa ticinese nell'ottocento, 140–152.

25 Siehe Josef Jung, Alfred Escher: 1819–1882: Aufstieg, Macht, Tragik, Zürich
    ²2007.

26 Siehe Helvetia Sacra, Abt. I, Bd. 6, Basel/Frankfurt a. M. 1989, 238.

27 Siehe Johann Baptist Villiger, Der letzte Schritt zur kanonischen Errichtung des
    Bistums Lugano, in: Schweizerische Kirchenzeitung, 18. März 1971, 160–161.

28 Siehe Dialoghi, 1 (August 1968), 16. Siehe auch: Alberto Lepori, Il Ticino, in:
    Roland Ruffieux et al. (Hg.), Geschichte der Universität Freiburg Schweiz 1889–
    1989. Institutionen, Lehre und Forschungsbereiche, Bd. 1: Entstehung und Ent-
    wicklung, Freiburg/Schweiz 1991, 334–341.

29 Siehe Il liceo cantonale. Profilo storico di Virgilio Chiesa, Bellinzona/Lugano 1954.

30 Dies betraf auch die Mittelschulen ausserhalb des Gymnasiums. Zahlreiche Tessiner studierten an der Handelsschule des Kollegiums Schwyz. Für diese Auskunft danke ich Antonio Riva herzlich.

31 Siehe Il liceo cantonale, 36–37.

32 Siehe Tableau de mérite des élèves du Collège St. Michel de Fribourg pour l'année 1857–1858 bis 1861–1862; Tableau des prix et des notes de mérite des élèves du Collège St. Michel de Fribourg pour l'année 1865–66 bis 1894–95. Bei dieser Gelegenheit möchte ich Jean Baeriswyl für die freundliche Bereitstellung der Akten herzlich danken.

33 Siehe die Lebensläufe von Tessiner Katholisch-Konservativen in: Fabrizio Panzera/Alberto Lepori, Uomini nostri. Trenta biografie di uomini politici, Locarno 1989. Siehe auch: Die Schweizerische Bundesversammlung 1848–1920, Bd. 1: Biographien, bearbeitet von Erich Gruner unter Mitwirkung von Karl Frei und anderen, Bern 1966, 717–764 (Biographien der Tessiner National- und Ständeräte).

34 Nach Fabrizio Panzera, «Il mito del Risorgimento nella Svizzera», Vortrag im November 1993 in Mailand an der Tagung «Il mito del Risorgimento». Siehe auch: Gilardoni, Italianità ed elvetismo nel Canton Ticino, 44.

35 Aldo Abächerli, Il clero secolare nel Ticino (1885–1950). Aspetti quantitativi, in: Risveglio (Associazione per la storia del movimento cattolico nel Ticino), 1989, 212–220, hier 216.

36 Beispiele: Angiolo Pometta ging an die Römer Gregoriana, Celestino Trezzini nach Freiburg. Nach Panzera/Lepori, Uomini nostri, 72–74 und 94–95. Zu den Tessiner Theologen in Rom siehe: Giuseppe Rusconi, Ecclesiastici ticinesi a Roma nel Settecento, Locarno 2006.

37 Urs Altermatt, Anfänge, Krise und Konsolidierung 1889–1914, in: Ruffieux (Hg.), Geschichte der Universität Freiburg Schweiz, Bd. 1, 75–140, 85. Siehe zudem: ders., Die Universität Freiburg auf der Suche nach Identität, erscheint 2009 bei Academic Press Fribourg; Urs Altermatt/Christina Späti, Die zweisprachige Universität Freiburg, Freiburg/Schweiz, erscheint 2009 bei Academic Press Fribourg.

38 Siehe zu den entsprechenden Jahren die Rektoratsberichte und Dokumente der Universität Freiburg: Universität Freiburg Schweiz, Behörden, Dozenten und Studierende. Zu den Zahlen ab 1962 siehe die jeweiligen Rektoratsberichte «Berichte über das Studienjahr» der Universität Freiburg. Siehe zudem das Kapitel «Studierendenstatistik eines ganzen Jahrhunderts», in: Altermatt, Die Universität Freiburg auf der Suche nach Identität, 211–234; Altermatt/Späti, Die zweisprachige Universität Freiburg.

39 Siehe Ruffieux (Hg.), Geschichte der Universität Freiburg Schweiz, Bd. 3: Personen, Daten und Fakten, Freiburg/Schweiz 1992, 921–1005.

40 Zur Geschichte der Università della Svizzera Italiana siehe: ‹www.unisi.ch/universita/storia.htm› (15. September 2008).

41 Siehe Panzera/Lepori, Uomini nostri.

42 Siehe die Beiträge zu den Tessiner Bundesräten in: Urs Altermatt (Hg.), Die Schweizer Bundesräte. Ein biographisches Lexikon, Zürich/München 1991.

43 Siehe Raffaello Ceschi, Stefano Franscini, in: Altermatt (Hg.), Die Schweizer Bundesräte, 127–132. Siehe auch: Carlo Agliati, Stefano Franscini, 1796–1857. Le vie alla modernità, Bellinzona 2007.

44 Siehe Mauro Cerutti, Giuseppe Motta, in: Altermatt (Hg.), Die Schweizer Bundesräte, 306–311.

45 Siehe Fabrizio Panzera, Enrico Celio, in: Altermatt (Hg.), Die Schweizer Bundesräte, 405–408.

46 Siehe Alberto Lepori, Giuseppe Lepori, in: Altermatt (Hg.), Die Schweizer Bundesräte, 473–477.

47 Siehe Guido Locarnini, Nello Celio, in: Altermatt (Hg.), Die Schweizer Bundesräte, 523–527.

48 Siehe Andrea Ghiringhelli, Giovanni Battista Pioda, in: Altermatt (Hg.), Die Schweizer Bundesräte, 157–161; Ralf Heckner, Der Schweizer Diplomat Giovanni Battista Pioda am italienischen Königshof (1864–1882): eine biographische Diplomatiegeschichte, Freiburg/Schweiz 2001.

49 Zu den Lebensläufen der Tessiner Bischöfe siehe: Helvetia Sacra, Abt. I, Bd. 6, Basel/Frankfurt a. M. 1989, 251–274.

50 Telefongespräch vom 11. September 2008 mit der Curia Vescovile von Lugano.

51 Siehe ‹www.diocesilugano.ch› (10. September 2008).

52 Zum Vereinswesen der Schweizer Katholiken siehe: Urs Altermatt, Der Weg der Schweizer Katholiken ins Ghetto. Die Entstehungsgeschichte der nationalen Volksorganisationen im Schweizer Katholizismus 1848–1919, Diss. Bern 1970, Zürich/Köln 1972, Freiburg/Schweiz ³1995. Herausragendes Beispiel eines multikulturellen Vereins ist der Schweizerische Studentenverein. Siehe dazu: Urs Altermatt (Hg.), «Den Riesenkampf mit dieser Zeit zu wagen...». Schweizerischer Studentenverein 1841–1991, Luzern 1993. Siehe auch: Alois Steiner, Der Piusverein der Schweiz. Von seiner Gründung bis zum Vorabend des Kulturkampfes 1857–1870, Stans 1961.

53 Schweizerische Pius-Annalen, 15. September/15. Oktober 1882, 145–153 und 161–168.

54 Siehe Steiner, Der Piusverein der Schweiz, 63.

55 VI. Jahrbuch des Schweiz. kathol. Volksvereins, 1915–1919, Stans 1919, 44; VII. Jahrbuch des Schweiz. kathol. Volksvereins, 1920–1923, Stans 1924, 275.

56 Siehe Volksvereinsannalen, 5 (1930), 360–363 und 397–402.

57 Siehe Armin Imstepf, Die schweizerischen Katholikentage 1903–1954. Geschichte, Organisation, Programmatik und Sozialstruktur, Freiburg/Schweiz 1987.

58   Siehe Imstepf, Die schweizerischen Katholikentage, 415, 418–420, 422, 425, 429.

59   Zur Geschichte des Schweizerischen Studentenvereins: Altermatt (Hg.), «Den Riesenkampf mit dieser Zeit zu wagen...»; Die 68er Jahre und der Schw. StV, Interview mit Urs Altermatt und Willy Spieler, in: Civitas 9/10 (2008), 1–11.

60   Siehe Altermatt (Hg.), «Den Riesenkampf mit dieser Zeit zu wagen...».

61   Siehe Urs Altermatt, Politik und Parteien, in: ders. (Hg.), «Den Riesenkampf mit dieser Zeit zu wagen...», 242–243; Anhang, in: Altermatt (Hg.), «Den Riesenkampf mit dieser Zeit zu wagen...», 365–366.

62   Siehe Monat-Rosen, 29 (1884/85), 58.

63   Anhang, in: Altermatt (Hg.), «Den Riesenkampf mit dieser Zeit zu wagen...», 365–366.

64   Anhang, in: Altermatt (Hg.), «Den Riesenkampf mit dieser Zeit zu wagen...», 387–397.

65   Zum studentischen Vereinsleben im Tessin und zur «Lepontia cantonale» siehe: Aldo Abächerli/Alberto Lepori, La presenza ticinese, in: Altermatt (Hg.), «Den Riesenkampf mit dieser Zeit zu wagen...», 335–350.

66   Siehe Abächerli/Lepori, La presenza ticinese, 335–350. Siehe zur Lepontia auch: Aldo Abächerli, Per una storia della Lepontia, in: Risveglio (Associazione per la storia del movimento cattolico nel Ticino), 10/11 (1985), 293–373 sowie Cronistoria di Lepontia Cantonale dal 1960 als 1985, in: Risveglio (Associazione per la storia del movimento cattolico nel Ticino), 10/11 (1985), 375–393.

67   Siehe Jahresbericht des Zentralpräsidenten 1967/1968, in: Civitas, 12 (1967/68), 351. Zur Kontroverse um die Lepontia im Vereinsjahr 1967/68 siehe: Christian F. Ineichen, Die Zentralpräsidenten des Schweizerischen Studentenvereins (StV) 1946–1980, unveröffentlichte Lizentiatsarbeit Freiburg/Schweiz 2004. Siehe weiter: Max Imfeld et al. (Hg.), Der kleine Riesenkampf. Eine Einführung in Geschichte, Struktur und Lebensformen des Schweizerischen Studentenvereins, Jonschwil 2002, 72–74 (Anhang).

68   Freundliche Mitteilung von Antonio Riva, dem ich an dieser Stelle herzlich danke. Im Unterschied zum Zentralkomitee blieben die Leponter im Vorstand des Altherrenbundes des StV aktiv, so Ezio Cattaneo zwischen 1988 und 1999. Seit 1999 hat Antonio Riva das Amt des Vizepräsidenten inne.

69   Siehe dazu auch: Urs Altermatt, Das Fanal von Sarajevo. Ethnonationalismus in Europa, Zürich 1996, 115–116; ders., Die Schweiz: Vielfalt der Kraftfelder, Sonderdruck aus: Kleinstaat und Menschenrechte, Festgabe für Gerard Batliner zum 65. Geburtstag, Basel/Frankfurt a.M. 1993, 483–491; ders., Die mehrsprachige Schweiz – Modell für Europa?, in: ders./Emil Brix (Hg.), Schweiz und Österreich. Eine Nachbarschaft in Mitteleuropa, Wien 1995, 39–49; ders., Politische Kultur und nationale Identität in West- und Osteuropa, in: Alois Mosser (Hg.), Politische Kultur in Südosteuropa. Identitäten–Loyalitäten–Solidaritäten, Frankfurt a. M. 2006, 39–55; ders., Language and Nation: Is Switzerland a Model for Europe?, in: Nation and National Ideology. Past, Present and Pro-

spects. Proceedings of the International Symposium held at the New Europe College, Bucharest April 6–7, 2001, Bukarest 2002, 323–351.

70 Siehe unter anderem: Wolf Linder, Schweizerische Demokratie. Institutionen–Prozesse–Perspektiven, Bern/Stuttgart/Wien ²2005, 27–57; Altermatt, Das Fanal von Sarajevo, 140–155.

71 Siehe ‹www.bsf.admin.ch› (11. September 2008).

72 Zum Partito Popolare Democratico siehe: Alberto Lepori/Fabrizio Panzera, Partito Popolare Democratico: oltre cent'anni di storia, Bellinzona, 1997.

73 Der Bund, 5. März, 1855.

74 Siehe Andrea Ghiringhelli, Roberto Bianchi, 1890 Il respiro della Rivoluzione. Il bivio della politica ticinese, Bellinzona 1990; Fabrizio Panzera, La lotta politica nel Ticino. Il «nuovo indirizzo» liberal-conservatore (1875–1890), Locarno 1986; Monat-Rosen, 35 (1891), 34, 72–79, 125–137.

75 In dieser Motion forderten sie eine Teilrevision der Bundesverfassung. Das radikale Übergewicht im Bundesstaat sollte abgebaut und die Minderheiten besser berücksichtigt werden. Siehe Urs Altermatt, Josef Zemp, in: ders. (Hg.), Die Schweizer Bundesräte, 254.

76 Siehe Altermatt, Der Weg der Schweizer Katholiken ins Ghetto, 84, 193, 198, 395, 400–401, 406.

77 Siehe Neue Zürcher Zeitung, 13. Juli 1948; Basler Nachrichten 13. Juli 1948 (Nekrologkatalog Landesbibliothek Bern), zit. in: Markus Hodel, Die Schweizerische Konservative Volkspartei 1918–1929. Die goldenen Jahre des politischen Katholizismus, Freiburg/Schweiz 1994, 346.

78 Siehe Urs C. Reinhardt, Hans Hürlimann, in: Altermatt (Hg.), Die Schweizer Bundesräte, 552.

79 Siehe Urs Altermatt, Bundesrat und Bundesräte. Ein historischer Aufriss, in: ders. (Hg.), Die Schweizer Bundesräte, 45–62.

80 Siehe Urs Altermatt, Der wacklige Tessiner Sitz im Bundesrat, in: Neue Zürcher Zeitung, 24. Februar 1999.

81 Journal de Genève, 12. Juli 1864.

82 Siehe Heckner, Der Schweizer Diplomat Giovanni Battista Pioda.

83 Neue Zürcher Zeitung, 14. Juli 1864. Siehe Philippe Chenaux, Jean-Jacques Challet-Venel, in: Altermatt (Hg.), Die Schweizer Bundesräte, 174–177.

84 Siehe Altermatt, Bundesrat und Bundesräte, 59–62.

85 Siehe zeitgenössische Zeitungen.

86 Siehe Cerutti, Giuseppe Motta.

87 Siehe z.B. Popolo e Libertà, 15. Dezember 1911; Cerutti, Giuseppe Motta, 306–311.

88 Siehe Panzera, Enrico Celio.

89 Siehe Lepori, Giuseppe Lepori.

90 Siehe Georges Andrey, Roger Bonvin, in: Altermatt (Hg.), Die Schweizer Bundesräte, 512; Reinhardt, Hans Hürlimann.

91 Siehe Locarnini, Nello Celio.
92 Giornale del Popolo, 17. Dezember 1954.
93 Popolo e Libertà, 11. Dezember 1986.
94 Siehe Urs Altermatt, Katholizismus und Moderne. Zur Sozial- und Mentalitäts-
    geschichte der Schweizer Katholiken im 19. und 20. Jahrhundert, Zürich 1989,
    ²1991; Franziska Metzger, Konstruktionsmechanismen der katholischen Kom-
    munikationsgemeinschaft, in: Schweizerische Zeitschrift für Religions- und
    Kulturgeschichte, 99 (2005), 433–447; Urs Altermatt/Franziska Metzger, Reli-
    gion und Kultur – zeitgeschichtliche Perspektiven, in: Schweizerische Zeit-
    schrift für Religions- und Kulturgeschichte, 98 (2004), 185–208; dies., Milieu,
    Teilmilieus und Netzwerke. Das Beispiel des Schweizer Katholizismus, in: Urs
    Altermatt (Hg,), Katholische Denk- und Lebenswelten. Beiträge zur Kultur- und
    Sozialgeschichte des Schweizer Katholizismus im 20. Jahrhundert, Freiburg/
    Schweiz 2003, 15–36.
95 Siehe Ceschi, Ottocento ticinese, 179–181.
96 Siehe Guzzi, Die Nation als fixe Idee, 357.
97 Siehe Altermatt, Das Fanal von Sarajevo; ders., Plädoyer für die Staatsbürger-
    Nation in einem multikulturellen Europa, in: Ernst-Peter Brezovszky/Arnold
    Suppan/Elisabeth Vyslonzil, Multikulturalität und Multiethnizität in Mittel-,
    Ost- und Südosteuropa, Frankfurt a. M. 1999, 305–321.
98 Carlo Moos, Der Tessiner Katholizismus 1850–1980, in: Zeitschrift für Schwei-
    zerische Kirchengeschichte, 85 (1991), 25–41, hier 41; Ratti/Ceschi/Bianconi
    (Hg.), Il Ticino regione aperta, 16–19.

III Das Kulturkampfparadigma: Konflikte, Krisen und Integration

1. Der Kulturkampf als Integrations- und Desintegrationsfaktor

1   Die umfassendste Studie über den Kulturkampf in der Schweiz mit ausführli-
    chen Literaturhinweisen bietet das Werk von Peter Stadler, Der Kulturkampf in
    der Schweiz. Eidgenossenschaft und Katholische Kirche im europäischen Um-
    kreis 1848–1888, Zürich ²1996. Siehe weiter: Franz Xaver Bischof, Art. «Kultur-
    kampf», in: Historisches Lexikon der Schweiz, online-Ausgabe: ‹http://
    www.hls-dhs-dss.ch/textes/d/D17244.php› (12. Dezember 2008). – Für dieses
    Kapitel stütze ich mich auf meinen leicht veränderten Beitrag «Der Kulturkampf
    als Integrations- und Desintegrationsfaktor. Interpretationsmodelle zur katho-
    lischen Gegengesellschaft in der Schweiz», in: Louis C. Morsak/Markus Escher
    (Hg.), Festschrift für Louis Carlen zum 60. Geburtstag, Zürich 1989, 547–556.
    Ferner: Urs Altermatt, Vom Kulturkampf der Landschaft für ihre bedrohte Eigen-
    art, in: Gaston Gaudard/Carl Pfaff/Roland Ruffieux (Hg.), Fribourg: Ville et Ter-
    ritoire. Aspects politiques, sociaux et culturels de la relation ville-campagne de-
    puis le Bas Moyen Age. Actes du Colloque universitaire pour le 500ᵉ anniversaire

de l'entrée de Fribourg dans la Confédération, Freiburg/Schweiz 1981, 357–379; ders., Der Kulturkampf: Konflikt um die Moderne, in: 1848 – die Stunde des Schweizerischen Bundesstaates. Sonderbeilage, Neue Zürcher Zeitung, 27./28. Juni 1998; ders., Katholizismus und Moderne. Zur Sozial- und Mentalitätsgeschichte der Schweizer Katholiken im 19. und 20. Jahrhundert, Zürich ²1991. – Bei der Schlussredaktion dieses Kapitels unterstützte mich Thomas Metzger.

2 Zum politischen Katholizismus in der Schweiz siehe: Urs Altermatt, Die Christlichdemokratische Volkspartei der Schweiz 1945–1999, in: Hans-Joachim Veen (Hg.), Christlich-demokratische und konservative Parteien in Westeuropa Bd. 5, Paderborn 2000, 35–115; ders., Aufstieg und Krise der Christlichdemokraten in der Schweiz, in: Bernhard Löffler/Karsten Ruppert (Hg.), Religiöse Prägung und politische Ordnung in der Neuzeit. Festschrift für Winfried Becker zum 65. Geburtstag, Köln/Weimar/Wien 2006, 607–632; ders., Von der katholischen Milieupartei zu einer bürgerlichen Sammlungspartei. Zur Geschichte der Christlichdemokraten in der Schweiz, in: Mariano Delgado/David Neuhold (Hg.), Politik aus christlicher Verantwortung. Ein Ländervergleich Österreich – Schweiz, Innsbruck 2008, 39–64; Bernhard Wigger, Die Schweizerische Konservative Volkspartei 1903–1918. Politik zwischen Kulturkampf und Klassenkampf, Freiburg/Schweiz 1997; Markus Hodel, Die Schweizerische Konservative Volkspartei 1918–1929. Die goldenen Jahre des politischen Katholizismus, Freiburg/Schweiz 1994; Lukas Rölli-Alkemper, Die Schweizerische Konservative Volkspartei 1935–1943. Politischer Katholizismus zwischen Emanzipation und Integration, Freiburg/Schweiz 1993.

3 Siehe dazu die Aufsatzsammlung von Hans Maier, Kirche und Gesellschaft, München 1972.

4 Zum Sonderbundskrieg siehe: Erwin Bucher, Die Geschichte des Sonderbundskrieges, Zürich 1966; Joachim Jemak, Bruderzwist, nicht Brudermord. Der Schweizer Sonderbundskrieg von 1847, Zürich 1997; Carlo Moos, «Im Hochland fiel der erste Schuss». Bemerkungen zu Sonderbund und Sonderbundskrieg, in: Thomas Hildbrand/Albert Tanner (Hg.), Im Zeichen der Revolution. Der Weg zum schweizerischen Bundesstaat 1798–1848, Zürich 1997, 161–177; Marco Jorio, «Wider den Pakt mit dem Teufel». Die Gegenwehr der Konservativen, in: Hildbrand/Tanner (Hg.), Im Zeichen der Revolution, 139–160; Carlo Moos, Dimensionen eines Bürgerkriegs. Für eine Neubewertung des Geschehens um den Sonderbund, in: Brigitte Studer (Hg.), Etappen des Bundesstaates. Staats- und Nationsbildung der Schweiz, 1848–1998, Zürich 1998, 21–44.

5 Zum politischen Konservatismus in der Schweiz siehe: Urs Altermatt, Conservatism in Switzerland: A Study in Antimodernism, in: Journal of Contemporary History, 14 (1979), 581–610; ders., Art. Konservativismus, in: Historisches Lexikon der Schweiz. ‹http://www.hls-dhs-dss.ch/textes/d/D17458-pref.php› (3. September 2008); Erich Gruner, Konservatives Denken und konservative Politik in der Schweiz, in: Gerd-Klaus Kaltenbrunner (Hg.), Rekonstruktion des Konservatismus, Bern/Stuttgart 1978, 241–272. Zum schweizerischen Konser-

vatismus siehe auch: Hans Ulrich Jost (Hg.), Die Reaktionäre Avantgarde. Die Geburt der neuen Rechten in der Schweiz um 1900, Zürich 1992; Aram Mattioli (Hg.), Intellektuelle von rechts. Ideologie und Politik in der Schweiz 1918–1939. Zürich 1995; Katrin Rieder, Netzwerke des Konservatismus: Berner Burgergemeinde und Patriziat im 19. und 20. Jahrhundert, Zürich 2008.

6 Stadler, Der Kulturkampf in der Schweiz, 21.

7 Siehe Altermatt, Katholizismus und Moderne; ders., Vom Kulturkampf der Landschaft für ihre bedrohte Eigenart; Stadler, Der Kulturkampf in der Schweiz; Herbert Lüthy, Vom Schutt konfessionellen Haders..., in: Civitas 24 (1968/69), 259–280.

8 Siehe Urs Altermatt, Die Universität Freiburg auf der Suche nach Identität, erscheint 2009 bei Academic Press Fribourg.

9 Siehe hierzu: Altermatt, Katholizismus und Moderne.

10 Siehe Stadler, Der Kulturkampf in der Schweiz, v. a. 581–615.

11 So der Redaktor der «Basler Nachrichten» und spätere Bundesrat Emil Frey im Jahre 1882. Zit. in: Stadler, Der Kulturkampf in der Schweiz, 618.

12 Zu Alfred Escher siehe: Joseph Jung, Alfred Escher: 1819–1882: Aufstieg, Macht, Tragik, Zürich ²2007; Joseph Jung, Alfred Escher 1819–1882. Der Aufbruch zur modernen Schweiz, 4 Bde, Zürich 2006. Siehe auch die Briefedition: ders. (Hg.), Alfred Escher zwischen Lukmanier und Gotthard. Briefe zur schweizerischen Alpenbahnfrage 1850–1882, 3 Bde, Zürich 2008.

13 Der Solothurner Schuhfabrikant Carl Franz Bally gehörte zu denjenigen führenden Liberalen, die den Ultramontanismus mit allen Mitteln zu überwinden suchten. Siehe dazu: Stadler, Der Kulturkampf in der Schweiz, 344–345.

14 Siehe Altermatt, Katholizismus und Moderne, hier v. a. 226–229.

15 Zur katholischen Subgesellschaft siehe v. a.: Urs Altermatt, Der Weg der Schweizer Katholiken ins Ghetto. Die Entstehungsgeschichte der nationalen Volksorganisationen im Schweizer Katholizismus 1848–1919, Diss. Bern 1970, Zürich/Köln 1972, Freiburg/Schweiz ³1995; ders., Katholizismus und Moderne; ders., Katholische Subgesellschaft. Thesen zum Konzept der «katholischen Subgesellschaft» am Beispiel des Schweizer Katholizismus, in: Karl Gabriel/ Franz-Xaver Kaufmann (Hg.), Zur Soziologie des Katholizismus, Mainz 1980, 145–165.

16 Siehe Altermatt, Katholizismus und Moderne, hier v. a. 226–229.

17 Siehe dazu: Altermatt, Der Weg der Schweizer Katholiken ins Ghetto.

18 Hans von Greyerz, Handbuch der Schweizer Geschichte, Bd. 2, Zürich ²1980, 1075. Zum Streit um die konfessionellen Schulen siehe: Stadler, Der Kulturkampf in der Schweiz, 561–580. Mit dem Schwerpunkt auf der Mädchenbildung im 20. Jahrhundert siehe: Esther Vorburger-Bossart, «Was Bedürfnis der Zeit ist...». Identitäten in der katholischen Frauenbildung. Die Innerschweizer Lehrschwesterninstitute Baldegg, Cham, Ingenbohl und Menzingen 1900–1980, Freiburg/Schweiz 2008; Martina Sochin, «Du Mägdelein höre!» Das Höhere Töchterinstitut St. Elisabeth 1935–1994, Freiburg/Schweiz 2007.

19 Handbuch der Schweizer Geschichte, Bd. 2, 1075.

20 Siehe Roland Ruffieux, Du noir et blanc au rouge et blanc. Un siècle d'histoire militaire fribourgeoise 1875–1975, Freiburg/Schweiz 1975, 77–86.

21 Siehe Theres Maurer, Ulrich Dürrenmatt 1849–1908. Ein schweizerischer Oppositionspolitiker, Bern 1975, 46.

22 Zu den Lehrschwesternrekursen siehe: Johann Mösch, Der Schulvogt. Der Kampf für und gegen ein eidgenössisches, zentralistisches Primarschulgesetz 1882, Olten 1962, 23–39; Stadler, Der Kulturkampf in der Schweiz, 565–568.

23 Mösch, Der Schulvogt, 25.

24 Siehe Franz Xaver Hard, Der eidgenössische Erziehungssekretär. Bestrebungen zu einer gesamtschweizerischen Schulkoordination im Jahre 1882, Zürich 1974.

25 Handbuch der Schweizer Geschichte, Bd. 2, 1075.

26 Schweizerische Pius-Annalen, 19 (1880), 170. Siehe auch: Alois Steiner, Der Piusverein der Schweiz: von seiner Gründung bis zum Vorabend des Kulturkampfes, 1857–1870, Stans 1961.

27 Schweizerische Pius-Annalen, 19 (1880), 133–134. Zur Universität Freiburg siehe: Roland Ruffieux et al. (Hg.), Geschichte der Universität Freiburg Schweiz 1889–1989. Institutionen, Lehre und Forschungsbereiche, 3 Bde., Freiburg/Schweiz 1991–1992. Neuerdings: Altermatt, Die Universität Freiburg auf der Suche nach Identität.

28 Zum katholischen Vereinswesen siehe: Altermatt, Der Weg der Schweizer Katholiken ins Ghetto, 58–79; ders., Katholizismus und Moderne, v. a. 247–260. Zu den Zeitungsgründungen siehe: Fritz Blaser, Bibliographie der Schweizer Presse. Mit Einschluss des Fürstentums Liechtenstein, 2 Bde, Basel 1956/58.

29 Zum Antimodernismus mit modernen Mitteln der katholischen Subkultur siehe u. a.: Altermatt, Katholizismus und Moderne; ders., Der Weg der Schweizer Katholiken ins Ghetto; ders., Conservatism in Switzerland.

30 Siehe Roswitha Feusi, Die katholisch-konservative Oppositionsbewegung (1875–1878). Von der verachteten zur beachteten Minderheit, unveröffentlichte Lizentiatsarbeit Freiburg/Schweiz 1986. Zu den Volksrechten in der Schweiz siehe: Wolf Linder, Schweizerische Demokratie. Institutionen – Prozesse – Perspektiven, Bern/Stuttgart/Wien ²2005; ders./Regula Zürcher/Christian Bolliger, Gespaltene Schweiz – geeinte Schweiz. Gesellschaftliche Spaltungen und Konkordanz bei den Volksabstimmungen seit 1874, Baden 2008; Leonhard Neidhart, Plebiszit und pluralitäre Demokratie: eine Analyse der Funktion des schweizerischen Gesetzesreferendums, Bern 1970.

31 Feusi, Die katholisch-konservative Oppositionsbewegung, 220ff.

32 Zu den Richtungen siehe: Altermatt, Der Weg der Schweizer Katholiken ins Ghetto; ders., Katholizismus und Moderne; ders./Franziska Metzger, Milieu, Teilmilieu und Netzwerke. Das Beispiel des Schweizer Katholizismus, in: Urs Altermatt (Hg.), Katholische Denk- und Lebenswelten. Beiträge zur Kultur- und Sozialgeschichte des Schweizer Katholizismus im 20. Jahrhundert, Freiburg/Schweiz 2003, 15–36. Als Beispiel für eine Diasporasituation sei auf Zürich ver-

wiesen: Urs Altermatt, Konfessionelle Minderheit in der Diaspora: Zwischen Isolation und Assimilation. Das Beispiel von Katholisch-Zürich 1850–1950, in: Wolfgang Schieder (Hg.), Volksreligiosität in der modernen Sozialgeschichte, Göttingen 1986, 185–204.

33 Zur Christkatholischen Kirche in der Schweiz siehe: Urs von Arx/Harald Rein (Hg.), Die Christkatholische Kirche der Schweiz, Basel 2000; Urs von Arx, Christkatholische Kirche, in: Historisches Lexikon der Schweiz, ‹http://www.hls-dhs-dss.ch/textes/d/D11432.php› (18. September 2008); Victor Conzemius, Katholizismus ohne Rom. Die Altkatholische Kirchengemeinschaft, Zürich/Einsiedeln/Köln 1969; Lukas Vischer/Lukas Schenker/Rudolf Dellsperger (Hg.), Ökumenische Kirchengeschichte der Schweiz, Freiburg/Basel 1994; Stadler, Der Kulturkampf in der Schweiz, v. a. 336–365.

34 Siehe Heidi Borner, Zwischen Sonderbund und Kulturkampf. Zur Lage der Besiegten im Bundesstaat von 1848, Luzern/Stuttgart 1981, v. a. 146–150.

35 Zu Gaspard Mermillod siehe: Patrick Braun, Gaspard Mermillod, in: Helvetia Sacra, Abt. 1, Bd. 4, Archidiocèses et diocèses. Le diocèse de Lausanne (vi^e siècle – 1821), de Lausanne et Genève (1821–1925) et de Lausanne, Genève et Fribourg (depuis 1925), Basel/Frankfurt a. M. 1988, 179–183. Siehe weiter: Urs Altermatt, L'engagement des intellectuels catholiques suisses au sein de l'Internationale noire, in: Emiel Lamberts (Hg.), The Black International (1870–1878). The Holy See and Militant Catholicism in Europe, Brüssel/Rom 2002, 409–426; das Kapitel «Genève: un catholicisme oublié», in: ders., Le catholicisme au défi de la modernité. L'histoire sociale des catholiques suisses aux xixe et xxe siècles, Lausanne 1994, 185–224; Paul Frochaux, Une tentative de restauration de l'Evêché de Genève 1858–1865, unveröffentlichte Lizentiatsarbeit Freiburg/Schweiz 1984; Francis Python, Gaspard Mermillod, in: Erwin Gatz (Hg.), Die Bischöfe der deutschsprachigen Länder, 1785/1803 bis 1945, Berlin 1983, 501–504; Marc Pfeiffer, Der Kulturkampf in Genf (1864–1873) mit besonderer Berücksichtigung der Ausweisung von Bischof Mermillod, Diss. Universität Zürich 1970. Siehe zudem auch: Altermatt, Die Universität Freiburg auf der Suche nach Identität.

36 Siehe Linder/Zürcher/Bolliger, Gespaltene Schweiz – geeinte Schweiz; Christian Bolliger, Konkordanz und Konfliktlinien in der Schweiz, 1945 bis 2003. Parteienkooperationen, Konfliktdimensionen und gesellschaftliche Polarisierungen bei den eidgenössischen Volksabstimmungen, Bern/Stuttgart/Wien 2007; Regula Christina Zürcher, Konkordanz und Konfliktlinien in der Schweiz. Eine Überprüfung der Konkordanztheorie aufgrund qualitativer und quantitativer Analysen der eidgenössischen Volksabstimmungen von 1848 bis 1947, Bern/Stuttgart/Wien 2006.

2. *Der historische Kompromiss von 1891*

1   Zum 100. Todestag Josef Zemps erschien 2008 unter der Redaktion von Alois Hartmann und Hans Moos ein Sammelband zu Bundesrat Josef Zemp: Josef Zemp. Ein Bundesrat schafft den Ausgleich, Schüpfheim 2008. Ein grundlegendes Werk zu Josef Zemp ist zu dem nach wie vor: Josef Winiger, Bundesrat Dr. Zemp. Lebens- und zeitgeschichtliche Erinnerungen, Luzern 1910. Siehe aus meiner Feder zu Bundesrat Josef Zemp: Urs Altermatt, Bundesrat Josef Zemp – ein Porträt, in: Hartmann/Moos (Hg.), Josef Zemp, 8–15; ders., Der historische Kompromiss bahnt sich an, in: Hartmann/Moos, Josef Zemp, 124–129; ders., Josef Zemp 1834–1908, in: ders. (Hg.), Die Schweizer Bundesräte. Ein biographisches Lexikon, Zürich/München 1991, 254–259. – Ich danke David Luginbühl für seine Unterstützung bei der Endredaktion.

2   Ostschweiz, 29. September 1894.

3   Siehe Urs Altermatt, Der Weg der Schweizer Katholiken ins Ghetto. Die Entstehungsgeschichte der nationalen Volksorganisationen im Schweizer Katholizismus 1848–1919, Diss. Bern 1970, Zürich/Köln 1972, Freiburg/Schweiz ³1995.

4   Zu Theodor Scherer siehe: Paul Letter, Theodor Scherer 1816–1885. Grundlagen und erste Tätigkeit, Diss. Universität Freiburg/Schweiz, Einsiedeln 1949. Zum Piusverein: Alois Steiner, Der Piusverein der Schweiz: von seiner Gründung bis zum Vorabend des Kulturkampfes 1857–1870, Stans 1961.

5   Zu von Segesser siehe: Victor Conzemius, Philipp Anton von Segesser 1817–1888. Demokrat zwischen den Fronten, Zürich/Einsiedeln/Köln 1977; Emil F. J. Müller-Büchi, Philipp Anton von Segesser. Das Konzil, die Revision der Bundesverfassung und der Kulturkampf, Freiburg/Schweiz 1977; Briefwechsel Philipp Anton von Segesser (1817–1888), hg. von Victor Conzemius, 6 Bde, Zürich/Einsiedeln/Köln 1983–1992 (Bde. 1–5) bzw. Freiburg/Schweiz 1995 (Bd. 6).

6   Siehe Altermatt, Der Weg der Schweizer Katholiken ins Ghetto, 88–91; ders., Von den Hinterbänklern von 1848 zur Regierungspartei von heute, in: 100 Jahre Christlichdemokratische Fraktion der Bundesversammlung. Festschrift zur Jubiläumsfeier vom 27. Mai 1983 in Bern, Bern 1983, 10–28, hier 14; Winiger, Bundesrat Dr. Zemp, 193–208.

7   Siehe Winiger, Bundesrat Dr. Zemp, 194.

8   Georg Baumberger in den «Appenzeller Nachrichten», zit. nach: Winiger, Bundesrat Dr. Zemp, 196–197.

9   Als «Ohmgeld» bzw. «Umgeld» bezeichnete man eine Verbrauchs- und Umsatzsteuer auf Wein und anderen geistigen Getränken. Siehe Anne-Marie Dubler, Art. Umgeld, in: Historisches Lexikon der Schweiz, ‹http://www.hls-dhs-dss.ch/textes/d/D26199.php› (9. Juli 2008).

10   Winiger, Bundesrat Dr. Zemp, 196.

11   Winiger, Bundesrat Dr. Zemp, 209.

12   Zit. nach: Winiger, Bundesrat Dr. Zemp, 210.

13 Neue Zürcher Zeitung, 9. Juni 1886, zit. nach: Winiger, Bundesrat Dr. Zemp, 211.

14 Siehe Winiger, Bundesrat Dr. Zemp, 304.

15 Siehe dazu: Heinrich Staehelin, Emil Welti 1825–1899, in: Altermatt (Hg.), Die Schweizer Bundesräte, 178–183.

16 Siehe zur Frage der Kandidaten: Winiger, Bundesrat Dr. Zemp, 304–305.

17 Winiger, Bundesrat Dr. Zemp, 304–305.

18 Winiger, Bundesrat Dr. Zemp, 21.

19 † M. Joseph Zemp, in: La Liberté, 9. Dezember 1908.

20 Winiger, Bundesrat Dr. Zemp, 21; Hartmann/Moos (Hg.), Josef Zemp.

21 Altermatt, Josef Zemp, 255.

22 Siehe zu den Reaktionen: Winiger, Bundesrat Dr. Zemp, 307–318.

23 Brief Caspar Decurtins an Ernst Feigenwinter, 12. Januar 1896, zit. in Altermatt, Der Weg der Schweizer Katholiken ins Ghetto, 224.

24 Siehe zur Eisenbahngeschichte aus der breiten Literatur: Hans-Peter Bärtschi/ Anne-Marie Dubler, Art. Eisenbahnen, in: Historisches Lexikon der Schweiz, ‹http://hls-dhs-dss.ch/textes/d/D7961.php› (21. Juli 2008); Christoph Maria Merki, Die verschlungenen Wege der modernen Verkehrsgeschichte. Ein Gang durch die aktuelle Forschung, in: Schweizerische Zeitschrift für Geschichte, 45 (1995), Nr. 4, 444–457.

25 Siehe zur Zollinitiative: Hans von Greyerz, Der Bundesstaat seit 1848, in: Handbuch der Schweizer Geschichte, Bd. 2, Zürich 1977, 1019–1267, hier 1106. Siehe auch: Regula Christina Zürcher, Konkordanz und Konfliktlinien in der Schweiz. Eine Überprüfung der Konkordanztheorie aufgrund qualitativer und quantitativer Analysen der eidgenössischen Volksabstimmungen von 1848 bis 1947, Bern/Stuttgart/Wien 2006.

26 Die Referendumsbewegung setzte vorerst in der Westschweiz ein, später erhielt sie Unterstützung von der konservativen Bernischen Volkspartei sowie von den Konservativen des Berner Jura und des Kantons Luzern, der Kantonalpartei Bundesrat Zemps. Am 16. Dezember 1897 empfahl auch die gesamtschweizerische Katholische Volkspartei, das Referendum zu unterstützen. Siehe Winiger, Bundesrat Dr. Zemp, 419–420.

27 Brief Caspar Decurtins an Josef Beck, 26. Oktober 1897, zit. in: Altermatt, Der Weg der Schweizer Katholiken ins Ghetto, 216.

28 Siehe zu diesen ersten Jahren Zemps im Bundesrat: Winiger, Bundesrat Dr. Zemp, 319–335.

29 Winiger, Bundesrat Dr. Zemp, 329–335.

30 Siehe zum Bundeshaus: Monica Bilfinger, Das Bundeshaus in Bern, Bern 2002.

31 Siehe Alois Steiner, Josef Anton Schobinger 1849–1911, in: Altermatt (Hg.), Die Schweizer Bundesräte, 296–299.

32 Siehe Urs Altermatt (Hg.), «Den Riesenkampf mit dieser Zeit zu wagen…». Schweizerischer Studentenverein 1841–1991, Luzern 1993.

33 Siehe Hartmann/Moos (Hg.), Josef Zemp.

34 Siehe dazu: Bernard Degen, Sozialdemokratie: Gegenmacht? Oppositionspartei? Bundesratspartei? Die Geschichte der Regierungsbeteiligung der schweizerischen Sozialdemokraten, Zürich 1993; Karl Lang, Ernst Nobs 1886–1957, in: Altermatt (Hg.), Die Schweizer Bundesräte, 427–430.

35 Winiger, Bundesrat Dr. Zemp, 513; Armin Imstepf, Die Schweizerischen Katholikentage 1903–1954. Geschichte, Organisation, Programmatik und Sozialstruktur, Freiburg/Schweiz 1987, 275.

3. Zwischen Selbstbewusstsein und Defensive nach dem Zweiten Weltkrieg

1 Für die Thematik des Katholizismus in der unmittelbaren Nachkriegszeit siehe u. a.: die Beiträge in: Kurt Imhof/Heinz Kleger/Gaetano Romano (Hg.), Konkordanz und Kalter Krieg. Analyse von Medienereignissen in der Schweiz der Zwischen- und Nachkriegszeit, Zürich 1996; Matthias Kunz, Aufbruchstimmung und Sonderfall-Rhetorik. Die Schweiz im Übergang von der Kriegs- zur Nachkriegszeit in der Wahrnehmung der Parteipresse 1943–50, Bern 1998; Claude Spiller, Die Angriffe auf den katholischen Block in der Schweiz 1944–1946, unveröffentlichte Lizentiatsarbeit Basel 1999; Kurt Imhof/Patrick Ettinger/Boris Boller, Die Flüchtlings- und Aussenwirtschaftspolitik in der Schweiz im Kontext der öffentlichen politischen Kommunikation 1938–1950, hrsg. von der Unabhängigen Expertenkommission Schweiz – Zweiter Weltkrieg, Zürich 2001; Josef Mooser, Die «Geistige Landesverteidigung» in den 1930er Jahren. Profile und Kontexte eines vielschichtigen Phänomens der schweizerischen politischen Kultur in der Zwischenkriegszeit, in: Schweizerische Zeitschrift für Geschichte, 47 (1997), 685–708; Lukas Rölli-Alkemper, Die Schweizerische Konservative Volkspartei 1935–1943. Politischer Katholizismus zwischen Emanzipation und Integration, Freiburg/Schweiz 1993; Victor Conzemius (Hg.), Schweizer Katholizismus 1933–1945. Eine Konfessionskultur zwischen Abkapselung und Solidarität, Zürich 2001, mit Beiträgen von: Victor Conzemius, Albert Gasser, Hermann Kocher, Thomas Maissen, Jean-Blaise Fellay, Olivier Fatio, Fabrizio Panzera, Patrick Bernold, Sebastien Farré, Max Huber, Stephan Leimgruber, Urs Altermatt, Christoph Baumer, Philippe Chenaux, Victor Conzemius, Josef Lang, Franz Xaver Bischof, Jonas Arnold, Renata Broggini, Urban Fink, Paul Oberholzer, René Zihlmann und Peter Plattner; Christoph Flury, «Von der Defensive zur gültigen Präsenz». Die Konservativ-Christlichsoziale Volkspartei der Schweiz in der Zeit nach dem Zweiten Weltkrieg (1950–1960), unveröffentlichte Lizentiatsarbeit Freiburg/Schweiz 1994; ders., Die Diskussionen um die konfessionellen Ausnahmebestimmungen der Bundesverfassung 1945–1955, in: Urs Altermatt (Hg.), Schweizer Katholizismus im Umbruch 1945–1990, Freiburg/Schweiz 1993, 163–187. Mit dem Thema befasste ich mich erstmals 1985: Urs Altermatt,

Die Stimmungslage im politischen Katholizismus der Schweiz von 1945: «Wir lassen uns nicht ausmanövrieren.», in: Victor Conzemius/Martin Greschat/ Hermann Kocher (Hg.), Die Zeit nach 1945 als Thema kirchlicher Zeitgeschichte. Referate der internationalen Tagung in Hünigen/Bern 1985, Göttingen 1988, 72–96. – Für die Mitarbeit an diesem Beitrag danke ich Franziska Metzger herzlich.

2 Eidgenössisches Statistisches Amt (Hg.), Nationalratswahlen 1943, Beiträge zur Schweizerischen Statistik, Heft 12, Bern 1945, bes. 34.

3 Siehe hierzu: Michel Fischer, Ständeratswahlen 1945–2000. Allianzen, Mechanismen und Entwicklungen in den Sonderbundskantonen, unveröffentlichte Lizentiatsarbeit Freiburg/Schweiz 2001.

4 Zu den Bundeskanzlerwahlen bis 1925 siehe: Simone Iten, Die Schweizerische Bundeskanzlei 1848–1925, unveröffentlichte Lizentiatsarbeit Freiburg/Schweiz 1998.

5 Siehe Urs Altermatt, Personen, Themen und Kontroversen in den Bundeskanzlerwahlen, in: Neue Zürcher Zeitung, 2. Dezember 1999; ders., Bundeskanzlerwahlen 1848–1981, in: Neue Zürcher Zeitung, 25. Juni 1981; Arthur Fritz Reber, Der Weg zur Zauberformel. Die Bundesratswahlen der Vereinigten Bundesversammlung seit der Wahl des Nationalrates nach dem Verhältniswahlrecht 1919 bis zur Verwirklichung eines «freien Proporzes» für die parteipolitische Zusammensetzung der Regierung 1959, Bern/Frankfurt a. M./Las Vegas 1979.

6 Ulrich Klöti, Die Chefbeamten der schweizerischen Bundesverwaltung, soziologische Querschnitte in den Jahren 1938, 1955, 1965, Bern 1972, 102, 187.

Prozentualer Anteil der Katholiken unter den Chefbeamten der Bundesverwaltung nach Departementen (nach: Rölli-Alkemper, Die Schweizerische Konservative Volkspartei 1935–1943, 96):

Jahr	Total	EPD	EDI	EJPD	EMD	EFZD	EVD	EVED	PTT	SBB
1929		12				12				
1938	16	12	24	0	9	25	6	25	17	21
1940	19.7									20.6

7 Rölli-Alkemper, Die Schweizerische Konservative Volkspartei 1935–1943, 96.

8 Ostschweiz, 22. Oktober 1935.

9 Siehe hierzu: Rölli-Alkemper, Die Schweizerische Konservative Volkspartei 1935–1943, 97–98.

10 Rölli-Alkemper, Die Schweizerische Konservative Volkspartei 1935–1943, 279.

11 Albert Gasser, Die Selbstwahrnehmung des deutschschweizerischen Katholizismus, in: Conzemius (Hg.), Schweizer Katholizismus 1933–1945, 61–62.

12 Siehe Hansjörg Siegenthaler, Konkordanz und Kalter Krieg: Marginalien anstelle einer Einleitung, in: Imhof/Kleger/Romano (Hg.), Konkordanz und Kalter Krieg, 9–17; Kurt Imhof, Das kurze Leben der geistigen Landesverteidigung. Von

der «Volksgemeinschaft» vor dem Krieg zum Streit über die «Nachkriegsschweiz» im Krieg, in: ders./Kleger/Romano (Hg.), Konkordanz und Kalter Krieg, 19–83; Imhof/Ettinger/Boller, Die Flüchtlings- und Aussenwirtschaftspolitik in der Schweiz; Markus Furrer, Antikommunismus im Lichte der Schweizer Presse 1943–1949, unveröffentlichte Lizentiatsarbeit Freiburg/Schweiz 1988; Kunz, Aufbruchstimmung und Sonderfall-Rhetorik; Spiller, Die Angriffe auf den katholischen Block; Luc van Dongen, La mémoire de la Seconde Guerre mondiale en Suisse dans l'immédiat après-guerre (1943–48), in: Schweizerische Zeitschrift für Geschichte, 47 (1997), 709–729.

13   Die «geistige Landesverteidigung» wies, wie Josef Mooser und Pascal Jurt aufzeigen, sowohl eine liberale und linke als auch eine konservative Variante auf. Siehe Mooser, Die «Geistige Landesverteidigung» in den 1930er Jahren; Pascal Jurt, «Geistige Landesverteidigung» – Kulturalisierung der Politik in den Dreissiger Jahren? Eine Diskursanalyse der Kulturzeitschriften, unveröffentlichte Lizentiatsarbeit Freiburg/Schweiz 2000.

14   Siehe zum Verbandsstaat: André Mach, Associations d'intérêts, in: Ulrich Klöti (Hg.), Handbuch der Schweizer Politik, Zürich 1999, 299–334; Peter Farago/ Hanspeter Kriesi (Hg.), Wirtschaftsverbände in der Schweiz, Chur 1986. Zur Alters- und Hinterbliebenenversicherung siehe u. a.: Christine Luchsinger, Solidarität, Selbständigkeit, Bedürftigkeit, Zürich 1995; Peter Binswanger, Geschichte der AHV, Zürich 1986.

15   Siehe hierzu: Altermatt, Die Stimmungslage im politischen Katholizismus der Schweiz von 1945.

16   Siehe Siegenthaler, Konkordanz und Kalter Krieg. Von einer «phase de transition» spricht Luc van Dongen, La mémoire de la Seconde Guerre mondiale en Suisse, 715. – Auf die Orientierungskrise haben zahlreiche Forscher aufmerksam gemacht, neben anderen Markus Furrer in seiner Lizentiatsarbeit von 1988, Kurt Imhof, Heinz Kleger und Hansjörg Siegenthaler im Forschungsprojekt «Krise und sozialer Wandel. Analyse von Medienereignissen in der Schweiz von 1910–1994», Matthias Kunz im Dossier des Bundesarchivs «Aufbruchstimmung und Sonderfall-Rhetorik» sowie Kurt Imhof, Patrick Ettinger und Boris Boller in ihrer im Rahmen der Veröffentlichungen der Unabhängigen Expertenkommission Schweiz – Zweiter Weltkrieg verfassten Studie «Die Flüchtlings- und Aussenwirtschaftspolitik in der Schweiz im Kontext der öffentlichen politischen Kommunikation 1938–1950». Siehe Furrer, Antikommunismus im Lichte der Schweizer Presse 1943–1949; Imhof/Kleger/Romano (Hg.), Konkordanz und Kalter Krieg, darin zur Stimmungslage der Nachkriegszeit: Siegenthaler, Konkordanz und Kalter Krieg; Heinz Kleger, Die nationale Bürgergesellschaft im Krieg und Nachkrieg: 1943–1955, in: Imhof/ders./Romano (Hg.), Konkordanz und Kalter Krieg, 111–171; Imhof, Das kurze Leben der geistigen Landesverteidigung; Kurt Imhof, Wiedergeburt der geistigen Landesverteidigung: Kalter Krieg in der Schweiz, in: Imhof/ders./Romano (Hg.), Konkordanz und Kalter Krieg,

173–247; Kunz, Aufbruchstimmung und Sonderfall-Rhetorik; Imhof/Ettinger/ Boller, Die Flüchtlings- und Aussenwirtschaftspolitik in der Schweiz. Interessante Hinweise geben auch Artikel, die sich mit der «geistigen Landesverteidigung» befassen: Mooser, Die «Geistige Landesverteidigung» in den 1930er Jahren; Jurt, «Geistige Landesverteidigung».

17 Siehe Imhof/Ettinger/Boller, Die Flüchtlings- und Aussenwirtschaftspolitik der Schweiz, 313–363.

18 Siehe Charles Stirnimann, Der Weg in die Nachkriegszeit 1943–1948, Basel 1992, 127–150. Siehe auch: Kleger, Die nationale Bürgergesellschaft im Krieg und Nachkrieg, 118–124; Kunz, Aufbruchstimmung und Sonderfall-Rhetorik.

19 Siehe hierzu: Rölli-Alkemper, Die Schweizerische Konservative Volkspartei 1935–1943, 256–274; Kunz, Aufbruchstimmung und Sonderfall-Rhetorik, 99.

20 Siehe Kunz, Aufbruchstimmung und Sonderfall-Rhetorik, 99; Imhof/Ettinger/ Boller, Die Flüchtlings- und Aussenwirtschaftspolitik in der Schweiz, 331, 333, 334.

21 Siehe Heinz Hürten, Der Topos vom christlichen Abendland in Literatur und Publizistik nach den beiden Weltkriegen, in: Albrecht Langner (Hg.), Katholizismus, nationaler Gedanke und Europa seit 1800, Paderborn 1985; Kunz, Aufbruchstimmung und Sonderfall-Rhetorik.

22 Siehe Furrer, Antikommunismus im Lichte der Schweizer Presse 1943–1949. Siehe auch: Thomas Metzger, Antikommunismus in der «Schweizer Rundschau» nach dem Zweiten Weltkrieg, in: Urs Altermatt (Hg.), Katholische Denk- und Lebenswelten. Beiträge zur Kultur- und Sozialgeschichte des Schweizer Katholizismus im 20. Jahrhundert, Freiburg/Schweiz 2003, 247–263.

23 Zum Antikommunismus in der Zwischenkriegszeit siehe: Markus Hodel, Die Schweizerische Konservative Volkspartei 1918–1929. Die goldenen Jahre des politischen Katholizismus, Freiburg/Schweiz 1994, 68–77; Rölli-Alkemper, Die Schweizerische Konservative Volkspartei 1935–1943; Chantal Kaiser, Bundesrat Jean-Marie Musy 1919–1934, Freiburg/Schweiz 1999; Franziska Metzger, Die «Schildwache». Eine integralistisch-rechtskatholische Zeitung 1912–1945, Freiburg/Schweiz 2000; Annetta Bundi, Die Schweizerischen Republikanischen Blätter des konservativen Publizisten J. B. Rusch: eine aufmüpfige Stimme im Schweizer Blätterwald (1918–1945), Freiburg/Schweiz 1999; Stephan Aerschmann, Katholische Schweizer Intellektuelle und der italienische Faschismus (1922–1943), Freiburg/Schweiz 2002.

24 Siehe auch: Kleger, Die nationale Bürgergesellschaft im Krieg und Nachkrieg; Rölli-Alkemper, Die Schweizerische Konservative Volkspartei 1935–1943; Flury, «Von der Defensive zur gültigen Präsenz».

25 Siehe hierzu besonders: Carlos Hanimann, Antikommunismus in der Sozialdemokratischen Partei der Schweiz 1947–1948. Das Verhältnis der SPS zu Kommunismus, Sowjetunion und Partei der Arbeit Schweiz zu Beginn des Kalten Krieges, unveröffentlichte Lizentiatsarbeit Freiburg/Schweiz 2008.

26 Siehe Kunz, Aufbruchstimmung und Sonderfall-Rhetorik, 166–169; Kleger, Die nationale Bürgergesellschaft im Krieg und Nachkrieg, 170; Imhof, Wiedergeburt der geistigen Landesverteidigung, 183. Zu den Diskursen der «geistigen Landesverteidigung»: Mooser, Die «Geistige Landesverteidigung» in den 1930er Jahren; Jurt, «Geistige Landesverteidigung».

27 Siehe Kunz, Aufbruchstimmung und Sonderfall-Rhetorik.

28 Kunz, Aufbruchstimmung und Sonderfall-Rhetorik, 69.

29 Georg Kreis, Vier Debatten und wenig Dissens, in: Schweizerische Zeitschrift für Geschichte, 47 (1997), 451–476.

30 Siehe dazu auch die Basler Lizentiatsarbeit von Spiller, Die Angriffe auf den katholischen Block in der Schweiz 1944–1946; Imhof/Ettinger/Boller, Die Flüchtlings- und Aussenwirtschaftspolitik in der Schweiz, 349–363.

31 Hermann Kocher, «Es ist zum Katholischwerden»! Der römische Katholizismus 1920–1950 aus der Optik des deutsch-schweizerischen Protestantismus, in: Conzemius (Hg.), Schweizer Katholizismus 1933–1945, 77–122, zit. 111.

32 Spiller, Die Angriffe auf den katholischen Block, 77. Siehe zur Haltung der «Neuen Zürcher Zeitung»: Thomas Maissen, Der politische Katholizismus im Urteil der NZZ 1920–1950, in: Conzemius (Hg.), Schweizer Katholizismus 1933–1945, 123–146.

33 Flury, Die Diskussionen um die konfessionellen Ausnahmebestimmungen.

34 Imhof, Das kurze Leben der geistigen Landesverteidigung, 62; ders., Wiedergeburt der geistigen Landesverteidigung.

35 Siehe auch: Kunz, Aufbruchstimmung und Sonderfall-Rhetorik.

36 Siehe Claude Spiller, Das katholisch-konservative Geschichtsbild im Jahre des Verfassungsjubiläums von 1848. Einige Abklärungen am Beispiel des Kantons Luzern, in: Schweizerische Zeitschrift für Geschichte, 48 (1998), 471–493.

37 Vaterland, 21. Juni 1948.

38 Bund, 21. Juni 1948.

39 Vaterland, 21. Juni 1948.

40 Siehe Schwyzer Zeitung, 2. Juli 1948.

41 Siehe Spiller, Das katholisch-konservative Geschichtsbild, 491–493.

42 Luzerner Tagblatt, 27. Juli 1948.

43 Siehe Urs Altermatt, Katholizismus und Moderne. Zur Sozial- und Mentalitätsgeschichte der Schweizer Katholiken im 19. und 20. Jahrhundert, Zürich 1989, ²1991.

44 Nationalrat Karl Wick, Der Katholizismus im schweizerischen Bundesstaat, in: Civitas, 92 (1947/48), 418.

45 Freiburger Nachrichten, 19. Juni 1948.

46 Leonhard Haas, Hundert Jahre schweizerische Bundesstaatlichkeit, in: Schweizer Rundschau, 48 (1948/49), 404–413, bes. 413.

47 Alois Hürlimann, Von der liberalen zur christlichen Demokratie, in: Civitas, 92 (1947/48), 427.

48 Schwyzer Zeitung, 13. Februar 1948.

49 Spiller, Das katholisch-konservative Geschichtsbild, 485.

50 Die Schweizerische Konservative Volkspartei während der 33. Legislaturperiode 1947–1951, Bern 1951, 56–57.

51 Siehe auch: Spiller, Das katholisch-konservative Geschichtsbild, 485–486.

52 Vaterland, 18. November 1947.

53 Siehe Weltwoche, 11. September 1997; Thomas Lüthi, Verdrängt, totgeschwiegen, vergessen – aber dennoch gefeiert. Erinnerungen an den Sonderbundskrieg: 1897, 1947 und 1997, Seminarreferat 1998 (unveröffentlichtes Manuskript).

54 Schweizer Rundschau, 47 (1947/48), 241–395.

55 Emil F. J. Müller, Religion und Politik. Vom Sinn des «Sonderbunds»-Geschehens, in: Schweizer Rundschau, 47 (1947/48), 242–258. Siehe auch einen Artikel desselben Autors zum 100. Todestag von Josef Leu von Ebersoll: Emil F. J. Müller, Politik aus dem Glauben, in: Schweizer Rundschau, 45 (1945/46), 483–496.

56 Müller, Religion und Politik, 247.

57 Müller, Religion und Politik, 258.

58 Oskar Vasella, Zur historischen Würdigung des Sonderbunds, in: Schweizer Rundschau, 47 (1947/48), 262.

59 Vasella, Zur historischen Würdigung des Sonderbunds, 268.

60 Vasella, Zur historischen Würdigung des Sonderbunds, 267. Siehe auch: Anton Müller, Das Verfassungswerk von 1848, in: Civitas, 92 (1947/48), 397.

61 Siehe Markus Hodel, Die konfessionellen Ausnahmegesetze in der innenpolitischen Diskussion nach dem Ersten Weltkrieg, in: Urs Altermatt (Hg.), Schweizer Katholizismus zwischen den Weltkriegen 1920–1940, Freiburg/Schweiz 1994, 279–295.

62 Siehe auch: Franziska Metzger, The Legal Situation of Religious Institutes in Switzerland. Conflicts about Social and Cultural Modernisation and Discourses about National Hegemony, in: Jan De Maeyer/Sofie Leplae/Joachim Schmiedl (Hg.), Religious Institutes in Western Europe in the 19th and 20th Centuries. Historiography, Research and Legal Position, Leuven 2004, 309–330; Albert Tanner, Das Recht auf Revolution. Radikalismus Antijesuitismus Nationalismus, in: Thomas Hildebrand/Albert Tanner (Hg.), Im Zeichen der Revolution: der Weg zum schweizerischen Bundesstaat 1798–1848. Zürich 1997, 113–137; Marco Jorio, «Wider den Pakt mit dem Teufel». Die Gegenwehr der Konservativen, in: Hildebrand/Tanner (Hg.), Im Zeichen der Revolution, 139–160.

63 Die Schweizerische Konservative Volkspartei während der 33. Legislaturperiode 1947–1951, Bern 1951, 56.

64 Schwyzer Zeitung, 5. März 1948.

65 Festpredigt anlässlich der Luzerner Gedenkfeier zum 100jährigen Bestehen der schweizerischen Bundesverfassung gehalten von H. H. Can. Prof. Dr. B. Frischkopf, in: Schweizerische Kirchenzeitung, 18. November 1948.

66   Nationalrat Karl Wick, in: Civitas, 92 (1947/48), 417.

67   Mitteilung der Jahreskonferenz 1948 der schweizerischen Bischöfe, in: Schweizerische Kirchenzeitung, 15. Juli 1948.

68   Siehe Armin Imstepf, Die schweizerischen Katholikentage 1903–1954. Geschichte, Organisation, Programmatik und Sozialstruktur, Freiburg/Schweiz 1987, 90–104.

69   Neue Zürcher Nachrichten, 30. Juli 1948. Siehe dazu: Flury, Die Diskussionen um die konfessionellen Ausnahmebestimmungen, 172.

70   Flury, Die Diskussionen um die konfessionellen Ausnahmebestimmungen, 169.

71   Für die folgenden Ausführungen über die Jesuitenfrage verdanke ich der Freiburger Lizentiatsarbeit von Christoph Flury die meisten Informationen und Hinweise. Weitere Beiträge dazu: Gasser, Die Selbstwahrnehmung des deutschschweizerischen Katholizismus; Kocher, «Es ist zum Katholischwerden»!

72   Art. 51 [1]Der Orden der Jesuiten und die ihm affiliierten Gesellschaften dürfen in keinem Teile der Schweiz Aufnahme finden, und es ist ihren Gliedern jede Wirksamkeit in Kirche und Schule untersagt. [2]Dieses Verbot kann durch Bundesbeschluss auch auf andere geistliche Orden ausgedehnt werden, deren Wirksamkeit staatsgefährlich ist oder den Frieden der Konfessionen stört. Art. 52 Die Errichtung neuer und die Wiederherstellung aufgehobener Klöster oder religiöser Orden ist unzulässig.

73   Siehe Alois Schifferle, Mario von Galli. Eine prophetische Existenz. Beiträge zu einer biographisch-narrativen Theologie in praktisch-theologischer Absicht, Freiburg i. Br. 1994, 60.

74   Siehe Hodel, Die Schweizerische Konservative Volkspartei 1918–1929, 71.

75   Siehe Hodel, Die Schweizerische Konservative Volkspartei 1918–1929, 68–77; Kaiser, Bundesrat Jean-Marie Musy 1919–1934; Metzger, Die «Schildwache», 290–291.

76   Siehe Schifferle, Mario von Galli, 85–87. Siehe auch: Mario von Galli, Gott aber lachte: Erinnerungen, München/Zürich 1988, 37.

77   Schifferle, Mario von Galli.

78   Zu Gallis Antisemitismus siehe: Urs Altermatt, Katholizismus und Antisemitismus. Mentalitäten, Kontinuitäten, Ambivalenzen. Zur Kulturgeschichte der Schweiz 1918–1945, Frauenfeld/Stuttgart/Wien 1999, 238–242.

79   Siehe Schifferle, Mario von Galli, 100–101.

80   Hans Urs von Balthasar verliess später den Jesuitenorden.

81   Siehe «Gegen die Angriffe auf die Schweizer Katholiken. Eine offizielle Erklärung des Schweizerischen Katholischen Volksvereins», abgedruckt in der «Schweizerischen Kirchenzeitung» vom 16. Januar 1947.

82   Die Tat, 4. Januar 1947. Siehe dazu: Hochwacht, 6. Januar 1947.

83   Protokoll des Leitenden Ausschusses der SKVP, 8. Februar 1947 sowie Protokoll des Zentralkomitees der SKVP, 8. Februar 1947. Siehe auch: Flury, Die Diskussionen um die konfessionellen Ausnahmebestimmungen, 169.

84 Siehe Flury, Die Diskussionen um die konfessionellen Ausnahmebestimmungen, 169–170.

85 Siehe Flury, Die Diskussionen um die konfessionellen Ausnahmebestimmungen, 168.

86 Flury, Die Diskussionen um die konfessionellen Ausnahmebestimmungen, 175.

87 Arthur Frey, Der Katholizismus im Angriff, Zürich 1948, 84.

88 Arthur Frey, Votum, gehalten anlässlich der Behandlung der Jesuiten-Motion im Zürcher Kantonsrat am 7. September 1953, in: Max Fischer/Arthur Frey (Hg.), Zeitgenössische Betrachtungen zur Jesuitenfrage, Zürich 1953, 71.

89 Arthur Frey, Nachtrag zur Jesuitendebatte im Zürcher Kantonsrat, in: Fischer/Frey (Hg.), Zeitgenössische Betrachtungen zur Jesuitenfrage, 86.

90 Frey, Nachtrag zur Jesuitendebatte, 86.

91 Frey, Votum, 76.

92 Frey, Votum, 71–72.

93 Siehe Kocher, «Es ist zum Katholischwerden»!, 102–103.

94 Demgegenüber hielt Werner Kägi in seinem Gutachten zum Jesuiten- und Klosterartikel von 1973 fest: «Man muss sich nicht nur davor hüten, die ‹ultramontanen› Einflüsse – im Sinne des historisch belasteten Schlagwortes – a priori allgemein negativ zu werten, sondern auch davor, sie zu einem Gesinnungsdelikt zu machen. Der Vorwurf der Staatsgefährlichkeit kann in einem Rechtsstaat erst erhoben werden, wenn solche Einflüsse sich in ein staatsgefährdendes Handeln umsetzen würden. Eine solche Behauptung aber ist in unserer Zeit in keiner Weise konkretisiert und bewiesen worden. Vor allem muss man sich auch hier davor hüten, die Gesellschaft Jesu zum Schuldigen und Prügelknaben zu machen für einen Vorwurf, mit dem man eigentlich den ganzen römischen Katholizismus meint.» Werner Kägi, Gutachten zum Jesuiten- und Klosterartikel der Bundesverfassung, Bern 1973, 117.

95 Frey, Votum, 86.

96 Zu diesem Schluss kommt auch Kocher, «Es ist zum Katholischwerden»!, 113. Siehe auch: Altermatt, Katholizismus und Antisemitismus, 150–159.

97 Fritz Fleiner, Bundesstaatsrecht, Tübingen 1923, 347.

98 Zaccaria Giacometti, Schweizerisches Bundesstaatsrecht, Zürich 1948, 354.

99 Giacometti, Schweizerisches Bundesstaatsrecht, 363.

100 Giacometti, Schweizerisches Bundesstaatsrecht, 359–360.

101 Neue Zürcher Nachrichten, 26. Juli 1948. Siehe auch: Léon Strässle, Zentralfest 1948 in Freiburg, 24.–26. Juli, in: Civitas, 92 (1947/48), 231–235.

102 Bund, 26. Juli 1948 (Abendausgabe).

103 Luzerner Tagblatt, 27. Juli 1948.

104 Volksrecht, 28. Juli 1948. Siehe auch: Tagwacht, 29. Juli 1948.

105 Die Ostschweiz, 28. Juli 1948.

106 Neue Zürcher Nachrichten, 30. Juli 1948.

107 Hochwacht, 29. Juni 1948.

108 Ferdinand Strobel, Zur Jesuitenfrage in der Schweiz. Tatsachen und Überlegungen, Zürich 1948, 175–177.

109 Strobel, Zur Jesuitenfrage in der Schweiz, 166–167.

110 Ferdinand Strobel, Die Jesuiten und die Schweiz im XIX. Jahrhundert. Ein Beitrag zur Entstehungsgeschichte des schweizerischen Bundesstaates, Olten/Freiburg i. Br. 1954.

111 Gasser, Die Selbstwahrnehmung des deutschschweizerischen Katholizismus, 49–50. Siehe auch: ders., Auf Empfang. Erinnerungen an Geschichte und Geschichten des 20. Jahrhunderts, Zürich 2002.

112 Oskar Bauhofer, Das eidgenössische Jesuiten- und Kloster-Verbot, Zürich 1951, 57.

113 Josef Stierli, Die Jesuiten, Freiburg/Schweiz 1955, 218.

114 Bauhofer, Das eidgenössische Jesuiten- und Kloster-Verbot, 70.

115 Siehe Flury, Die Diskussionen um die konfessionellen Ausnahmebestimmungen, 174–175.

116 Siehe Flury, Die Diskussionen um die konfessionellen Ausnahmebestimmungen, 175–178.

117 Flury, Die Diskussionen um die konfessionellen Ausnahmebestimmungen, 178.

118 Siehe Flury, Die Diskussionen um die konfessionellen Ausnahmebestimmungen, 178–184.

119 Die Kirche in der Welt, Hirtenschreiben der schweizerischen Bischöfe zum Eidgenössischen Dank-, Buss- und Bettag 1953, Solothurn 1953, 11.

120 Siehe etwa: Ostschweiz, 10. Oktober 1953.

121 Flury, Die Diskussionen um die konfessionellen Ausnahmebestimmungen, 180.

122 Siehe Neue Zürcher Zeitung, 21. Mai 1973.

123 Neue Zürcher Zeitung, 11. Juni 2001.

124 Siehe dazu: Pascal Krauthammer, Die rechtliche und gesellschaftliche Stellung der Juden in der Schweiz, in: Jüdische Lebenswelt Schweiz. Vie et culture juives en Suisse. 100 Jahre Schweizerischer Israelitischer Gemeindebund (SIG), Zürich 2004, 101–119.

IV Geschichte, Gedächtnis und Kulte

1. *Bruder Klaus: Nationalheld, Heiliger und Aussteiger*

1 Über Niklaus von Flüe existiert eine breite Literatur. Siehe dazu insbesondere die Literaturverzeichnisse bei: Ernst Walder, Das Stanser Verkommnis. Ein Kapitel eidgenössischer Geschichte, Stans 1994; Pirmin Meier, Ich Bruder Klaus von Flüe. Eine Geschichte aus der inneren Schweiz, Zürich 1997. Zum Wallfahrtswesen siehe: Victor Bieri, «...drum kommt aus jedem Schweizer Haus ein Beter zu den Pilgerscharen». Bemerkungen zu Bruder-Klaus-Wallfahrten zwi-

schen 1933 und 1957, in: Zeitschrift für Schweizerische Kirchengeschichte, 81 (1987), 31–50. – Mit den Diskursen über Bruder Klaus von Flüe habe ich mich seit den frühen 1980er Jahren befasst. Dieses Kapitel geht in den Grundzügen auf Artikel zurück, die ich im Zusammenhang mit dem 500-Jahre-Jubiläum des Stanser Verkommnisses 1981 und dem Gedenken an den 500. Todestag von Niklaus von Flüe 1987 verfasst habe. Im Rahmen des 100-Jahr-Jubiläums der «Schweizerischen Zeitschrift für Religions- und Kulturgeschichte» (SZRKG) fand 2007 eine internationale Tagung statt, die sich dem Thema «Religion, Geschichte, Gedächtnis» widmete. In diesem Rahmen nahm ich das Thema nochmals auf und ergänzte es mit einigen theoretischen Ausführungen. – Siehe Urs Altermatt/François de Capitani, Niklaus von Flüe – Nationalheld und Heiliger, in: Civitas, 36 (1980/1981), 675–686; Urs Altermatt, Konflikt und Konsens in der Schweiz. Vom Stanser Verkommnis zum Friedensabkommen, in: ders./Roy Preiswerk/Hans Ruh, Formen Schweizerischer Friedenspolitik. Referate eines Seminars über Fragen schweizerischer Friedenspolitik zum 500-Jahr-Jubiläum des Stanser Verkommnisses, 23./24. Oktober 1981 in Sachseln/Obwalden, hg. von der Schweizerischen Nationalkommission Justitia et Pax in Zusammenarbeit mit dem Genfer Internationalen Friedensforschungsinstitut (GIPRI), Freiburg/Schweiz 1982, 67–97; ders., Niklaus von Flüe als nationale Integrationsfigur. Metamorphosen der Bruder-Klausen-Mythologie, in: Zeitschrift für Schweizerische Kirchengeschichte, 81 (1987), 51–82; ders., Landesvater, Schutzpatron und Asket. Metamorphosen der Mythologie um Bruder Klaus, in: Neue Zürcher Zeitung, 21./22. März 1987; ders., Religion, Nation und Gedächtnis im Schweizer Katholizismus – Das Beispiel von Klaus von Flüe als polyvalente Erinnerungsfigur, in: Schweizerische Zeitschrift für Religions- und Kulturgeschichte, 100 (2006), 31–44. Zum Diskurs über Niklaus von Flüe seit den Jubiläen von 1981 bedarf es mit genügend zeitlichem Abstand einer neuen Studie. – Für die Mitarbeit bei der Schlussredaktion dieses Kapitels danke ich David Luginbühl herzlich. Im Verlaufe der Jahre unterstützten mich verschiedene Assistenten, denen ich herzlich danke: François de Capitani, Roswitha Feusi, Christoph Flury und Franziska Metzger.

2 Zu den Quellen siehe: Robert Durrer, Bruder Klaus. Die ältesten Quellen über den seligen Nikolaus von Flüe, sein Leben und seinen Einfluss, 2 Bde, Sarnen 1917–1921 (unveränderter Nachdruck Sarnen 1981) und die Fortsetzung von Rupert Amschwand, Bruder Klaus. Ergänzungsband zum Quellenwerk von Robert Durrer, hg. von der Regierung des Kantons Unterwalden ob dem Wald zum 500. Todestag von Bruder Klaus, Sarnen 1987. – Zur Biographie von Niklaus von Flüe sind in neuerer Zeit Werke verschiedenen Typs erschienen, u. a.: Roland Gröbli, Die Sehnsucht nach dem «einig Wesen». Leben und Lehre des Bruder Klaus von Flüe, Zürich ²1991; Philippe Baud, Nicolas de Flüe (1417–1487). Un silence qui fonde la Suisse, Paris 1993; Werner T. Huber, Bruder Klaus – Niklaus von Flüe in den Zeugnissen seiner Zeitgenossen, Zürich/Düsseldorf 1996;

Meier, Ich Bruder Klaus von Flüe; Manfred Züfle, Ranft. Erzählung und Erzählung der Erzählungen, Zürich 1998. Ich habe diese Monographien hier nicht ausgewertet; diese Arbeit muss eine spätere Studie mit genügendem zeitlichem Abstand leisten. Siehe auch: Ernst Walder/Heinrich Stirnimann, Niklaus von Flüe, in: Historisches Lexikon der Schweiz, Bd. 4, Basel 2005, 574–575; Pirmin Meier, Bruder Klaus von Flüe. Landesvater, Helfer in den letzten Dingen, in: Ernst Halter/Dominik Wunderlin (Hg.), Volksfrömmigkeit in der Schweiz, Zürich 1999, 262–279.

3 Zum Stanser Verkommnis siehe: Walder, Das Stanser Verkommnis. Siehe auch: Ferdinand Elsener et.al., 500 Jahre Stanser Verkommnis. Beiträge zu einem Zeitbild, hg. vom Historischen Verein Nidwalden/Historisch-Antiquarischen Verein Obwalden, Stans 1981; Altermatt, Konflikt und Konsens in der Schweiz.

4 Für einen Vergleich zwischen Niklaus von Flüe und Wilhelm Tell siehe: Peter Rück, Guillaume Tell face à Nicolas de Flüe aux xve et xvie siècles, in: Histoire et belles histoires de la Suisse, hg. von der Allgemeinen Geschichtsforschenden Gesellschaft der Schweiz, Itinera Fasc. 9, Basel 1989, 25–51. Zu Bruder Klaus und dem Ranft als nationalem «Erinnerungsort» siehe neuerdings: Guy P. Marchal, Schweizer Gebrauchsgeschichte. Geschichtsbilder, Mythenbildung und nationale Identität, Basel 2006, hier besonders das Kapitel «Die alpine Friedensinsel», 445–462.

5 Zur Heiligsprechung, die hier nur am Rande thematisiert wird, siehe u. a.: Meier, Bruder Klaus von Flüe, hier 269–271; Züfle, Ranft. Erzählung und Erzählung der Erzählungen, 37–65; Johann Imfeld, Die Heiligsprechung, in: J. K. Scheuber/Johann Imfeld, Nikolaus von Flüe. Lebensbild Heiligsprechung, Sachseln 1990, 51–79; Johannes Hemleben, Niklaus von Flüe. Der Heilige der Schweiz, Frauenfeld/Stuttgart 1977, 133–135.

6 Siehe zum Folgenden: Altermatt/de Capitani, Niklaus von Flüe – Nationalheld und Heiliger.

7 Dazu Ursula Brunold-Bigler, Die religiösen Volkskalender der Schweiz im 19. Jahrhundert, Basel 1981, 73–80.

8 Des Volks-Boten Schweizer-Kalender 1847, 39, zit. nach: Brunold-Bigler, Die religiösen Volkskalender der Schweiz, 63.

9 Siehe dazu: Alexis Schwarzenbach, Portrait of the nation. Stamps, coins and banknotes in Belgium and Switzerland 1880–1945, Bern/Berlin/Brüssel 1999; Urs Altermatt/Catherine Bosshard-Pfluger/Albert Tanner (Hg.), Die Konstruktion einer Nation. Nation und Nationalisierung in der Schweiz, 18.–20. Jahrhundert, Zürich 1998; Georg Kreis, Helvetia. Zur Geschichte einer nationalen Repräsentationsfigur, Zürich 1991.

10 Siehe dazu: Urs Altermatt, Der Weg der Schweizer Katholiken ins Ghetto. Die Entstehungsgeschichte der nationalen Volksorganisationen im Schweizer Katholizismus 1848–1919, Diss. Bern 1970, Zürich/Köln 1972, Freiburg/Schweiz ³1995.

11   Siehe Alois Steiner, Der Piusverein der Schweiz: von seiner Gründung bis zum Vorabend des Kulturkampfes, 1857–1870, Stans 1961.

12   Siehe Walter Heim, Die Vereinssymbole: Fahnen, Farben und Vereinspatron, in: Urs Altermatt (Hg.), «Den Riesenkampf mit dieser Zeit zu wagen…». Schweizerischer Studentenverein 1841–1991, Luzern 1993, 275–285.

13   Schweizerische Pius-Annalen, 23 (11884), 104.

14   Ernst Ludwig Rochholz, Die Schweizerlegende vom Bruder Klaus von Flüe nach ihren geschichtlichen Quellen und politischen Folgen, Aarau 1875, 218.

15   Eduard Herzog, Bruder Klaus. Vortrag, gehalten den 20. März 1887 vor einer Versammlung der christkatholischen Genossenschaft in Luzern, Bern 1887, 48.

16   Neue Zürcher Zeitung, 9. August 1881.

17   Freundliche Mitteilung von Hermann Schöpfer, Freiburg/Schweiz 1987.

18   Siehe Mathilde Tobler, «Ich male für fromme Gemüter und nicht für Kritiker», in: «Ich male für fromme Gemüter». Zur religiösen Schweizer Malerei im 19. Jahrhundert, hg. vom Kunstmuseum Luzern, Luzern 1985, 106.

19   Siehe Georg Kreis, Die Bundesfeier von 1891, in: Jubiläen der Schweizer Geschichte. 1798–1848–1998, Zeitschrift des Schweizerischen Bundesarchivs, Studien und Quellen, Bd. 24, Bern/Stuttgart/Wien 1998, 35–52; ders., Der zweite Gründungsmythos der Eidgenossenschaft. Zur Entstehung des Nationalfeiertages von 1891, in: Mitteilungen des Historischen Vereins des Kantons Schwyz, Heft 82 1990, 159–200; Urs Altermatt, Das Bundesjubiläum 1891, das Wallis und die katholische Schweiz, in: Blätter aus der Walliser Geschichte, 21 (1989), 89–106.

20   Vaterland, 23. März 1887.

21   Joseph Ignaz von Ah, Der Selige Bruder Klaus als Friedensstifter auf der Tagsatzung zu Stans. Schlusspredigt, gehalten zur Feier des 400. Todesjahres, Einsiedeln 1887, 5, 13.

22   Vaterland, 23. März 1887.

23   Kreisschreiben des schweizerischen Bundesrates an die Regierungen der Kantone betreffend die Feier zu Ehren des Niklaus von Flüe, 6. März 1917, in: Bundesblatt 1917, Bd. 1 Heft 11, 357–358. Auch abgedruckt in: Die fünfte Jahrhundertfeier des Geburtstages des seligen Nikolaus von Flüe, begangen zu Sachseln am 20. und 21. März 1917. Festerinnerungen, im Auftrage der Bruderklausenkommission gesammelt von Dr. P. Emmanuel Scherer O. S. B., Sarnen 1917, 15–16.

24   Kreisschreiben des schweizerischen Bundesrates an die Regierungen der Kantone, 357.

25   Neue Zürcher Zeitung, 18. März 1917.

26   Rede des Herrn Bundespräsidenten Schulthess am Festbankett des Bruderklausen-Jubiläums zu Sachseln, den 21. März 1917, in: Die fünfte Jahrhundertfeier des Geburtstages des seligen Nikolaus von Flüe, 52–75, hier 56.

27   Kreisschreiben des schweizerischen Bundesrates an die Regierungen der Kantone, 358.

28   Der Murtenbieter, 17. März 1917.

29 Freiburger Nachrichten, 21. März 1917.
30 Kreisschreiben des schweizerischen Bundesrates an die Regierungen der Kantone, 358.
31 Neue Zürcher Zeitung, 18. März 1917.
32 Berner Tagwacht, 20. März 1917.
33 Berner Tagwacht, 20. März 1917.
34 Zur Heiligsprechung siehe u. a.: Meier, Bruder Klaus von Flüe. Landesvater, 269–271; Züfle, Ranft. Erzählung und Erzählung der Erzählungen, 37–65; Imfeld, Die Heiligsprechung; Hemleben, Niklaus von Flüe. Der Heilige der Schweiz.
35 Obwaldner Volksfreund, 16. April 1932.
36 Schweizerische Kirchenzeitung, 17. Oktober 1935.
37 Schweizerische Kirchenzeitung, 4. Juni 1925.
38 Bruder-Klausen-Bund, Auszug aus den Statuten, Freiburg/Schweiz, o. J.
39 Zu Anton Stockmann und Bruder Klaus siehe: Franz Zelger, Heldenstreit und Heldentod. Schweizerische Historienmalerei im 19. Jahrhundert, Zürich 1973, 183–185.
40 Zu Federer siehe: Christoph Baumer, Die «Renaissance». Verband Schweizerischer Katholischer Akademiker-Gesellschaften, 1904–1996, Freiburg/Schweiz 1998, 181–184; Thomas Maissen, Der politische Katholizismus im Urteil der NZZ 1920–1950, in: Victor Conzemius (Hg.), Schweizer Katholizismus 1933–1945. Eine Konfessionskultur zwischen Abkapselung und Solidarität, Zürich 2001, 123–146.
41 Zur katholischen Erneuerungsbewegung siehe: Franziska Metzger, Religion als Gesellschaft? Rekatholisierungsdiskurse im integralistisch-rechtskatholischen Teilmilieu, in: Urs Altermatt (Hg.), Katholische Denk- und Lebenswelten. Beiträge zur Kultur- und Sozialgeschichte des Schweizer Katholizismus im 20. Jahrhundert, Freiburg/Schweiz 2003, 151–173; dies., Die «Schildwache». Eine integralistisch-rechtskatholische Zeitung 1912–1945, Freiburg/Schweiz 2000; Andrea Imhof, «Durch das kostbare Blut, ein neues Volk». Die rechtskatholisch-integralistische Zeitung «Das Neue Volk» 1929–1957, unveröffentlichte Lizentiatsarbeit Freiburg/Schweiz 2002; Stephan Aerschmann, Katholische Schweizer Intellektuelle und der italienische Faschismus (1922–1943), Freiburg/Schweiz 2002; Davide Dosi, Il cattolicesimo ticinese e i fascismi. La Chiesa e il partito conservatore democratico ticinese nel periodo tra le due guerre mondiali, Freiburg/Schweiz 1999; Annetta Bundi, Die Schweizerischen Republikanischen Blätter des konservativen Publizisten J. B. Rusch: eine aufmüpfige Stimme im Schweizer Blätterwald (1918–1945), Freiburg/Schweiz 1999; Joseph Jung, Katholische Jugendbewegung in der deutschen Schweiz. Der Jungmannschaftsverband zwischen Tradition und Wandel von der Mitte des 19. Jahrhunderts bis zum Zweiten Weltkrieg, Freiburg/Schweiz 1988; Josef Widmer, Von der konservativen Parteinachwuchsorganisation zur katholischen Erneuerungsbewegung. Die Schweizer Jungkonservativen in den 30er Jahren, unveröffentlichte Lizentiatsarbeit Freiburg/Schweiz 1984.

42 Leodegar Hunkeler, Bruder Klaus und unsere Religiosität, in: Monatschrift des Schweizerischen Studentenvereins, 81 (1936/37), 305–310.

43 Siehe Jahresbericht der Bruder-Klausen-Kommission des Schw. St. V. für 1935/36, in: Monatschrift des Schweizerischen Studentenvereins, 81 (1936/37), 45–47; Heim, Die Vereinssymbole.

44 Schweizerische Kirchenzeitung, 19. März 1936.

45 Bieri, «…drum kommt aus jedem Schweizer Haus ein Beter zu den Pilgerscharen», 46. Zur Bedeutung des Wallfahrtswesens siehe auch: Kari Kälin, Schauplatz katholischer Frömmigkeit. Wallfahrt nach Einsiedeln von 1864 bis 1914, Freiburg/Schweiz 2005.

46 Freundliche Mitteilung der PTT-Wertzeichenabteilung, Bern 1987.

47 Siehe zur «geistigen Landesverteidigung»: Pascal Jurt, «Geistige Landesverteidigung» – Kulturalisierung der Politik in den Dreissiger Jahren? Eine Diskursanalyse der Kulturzeitschriften, unveröffentlichte Lizentiatsarbeit Freiburg/Schweiz 2000; Matthias Kunz, Aufbruchstimmung und Sonderfall-Rhetorik. Die Schweiz im Übergang von der Kriegs- zur Nachkriegszeit in der Wahrnehmung der Parteipresse 1943–50, Bern 1998; Josef Mooser, Die «Geistige Landesverteidigung» in den 1930er Jahren. Profile und Kontexte eines vielschichtigen Phänomens der schweizerischen politischen Kultur in der Zwischenkriegszeit, in: Schweizerische Zeitschrift für Geschichte, 47 (1997), 685–708; Kurt Imhof, Wiedergeburt der geistigen Landesverteidigung: Kalter Krieg in der Schweiz, in: ders./Heinz Kleger/Gaetano Romano (Hg.), Konkordanz und Kalter Krieg. Analyse von Medienereignissen in der Schweiz der Zwischen- und Nachkriegszeit, Zürich 1996, 173–247.

48 Der selige Bruder Klaus und unser Vaterland. Ansprache der hochwst. Schweizer. Bischöfe an die Gläubigen ihrer Diözesen auf den Eidgenössischen Bettag 1933, Winterthur 1933.

49 Siehe zu den Bettagsmandaten der Zwischenkriegszeit: Zsolt Keller, Der Eidgenössische Bettag als Plattform nationaler Identität der jüdischen und katholischen Schweizer, in: Altermatt (Hg.), Katholische Denk- und Lebenswelten, 135–150.

50 Der selige Bruder Klaus und die Schweizerfamilie. Ansprache der hochwst. schweiz. Bischöfe an die Gläubigen ihrer Diözesen auf den Eidgenössischen Bettag 1936, Winterthur 1936. Siehe auch den Hinweis auf Bruder Klaus in: Hirtenbrief der Schweizerischen Bischöfe zum 650. Jahrestag der Gründung der Schweizerischen Eidgenossenschaft, Solothurn 1941, 6: «Endlich wollen wir den Wahlspruch des sel. Bruder Klaus befolgen: Mischet euch nicht in fremde Händel […].»

51 Zitiert in: Freiburger Nachrichten, 12. April 1937.

52 Vaterland, 13. April 1937.

53 Neue Zürcher Zeitung, 21. März 1937.

54 ABC (Unabhängige schweizerische Tribüne. Politik, Wirtschaft [und] Kultur. Zürich, Genossenschaftsdruckerei), zit. nach: Berner Tagwacht, 5. April 1937.

55 Freiburger Nachrichten, 20. März 1937.

56 Vaterland, 13. April 1937.

57 Josef Bütler, Apologie eines Unmodernen, in: Monatschrift des Schweizerischen Studentenvereins, 76 (1931/32), 266–269, hier 269.

58 Eigene Beobachtungen beim Abstimmungskampf 1986.

59 Laut dem «Pilger-Verzeichnis der Wahlfahrts-Kirche Sachseln», einer Art privaten Pilgerstatistik des Kaplans Durrer, waren es bis zum 17. September 1940 47 448 Wallfahrer. Siehe Bieri, «…drum kommt aus jedem Schweizer Haus ein Beter zu den Pilgerscharen», 46.

60 Siehe auch: Bieri, «…drum kommt aus jedem Schweizer Haus ein Beter zu den Pilgerscharen».

61 Laut dem Dekret der Ritenkongregation, die die Wunderheilungen hinsichtlich der Heiligsprechung prüfte, spielten sich die Heilungen wie folgt ab: Am 26. Juni 1937 pilgerte Ida Jeker mit ihren Angehörigen zum Grab des seligen Bruder Klaus. Sie litt an verschiedenen Krankheiten, u. a. an einem Hautgeschwür am linken Arm. Dieses Geschwür hatte sich zu einer grossen eiternden Wunde entwickelt, der Arm war zeitweise gelähmt. Nach der Pilgerreise hätte gemäss dem Dekret der Ritenkongregation die Heilung eingesetzt: «An der Stelle des Geschwüres überzog sich neue gesunde Haut, der Arm kam wieder völlig zu Kräften, so dass sie nach zwei Tagen Holz spalten konnte.» Die andere geheilte Person war Berta Schürmann, die an Encephalomyelitis (Gehirnlähmung) litt. Der behandelnde Arzt und auch drei Gewährsmänner der Ritenkongregation bezeugten ohne Zögern, dass in diesem Fall keine Hoffnung auf Wiedererlangung der Gesundheit bestanden habe; doch am 18. Mai 1939 sei Berta «einzig auf die Fürbitte des seligen Bruder Klaus plötzlich in einem Augenblick geheilt» worden. Zitate aus: Dekret der Ritenkongregation. Prüfung der Frage, ob die vorgelegten zwei Heilungen als Wunder anerkannt werden, 30. April 1944, in: Amschwand, Bruder Klaus. Ergänzungsband zum Quellenwerk von Robert Durrer, 410–414.

62 Durrer, Bruder Klaus. Die ältesten Quellen, und die Fortsetzung von Amschwand, Bruder Klaus. Ergänzungsband zum Quellenwerk von Robert Durrer.

63 Siehe Franziska Metzger, Die Reformation in der Schweiz zwischen 1850 und 1950. Konkurrierende konfessionelle und nationale Geschichtskonstruktionen und Erinnerungsgemeinschaften, in: Heinz-Gerhard Haupt/Dieter Langewiesche (Hg.), Nation und Religion in Europa. Mehrkonfessionelle Gesellschaften im 19. und 20. Jahrhundert, Frankfurt a. M./New York 2004, 64–98.

64 Dekret der Ritenkongregation, 417.

65 Siehe Imfeld, Die Heiligsprechung.

66 Siehe Neue Zürcher Zeitung, 21./22. März 1987 bzw. Neue Zürcher Zeitung, 28. September 1987.

67 Zu den Heiligsprechungsfeierlichkeiten in Rom siehe etwa: Die Ostschweiz, 16. Mai 1947 und 23. Mai 1947; Berichte zu den Sachsler Feierlichkeiten in: Die Ostschweiz, 27. Mai 1947.

68 Zu Josef Konrad Scheuber siehe: Josef Lang, Josef Konrad Scheubers religiös-patriotischer Beitrag zur Geistigen Landesverteidigung, in: Conzemius (Hg.), Schweizer Katholizismus 1933–1945, 429–459.

69 Siehe dazu auch: Claude Spiller, Die Angriffe auf den katholischen Block in der Schweiz 1944–1946, unveröffentlichte Lizentiatsarbeit Basel 1999, 22–36; Albert Gasser, Bündner Kulturkampf. Vor 40 Jahren – Parteien- und Pressekrieg auf konfessionellem Hintergrund, Chur 1987, 91–96.

70 Siehe dazu ausführlich: Hermann Kocher, «Es ist zum Katholischwerden»! Der römische Katholizismus 1920–1950 aus der Optik des deutsch-schweizerischen Protestantismus, in: Conzemius (Hg.), Schweizer Katholizismus 1933–1945, 77–122, hier 102–104.

71 Leonhard Ragaz, Rundbrief vom 15. Januar 1942, in: Neue Wege, 36 (1942), 18–26, hier 19.

72 Arthur Frey, Aktiver Protestantismus, Zollikon 1943; ders., Reformierte Haltung gegenüber dem politischen Katholizismus, in: ders./Adolf Landolt, Der politische Katholizismus in der Schweiz, Zollikon 1945; ders., Der Katholizismus im Angriff, Zollikon 1948; ders., Jesuitenmoral und Jesuitenorden im Urteil der Päpste, Zürich 1955.

73 Evangelische Volkszeitung, 9. Mai 1947.

74 Frey, Der Katholizismus im Angriff, 49.

75 Die Nation, 6. Dezember 1944.

76 Der Protestant, 44 (1941), 51.

77 An einer Konferenz in Luzern, an der Vertreter beider Konfessionen teilnahmen, wurde im Hinblick auf die bevorstehende Heiligsprechung vereinbart, in der Presse gegenseitig Zurückhaltung zu üben. Siehe das Protokoll der Sitzung des Direktoriums und des Zentralvorstandes des Schweizerischen Katholischen Volksvereins vom 16. April 1947 (SKVV-Archiv, Luzern).

78 Zur konfessionellen Pressepolemik siehe: Spiller, Die Angriffe auf den katholischen Block in der Schweiz 1944–1946; Kunz, Aufbruchstimmung und Sonderfall-Politik; Gasser, Bündner Kulturkampf; Kocher, «Es ist zum Katholischwerden»!

79 Vaterland, 2. Januar 1942.

80 Abgedruckt etwa in: Der Bund, 8. Januar 1942; Vaterland, 9. Januar 1942.

81 Evangelische Volkszeitung, 23. Januar 1942.

82 1999 wurde im Zusammenhang mit der Kontroverse um den Churer Weihbischof Wolfgang Haas (später Bischof) ein Botschafter in Sondermission eingesetzt. Die endgültige Normalisierung der diplomatischen Beziehungen erfolgte erst 2004, als der Bundesrat einen ausserordentlichen und bevollmächtigten Botschafter beim Heiligen Stuhl ernannte, allerdings bloss als Seitenakkreditierung. Siehe Claude Altermatt, Heiliger Stuhl, in: Historisches Lexikon der Schweiz, ‹http://hls-dhs-dss.ch/textes/d/D7343.php› (30. Oktober 2006).

83 Siehe Altermatt/de Capitani, Niklaus von Flüe – Nationalheld und Heiliger, 684.

84 Karl Barth, Ein Heiliger, in: Leben und Glauben. Evangelisches Wochenblatt, 19 (1944), Heft 45, 8–9.

85 Ich gebe für die letzten 25 Jahre des 20. Jahrhunderts nur einige unvollständige Impressionen wieder. Eine umfassende Studie für die Zeit ab 1981 fehlt noch und sollte mit genügend zeitlichem Abstand später unternommen werden.

86 Siehe dazu u. a.: Franziska Metzger, The Legal Situation of Religious Institutes in Switzerland. Conflicts about Social and Cultural Modernisation and Discourses about National Hegemony, in: Jan De Maeyer/Sofie Leplae/Joachim Schmiedl (Hg.), Religious Institutes in Western Europe in the 19ᵗʰ and 20ᵗʰ Centuries. Historiography, Research and Legal Position, Leuven 2004, 309–330; Urs Josef Cavelti, Kirchenrecht im demokratischen Umfeld: ausgewählte Aufsätze, Freiburg/Schweiz 1999; Christoph Flury, Die Diskussionen um die konfessionellen Ausnahmebestimmungen der Bundesverfassung 1945–1955, in: Urs Altermatt (Hg.), Schweizer Katholizismus im Umbruch 1945–1990, Freiburg/Schweiz 1993, 163–187.

87 Siehe etwa: Herbert Lüthy, Vom Schutt konfessionellen Haders... (1968), in: ders., Essays II 1963–1990, Bd. 4 der gesammelten Werke, hg. von Irene Riesen und Urs Bitterli, Zürich 2004, 205–224; Urs Altermatt, Katholizismus und Moderne. Zur Sozial- und Mentalitätsgeschichte der Schweizer Katholiken im 19. und 20. Jahrhundert, Zürich 1989, ²1991; ders., Der Schweizer Katholizismus im Bundesstaat. Entwicklungslinien und Profile des politischen Katholizismus von 1848 bis zur Gegenwart, in: Historisches Jahrbuch, 103 (1983), 76–106.

88 Walter Nigg, Niklaus von Flüe. Eine Begegnung mit Bruder Klaus, Basel/Freiburg/Wien 1976; ders., Niklaus von Flüe in Berichten von Zeitgenossen, Olten 1980.

89 Ab den 1980er Jahren kam es auch zum Bau mehrerer Kirchen auf verschiedenen Kontinenten, die den Namen von Bruder Klaus tragen, so in Thailand, Indonesien, Burundi, Ungarn und Sibirien. Siehe dazu: Lothar Emanuel Kaiser, Nicholas of Flüe – Brother Nicholas. The Saint of Peace throughout the World, Strasbourg 2002.

90 Siehe Sigmund Widmer, Niklaus von Flüe. Zum 500 Todestag des Heiligen, in: Civitas, 42 (1987), 199–203, hier 202; Meier, Ich Bruder Klaus von Flüe, 385–393.

91 Heinrich Stirnimann, Niklaus von Flüe, hg. v. Fastenopfer der Schweizer Katholiken und Brot für Brüder, o. O. 1981. Zu Niklaus von Flües Pazifismus siehe auch: ders., Der Gottesgelehrte Niklaus von Flüe. Drei Studien, Freiburg/Schweiz ²2001, 35–39.

92 Persönliche Impressionen des Autors. Siehe auch den Leserbrief in: Luzerner Neueste Nachrichten, 7. Februar 1986.

93 Papst Johannes Paul II., Ansprache zum Thema «Verantwortung für den Frieden», Flüeli Ranft am 14. Juni 1984, in: Ansprachen in der Schweiz. Pastoralreise Johannes Paul II. 12.–17. Juni 1984, hg. vom Sekretariat der Schweizerischen Bischofskonferenz, Freiburg/Schweiz 1984, 125–131, hier 129.

94 Siehe Papst Johannes Paul II., Gebet am Grab des heiligen Niklaus von der Flüe. Pfarrkirche Sachseln am 14. Juni 1984, in: Ansprachen in der Schweiz, 131–133.

95 Klara Obermüller, Ganz nah und weit weg. Fragen an Dorothee, die Frau des Niklaus von Flüe, Luzern 1982. Siehe dazu auch: Werner T. Huber, Dorothea. Die Ehefrau des hl. Niklaus von Flüe, Freiburg/Schweiz 1994, 251–259.

96 Abgedruckt in: Huber, Dorothea, 263–265.

97 Papst Johannes Paul II., Ansprache zum Thema «Verantwortung für den Frieden», 130. Auch abgedruckt in: Huber, Dorothea, 266–276. Zu den Worten von Papst Pius XII. zu Dorothea siehe: Huber, Dorothea, 202–203.

98 Anselm Keel, Bruder Klaus und Dorothea ein nicht alltägliches Ehepaar, Freiburg/Schweiz 1995, 24.

99 Huber, Dorothea.

100 Huber, Dorothea, 15.

101 Stirnimann, Niklaus von Flüe.

102 Hans Rudolf Hilty, Bruder Klaus oder zwei Männer im Wald, Zürich 1981.

103 Meier, Ich Bruder Klaus von Flüe.

104 Züfle, Ranft. Erzählung und Erzählung der Erzählungen.

105 Schweizerische Kirchenzeitung, 24. September 1987.

106 Zit. nach: Tages-Anzeiger, 28. September 1987.

107 Siehe auch: Widmer, Niklaus von Flüe. Zum 500. Todestag des Heiligen, 199; Urs Altermatt, Postreligiöses oder postsäkulares Zeitalter?, in: Moritz Csáky/Peter Stachel (Hg.), Mehrdeutigkeit. Die Ambivalenz von Gedächtnis und Erinnerung, Wien 2003, 79–91.

108 Siehe aus der neusten Literatur zu den Verschränkungen von Religion und Nation u. a.: Urs Altermatt/Franziska Metzger (Hg.), Religion und Nation. Katholizismen im Europa des 19. und 20. Jahrhunderts, Stuttgart 2007; Heinz-Gerhard Haupt/Dieter Langewiesche (Hg.), Nation und Religion in Europa. Mehrkonfessionelle Gesellschaften im 19. und 20. Jahrhundert, Frankfurt a. M./New York 2004; Michael Geyer/Hartmut Lehmann (Hg.), Religion und Nation – Nation und Religion. Beiträge zu einer unbewältigten Geschichte, Göttingen 2004; Friedrich Wilhelm Graf, Die Wiederkehr der Götter. Religion in der modernen Kultur, München 2004; Hans-Christian Maner/Martin Schulze Wessel (Hg.), Religion im Nationalstaat zwischen den Weltkriegen 1918–1939. Polen–Tschechoslowakei–Ungarn–Rumänien, Stuttgart 2002; Heinz-Gerhard Haupt/Dieter Langewiesche (Hg.), Nation und Religion in der deutschen Geschichte, Frankfurt a. M./New York 2001; Dieter Ruloff (Hg.), Religion und Politik, Chur/Zürich 2001; Alois Mosser (Hg.), «Gottes auserwählte Völker». Erwählungsvorstellungen und kollektive Selbstfindung in der Geschichte, Frankfurt a.M. et al. 2001; Helmut Walser Smith (Hg.), Protestants, Catholics and Jews in Germany 1800–1914, Oxford/New York 2001; Moritz Csáky/Klaus Zeyringer (Hg.), Pluralitäten, Religionen und kulturelle Codes, Innsbruck 2001; Gerd Krumeich/Hartmut Lehmann (Hg.), «Gott mit uns». Nation, Religion und

Gewalt im 19. und frühen 20. Jahrhundert, Göttingen 2000.

109 Siehe Franziska Metzger, Konstruktionsmechanismen der katholischen Kommunikationsgemeinschaft, in: Schweizerische Zeitschrift für Religions- und Kulturgeschichte, 99 (2005), 433–447. Siehe auch: Aleida Assmann, Arbeit am nationalen Gedächtnis. Eine kurze Geschichte der deutschen Bildungsidee, Frankfurt a. M. 1993.

110 Mit Friedrich Wilhelm Graf gesprochen: «In religiösen Riten werden normative Gewissheiten immer neu vergegenwärtigt, religiöse Gruppen oder Gemeinden bilden Erinnerungsgemeinschaften, in denen sich die Frommen gemeinsam auf heilige Texte beziehen.» Graf, Die Wiederkehr der Götter, 209.

111 Siehe zu dieser Argumentation auch: Pierre Nora, Zwischen Geschichte und Gedächtnis, Frankfurt a. M. 1998, hier 31.

112 Siehe u. a.: Konrad H. Jarausch/Michael Geyer, Shattered Past. Reconstructing German Histories, Princeton/Oxford 2003, 37–60; Daniel Levy/Natan Sznaider, Erinnerung im globalen Zeitalter: Der Holocaust, Frankfurt a. M. 2001; Christoph Cornelißen/Lutz Klinkhammer/Wolfgang Schwenter, Nationale Erinnerungskulturen seit 1945 im Vergleich, in: dies. (Hg.), Erinnerungskulturen. Deutschland, Italien und Japan seit 1945, Frankfurt a. M. 2003, 9–27.

113 Siehe etwa: Ulrich Beck/Wolfgang Bonß/Christoph Lau, Theorie reflexiver Modernisierung – Fragestellungen, Hypothesen, Forschungsprogramme, in: Ulrich Beck/Wolfgang Bonß (Hg.), Die Modernisierung der Moderne, Frankfurt a. M. 2001, 11–59.

2. Bundesfeier 1891: die Katholiken als «ältere» Eidgenossen

1 Zum schweizerischen Nationalfeiertag, zu den Jubiläen 700 Jahre Eidgenossenschaft (1891), 200 Jahre Helvetik (1898) und 150 Jahre Bundesstaat (1848) sowie zu Katholizismus, Geschichte und Erinnerung siehe u. a.: Guy P. Marchal, Schweizer Gebrauchsgeschichte. Geschichtsbilder, Mythenbildung und nationale Identität, Basel 2006; Franziska Metzger, Religion, Geschichte, Nation. Kommunikationstheoretische Perspektiven auf die katholische Geschichtsschreibung in der Schweiz im 19. und 20. Jahrhundert, unveröffentlichte Dissertation Universität Freiburg/Schweiz 2007; dies., Entangled discourses. Religion, Geschichte, Nation in der katholischen Kommunikationsgemeinschaft der Schweiz, in: Urs Altermatt/Franziska Metzger (Hg.), Religion und Nation. Katholizismus im Europa des 19. und 20. Jahrhunderts, Stuttgart 2007, 153–175; Oliver Zimmer, A Contested Nation. History, Memory and Nationalism in Switzerland 1761–1891, Cambridge/New York 2003; Beiträge in den folgenden Sammelbänden: Urs Altermatt/Catherine Bosshart-Pfluger/Albert Tanner (Hg.), Die Konstruktion einer Nation. Nation und Nationalismus in der Schweiz, 18.–20. Jahrhundert, Zürich 1998; Andreas Ernst/Albert Tanner/Matthias Weis-

haupt (Hg.), Revolution und Innovation. Die konfliktreiche Entstehung des schweizerischen Bundesstaates von 1848, Zürich 1998; Thomas Hildebrand/ Albert Tanner (Hg.), Im Zeichen der Revolution: der Weg zum schweizerischen Bundesstaat 1798–1848, Zürich 1997; Christoph Merki, Und wieder lodern die Höhenfeuer. Die schweizerische Bundesfeier als Hoch-Zeit der Nationalen Ideologie. 1. August-Artikel in der Parteipresse 1891–1935, Zürich 1995; Catherine Santschi, Schweizer Nationalfeste im Spiegel der Geschichte, Zürich 1991; Georg Kreis, Der Mythos von 1291. Zur Entstehung des schweizerischen Nationalfeiertags von 1891, Basel 1991; Balz Engler/Georg Kreis (Hg.), Das Festspiel: Formen, Funktionen, Perspektiven, Willisau 1988, 199–208; Paul Kamer, Bundesfeiern in Schwyz. Die prominenten 1. August-Festanlässe von 1891 und 1941, in: Vaterland, 30. Juli 1988; Peter Häberle, Feiertagsgarantien als kulturelle Identitätselemente des Verfassungsstaates, Berlin 1987; Roswitha Feusi, Die katholisch-konservative Oppositionsbewegung 1875–1878. Von der verachteten zur beachteten Minderheit, unveröffentlichte Lizentiatsarbeit Freiburg/Schweiz 1986; Heidi Borner, Zwischen Sonderbund und Kulturkampf. Zur Lage der Besiegten im Bundesstaat von 1848, Luzern/Stuttgart 1981; Beat Junker, Die Bundesfeier als Ausdruck nationalen Empfindens in der Schweiz um 1900, in: Geschichte und Politische Wissenschaft. Festschrift für Erich Gruner zum 60. Geburtstag, Bern 1975, 19–32; Arnold Niederer, Bundesfeier, in: Atlas der schweizerischen Volkskunde, Erster Teil, 8. Lieferung, Basel 1973, 841–865; Daniel Frei, Die Förderung des schweizerischen Nationalbewusstseins nach dem Zusammenbruch der Alten Eidgenossenschaft 1798, Dissertation Universität Zürich 1964. – Ich befasste mich an einem Festvortrag am 8. Oktober 1988 anlässlich des 100-Jahr-Jubiläums des Geschichtsforschenden Vereins Oberwallis mit dem Thema. Siehe Urs Altermatt, Das Bundesjubiläum 1891, das Wallis und die katholische Schweiz, in: Blätter aus der Walliser Geschichte, 21 (1989), 89–106. Da die seit der Publikation meines Vortrags erschienenen Veröffentlichungen zu den schweizerischen Jubiläen den Fokus nicht speziell auf meinen eigentlichen Untersuchungsgegenstand – die Haltung der Katholisch-Konservativen zu 1891 – legen, habe ich nur wenige allgemeine Hinweise zum ursprünglichen Aufsatz hinzugefügt und verweise auf die oben aufgeführte Literatur. Ich danke den seinerzeitigen Assistenten Roswitha Feusi und Patrick Willisch herzlich für ihre Unterstützung.

2   Siehe ausführlich zu 1307 und 1291 neuerdings: Zimmer, A Contested Nation, 209–236; Guy P. Marchal, Das Mittelalter und die nationale Geschichtsschreibung der Schweiz, in: Susanna Burghartz et al. (Hg.), Spannungen und Widersprüche. Gedenkschrift für Frantisek Graus, Sigmaringen 1992, 91–108; ders., Die «Alten Eidgenossen» im Wandel der Zeiten, in: Innerschweiz und frühe Eidgenossenschaft, hg. vom Historischen Verein der fünf Orte, Olten 1990, 309–403. Siehe weiter: Kreis, Der Mythos von 1291; Merki, Und wieder lodern die Höhenfeuer; Santschi, Schweizer Nationalfeste im Spiegel der Geschichte.

3   Siehe Wilhelm Oechsli, Die Anfänge der Schweizerischen Eidgenossenschaft.
    Zur 6. Säkularfeier des ersten ewigen Bundes vom 1. August 1291. Verfasst im
    Auftrage des schweizerischen Bundesrates, Bern 1891.

4   Siehe Zimmer, A Contested Nation, 209–236.

5   Siehe Häberle, Feiertagsgarantien als kutlurelle Identitätselemente des Verfassungsstaates.

6   Siehe zu den Sedanfeiern etwa: Hedda Gramley, Christliches Vaterland – einiges Volk. Zum Protestantismus und Nationalismus von Theologen und Historikern 1848 bis 1880, in: Jörg Echternkamp/Sven Oliver Müller, Die Politik der
    Nation. Deutscher Nationalismus in Krieg und Krisen 1760–1960, München
    2002, 81–105.

7   Botschaft des Bundesrates an die Bundesversammlung betreffend Veranstaltung
    einer nationalen Säkularfeier der Gründung der Eidgenossenschaft (1. August
    1891), 14. Dezember 1889, in: Bundesblatt, 41 (1889) IV, 1166–1167.

8   Thurgauer Wochenzeitung, zit. in: Nidwaldner Volksblatt, 4. Januar 1890.

9   Schreiben von Landammann und Regierungsrat des Kantons Schwyz an das Eidgenössische Departement des Innern, 29. Mai 1890 (Bundesarchiv Bern, 8(M),
    Sch 4).

10 Siehe Der Bund, 2. Juli 1890. Siehe auch: Bericht der ständeräthlichen Kommission betreffend Säkularfeier der Gründung der schweizerischen Eidgenossenschaft vom 20. Juni 1890, in: Bundesblatt, 3 (1890), 1078–1088; Bundesbeschluss
    betreffend Veranstaltung einer nationalen Säkularfeier der Gründung der
    schweizerischen Eidgenossenschaft (1. August 1291) vom 26. Juni 1890, in: Bundesblatt, 3 (1890), 652–653.

11 Siehe das gedruckte Protokoll der Konferenz vom 4. September 1890 (Bundesarchiv Bern, 8(M), Sch 4).

12 Siehe Urs Altermatt, Der Weg der Schweizer Katholiken ins Ghetto. Die Entstehungsgeschichte der nationalen Volksorganisationen im Schweizer Katholizismus 1848–1919, Diss. Bern 1970, Zürich/Köln 1972, Freiburg/Schweiz ³1995.

13 Siehe Georg Kreis, Die besseren Patrioten. Nationale Idee und regionale Identität in der französischen Schweiz vor 1914, in: François de Capitani/Georg Germann (Hg.), Auf dem Weg zu einer schweizerischen Identität 1848–1914, Freiburg/Schweiz 1987, 55–76.

14 Pius-Annalen, 30 (1891), 150.

15 Siehe Urs Altermatt (Hg.), «Den Riesenkampf mit dieser Zeit zu wagen...».
    Schweizerischer Studentenverein 1841–1991, Luzern 1993.

16 Siehe Festbericht, in: Monat-Rosen, 36 (1891), 517–527, 565–570.

17 Ansprache der schweizerischen Bischöfe an die Gläubigen ihrer Diözesen auf
    die Bundesfeier im August 1891, Freiburg/Schweiz 1891.

18 Papstschreiben vom 24. Juli 1891 «aus Anlass der Bundesfeier», abgedruckt in:
    Schweizerische Kirchenzeitung, 19. September 1891.

19 Exhortation des évêques suisses aux fidèles de leurs diocèses au sujet de la fête anniversaire de la fondation de la Confédération au mois d'août 1891, Fribourg 1891, 5–6.

20 Siehe Josef Beck, in: Monat-Rosen, 36 (1891/92), 567–568.

21 Schweizerische Kirchenzeitung, 21. März 1891.

22 Siehe Altermatt, Der Weg der Schweizer Katholiken ins Ghetto; Feusi, Die katholisch-konservative Oppositionsbewegung 1875–1878.

23 Etwas später in den 1890er Jahren: Georg Baumberger, in: Ostschweiz, 29. September 1894.

24 Siehe Josef Winiger, Bundesrat Dr. Zemp. Lebens- und zeitgeschichtliche Erinnerungen, Luzern 1910, 193–224; Urs Altermatt, Josef Zemp 1834–1908, in: ders. (Hg.), Die Schweizer Bundesräte. Ein biographisches Lexikon, Zürich / München 1991, 254–259.

25 Siehe hierzu auch: Altermatt, Der Weg der Schweizer Katholiken ins Ghetto.

26 Obwaldner Volksfreund, 6. Juni 1891.

27 Siehe Leonhard Neidhart, Plebiszit und pluralitäre Demokratie: eine Analyse der Funktion des schweizerischen Gesetzesreferendums, Bern 1970; Oswald Sigg, Die eidgenössischen Volksinitiativen 1892–1939, Bern 1978.

28 Urner Wochenblatt, 4. Juli 1891, zit. bei Niederer, Bundesfeier, 844.

29 Siehe Raffaello Ceschi (Hg.), Storia del Cantone Ticino, 2 Bde, Bellinzona 1998, ²2000; Giulio Rossi / Eligio Pometta, Geschichte des Kantons Tessin, Bern 1944, 339–345.

30 Siehe hierzu: Ceschi (Hg.), Storia del Cantone Ticino.

31 Siehe De notre sang, in: Monat-Rosen, 35 (1890/91), 18–19; Après les jours sanglants, in: Monat-Rosen, 35 (1890/91), 61–63.

32 Siehe Urs Altermatt, Bernhard Hammer, in: ders. (Hg.), Die Schweizer Bundesräte, 212–217.

33 Protokoll der Vereinigten Bundesversammlung, 11. Dezember 1890.

34 Neue Zürcher Zeitung, 12. Dezember 1890.

35 Neue Zürcher Zeitung, 12. Dezember 1890.

36 Vaterland, 13. Dezember 1890.

37 Vaterland, 13. Dezember 1890.

38 Thurgauer Wochenzeitung, zit. in: Vaterland, 16. Dezember 1890.

39 Nidwaldner Volksblatt, 13. Dezember 1890.

40 Historisch-Biographisches Lexikon der Schweiz, Bd. VI, Neuenburg 1921–1924, 689.

41 Siehe La Liberté, 16. Juli 1891; La Liberté, 17. Juli 1891. Siehe auch die Beiträge im «Vaterland» vom 15. bis 18. Juli 1891.

42 Siehe La Libertà, 20. Juli 1891.

43 So die Gazette de Lausanne, 23. Juli 1891.

44 Luzerner Landbote, 28. Juli 1891.

45 La Liberté, 25. Juli 1891.

46 Le Pays, 26. Juli 1891.

47 Le Pays, 26. Juli 1891.

48 Gazette du Valais, 27. Juli 1891.

49 Vaterland, 26. Juli 1891.

50 Vaterland, 22. Juli 1891.

51 La Libertà, 25. Juli 1891.

52 La Libertà, 31. Juli 1891.

53 Berner Volkszeitung, 18. Februar 1891.

54 Berner Volkszeitung, 18. Juli 1891.

55 Berner Volkszeitung, 22. Juli 1891.

56 Titelgedicht «Bundestag», in: Berner Volkszeitung, 1. August 1891.

57 Gazette de Lausanne, 3. August 1891.

58 Die Festansprachen wurden im offiziellen Festbuch publiziert: Die Festtage von Schwyz und Bern. August 1891. Jubiläumsfeier des Bundes der Eidgenossenschaft von 1291 und der Gründung der Stadt Bern 1191. Erinnerungsblätter in Wort und Bild, Bern 1891.

59 Die Festtage von Schwyz und Bern, 39.

60 Neue Zürcher Zeitung, 5. August 1891.

61 Siehe Kreis, Der Mythos von 1291; ders., Die besseren Patrioten; Santschi, Schweizer Nationalfeste im Spiegel der Geschichte; Junker, Die Bundesfeier als Ausdruck nationalen Empfindens in der Schweiz um 1900.

62 Siehe Protokoll der interkantonalen Konferenz vom 3. April 1891 in Bern (Bundesarchiv Bern, 8(M), Sch 4).

63 Siehe Festprogramm, abgedruckt in: Gazette du Valais, 1. August 1891.

64 Neue Zürcher Zeitung, 16. Juli 1891.

65 Anlässlich der 1. August-Feier wurden anscheinend auch in anderen Kurorten Geldsammlungen für Arme durchgeführt. Siehe dazu: Niederer, Bundesfeier, 846.

66 Walliser Bote. 8. August 1891.

67 Niederer, Bundesfeier, 846–847.

68 Niederer, Bundesfeier, 844, Anmerkung 25.

69 Bund, 1. August 1891.

70 Siehe Max Mittler (Hg.), Die Schweiz im Aufbruch. Das 19. Jahrhundert in zeitgenössischen Berichten, Zürich 1982, 150.

71 Allgemeine Schweizer Zeitung, 10. Juli 1891.

72 Allgemeine Schweizer Zeitung, 4. August 1891.

73 Der Grütlianer, 8. August 1891.

74 Niederer, Bundesfeier, 844.

75 Siehe dazu: Georg Kreis, Die Pressestimmen der Basler Sozialdemokraten zu den patriotischen Festen der Jahre 1891–1901. Anhang zum Artikel: Das Festspiel – ein antimodernes Produkt der Moderne, in: Balz Engler/Georg Kreis (Hg.), Das Festspiel: Formen, Funktionen, Perspektiven, Willisau 1988, 199–208.

76 Der Grütlianer, 6. August 1891.

77 Neue Zürcher Zeitung, 5. August 1891.

78 Journal de Genève, 6. August 1891.

79 Siehe ausführlich: Zimmer, A Contested Nation, 172–188.

80 Obwaldner Volksfreund, 20. Juni 1891.

81 Siehe Urs Altermatt/Franziska Metzger, Milieu, Teilmilieus und Netzwerke. Das Beispiel des Schweizer Katholizismus, in: Urs Altermatt (Hg.), Katholische Denk- und Lebenswelten. Beiträge zur Kultur- und Sozialgeschichte des Schweizer Katholizismus im 20. Jahrhundert, Freiburg/Schweiz 2003, 15–36; Altermatt, Der Weg der Schweizer Katholiken ins Ghetto.

82 Obwaldner Volksfreund, 1. August 1891.

83 Zu 1948 siehe: Claude Spiller, Das katholisch-konservative Geschichtsbild im Jahre des Verfassungsjubiläums von 1948. Einige Abklärungen am Beispiel des Kantons Luzern, in: Schweizerische Zeitschrift für Geschichte, 48 (1998), 471–493. Zur Historiographie im 19. und in der ersten Hälfte des 20. Jahrhunderts siehe: Metzger, Religion, Geschichte, Nation.

3. Freiburg, Genf und Rom: Netzwerke der ultramontanen Eliten

1 Dieser Beitrag basiert auf dem Referat «La Suisse catholique: à l'avant-garde de la renaissance catholique européenne dans les années 1870», das ich am Kolloquium «The Black International» vom 18./20. September 2000 an der Universität Leuven/Löwen (Belgien) gehalten habe. Der Beitrag ist in französischer Sprache in dem von Emiel Lamberts herausgegebenen Sammelband «The Black International 1870–1878. The Holy See and Militant Catholicism in Europe» (Leuven 2002) erschienen. Für wertvolle Hinweise danke ich insbesondere Emiel Lamberts (Leuven), Jacques Lory (Leuven), J. P. de Valk (Den Haag), Jan De Maeyer (Leuven), Jan Roes (Nijmegen) und Francis Python (Fribourg). Ich danke Franziska Metzger herzlich für ihre Mitarbeit.

2 Für die Entwicklung des katholischen Verbands- und Parteiwesens in der Schweiz siehe: Urs Altermatt, Der Weg der Schweizer Katholiken ins Ghetto. Die Entstehungsgeschichte der nationalen Volksorganisationen im Schweizer Katholizismus 1848–1919, Diss. Bern 1970, Zürich/Köln 1972, Freiburg/Schweiz ³1995. Zum katholischen Milieu in der Schweiz: Urs Altermatt, Katholizismus und Moderne. Zur Sozial- und Mentalitätsgeschichte der Schweizer Katholiken im 19. und 20. Jahrhundert, Zürich 1989, ²1991; ders./Franziska Metzger, Katholische Arbeiter und Milieuidentität in der Schweiz 1850–1950, in: Claudia Hiepel/Mark Ruff (Hg.), Christliche Arbeiterbewegung in Europa 1850–1950, Stuttgart 2003, 159–175; dies., Milieu, Teilmilieus und Netzwerke. Das Beispiel des Schweizer Katholizismus, in: Urs Altermatt (Hg.), Katholische Denk- und Lebenswelten. Beiträge zur Kultur- und Sozialgeschichte des Schweizer Katholizismus im 20. Jahrhundert, Freiburg/Schweiz 2003, 15–36.

3 Zum Ultramontanismus siehe aus der neuesten Forschung die Beiträge in: Gisela Fleckenstein/Joachim Schmiedl (Hg.), Ultramontanismus. Tendenzen

ANMERKUNGEN SEITEN 207 BIS 210

der Forschung, Paderborn 2005; Vincent Viaene (Hg.), The Papacy and the New World Order. Vatican Diplomacy, Catholic Opinion and International Politics at the Time of Leo XIII 1878–1903, Leuven 2006; Olaf Blaschke, Das 19. Jahrhundert: Ein Zweites Konfessionelles Zeitalter?, in: Geschichte und Gesellschaft, 26 (2000), 38–75; Jan Roes, Die katholische Kirche und die Herausforderungen der Moderne in den Niederlanden im 19. und 20. Jahrhundert, in: Zeitschrift für Schweizerische Kirchengeschichte, 89 (1995), 7–44; Michael N. Ebertz, Herrschaft in der Kirche. Hierarchie, Tradition und Charisma im 19. Jahrhundert, in: Karl Gabriel/Franz-Xaver Kaufmann (Hg.), Zur Soziologie des Katholizismus, Mainz 1980, 89–111; Gottfried Korff, Kulturkampf und Volksfrömmigkeit, in: Wolfgang Schieder (Hg.), Volksreligiosität in der modernen Sozialgeschichte, Göttingen 1986, 137–151.

4 Siehe Alois Steiner, Der Piusverein der Schweiz: von seiner Gründung bis zum Vorabend des Kulturkampfes 1857–1870, Stans 1961; Peter Stadler, Der Kulturkampf in der Schweiz. Eidgenossenschaft und katholische Kirche im europäischen Umkreis 1848–1888, Zürich ²1996.

5 Zu Gaspard Mermillod siehe: Francis Python, Le cardinal Gaspard Mermillod (1824–1892), in: 1700. Bulletin d'information de la ville de Fribourg, janvier 1994, 8–9; Philippe Chenaux, Le cardinal Mermillod (1824–1892). Entre la mémoire et l'oubli, in: Choisir, novembre 1991, 6–11; Patrick Braun, Gaspard Mermillod, in: Helvetia Sacra, Abt. 1, Bd. 4: Archidiocèses et diocèses. Le diocèse de Lausanne (VIᵉ siècle–1821), de Lausanne et Genève (1821–1925) et de Lausanne, Genève et Fribourg (depuis 1925), Basel/Frankfurt a. M. 1988, 179–183; Paul Frochaux, Une tentative de restauration de l'évêché de Genève 1858–1865, unveröffentlichte Lizentiatsarbeit Freiburg/Schweiz 1984; Francis Python, Gaspard Mermillod, in: Erwin Gatz (Hg.), Die Bischöfe der deutschsprachigen Länder, 1785/1803 bis 1945, Berlin 1983, 501–504; Jacques Gadille, in: Dictionnaire de Spiritualité, Ascétique et Mystique, 10 (1980), 1053–55; Marc Pfeiffer, Der Kulturkampf in Genf (1864–1873) mit besonderer Berücksichtigung der Ausweisung von Bischof Mermillod, Diss. Universität Zürich 1970; Charles Comte, Le Cardinal Mermillod d'après sa correspondance, Paris/Genf 1924; J.-T. de Belloc, Le cardinal Mermillod. Sa vie, ses oeuvres et son apostolat, Freiburg/Schweiz 1892. Siehe auch: Urs Altermatt, Genève: un catholicisme oublié, in: ders., Le catholicisme au défi de la modernité. L'histoire sociale des catholiques suisses aux XIXᵉ et XXᵉ siècles, Lausanne 1994, 185–224.

6 Siehe August Bernhard Hasler, Pius IX. (1846–1878). Päpstliche Unfehlbarkeit und 1. Vatikanisches Konzil, Stuttgart 1977, 48.

7 Petit Echo du Concile, 9 juillet 1870, zitiert in: Philippe Chenaux, Les origines de l'Union de Fribourg, in: «Rerum Novarum». Ecriture, contenu et réception d'une encyclique. Actes du colloque international organisé par l'Ecole française de Rome et le Greco n° 2 du CNRS (1991), Rom 1997, 255–266, 258. Siehe auch: Jacques Gadille, La pensée et l'action politiques des évêques français au début

de la IIIe république 1870/1883, Bd. 1, Paris 1967, 240.

8   Emiel Lamberts, L'Internationale noire. Une organisation secrète au service du Saint-Siège, in: ders. (Hg.), The Black International, 15–101, hier 19.

9   Aufruf an die katholischen Christen, in: Annalen des Schweizerischen Piusvereins, 9 (1970), 99–100; Aufruf an die katholischen Christen, in: Schweizerische Kirchen-Zeitung, 22. Oktober 1870, sowie Internationale katholische Conferenz in Genf, in: Schweizerische Kirchen-Zeitung, 29. Oktober 1870; Appel aux Catholiques en faveur du Saint-Siège, in: Courrier de Genève. Feuille Suisse, religieuse et nationale, 29. Octobre 1870; Appel aux catholiques en faveur du Saint-Siège, in: La Gazette Jurassienne, 27. Oktober 1870; Appel aux Catholiques en faveur du Saint-Siège, in: Ami du Peuple. Journal des Campagnes dévoué aux intérêts religieux et matériels du pays, 16. Oktober 1870.

10   Brief Mermillods an den Freiburger Bischof Etienne Marilley vom 14. November 1871, zitiert in: Chenaux, Les origines de l'Union de Fribourg, 260.

11   Siehe auch: Pie Philipona, Un chapitre de l'histoire religieuse et politique de la Suisse. Le Chanoine Schorderet 1840–1893, Freiburg/Schweiz 1928, 180; Francis Python, Le clergé et le pouvoir politique à Fribourg sous le régime libéral-conservateur 1856–1881, unveröffentlichte Lizentiatsarbeit Freiburg/Schweiz 1974, 194.

12   Schweizerische Kirchen-Zeitung, 12. November 1870.

13   Adresse der Schweizer Bischöfe an den Papst, in: Schweizerische Kirchenzeitung, 3. Dezember 1870.

14   Protestationen aus dem Schweizerland gegen die Vergewaltigung Rom's, in: Annalen des Schweizerischen Piusvereins, 9 (1870), 123–124.

15   Steiner, Der Piusverein der Schweiz, 74–75.

16   Gadille, La pensée et l'action politiques, 240–241.

17   Siehe Lamberts, L'Internationale noire, 44.

18   Chenaux, Les origines de l'Union de Fribourg, 261–263.

19   Siehe Lamberts, L'Internationale noire, 19–25.

20   Lamberts, L'Internationale noire, 23–24.

21   Zur Einsiedler Versammlung siehe: Correspondance de Genève, 23. September 1871, zitiert in: Chenaux, Les origines de l'Union de Fribourg, 260.

22   Siehe Ami du Peuple, 13. September 1871.

23   Adresse an die hochwürdigen Bischöfe der Schweiz, Einsiedeln, 3. September 1871, unterzeichnet vom katholischen Komitee. (In: Archiv der Schweizer Bischofskonferenz).

24   Abdruck in der «Luzerner Zeitung» vom 9. September 1871 sowie im «Ami du Peuple» vom 10. September 1871.

25   Adresse an die hochwürdigen Bischöfe der Schweiz, Einsiedeln, 3. September 1871.

26   Luzerner Zeitung, 16. September 1871. Zur Versammlung siehe: Der Katholikentag in Mainz, in: Schweizerische Kirchen-Zeitung, 16. September 1871. – Die

Schweizer Bischöfe hatten 1870 und 1871 insgesamt zwei Eingaben an die Schweizer Regierung angefertigt, eine Ende 1870 bezüglich Revision der Bundesverfassung und eine 1871 bezüglich der «situation de l'église catholique devant le droit public en Suisse». (In: Archiv der Schweizer Bischofskonferenz).

27 Jacques Lory, La «Correspondance de Genève», 1870–1873: un organe de presse singulier, in: Lamberts (Hg.), The Black International, 103–131, hier 115–120.

28 Siehe Stadler, Der Kulturkampf in der Schweiz, 277–316. Zu Bischof Lachat siehe: Victor Conzemius, Eugène Lachat (1863–1886). Bischof im Kulturkampf, in: Urban Fink/Stephan Leimgruber/Markus Ries (Hg.), Die Bischöfe von Basel 1794–1995, Freiburg/Schweiz 1996, 131–159.

29 Siehe auch: Chenaux, Le cardinal Mermillod (1824–1892).

30 Stadler, Der Kulturkampf in der Schweiz, 260–277, 586–594.

31 Luzerner Zeitung, 5., 14., 18. und 19. Januar sowie 4., 9., 24. und 28. Februar 1871.

32 Siehe Lory, La «Correspondance de Genève», 128.

33 Ami du Peuple, 4., 8., 13., 25. und 29. Januar sowie 8., 10., 12., 15., 19., 22. und 26. Februar 1871.

34 La Gazette Jurassienne, 8. Januar 1871.

35 Luzerner Landbote, 10. und 31. Januar sowie 10. Februar 1871. Die entsprechenden Meldungen erschienen auf der Frontseite der Zeitung.

36 Auch auf die Einsiedler Zusammenkunft wurde im «Obwaldner Volksfreund» im Unterschied zu den meisten anderen untersuchten Zeitungen nicht Bezug genommen. Das lässt sich mit dem pointiert konservativen Charakter dieser Innerschweizer Zeitung erklären.

37 Offene Depesche an die Regierungen Europa's, in: Schweizerische Kirchen-Zeitung, 7. Januar 1871; Zweite offene Depesche an die Regierungen Europa's, in: Schweizerische Kirchen-Zeitung, 14. Januar 1871; Dritte offene Depesche an die Regierungen Europa's, in: Schweizerische Kirchen-Zeitung, 4. Februar 1871.

38 Siehe Lamberts, L'Internationale noire, 58–65.

39 Chenaux, Les origines de l'Union de Fribourg.

40 Brief Theodor Scherer-Boccards an Joseph Schorderet vom 9. Juli 1870, zitiert in: Dominique Barthélemy, Diffuser au lieu d'interdire. Le chanoine Joseph Schorderet (1840–1893), Freiburg/Schweiz 1993, 184–185.

41 Zu Joseph Schorderet siehe: Barthélemy, Diffuser au lieu d'interdire; Francis Python, Et le chanoine Schorderet inventa la citadelle catholique fribourgeoise, in: Liberté, 24.–25. April 1993; Maurice Page, Un apôtre de choc de la foi catholique, in: Evangile et Mission, 29. April 1993; Philipona, Un chapitre de l'histoire religieuse et politique de la Suisse.

42 Dominique Barthélemy, «Le chanoine Schorderet fut plus un prophète crucifié qu'un fondateur», in: Liberté, 24.–25. April 1993.

43 Siehe Philipona, Un chapitre de l'histoire religieuse et politique de la Suisse, 124–125.

44 Philipona, Un chapitre de l'histoire religieuse et politique de la Suisse, 181; Python, Le clergé et le pouvoir politique à Fribourg 1856–1881, 194; Roland Ruffieux (Hg.), 1871–1971. La Liberté en son premier siècle, Freiburg/Schweiz 1975, 9–10.

45 Siehe Philipona, Un chapitre de l'histoire religieuse et politique de la Suisse, 181.

46 Python, Et le chanoine Schorderet inventa la citadelle catholique fribourgeoise.

47 Zum Schweizerischen Studentenverein siehe Urs Altermatt, «Den Riesenkampf mit dieser Zeit zu wagen…». Schweizerischer Studentenverein 1841–1991, Luzern 1993.

48 Siehe Seraina Flury, …par amour et non pour avoir un abri… Das Pauluswerk in Freiburg von 1874–1930, unveröffentlichte Lizentiatsarbeit Freiburg/Schweiz 1998.

49 Python, Le clergé et le pouvoir politique à Fribourg, 194.

50 Siehe Ruffieux (Hg.), 1871–1971. La Liberté en son premier siècle, 11.

51 Programmatische Voranzeige der «Liberté» im «Ami du Peuple», zit. in: Philipona, Un chapitre de l'histoire religieuse et politique de la Suisse, 147–148.

52 Zur katholischen Schweizer Presse: Altermatt, Der Weg der Schweizer Katholiken ins Ghetto, 64–67.

53 Philipona, Un chapitre de l'histoire religieuse et politique de la Suisse, 3.

54 Programmatische Voranzeige der «Liberté» im «Ami du Peuple», zit. in: Philipona, Un chapitre de l'histoire religieuse et politique de la Suisse, 147–148.

55 Siehe Flury, …par amour et non pour avoir un abri…, 14–15.

56 Siehe hierzu auch: Roland Ruffieux, Le mouvement chrétien-social en Suisse romande 1891–1949, Freiburg/Schweiz 1969, 29–30.

57 Siehe auch: Barthélemy, Diffuser au lieu d'interdire, 239–240.

58 Altermatt, Der Weg der Schweizer Katholiken ins Ghetto, 71–79.

59 Zu Theodor Scherer-Boccard siehe: Paul Letter, Theodor Scherer-Boccard 1816–1885. Grundlagen und erste Tätigkeit, Diss. Universität Freiburg/Schweiz, Einsiedeln 1949; Steiner, Der Piusverein der Schweiz; Stadler, Der Kulturkampf in der Schweiz, 141–143. Siehe auch meinen Artikel: Urs Altermatt, Symbolfigur des schweizerischen Ultramontanismus. Der Publizist Theodor Scherer-Boccard, in: Neue Zürcher Zeitung, 30./31. März 1985.

60 Die «Schildwache am Jura» wurde 1912 von integralistischen Rechtskatholiken erneut ins Leben gerufen. Siehe hierzu: Franziska Metzger, Die «Schildwache». Eine integralistisch-rechtskatholische Zeitung 1912–1945, Freiburg/Schweiz 2000.

61 Siehe Altermatt, Der Weg der Schweizer Katholiken ins Ghetto, 50–51; Jubiläumsausgabe der Schweizerischen Kirchenzeitung vom 24. Juni 1982 u.a. mit Beiträgen von Johann Baptist Villiger und Rolf Weibel.

62 Zwischen 1839 und 1841 organisierte Scherer im Rahmen der «Schildwache am Jura» ein «Politisches Korrespondenzbüro». Siehe Letter, Theodor Scherer-Boccard 1816–1885, 179–200.

63 Zur KIPA siehe: Kipa (Hg.), Niemand ist eine Insel. Kirche, Religion, Gesellschaft im Zeitalter der globalen Kommunikation, Freiburg/Schweiz 1997.

64 Brief von Theodor Scherer-Boccard an Joseph Schorderet vom 9. Juli 1870, in: Barthélemy, Diffuser au lieu d'interdire, 184.

65 Steiner, Der Piusverein der Schweiz; Altermatt, Der Weg der Schweizer Katholiken ins Ghetto, 58–79.

66 Zur Inländischen Mission siehe: Roland Brülisauer, Die Inländische Mission 1863–1913. Katholische Diasporahilfe in der Schweiz, Freiburg/Schweiz 1995.

67 Siehe Heribert Raab, Vorgeschichte, in: Roland Ruffieux et al. (Hg.), Geschichte der Universität Freiburg Schweiz 1889–1989. Institutionen, Lehre und Forschungsbereiche, Bd. 1: Entstehung und Entwicklung, Freiburg/Schweiz 1991, 4–32; zur Gründung der Universität: Urs Altermatt, Gründung, in: Ruffieux (Hg.), Geschichte der Universität Freiburg, 32–74.

68 Siehe Steiner, Der Piusverein der Schweiz, 141–147.

69 Siehe Stadler, Der Kulturkampf in der Schweiz, 142.

70 Altermatt, Der Weg der Schweizer Katholiken ins Ghetto, 39–57; Marco Jorio, «Gott mit uns». Der Bund des Sonderbundes mit Gott, in: Andreas Ernst/Albert Tanner/Matthias Weishaupt (Hg.), Revolution und Innovation. Die konfliktreiche Entstehung des schweizerischen Bundesstaates von 1848, Zürich 1998, 245–258. Zu Segesser: Victor Conzemius, Philipp Anton von Segesser 1817–1888. Demokrat zwischen den Fronten, Zürich/Einsiedeln/Köln 1977; Emil F. J. Müller-Büchi, Philipp Anton von Segesser. Das Konzil, die Revision der Bundesverfassung und der Kulturkampf, Freiburg/Schweiz 1977.

71 Altermatt, Der Weg der Schweizer Katholiken ins Ghetto, 71–79; Altermatt/Metzger, Milieu, Teilmilieus und Netzwerke.

72 Zum Antimodernismus mit modernen Mitteln siehe: Altermatt, Katholizismus und Moderne, 49–62; Urs Altermatt, Ambivalences of Catholic Modernisation, in: Judith Frishman/Willemien Otten/Gerard Rouwhorst (Hg.), Religious Identity and the Problem of Historical Foundation. The Foundational Character of Authoritative Sources in the History of Christianity and Judaism, Leiden/Boston 2004, 49–75.

73 Brief Philipp Anton von Segessers an Nazar von Reding-Biberegg vom 10. September 1863, in: Victor Conzemius (Hg.), Briefwechsel Philipp Anton von Segesser (1817–1888), Bd. 3: 1861–1863, Zürich/Einsiedeln/Köln 1987, 420–421.

74 Siehe zu Philipp Anton von Segesser: Conzemius, Philipp Anton von Segesser 1817–1888 sowie den von Victor Conzemius herausgegebenen Briefwechsel Segessers, besonders: Conzemius (Hg.), Briefwechsel Philipp Anton von Segesser (1817–1888), Bd. 5: 1869–1872, Zürich/Einsiedeln/Köln 1992; ders. (Hg.), Briefwechsel Philipp Anton von Segesser (1817–1888), Bd. 6: 1873–1875, Freiburg/Schweiz 1995.

75 Zu Josef Zemp siehe: Josef Winiger, Bundesrat Dr. Zemp. Lebens- und zeitgeschichtliche Erinnerungen, Luzern 1910; Urs Altermatt, Josef Zemp 1834–1908, in: ders. (Hg.), Die Schweizer Bundesräte. Ein biographisches Lexikon, Zürich/

München 1991, 254–259; Alois Hartmann/Hans Moos (Hg.), Josef Zemp. Ein Bundesrat schafft den Ausgleich, Schüpfheim 2008.

76 Josef Kunz, Der Episkopat der Schweiz in der freiheitlich-demokratischen und sozialen Bewährungsprobe: Verlautbarungen der Schweizer Bischöfe zwischen 1860 und 1920 und deren Ordnungsprinzipien von Legitimität und Autorität, unveröffentlichte Dissertation Universität Bern 1983; Romeo Astorri, La conferenza episcopale svizzera: analisi storica e canonica, Freiburg/Schweiz 1988.

77 Protokolle der 9. Schweizerischen Bischofskonferenz in St-Maurice, 23./24. September 1872. Siehe auch: Die Kirchenverfolgung in der Schweiz, insbesondere in Genf und im Bistum Basel. Protestschrift der Schweizer Bischöfe, in: Schweizerische Kirchenzeitung, 5., 12., 19. und 26. Juli sowie 2. und 9. August 1873.

78 Lamberts, L'Internationale noire, 28.

79 Ich verdanke diese Information Emiel Lamberts.

80 Siehe Altermatt, Gründung.

81 Siehe auch: Altermatt/Metzger, Katholische Arbeiter und Milieuidentität in der Schweiz 1850–1950.

82 Siehe hierzu Emile Poulat, Intégrisme et catholicisme intégral. Un réseau secret international antimoderniste: La «Sapinière» (1909–1921), Tournai 1969.

83 Zu Caspar Decurtins siehe: Carl Fry, Kaspar Decurtins: Der Löwe von Truns, Zürich 1952; Johannes Flury, Decurtins Kampf um die Kirche: Antimodernismus im Schweizer Katholizismus, Sonderdruck des Bündner Monatsblatts Nr. 6, Chur 1997.

84 Zu Ferdinand Rüegg siehe: Isabelle Carrel, Un relais de l'intransigeantisme catholique à Fribourg: l'oeuvre journalistique de Ferdinand Rüegg (1915–1932), unveröffentlichte Lizentiatsarbeit Freiburg/Schweiz 1999; Metzger, Die «Schildwache»; KIPA (Hg.), Niemand ist eine Insel.

4. Vom Papstkult zum antirömischen Affekt

1 Ich habe bereits 1989 im Buch «Katholizismus und Moderne. Zur Sozial- und Mentalitätsgeschichte der Schweizer Katholiken im 19. und 20. Jahrhundert» der Autoritätskrise im Katholizismus ein Kapitel gewidmet. In Aufsätzen bin ich diesem Thema weiter nachgegangen und auf den früheren Papstkult zu sprechen gekommen. Siehe Urs Altermatt, Die Stimmungslage im politischen Katholizismus der Schweiz von 1945: «Wir lassen uns nicht ausmanövrieren.», in: Victor Conzemius/Martin Greschat/Hermann Kocher (Hg.), Die Zeit nach 1945 als Thema kirchlicher Zeitgeschichte. Referate der internationalen Tagung in Hünigen/Bern (Schweiz) 1985, Göttingen 1988, 72–96; ders., Die Hochhuth-Debatte in der katholischen Schweiz 1963, in: Silvia Käppeli (Hg.), Lesarten des jüdisch-christlichen Dialoges. Festschrift zum 70. Geburtstag von Clemens Thoma, Bern 2002, 19–32; ders., 1968 – Autoritätskrisen im Schweizer Katho-

lizismus, in: Urban Fink/Hilmar Gernet (Hg.), 1998. Das Ende von Religion, Politik und Gesellschaft?, Solothurn 1997, 79–90. Siehe ferner: Urs Altermatt, Ambivalences of Catholic Modernisation, in: Judith Frishman/Willemien Otten/Gerard Rouwhorst (Hg.), Religious Identity and the Problem of Historical Foundation. The Foundational Character of Authoritative Sources in the History of Christianity and Judaism, Leiden/Boston 2004, 49–75; ders., Vom geschlossenen katholischen Milieu zur Pluralisierung des Katholizismus, in: Moeizame Moderniteit. Katholieke cultuur in transitie. Opstellen voor Jan Roes (1939–2003), Trajecta, Nijmegen, 13 (2004), 44–62. Bei verschiedenen Arbeiten wie Überprüfen von Fussnoten unterstützten mich Roland Brülisauer, Sibylle Berger und Sibylla Pigni. Nadine Ritzer danke ich für die kritische Lektüre des Hochhuth-Kapitels.

2   Volksvereins Annalen. Zeitschrift für katholisches Vereinswesen, 5 (1930), 177–193, hier 189.

3   Hans Urs von Balthasar, Der antirömische Affekt, Freiburg/Basel/Wien 1974, 29.

4   Zu den Debatten der jüngsten Vergangenheit seit den 1990er Jahren bis in die Gegenwart bedarf es mit genügend zeitlichem Abstand einer neuen Studie.

5   Siehe u. a. die «klassische» Kirchengeschichte: Hubert Jedin (Hg.), Handbuch der Kirchengeschichte. Die Kirche in der Gegenwart, Bd. VI, Freiburg/Basel/ Wien 1971, 508.

6   Siehe Altermatt, Katholizismus und Moderne, 258. Zum Ultramontanismus siehe aus der neuesten Forschung die Beiträge in: Gisela Fleckenstein/Joachim Schmiedl (Hg.), Ultramontanismus. Tendenzen der Forschung, Paderborn 2005; Vincent Viaene (Hg.), The Papacy and the New World Order. Vatican Diplomacy, Catholic Opinion and International Politics at the Time of Leo XIII 1878–1903, Leuven 2006; Olaf Blaschke, Das 19. Jahrhundert: Ein Zweites Konfessionelles Zeitalter?, in: Geschichte und Gesellschaft, 26 (2000), 38–75; Jan Roes, Die katholische Kirche und die Herausforderungen der Moderne in den Niederlanden im 19. und 20. Jahrhundert, in: Zeitschrift für Schweizerische Kirchengeschichte, 89 (1995), 7–44; Michael N. Ebertz, Herrschaft in der Kirche. Hierarchie, Tradition und Charisma im 19. Jahrhundert, in: Karl Gabriel/Franz-Xaver Kaufmann (Hg.), Zur Soziologie des Katholizismus, Mainz 1980, 89–111; Gottfried Korff, Kulturkampf und Volksfrömmigkeit, in: Wolfgang Schieder (Hg.), Volksreligiosität in der modernen Sozialgeschichte, Göttingen 1986, 137–151.

7   Siehe Jedin (Hg.), Handbuch der Kirchengeschichte, Bd. VI, 696–705.

8   Siehe u. a.: Altermatt, Katholizismus und Moderne; ders., Ambivalences of Catholic Modernisation; ders., L'engagement des intellectuels catholiques suisses au sein de l'Internationale noire, in: Emiel Lamberts (Hg.), The Black International 1870–1878. The Holy See and Militant Catholicism in Europe, Leuven 2002, 409–426; Peter Stadler, Der Kulturkampf in der Schweiz. Eidgenossen-

schaft und katholische Kirche im europäischen Umkreis, Zürich ²1996.

9   Zur Gründungsgeschichte des Piusvereins in der Schweiz siehe: Alois Steiner, Der Piusverein der Schweiz: von seiner Gründung bis zum Vorabend des Kulturkampfes 1857–1870, Stans 1961, 25–36.

10 So Steiner, Der Piusverein der Schweiz, 69–75.

11 Siehe Schweizerische Kirchenzeitung, 24. Juni 1871.

12 Schweizerische Kirchenzeitung, 24. Juni 1871.

13 Siehe Schweizerische Pius-Annalen, 16 (1877), 129–131.

14 Siehe Altermatt, Katholizismus und Moderne, 257–260 sowie 350–353.

15 Siehe Franz Peter, Geschichte der akademischen Verbindung Alemannia 1895–1985, Schüpfheim 1985, 21.

16 Siehe Berichte der katholischen Zeitungen und Zeitschriften während den erwähnten Pontifikaten.

17 Siehe Schweizerische Kirchenzeitung, 16. Februar 1939.

18 Siehe Joseph Jung, Katholische Jugendbewegung in der deutschen Schweiz. Der Jungmannschaftsverband zwischen Tradition und Wandel von der Mitte des 19. Jahrhunderts bis zum Zweiten Weltkrieg, Freiburg/Schweiz 1988, 289–291.

19 Schweizerische Kirchenzeitung, 8. September 1949; Schweizerische Kirchenzeitung, 20. Mai 1954. Siehe auch: Armin Imstepf, Die schweizerischen Katholikentage 1903–1954. Geschichte, Organisation, Programmatik und Sozialstruktur, Freiburg/Schweiz 1987.

20 Siehe Nadine Ritzer, Alles nur Theater? Zur Rezeption von Rolf Hochhuths «Der Stellvertreter» in der Schweiz 1963/64, Freiburg/Schweiz 2006, 27–32.

21 Jene, die sich für die «Hochhuth»-Debatte interessieren, möchte ich hier speziell auf die detailreiche und spannende Studie von Nadine Ritzer verweisen: Alles nur Theater? Ich danke Nadine Ritzer für die wertvollen Hinweise und Anregungen herzlich. Sie verfasste auf meine Anregung hin eine Freiburger Lizentiatsarbeit, nachdem ich mich schon vorher in zwei kürzeren Beiträgen mit der Hochhuth-Debatte befasst hatte: Urs Altermatt, Debatte um Hochhuths «Stellvertreter» 1963. Wendepunkt der katholischen Vergangenheitsbewältigung, in: Neue Zürcher Zeitung, 9. Juli 2003; ders., Die Hochhuth-Debatte in der katholischen Schweiz 1963.

22 Siehe Der Neue Morgen, 24. September und 2./3. November 1963. Siehe dazu: Ritzer, Alles nur Theater?, 53–120.

23 Basler Volksblatt, 21. September 1963.

24 Der Neue Morgen, 18. September 1963; Ostschweiz, 27. September 1963. Siehe auch: Schweizerische Kirchenzeitung, 14. März 1963, 18. April 1963 und 2. Mai 1963.

25 Kommuniqué des SKVV, in: Staatsarchiv Luzern, PA 288/45. Das Kommuniqué ist abgedruckt in: Ostschweiz, 11. September 1963. Schon am 8. April hatte sich der Zentralvorstand des Volksvereins mit Hochhuths Stück befasst. Siehe Protokoll der Sitzung des Zentralvorstandes SKVV vom 8. April 1963 (Staatsarchiv Luzern, PA 288/32).

26 Zu den apologetischen Argumentationsmustern siehe: Ritzer, Alles nur Theater?, 148–166.

27 Siehe Robert Leiber, Soll das Andenken an Pius XII. geschändet werden?, in: Schweizerische Kirchenzeitung, 14. März 1963; Paul Crohn, Erreichte Hochhuth das «hohe Ziel»?, in: Schweizerische Kirchenzeitung, 2. Mai 1963; Schweizerische Kirchenzeitung, 10. Oktober 1963.

28 Karl Wick, Der Stellvertreter. Ein Pamphlet-Schauspiel gegen Papst Pius XII., in: Vaterland, 30. März 1963 sowie Papst Pius XII., ein Verbrecher?, in: Vaterland, 31. Mai 1963.

29 Siehe Basler Volksblatt, 21. September 1963.

30 Basler Nachrichten, 25. September 1963; Vaterland, 26. September 1963.

31 Siehe Schweizerische Kirchenzeitung, 10. Oktober 1963; Basler Volksblatt, 24. September 1963.

32 Vortrag abgedruckt in: Basler Volksblatt, 24. September 1963.

33 Vaterland, 3. Oktober 1963.

34 Hitler, die Juden und der Papst, in: Der Bund, 12. Dezember 1963.

35 Abgedruckt in: Basler Volksblatt, 27. September 1963. Siehe auch: Der Neue Morgen, 4. Oktober 1963.

36 Leserbrief im Basler Volksblatt, 28. September 1963.

37 Interpellation Hänggi sowie Antwort der Basler Regierung abgedruckt in: Grosser Rat des Kantons Basel-Stadt, 26. September 1963, 185–199. Siehe auch: Schweizerische Kirchenzeitung, 10. Oktober 1963; Der Neue Morgen, 27. September 1963.

38 Siehe Der Neue Morgen, 31. Oktober 1963 sowie 2./3. November 1963.

39 Der Neue Morgen, 31. Oktober 1963.

40 Siehe Ritzer, Alles nur Theater?, 76–87.

41 Kleine Anfrage Fischer vom 2. Oktober 1963 sowie Antwort des Bundesrates vom 12. November 1963, in: Protokoll des Nationalrates, Dezember 1963. Die Kleine Anfrage an den Bundesrat ist abgedruckt in: Der Neue Morgen, 5./6. Oktober 1963.

42 Siehe Ritzer, Alles nur Theater?, 104–108.

43 Siehe den Artikel der Katholischen Internationalen Presseagentur KIPA, abgedruckt in: Der Neue Morgen, 9. Oktober 1963 sowie in: Basler Volksblatt, 28. September 1963.

44 Hans-Rudolf Tschopp-Brunner, Hochhuth und kein Ende…, Basel 1963.

45 Gespräch mit Karl Barth, in: Basler Nachrichten, 17. September 1963.

46 Siehe Paul Huber, Wie sollen wir auf den «Stellvertreter» antworten?, in: Basler Volksblatt, 21. September 1963.

47 Zum Antisemitismus in der Schweiz siehe: Urs Altermatt, Katholizismus und Antisemitismus. Mentalitäten, Kontinuitäten, Ambivalenzen. Zur Kulturgeschichte der Schweiz 1918–1945, Frauenfeld/Stuttgart/Wien, 1999; Antisemitismus in der Schweiz. Ein Bericht zu historischen und aktuellen Erscheinungs-

formen mit Empfehlungen für Gegenmassnahmen, hg. von der Eidgenössischen Kommission gegen Rassismus, Bern 1998. Zur Verbindung der Thematik mit der «Stellvertreter»-Debatte siehe: Ritzer, Alles nur Theater?, 201–216.

48 Zum Drama von Hochhuth «Der Stellvertreter», in: Der Aufbau, 43 (1963), 337–341, hier 337.

49 Der Bund, 30. September 1963.

50 Der Neue Morgen, 7. Oktober 1963.

51 Ritzer, Alles nur Theater?, 236.

52 Text von «Nostra Aetate» wiedergegeben in: Josef Höfer/Karl Rahner (Hg.), Lexikon für Theologie und Kirche. Das zweite Vatikanische Konzil, Teil II, Freiburg/Basel/Wien 1967, 489–495, besonders 493. Siehe auch: Clemens Thoma, Die Konzilserklärung über die Juden im Kontext, in: Markus Ries/Walter Kirchschläger (Hg.), Glauben und Denken nach Vatikanum II. Kurt Koch zur Bischofswahl, Zürich 1996, 27–39.

53 Siehe Altermatt, Katholizismus und Antisemitismus, 312–315. Zu diesem Urteil gelangt auch Zsolt Keller: Der Blutruf (Mt 27,25). Eine schweizerische Wirkungsgeschichte (1900–1950), Göttingen 2006. Siehe weiter: Stephan Leimgruber, Herkunftsvergessenheit der Christen – die Darstellung des Judentums im Religionsunterricht, in: Victor Conzemius (Hg.), Schweizer Katholizismus 1933–1945. Eine Konfessionskultur zwischen Abkapselung und Solidarität, Zürich 2001, 315–339; Philippe Chenaux, Charles Journet à la découverte du mystère d'Israël, in: Conzemius (Hg.), Schweizer Katholizismus 1933–1945, 377–398.

54 Siehe u. a. für die Schweiz: Alfred Dubach/Roland J. Campiche (Hg.), Jede(r) ein Sonderfall? Religion in der Schweiz: Ergebnisse einer Repräsentativbefragung, Zürich/Basel 1993; Jenseits der Kirchen. Analyse und Auseinandersetzung mit einem neuen Phänomen in unserer Gesellschaft, hg. vom schweizerischen Pastoralsoziologischen Institut, Zürich 1998; Rolf Weibel, Schweizer Katholizismus heute. Strukturen, Aufgaben, Organisationen der römisch-katholischen Kirche, Zürich 1989, 38–40.

55 Siehe u. a.: Altermatt, Katholizismus und Moderne, 360–362; Mirjam Künzler, Sexualmoral in katholischen Frauen- und Familienzeitschriften 1945–1990, Freiburg/Schweiz 2003, 101–136; Martin Tschirren, Ehe- und Sexualmoral im Schweizer Katholizismus 1950–1975. Diskussion zwischen kirchlicher Autorität und Eigenverantwortung, Freiburg/Schweiz 1998. Siehe weiter zum Frauenbild: Melanie Hediger, Das Bild der Schweizer Frau in Schweizer Zeitschriften: Studien zu «Annabelle», «Schweizer Illustrierte» und «Sonntag» 1966 bis 1967, Freiburg/Schweiz 2004.

56 Siehe u. a.: Ludwig Kaufmann, Ein ungelöster Kirchenkonflikt: Der Fall Pfürtner. Dokumente und zeitgeschichtliche Analysen, Freiburg/Schweiz 1987, 116–117. Zur Rolle der Schweiz am Zweiten Vatikanischen Konzil sowie der Rezeption des Konzils in der Schweizer Presse siehe weiter: Viktor Conzemius, Die

Schweizer Kirche und das II. Vatikanische Konzil, in: Klaus Wittstadt/Wim Verschooten (Hg.), Der Beitrag der deutschsprachigen und osteuropäischen Länder zum Zweiten Vatikanischen Konzil, Leuven 1996, 87–108; Nadine Fischer, Das Zweite Vatikanische Konzil (1962–65) im Spiegel von Schweizer Zeitungen, unveröffentlichte Lizentiatsarbeit Freiburg/Schweiz 2004. Siehe weiter zu Hans Küngs Erinnerung ans Konzil: Hans Küng, Erkämpfte Freiheit. Erinnerungen, München/Zürich 2002.

57   Siehe Schweizerische Kirchenzeitung, 15. August 1968.

58   La Liberté, 10. September 1968, zitiert in: La Documentation Catholique, 50 (1968), 1728.

59   Siehe Peter Arnold, Zwischen Stagnation, Dynamik und Erosion 1920–1970, 138–140, in: Urs Altermatt (Hg.), «Den Riesenkampf mit dieser Zeit zu wagen…». Schweizerischer Studentenverein 1841–1991, Luzern 1993, 117–192; Vereins-Chronik, in: Civitas, 24 (1968), 39–48.

60   Siehe etwa: Werner Bulst SJ, Diskutierte Enzyklika, in: Orientierung. Katholische Blätter für weltanschauliche Information, 15./31. August 1968, 165–16; Georg Kaufmann, Humanae vitae in der Sicht des Arztes, in: Orientierung, 15./31. August 1968, 169–172.

61   Zitiert in: Kaufmann, Der Fall Pfürtner, 118–119.

62   Siehe Tschirren, Ehe- und Sexualmoral; Künzler, Sexualmoral.

63   Siehe Schritte ins Offene, Januar/Februar 1982.

64   Siehe Künzler, Sexualmoral, 151–157; Tschirren, Ehe- und Sexualmoral, 191–194.

65   Siehe Herder Korrespondenz, 27 (1973), 5–8; Ludwig Kaufmann, Gespräch und Verdikt im «Fall Pfürtner», in: Orientierung, 38 (1974), 89–92; Kaufmann, Der Fall Pfürtner, 160–167 sowie 292–296; Pfürtners «Berner Vortrag»: Moral – was gilt heute noch? Das Beispiel der Sexualmoral, abgedruckt in: Kaufmann, Der Fall Pfürtner, 175–185. Aus persönlicher Perspektive füge ich hier an, dass ich als 29jähriger zu jener Gruppe in Bern gehörte, die den Dominikanerpater Stephan Pfürtner in den Berner Kursaal einlud. Ich war Mitglied der Organisationsgruppe, die auch ein Informationsblatt herausgab. Siehe zum Beispiel: Podium 71. Wochenblatt 4 der Progressio vom 16. Oktober bis 15. November 1971, Bern.

66   Zitiert in: Kaufmann, Der Fall Pfürtner, 249.

67   Freiburger Nachrichten, 5. Dezember 1972, zitiert in: Kaufmann, Der Fall Pfürtner, 716–719.

68   Vaterland, 2. Dezember 1972, zitiert in: Kaufmann, Der Fall Pfürtner, 728.

69   Siehe Kaufmann, Der Fall Pfürtner, 765–768.

70   Neue Zürcher Zeitung, 16. Februar 1972.

71   Siehe Demissionsgesuch von Pfürtner an den Staatsrat des Kantons Freiburg vom 3. November 1973, abgedruckt in: Kaufmann, Der Fall Pfürtner, 951–952.

72   Neue Zürcher Zeitung, 7. April 1974.

73   Siehe Kaufmann, Der Fall Pfürtner, 692.

74 Hans Küng, Die Kirche, Freiburg i. Br./Basel/Wien 1967. Zum Fall Küng siehe: Lehramt-Verkündigung-Theologie. Eine Dokumentation zum Fall Küng, in: Herder Korrespondenz, 34 (1980), 73–85; Walter Jens (Hg.), Um nichts als die Wahrheit. Deutsche Bischofskonferenz contra Hans Küng. Eine Dokumentation, München/Zürich 1987; Norbert Greinacher/Herbert Haag (Hg.), Der Fall Küng. Eine Dokumentation, München/Zürich 1980; Orientierung. Katholische Blätter für weltanschauliche Informationen, 44 (1980), 3–8, 79–81 und 94–96. Zu Küngs Sicht der Auseinandersetzung siehe: Küng, Erkämpfte Freiheit.

75 Hans Küng, Unfehlbar? Eine Anfrage, Zürich/Einsiedeln/Köln 1970.

76 Siehe Orientierung, 44 (1980), 4. Zu Hans Küng siehe seine Autobiographien: Küng, Erkämpfte Freiheit; ders., Umstrittene Wahrheit. Erinnerungen, München 2007.

77 Siehe Hans Küng, Zum Geleit. Der neue Stand der Unfehlbarkeitsdebatte, in: August Bernhard Hasler, Wie der Papst unfehlbar wurde. Macht und Ohnmacht eines Dogmas, München/Zürich 1979; ders., Kirche – gehalten in der Wahrheit?, Zürich/Einsiedeln/Köln 1979.

78 Siehe Vaterland, 21. Dezember 1979.

79 Tages-Anzeiger, 22. Dezember 1979.

80 Siehe Vaterland, 24. Dezember 1979.

81 Zahlen gemäss Auskunft von Alois Hartmann in Luzern am 13. Februar 1995, dem ich herzlich dafür danke. Alois Hartmann war vom 1. Januar 1978 bis zum 31. Mai 1982 Chefredaktor des «Vaterland».

82 Leserbrief im Vaterland, 29. Dezember 1979.

83 Laut Auskunft von Alois Hartmann, damals Chefredaktor des «Vaterland» am 13. Februar 1995.

84 Herder-Korrespondenz, 47 (1993), 489.

85 Schweizerische Kirchenzeitung, 26. Juni 1969; Siehe auch: Tages-Anzeiger, 11. Juni 1969; Die Weltwoche, 13. Juni 1969. Zu den Papstbesuchen in der Schweiz: Louis Bosshart (Hg.), Die Papstbesuche in der Schweiz und im Fürstentum Liechtenstein: zwei Mediengrossereignisse, Freiburg/Schweiz 1987; Hans Rahm, Ökumene und Papstbesuch in der Schweiz: Untersuchung über die Presseberichterstattung der Jahre 1981 und 1984, unveröffentlichte Lizentiatsarbeit Freiburg/Schweiz 1985; Martin Zenhäusern, Der Papstbesuch als Medienereignis: Berichterstattung in der Deutschschweizer Presse von anfangs April bis Ende August 1984, unveröffentlichte Lizentiatsarbeit Freiburg/Schweiz 1985.

86 Siehe Basler Zeitung, 18. Juni 1984; Der Bund, 18. Juni 1984; Neue Zürcher Zeitung, 18. Juni 1984; St. Galler Tagblatt, 18. Juni 1984.

87 Siehe Imstepf, Die schweizerischen Katholikentage, 90–96.

88 Neue Zürcher Zeitung, 8. Juni 1984.

89 Luzerner Neueste Nachrichten, 31. Dezember 1983.

90 Leserbrief in der Schaffhauser Arbeiter-Zeitung, 18. Februar 1984.

91 Siehe Neue Zürcher Zeitung, 7. Juni 2004; Der Bund, 7. Juni 2004.

92 Neue Zürcher Zeitung, 7. Juni 2004.

93 Basler Zeitung, 7. Juni 2004.

94 Meldung der AP abgedruckt in: Die Südostschweiz, 7. Juni 2004.

95 Siehe hierzu aus der neusten Literatur: Alfred Dubach, Religiöse Transformationsprozesse im Schweizer Katholizismus vierzig Jahre nach dem Zweiten Vatikanum – aus religionssoziologischer Perspektive, in: Schweizerische Zeitschrift für Religions- und Kulturgeschichte, 99 (2005), 37–59; Staf Hellemans, Die Transformation der Religion und der Grosskirchen in der zweiten Moderne aus der Sicht des religiösen Modernisierungsparadigmas, in: Schweizerische Zeitschrift für Religions- und Kulturgeschichte, 99 (2005), 11–35.

96 Siehe zur These des «believing without belonging»: Grace Davie, Religion in Britain since 1945: Believing without Belonging, Oxford 1994. Von «belonging without believing» spricht auch: Danièle Hervieu-Léger, Religion und sozialer Zusammenhalt in Europa, in: Transit. Europäische Revue, 26 (Winter 2003/2004), 101–119, hier 104.

97 Zu den Ereignissen rund um den Fall Haas: Walter Gut, Fragen zur Rechtskultur in der katholischen Kirche, Freiburg/Schweiz 2000, 123–137; Rolf Weibels Kommentare in: Herder Korrespondenz, 43 (1989), 472–473; 44 (1990), 311–314; 45 (1991), 249–250; 46 (1992), 6–7; 47 (1993), 173–175. Aus den Reihen der Haas-Kritiker: Moritz Amherd (Hg.), Wolfgang Haas: Bischof ohne Volk – Volk ohne Bischof. Dokumentation und kritischer Kommentar der Ereignisse rund um den Fall Haas, Zürich 1991; Urs Jecker, Risse im Altar. Der Fall Haas oder Woran die katholische Kirche krankt, Zürich 1993. Siehe ferner die Materialsammlungen in: doppelt belichtet, Spezialausgabe, 7 (3/88), Bd. 1, Luzern 1988 und: doppelt belichtet, Spezialausgabe, 10 (2/91), Bd. 2, Luzern 1991.

98 Zum Ernennungsprozedere: Bischofswahlen in der Schweiz. Expertenbericht im Auftrag der Römisch-Katholischen Zentralkonferenz der Schweiz, Zürich 1992. Die Expertenkommission setzte sich zusammen aus dem Leiter Prof. Alois Riklin (Politikwissenschaftler an der Hochschule St. Gallen) und den Mitgliedern Ephrem Bucher (Rektor des Gymnasiums Appenzell und Präsident der Theologischen Kommission der Schweizer Bischofskonferenz), Urs J. Cavelti (Kantonsrichter in St. Gallen), Eduard Christen (Professor an der Theologischen Fakultät Luzern), Walter Kälin (Völkerrechtler an der Universität Bern) und Peter Karlen (Bundesgerichtsschreiber in Lausanne). Zur kirchenrechtlichen Kontroverse zwischen Robert Gall, damaligem Dozenten für Kirchenrecht an der Theologischen Hochschule Chur und Joseph Bonnemain, damaligem Vizeoffizial im Bistum Chur: KIPA-Bulletin, 27. April 1988, 8–14; 4. Mai 1988, 10–14; Neue Zürcher Nachrichten, 23. April 1988. Eine weitere kirchenrechtliche Kontroverse fand zwischen Franz Xaver von Weber, damals Assistent am Institut für Kirchenrecht und Staatskirchenrecht der Universität Freiburg, und dem Zürcher Rechtsprofessor Hans Herold statt. Dazu: Hans Herold, Die Bischofswahl und das Staatskirchenrecht, in: Schweizerische Juristenzeitung 1988, 342–343;

Franz Xaver von Weber, Rechtliche Erwägungen zur päpstlichen Koadjutorernennung im Bistum Chur, in: Zeitschrift für Gesetzgebung und Rechtsprechung in Graubünden, Nr. 3+4, 1988, 48–62; Schwyzer Zeitung, 13. September 1988, 28. Oktober 1988, 14. März 1989; Bote der March und Höfe, 26. Oktober 1988. Kirchenrechtliche Aspekte behandeln auch: Walter Gut, Politische Kultur in der Kirche, Freiburg/Schweiz 1990; Urs Josef Cavelti, «Die Widerrechtlichkeit des Vorgehens ist nicht zu übersehen». Kirchen- und staatsrechtliche Aspekte der Amtseinsetzung von Bischof Wolfgang Haas, in: plädoyer. Das Magazin für Recht und Politik, Nr. 4, 1990, 45–47.

99 Bischofswahlen in der Schweiz, 15. Zur Kritik der Schweizerischen Bischofskonferenz an diesem Expertenbericht: Herder Korrespondenz, 47 (1993), 51–52.

100 Siehe Luzerner Neueste Nachrichten, 27. Mai 1988, 7. und 20. Februar 1989; Tages-Anzeiger, 9. Dezember 1988; Bündner Zeitung, 10. Dezember 1988 und 23. Januar 1989; March-Anzeiger, 8. Februar 1989.

101 Heute erscheint die Zeitung «Aufbruch» mit dem neuen Namenszusatz «Zeitung für Religion und Gesellschaft».

102 Siehe Ostschweiz, 29. Juni 1990.

103 Siehe Tages-Anzeiger, 19. November 1992.

104 Siehe Neue Zürcher Zeitung, 28. Mai 1990.

105 Siehe Schweizerische Katholische Wochenzeitung, 13. und 27. Mai 1988. Bis zum 17. Mai 1988 unterschrieben 2700 Personen diese Erklärung. Zum «katholikalen» Flügel siehe: Rolf Weibel, Immer noch im Umbruch. Verbände und Bewegungen im Schweizer Katholizismus, in: Herder Korrespondenz, 47 (1993), 358–359.

106 Leserbrief in der Neuen Zürcher Zeitung, 26. September 1989.

107 Leserbrief im Brückenbauer, 11. Juli 1990.

108 Leserbrief in der Weltwoche, 7. März 1991.

109 Leserbrief in der Ostschweiz, 11. Juni 1990.

110 Siehe Neue Zürcher Zeitung, 5. Dezember 1990.

111 Siehe SonntagsZeitung, 9. Dezember 1990.

112 Siehe Gut, Fragen zur Rechtskultur, 128–130; Facts, 4. Dezember 1997.

113 Siehe Basler Zeitung, 13. Juni 1998; Der Bund, 22. Dezember 1997; Blick, 24. August 1998; Tages Anzeiger, 10. Dezember 1999.

114 Zu Philipp Anton von Segesser siehe: Victor Conzemius, Philipp Anton von Segesser 1817–1888. Demokrat zwischen den Fronten, Zürich/Einsiedeln/Köln 1977; ders. (Hg.), Briefwechsel Philipp Anton von Segesser (1817–1888), 5 Bde, Zürich 1983–1992.

115 Siehe Urs von Arx, Christkatholische Kirche, in: Historisches Lexikon der Schweiz, Bd. 3, Basel 2004, 373–374, ‹http://www.hls-dhs-dss.ch/textes/d/D11432.php› (18. September 2008); Victor Conzemius, Katholizismus ohne Rom. Die altkatholische Kirchengemeinschaft, Zürich/Einsiedeln/Köln 1969, 70–81;

Urs Küry, Die altkatholische Kirche: ihre Geschichte, ihre Lehre, ihr Anliegen, Frankfurt a.M. 1982; Lukas Vischer/Lukas Schenker/Rudolf Dellsperger (Hg.), Ökumenische Kirchengeschichte der Schweiz, Freiburg/Basel 1994; Urs von Arx, Vor 125 Jahren, in: Christkatholisches Kirchenblatt 1996–2001.

v   Schluss
     Vom Konfessionalismus zur universalen Religion

1   Mit den Transformationen im Katholizismus nach dem Zweiten Weltkrieg be-
     fasste ich mich schon vor zwanzig Jahren im Kapitel «Vom Milieukatholizis-
     mus zur Sektorenkirche» sowie in anderen Kapiteln meines Buches «Katholizis-
     mus und Moderne», das auch in einer französischen, italienischen, polnischen
     und ungarischen Übersetzung publiziert worden ist: Urs Altermatt, Katholizis-
     mus und Moderne. Zur Sozial- und Mentalitätsgeschichte der Schweizer Katho-
     liken im 19. und 20. Jahrhundert, Zürich 1989, ²1991. Wie ich im Vorwort ausge-
     führt habe, setzt das hier vorgelegte Buch die Schwerpunkte anders. In diesem
     mehr auf das Verhältnis von Religion zu Nation fokussierten Buch komme ich
     allerdings auch auf Themen zurück, die ich 1989 mit Bezug auf die Gesell-
     schaftsgeschichte dargelegt habe. Dabei kann ich von der breiten Literatur profi-
     tieren, die seither veröffentlicht worden ist. In den letzten zwei Jahrzehnten
     nahm die Literatur zur religiösen Lage in der zweiten Hälfte des 20. Jahrhunderts
     enorm zu. Vor allem die religionssoziologische Forschung machte grosse Fort-
     schritte und legte wegweisende Studien vor. Bei der Redaktion dieses Kapitels
     unterstützte mich Thomas Metzger mit Recherchen und der Überprüfung von
     Daten. Franziska Metzger verdanke ich wertvolle Anregungen und ein sorgfäl-
     tiges Lektorat.

2   Zum Tode des Obersten Hirten der katholischen Welt. Pius XII. Ein priester-
     licher Papst, in: Die Woche. Neue schweizerische Illustrierte Zeitung, 13.–
     19. Oktober 1958, 2–16. Siehe z.B. auch: Freiburger Nachrichten, 10. Oktober
     1958; La Liberté, 10. Oktober 1958; Vaterland, 9./10. Oktober 1958.

3   Zur Reaktion auf Rolf Hochhuths «Stellvertreter» im Schweizer Katholizismus
     siehe: Nadine Ritzer, Alles nur Theater? Zur Rezeption von Rolf Hochhuths
     «Der Stellvertreter» in der Schweiz 1963/1964, Freiburg/Schweiz 2006; Urs
     Altermatt, Die Hochhuth-Debatte in der katholischen Schweiz 1963, in: Silvia
     Käppeli (Hg.), Lesarten des jüdisch-christlichen Dialoges. Festschrift zum
     70. Geburtstag von Clemens Thoma, Bern 2002, 19–32. Zu Papst Pius XII. siehe
     auch die Ausführungen von Albert Gasser: Kleine Kirchengeschichten. Essays,
     Zürich 2008, 118–129. Zur Thematik um Papst und Shoah neuerdings: Hubert
     Wolf, Papst und Teufel. Die Archive des Vatikan und das Dritte Reich, München
     2008.

4   Siehe: Altermatt, Katholizismus und Moderne.

5   Der Schweizerische Katholische Turnverband KTV wurde 1919 gegründet. Der Verband entwickelte sich aus den katholischen Jünglingsvereinen heraus. Der freisinnige Eidgenössische Turnverein ETV geht auf das Jahr 1832 zurück. Der Schweizerische Arbeiter-, Turn- und Sportverband SATUS entstand aus der Fusion des Schweizerischen Arbeiter-Turn-Verbands mit dem Schweizerischen Arbeiter-Sportverband im Jahre 1922. Zum katholischen Turnwesen siehe u. a.: Regula Wind, Reine Töchter – starke Mütter. Die katholische Turnerinnenbewegung der Schweiz zwischen 1931 und 1973, Freiburg/Schweiz 2008; Joseph Jung, Katholische Jugendbewegung in der deutschen Schweiz. Der Jungmannschaftsverband zwischen Tradition und Wandel von der Mitte des 19. Jahrhunderts bis zum Zweiten Weltkrieg, Freiburg/Schweiz 1988.

6   1961 Fusionierte der «Solothurner Anzeiger» mit dem «Morgen» zur Zeitung «Der Neue Morgen». 1965 wechselte diese ihren Namen in «Solothurner Nachrichten».

7   Zur Entstehung erster Raiffeisenbanken in der Schweiz siehe: Sibylle Obrecht, Raiffeisen. Menschen, Geld, Geschichten, Frauenfeld/Stuttgart/Wien 2000.

8   Zu den Katholikentagen und zum Schweizerischen Katholischen Volksverein siehe: Urs Altermatt, Der Weg der Schweizer Katholiken ins Ghetto. Die Entstehungsgeschichte der nationalen Volksorganisationen im Schweizer Katholizismus 1848–1919, Bern 1970, Zürich/Köln 1972, Freiburg/Schweiz ³1995; Armin Imstepf, Die schweizerischen Katholikentage 1903–1954. Geschichte, Organisation, Programmatik und Sozialstruktur, Freiburg/Schweiz 1987. Zu den christlichsozialen Gewerkschaften siehe: Dieter Holenstein, Die Christlichsozialen der Schweiz im Ersten Weltkrieg. Entwicklung der christlichsozialen Organisationen und ihre Stellung in der schweizerischen Arbeiterbewegung und der katholischen Sondergesellschaft 1914–1920, Freiburg/Schweiz 1993; Urs Altermatt/Franziska Metzger, Katholische Arbeiter und Milieuidentität in der Schweiz 1850–1950, in: Claudia Hiepel/Mark Ruff (Hg.), Christliche Arbeiterbewegung in Europa 1850–1950, Stuttgart 2003, 159–175.

9   Zum Schweizerischen Katholischen Frauenbund siehe u. a.: Christa Mutter, Frauenbild und politisches Bewusstsein im Schweizerischen Katholischen Frauenbund. Der Weg des SKF zwischen Kirche und Frauenbewegung, unveröffentlichte Lizentiatsarbeit Freiburg/Schweiz 1987; Sabine Schweizer, Katholisch, aber kirchlich unabhängig: Der Staatsbürgerliche Verband katholischer Schweizerinnen (Staka). Werden und Wirken des Staka von seiner Gründung 1947 bis zur Einführung des Frauenstimmrechts 1971, unveröffentlichte Lizentiatsarbeit Freiburg/Schweiz 1999; Mirjam Moser, Frauen im katholischen Milieu von Olten 1900–1950, Freiburg/Schweiz 2004; Regula Geiser, Von katholischen Suppenhühnern zu selbstbewussten Katholikinnen. Der Schweizerische Katholische Frauenbund (SKF) im Einsatz für die Gleichberechtigung der Frau in der katholischen Kirche seit dem Zweiten Vatikanischen Konzil, unveröffentlichte

Lizentiatsarbeit Freiburg/Schweiz 2006; Beatrix Mesmer, Ausgeklammert – Eingeklammert, Bd. 1: Frauen und Frauenorganisationen in der Schweiz des 19.Jahrhunderts, Basel/Frankfurt a. M. 1988, 268–277.

10 Zur Geschichte der Christlichdemokraten in der Schweiz siehe u. a.: Urs Altermatt, Aufstieg und Krise der Christlichdemokraten in der Schweiz, in: Bernhard Löffler/Karsten Ruppert (Hg.), Religiöse Prägung und politische Ordnung in der Neuzeit. Festschrift für Winfried Becker zum 65.Geburtstag, Köln/Weimar/ Wien 2006, 607–632; ders., Von der katholischen Milieupartei zu einer bürgerlichen Sammlungspartei. Zur Geschichte der Christlichdemokraten in der Schweiz, in: Mariano Delgado/David Neuhold (Hg.), Politik aus christlicher Verantwortung. Ein Ländervergleich Österreich-Schweiz, Innsbruck 2008, 39–64; ders., Die Christlichdemokratische Volkspartei der Schweiz 1945–1999, in: Hans-Joachim Veen (Hg.), Christlich-demokratische und konservative Parteien in Westeuropa, Bd. 5, Paderborn 2000, 35–115; ders./Hans Peter Fagagnini (Hg.), Die CVP zwischen Programm und Wirklichkeit. Zürich 1979; Bernhard Wigger, Die Schweizerische Konservative Volkspartei 1903–1918. Politik zwischen Kulturkampf und Klassenkampf, Freiburg/Schweiz 1997; Markus Hodel, Die Schweizerische Konservative Volkspartei 1918–1929. Die goldenen Jahre des politischen Katholizismus, Freiburg/Schweiz 1994; Lukas Rölli-Alkemper, Die Schweizerische Konservative Volkspartei 1935–1943. Politischer Katholizismus zwischen Emanzipation und Integration, Freiburg/Schweiz 1993; Martin Zenhäusern, Die Schweizerische Konservative Volkspartei 1943–1947, unveröffentlichte Lizentiatsarbeit Freiburg/Schweiz 1987; Markus Rohner, Der Weg der Schweizer Christdemokratie. Eine Analyse der Ursachen und Auswirkungen der Parteistatuten-Reform vom Dezember 1970, unveröffentlichte Lizentiatsarbeit Freiburg/Schweiz 1983; Roswitha Feusi, Die katholisch-konservative Oppositionsbewegung (1875–1878). Von der verachteten zur beachteten Minderheit, unveröffentlichte Lizentiatsarbeit Freiburg/Schweiz 1986. Neuerdings: Timotheos Frey, Die Christdemokratie in Westeuropa. Der schmale Grat zum Erfolg, Baden-Baden 2009.

11 Hugh McLeod, The Religious Crisis of the 1960s, New York 2007.

12 Hugh McLeod (Hg.), The Cambridge History of Christianity, vol.9: World Christianities c.1914–c.2000, Cambridge 2006.

13 Alfred Dubach/Brigitte Fuchs, Ein neues Modell von Religion. Zweite Schweizer Sonderfallstudie – Herausforderung für die Kirchen, Zürich 2005; Martin Baumann/Jörg Stolz (Hg.), Eine Schweiz – viele Religionen. Risiken und Chancen des Zusammenlebens, Bielefeld 2007. Siehe darin: Michael Krüggeler/Rolf Weibel, Vom antimodernen Katholizismus zum vielgestaltigen «Volk Gottes»: Die Entwicklung der katholischen Kirche in der Schweiz, 100–114. Aus den 1990er Jahren siehe den Sammelband: Alfred Dubach/Roland J.Campiche (Hg.), Jede(r) ein Sonderfall? Religion in der Schweiz: Ergebnisse einer Repräsentativbefragung, Zürich/Basel 1993.

14 Roland J. Campiche, Die zwei Gesichter der Religion. Faszination und Entzauberung, Zürich 2004.

15 Siehe u. a.: Dubach/Fuchs, Ein neues Modell von Religion; Michael Krüggeler/ Karl Gabriel/Winfried Gebhardt (Hg.), Institution–Organisation–Bewegung. Sozialformen der Religion im Wandel, Opladen 1999; Katholische Kirche in der Schweiz. Zahlen–Fakten–Entwicklungen 1996–2005, hg. vom Schweizerischen Pastoralsoziologischen Institut, St. Gallen 2007. Siehe auch: Peter Voll, Religion, Integration und Individualität. Studien zur Religion in der Schweiz, Würzburg 2006.

16 Siehe u. a. die Beiträge: Markus Ries, Die Schweiz, in: Erwin Gatz (Hg.), Kirche und Katholizismus seit 1945, Bd. 1: Mittel-, West- und Nordeuropa, Paderborn/ München/Wien/Zürich 1998, 333–356; ders., Kirchenreform in der kleinteiligen Gesellschaft: Das II. Vatikanum und die Schweiz, in: Hubert Wolf/Claus Arnold (Hg.), Die deutschsprachigen Länder und das II. Vatikanum, Paderborn et al. 2000, 133–147; Franz Xaver Bischof/Stephan Leimgruber (Hg.), Vierzig Jahre II. Vatikanum. Zur Wirkungsgeschichte der Konzilstexte, Würzburg 2004; Victor Conzemius, Die Schweizer Kirche und das II. Vatikanische Konzil, in: Klaus Wittstadt/Wim Verschooten (Hg.), Der Beitrag der deutschsprachigen und osteuropäischen Länder zum Zweiten Vatikanischen Konzil, Leuven 1996, 87–108; Francis Python, Un test pour les catholiques romands au sortir de la guerre. L'accession à l'épiscopat de Mgr François Charrière en 1945, in: Catherine Bosshart-Pfluger/Joseph Jung/Franziska Metzger (Hg.), Nation und Nationalismus. Kulturelle Konstruktion von Identitäten. Festschrift für Urs Altermatt, Frauenfeld/ Stuttgart/Wien 2002, 639–661; Lukas Vischer/Lukas Schenker/Rudolf Dellsperger (Hg.), Ökumenische Kirchengeschichte der Schweiz, Freiburg/Basel 1994.

17 Die Reihe wurde 1987 gegründet. Sie zählt Anfang 2009 über 50 Bände und enthält hauptsächlich Abschlussarbeiten von Studierenden der Universität Freiburg, weshalb gelegentlich von der so genannten «Freiburger Schule» die Rede ist. So neuerdings in: Voll, Religion, Integration und Individualität, 164, Anm. 9. Siehe Bd. 1: Armin Imstepf, Die schweizerischen Katholikentage 1903–1954. Geschichte, Organisation, Programmatik und Sozialstruktur, Freiburg/Schweiz 1987, 472 S.; Bd. 2: Joseph Jung, Katholische Jugendbewegung in der deutschen Schweiz. Der Jungmannschaftsverband zwischen Tradition und Wandel von der Mitte des 19. Jahrhunderts bis zum Zweiten Weltkrieg, Freiburg/Schweiz 1988, 450 S.; Bd. 3: Quirin Weber, Korporatismus statt Sozialismus. Die Idee der berufsständischen Ordnung im schweizerischen Katholizismus während der Zwischenkriegszeit, Freiburg/Schweiz 1989, 225 S.; Bd. 4: Walter Gut, Politische Kultur in der Kirche, Freiburg/Schweiz 1990, 212 S.; Bd. 5: Victor Conzemius, Die Berichte «ad limina» der Bischöfe von Basel, Freiburg/Schweiz 1991, 307 S.; Bd. 6: Fritz Stolz/Victor Merten, Zukunftsperspektiven des Fundamentalismus, Freiburg/Schweiz 1991, 127 S.; Bd. 7: Urs Altermatt, Schweizer Katholizismus im Umbruch 1945–1990, Freiburg/Schweiz 1993, 344 S.; Bd. 8: Urs Altermatt, Schweizer Katholizismus zwischen den Weltkriegen 1920–1940, Freiburg/

Schweiz 1993, 361 S.; Bd. 9: Marianne-Franziska Imhasly, Katholische Pfarrer in der Alpenregion um 1850. Ein Beitrag zur Kulturgeschichte des katholischen Pfarrers im Oberwallis, Freiburg/Schweiz 1992, 472 S.; Bd. 10: Markus Hodel, Die Schweizerische Konservative Volkspartei 1918–1929. Die goldenen Jahre des politischen Katholizismus, Freiburg/Schweiz 1994, 547 S.; Bd. 11: Lukas Rölli, Die Schweizerische Konservative Volkspartei 1935–1943, Politischer Katholizismus zwischen Emanzipation und Integration Freiburg/Schweiz 1993, 306 S.; Bd. 12: Dieter Holenstein, Die Christlichsozialen der Schweiz im Ersten Weltkrieg. Entwicklung der christlichsozialen Organisationen und ihre Stellung in der schweizerischen Arbeiterbewegung und der katholischen Sondergesellschaft 1914–1920, Freiburg/Schweiz 1993, 434 S.; Bd. 13: Urs Altermatt, Der Weg der Schweizer Katholiken ins Ghetto. Die Entstehungsgeschichte der nationalen Volksorganisationen im Schweizer Katholizismus 1848–1919, 3. überarbeitete Auflage, Freiburg/Schweiz 1995, 496 S.; Bd. 14: Roland Brülisauer, Die Inländische Mission 1863–1913. Katholische Diasporahilfe in der Schweiz, Freiburg/Schweiz 1995, 205 S.; Bd. 15: Urban Fink/Stephan Leimgruber/Markus Ries (Hg.), Die Bischöfe von Basel 1794–1995, Freiburg/Schweiz 1996, 444 S.; Bd. 16: Konrad Suter, Pressegeschichte des Kantons Luzern von 1945 bis 1970, Freiburg/Schweiz 1996, 204 S.; Bd. 17: Beat Locher, Der Staatsratsproporz im Kanton Wallis 1848–1988, Freiburg/Schweiz 1996, 472 S.; Bd. 18: Bernhard Wigger, Die Schweizerische Konservative Volkspartei 1903–1918. Politik zwischen Kulturkampf und Klassenkampf, Freiburg/Schweiz 1997, 404 S.; Bd. 19: Martin Tschirren, Ehe- und Sexualmoral im Schweizer Katholizismus 1950–1975. Diskussion zwischen kirchlicher Autorität und Eigenverantwortung, Freiburg/Schweiz 1998, 216 S.; Bd. 20: Christoph Baumer, Die «Renaissance». Verband Schweizerischer Katholischer Akademiker-Gesellschaften 1904–1996, Freiburg/Schweiz 1998, 290 S.; Bd. 21: Aram Mattioli, Gonzague de Reynold. Idéologue d'une Suisse autoritaire, Freiburg/Schweiz 1997, 330 S.; Bd. 22: Dominique Prongué, Joseph Trouillat, un itinéraire entre politique et histoire 1815–1862. Aux origines du catholicisme politique et de l'historiographie dans le Jura, Freiburg/Schweiz 1998, 618 S.; Bd. 23: Chantal Kaiser, Bundesrat Jean-Marie Musy (1919–1934), Freiburg/Schweiz 1999, 304 S.; Bd. 24: Ronald Roggen, «Restauration» – Kampfruf und Schimpfwort. Eine Kommunikationsanalyse zum Hauptwerk des Staatstheoretikers Karl Ludwig von Haller (1768–1854), Freiburg/Schweiz 1999, 507 S.; Bd. 25: Davide Dosi, Il cattolicesimo ticinese e i fascismi. La Chiesa e il partito conservatore democratico ticinese nel periodo tra le due guerre mondiali, Freiburg/Schweiz 1999, 254 S.; Bd. 26: Annetta Bundi, Die Schweizerischen Republikanischen Blätter des konservativen Publizisten J. B. Rusch: eine aufmüpfige Stimme im Schweizer Blätterwald (1918–1945), Freiburg/Schweiz 1999, 253 S.; Bd. 27: Franziska Metzger, Die «Schildwache». Eine integralistisch-rechtskatholische Zeitung 1912–1945, Freiburg/Schweiz 2000, 381 S.; Bd. 28: Roland Kuonen, Gott in Leuk. Von der Wiege bis ins Grab – Die kirchlichen Übergangsrituale im 20. Jahrhundert, Freiburg/Schweiz 2000,

252 S.; Bd. 29: Pierre-Yves Zanella, Katholische Jugend im Oberwallis 1900–1970, Freiburg/Schweiz 2000, 189 S.; Bd. 30: Stephan Aerschmann, Katholische Schweizer Intellektuelle und der italienische Faschismus (1922–1943), Freiburg/Schweiz 2002, 197 S.; Bd. 31: Mirjam Künzler, Sexualmoral in katholischen Frauen- und Familienzeitschriften 1945–1990, Freiburg/Schweiz 2003, 197 S.; Bd. 32: Veronika Voney, Die Luzerner Passionsspiele von 1924, 1934, 1938, Freiburg/Schweiz 2004, 152 S.; Bd. 33: Mirjam Moser, Frauen im katholischen Milieu von Olten 1900–1950, Freiburg/Schweiz 2004, 216 S.; Bd. 34: Susanna Biland, Der Hochschulrat der Universität Freiburg/Fribourg (1949–1967), Freiburg/Schweiz 2004, 226 S.; Bd. 35: Melanie Hediger, Das Bild der Schweizer Frau in Schweizer Zeitschriften. Studien zu «Annabelle», «Schweizer Illustrierte» und «Sonntag» von 1966 bis 1976, Freiburg/Schweiz 2004, 210 S.; Bd. 36: Mario Turchetti (éd.), La Suisse de la Médiation dans l'Europe napoléonienne (1803–1814). Die Schweiz und die Mediationsakte in Napoleons Europa (1803–1814), Freiburg/Schweiz 2005, 151 S.; Bd. 37: Francis Python (éd.), Pouvoirs et société à Fribourg sous la Médiation (1803–1814). Staat und Gesellschaft in Freiburg zur Mediationszeit (1803–1814). Actes du colloque de Fribourg (journée du 11 octobre 2003), Freiburg/Schweiz 2005, 463 S.; Bd. 38: Kari Kälin, Schauplatz katholischer Frömmigkeit. Wallfahrt nach Einsiedeln von 1864 bis 1914, Freiburg/Schweiz 2005, 218 S.; Bd. 39: Sabine Vonlanthen, Justitia et Pax 1969–1993. Die Schweizerische Nationalkommission im Spannungsfeld zwischen Kirche und Politik, Freiburg/Schweiz 2005, 192 S.; Bd. 40: Simona Sigrist, «Das Neue Volk». Eine katholisch-fundamentalistische Zeitung 1950–1975, Freiburg/Schweiz 2005, 169 S.; Bd. 41: Nadine Ritzer, Alles nur Theater? Zur Rezeption von Rolf Hochhuths «Der Stellvertreter» in der Schweiz 1963–1964, Freiburg/Schweiz 2006, 252 S.; Bd. 42: Thomas Metzger, Antisemitismus in der Stadt St. Gallen 1918–1939, Freiburg/Schweiz 2006, 474 S.; Bd. 43: Bernhard Salzmann, Europa als Thema katholischer Eliten. Das katholische Europa-Netzwerk der Schweiz von 1945 bis Mitte der 1950er Jahre, Freiburg/Schweiz 2006, 270 S.; Bd. 44: Christof Kaufmann, Und sie trauten sich doch. Konfessionsverschiedene Ehen im Entlebuch im 20. Jahrhundert, Freiburg/Schweiz 2007, 181 S.; Bd. 45: David Luginbühl, Vom «Zentralorgan» zur unabhängigen Tageszeitung? Das «Vaterland» und die CVP 1955–1991, Freiburg/Schweiz 2007, 168 S.; Bd. 46: Regula Wind, Reine Töchter – starke Mütter. Die katholische Turnerinnenbewegung der Schweiz zwischen 1931 und 1973, Freiburg/Schweiz 2008, 267 S.; Bd. 47: Josef Inauen, Brennpunkt Schweiz. Die Süddeutschen Staaten Baden, Württemberg und Bayern und die Eidgenossenschaft 1815–1840, Freiburg/Schweiz, 460 S.; Bd. 48: Martina Sochin, «Du Mägdelein höre!» Das Höhere Töchterinstitut St. Elisabeth 1935–1994, Freiburg/Schweiz 2007, 214 S.; Bd. 49: Constanze Jecker, SendungsBewusstsein. Kirchliche Kriegskommunikation und die Anfänge der Radio-Predigten in der Schweiz 1925–1945, Freiburg/Schweiz 2009, 208 S.; Bd. 50: Urs Altermatt, Die Universität Freiburg auf der Suche nach Identität,

Freiburg/Schweiz (im Druck); Bd. 51: Urs Altermatt/Christina Späti, Die zweisprachige Universität Freiburg, Freiburg/Schweiz (im Druck). Weiter sind Bände
von Regula Geiser und Barbara Ludwig in Vorbereitung.

18 Siehe im 99. Jahrgang der «Schweizerischen Zeitschrift für Religions- und Kulturgeschichte» (2005): Staf Hellemans, Die Transformation der Religion und der
Grosskirchen in der zweiten Moderne aus der Sicht des religiösen Modernisierungsparadigmas, 11–35; Alfred Dubach, Religiöse Transformationsprozesse im
Schweizer Katholizismus vierzig Jahre nach dem Zweiten Vatikanum – aus re-
ligionssoziologischer Perspektive, in: Schweizerische Zeitschrift für Religions-
und Kulturgeschichte, 99 (2005), 37–59; Rolf Weibel, Die Transformation des
Schweizer Katholizismus als Ausdifferenzierung, 61–77; James C. Kennedy,
Recent Dutch religious history and the limits of secularization, in: Schweizeri-
sche Zeitschrift für Religions- und Kulturgeschichte, 99 (2005), 79–92; David
Neuhold, Konzilsväter und Religionsfreiheit. Eine Vielfalt an Meinungen und
Konzepten, aber nur zwei Wege, 105–125. – Zur Geschichte der SZRKG, der frü-
heren «Zeitschrift für Schweizerische Kirchengeschichte» (ZSKG), siehe: Urs
Altermatt, Säkularisierung der Kirchengeschichte – Notizen zur Biographie der
ZSKG, in: Schweizerische Zeitschrift für Kirchengeschichte, 90 (1996), 7–35.
Der Band zum 90jährigen Jubiläum der ZSKG enthielt zudem Beiträge von:
Alois Steiner, Markus Ries, Werner Vogler, Marco Jorio, Francis Python, Frédé-
ric Yerly, Alberto Lepori, Fabrizio Panzera, Catherine Bosshart-Pfluger, Urban
Fink und Peter Hersche. Zur Geschichte der Zeitschrift siehe weiter den Arti-
kel von Francis Python anlässlich des 100jährigen Jubiläums: Francis Python,
La «Revue d'histoire ecclésiastique suisse» 1907–2006: l'apport de la Suisse
romande, in: Schweizerische Zeitschrift für Religions- und Kulturgeschichte,
100 (2006), 79–85. Siehe neuerdings Franziska Metzger, Religion, Geschichte,
Nation. Kommunikationstheoretische Perspektiven auf die katholische Geschichtsschreibung in der Schweiz im 19. und 20. Jahrhundert, unveröffentlichte Dissertation Freiburg/Schweiz 2007. Siehe zudem das Kapitel zur ZSKG in:
Urs Altermatt, Die Universität Freiburg auf der Suche nach Identität, erscheint
2009 bei Academic Press Fribourg. – Ich habe seit 1986 die Chefredaktion dieser
Zeitschrift inne, die zunehmend internationale Ausstrahlung erlangt, was
Autoren, Abonnenten und Themen betrifft.

19 Ich folge hier den anregenden Ausführungen von McLeod, The Religious Crisis
of the 1960s, der die meisten der Autoren und Autorinnen aufführt. Das Buch
von McLeod ist für mich in mancherlei Hinsicht wegweisend, auch wenn ich
nicht alle Einschätzungen und Schwerpunkte teile.

20 Zur Diskussion um Säkularisierung und Transformation von Religion siehe aus
der breiten Literatur: Steve Bruce, Politics and Religion, Cambridge 2003; ders.,
The Demise of Christianity in Britain, in: Grace Davie/Paul Heelas/Linda Woodhead (Hg.), Predicting Religion. Christian, Secular and Alternative Futures,
Aldershot 2003, 53–73; ders. (Hg.), Religion and Modernization. Sociologists and

Historians Debate the Secularization Thesis, Oxford 2001; Karel Dobbelaere, Church Involvement and Secularization: Making Sense of the European Case, in: Eileen Barker/James A. Beckford/Karel Dobbelaere (Hg.), Secularization, rationalism and sectarianism, Oxford 1993, 19–36; Hartmut Lehmann (Hg.), Säkularisierung, Dechristianisierung, Rechristianisierung im neuzeitlichen Europa, Göttingen 1997; ders., Säkularisierung. Der europäische Sonderweg in Sachen Religion, Göttingen 2004; Altermatt, Katholizismus und Moderne; ders., Ambivalences of Catholic Modernisation, in: Judith Frishman/Willemien Otten/Gerard Rouwhorst (Hg.), Religious Identity and the Problem of Historical Foundation. The Foundational Character of Authoritative Sources in the History of Christianity and Judaism, Leiden/Boston 2004, 49–75; Patrick Pasture, Christendom and the Legacy of the Sixties. Between the Secular City and the Age of Aquarius, in: Revue d'Histoire écclésiastique, 99 (2004), 82–117; Weibel, Die Transformation des Schweizer Katholizismus; Danièle Hervieu-Léger, Catholicisme, la fin d'un monde, Paris ²2003. Gegen Aspekte der Säkularisierungsthese wendet sich: Hellemans, Die Transformation der Religion und der Grosskirchen; ders., How Modern is Religion in Modernity?, in: Frishman/Otten/Rouwhorst (Hg.), Religious Identity and the Problem of Historical Foundation, 76–94. In diesem Buch streife ich die Säkularisierungsdebatte nur oberflächlich.

21 Siehe beispielsweise zu dieser Denkschule: Callum G. Brown, The Death of Christian Britain. Understanding secularisation 1800–2000, London 2001; Mark Edward Ruff, The Wayward Flock. Catholic Youth in Postwar West Germany, 1945–1965, Chapel Hill 2005; Wilhelm Damberg, Abschied vom Milieu? Katholizismus im Bistum Münster und in den Niederlanden 1945–1980, Paderborn/München/Wien/Zürich 1997; Altermatt, Katholizismus und Moderne, Schlusskapitel «Vom Milieukatholizismus zur Sektorenkirche», 343–390.

22 Ich verzichte hier darauf, einzelne Werke aus der ständig anwachsenden Literatur zur Konzilsgeschichte aufzuführen. Beispiele aus Landesgeschichten: Gérard Cholvy/Yves-Marie Hilaire, Histoire religieuse de la France contemporaine, tome III, 1930–1988, Paris 1988; Ries, Die Schweiz; Vischer/Schenker/Dellsperger (Hg.), Ökumenische Kirchengeschichte der Schweiz.

23 Für verschiedene Ansätze zum Verhältnis von Zweitem Vatikanum und gesellschaftlichen Transformationen siehe die drei Bände «Programm und Wirkungsgeschichte des II. Vatikanums»: Peter Hünermann (Hg.), Das Zweite Vatikanum – christlicher Glaube im Horizont globaler Modernisierung. Einleitungsfragen, Paderborn et al. 1998; Hubert Wolf (Hg.), Antimodernismus und Modernismus in der katholischen Kirche. Beiträge zum theologiegeschichtlichen Vorfeld des II. Vatikanums, Paderborn et al. 1998; Wolf/Arnold (Hg.), Die deutschsprachigen Länder und das II. Vatikanum. Siehe zudem: Mariano Delgado, Kritische Anmerkungen zur selektiven Rezeption des Konzils in Lateinamerika, in: Hünermann (Hg.), Das Zweite Vatikanum, 205–209; ders., Der lange Abschied von der mittelalterlichen Gestalt des Christentums oder die Schwie-

rigkeiten des Katholizismus mit der Moderne, in: Karl Acham/Katharina Scherke (Hg.), Kontinuitäten und Brüche in der Mitte Europas. Lebenslagen und Situationsdeutungen in Zentraleuropa um 1900 und um 2000, Wien 2003, 157–179.

24 Zu dieser These siehe: Friedrich Wilhelm Graf, Die nachholende Selbstmodernisierung des Katholizismus? Kritische Anmerkungen zu Karl Gabriels Vorschlag einer interdisziplinären Hermeneutik des II. Vatikanums, in: Hünermann (Hg.), Das Zweite Vatikanum, 49–65; Hellemans, Die Transformation der Religion und der Grosskirchen.

25 Franz-Xaver Kaufmann, Globalisierung und Christentum, in: Hünermann (Hg.), Das Zweite Vatikanum, 15–34, bes. 33–34.

26 Siehe unter meinen Publikationen: Altermatt, Katholizismus und Moderne; ders., Zum ambivalenten Verhältnis von Katholizismus und Moderne: Epochen, Diskurse, Transformationen, in: Zeitschrift für Schweizerische Kirchengeschichte, 97 (2003), 165–182; ders., Vom geschlossenen katholischen Milieu zur Pluralisierung des Katholizismus, in: Moeizame Moderniteit. Katholieke cultuur in transitie. Opstellen voor Jan Roes (1939–2003), Trajecta, Nijmegen, 13 (2004), 44–62.

27 Brown, The Death of Christian Britain; ders., Religion and Society in Twentieth-Century Britain, London 2006.

28 Siehe u. a.: Brown, Religion and Society in Twentieth-Century Britain; Ruff, The Wayward Flock. Für die Schweiz siehe: Martin Tschirren, Ehe- und Sexualmoral im Schweizer Katholizismus 1950–1975, Diskussion zwischen kirchlicher Autorität und Eigenverantwortung, Freiburg/Schweiz 1998; Mirjam Künzler, Sexualmoral in katholischen Frauen- und Familienzeitschriften 1945–1990, Freiburg/Schweiz 2003.

29 Ruff, The Wayward Flock; ders., Catholic Youth Work and the Dialogue with the Past after 1945, in: Schweizerische Zeitschrift für Religions- und Kulturgeschichte, 100 (2006), 227–243.

30 Damberg, Abschied vom Milieu? Zu den katholischen Jugendverbänden in der Schweiz vor 1945 siehe: Jung, Katholische Jugendbewegung in der deutschen Schweiz.

31 Karl Gabriel, Christentum zwischen Tradition und Postmoderne, Freiburg i. Br./Basel ⁴1994.

32 McLeod, The Religious Crisis of the 1960s; Kennedy, Recent Dutch religious history.

33 Siehe Baumann/Stolz (Hg.), Eine Schweiz – viele Religionen; Campiche, Die zwei Gesichter der Religion; Dubach/Fuchs, Ein neues Modell von Religion; Dubach/Campiche (Hg.), Jede(r) ein Sonderfall?.

34 Darauf verweisen: Friedrich Wilhelm Graf/Klaus Große Kracht, Einleitung: Religion und Gesellschaft im Europa des 20. Jahrhunderts, in: dies. (Hg.), Religion und Gesellschaft. Europa im 20. Jahrhundert, Köln/Weimar/Wien 2007, 1–41, bes. 20–23.

35 Siehe u. a.: Ruff, The Wayward Flock; Gabriel, Christentum zwischen Tradition
    und Moderne; Christian Schmidtmann, Katholische Studierende 1945–1973.
    Eine Studie zur Kultur- und Sozialgeschichte der Bundesrepublik Deutschland,
    Paderborn/München/Wien/Zürich 2006; Benjamin Ziemann, Katholische Kir-
    che und Sozialwissenschaften 1945–1975, Göttingen 2007; McLeod, The Reli-
    gious Crisis of the 1960s.

36 Siehe das Schlusskapitel in: Altermatt, Katholizismus und Moderne, 343–390.

37 Siehe u. a.: Hellemans, How Modern is Religion in Modernity?; ders., Die Trans-
    formation der Religion und der Grosskirchen.

38 Zahlen für die Schweiz bietet: Tschirren, Ehe- und Sexualmoral im Schweizer
    Katholizismus 1950–1975, 170–181, 191–194. Resultat der Diskrepanzen im Be-
    reich der Sexualmoral waren nicht zuletzt die Auseinandersetzungen um einen
    Vortrag des Freiburger Professors Stephan Pfürtner im Jahre 1972. Siehe hierzu:
    Ludwig Kaufmann, Ein ungelöster Kirchenkonflikt: Der Fall Pfürtner. Doku-
    mente und zeitgeschichtliche Analysen, Freiburg/Schweiz 1987.

39 Für die Zahlen siehe: Meinungen zum kirchlichen Amt. Ergebnisse aus der Mei-
    nungsforschung zu aktuellen Fragen des kirchlichen Dienstes (Schweiz und
    Nachbarländer), Kirchenstatistische Hefte 3, hg. vom Schweizerischen Pastoral-
    soziologischen Institut, St. Gallen 1981, 5, 12, 20.

40 Siehe Marit Monteiro/Mariet Derks, The Days of Miracle and Wonder. Religio-
    us Transformations in the extended 1960s. Research Paper, Research Group
    Religious History/History of Dutch Catholicism, Nijmegen 2008.

41 Monteiro/Derks, The Days of Miracle and Wonder, 4.

42 McLeod, The Religious Crisis of the 1960s, 260–261.

43 Monteiro/Derks, The Days of Miracle and Wonder, 7.

44 Arthur Marwick, The Sixties. Cultural Revolution in Britain, France, Italy, and
    the United States, c. 1958–c. 1974, Oxford 1998; McLeod, The Religious Crisis
    of the 1960s, 1.

45 Altermatt, Katholizismus und Moderne.

46 McLeod, The Religious Crisis of the 1960s, 1.

47 So z. B.: Mark Ruff, The Postmodern Challenge to the Secularization thesis: a
    Critical Assessment, in: Schweizerische Zeitschrift für Religions- und Kultur-
    geschichte, 99 (2005), 385–401; Gabriel, Christentum zwischen Tradition und
    Postmoderne; Michael N. Ebertz, Erosion der Gnadenanstalt? Zum Wandel der
    Sozialgestalt von Kirche, Frankfurt a. M. 1998; Damberg, Abschied vom Milieu?;
    Hervieu-Léger, Catholicisme; Altermatt, Katholizismus und Moderne, 343–390.

48 In exemplarischen Studien haben Wilhelm Damberg für das Bistum Münster
    und Mark Edward Ruff für die katholischen Jugendverbände Westdeutschlands
    den Zusammenbruch des katholischen Milieus beschrieben und kommen zu Er-
    gebnissen, deren Ähnlichkeiten mit der schweizerischen Entwicklung frappant
    sind. Damberg, Abschied vom Milieu?; Ruff, The Wayward Flock. Siehe auch:
    Peter van Dam, Sind die Säulen noch tragfähig? «Versäulung» in der niederlän-

dischen Historiographie, in: Schweizerische Zeitschrift für Religions- und Kulturgeschichte, 102 (2008), 415–443.

49   Siehe aus der breiten Konzils-Literatur z. B.: Giuseppe Alberigo, Das II. Vatikanum und der kulturelle Wandel in Europa, in: Hünermann (Hg.), Das Zweite Vatikanum, 139–157. Zum Vatikanum im Allgemeinen siehe zudem: Hubert Jedin, Das Zweite Vatikanische Konzil, in: Handbuch der Kirchengeschichte. Die Weltkirche im 20. Jahrhundert, Bd. VII, hg. von Hubert Jedin und Konrad Repgen, Freiburg i. Br./Basel 1985 (Sonderausgabe), 97–151.

50   Als Einführung in die Kirchengeschichte immer noch: Handbuch der Kirchengeschichte. Die Kirche in der Gegenwart, Bd. VI, hg. von Hubert Jedin, Freiburg i. Br./Basel/Wien 1971.

51   Siehe dazu: Conzemius, Die Schweizer Kirche und das II. Vatikanische Konzil; Ries, Kirchenreform in der kleinteiligen Gesellschaft.

52   Zu Hans Küng siehe seine Autobiographie: Hans Küng, Erkämpfte Freiheit. Erinnerungen, München/Zürich 2002; ders., Umstrittene Wahrheit. Erinnerungen, München 2007.

53   Zu Anton Hänggi siehe: Stephan Leimgruber/Bruno Bürki, Anton Hänggi (1968–1982) – Im Lichte des Zweiten Vatikanischen Konzils, in: Urban Fink/Stephan Leimgruber/Markus Ries (Hg.), Die Bischöfe von Basel 1794–1995, Freiburg/Schweiz 1996, 303–336.

54   Für biographische und theologische Profile einzelner Schweizer Konzilstheologen siehe: Stephan Leimbruger/Max Schoch, Gegen die Gottvergessenheit. Schweizer Theologen im 19. und 20. Jahrhundert, Basel/Freiburg/Wien 1990.

55   Zu Charles Journet siehe u.a.: Philippe Chenaux/Guy Bedouelle (Hg.), Charles Journet (1891–1975). Un théologien en son siècle. Actes du Colloque de Genève 1991, Freiburg/Paris 1992.

56   Siehe Geiser, Von katholischen Suppenhühnern zu selbstbewussten Katholikinnen. Zu Heinzelmann siehe zudem: Barbara Kopp, Die Unbeirrbare. Wie Gertrud Heinzelmann den Papst und die Schweiz das Fürchten lehrte, Zürich 2003.

57   Siehe hierzu: Nadine Fischer, Das Zweite Vatikanische Konzil (1962–65) im Spiegel von Schweizer Zeitungen, unveröffentlichte Lizentiatsarbeit Freiburg/Schweiz 2004. Die sozialdemokratische Presse zeigte gemäss Fischer in der Schweiz das geringste Interesse.

58   Zu von Galli siehe: Alois Schifferle, Brandstifter des Geistes. Mario Galli SJ 1904–1987. Ein Lebenszeugnis in Wort und Bild, Leipzig 2000. Zu Ludwig Kaufmann siehe: Odilo Noti, Als Chronist der Macht des Vergessens entgegenwirken, in: Schweizerische Kirchenzeitung, 24. Oktober 1991.

59   Siehe hierzu die Zahlen in: Altermatt, Katholizismus und Moderne, 283–287 (aufgrund von pastoralsoziologischen Untersuchungen aus den Jahren 1957 und 1961); ders., Von der kirchlichen zur pluralen Sonntagskultur, in: ders. (Hg.), Katholische Denk- und Lebenswelten. Beiträge zur Kultur- und Sozialgeschichte des Schweizer Katholizismus im 20. Jahrhundert, Freiburg/Schweiz 2003, 39–54.

60   So Cornel Dora, Die Zeit des katholischen Milieus: Vom Ersten Weltkrieg bis zum Zweiten Vatikanischen Konzil, in: Franz Xaver Bischof/Cornel Dora, Ortskirche unterwegs. Das Bistum St. Gallen 1847–1997. Festschrift zum hundertfünfzigsten Jahr seines Bestehens, St. Gallen 1997, 91–223, 153–155.

61   Paul Michael Zulehner/Regina Polak, Religion–Kirche–Spiritualität in Österreich nach 1945. Befund, Kritik, Perspektive, Innsbruck 2006.

62   Siehe Bindung an die Kirche. Ergebnisse von Meinungsumfragen über Kirchlichkeit und kirchliche Praxis (Schweiz und Nachbarländer), Kirchenstatistische Hefte 4, hg. vom Schweizerischen Pastoralsoziologischen Institut, St. Gallen 1981, 37–50; Altermatt, Katholizismus und Moderne, 306.

63   Gespräche mit zahlreichen Katholiken 2008/2009.

64   Zu diesen Zahlen und Entwicklungen siehe: Ries, Kirchenreform in der kleinteiligen Gesellschaft, 135.

65   Für die Zahlen siehe: Kirchliches Personal 1980–1985, Kirchenstatistische Hefte 6, hg. vom Schweizerischen Pastoralsoziologischen Institut, St. Gallen 1981, 19; Katholische Kirche in der Schweiz. Zahlen–Fakten–Entwicklungen 1996–2005, 48.

66   Dazu ausführlicher: Rolf Weibel, Entwicklungen in der Schweiz seit der Mitte des 19. Jahrhunderts, in: Erwin Gatz (Hg.), Geschichte des kirchlichen Lebens in den deutschsprachigen Ländern seit dem Ende des 18. Jahrhunderts, Bd. 8: Laien in der Kirche, Freiburg i. Br./Basel/Wien 2008, 379–442. Für Zahlen siehe: Katholische Kirche in der Schweiz. Zahlen–Fakten–Entwicklungen 1996–2005.

67   Für die Zahlen siehe: Kirchliches Personal 1965–1980. Daten zur Situation und Entwicklung in der Schweiz, Kirchenstatistische Hefte 2, hg. vom Schweizerischen Pastoralsoziologischen Institut, St. Gallen 1981, 32; Kirchliches Personal 1980–1985, 14. Zu den Laien in der katholischen Kirche der Schweiz siehe zudem: Katholische Kirche in der Schweiz. Zahlen–Fakten–Entwicklungen 1996–2005; Weibel, Entwicklungen in der Schweiz seit der Mitte des 19. Jahrhunderts.

68   Zum Sonntag siehe für die Schweiz: Altermatt, Von der kirchlichen zur pluralen Sonntagskultur; ders., Die Industriegesellschaft und der Sonntag, in: Jürgen Wilke (Hg.), Mehr als ein Weekend? Der Sonntag in der Diskussion, Paderborn/München/Wien/Zürich 1989, 9–26; ders., Vom kirchlichen Sonntag zum säkularisierten Weekend. Zur Sozial- und Mentalitätsgeschichte des vorkonziliaren Sonntags, in: Alberich Martin Altermatt/Thaddäus A. Schnitker (Hg.), Der Sonntag. Anspruch–Wirklichkeit–Gestalt. Jakob Baumgartner zum 60. Geburtstag, Würzburg/Freiburg/Schweiz 1986, 248–289. – Für den internationalen Vergleich siehe aus der neusten Literatur: Am siebten Tag. Geschichte des Sonntags, hg. von der Stiftung Haus der Geschichte der Bundesrepublik Deutschland, Bonn 2002, darin u. a.: Urs Altermatt/Franziska Metzger, «Gedenke des Sabbats». Erosion der kirchlichen Sonntagskultur, 42–49; Sonntag! Kulturgeschichte eines besonderen Tages, hg. vom Museum der Arbeit, Hamburg 2001; Rudolf Weiler (Hg.), Der Tag des Herrn. Kulturgeschichte des Sonntags, Wien/Köln/

Weimar 1998; Berthold S. Nuss, Der Streit um den Sonntag. Der Kampf der Katholischen Kirche in Deutschland von 1869 bis 1992 für den Sonntag als kollektive Zeitstruktur. Anliegen–Hintergründe–Perspektiven, Idstein 1996.

69 Schweizerische Kirchenzeitung, 28. Mai 1959.

70 Schweizerische Kirchenzeitung, 13. April 1950.

71 Altermatt, Katholizismus und Moderne, 294; Jakob Baumgartner, Die liturgische Bewegung in der Schweiz – ein brachliegendes Feld der Forschung, in: Zeitschrift für Schweizerische Kirchengeschichte, 83 (1989), 247–262.

72 Dubach, Religiöse Transformationsprozesse im Schweizer Katholizismus, 55.

73 Siehe Memorandum für einen wirksamen Schutz des Sonntags, hg. vom Vorstand des Schweizerischen Evangelischen Kirchenbundes, der Schweizerischen Bischofskonferenz und dem Bischofs- und Synodalrat der Christkatholischen Kirche der Schweiz, Bern/Freiburg/Schweiz 1985.

74 Dazu ist viel geschrieben worden. Immer noch interessant: Jakob Baumgartner, Die nachvatikanische Liturgiereform. Versuche–Erfahrungen–Aufgaben, in: Guido J. Kolb (Hg.), Die katholische Kirche in Stadt und Landschaft Zürich 1523–1807–1983, Zürich 1983, 88–106; Gerhard Schmied, Kirche oder Sekte? Entwicklungen und Perspektiven des Katholizismus in der westlichen Welt, München/Zürich 1988, 38–107.

75 Zur «Synode 72» siehe u. a.: Weibel, Entwicklungen in der Schweiz seit der Mitte des 19. Jahrhunderts.

76 Zur Entstehung der Priesterbruderschaft St. Pius x. siehe: Alois Schifferle, Das Ärgernis Lefebvre. Informationen und Dokumente zur neuen Kirchenspaltung, Freiburg/Schweiz 1989.

77 Siehe für eine historische Fallstudie: Metzger Franziska, Die «Schildwache». Eine integralistisch-rechtskatholische Zeitung 1912–1945, Freiburg/Schweiz 2000.

78 Beispiele finden sich in den Schriften, Vorträgen und Publikationsorganen der Piusbruderschaft, die auf deren nationalen und internationalen Internetseiten einsehbar sind.

79 Franz-Xaver Kaufmann verwendet den Begriff in Bezug auf die Epoche der Pius-Päpste: Franz-Xaver Kaufmann, Kirche begreifen. Analysen und Thesen zur gesellschaftlichen Verfassung des Christentums, Freiburg i. Br. 1979, 100. Siehe unter anderen auch: Heinz Hürten, Deutscher Katholizismus im 19. Jahrhundert. Positionsbestimmung und Selbstbehauptung, in: ders. (Hg.), Katholiken, Kirche und Staat als Problem der Historie. Ausgewählte Aufsätze 1963–1992, Paderborn/München/Wien/Zürich 1994, 33–50, 47.

80 Rolf Weibel, der langjährige Redaktor der «Schweizerischen Kirchenzeitung», verwendet diese Formulierung häufig. Siehe z. B.: Weibel, Entwicklungen in der Schweiz seit der Mitte des 19. Jahrhunderts. In «Katholizismus und Moderne» (1989) gebrauche ich diese Formel ebenfalls.

81 Siehe u. a.: Weibel, Entwicklungen in der Schweiz seit der Mitte des 19. Jahrhunderts.

82 Siehe das Kapitel «Vom Milieukatholizismus zur Sektorenkirche» in: Altermatt, Katholizismus und Moderne, 343–390.

83 Siehe Altermatt, Katholizismus und Moderne, 204–216; Mesmer, Ausgeklammert–Eingeklammert, 268–277; Mutter, Frauenbild und politisches Bewusstsein im Schweizerischen Katholischen Frauenbund; Schweizer, Katholisch, aber
kirchlich unabhängig; Geiser, Von katholischen Suppenhühnern zu selbstbewussten Katholikinnen. Für einen europäischen Vergleich: Michaela Sohn-
Kronthaler/Andreas Sohn, Frauen im kirchlichen Leben. Vom 19.Jahrhundert
bis heute, Kevelaer 2008.

84 Sohn-Kronthaler/Sohn, Frauen im kirchlichen Leben, 58–59.

85 Sohn-Kronthaler/Sohn, Frauen im kirchlichen Leben, 134.

86 Sohn-Kronthaler/Sohn, Frauen im kirchlichen Leben, 137.

87 Urs Altermatt/Josef Widmer, Von der Messis zum Missionsjahr. Strukturelle
und mentalitätsmässige Veränderungen im schweizerischen Missionswesen
1955–1962 (I), in: Neue Zeitschrift für Missionswissenschaft (Immensee), 43
(1987), 169–187; dies., Vom Missionsjahr zum Fastenopfer. Strukturelle und
mentalitätsmässige Veränderungen im schweizerischen Missionswesen 1955–
1962 (II), in: Neue Zeitschrift für Missionswissenschaft (Immensee), 43 (1987),
270–290; Urs Altermatt, Das Fastenopfer – eine duale Bewegung der Schweizer
Katholiken, in: Schweizerische Kirchenzeitung, 30.Januar 1997, 74–77; Weibel,
Entwicklungen in der Schweiz seit der Mitte des 19.Jahrhunderts. Siehe weiter:
Milena Caderas, Von der «Messis» zum «Fastenopfer» (1955–1962). Um- und
Aufbruch im Schweizerischen Missionswesen, unveröffentlichte Lizentiatsarbeit Freiburg/Schweiz 2005; Stephan Tschirren, «Die Ökumene des Notstandes
ruft einer Ökumene des Beistandes». Die ökumenische Kampagne von Brot für
alle und Fastenopfer und ihr gemeinsames entwicklungspolitisches Engagement
(1969–1991), unveröffentlichte Lizentiatsarbeit Freiburg/Schweiz 2008.

88 Altermatt, Katholizismus und Moderne, 171.

89 Zur Geschichte des Caritas-Verbandes siehe die Jubiläumsschrift «Von der
katholischen Milieuorganisation zum sozialen Hilfswerk 1901–2001. 100 Jahre
Caritas Schweiz», hg. von der Caritas Schweiz (Luzern 2002). Siehe darin: Urs
Altermatt, Caritas Schweiz: Von der katholischen Milieuorganisation zum sozialen Hilfswerk 1901–2001, 15–42; ders., Schweizerischer Caritasverband 1901–
2001, in: Zeitschrift für Schweizerische Kirchengeschichte, 95 (2001), 179–196;
Stefan Oetterli, «Tuet Gutes allen, vor allem den Glaubensgenossen!». Der
Schweizerische Caritasverband in den Spannungsfeldern seiner Gründungsjah-
re bis 1928, unveröffentlichte Lizentiatsarbeit Freiburg/Schweiz 1997; Christian Marti, Aufbau und Entwicklung des Schweizerischen Caritasverbandes 1928
bis 1964, unveröffentlichte Lizentiatsarbeit Freiburg/Schweiz 1997; Matthias
Schmidhalter, «Wir müssen uns darin üben, Experten der Menschlichkeit zu
sein.» Die Schweizerische Caritas zwischen Beständigkeit und Wandel 1964–
1988, unveröffentlichte Lizentiatsarbeit Freiburg/Schweiz 1999; ders., Die

Hilfsaktion für Biafra: Wendepunkt in der Auslandshilfe des Schweizerischen Caritasverbandes, in: Schweizerische Zeitschrift für Religions- und Kulturgeschichte, 98 (2004), 171–182. Einen Überblick bietet auch: Victor Conzemius, Idee und Geschichte der schweizerischen Caritas. Festvortrag zur 75-Jahr-Feier der Caritas Schweiz, Luzern 1976.

90 Karl Gabriel, Caritas angesichts fortschreitender Säkularisierung, in: Erwin Gatz (Hg.), Geschichte des kirchlichen Lebens in den deutschsprachigen Ländern seit dem Ende des 18. Jahrhunderts, Bd. 5: Caritas und soziale Dienste, Freiburg i. Br./Basel/Wien 1997, 438–455; ders., Sozial-katholische Bewegung, in: Ulrich von Hehl/Friedrich Kronenberg (Hg.), Zeitzeichen. 150 Jahre Deutsche Katholikentage 1848–1998, Paderborn/München/Wien/Zürich 1991, 103–110.

91 Schmidhalter, «Wir müssen uns darin üben, Experten der Menschlichkeit zu sein.», 73–75.

92 Zur dualen Struktur in Deutschland siehe: Gabriel, Sozial-katholische Bewegung.

93 Siehe Imstepf, Die schweizerischen Katholikentage 1903–1954.

94 Siehe Weibel, Entwicklungen in der Schweiz seit der Mitte des 19. Jahrhunderts; Altermatt, Katholizismus und Moderne.

95 Siehe Weibel, Entwicklungen in der Schweiz seit der Mitte des 19. Jahrhunderts. Zum katholischen Vereinswesen bis zum Ersten Weltkrieg: Altermatt, Der Weg der Schweizer Katholiken ins Ghetto.

96 Zur Justitia et Pax siehe: Sabine Vonlanthen, Justitia et Pax 1969–1993. Die Schweizerische Nationalkommission im Spannungsfeld zwischen Kirche und Politik, Freiburg/Schweiz 2005.

97 Siehe als Beispiele die Studien: Willy Spieler, Kirche und Mitbestimmung. Der Beitrag der katholischen Soziallehre zur verfassungsrechtlichen Diskussion über die Mitbestimmung der Arbeitnehmer in der Schweiz, Bern 1976; Gentechnologie aus ethischer Sicht, hg. von der Schweizerischen Nationalkommission Justitia et Pax, Bern 1992. Siehe auch die vom Institut für Sozialethik in Bern und Justitia et Pax gemeinsam verfasste Studie: Welches Bodenrecht ist für Mensch und Boden recht?, hg. von der Ökumenischen Arbeitsgruppe für Raumplanungs- und Bodenrechtsfragen, Bern 1987.

98 Aus der breiten Literatur zu diesem Thema siehe: René Pahud de Mortanges (Hg.), Das Religionsrecht der neuen Bundesverfassung, Freiburg/Schweiz 2001; Krüggeler/Weibel, Vom antimodernen Katholizismus zum vielgestaltigen «Volk Gottes»; Adrian Loretan (Hg.), Kirche - Staat im Umbruch. Neuere Entwicklungen im Verhältnis von Kirchen und anderen Religionsgemeinschaften zum Staat, Zürich 1995; Dieter Kraus, Schweizerisches Staatskirchenrecht. Hauptlinien des Verhältnisses von Staat und Kirche auf eidgenössischer und kantonaler Ebene, Tübingen 1993.

99 Altermatt, Katholizismus und Moderne, 173. Zur RKZ siehe: Daniel Kosch, Demokratisch–solidarisch–unternehmerisch. Organisation, Finanzierung und

Management in der katholischen Kirche in der Schweiz, Zürich 2007. Ich danke René Pahud de Mortanges für diesen Literaturhinweis.

100 Zur Schweizer Bischofskonferenz siehe u.a.: Urs Altermatt, Schweizerische Bischofskonferenz: die Wende von 1970, in: Alois Schifferle (Hg.), Miteinander. Für die vielfältige Einheit der Kirche. Festschrift für Anton Hänggi, Basel 1992, 77–80; Romeo Astorri, La Conferenza episcopale svizzera: Analisi storica e canonica, Freiburg/Schweiz 1988.

101 Siehe Altermatt, Katholizismus und Moderne, 165.

102 Siehe Altermatt, Schweizerische Bischofskonferenz: die Wende von 1970.

103 Siehe Vonlanthen, Justitia et Pax 1969–1993. Siehe auch: Spieler, Kirche und Mitbestimmung.

104 Siehe Urs Josef Cavelti, Kirchenrecht im demokratischen Umfeld: Ausgewählte Aufsätze, Freiburg/Schweiz 1999; Altermatt, Der Weg der Schweizer Katholiken ins Ghetto.

105 Zum Verhältnis von Katholizismus und Demokratie folge ich hier: Ernst-Wolfgang Böckenförde, Demokratie, in: Lexikon für Theologie und Kirche, Bd. 3, Freiburg i. Br./Basel/Rom/Wien 1995, 83–87; Manfred Hättich/Ernst Benda, Demokratie, in: Staatslexikon. Recht, Wirtschaft, Gesellschaft, Bd. 1, hg. von der Görres-Gesellschaft, Freiburg i. Br./Basel/Wien 1995, 1182–1201; Paul Mikat, Der Staat aus katholischer Sicht, in: Staatslexikon. Recht, Wirtschaft, Gesellschaft, Bd. 1, hg. von der Görres-Gesellschaft, Freiburg i. Br./Basel/Wien 1995, 157–162; Antonio Acerbi, Chiesa e democrazia. Da Leone xiii al Vaticano ii, Milano 1991; Hans Maier, Katholizismus und Demokratie, Freiburg i. Br. 1983; Godehard Lindgens (Hg.), Freiheit, Demokratie und pluralistische Gesellschaft in der Sicht der katholischen Kirche. Dokumente aus Verlautbarungen der Päpste und des Zweiten Vatikanischen Konzils, Stuttgart 1985; Dieter Oberndörfer/Karl Schmitt (Hg.), Kirche und Demokratie, Paderborn 1983; Albert Gnägi, Katholische Kirche und Demokratie: ein dogmengeschichtlicher Überblick über das Verhältnis der katholischen Kirche zur demokratischen Staatsform, Zürich/Einsiedeln/Köln 1970. Ich verdanke hier ausdrücklich auch Anregungen für das ganze Kapitel, die ich von einem Arbeitspapier von Karl Gabriel, Christian Spiess und Katja Winkler erhielt: Gewaltverzicht religiöser Traditionen. Der moderne Katholizismus im Spannungsfeld von Distinktion und Integration, Münster 2008.

106 Ich verweise hier nochmals auf das bereits erwähnte Arbeitspapier von Karl Gabriel, Christian Spiess und Katja Winkler, das die verschiedenen Denkschulen nennt. Siehe weiter: Ernst-Wolfgang Böckenförde, Religionsfreiheit. Die Kirche in der modernen Welt, Freiburg i. Br./Basel/Wien; ders., Über die Autorität päpstlicher Lehrenzykliken am Beispiel der Äusserungen zur Religionsfreiheit, in: Theologische Quartalschrift, 186 (2006), 22–39; Rudolf Uertz, Vom Gottesrecht zum Menschenrecht. Das katholische Staatsdenken in Deutschland von der Französischen Revolution bis zum ii. Vatikanischen Konzil (1789–1965),

Paderborn 2005; ders., Katholizismus und Demokratie, in: Aus Politik und Zeitgeschichte, 7 (2005), 15–22.

107 Siehe Altermatt, Der Weg der Schweizer Katholiken ins Ghetto.

108 Altermatt, Der Weg der Schweizer Katholiken ins Ghetto, 83–92; 353.

109 Für Deutschland: Uertz, Vom Gottesrecht zum Menschenrecht, 24; Hans Maier, Der politische Weg der deutschen Katholiken nach 1945, in: ders. (Hg.), Deutscher Katholizismus nach 1945. Kirche–Gesellschaft–Geschichte, München 1964, 190–220; Gabriel/Spiess/Winkler, Gewaltverzicht religiöser Traditionen.

110 Siehe Stephan Aerschmann, Katholische Schweizer Intellektuelle und der italienische Faschismus (1922–1943), Freiburg/Schweiz 2002; Metzger, Die «Schildwache», 209–222; Davide Dosi, Il cattolicesimo ticinese e i fascismi. La Chiesa e il partito conservatore democratico ticinese nel periodo tra le due guerre mondiali, Freiburg/Schweiz 1999; Aram Mattioli (Hg.), Intellektuelle von rechts. Ideologie und Politik in der Schweiz 1918–1939, Zürich 1995.

111 So beispielsweise der Literaturprofessor und Schriftsteller Gonzague de Reynold. Siehe zu Reynold: Aram Mattioli, Zwischen Demokratie und totalitärer Diktatur. Gonzague de Reynold und die Tradition der autoritären Rechten in der Schweiz, Zürich 1994.

112 Siehe: Altermatt, Ambivalences of Catholic Modernisation.

113 So zahlreiche Historiker und Soziologen. Beispiele: Altermatt, Katholizismus und Moderne; Graf, Die nachholende Selbstmodernisierung des Katholizismus; Hellemans, Die Transformation der Religion und der Grosskirchen; Gabriel/Spiess/Winkler, Gewaltverzicht religiöser Traditionen.

114 Siehe u. a. auch: Gnägi, Katholische Kirche und Demokratie.

115 Siehe hierzu: Altermatt/Fagagnini (Hg.), Die CVP zwischen Programm und Wirklichkeit.

116 Auf die Modernisierungsthese verweisen zahlreiche Historiker: Hugh McLeod; Steve Bruce, Karel Dobbelaere, Hartmut Lehmann, Mark Ruff, Danièle Hervieu-Léger und viele andere mehr.

117 Siehe Ruff, The Wayward Flock.

118 Für ein Beispiel aus dem Jahr 1950 siehe: Altermatt, Katholizismus und Moderne, 298–299.

119 Künzler, Sexualmoral in katholischen Frauen- und Familienzeitschriften 1945–1990.

120 Siehe hierzu für die Schweiz: Tschirren, Ehe- und Sexualmoral im Schweizer Katholizismus 1950–1975.

121 Siehe Urs Altermatt, Fundamentalistische Strömungen in den neuen Oppositionsbewegungen 1965–1985, Basel 1991, 2.

122 Altermatt, Caritas Schweiz: Von der katholischen Milieuorganisation zum sozialen Hilfswerk 1901–2001. So auch: Ruff, The Wayward Flock, 193.

123 Ronald Inglehart, The Silent Revolution. Changing Values and Political Styles Among Western Publics, Princeton 1977.

124 Hellemans, Die Transformation der Religion und der Grosskirchen. Siehe zudem u. a.: Dubach/Fuchs, Ein neues Modell von Religion; Baumann/Stolz (Hg.), Eine Schweiz – viele Religionen.

125 Siehe die Beiträge in: Baumann/Stolz (Hg.), Eine Schweiz – viele Religionen.

126 Für die Schweiz: Dubach/Campiche (Hg.), Jede(r) ein Sonderfall?; Michael Krüggeler/Fritz Stolz (Hg.), «Ein jedes Herz in seiner Sprache...», Religiöse Individualisierung als Herausforderung für die Kirchen, Zürich/Basel 1996; Jenseits der Kirchen. Analyse und Auseinandersetzung mit einem neuen Phänomen in unserer Gesellschaft, hg. vom Schweizerischen Pastoralsoziologischen Institut, Zürich 1998. Ebenso: Baumann/Stolz (Hg.), Eine Schweiz – viele Religionen.

127 Campiche, Die zwei Gesichter der Religion.

128 Zur Stellung der Schweiz im Kalten Krieg siehe u. a.: Katharina Bretscher-Spindler, Vom heissen zum Kalten Krieg. Vorgeschichte und Geschichte der Schweiz im Kalten Krieg 1943–1968, Zürich 1997; Claude Altermatt, La politique étrangère de la Suisse pendant la guerre froide, Lausanne 2003; Kurt Imhof/Heinz Kleger/Gaetano Romano (Hg.), Konkordanz und Kalter Krieg. Analyse von Medienereignissen in der Schweiz der Zwischen- und Nachkriegszeit, Zürich 1996; Kurt Imhof/Heinz Kleger/Gaetano Romano (Hg.), Vom kalten Krieg zur Kulturrevolution. Analyse von Medienereignissen in der Schweiz der 50er und 60er Jahre, Zürich 1999; Markus Furrer, Die Nation im Schulbuch – zwischen Überhöhung und Verdrängung. Leitbilder der Schweizer Nationalgeschichte in Schweizer Geschichtslehrmitteln der Nachkriegszeit und Gegenwart, Hannover 2004; Urs Altermatt, Die Stimmungslage im politischen Katholizismus der Schweiz von 1945: «Wir lassen uns nicht ausmanövrieren.», in: Victor Conzemius/Martin Greschat/Hermann Kocher (Hg.), Die Zeit nach 1945 als Thema kirchlicher Zeitgeschichte. Referate der internationalen Tagung in Hünigen/Bern 1985, Göttingen 1988, 72–96; ders., Ist der helvetische Konsens am Ende? Zeitgeschichtliche Betrachtungen zur Schweiz am Ende des 20. Jahrhunderts, in: Neue Studien zum Schweizerischen Nationalbewusstsein, Itinera Fasc. 13 (1992), 76–94; ders. et al., Rechte und linke Fundamentalopposition. Studien zur Schweizer Politik 1965–1990. Kulturelle Vielfalt und nationale Identität. Nationales Forschungsprogramm 21, Basel/Frankfurt a. M. 1994.

129 Siehe hierzu die Tabellen zur Zusammensetzung des Bundesrats und zu den Parteien im Anhang.

130 Zur Konkordanz in der Schweiz siehe: Urs Altermatt, Konkordanz im Spiegel der Bundesratswahlen, in: Adrian Vatter/Frédéric Varone/Fritz Sager (Hg.), Planung, Entscheidung und Vollzug in der schweizerischen Demokratie. Festschrift für Prof. Dr. Wolf Linder, erscheint 2009; ders., Von den Hinterbänklern von 1848 zur Regierungspartei von heute, in: 100 Jahre Christlichdemokratische Fraktion der Bundesversammlung. Festschrift zur Jubiläumsfeier vom 27. Mai 1983 in Bern, Bern 1983, 10–28; ders., Bundesrat Josef Zemp – ein Porträt, in: Alois Hartmann/Hans Moos (Hg.), Josef Zemp. Ein Bundesrat schafft den Ausgleich,

Schüpfheim 2008, 8–15; ders., Der historische Kompromiss bahnt sich an, in: Hartmann/Moos (Hg.), Josef Zemp. Ein Bundesrat schafft den Ausgleich, 124– 129; Wolf Linder/Regula Zürcher/Christian Bolliger, Gespaltene Schweiz – geeinte Schweiz. Gesellschaftliche Spaltungen und Konkordanz bei den Volksabstimmungen seit 1874, Baden 2008; Christian Bolliger, Konkordanz und Konfliktlinien in der Schweiz, 1945 bis 2003. Parteienkooperation, Konfliktdimensionen und gesellschaftliche Polarisierungen bei den eidgenössischen Volksabstimmungen, Bern/Stuttgart/Wien 2007; Regula Christina Zürcher, Konkordanz und Konfliktlinien in der Schweiz. Eine Überprüfung der Konkordanztheorie aufgrund qualitativer und quantitativer Analysen der eidgenössischen Volksabstimmungen von 1848 bis 1947, Bern/Stuttgart/Wien 2006; Wolf Linder, Schweizerische Demokratie. Institutionen–Prozesse–Perspektiven, Bern/Stuttgart/Wien 2005; Imhof Kurt/Kleger Heinz/Romano Gaetano (Hg.), Zwischen Konflikt und Konkordanz. Analyse von Medienereignissen in der Schweiz der Vor- und Zwischenkriegszeit, Zürich 1993; Imhof/Kleger/Romano (Hg.), Konkordanz und Kalter Krieg.

131 Siehe die Zahlen im Anhang des Buches.

132 Siehe Pierre-Antoine Schorderet, Crise ou chrysanthèmes? Le Parti démocrate-chrétien et le catholicisme politique en Suisse (xixe–xxie siècles), in: Thomas David/Philipp Müller, Geschichte der politischen Parteien der Schweiz, traverse 14 (2007), 82–94; Urs Altermatt, Nivellierte Gesellschaft und konfessionelle Kulturen in der Schweiz, in: Schweizerische Zeitschrift für Soziologie, 3 (1991), 529–537.

133 Siehe Urs Altermatt (Hg.), «Den Riesenkampf mit dieser Zeit zu wagen...». Schweizerischer Studentenverein 1841–1991, Luzern 1993.

134 Siehe u. a.: Altermatt, Aufstieg und Krise der Christlichdemokraten in der Schweiz; ders., Von der katholischen Milieupartei zu einer bürgerlichen Sammlungspartei; ders., Die Christlichdemokratische Volkspartei der Schweiz 1945– 1999; ders./Fagagnini (Hg.), Die CVP zwischen Programm und Wirklichkeit; Simon Geissbühler, Parteipolitische Orientierungen von Katholiken in der Schweiz nach 1970. Wandel oder Kontinuität?, in: Zeitschrift für Schweizerische Kirchengeschichte, 93(1999), 189–200.

135 Siehe Altermatt, Der Weg der Schweizer Katholiken ins Ghetto.

136 Ich danke David Luginbühl, dessen aufschlussreicher Lizentiatsarbeit ich folge: David Luginbühl, Vom «Zentralorgan» zur unabhängigen Tageszeitung? Das «Vaterland» und die CVP 1955–1991, Freiburg/Schweiz 2007.

137 Philipp Haselbach, «Die katholische Presse stärken». Zur Geschichte der Vereinigung der Verleger Katholischer Zeitungen (1963–2000), hg. von der Vereinigung der Verleger Katholischer Zeitungen, Freiburg/Schweiz o. J.

138 Luginbühl, Vom «Zentralorgan» zur unabhängigen Tageszeitung?; Konrad Suter, Pressegeschichte des Kantons Luzern von 1945 bis 1970, Freiburg/Schweiz 1996.

139 Karl Wick, Abschied und Dank, in: Chefredaktor Dr. Dr. h. c. Karl Wick. Alt-Nationalrat. Festgabe des Verwaltungsrates der Buchdruckerei Maihof AG Verlag des «Vaterland» Luzern. Aus Dankbarkeit für seine 40jährige Wirksamkeit am «Vaterland». Zu seinem 75. Geburtstag, Luzern 1966, 136–140, hier 137.

140 Wer bestimmt den Kurs des Vaterland. Arbeitstagung vom 4. Juli 1973, Verkehrshaus der Schweiz, Luzern, Votum Carl Mugglin, 52, zit. nach: Luginbühl, Vom «Zentralorgan» zur unabhängigen Tageszeitung?, 29.

141 Otmar Hersche, Erinnerungen an den Journalismus, Zürich 2008, 81.

142 Zu den Auflagezahlen siehe: ‹http://www.aufbruch.ch/› (16. Februar 2009). Zu den Ereignissen rund um den Fall Haas: Walter Gut, Fragen zur Rechtskultur in der katholischen Kirche, Freiburg/Schweiz 2000, 123–137; Rolf Weibels Kommentare in: Herder Korrespondenz, 43 (1989), 472–473; 44 (1990), 311–314; 45 (1991), 249–250; 46 (1992), 6–7; 47 (1993), 173–175. Aus den Reihen der Haas-Kritiker: Moritz Amherd (Hg.), Wolfgang Haas: Bischof ohne Volk – Volk ohne Bischof. Dokumentation und kritischer Kommentar der Ereignisse rund um den Fall Haas, Zürich 1991; Urs Jecker, Risse im Altar. Der Fall Haas oder Woran die katholische Kirche krankt, Zürich 1993. Siehe ferner die Materialsammlungen in: doppelt belichtet, Spezialausgabe, 7 (3/88), Bd. 1, Luzern 1988 und: doppelt belichtet, Spezialausgabe, 10 (2/91), Bd. 2, Luzern 1991.

143 Für aktuelle Zahlen zu Wechselwählern siehe: Georg Lutz, Eidgenössische Wahlen 2007. Wahlteilnahme und Wahlentscheid, Lausanne 2008, 15. Der Bericht ist einsehbar unter ‹http://www.selects.ch/selects_07_d.pdf› (21. Januar 2009); Claude Longchamp et al., Konzentration Rechts – Sammlung in der Mitte – Umgruppierung Links. Medienbericht zur Wahltagsbefragung der SRG SSR idée suisse, Bern 25. Oktober 2007. Der Bericht ist einsehbar unter: ‹http://www.gfsbern.ch/pub/Bericht_Wahltagsbefragung_2007.pdf› (10. Februar 2009).

144 Siehe Claude Longchamp et al., Folgen der Polarisierung. Medienbericht zur Nachanalyse der Wahlen 03, Bern 24. Oktober 2003, 50. Der Bericht ist einsehbar unter: ‹http://www.polittrends.ch/pub/nachanalyse-2003.pdf›, (21. Januar 2009); Lutz, Eidgenössische Wahlen 2007, 15.

145 Ruff, The Wayward Flock.

146 Für den «Blick» siehe: Karl Lüönd, 1833–2008, Ringier bei den Leuten. Die bewegte Geschichte eines ungewöhnlichen Familienunternehmens, Zürich 2008.

147 Für Deutschland siehe: Ruff, The Wayward Flock, 196–202.

148 Siehe Altermatt, Katholizismus und Moderne.

149 Ich vertrat diese These 1989 in: Altermatt, Katholizismus und Moderne, 377.

150 Diese These vertritt für Deutschland: Ruff, The Wayward Flock. Ähnlich für die Niederlande: van Dam, Sind die Säulen noch tragfähig?

151 Siehe meine Beiträge in: Urs Altermatt/Klaus Bäumlin (Hg.), Jura-Perspektiven 1978. Thesen, Kommentare, Meinungen, Sonderheft Reformatio, 27 (1978). Zum Jurakonflikt: Claude Hauser, L'aventure du Jura. Cultures politiques et identité régionale au xxe siècle, Lausanne 2004; Christian Ruch, Struktur und Struktur-

wandel des jurassischen Separatismus zwischen 1974 und 1994, Bern 2001; John R. G. Jenkins, Jura Separatism in Switzerland, Oxford 1986; Gilbert Ganguillet, Le conflit jurassien. Un cas de mobilisation ethno-régionale en Suisse, Zürich 1986; Kenneth D. McRae, Conflict and Compromise in Multilingual Societies: Switzerland, Waterloo/Kanada 1983.

152 Eine deutsche Übersetzung des Papstentscheides findet sich auf: ‹http:// www.kath.net/detail.php?id=21925› (24. Februar 2009).

153 Die Debatte über den Entscheid von Benedikt XVI. und die Pius-Bruderschaft dokumentiere ich hier mit ausgewählten Hinweisen. Für interessierte Leserinnen und Leser verweise ich auf die entsprechenden Internetquellen. Die Zahl von 350 000 Gläubigen nennt der Schweizer Distrikt der Priesterbruderschaft: ‹http://www.piusx.ch/german/werk3.htm› (24. Februar 2009). Andernorts werden andere Zahlen genannt.

154 Über die Aufhebung der Exkommunikation für vier Bischöfe. Communiqué der Schweizer Bischofskonferenz, 24. Januar 2009, einsehbar unter: ‹http:// www.kath.ch/sbk-ces-cvs/text_detail.php?nemeid=110406&sprache=d› (25. Februar 2009).

155 Am 26. Februar 2009 erklärte Williamson, ohne allerdings seine negationistischen Aussagen tatsächlich zu widerrufen, dass er die Aussagen nicht gemacht hätte, wenn er im vornherein gewusst hätte, wie viel «Schaden» und «Schmerz» er damit verursachen würde. Seine Erklärung gab Williamson gegenüber der katholischen Nachrichtenagentur ZENIT ab: ‹http://www.zenit.org/article-17197?L=german› (27. Februar 2009). Diese Stellungnahme wies der Vatikan als ungenügend zurück. Siehe: Williamsons Entschuldigung für den Vatikan ungenügend. Kein Widerruf des Holocaust-Leugners, in: Neue Zürcher Zeitung, 28. Februar 2009.

156 Zitiert in: Merkel fordert Klarstellung von Papst Benedikt, Zeit Online, 3. Februar 2009, einsehbar unter: ‹http://pdf.zeit.de/online/2009/06/merkel-papst-benedikt-kritik.pdf› (23. Februar 2009).

157 Angela Merkels Stellungnahme vom 3. Februar 2009: ‹http://www.bundes-kanzlerin.de/nn_4922/Content/DE/Artikel/2009/02/2009-02-04-merkel-fuer-klarstellung-des-vatikans.html› (23. Februar 2009).

158 Zitiert in: ‹http://derstandard.at/?url=/?id=1233250582050%26sap=2%26_pid=11907950› (23. Februar 2009).

159 Offener Brief des Bischofs von St. Gallen zur Pius-Bruderschaft und zur Holocaust-Leugnung des Traditionalisten-Bischofs Richard Williamson, St. Gallen, 5. Februar 2009, einsehbar unter: ‹http://www.bistum-stgallen.ch/front_con-tent.php?idart=814› (23. Februar 2009).

160 Kurt Koch, Brief an die Gläubigen zur schwierigen Situation in der Kirche heute, Solothurn, 6. Februar 2009, einsehbar unter: ‹http://www.pfarrei-menzin-gen.ch/BenediktXVI_2009_Versoehnung.pdf› (23. Februar 2009).

161 Siehe beispielsweise: ‹http://pdf.zeit.de/online/2009/06/papst-kritik-bischof.pdf› (3. März 2009).

162 ‹http://www.kath.ch/index.php?na=11,0,0,0,D,37775› (24. Februar 2009); ‹http://
www.tz-online.de/de/aktuelles/welt/artikel_58019.html› (24. Februar 2009). Für
die Demonstration siehe: Abt Martin versucht Empörung zu dämpfen, in: Neue
Zürcher Zeitung, 9. März 2009

163 Hans Maier, Irrtum eingeschlossen, Ein Nachwort zum Streit um den Papst und
die Pius-Bruderschaft, in: Neue Zürcher Zeitung, 23. Februar 2009.

164 Am 24. Januar 2009 nahm die Schweizer Bischofskonferenz Stellung zur Aufhebung der Exkommunikation der vier Bischöfe; am 27. Januar wurde die Stellungnahme gegen die Holocaust-Leugnung Williamsons publiziert. Siehe Über die
Aufhebung der Exkommunikation für vier Bischöfe. Communiqué der Schweizer Bischofskonferenz, 24. Januar 2009, einsehbar unter: ‹http://www.kath.ch/
sbk-ces-cvs/text_detail.php?nemeid=110406&sprache=d› (25. Februar 2009). Die
Schweizer Bischofskonferenz schrieb in ihrem Kommuniqué vom 27. Januar:
«Wir Schweizer Bischöfe […] bitten die Mitglieder von jüdischen Gemeinschaften in der Schweiz um Entschuldigung für diese Irritationen, die in den letzten
Tagen entstanden sind.» Siehe Leugnung des Holocaust kann nicht hingenommen werden, Communiqué der Schweizer Bischofskonferenz, 27. Januar 2009,
einsehbar unter: ‹http://www.kath.ch/sbk-ces-cvs/text_detail.php?nemeid=
110481&sprache=d› (23. Februar 2009). Die Deutsche Bischofskonferenz nahm
am 26. Januar 2009 Stellung: Stellungnahme des Vorsitzenden der Unterkommission für die religiösen Beziehungen zum Judentum der Deutschen Bischofskonferenz, Bischof Dr. Heinrich Mussinghoff, zur Aufhebung der Exkommunikation
der Bischöfe der Priesterbruderschaft Pius x., 26. Januar 2009, einsehbar unter:
‹http://www.dbk.de/aktuell/meldungen/01816/index.html› (25. Februar 2009).

165 Übersetzung nach: ‹http://www.kath.net/detail.php?id=19294› (23. Februar 2009).
In dem 1970 von Papst Paul VI. veröffentlichten römischen Messbuch lautet die
Fürbitte: «Lasst uns auch beten für die Juden, zu denen Gott, unser Herr, zuerst
gesprochen hat: Er bewahre sie in der Treue zu seinem Bund und in der Liebe zu
seinem Namen, damit sie das Ziel erreichen, zu dem sein Ratschluss sie führen
will. [Beuget die Knie. – Erhebet Euch.] Allmächtiger, ewiger Gott, du hast Abra-
ham und seinen Kindern deine Verheißung gegeben. Erhöre das Gebet deiner
Kirche für das Volk, das du als erstes zu deinem Eigentum erwählt hast: Gib,
dass es zur Fülle der Erlösung gelangt. Darum bitten wir durch Christus, unseren Herrn.» Siehe dazu u. a.: Urs Altermatt, Katholizismus und Antisemitismus.
Mentalitäten, Kontinuitäten, Ambivalenzen. Zur Kulturgeschichte der Schweiz
1918–1945, Frauenfeld/Stuttgart/Wien 1999; Zsolt Keller, Der Blutruf (Mt 27,25).
Eine schweizerische Wirkungsgeschichte 1900–1950, Göttingen 2006.

166 Benedikt XVI. gedachte am 28. Januar 2009 der Opfer der Shoah. Siehe Papst
nennt Holocaust-Leugnung inakzeptabel, in: Die Zeit, 12. Februar 2009, einsehbar unter: ‹http://pdf.zeit.de/online/2009/08/papst-holocaust-israel-reise.pdf›
(24. Februar 2009).

167 Neue Zürcher Zeitung, 29. Januar 2009.

168 Siehe etwa die Meldung von Radio Vatikan vom 4. Februar 2009: ‹http://www.radiovaticana.org/ted/Articolo.asp?c=263696› (24. Februar 2009).

169 Aus einem Vortrag Lefebvres aus dem Jahre 1985: «Der wesentlichste und gefährlichste Punkt während des Konzils war die Religionsfreiheit. Dieser Punkt war von den Modernisten, wie zum Beispiel von Kardinal Bea und Kardinal Willebrands, gewollt. Das Sekretariat für die Einheit der Christen wurde erst kurz vor dem Konzil gegründet. Dadurch sollten die übrigen römischen Kongregationen gestört werden, die noch traditionell gesinnt waren. Ausserdem wurde dieses Sekretariat gegründet, um den Text über die Religionsfreiheit auf einem einfacheren Weg zu genehmigen. Das war der entscheidende Punkt, den die Freimaurer, offiziell vertreten durch B'nai Brith in New York, verlangt hatten. Vergessen wir nicht, dass B'nai Brith den Kommunismus in Russland eingeleitet hat. Lesen Sie die Bücher von Léon de Poncin. Er schreibt über die letzten Tage des kaiserlichen Russland im Jahre 1917: ‹Durch B'nai Brith wurde die sowjetische Revolution finanziert sowie der Zar und alle Vertreter des orthodoxen christlichen Glaubens massakriert, um den vormals zwar christlichen, wenn auch schismatischen Staat aus Hass gegen das Christentum zu beseitigen.› Das ist das Werk von B'nai Brith, einer jüdischen Freimaurersekte, die nur Juden vorbehalten ist. Léon de Poncin schreibt, dass diese Loge damals 120 000 Mitglieder zählte. Vor kurzem las ich in einer Veröffentlichung, dass die Mitgliederzahl inzwischen auf eine halbe Million Personen angewachsen ist. Diese Freimaurersekte findet man überall. Sie kommandieren auf der ganzen Welt. Diese Juden haben alle Banken in ihrer Hand und sind im Besitz aller bedeutenden Geschäfte der Welt, auch in der UdSSR und in Amerika. Sie verleihen Medaillen und Orden für die Religionsfreiheit. Präsident Alfonsin von Argentinien wurde vor einigen Monaten offiziell im Weissen Haus und von B'nai Brith in New York empfangen. Er wurde durch diese Freimaurer mit dem Orden für die Religionsfreiheit ausgezeichnet, da er ein Regime mit Kult- und Religionsfreiheit eingeführt hatte.» Vortrag Marcel Lefebvres vom 27. Oktober 1985 in Ecône: ‹http://www.fsspx.at/index.php?option=com_content&view=article&id =10&Itemid=11&show=78› (2. März 2009).

170 «Mit dem Kreuzestod Christi ist der Vorhang des Tempels zerrissen, der Alte Bund abgeschafft, wird die Kirche, die alle Völker, Kulturen, Rassen und sozialen Unterschiede umfasst, aus der durchbohrten Seite des Erlösers geboren. Damit sind aber die Juden unserer Tage nicht nur nicht unsere älteren Brüder im Glauben, wie der Papst bei seinem Synagogenbesuch in Rom 1986 behauptete; sie sind vielmehr des Gottesmordes mitschuldig, so lange sie sich nicht durch das Bekenntnis der Gottheit Christi und die Taufe von der Schuld ihrer Vorväter distanzieren.» Siehe Franz Schmidberger, Die Zeitbomben des Zweiten Vatikanischen Konzils. Der Text ist mittlerweile nicht mehr in dieser Form als PDF-Datei auf der Homepage der Pius-Bruderschaft einsehbar. Im Google-Cache ist er aber noch sichtbar: ‹http://209.85.129.132/search?q=cache:EKOgh9QP6xwJ:

www.fsspx.info/media/pdf/Begleitschreiben.pdf› (25. Februar 2009). Auf der Homepage der Pius-Bruderschaft ist der Text nun in einer leicht entschärften Version zu finden, bei der der Gottesmordvorwurf entfernt wurde: ‹http://www.fsspx.info/lehre/schriften/zeitbomben.pdf› (25. Februar 2009). Zu Schmidbergers Post an die Deutschen Bischöfe und zu der dadurch ausgelösten Kontroverse siehe z. B.: ‹http://www.welt.de/welt_print/article2871451/Der-Streit-zwischen-Juden-und-Katholiken-eskaliert.html› (25. Februar 2009). Auch andere Äusserungen, die den Antisemitismus der Pius-Bruderschaft dokumentieren, sind mittlerweile – Ende Februar 2009 – von den Internetseiten der Priesterbruderschaft verschwunden.

171 Siehe dazu u. a. die Stellungnahme eines evangelischen Theologen: Friedrich Wilhelm Graf, Mein Tun ist nicht von dieser Welt, in: Neue Zürcher Zeitung, 14. Februar 2009.

172 Maier, Irrtum eingeschlossen.

173 Leugnung des Holocaust kann nicht hingenommen werden. Communiqué der Schweizer Bischofskonferenz, 27. Januar 2009, einsehbar unter: ‹http://www.kath.ch/sbk-ces-cvs/text_detail.php?nemeid=110481&sprache=d› (23. Februar 2009).

174 Leugnung des Holocaust kann nicht hingenommen werden, Communiqué der Schweizer Bischofskonferenz, 27. Januar 2009, einsehbar unter: ‹http://www.kath.ch/sbk-ces-cvs/text_detail.php?nemeid=110481&sprache=d› (24. Februar 2009). Die Stellungnahme der Deutschen Bischofskonferenz lautete hierzu im Vergleich: «[Der] ausdrücklichen Leugnung des Holocaust [...] widersprechen wir auf das Schärfste. Darüber hinaus haben die vier Bischöfe und die Verantwortlichen der Pius-Bruderschaft vielfach deutlich gemacht, dass sie die Erklärung des Zweiten Vatikanischen Konzils über die Beziehung der Kirche zu den nichtchristlichen Religionen ‹Nostra aetate› vom 28. Oktober 1965 nicht beachten. [...] Nach dem übergrossen Entgegenkommen des Papstes erwarten wir nun eine klare Aussage der Bruderschaft und ihrer Bischöfe insbesondere zu ‹Nostra aetate›.» Siehe Stellungnahme des Vorsitzenden der Unterkommission für die religiösen Beziehungen zum Judentum der Deutschen Bischofskonferenz, Bischof Dr. Heinrich Mussinghoff, zur Aufhebung der Exkommunikation der Bischöfe der Priesterbruderschaft Pius x. 26. Januar 2009, einsehbar unter: ‹http://www.dbk.de/aktuell/meldungen/01816/print_de.html› (24. Februar 2009).

175 Die Stellungnahme Angela Merkels ist einsehbar unter: ‹http://www.bundesregierung.de/Content/DE/Artikel/2009/02/2009-02-04-merkel-fuer-klarstellung-des-vatikans.html› (23. Februar 2009).

176 Ich verzichte in diesem Resümée auf erneute Fussnoten und verweise auf die ausführlichen Literatur- und Quellenangaben in den vorausgegangenen Kapiteln.

177 Diese These vertrat ich schon in «Katholizismus und Moderne» 1989.

178 Siehe Metzger, Religion, Geschichte, Nation.

179 Siehe z. B.: Jan Assmann, Kollektives Gedächtnis und kulturelle Identität, in: Jan Assmann/Tonio Hölscher (Hg.), Kultur und Gedächtnis, Frankfurt a. M. 1988.

180 Grace Davie, Religion in Britain since 1945. Believing without Belonging, Oxford 1994. Aus Schweizer Perspektive: Baumann/Stolz (Hg.), Eine Schweiz – viele Religionen; Campiche, Die zwei Gesichter der Religion; Dubach/Fuchs, Ein neues Modell von Religion.

181 Campiche, Die zwei Gesichter der Religion, 38–39; 276.

182 Die Zyklen sind beschrieben in: Altermatt, Katholizismus und Moderne, 63–71.

183 Siehe Jürgen Habermas, Glauben und Wissen. Friedenspreis des Deutschen Buchhandels 2001, Frankfurt a. M. 2001; ders./Joseph Ratzinger, Dialektik der Säkularisierung. Über Vernunft und Religion, Freiburg i. Br. 2005.

184 So auch: Campiche, Die zwei Gesichter der Religion, 284–285.

185 Zur Ethisierung der Politik siehe: Franziska Metzger, Von der Politisierung der Religion zur Ethisierung der Politik. Zur Transformation des Verhältnisses von Religion und Politik, in: Delgado/Neuhold (Hg.), Politik aus christlicher Verantwortung, 245–252; Kennedy, Recent Dutch religious history; Armin Nassehi, Religion und Moral. Zur Säkularisierung der Moral und der Moralisierung der Religion in der modernen Gesellschaft, in: Gert Pickel/Michael Krüggeler (Hg.), Religion und Moral. Entkoppelt oder Verknüpft?, Opladen 2001, 21–38.

186 Siehe z. B.: Urs Altermatt, Das Fanal von Sarajevo. Ethnonationalismus in Europa, Zürich 1996; Moritz Csáky, Gedächtnis, Erinnerung und die Konstruktion von Identität. Das Beispiel Zentraleuropas, in: Catherine Bosshart-Pfluger/Joseph Jung/Franziska Metzger (Hg.), Nation und Nationalismus in Europa. Kulturelle Konstruktion von Identitäten. Festschrift für Urs Altermatt, Frauenfeld 2002, 25–49.

187 Siehe van Dam, Sind die Säulen noch tragfähig?

188 Nora Pierre, Zwischen Geschichte und Gedächtnis, Frankfurt a. M. 1998.

189 Dan Diner, Negative Symbiose. Deutsche und Juden nach Auschwitz, in: ders. (Hg.), Ist der Nationalsozialismus Geschichte? Zu Historisierung und Historikerstreit, Frankfurt a. M. 1987, 185–197; ders. (Hg.), Zivilisationsbruch. Denken nach Auschwitz, Frankfurt a. M. 1988; ders., Das Jahrhundert verstehen. Eine universalhistorische Deutung, München 1999, 230. Zur Gedächtniskultur in Bezug auf den Holocaust siehe u. a.: Heidemarie Uhl (Hg.), Zivilisationsbruch und Gedächtniskultur. Das 20. Jahrhundert in der Erinnerung des beginnenden 21. Jahrhunderts, Innsbruck et al. 2003; Altermatt, Katholizismus und Antisemitismus.

190 Siehe u. a.: Thomas Maissen, Das Schweizer Phänomen Aktivdienstgeneration, in: Neue Zürcher Zeitung, 14./15. August 1999; Thomas Maissen, Ist Zorn ein guter Ratgeber?, in: Neue Zürcher Zeitung, 21. Juli 1999; Jakob Tanner, Die Krise der Gedächtnisorte und die Havarie der Erinnerungspolitik. Zur Diskussion

um das kollektive Gedächtnis und die Rolle der Schweiz während des Zweiten Weltkrieges, in: traverse, 6 (1999), 16–38; Jacques Picard, Eine Politik der Erinnerung. Anmerkungen zu den schweizerischen Erinnerungsfeierlichkeiten zum Ende des Zweiten Weltkrieges in Europa, in: traverse, 3 (1996), 7–17; Altermatt, Katholizismus und Antisemitismus, 21–24; ders., Verspätete Thematisierung des Holocaust in der Schweiz, in: Georg Kreis (Hg.), Erinnern und Verarbeiten. Zur Schweiz in den Jahren 1933–1945, Itinera Fasc. 25 (2004), Basel 2004, 31–55.

191 Zu Pius XII. besteht eine breite Literatur. Saul Friedländer gehörte 1965 zu den ersten Historikern, die das päpstliche Schweigen in einem Buch thematisierten. Saul Friedländer, Pius XII. und das Dritte Reich. Eine Dokumentation, Reinbek 1965. Aus der Feder eines Schweizer Historikers: Philippe Chenaux, Pie XII. Diplomate et pasteur, Paris 2003. Siehe neuerdings: Wolf, Papst und Teufel.

192 Siehe Ferdinand Kolbe, Die Reform der Karfreitagsfürbitten, in: Liturgisches Jahrbuch. Vierteljahreshefte für Fragen des Gottesdienstes, 15 (1965), 217–228.

193 Der Text der Erklärung «Nostra aetate» ist zu finden auf: ‹http://www.vatican.va/archive/hist_councils/ii_vatican_council/documents/vatii_decl_19651028_nostra-aetate_ge.html› (19. Februar 2009). Zu Katholizismus und Antisemitismus – mit einem Fokus auf die Schweiz – siehe: Altermatt, Katholizismus und Antisemitismus; ders., Das Koordinatensystem des katholischen Antisemitismus in der Schweiz 1918–1945, in: Aram Mattioli (Hg.), Antisemitismus in der Schweiz 1848–1960, Zürich 1998, 465–500; ders./Franziska Metzger, Der radikale Antisemitismus der rechtskatholisch-integralistischen Zeitung «Schildwache» 1912–1945, in: Zeitschrift für Schweizerische Kirchengeschichte, 92 (1998), 43–72.

194 Erklärung der Schweizer Bischofskonferenz vom 5. März 1997. Zur gegenwärtigen Diskussion über die Rolle der Schweiz im Zweiten Weltkrieg.

195 Siehe Maier, Irrtum eingeschlossen; Graf, Mein Tun ist nicht von dieser Welt.

196 Am 10. März 2009 wandte sich Papst Benedikt XVI. in einem Brief zur Aufhebung der Exkommunikation der vier Bischöfe der Pius-Bruderschaft und der hierdurch verursachten Turbulenzen an die Bischöfe der katholischen Kirche. Der Brief in deutscher Übersetzung ist einsehbar auf: ‹http://www.sbk-ces-cvs.ch/ressourcen/download/20090312120022.pdf› (24. März 2009) Einen Tag später veröffentlichten auch die Schweizer Bischöfe eine weitere Stellungnahme: Bischof Kurt Koch, Streit um das Konzil. Stellungnahme zur gegewärtigen Situation in unserer Kirche, Solothurn 11. März 2009. Der Brief ist einsehbar unter: ‹http://www.sbk-ces-cvs.ch/ressourcen/download/20090311143554.pdf› (24. Januar 2009).

Tabellen

Wohnbevölkerung der Schweiz nach Religion in Prozenten

	Protestantische Kirchen und Gemeinschaften[2]	Römisch-katholische Kirche[3]	Christ-katholische Kirche[3]	Christlich-orthodoxe Kirchen[4]	Jüdische Glaubensgemeinschaft[5]	Islamische Gemeinschaften[6]	Andere Kirchen und Religionsgemeinschaften[6]	Keine Zugehörigkeit[6]	Ohne Angabe[6]
1860	58.9	40.7	–	–	–	–	0.4	–	–
1870[1]	58.7	40.6	–	–	–	–	0.7	–	–
1880[1]	58.5	40.8	–	–	0.3	–	0.4	–	–
1888	58.8	40.6	–	–	0.3	–	0.3	–	–
1900	57.8	41.6	–	–	0.4	–	0.2	–	–
1910	56.2	42.5	–	–	0.5	–	0.9	–	–
1920	57.5	40.9	–	–	0.5	–	1.1	–	–
1930	57.3	40.1	0.9	0.1	0.4	–	1.2	–	–
1941	57.6	40.4	0.7	0.1	0.5	–	0.8	–	–
1950	56.3	41.5	0.6	0.1	0.4	–	1.1	–	–
1960	52.7	45.4	0.5	0.1	0.4	0.0	0.1	0.5	0.2
1970	47.7	49.4	0.3	0.3	0.3	0.3	0.2	1.1	0.4
1980	45.0	47.6	0.3	0.6	0.3	0.9	0.5	3.8	1.1
1990	40.7	46.2	0.2	1.0	0.3	2.2	0.5	7.4	1.5
2000	35.3	41.8	0.2	1.8	0.2	4.3	1.0	11.1	4.3

1   Ortsanwesende Bevölkerung.
2   Bis 1970: «Protestantische Kirchen und Gemeinschaften» inkl. Anhänger christlicher Sondergemeinschaften.
3   1880 bis 1920: «Römisch-katholische Kirche» und «Christkatholische Kirche» zusammen.
4   «Christlich-orthodoxe Kirchen» werden ab 1930 erfasst.
5   «Jüdische Gemeinschaft» wird ab 1880 erfasst.
6   «Islamische Gemeinschaften», «keine Zugehörigkeit» und «ohne Angabe» werden ab 1960 separat erfasst. Vorher wurden alle diese Religionsgemeinschaften in der Rubrik «andere Kirchen und Religionsgemeinschaften/Keine Zugehörigkeit» zusammengefasst.

Quelle: Bundesamt für Statistik.

Ergebnisse der grossen Parteien in den Nationalratswahlen 1919–2007 in Prozenten

	1919	1922	1925	1928	1931	1935	1939	1943	1947	1951	1955	1959
FDP	28.8	28.3	27.8	27.4	26.9	23.7	20.7	22.5	23.0	24.0	23.3	23.7
CVP	21.0	20.9	20.9	21.4	21.4	20.3	17.0	20.8	21.2	22.5	23.2	23.3
SPS	23.5	23.3	25.8	27.4	28.7	28.0	25.9	28.6	26.2	26.0	27.0	26.4
SVP	15.3	16.1	15.3	15.8	15.3	11.0	14.7	11.6	12.1	12.6	12.1	11.6

	1963	1967	1971	1975	1979	1983	1987	1991	1995	1999	2003	2007
FDP	23.9	23.2	21.8	22.2	24.0	23.3	22.9	21.0	20.2	19.9	17.3	15.8
CVP	23.4	22.1	20.3	21.1	21.3	20.2	19.6	18.0	16.8	15.9	14.4	14.5
SPS	26.6	23.5	22.9	24.9	24.4	22.8	18.4	18.5	21.8	22.5	23.3	19.5
SVP	11.4	11.0	11.1	9.9	11.6	11.1	11.0	11.9	14.9	22.5	26.7	28.9
GPS			0.1	0.6	1.9	4.9	6.1	5.0	5.0	7.4	9.6	

Quelle: Bundesamt für Statistik

Parteipolitische Zusammensetzung des Bundesrates 1848–2009

Jahr der Wahl	FDP	CVP	SVP	SPS	BDP
1848	7	–	–	–	–
1891	6	1	–	–	–
1919	5	2	–	–	–
1929	4	2	1	–	–
1943	3	2	1	1	–
1953	4	2	1	–	–
1954	3	3	1	–	–
1959	2	2	1	2	–
2003	2	1	2	2	–
2008[1]	2	1	–	2	2
2008	2	1	1	2	1

[1] Übertritt des amtierenden Bundesrats Samuel Schmid und der neu gewählten Bundesrätin Eveline Widmer-Schlumpf von der SVP in die neu gegründete BDP.

FDP Freisinnig-Demokratische Partei CVP Christlichdemokratische Volkspartei
SPS Sozialdemokratische Partei der Schweiz SVP Schweizerische Volkspartei
BDP Bürgerlich-Demokratische Partei GPS Grüne Partei der Schweiz

Nachweise

I Einführung:
Von Bürgern zweiter Klasse zu Gralshütern der Konkordanz
Unveröffentlicht.

II Religion und Nation in europäischer Perspektive

1. Katholizismus und Nation. Vier Modelle in europäisch-vergleichender Perspektive, in: Urs Altermatt/Franziska Metzger (Hg.), Religion und Nation. Katholizismus im Europa des 19. und 20. Jahrhunderts, Stuttgart 2007, 15–33 (leicht verändert).
2. Katholizismus und Nation. Vier Modelle in europäisch-vergleichender Perspektive, in: Urs Altermatt/Franziska Metzger (Hg.), Religion und Nation. Katholizismus im Europa des 19. und 20. Jahrhunderts, Stuttgart 2007, 15–33 (leicht verändert).
3. Unveröffentlicht.
4. Unveröffentlicht.
   Italienische Fassung erschienen in: Cattolicesimo e mondo moderno, Locarno 1996 (deutsche Fassung überarbeitet und chronologisch nachgeführt).

III Das Kulturkampfparadigma: Konflikte, Krisen und Integration

1. Der Kulturkampf als Integrations- und Desintegrationsfaktor. Interpretationsmodelle zur katholischen Gegengesellschaft in der Schweiz, in: Louis C. Morsak/Markus Escher (Hg.), Festschrift für Louis Carlen zum 60. Geburtstag, Zürich 1989, 547–556 (leicht verändert).
2. Unveröffentlicht.
   Vorarbeiten in folgenden Beiträgen: Bundesrat Josef Zemp – ein Porträt, in: Josef Zemp. Ein Bundesrat schafft den Ausgleich, Red. Alois Hartmann und Hans Moos, Schüpfheim 2008, 8–15; Der historische Kompromiss bahnt sich an, in: Josef Zemp, Ein Bundesrat schafft den Ausgleich, Red. Alois Hartmann und Hans Moos, Schüpfheim 2008, 124–129 sowie: Josef Zemp 1834–1908, in: Urs Altermatt (Hg.), Die Schweizer Bundesräte. Ein biographisches Lexikon, Zürich/München 1991, 254–259.
3. Unveröffentlicht.

IV Geschichte, Gedächtnis und Kulte

1. Unveröffentlicht.
2. Das Bundesjubiläum 1891, das Wallis und die katholische Schweiz, in: Blätter aus der Walliser Geschichte 21 (1989), 89–106 (leicht verändert).
3. Unveröffentlicht.
   Französische Fassung: Urs Altermatt, L'engagement des intellectuels catholiques suisses au sein de l'Internationale noire, in: Emiel Lamberts (Hg.), The Black International 1870–1878. The Holy See and Militant Catholicism in Europe, Leuven 2002, 409–426 (deutsche Fassung leicht überarbeitet).
4. Unveröffentlicht.

V Schluss
   Vom Konfessionalismus zur universalen Religion
   Unveröffentlicht.

Weitere Titel im Verlag Huber

Die grosse Dokumentation
zum Thema Nation und Nationalismus

Nation und Nationalismus in Europa
Kulturelle Konstruktion von Identitäten
Festschrift für Urs Altermatt
Herausgegeben von Catherine Bosshart-Pfluger, Joseph Jung und Franziska Metzger
918 Seiten. Gebunden mit Schutzumschlag
ISBN 978-3-7193-1299-2
Verlag Huber Frauenfeld Stuttgart Wien

Mit Beiträgen von Moritz Csáky, Jacques Picard, Hans-Rudolf Wicker, Jacek Woźnia-
kowski, George Schöpflin, Mariano Delgado, Hans-Joachim Schmidt, Volker Reinhardt, Albert Tanner, Bernhard Altermatt, Peter Geiger, Horst Haselsteiner, Wolfgang
Mantl, Ernst Hanisch, Henner Kleinewefers, Walther Hofer, Georg Kreis, Markus Fur-
rer, Waltraud Heindl, Bogdan Mirtchev, Victor Stoichita, László Ódor, Arnold Suppan,
Christian Giordano, Andrei Corbea-Hoisie, Adam Michnik, Carlo Moos, Jan Roes,
Hanspeter Kriesi, Emiel Lamberts, Jean-François Bergier, Francis Python, Marcel
Poorthuis und Theo Salemink, Ulrich von Hehl, Jean-Marie Mayeur, Wilhelm Dam-
berg, Andrei Plesu, Emil Brix, Czeslaw Porębski, Jonathan Steinberg, Hugo Bütler und
Erhard Busek.
Mit einer Bibliographie Urs Altermatt.

Scheinbar gegenläufige Tendenzen in der europäischen Gegenwart beschäftigen den
Schweizer Historiker Urs Altermatt seit Studententagen: Die rasant fortschreitende
Entkirchlichung und die kraftvolle Rückkehr der Religion in die Gesellschaft, die Integration der europäischen Staaten und die Wiederbelebung des Nationalismus. Zum
60. Geburtstag Altermatts ist nun eine über 900seitige Festschrift erschienen. Die
darin gesammelten Beiträge seiner Schüler, Freunde und Kollegen spiegeln das weit
gespannte Wirkungsfeld Altermatts, Professor für Zeitgeschichte an der Universität
Freiburg. Der umfangreiche Band ist dadurch zu einem reichhaltigen Lesebuch zu
allen Fragen von Nation und nationaler Identität geworden.

Neue Luzerner Zeitung

Urs Altermatt, Professor an der Universität Freiburg i. Ü., gehört zu den führenden Vertretern der Zeitgeschichte in der Schweiz. Sein Schaffen greift Themen auf, die bewusst auf die Gegenwart hin und von der Gegenwart her durchdacht werden [...]. Aus Anlass des 60. Geburtstags von Urs Altermatt ist unter dem Titel «Nation und Nationalismus» eine im tatsächlichen wie im übertragenen Sinne gewichtige Festschrift [...] erschienen. Über vierzig Schüler, Kollegen und Freunde aus der Schweiz und aus dem Ausland haben an dem Werk mitgearbeitet, welches das intellektuelle Beziehungsnetz, in dem sich des Geehrten Wirken situiert, sichtbar werden lässt. Vertreter vieler Fachrichtungen, Historiker, Politologen und Philosophen vor allem, aber auch Journalisten, haben ihr Wissen beigesteuert, und es liesse sich auf Grund dieses Buches fast ein weiteres Werk über den Pluralismus im wissenschaftlichen Diskurs unserer Tage schreiben.

Neue Zürcher Zeitung

Der in Freiburg lehrende Zeitgeschichtler Urs Altermatt hatte seit Beginn seiner akademischen Laufbahn stets ein feines Gespür, Entwicklungen frühzeitig zu erkennen und offen anzusprechen. Dieser Offenheit trägt auch die Festschrift Rechnung.

Freiburger Nachrichten

Geschichte und Zeitgeschichte im Verlag Huber Frauenfeld

Robert Landmann
Ascona – Monte Verità
Auf der Suche nach dem Paradies
Herausgegeben von Martin Dreyfus
304 Seiten, 25 Abb. Geb. mit Schutzumschlag
ISBN 978-3-7193-1219-4

Hanspeter Gschwend
Streik in Bellinzona – ein Kanton revoltiert
190 Seiten, 109 Abb. Klappenbroschur
ISBN 978-3-7193-1502-3

Alfred Defago
Die USA, Barack Obama und der Amerikanische Traum
Streiflichter auf eine Nation im Umbruch
Ca. 200 Seiten. Geb. mit Schutzumschlag
ISBN 978-3-7193-1488-0

Alfred Defago
Was ist mit Amerika los?
Beobachtungen aus einem Land, das anders denkt
176 Seiten, Geb. mit Schutzumschlag
ISBN 978-3-7193-1326-3

Florian Hollard
Michel Hollard – der Retter von London
Als Freiheitskämpfer gegen die Geheimwaffe V1
308 Seiten, 29 Abb. Geb. mit Schutzumschlag
ISBN 978-3-7193-1487-3

Karl Lüönd
Verleger sein
Oeffentliches Nachdenken über Menschen, Medien und Märkte
Herausgegeben von Hans Heinrich Coninx und Pietro Supino
286 Seiten, Geb. mit Schutzumschlag
ISBN 978-3-7193-1448-4

Verlag Huber Frauenfeld Stuttgart Wien

Zeitgenossen aus der Zeitgeschichte: Lebenszeugnisse

Aline Boccardo
Sternbild der Freiheit
Tagebuch einer Flucht vor den Nazis 1939/1940:
Danzig, Polen, Rumänien, Italien, Frankreich
192 Seiten, 24 Abb. Geb. mit Schutzumschlag
ISBN 978-3-7193-1443-9

Toby E. Rodes
Einmal Amerika und zurück
Erinnerungen eines amerikanischen Europäers
ca. 240 Seiten, ill. Geb. mit Schutzumschlag
ISBN 978-3-7193-1533-7

Heinz Stefan Herzka
Unterwegs im Zwischen
Die Autobiographie des Pioniers der modernen Psychiatrie
ist auch eine jüdische Familiensaga
468 Seiten, 50 Abb. Geb. mit Schutzumschlag
ISBN 978-3-7193-1442-2

Ernst Mühlemann
Augenschein
Als Schweizer Parlamentarier an aussenpolitischen Brennpunkten
406 Seiten, 160 Abbildungen und Karten. Geb. mit Schutzumschlag
ISBN 978-3-7193-1350-6

Ernst Mühlemann
Blick ins Bundeshaus
Als Schweizer Parlamentarier an innenpolitischen Brennpunkten
364 Seiten, 121 Abb. Geb. mit Schutzumschlag
ISBN 978-3-7193-1403-0

Klara Obermüller
Schwarz auf weiss
Reportagen und Berichte aus einem halben Jahrhundert
256 Seiten. Geb. mit Schutzumschlag
ISBN 978-3-7193-1505-4

Verlag Huber Frauenfeld Stuttgart Wien